Second Edition

501
FRENCH VERBS

Second Edition

501

FRENCH VERBS

fully conjugated in all the tenses
in a new easy to learn format
alphabetically arranged

by

Christopher Kendris

B.S., M.S., Columbia University
M.A., Ph.D., Northwestern University
Diplômé, Faculté des Lettres, Sorbonne

Formerly Assistant Professor
Department of French and Spanish
State University of New York
Albany, New York

BARRON'S EDUCATIONAL SERIES, Inc.
New York • London • Toronto • Sydney

All inquiries should be addressed to:
Barron's Educational Series, Inc.
250 Wireless Boulevard
Hauppauge, New York 11788

Library of Congress Catalog Card No. 82-8803

International Standard Book No. 0-8120-2601-2

Library of Congress Cataloging in Publication Data

Kendris, Christopher.
    501 French verbs fully conjugated in all the tenses
in a new easy to learn format.

    Includes indexes.
    1. French language — Verbs — Tables.   I. Title.
II. Title: Five hundred one French verbs fully conjugated
in all the tenses in a new easy to learn format.
III. Title: Five hundred and one French verbs fully
conjugated in all the tenses in a new easy to learn
format.
PC2271.K378   1982   448.2'421   82-8803
ISBN 0-8120-2601-2   AACR2

PRINTED IN THE UNITED STATES OF AMERICA

90   800   21 20 19 18

For my wife Yolanda, my two sons Alex and Ted, my daughter-in-law Tina, my two grandsons Alexander Bryan and Daniel Patrick Christopher.

With love

Brian:

Something to help you become bilingual.

Best of luck in your course.

Love

Barry & Ruth

30 January '90

About the Author

Christopher Kendris has worked as interpreter and translator for the U.S. State Department at the American Embassy in Paris.

Dr. Kendris earned his B.S. and M.S. degrees at Columbia University in the City of New York, where he held a New York State Scholarship, and his M.A. and Ph.D. degrees at Northwestern University in Evanston, Illinois. He also earned two diplomas with *Mention très Honorable* at the Université de Paris (en Sorbonne), Faculté des Lettres, Ecole Supérieure de Préparation et de Perfectionnement des Professeurs de Français à l'Etranger, and at the Institut de Phonétique, Paris.

Dr. Kendris has taught French at the College of The University of Chicago as visiting summer lecturer and at Northwestern University, where he held a Teaching Assistantship and Tutorial Fellowship for four years. He has also taught at Colby College, Duke University, Rutgers—The State University of New Jersey, and the State University of New York at Albany. He was Chairman of the Foreign Languages Department at Farmingdale High School, Farmingdale, New York, where he was also a teacher of French and Spanish. He is the author of numerous school and college books, workbooks, and other language aids. Among his most popular works are *201* and *301 French Verbs Fully Conjugated in All the Tenses* (with special new features), *201* and *301 Spanish Verbs Fully Conjugated in All the Tenses* (with special new features), *How to Prepare for the College Board Achievement Test in French, How to Prepare for the College Board Achievement Test in Spanish, French Now!* for French Level One, and two workbooks: *Beginning to Write in French* and *Beginning to Write in Spanish,* all of which have been issued by this publisher.

Dr. Kendris has lived in France, Greece, and Germany and has traveled in Canada, Belgium, England, Switzerland, Italy, Spain, and Portugal. He is listed in *Contemporary Authors* and *Directory of American Scholars.*

Contents

Abbreviations

adj.   adjectif (adjective)
adv.   adverbe (adverb)
ant.   antérieur (anterior)
art.   article
cond.   conditionnel (conditional)
def.   défini (definite)
dir.   direct
e.g.   for example
f. or *fem.*   féminin (feminine)
fam.   familiar
fut.   futur (future)
i.e.   that is, that is to say
imp.   imparfait (imperfect)
ind.   indicatif (indicative)
inf.   infinitif (infinitive)
m. or *masc.*   masculin (masculine)
n.   nom (noun)
obj.   objet (object)
p.   page
pp.   pages
part.   participe (participle)
pl.   pluriel (plural)
plpf.   plus-que-parfait (pluperfect)
pr. or *prés.*   présent (present)
prep.   préposition (preposition)
pron.   pronom (pronoun)
qqch   quelque chose (something)
qqn   quelqu'un (someone, somebody)
refl.   reflexive
s. or *sing.*   singulier (singular)
subj.   subjonctif (subjunctive)
v.   verbe (verb)

Introduction

This everyday dictionary of 501 commonly used French verbs for students and travelers provides fingertip access to correct verb forms.

Verb conjugations are usually found scattered in French grammar books and they are difficult to find quickly when needed. Verbs have always been a major problem for students no matter what system or approach the teacher uses. You will master French verb forms if you study this book a few minutes every day, especially the pages before and after the alphabetical listing of the 501 verbs.

I compiled this book in order to help make your work easier and at the same time to teach you French verb forms systematically. It is a useful book because it provides a quick and easy way to find the full conjugation of many French verbs.

The 501 verbs included here are arranged alphabetically by infinitive at the top of each page. The book contains many common verbs of high frequency, both reflexive and non-reflexive, which you need to know. It also contains many other frequently used verbs which are irregular in some way. On page 517 I give you an additional 1,000 French verbs that are conjugated in the same way as model verbs among the 501. If the verb you have in mind is not given among the 501, consult the list on page 517.

The subject pronouns have been omitted from the conjugations in order to emphasize the verb forms. I give you the subject pronouns on page xxxvi. Turn to that page now and become acquainted with them.

The first thing to do when you use this book is to become familiar with it from cover to cover—in particular, the front and back pages where you will find valuable and useful information to make your work easier and more enjoyable. Take a minute right now and turn to the table of contents at the beginning of this book as I guide you in the following way:

(a) On page xi I explain which verbs are conjugated with *avoir* or *être* to form a compound tense. Study page xi and refer to it frequently until you master those verbs.

(b) On page xii I show you how to form a present participle regularly in French and I give you examples. I also give you the common irregular present participles.

(c) On page xii I do the same for past participles. I give you the present and past participles of each verb at the top of the page where verb forms are given for a particular verb.

(d) On page xiii you will find the principal parts of some important verbs which, in French, are called *Les temps primitifs*. This is useful because if you know these you can easily form all the tenses and moods from them.

(e) On pages xiv and xv there are two tables showing the derivation of tenses of a typical verb conjugated with *avoir* and another conjugated with *être*. These are presented as in a picture so that you can see what tenses are derived from the principal parts.

(f) On pages xvi and xvii I give you a sample English verb conjugation so that you can get an idea of the way a verb is expressed in the English tenses. Many people do not know one tense from another because they have never learned the use of verb tenses in a systematic and organized way—not even in English! How can you know, for instance, that you need the conditional form of a verb in

French when you want to say *"I would go* to the movies if. . ."* or the pluperfect tense in French if you want to say *"I had gone. . ."*? The sample English verb conjugation with the names of the tenses and their numerical ranking will help you distinguish one tense from another so that you will know what tense you need to express a verb in French.

(g) On page xviii I begin a summary of meanings and uses of French verb tenses and moods as related to English verb tenses and moods. That section is very important and useful because I separate the seven simple tenses from the seven compound tenses. I give you the name of each tense in French and English starting with the present indicative, which I call tense number one, because it is the tense most frequently used. I assign a number to each tense name so that you can fix each one in your mind and associate the name and number in their logical order. I explain briefly what each tense is, when you use it, and I give examples using verbs in sentences in French and English.

(h) On page xxix I give you a summary of all the fourteen tenses in French with English equivalents, which I have divided into the seven simple tenses and the seven compound tenses. After referring to that summary frequently, you will soon know that tense number 1 is the present indicative, tense number 2 is the imperfect indicative, and so on.

(i) On page xxx I show you how to form the seven simple tenses for regular verbs and here, again, I have assigned the same number to each tense name. I also explain how each compound tense is based on each simple tense in the table on page xxxi and on page xxxii. Try to see these two divisions as two frames, two pictures, with the seven simple tenses in one frame and the seven compound tenses in another frame. Place them side by side in your mind, and you will see how tense number 8 is related to tense number 1, tense number 9 to tense number 2, and so on. If you study the numerical arrangement of each of the seven simple tenses and associate the tense number with the tense name, you will find it very easy to learn the names of the seven compound tenses, how they rank numerically according to use, how they are formed, and when they are used. Spend at least ten minutes every day studying these preliminary pages to help you understand better the fourteen tenses in French.

Finally, in the back pages of this book there are useful indexes, an additional 1,000 French verbs that are conjugated like model verbs among the 501, many examples of verbs used in idiomatic expressions and simple sentences, as well as verbs that require certain prepositions. If you refer to these each time you look up verb tense forms for a particular verb, you will increase your knowledge of French vocabulary and French idioms by leaps and bounds.

Consult the table of contents to find the page numbers of new features in the appendixes of this book; for example, explanations and examples of orthographical changing verbs (verb forms that change in spelling), French verbs used in weather expressions and in proverbs, as well as a summary of the sequence of verb tenses and a note about the subjunctive.

I sincerely hope that this book will be of some help to you in learning and using French verbs.

Christopher Kendris
B.S., M.S., M.A., PhD.

Verbs Conjugated with *avoir* or *être* to Form a Compound Tense

(a) Generally speaking, a French verb is conjugated with *avoir* to form a compound tense.

(b) All reflexive verbs, for example, *se laver*, are conjugated with *être*.

(c) The following is a list of common non-reflexive verbs that are conjugated with *être*. The five verbs marked with asterisks (*) are conjugated with *avoir* when used with a direct object.

1. aller   to go
   Elle est allée au cinéma.

2. arriver   to arrive
   Elle est arrivée à une heure.

3. *descendre   to go down, come down
   Elle est descendue vite.   *She came down quickly.*
   BUT: ***Elle a descendu la valise.**   *She brought down the suitcase.*

4. devenir   to become
   Elle est devenue docteur.

5. entrer   to enter, go in, come in
   Elle est entrée dans l'école.

6. *monter   to go up, come up
   Elle est montée vite.   *She went up quickly.*
   BUT: ***Elle a monté l'escalier.**   *She went up the stairs.*

7. mourir   to die
   Elle est morte hier.

8. naître   to be born
   Elle est née hier.

9. partir   to leave
   Elle est partie vite.

10. *passer   to go by, to pass by
    Elle est passée chez moi.   *She came by my house.*

BUT: ***Elle m'a passé le sel.**   *She passed me the salt.*

AND: ***Elle a passé un examen.**   *She took an exam.*

11. *rentrer   to go in again, to return (home)
    Elle est rentrée tôt.   *She returned home early.*
    BUT: ***Elle a rentré le chat dans la maison.**   *She brought (took) the cat into the house.*

12. rester   to remain, to stay
    Elle est restée chez elle.

13. retourner   to return, to go back
    Elle est retournée à sa place.

14. revenir   to come back
    Elle est revenue hier.

15. *sortir   to go out
    Elle est sortie hier soir.   *She went out last night.*
    BUT: ***Elle a sorti son mouchoir.**   *She took out her handkerchief.*

16. tomber   to fall
    Elle est tombée.

17. venir   to come
    Elle est venue ce matin.

Formation of the Present and Past Participles in French

Formation of the present participle in French

The present participle is regularly formed in the following way. Take the "nous" form of the present indicative of the verb you have in mind, drop the ending -ons and add -ant. That ending is the equivalent to -ing in English. Examples:

chantons, chantant   **vendons, vendant**   **allons, allant**
finissons, finissant   **mangeons, mangeant**   **travaillons, travaillant**

Common irregular present participles

The three common irregular present participles are: **ayant** from **avoir**; **étant** from **être**; **sachant** from **savoir**.

Formation of the past participle in French

The past participle is regularly formed from the infinitive:

-**er** ending verbs, drop the -**er** and add **é**:   **donner, donné**
-**ir** ending verbs, drop the -**ir** and add **i**:   **finir, fini**
-**re** ending verbs, drop the -**re** and add **u**:   **vendre, vendu**

Common irregular past participles

INFINITIVE	PAST PARTICIPLE	INFINITIVE	PAST PARTICIPLE
apprendre	appris	naître	né
asseoir	assis	offrir	offert
avoir	eu	ouvrir	ouvert
boire	bu	paraître	paru
comprendre	compris	permettre	permis
conduire	conduit	plaire	plu
connaître	connu	pleuvoir	plu
construire	construit	pouvoir	pu
courir	couru	prendre	pris
couvrir	couvert	promettre	promis
craindre	craint	recevoir	reçu
croire	cru	revenir	revenu
devenir	devenu	rire	ri
devoir	dû, due	savoir	su
dire	dit	suivre	suivi
écrire	écrit	taire	tu
être	été	tenir	tenu
faire	fait	valoir	valu
falloir	fallu	venir	venu
lire	lu	vivre	vécu
mettre	mis	voir	vu
mourir	mort	vouloir	voulu

Principal Parts of Some Important Verbs
(*Les temps primitifs de quelques verbes importants*)

The principal parts of a verb are very important to know because from them you can easily form all the tenses. See the following page where two tables are given, one showing the derivation of tenses of a verb conjugated with **avoir** and the other with **être**. Note that the headings at the top of each column there are the same as the following headings.

INFINITIF	PARTICIPE PRÉSENT	PARTICIPE PASSÉ	PRÉSENT DE L'INDICATIF	PASSÉ SIMPLE
aller	allant	allé	je vais	j'allai
avoir	ayant	eu	j'ai	j'eus
battre	battant	battu	je bats	je battis
boire	buvant	bu	je bois	je bus
craindre	craignant	craint	je crains	je craignis
croire	croyant	cru	je crois	je crus
devoir	devant	dû, due	je dois	je dus
dire	disant	dit	je dis	je dis
écrire	écrivant	écrit	j'écris	j'écrivis
être	étant	été	je suis	je fus
faire	faisant	fait	je fais	je fis
lire	lisant	lu	je lis	je lus
mettre	mettant	mis	je mets	je mis
mourir	mourant	mort	je meurs	je mourus
naître	naissant	né	je nais	je naquis
ouvrir	ouvrant	ouvert	j'ouvre	j'ouvris
porter	portant	porté	je porte	je portai
pouvoir	pouvant	pu	je peux *or* je puis	je pus
prendre	prenant	pris	je prends	je pris
recevoir	recevant	reçu	je reçois	je reçus
savoir	sachant	su	je sais	je sus
venir	venant	venu	je viens	je vins
vivre	vivant	vécu	je vis	je vécus
voir	voyant	vu	je vois	je vis
voler	volant	volé	je vole	je volai

Tables Showing Derivation of Tenses of Verbs
Conjugated with *avoir* and *être*

Derivation of Tenses of Verbs Conjugated with *avoir*

INFINITIF	PARTICIPE PRÉSENT	PARTICIPE PASSÉ	PRÉSENT DE L'INDICATIF	PASSÉ SIMPLE
donner	donnant	donné	je donne	je donnai

FUTUR	IMPARFAIT DE L'INDICATIF	PASSÉ COMPOSÉ	PRÉSENT DE L'INDICATIF	PASSÉ SIMPLE
donnerai	donnais	ai donné	donne	donnai
donneras	donnais	as donné	donnes	donnas
donnera	donnait	a donné	donne	donna
donnerons	donnions	avons donné	donnons	donnâmes
donnerez	donniez	avez donné	donnez	donnâtes
donneront	donnaient	ont donné	donnent	donnèrent

CONDITIONNEL		PLUS-QUE-PARFAIT DE L'INDICATIF	IMPÉRATIF	IMPARFAIT DU SUBJONCTIF
donnerais		avais donné	donne	donnasse
donnerais		avais donné	donnons	donnasses
donnerait		avait donné	donnez	donnât
donnerions		avions donné		donnassions
donneriez		aviez donné	PRÉSENT DU SUBJONCTIF	donnassiez
donneraient		avaient donné	donne	donnassent
			donnes	
		PASSÉ ANTÉRIEUR	donne	
		eus donné	donnions	
		eus donné	donniez	
		eut donné	donnent	
		eûmes donné		
		eûtes donné		
		eurent donné		

FUTUR ANTÉRIEUR	CONDITIONNEL PASSÉ	PASSÉ DU SUBJONCTIF	PLUS-QUE-PARFAIT DU SUBJONCTIF
aurai donné	aurais donné	aie donné	eusse donné
auras donné	aurais donné	aies donné	eusses donné
aura donné	aurait donné	ait donné	eût donné
aurons donné	aurions donné	ayons donné	eussions donné
aurez donné	auriez donné	ayez donné	eussiez donné
auront donné	auraient donné	aient donné	eussent donné

Derivation of Tenses of Verbs Conjugated with *être*

INFINITIF	PARTICIPE PRÉSENT	PARTICIPE PASSÉ	PRÉSENT DE L'INDICATIF	PASSÉ SIMPLE
arriver	arrivant	arrivé	j'arrive	j'arrivai

FUTUR	IMPARFAIT DE L'INDICATIF	PASSÉ COMPOSÉ	PRÉSENT DE L'INDICATIF	PASSÉ SIMPLE
arriverai	arrivais	suis arrivé(e)	arrive	arrivai
arriveras	arrivais	es arrivé(e)	arrives	arrivas
arrivera	arrivait	est arrivé(e)	arrive	arriva
arriverons	arrivions	sommes arrivé(e)s	arrivons	arrivâmes
arriverez	arriviez	êtes arrivé(e)(s)	arrivez	arrivâtes
arriveront	arrivaient	sont arrivé(e)s	arrivent	arrivèrent

CONDITIONNEL		PLUS-QUE-PARFAIT DE L'INDICATIF	IMPÉRATIF	IMPARFAIT DU SUBJONCTIF
arriverais		étais arrivé(e)	arrive	arrivasse
arriverais		étais arrivé(e)	arrivons	arrivasses
arriverait		était arrivé(e)	arrivez	arrivât
arriverions		étions arrivé(e)s		arrivassions
arriveriez		étiez arrivé(e)(s)	PRÉSENT DU	arrivassiez
arriveraient		étaient arrivé(e)s	SUBJONCTIF	arrivassent
			arrive	
		PASSÉ ANTÉRIEUR	arrives	
		fus arrivé(e)	arrive	
		fus arrivé(e)	arrivions	
		fut arrivé(e)	arriviez	
		fûmes arrivé(e)s	arrivent	
		fûtes arrivé(e)(s)		
		furent arrivé(e)s		

FUTUR ANTÉRIEUR	CONDITIONNEL PASSÉ	PASSÉ DU SUBJONCTIF	PLUS-QUE-PARFAIT DU SUBJONCTIF
serai arrivé(e)	serais arrivé(e)	sois arrivé(e)	fusse arrivé(e)
seras arrivé(e)	serais arrivé(e)	sois arrivé(e)	fusses arrivé(e)
sera arrivé(e)	serait arrivé(e)	soit arrivé(e)	fût arrivé(e)
serons arrivé(e)s	serions arrivé(e)s	soyons arrivé(e)s	fussions arrivé(e)s
serez arrivé(e)(s)	seriez arrivé(e)(s)	soyez arrivé(e)(s)	fussiez arrivé(e)(s)
seront arrivé(e)s	seraient arrivé(e)s	soient arrivé(e)s	fussent arrivé(e)s

Sample English Verb Conjugation

INFINITIVE **to go — aller**
PRESENT PARTICIPLE going   *PAST PARTICIPLE* gone

Tense no.	The seven simple tenses
1 *Present* *Indicative*	I go, you go, he (she, it) goes; we go, you go, they go or: I do go, you do go, he (she, it) does go; we do go, you do go, they do go or: I am going, you are going, he (she, it) is going; we are going, you are going, they are going
2 *Imperfect* *Indicative*	I was going, you were going, he (she, it) was going; we were going, you were going, they were going or: I went, you went, he (she, it) went; we went, you went, they went or: I used to go, you used to go, he (she, it) used to go; we used to go, you used to go, he (she, it) used to go
3 *Passé* *Simple*	I went, you went, he (she, it) went; we went, you went, they went or: I did go, you did go, he (she, it) did go; we did go, you did go, they did go
4 *Future*	I shall go, you will go, he (she, it) will go; we shall go, you will go, they will go
5 *Conditional*	I would go, you would go, he (she, it) would go; we would go, you would go, they would go
6 *Present* *Subjunctive*	that I may go, that you may go, that he (she, it) may go; that we may go, that you may go, that they may go
7 *Imperfect* *Subjunctive*	that I might go, that you might go, that he (she, it) might go; that we might go, that you might go, that they might go

INFINITIVE **to go – aller**
PRESENT PARTICIPLE going   *PAST PARTICIPLE* gone

Tense no.	The seven compound tenses
8 *Passé Composé*	I have gone, you have gone, he (she, it) has gone; we have gone, you have gone, they have gone
	or: I went, you went, he (she, it) went; we went, you went, they went
	or: I did go, you did go, he (she, it) did go; we did go, you did go, they did go
9 *Pluperfect or Past Perfect Indicative*	I had gone, you had gone, he (she, it) had gone; we had gone, you had gone, they had gone
10 *Past Anterior*	I had gone, you had gone, he (she, it) had gone; we had gone, you had gone, they had gone
11 *Future Perfect or Future Anterior*	I shall have gone, you will have gone, he (she, it) will have gone; we shall have gone, you will have gone, they will have gone
12 *Conditional Perfect*	I would have gone, you would have gone, he (she, it) would have gone; we would have gone, you would have gone, they would have gone
13 *Past Subjunctive*	that I may have gone, that you may have gone, that he (she, it) may have gone; that we may have gone, that you may have gone, that they may have gone
14 *Pluperfect or Past Perfect Subjunctive*	that I might have gone, that you might have gone, that he (she, it) might have gone; that we might have gone, that you might have gone, that they might have gone
Imperative (Command)	Go! Let's go! Go!

A Summary of Meanings and Uses of French Verb Tenses and Moods as Related to English Verb Tenses and Moods

A verb is where the action is! A verb is a word that expresses an action (like *go, eat, write*) or a state of being (like *think, believe, be*). Tense means time. French and English verb tenses are divided into three main groups of time: past, present, and future. A verb tense shows if an action or state of being took place, is taking place, or will take place.

French and English verbs are also used in four moods (or modes). Mood has to do with the *way* a person regards an action or a state. For example, a person may merely make a statement or ask a question — this is the Indicative Mood, which we use most of the time in French and English. A person may say that he *would do* something if something else were possible or that he *would have done* something if something else had been possible — this is the Conditional Mood. A person may use a verb *in such a way* to indicate a wish, a fear, a regret, a supposition, or something of this sort — this is the Subjunctive Mood. The Subjunctive Mood is used in French much more than in English. A person may command that something be done — this is the Imperative Mood.

There are six tenses in English: Present, Past, Future, Present Perfect, Past Perfect, and Future Perfect. The first three are simple tenses. The other three are compound tenses and are based on the simple tenses. In French, however, there are fourteen tenses, seven of which are simple and seven of which are compound.

In the pages that follow, the tenses and moods are given in French and the equivalent name or names in English are given in parenthesis. I have numbered each tense name for easy reference and recognition. Although some of the names given in English are not considered to be tenses (for there are only six), they are given for the purpose of identification as they are related to the French names. The comparison includes only the essential points you need to know about the meanings and uses of French verb tenses and moods as related to English usage.

I shall use examples to illustrate their meanings and uses. See p. xxx for the formation of the seven simple tenses for regular verbs.

THE SEVEN SIMPLE TENSES

Tense No. 1   Le Présent de l'Indicatif
(Present Indicative)

This tense is used most of the time in French and English. It indicates:

(a) An action or a state of being at the present time.
    EXAMPLES:
    1. Je **vais** à l'école maintenant. I *am going* to school now.
    2. Je **pense**; donc, je **suis**. I *think*; therefore, I *am*.

(b) Habitual action.

EXAMPLE:

Je **vais** à la bibliothèque tous les jours.

I *go* to the library every day. OR: I *do go* to the library every day.

(c) A general truth, something which is permanently true.

EXAMPLES:

1. Deux et deux **font** quatre. Two and two *are* four.
2. Voir c'**est** croire. Seeing *is* believing.

(d) Vividness when talking or writing about past events. This is called the *historical present*.

EXAMPLE:

Marie-Antoinette **est** condamnée à mort. Elle **monte** dans la charrette et **est** en route pour la guillotine.

Marie-Antoinette *is* condemned to die. She *gets* into the cart and *is* on her way to the guillotine.

(e) A near future.

EXAMPLE:

Il **arrive** demain. He *arrives* tomorrow.

(f) An action or state of being that occurred in the past and *continues up to the present*. In English, this tense is the Present Perfect, which is formed with the present tense of *to have* (*have* or *has*) plus the past participle of the verb you are using.

EXAMPLES:

1. Je **suis** ici depuis dix minutes.

   I *have been* here for ten minutes. (I am still here at present)
2. Elle **est** malade depuis trois jours.

   She *has been* sick for three days. (She is still sick at present)
3. J'**attends** l'autobus depuis dix minutes.

   I *have been waiting* for the bus for ten minutes.

NOTE: In this last example the formation of the English verb tense is slightly different from the other two examples in English. The present participle (*waiting*) is used instead of the past participle (*waited*).

NOTE ALSO: For the formation of this tense for regular verbs see p. xxx.

Tense No. 2 L'Imparfait de l'Indicatif
(Imperfect Indicative)

This is a past tense. It is used to indicate:

(a) An action that was going on in the past at the same time as another action.

EXAMPLE:

Il **lisait** pendant que j'**écrivais**. He *was reading* while I *was writing*.

(b) An action that was going on in the past when another action occurred.

EXAMPLE:

Il **lisait** quand je suis entré. He *was reading* when I came in.

(c) An action that a person did habitually in the past.

EXAMPLE:

Nous **allions** à la plage tous les jours. We *used to go* to the beach every day.

OR:

We *would go* to the beach every day.

(d) A description of a mental or physical condition in the past.

EXAMPLES:

(mental condition)	Il **était** triste quand je l'ai vu.
	He *was* sad when I saw him.
(physical condition)	Quand ma mère **était** jeune, elle **était** belle.
	When my mother *was* young, she *was* beautiful.

(e) An action or state of being that occurred in the past and *lasted for a certain length of time* prior to another past action. In English, it is usually translated as a pluperfect tense and is formed with *had been* plus the present participle of the verb you are using. It is like the special use of the **Présent de l'Indicatif** described in the above section (Tense No. 1) in paragraph (f), except that the action or state of being no longer exists at present.

EXAMPLE:

J'attendais l'autobus depuis dix minutes quand il est arrivé.

I *had been waiting* for the bus for ten minutes when it arrived.

NOTE: For the formation of this tense for regular verbs see p. xxx.

Tense No. 3　Le Passé Simple
(Past Definite or Simple Past)

This past tense expresses an action that took place at some definite time. This tense is not ordinarily used in conversational French or in informal writing. It is a literary tense. It is used in formal writing, such as history and literature. You should be able merely to recognize this tense when you see it in your French readings. It should be noted that French writers use the **Passé Simple** less and less these days. The **Passé Composé** (Tense No. 8) is taking its place in literature, except for **avoir** and **être** which you must know in this tense.

EXAMPLES:

(a) Il **alla** en Afrique. He *went* to Africa.

(b) Il **voyagea** en Amérique. He *traveled* to America.

(c) Elle **fut** heureuse. She *was* happy.

(d) Elle **eut** un grand bonheur. She *had* great happiness.

NOTE: For the formation of this tense for regular verbs see p. xxx.

Tense No. 4   Le Futur
(Future)

In French and English this tense is used to express an action or a state of being which will take place at some time in the future.

EXAMPLES:

(a) J'**irai** en France l'été prochain.
I *shall go* to France next summer.
OR:
I *will go* to France next summer.

(b) J'y **penserai**.
I *shall think* about it.
OR:
I *will think* about it.

(c) Je **partirai** dès qu'il arrivera.
I *shall leave* as soon as he arrives.

(d) Je te **dirai** tout quand tu seras ici.
I *shall tell* you all when you are here.

If the action of the verb you are using is not past or present and if future time is implied, the future tense is used when the clause begins with any of the following conjunctions: **aussitôt que** (as soon as), **dès que** (as soon as), **quand** (when), **lorsque** (when), and **tant que** (as long as).

NOTE: For the formation of this tense for regular verbs see p. xxx.

Tense No. 5   Le Conditionnel Présent
(Conditional)

The Conditional is used in French and English to express:

(a) An action that you would do if something else were possible.
EXAMPLE:
Je **ferais** le travail si j'avais le temps.
I *would do* the work if I had the time.

(b) A conditional desire. This is the Conditional of courtesy in French.
EXAMPLES:
J'**aimerais** du thé. I *would like* some tea.
Je **voudrais** du café. I *would like* some coffee.

(c) An obligation or duty.
EXAMPLE:
Je **devrais** étudier pour l'examen. I *should* study for the examination.
OR: I *ought* to study for the examination.

NOTE (1): The French verb **devoir** plus the infinitive is used to express the idea of *should* when you mean *ought to*.

NOTE (2): When the Conditional of the verb **pouvoir** is used in French, it is translated into English as *could* or *would be able*.
EXAMPLE:
Je **pourrais** venir après le dîner. I *could come* after dinner.
OR: I *would be able* to come after dinner.

NOTE: For the formation of this tense for regular verbs see p. xxx.

Tense No. 6   Le Présent du Subjonctif
(Present Subjunctive)

The Subjunctive is used in French much more than in English. It is disappearing in English, except for the following major uses:

(a) The Subjunctive is used in French and English to express a command.
EXAMPLE:
Soyez à l'heure! *Be* on time!
NOTE: In English, the form in the Subjunctive applies mainly to the verb *to be*. Also, note that all verbs in French are not in the Subjunctive when expressing a command. See **L'Impératif** on p. xxviii.

(b) The Subjunctive is commonly used in English to express a condition contrary to fact.
EXAMPLE:
If I *were* you, I would not do it.
NOTE: In French the Subjunctive is not used in this instance. Instead, the **Imparfait de l'Indicatif** is used if what precedes is *si* (*if*). Same example in French: Si j'**étais** vous, je ne le ferais pas.

(c) The Present Subjunctive is used in French and English after a verb that expresses some kind of insistence, preference, or suggestion.
EXAMPLES:
1. J'insiste que vous **soyez** ici à l'heure. I insist that *you be* here on time.
2. Je préfère qu'il **fasse** le travail maintenant. I prefer that *he do* the work now.
3. J'exige qu'il **soit** puni. I demand that *he be* punished.

(d) The Subjunctive is used in French after a verb that expresses doubt, fear, joy, sorrow, or some other emotion. Notice in the following examples that the Subjunctive is not used in English but it is in French.
EXAMPLES:
1. Je doute qu'il **vienne.**
I doubt that he *is coming.*   OR: I doubt that he *will come.*
2. J'ai peur qu'il ne **soit** malade.
I'm afraid that he *is* sick.
3. Je suis heureux qu'il **vienne.**
I'm happy that he *is coming.*
4. Je regrette qu'il **soit** malade.
I'm sorry that he *is* sick.

(e) The Present Subjunctive is used in French after certain conjunctions. Notice, however, that the Subjunctive is not always used in English.
EXAMPLES:
1. Je partirai **à moins qu'il ne vienne.**
I shall leave unless he *comes.*
2. Je resterai **jusqu'à ce qu'il vienne.**
I shall stay until he *comes.*
3. **Quoiqu'elle soit** belle, il ne l'aime pas.
Although she *is* beautiful, he does not love her.
4. Je l'explique **pour qu'elle comprenne.**
I'm explaining it *so that she may understand.*

(f) The Present Subjunctive is used in French after certain impersonal expressions that show a need, doubt, possibility or impossibility. Notice, however, that the Subjunctive is not always used in English in the following examples:

1. Il est urgent qu'il **vienne**.
   It is urgent that he *come*.
2. Il vaut mieux qu'il **vienne**.
   It is better that he *come*.
3. Il est possible qu'il **vienne**.
   It is possible that he *will come*.
4. Il est douteux qu'il **vienne**.
   It is doubtful that he *will come*.
5. Il est nécessaire qu'il **vienne**.
   It is necessary that he *come*. OR: He must come.
6. Il faut qu'il **vienne**.
   It is necessary that he *come*. OR: He must come.
7. Il est important que vous **fassiez** le travail.
   It is important that you *do* the work.
8. Il est indispensable qu'elle **fasse** le travail.
   It is required that she *do* the work.

NOTE: For the formation of this tense for regular verbs see p. xxxi.
See also my note about the Subjunctive which begins on p. 557.

Tense No. 7   L'Imparfait du Subjonctif
(Imperfect Subjunctive)

L'Imparfait du Subjonctif is used for the same reasons as the **Présent du Subjonctif** — that is, after certain verbs, conjunctions, and impersonal expressions which were used in examples above under the section, **le Présent du Subjonctif**. The main difference between these two is the time of the action. If present, use the **Présent du Subjonctif** (Tense No. 6). If the action is related to the past, the **Imparfait du Subjonctif** (this tense) is used, provided that the action was *not* completed. If the action was completed, the **Plus-que-parfait du Subjonctif** is used. See below under the section, **Plus-que-parfait du Subjonctif** (Tense No. 14).

Since the Subjunctive Mood is troublesome in French and English, you may be pleased to know that this tense is rarely used in English. It is used in French, however, but only in formal writing and in literature. For that reason, you should merely be familiar with it so you can recognize it when you see it in your French readings. In conversational French and in informal writing, **l'Imparfait du Subjunctif** is avoided. Use, instead, the **Présent du Subjonctif**.

Notice that the **Imparfait du Subjonctif** is used in French in both of the following examples, but is used in English only in the second example (b):

EXAMPLES:
(a) Je voulais qu'il **vînt**. I wanted him to come.
   (action not completed; he did not come while I wanted him to come)

NOTE: The Subjunctive of **venir** is used because the verb that precedes is one that requires the Subjunctive *after* it — in this example it is **vouloir**. In conversational French and informal writing, the **Imparfait du Subjonctif** is avoided. Use, instead, the **Présent du Subjonctif**: Je voulais qu'il **vienne**.

(b) Je le lui expliquais **pour qu'elle le comprît.**

I was explaining it to her *so that she might understand it.*

(action not completed; the understanding was not completed at the time of the explaining)

NOTE: The Subjunctive of **comprendre** is used because the conjunction that precedes is one that requires the Subjunctive *after* it — in this example it is **pour que.** In conversational French and informal writing, the **Imparfait du Subjonctif** is avoided. Use, instead, the **Présent du Subjunctif:** Je le lui expliquais pour qu'elle le **comprenne.**

NOTE: For the formation of this tense for regular verbs see p. xxxi.

See also my note about the Subjunctive which begins on p. 557.

THE SEVEN COMPOUND TENSES

Tense No. 8 Le Passé Composé
(Past Indefinite or Compound Past)

This past tense expresses an action that took place at no definite time. It is used in conversational French, correspondence, and other informal writing. The **Passé Composé** is used more and more in literature these days and is taking the place of the **Passé Simple** (Tense No. 3). It is a compound tense because it is formed with the **Présent de l'Indicatif** (Tense No. 1) of *avoir* or *être* (depending on which of these two auxiliaries is required to form a compound tense) plus the past participle. See page xi for the distinction made between verbs conjugated with *avoir* or *être.*

EXAMPLES:
1. Il **est allé** à l'école. He *went* to school.
2. Il **est allé** à l'école. He *did go* to school.
3. Il **est allé** à l'école. He *has gone* to school.
4. J'**ai mangé** dans ce restaurant beaucoup de fois.
   I *have eaten* in this restaurant many times.

NOTE: In examples 3 and 4 in English the verb is formed with the Present tense of *to have* (*have* or *has*) plus the past participle of the verb you are using. In English, this form is called the Present Perfect.

5. J'**ai parlé** au garçon. I *spoke* to the boy. OR: I *have spoken* to the boy.
   OR: I *did speak* to the boy.

Tense No. 9 Le Plus-que-parfait de l'Indicatif
(Pluperfect or Past Perfect Indicative)

In French and English this tense is used to express an action which happened in the past *before* another past action. Since it is used in relation to another past action, the other past action is expressed in either the **Passé Composé** (Tense No. 8) or the **Imparfait de l'Indicatif**

(Tense No. 2) in French. This tense is used in formal writing and literature as well as in conversational French and informal writing. The correct use of this tense is strictly observed in French. In English, however, too often we neglect to use it correctly. It is a compound tense because it is formed with the **Imparfait de l'Indicatif** of *avoir* or *être* (depending on which of these two auxiliaries is required to form a compound tense) plus the past participle. See page xi for the distinction made between verbs conjugated with *avoir* or *être*. In English, this tense is formed with the Past Tense of *to have* (*had*) plus the past participle of the verb you are using.

EXAMPLES:

(a) Je me suis rappelé que j'**avais oublié** de le lui dire.
I remembered that I *had forgotten* to tell him.

NOTE: It would be incorrect in English to say: I remembered that I *forgot* to tell him. The point here is that *first* I forgot; then, I remembered. Both actions are in the past. The action that occurred in the past *before* the other past action is in the Pluperfect. And in this example it is *I had forgotten* (j'**avais oublié**).

(b) J'**avais étudié** la leçon que le professeur a expliquée.
I *had studied* the lesson which the teacher explained.

NOTE: *First* I studied the lesson; then, the teacher explained it. Both actions are in the past. The action that occurred in the past *before* the other past action is in the Pluperfect. And in this example it is *I had studied* (j'**avais étudié**). If you say J'**ai étudié la leçon que le professeur avait expliquée**, you are saying that you *studied* the lesson which the teacher *had explained*. In other words, the teacher explained the lesson first and then you studied it.

(c) J'étais fatigué ce matin parce que je n'**avais pas dormi**.
I was tired this morning because I *had* not *slept*.

Tense No. 10   Le Passé Antérieur
(Past Anterior)

This tense is similar to the **Plus-que-parfait de l'Indicatif** (Tense No. 9). The main difference is that in French it is a literary tense; that is, it is used in formal writing, such as history and literature. More and more French writers today use the **Plus-que-parfait de l'Indicatif** instead of this tense. Generally speaking, the **Passé Antérieur** is to the **Plus-que-parfait** what the **Passé Simple** is to the **Passé Composé**. The **Passé Antérieur** is a compound tense. In French, it is formed with the **Passé Simple** of *avoir* or *être* (depending on which of these two auxiliaries is required to form a compound tense) plus the past participle. In English, it is formed in the same way as the Pluperfect or Past Perfect. This tense is ordinarily introduced by conjunctions of time: **après que, aussitôt que, dès que, lorsque, quand**.

EXAMPLE:

Quand il **eut mangé** tout, il partit. When he *had eaten* everything, he left.

NOTE: In conversational French and informal writing, the **Plus-que-parfait de l'Indicatif** is used instead: Quand il **avait mangé** tout, il est parti. The translation into English is the same.

Tense No. 11 Le Futur Antérieur
(Future Perfect or Future Anterior)

In French and English this tense is used to express an action which will happen in the future *before* another future action. Since it is used in relation to another future action, the other future action is expressed in the simple Future in French, but not always in the simple Future in English. In French, it is used in conversation and informal writing as well as in formal writing and in literature. It is a compound tense because it is formed with the **Futur** of *avoir* or *être* (depending on which of these two auxiliaries is required to form a compound tense) plus the past participle of the verb you are using. In English, it is formed by using *shall have* or *will have* plus the past participle of the verb you are using.

EXAMPLES:

(a) Elle arrivera demain et j'**aurai fini** le travail.
She will arrive tomorrow and I *shall have finished* the work.

NOTE: First, I shall finish the work; then, she will arrive. The action that will occur in the future *before* the other future action is in the **Futur Antérieur**.

(b) Quand elle arrivera demain, j'**aurai fini** le travail.
When she arrives tomorrow, I *shall have finished* the work.

NOTE: The idea of future time here is the same as in example (a) above. In English, the Present tense is used (*When she arrives . . .*) to express a near future. In French, the **Futur** is used (**Quand elle arrivera . . .**) because **quand** precedes and the action will take place in the future. Study Tense No. 4 on p. xxi.

Tense No. 12 Le Conditionnel Passé
(Conditional Perfect)

This is used in French and English to express an action that you *would have done* if something else had been possible; that is, you would have done something *on condition* that something else had been possible. It is a compound tense because it is formed with the **Conditionnel Présent** of *avoir* or *être* plus the past participle of the verb you are using. In English, it is formed by using *would have* plus the past participle. Observe the difference between the following examples and the one given for the use of the **Conditionnel Présent** which was explained and illustrated in Tense No. 5 above.

EXAMPLES:

(a) J'**aurais fait** le travail si j'avais étudié.
I *would have done* the work if I had studied.

(b) J'**aurais fait** le travail si j'avais eu le temps.
I *would have done* the work if I had had the time.

NOTE: Review the **Plus-que-parfait de l'Indicatif** which was explained above in Tense No. 9 in order to understand the use of *if I had studied* (**si j'avais étudié**) and *if I had had the time* (**si j'avais eu le temps**).

The French verb **devoir** plus the infinitive is used to express the idea of *should* when you mean *ought to*. The past participle of **devoir** is **dû**. It is conjugated with **avoir**.

EXAMPLE:
J'aurais dû étudier.
I *should have* studied. OR: I *ought to have* studied.

Tense No. 13   Le Passé du Subjonctif
(Past or Perfect Subjunctive)

This tense is used to express an action which took place in the past in relation to the present time. It is like the **Passé Composé**, except that the auxiliary verb (*avoir* or *être*) is in the **Présent du Subjonctif**. The Subjunctive is used (as was noted in the previous sections of verb tenses in the Subjunctive) because what precedes is a certain verb, a certain conjunction, or a certain impersonal expression. The **Passé du Subjonctif** is also used in relation to a future time when another action will be completed. This tense is rarely used in English. In French, however, this tense is used in formal writing and in literature as well as in conversational French and informal writing. It is a compound tense because it is formed with the **Présent du Subjonctif** of *avoir* or *être* as the auxiliary plus the past participle of the verb you are using.

EXAMPLES:
(a) A past action in relation to the present

Il est possible qu'elle **soit partie.**
It is possible that she *may have left.* OR: It is possible that she *has left.*
Je doute qu'il **ait fait** cela.
I doubt that he *did* that.

(b) An action that will take place in the future

J'insiste que vous **soyez rentré** avant dix heures.
I insist that you *be back* before ten o'clock.

See also my note about the Subjunctive which begins on p. 557.

Tense No. 14   Le Plus-que-parfait du Subjonctif
(Pluperfect or Past Perfect Subjunctive)

This tense is used for the same reasons as the **Imparfait du Subjonctif** (Tense No. 7) — that is, after certain verbs, conjunctions and impersonal expressions which were used in examples previously under **le Présent du Subjonctif**. The main difference between the **Imparfait du Subjonctif** and this tense is the time of the action in the past. If the action was *not* completed, the **Imparfait du Subjonctif** is used. If the action was completed, this tense is used. It is rarely used in English. In French, it is used only in formal writing and in literature. For that reason, you should merely be familiar with it so you can recognize it in your readings in French literature. In conversational French and in informal writing, this tense is avoided. Use, instead, the **Passé du Subjonctif** (Tense No. 13).

This is a compound tense. It is formed by using the **Imparfait du Subjonctif** of *avoir* or *être* plus the past participle. This tense is like the **Plus-que-parfait de l'Indicatif**, except that the auxiliary verb (*avoir* or *être*) is in the **Imparfait du Subjonctif**. Review the uses of the Subjunctive mood in Tense No. 6.

EXAMPLES:

(a) Il était possible qu'elle **fût partie**.
It was possible that she *might have left*.

NOTE: Avoid this tense in conversational and informal French. Use, instead, **le Passé du Subjonctif**:
Il était possible qu'elle **soit partie**.

(b) Je ne croyais pas qu'elle **eût dit** cela.
I did not believe that she *had said* that.

NOTE: Avoid this tense in conversational and informal French. Use, instead, **le Passé du Subjonctif**:
Je ne croyais pas qu'elle **ait dit** cela.

(c) Je n'ai pas cru qu'elle **eût dit** cela.
I did not believe that she *had said* that.

NOTE: Avoid this tense in conversational and informal French. Use, instead, **le Passé du Subjonctif**:
Je n'ai pas cru qu'elle **ait dit** cela.

(d) J'ai craint que vous ne **fussiez tombé**.
I was afraid that you *had fallen*.

NOTE: Avoid this tense in conversational and informal French. Use, instead, **le Passé du Subjonctif**:
J'ai craint que vous ne **soyez tombé**.

See also my note about the Subjunctive which begins on p. 557.

L'Impératif
(Imperative or Command)

The Imperative Mood is used in French and English to express a command or a request. It is also used to express an indirect request made in the third person, as in (e) and (f) below. In both languages it is formed by dropping the subject pronoun and using the present tense. There are a few exceptions in both languages when the **Présent du Subjonctif** is used.

EXAMPLES:

(a) **Sortez!** Get out!

(b) **Entrez!** Come in!

(c) **Buvons!** Let's drink!

(d) **Soyez** à l'heure! *Be* on time! (Subjunctive is used)

(e) Dieu le **veuille!** May God *grant* it! (Subjunctive is used)

(f) Qu'ils **mangent du** gâteau! Let them *eat* cake! (Subjunctive is used)

(g) **Asseyez-vous!** Sit down!

(h) **Levez-vous!** Get up!

(i) **Ne vous asseyez pas!** Don't sit down!

(j) **Ne vous levez pas!** Don't get up!

NOTE: The Imperative is not a tense. It is a mood.

NOTE FURTHER: If you use a reflexive verb in the Imperative, drop the subject pronoun but keep the reflexive pronoun. Example: **Lavez-vous!** Wash yourself! See also examples (g) through (j).

Summary of verb tenses and moods in French with English equivalents

Les sept temps simples *The seven simple tenses*		Les sept temps composés *The seven compound tenses*	
Tense No.	Tense Name	Tense No.	Tense Name
1	**Présent de l'indicatif** *Present indicative*	8	**Passé Composé**
2	**Imparfait de l'indicatif** *Imperfect indicative*	9	**Plus-que-parfait de l'indicatif** *Pluperfect indicative*
3	**Passé simple** *Past definite or Simple past*	10	**Passé antérieur** *Past anterior*
4	**Futur** *Future*	11	**Futur antérieur** *Future perfect*
5	**Conditionnel** *Conditional*	12	**Conditionnel passé** *Conditional perfect*
6	**Présent du subjonctif** *Present subjunctive*	13	**Passé du subjonctif** *Past subjunctive*
7	**Imparfait du subjonctif** *Imperfect subjunctive*	14	**Plus-que-parfait du subjonctif** *Pluperfect subjunctive*

The imperative is not a tense; it is a mood.

Formation of the Tenses

In French there are seven simple tenses and seven compound tenses. A simple tense means that the verb form consists of one word. A compound tense is a verb form that consists of two words (the auxiliary verb and the past participle). The auxiliary verb is also called a helping verb and in French it is any of the seven simple tenses of **avoir** or **être**.

FORMATION OF THE SEVEN SIMPLE TENSES FOR REGULAR VERBS

Tense No. 1   Présent de l'Indicatif
(Present Indicative)

-er verbs: drop **-er** and add **e, es, e; ons, ez, ent**

-ir verbs: drop **-ir** and add **is, is, it; issons, issez, issent**

-re verbs: drop **-re** and add **s, s, -; ons, ez, ent**

Tense No. 2   Imparfait de l'Indicatif
(Imperfect Indicative)

For **-er, -ir, -re** verbs, take the **"nous"** form in the present indicative of the verb you have in mind, drop the ending **-ons** and add: **ais, ais, ait; ions, iez, aient**

Tense No. 3   Passé Simple
(Past Definite or Simple Past)

For all **-er** verbs, drop **-er** and add **ai, as, a; âmes, âtes, èrent**

For **-ir** and **-re** verbs, drop the ending of the infinitive and add
is, is, it; îmes, îtes, irent

Tense No. 4   Futur
(Future)

Add the following endings to the whole infinitive, but for **-re** verbs drop **e** in **-re** before adding the future endings, which are: **ai, as, a; ons, ez, ont**. Note that these endings are based on the present indicative of **avoir**.

Tense No. 5   Conditionnel
(Conditional)

Add the following endings to the whole infinitive, but for **-re** verbs drop **e** in **-re** before adding the conditional endings, which are: **ais, ais, ait; ions, iez, aient**. Note that these endings are the same as those for the imperfect indicative (Tense No. 2).

Tense No. 6   Présent du Subjonctif
(Present Subjunctive)

Drop **-ant** ending of the present participle of the verb you have in mind and add
e, es, e; ions, iez, ent

Tense No. 7   Imparfait du Subjonctif
(Imperfect Subjunctive)

Drop the endings of the passé simple of the verb you have in mind and for **-er** verbs
add **asse, asses, ât; assions, assiez, assent.** For **-ir** verbs add **isse, isses, ît; issions,
issiez, issent.** For **-re** verbs add **usse, usses, ût; ussions, ussiez, ussent.**

NOTE:

(a) For the forms of irregular verbs, *e.g.,* **avoir, être, faire, aller,** and many others,
turn to the page where the verb you have in mind is given in this book. All
verbs are listed alphabetically at the top of each page.

(b) For the uses of the seven simple tenses, see pp. xviii–xxiv.

(c) For the formation of the seven compound tenses and their uses, see pp. xxiv–
xxviii and the section below.

FORMATION OF THE SEVEN COMPOUND TENSES

An Easy Way to Form the Seven Compound Tenses in French

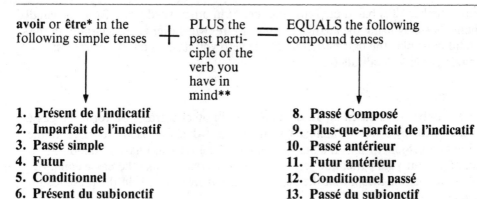

avoir or **être*** in the following simple tenses	**+** PLUS the past participle of the verb you have in mind**	**=** EQUALS the following compound tenses
1. **Présent de l'indicatif**		8. **Passé Composé**
2. **Imparfait de l'indicatif**		9. **Plus-que-parfait de l'indicatif**
3. **Passé simple**		10. **Passé antérieur**
4. **Futur**		11. **Futur antérieur**
5. **Conditionnel**		12. **Conditionnel passé**
6. **Présent du subjonctif**		13. **Passé du subjonctif**
7. **Imparfait du subjonctif**		14. **Plus-que-parfait du subjonctif**

*To know if **avoir** or **être** is required, see p. xi.
**To know how to form a past participle, see p. xii.

Each compound tense is based on each simple tense. The fourteen tenses given on page xxxi are arranged in a logical order which is numerical.

Here is how you form each of the seven compound tenses:

Tense number 8 is based on Tense number 1; in other words, you form the **passé composé** by using the auxiliary **avoir** or **être** (whichever is appropriate) in the **présent de l'indicatif** plus the past participle of the verb you have in mind. Examples: **j'ai parlé; je suis allé(e).**

Tense number 9 is based on Tense number 2; in other words, you form the **plus-que-parfait de l'indicatif** by using the auxiliary **avoir** or **être** (whichever is appropriate) in the **imparfait de l'indicatif** plus the past participle of the verb you have in mind. Examples: **j'avais parlé; j'étais allé(e).**

Tense number 10 is based on Tense number 3; in other words, you form the **passé antérieur** by using the auxiliary **avoir** or **être** (whichever is appropriate) in the **passé simple** plus the past participle of the verb you have in mind. Examples: **j'eus parlé; je fus allé(e).**

Tense number 11 is based on Tense number 4; in other words, you form the **futur antérieur** by using the auxiliary **avoir** or **être** (whichever is appropriate) in the **futur** plus the past participle of the verb you have in mind. Examples: **j'aurai parlé; je serai allé(e).**

Tense number 12 is based on Tense number 5; in other words, you form the **conditionnel passé** by using the auxiliary **avoir** or **être** (whichever is appropriate) in the **conditionnel** plus the past participle of the verb you have in mind. Examples: **j'aurais parlé; je serais allé(e).**

Tense number 13 is based on Tense number 6; in other words, you form the **passé du subjonctif** by using the auxiliary **avoir** or **être** (whichever is appropriate) in the **présent du subjonctif** plus the past participle of the verb you have in mind. Examples: **que j'aie parlé; que je sois allé(e).** This tense is like the **passé composé** (tense number 8), except that the auxiliary verb **avoir** or **être** is in the present subjunctive.

Tense number 14 is based on Tense number 7; in other words, you form the **plus-que-parfait du subjonctif** by using the auxiliary **avoir** or **être** (whichever is appropriate) in the **imparfait du subjonctif** plus the past participle of the verb you have in mind. Examples: **que j'eusse parlé; que je fusse allé(e).**

If you ever expect to know or even recognize the meaning of any of the seven compound tenses, or to know how to form them, you certainly have to know **avoir** and **être** in the seven simple tenses. If you do not, you cannot form the seven compound tenses — and they are the easiest to form. This is one perfect example to illustrate that learning French verb forms is a cumulative experience because in order to know the seven compound tenses, you must first know the forms of **avoir** and **être** in the seven simple tenses. They are found on pages 61 and 206 in this book.

To know which verbs are conjugated with **avoir** or **être** to form the seven compound tenses, see page xi. To understand the uses of the seven simple tenses, see pages xviii–xxiv. To understand the uses of the seven compound tenses, see pages xxiv–xxviii. To know the translation of all fourteen tenses into English, see pages xvi–xvii.

Subject Pronouns

(a) The subject pronouns for all verb forms on the following pages have been omitted in order to emphasize the verb forms, which is what this book is all about.

(b) The subject pronouns that have been omitted are, as you know, as follows:

singular	plural
je *or* **j'**	**nous**
tu	**vous**
il, elle, on	**ils, elles**

(c) You realize, of course, that when you use a verb form in the Imperative (Command) you do not use the subject pronoun with it, as is also done in English. Example: **Parlez!** *Speak!* If you use a reflexive verb in the Imperative, drop the subject pronoun but keep the reflexive pronoun. Example: **Lavez-vous!** *Wash yourself!*

Subject Pronouns

singular	plural
je *or* **j'**	**nous**
tu	**vous**
il, elle, on	**ils, elles**

Alphabetical Listing of 501 French Verbs Fully Conjugated in All the Tenses

to lower, to reduce, to humiliate, to humble

The Seven Simple Tenses		The Seven Compound Tenses	
Singular	Plural	Singular	Plural

1 présent de l'indicatif

abaisse	abaissons	
abaisses	abaissez	
abaisse	abaissent	

8 passé composé

ai abaissé	avons abaissé
as abaissé	avez abaissé
a abaissé	ont abaissé

2 imparfait de l'indicatif

abaissais	abaissions
abaissais	abaissiez
abaissait	abaissaient

9 plus-que-parfait de l'indicatif

avais abaissé	avions abaissé
avais abaissé	aviez abaissé
avait abaissé	avaient abaissé

3 passé simple

abaissai	abaissâmes
abaissas	abaissâtes
abaissa	abaissèrent

10 passé antérieur

eus abaissé	eûmes abaissé
eus abaissé	eûtes abaissé
eut abaissé	eurent abaissé

4 futur

abaisserai	abaisserons
abaisseras	abaisserez
abaissera	abaisseront

11 futur antérieur

aurai abaissé	aurons abaissé
auras abaissé	aurez abaissé
aura abaissé	auront abaissé

5 conditionnel

abaisserais	abaisserions
abaisserais	abaisseriez
abaisserait	abaisseraient

12 conditionnel passé

aurais abaissé	aurions abaissé
aurais abaissé	auriez abaissé
aurait abaissé	auraient abaissé

6 présent du subjonctif

abaisse	abaissions
abaisses	abaissiez
abaisse	abaissent

13 passé du subjonctif

aie abaissé	ayons abaissé
aies abaissé	ayez abaissé
ait abaissé	aient abaissé

7 imparfait du subjonctif

abaissasse	abaissassions
abaissasses	abaissassiez
abaissât	abaissassent

14 plus-que-parfait du subjonctif

eusse abaissé	eussions abaissé
eusses abaissé	eussiez abaissé
eût abaissé	eussent abaissé

Impératif
abaisse
abaissons
abaissez

Words and expressions related to this verb

abaisser le store   to pull down the (venetian) blind, shade
abaisser les yeux   to cast one's eyes down, to look down
s'abaisser à   to stoop to
un abaissement   abatement, lowering

abaisser qqn   to humiliate someone
abaisse la valeur de qqch   to bring down the value of something
s'abaisser   to decline, to go down
s'abaisser devant qqn   to humble oneself before someone

See also **s'abaisser.**

Consult the sections on verbs used in idiomatic expressions, verbs with prepositions, and the list of over 1,000 verbs conjugated like model verbs in the back pages.

to humble oneself, to lower oneself, to condescend

The Seven Simple Tenses		The Seven Compound Tenses	
Singular	Plural	Singular	Plural
1 présent de l'indicatif		**8 passé composé**	
m'abaisse	nous abaissons	me suis abaissé(e)	nous sommes abaissé(e)s
t'abaisses	vous abaissez	t'es abaissé(e)	vous êtes abaissé(e)(s)
s'abaisse	s'abaissent	s'est abaissé(e)	se sont abaissé(e)s
2 imparfait de l'indicatif		**9 plus-que-parfait de l'indicatif**	
m'abaissais	nous abaissions	m'étais abaissé(e)	nous étions abaissé(e)s
t'abaissais	vous abaissiez	t'étais abaissé(e)	vous étiez abaissé(e)(s)
s'abaissait	s'abaissaient	s'était abaissé(e)	s'étaient abaissé(e)s
3 passé simple		**10 passé antérieur**	
m'abaissai	nous abaissâmes	me fus abaissé(e)	nous fûmes abaissé(e)s
t'abaissas	vous abaissâtes	te fus abaissé(e)	vous fûtes abaissé(e)(s)
s'abaissa	s'abaissèrent	se fut abaissé(e)	se furent abaissé(e)s
4 futur		**11 futur antérieur**	
m'abaisserai	nous abaisserons	me serai abaissé(e)	nous serons abaissé(e)s
t'abaisseras	vous abaisserez	te seras abaissé(e)	vous serez abaissé(e)(s)
s'abaissera	s'abaisseront	se sera abaissé(e)	se seront abaissé(e)s
5 conditionnel		**12 conditionnel passé**	
m'abaisserais	nous abaisserions	me serais abaissé(e)	nous serions abaissé(e)s
t'abaisserais	vous abaisseriez	te serais abaissé(e)	vous seriez abaissé(e)(s)
s'abaisserait	s'abaisseraient	se serait abaissé(e)	se seraient abaissé(e)s
6 présent du subjonctif		**13 passé du subjonctif**	
m'abaisse	nous abaissions	me sois abaissé(e)	nous soyons abaissé(e)s
t'abaisses	vous abaissiez	te sois abaissé(e)	vous soyez abaissé(e)(s)
s'abaisse	s'abaissent	se soit abaissé(e)	se soient abaissé(e)s
7 imparfait du subjonctif		**14 plus-que-parfait du subjonctif**	
m'abaissasse	nous abaissassions	me fusse abaissé(e)	nous fussions abaissé(e)s
t'abaissasses	vous abaissassiez	te fusses abaissé(e)	vous fussiez abaissé(e)(s)
s'abaissât	s'abaissassent	se fût abaissé(e)	se fussent abaissé(e)s

Impératif
abaisse-toi; ne t'abaisse pas
abaissons-nous; ne nous abaissons pas
abaissez-vous; ne vous abaissez pas

Words and expressions related to this verb

s'abaisser   to decline, to go down
un abaissement   abatement, lowering

s'abaisser devant qqn   to humble oneself
before someone

See also **abaisser.**

Consult the sections on verbs used in idiomatic expressions, verbs with prepositions, and the list of over 1,000 verbs conjugated like model verbs in the back pages.

to daze, to deafen, to stun, to bewilder, to stupefy

The Seven Simple Tenses		The Seven Compound Tenses	
Singular	Plural	Singular	Plural
1 présent de l'indicatif		**8 passé composé**	
abasourdis	abasourdissons	ai abasourdi	avons abasourdi
abasourdis	abasourdissez	as abasourdi	avez abasourdi
abasourdit	abasourdissent	a abasourdi	ont abasourdi
2 imparfait de l'indicatif		**9 plus-que-parfait de l'indicatif**	
abasourdissais	abasourdissions	avais abasourdi	avions abasourdi
abasourdissais	abasourdissiez	avais abasourdi	aviez abasourdi
abasourdissait	abasourdissaient	avait abasourdi	avaient abasourdi
3 passé simple		**10 passé antérieur**	
abasourdis	abasourdîmes	eus abasourdi	eûmes abasourdi
abasourdis	abasourdîtes	eus abasourdi	eûtes abasourdi
abasourdit	abasourdirent	eut abasourdi	eurent abasourdi
4 futur		**11 futur antérieur**	
abasourdirai	abasourdirons	aurai abasourdi	aurons abasourdi
abasourdiras	abasourdirez	auras abasourdi	aurez abasourdi
abasourdira	abasourdiront	aura abasourdi	auront abasourdi
5 conditionnel		**12 conditionnel passé**	
abasourdirais	abasourdirions	aurais abasourdi	aurions abasourdi
abasourdirais	abasourdiriez	aurais abasourdi	auriez abasourdi
abasourdirait	abasourdiraient	aurait abasourdi	auraient abasourdi
6 présent du subjonctif		**13 passé du subjonctif**	
abasourdisse	abasourdissions	aie abasourdi	ayons abasourdi
abasourdisses	abasourdissiez	aies abasourdi	ayez abasourdi
abasourdisse	abasourdissent	ait abasourdi	aient abasourdi
7 imparfait du subjonctif		**14 plus-que-parfait du subjonctif**	
abasourdisse	abasourdissions	eusse abasourdi	eussions abasourdi
abasourdisses	abasourdissiez	eusses abasourdi	eussiez abasourdi
abasourdît	abasourdissent	eût abasourdi	eussent abasourdi

Impératif
abasourdis
abasourdissons
abasourdissez

Words and expressions related to this verb

basourdir   (slang) to kill
assourdir   to deafen, to deaden a sound,
  to muffle
s'assourdir   to soften the sound of a
  consonant, to unvoice a consonant
abasourdissant, abasourdissante
  astounding, amazing

sourd, sourde   deaf
devenir sourd   to become deaf
faire la sourde oreille   to turn a deaf ear,
  not to listen
être sourd à   to be deaf to
la surdité   deafness
un abasourdissement   amazement, astonishment, bewilderment

The *s* in **abasourdir** is pronounced as if it were written *z*.

The subject pronouns are found on the page facing page 1.   **3**

to dishearten, to strike down, to cut down, to knock down, to slaughter

The Seven Simple Tenses		The Seven Compound Tenses	
Singular	Plural	Singular	Plural
1 présent de l'indicatif		**8 passé composé**	
abats	abattons	ai abattu	avons abattu
abats	abattez	as abattu	avez abattu
abat	abattent	a abattu	ont abattu
2 imparfait de l'indicatif		**9 plus-que-parfait de l'indicatif**	
abattais	abattions	avais abattu	avions abattu
abattais	abattiez	avais abattu	aviez abattu
abattait	abattaient	avait abattu	avaient abattu
3 passé simple		**10 passé antérieur**	
abattis	abattîmes	eus abattu	eûmes abattu
abattis	abattîtes	eus abattu	eûtes abattu
abattit	abattirent	eut abattu	eurent abattu
4 futur		**11 futur antérieur**	
abattrai	abattrons	aurai abattu	aurons abattu
abattras	abattrez	auras abattu	aurez abattu
abattra	abattront	aura abattu	auront abattu
5 conditionnel		**12 conditionnel passé**	
abattrais	abattrions	aurais abattu	aurions abattu
abattrais	abattriez	aurais abattu	auriez abattu
abattrait	abattraient	aurait abattu	auraient abattu
6 présent du subjonctif		**13 passé du subjonctif**	
abatte	abattions	aie abattu	ayons abattu
abattes	abattiez	aies abattu	ayez abattu
abatte	abattent	ait abattu	aient abattu
7 imparfait du subjonctif		**14 plus-que-parfait du subjonctif**	
abattisse	abattissions	eusse abattu	eussions abattu
abattisses	abattissiez	eusses abattu	eussiez abattu
abattît	abattissent	eût abattu	eussent abattu

Impératif
abats
abattons
abattez

Words and expressions related to this verb

l'abattage *m.*   slaughtering of animals
un abattoir   slaughterhouse
rabattre   to pull down, to turn down, to knock down, to beat down
un rabat-joie   kill-joy, party pooper, "wet blanket"; (des rabat-joie)

un abatteur   slaughterer of animals
à bas!   down with!   **à bas les devoirs!** down with homework!
un rabais   reduction;   **vendre au rabais** to sell at a discount (at reduced prices)

Consult the sections on verbs used in idiomatic expressions, verbs with prepositions, and the list of over 1,000 verbs conjugated like model verbs in the back pages.

to abolish, to do away with

The Seven Simple Tenses		The Seven Compound Tenses	
Singular	Plural	Singular	Plural
1 présent de l'indicatif		**8 passé composé**	
abolis	abolissons	ai aboli	avons aboli
abolis	abolissez	as aboli	avez aboli
abolit	abolissent	a aboli	ont aboli
2 imparfait de l'indicatif		**9 plus-que-parfait de l'indicatif**	
abolissais	abolissions	avais aboli	avions aboli
abolissais	abolissiez	avais aboli	aviez aboli
abolissait	abolissaient	avait aboli	avaient aboli
3 passé simple		**10 passé antérieur**	
abolis	abolîmes	eus aboli	eûmes aboli
abolis	abolîtes	eus aboli	eûtes aboli
abolit	abolirent	eut aboli	eurent aboli
4 futur		**11 futur antérieur**	
abolirai	abolirons	aurai aboli	aurons aboli
aboliras	abolirez	auras aboli	aurez aboli
abolira	aboliront	aura aboli	auront aboli
5 conditionnel		**12 conditionnel passé**	
abolirais	abolirions	aurais aboli	aurions aboli
abolirais	aboliriez	aurais aboli	auriez aboli
abolirait	aboliraient	aurait aboli	auraient aboli
6 présent du subjonctif		**13 passé du subjonctif**	
abolisse	abolissions	aie aboli	ayons aboli
abolisses	abolissiez	aies aboli	ayez aboli
abolisse	abolissent	ait aboli	aient aboli
7 imparfait du subjonctif		**14 plus-que-parfait du subjonctif**	
abolisse	abolissions	eusse aboli	eussions aboli
abolisses	abolissiez	eusses aboli	eussiez aboli
abolît	abolissent	eût aboli	eussent aboli

Impératif
abolis
abolissons
abolissez

Words related to this verb

l'abolition _f._   abolition   **abolitionniste**   abolitionist
l'abolitionnisme _m._   abolitionism

Consult the sections on verbs used in idiomatic expressions, verbs with prepositions, and the list of over 1,000 verbs conjugated like model verbs in the back pages.

to absolve

The Seven Simple Tenses		The Seven Compound Tenses	
Singular	Plural	Singular	Plural
1 présent de l'indicatif		8 passé composé	
absous	absolvons	ai absous	avons absous
absous	absolvez	as absous	avez absous
absout	absolvent	a absous	ont absous
2 imparfait de l'indicatif		9 plus-que-parfait de l'indicatif	
absolvais	absolvions	avais absous	avions absous
absolvais	absolviez	avais absous	aviez absous
absolvait	absolvaient	avait absous	avaient absous
3 passé simple		10 passé antérieur	
–	–	eus absous	eûmes absous
–	–	eus absous	eûtes absous
–	–	eut absous	eurent absous
4 futur		11 futur antérieur	
absoudrai	absoudrons	aurai absous	aurons absous
absoudras	absoudrez	auras absous	aurez absous
absoudra	absoudront	aura absous	auront absous
5 conditionnel		12 conditionnel passé	
absoudrais	absoudrions	aurais absous	aurions absous
absoudrais	absoudriez	aurais absous	auriez absous
absoudrait	absoudraient	aurait absous	auraient absous
6 présent du subjonctif		13 passé du subjonctif	
absolve	absolvions	aie absous	ayons absous
absolves	absolviez	aies absous	ayez absous
absolve	absolvent	ait absous	aient absous
7 imparfait du subjonctif		14 plus-que-parfait du subjonctif	
–	–	eusse absous	eussions absous
–	–	eusses absous	eussiez absous
–	–	eût absous	eussent absous

Impératif
absous
absolvons
absolvez

Words and expressions related to this verb

une absolution   absolution (of a sin)
donner l'absolution à un pécheur
     to absolve a sinner (of his sins)
une absoute   recitation of prayers for the dead
absolument   absolutely; **Je le veux absolument**
     I really insist upon it.

une confiance absolue   complete confidence
un refus absolu   absolute (flat) refusal

Consult the sections on verbs used in idiomatic expressions, verbs with prepositions, and the list of over 1,000 verbs conjugated like model verbs in the back pages.

The Seven Simple Tenses		The Seven Compound Tenses	
Singular	Plural	Singular	Plural

1 présent de l'indicatif

m'abstiens	nous abstenons	
t'abstiens	vous abstenez	
s'abstient	s'abstiennent	

8 passé composé

me suis abstenu(e)	nous sommes abstenu(e)s
t'es abstenu(e)	vous êtes abstenu(e)(s)
s'est abstenu(e)	se sont abstenu(e)s

2 imparfait de l'indicatif

m'abstenais	nous abstenions
t'abstenais	vous absteniez
s'abstenait	s'abstenaient

9 plus-que-parfait de l'indicatif

m'étais abstenu(e)	nous étions abstenu(e)s
t'étais abstenu(e)	vous étiez abstenu(e)(s)
s'était abstenu(e)	s'étaient abstenu(e)s

3 passé simple

m'abstins	nous abstînmes
t'abstins	vous abstîntes
s'abstint	s'abstinrent

10 passé antérieur

me fus abstenu(e)	nous fûmes abstenu(e)s
te fus abstenu(e)	vous fûtes abstenu(e)(s)
se fut abstenu(e)	se furent abstenu(e)s

4 futur

m'abstiendrai	nous abstiendrons
t'abstiendras	vous abstiendrez
s'abstiendra	s'abstiendront

11 futur antérieur

me serai abstenu(e)	nous serons abstenu(e)s
te seras abstenu(e)	vous serez abstenu(e)(s)
se sera abstenu(e)	se seront abstenu(e)s

5 conditionnel

m'abstiendrais	nous abstiendrions
t'abstiendrais	vous abstiendriez
s'abstiendrait	s'abstiendraient

12 conditionnel passé

me serais abstenu(e)	nous serions abstenu(e)s
te serais abstenu(e)	vous seriez abstenu(e)(s)
se serait abstenu(e)	se seraient abstenu(e)s

6 présent du subjonctif

m'abstienne	nous abstenions
t'abstiennes	vous absteniez
s'abstienne	s'abstiennent

13 passé du subjonctif

me sois abstenu(e)	nous soyons abstenu(e)s
te sois abstenu(e)	vous soyez abstenu(e)(s)
se soit abstenu(e)	se soient abstenu(e)s

7 imparfait du subjonctif

m'abstinsse	nous abstinssions
t'abstinsses	vous abstinssiez
s'abstînt	s'abstinssent

14 plus-que-parfait du subjonctif

me fusse abstenu(e)	nous fussions abstenu(e)s
te fusses abstenu(e)	vous fussiez abstenu(e)(s)
se fût abstenu(e)	se fussent abstenu(e)s

Impératif
abstiens-toi; ne t'abstiens pas
abstenons-nous; ne nous abstenons pas
abstenez-vous; ne vous abstenez pas

Words and expressions related to this verb

s'abstenir de	to abstain from	**faire abstinence de**	to abstain from
l'abstinence f.	abstinence	**un abstentionniste**	abstentionist
l'abstention f.	abstention		

Consult the sections on verbs used in idiomatic expressions, verbs with prepositions, and the list of over 1,000 verbs conjugated like model verbs in the back pages.

to accept

The Seven Simple Tenses		The Seven Compound Tenses	
Singular	Plural	Singular	Plural
1 présent de l'indicatif		**8 passé composé**	
accepte	acceptons	ai accepté	avons accepté
acceptes	acceptez	as accepté	avez accepté
accepte	acceptent	a accepté	ont accepté
2 imparfait de l'indicatif		**9 plus-que-parfait de l'indicatif**	
acceptais	acceptions	avais accepté	avions accepté
acceptais	acceptiez	avais accepté	aviez accepté
acceptait	acceptaient	avait accepté	avaient accepté
3 passé simple		**10 passé antérieur**	
acceptai	acceptâmes	eus accepté	eûmes accepté
acceptas	acceptâtes	eus accepté	eûtes accepté
accepta	acceptèrent	eut accepté	eurent accepté
4 futur		**11 futur antérieur**	
accepterai	accepterons	aurai accepté	aurons accepté
accepteras	accepterez	auras accepté	aurez accepté
acceptera	accepteront	aura accepté	auront accepté
5 conditionnel		**12 conditionnel passé**	
accepterais	accepterions	aurais accepté	aurions accepté
accepterais	accepteriez	aurais accepté	auriez accepté
accepterait	accepteraient	aurait accepté	auraient accepté
6 présent du subjonctif		**13 passé du subjonctif**	
accepte	acceptions	aie accepté	ayons accepté
acceptes	acceptiez	aies accepté	ayez accepté
accepte	acceptent	ait accepté	aient accepté
7 imparfait du subjonctif		**14 plus-que-parfait du subjonctif**	
acceptasse	acceptassions	eusse accepté	eussions accepté
acceptasses	acceptassiez	eusses accepté	eussiez accepté
acceptât	acceptassent	eût accepté	eussent accepté

Impératif
accepte
acceptons
acceptez

Sentences using this verb and words related to it

Ce matin Madame Pompidou a téléphoné à son amie, Madame Dulac, pour accepter une invitation à dîner chez elle. Voici leur conversation:

Madame Pompidou: **Je viens de recevoir votre aimable invitation. J'accepte avec plaisir. J'ai déjà accepté une invitation pour déjeuner chez une autre amie le même jour. Alors, après le déjeuner chez elle, j'irai en ville pour faire du shopping et je serai chez vous à huit heures pour le dîner.**

Madame Dulac: **Vous acceptez? C'est merveilleux. Alors, vous n'aurez pas besoin de faire la cuisine ce jour-là! Merci pour votre acceptation.**

See the back pages for verbs used in idiomatic expressions.

to acclaim, to applaud, to cheer

The Seven Simple Tenses		The Seven Compound Tenses	
Singular	Plural	Singular	Plural
1 présent de l'indicatif		**8 passé composé**	
acclame	acclamons	ai acclamé	avons acclamé
acclames	acclamez	as acclamé	avez acclamé
acclame	acclament	a acclamé	ont acclamé
2 imparfait de l'indicatif		**9 plus-que-parfait de l'indicatif**	
acclamais	acclamions	avais acclamé	avions acclamé
acclamais	acclamiez	avais acclamé	aviez acclamé
acclamait	acclamaient	avait acclamé	avaient acclamé
3 passé simple		**10 passé antérieur**	
acclamai	acclamâmes	eus acclamé	eûmes acclamé
acclamas	acclamâtes	eus acclamé	eûtes acclamé
acclama	acclamèrent	eut acclamé	eurent acclamé
4 futur		**11 futur antérieur**	
acclamerai	acclamerons	aurai acclamé	aurons acclamé
acclameras	acclamerez	auras acclamé	aurez acclamé
acclamera	acclameront	aura acclamé	auront acclamé
5 conditionnel		**12 conditionnel passé**	
acclamerais	acclamerions	aurais acclamé	aurions acclamé
acclamerais	acclameriez	aurais acclamé	auriez acclamé
acclamerait	acclameraient	aurait acclamé	auraient acclamé
6 présent du subjonctif		**13 passé du subjonctif**	
acclame	acclamions	aie acclamé	ayons acclamé
acclames	acclamiez	aies acclamé	ayez acclamé
acclame	acclament	ait acclamé	aient acclamé
7 imparfait du subjonctif		**14 plus-que-parfait du subjonctif**	
acclamasse	acclamassions	eusse acclamé	eussions acclamé
acclamasses	acclamassiez	eusses acclamé	eussiez acclamé
acclamât	acclamassent	eût acclamé	eussent acclamé

Impératif
acclame
acclamons
acclamez

Words and expressions related to this verb

l'acclamation *f.*   acclamation, cheering
nommer par acclamation   to name by
   acclamation

élire par acclamation   to elect by
   acclamation
se faire acclamer   to be cheered, hailed

Consult the sections on verbs used in idiomatic expressions, verbs with prepositions, and the
list of over 1,000 verbs conjugated like model verbs in the back pages.

to accompany

The Seven Simple Tenses		The Seven Compound Tenses	
Singular	Plural	Singular	Plural
1 présent de l'indicatif		**8 passé composé**	
accompagne	accompagnons	ai accompagné	avons accompagné
accompagnes	accompagnez	as accompagné	avez accompagné
accompagne	accompagnent	a accompagné	ont accompagné
2 imparfait de l'indicatif		**9 plus-que-parfait de l'indicatif**	
accompagnais	accompagnions	avais accompagné	avions accompagné
accompagnais	accompagniez	avais accompagné	aviez accompagné
accompagnait	accompagnaient	avait accompagné	avaient accompagné
3 passé simple		**10 passé antérieur**	
accompagnai	accompagnâmes	eus accompagné	eûmes accompagné
accompagnas	accompagnâtes	eus accompagné	eûtes accompagné
accompagna	accompagnèrent	eut accompagné	eurent accompagné
4 futur		**11 futur antérieur**	
accompagnerai	accompagnerons	aurai accompagné	aurons accompagné
accompagneras	accompagnerez	auras accompagné	aurez accompagné
accompagnera	accompagneront	aura accompagné	auront accompagné
5 conditionnel		**12 conditionnel passé**	
accompagnerais	accompagnerions	aurais accompagné	aurions accompagné
accompagnerais	accompagneriez	aurais accompagné	auriez accompagné
accompagnerait	accompagneraient	aurait accompagné	auraient accompagné
6 présent du subjonctif		**13 passé du subjonctif**	
accompagne	accompagnions	aie accompagné	ayons accompagné
accompagnes	accompagniez	aies accompagné	ayez accompagné
accompagne	accompagnent	ait accompagné	aient accompagné
7 imparfait du subjonctif		**14 plus-que-parfait du subjonctif**	
accompagnasse	accompagnassions	eusse accompagné	eussions accompagné
accompagnasses	accompagnassiez	eusses accompagné	eussiez accompagné
accompagnât	accompagnassent	eût accompagné	eussent accompagné

Impératif
accompagne
accompagnons
accompagnez

Sentences using this verb and words related to it

Hier après-midi Monsieur Durand, professeur de français, a accompagné ses étudiants au Bois de Boulogne pour pique-niquer. Les étudiants étaient accompagnés aussi de leurs parents. Avez-vous jamais accompagné un groupe d'élèves? C'est de la bonne compagnie!

s'accompagner de   to be accompanied by
un accompagnement   accompanying, accompaniment (music)
un accompagnateur, une accompagnatrice   accompanist (music)
un compagnon, une compagne   companion

10

to accord, to grant, to reconcile, to admit

The Seven Simple Tenses		The Seven Compound Tenses	
Singular	Plural	Singular	Plural

1 présent de l'indicatif		8 passé composé	
accorde	accordons	ai accordé	avons accordé
accordes	accordez	as accordé	avez accordé
accorde	accordent	a accordé	ont accordé

2 imparfait de l'indicatif		9 plus-que-parfait de l'indicatif	
accordais	accordions	avais accordé	avions accordé
accordais	accordiez	avais accordé	aviez accordé
accordait	accordaient	avait accordé	avaient accordé

3 passé simple		10 passé antérieur	
accordai	accordâmes	eus accordé	eûmes accordé
accordas	accordâtes	eus accordé	eûtes accordé
accorda	accordèrent	eut accordé	eurent accordé

4 futur		11 futur antérieur	
accorderai	accorderons	aurai accordé	aurons accordé
accorderas	accorderez	auras accordé	aurez accordé
accordera	accorderont	aura accordé	auront accordé

5 conditionnel		12 conditionnel passé	
accorderais	accorderions	aurais accordé	aurions accordé
accorderais	accorderiez	aurais accordé	auriez accordé
accorderait	accorderaient	aurait accordé	auraient accordé

6 présent du subjonctif		13 passé du subjonctif	
accorde	accordions	aie accordé	ayons accordé
accordes	accordiez	aies accordé	ayez accordé
accorde	accordent	ait accordé	aient accordé

7 imparfait du subjonctif		14 plus-que-parfait du subjonctif	
accordasse	accordassions	eusse accordé	eussions accordé
accordasses	accordassiez	eusses accordé	eussiez accordé
accordât	accordassent	eût accordé	eussent accordé

Impératif
accorde
accordons
accordez

Words and expressions related to this verb

un accord   agreement, consent
d'accord   agreed, okay
mettre d'accord   to reconcile
se mettre d'accord   to come to an
    agreement

un accordage   tuning (music)
un accordéon   accordion (music)
un, une accordéoniste   accordionist
s'accorder   to be on good terms; to come
    to terms, to agree

Consult the sections on verbs used in idiomatic expressions, verbs with prepositions, and the list of over 1,000 verbs conjugated like model verbs in the back pages.

to run to, to run up to, to come (go) running to

The Seven Simple Tenses		The Seven Compound Tenses	
Singular	Plural	Singular	Plural
1 présent de l'indicatif		**8 passé composé**	
accours	accourons	ai accouru	avons accouru
accours	accourez	as accouru	avez accouru
accourt	accourent	a accouru	ont accouru
2 imparfait de l'indicatif		**9 plus-que-parfait de l'indicatif**	
accourais	accourions	avais accouru	avions accouru
accourais	accouriez	avais accouru	aviez accouru
accourait	accouraient	avait accouru	avaient accouru
3 passé simple		**10 passé antérieur**	
accourus	accourûmes	eus accouru	eûmes accouru
accourus	accourûtes	eus accouru	eûtes accouru
accourut	accoururent	eut accouru	eurent accouru
4 futur		**11 futur antérieur**	
accourrai	accourrons	aurai accouru	aurons accouru
accourras	accourrez	auras accouru	aurez accouru
accourra	accourront	aura accouru	auront accouru
5 conditionnel		**12 conditionnel passé**	
accourrais	accourrions	aurais accouru	aurions accouru
accourrais	accourriez	aurais accouru	auriez accouru
accourrait	accourraient	aurait accouru	auraient accouru
6 présent du subjonctif		**13 passé du subjonctif**	
accoure	accourions	aie accouru	ayons accouru
accoures	accouriez	aies accouru	ayez accouru
accoure	accourent	ait accouru	aient accouru
7 imparfait du subjonctif		**14 plus-que-parfait du subjonctif**	
accourusse	accourussions	eusse accouru	eussions accouru
accourusses	accourussiez	eusses accouru	eussiez accouru
accourût	accourussent	eût accouru	eussent accouru

Impératif
accours
accourons
accourez

Words and expressions related to this verb

accourir vers qqn   to go (come) running
  toward someone
**J'ai accouru vers la pauvre vieille dame
  pour l'aider à se relever**   I went
  running up to the poor old lady to help
  her get on her feet.

courir   to run
concourir   to compete
encourir   to incur
secourir   to aid, help

See also **courir**.

Consult the sections on verbs used in idiomatic expressions, verbs with prepositions, and the
list of over 1,000 verbs conjugated like model verbs in the back pages.

to hang (up), to hook (on a hanger, nail, *e.g.,* a coat)

The Seven Simple Tenses		The Seven Compound Tenses	
Singular	Plural	Singular	Plural
1 présent de l'indicatif		8 passé composé	
accroche	accrochons	ai accroché	avons accroché
accroches	accrochez	as accroché	avez accroché
accroche	accrochent	a accroché	ont accroché
2 imparfait de l'indicatif		9 plus-que-parfait de l'indicatif	
accrochais	accrochions	avais accroché	avions accroché
accrochais	accrochiez	avais accroché	aviez accroché
accrochait	accrochaient	avait accroché	avaient accroché
3 passé simple		10 passé antérieur	
accrochai	accrochâmes	eus accroché	eûmes accroché
accrochas	accrochâtes	eus accroché	eûtes accroché
accrocha	accrochèrent	eut accroché	eurent accroché
4 futur		11 futur antérieur	
accrocherai	accrocherons	aurai accroché	aurons accroché
accrocheras	accrocherez	auras accroché	aurez accroché
accrochera	accrocheront	aura accroché	auront accroché
5 conditionnel		12 conditionnel passé	
accrocherais	accrocherions	aurais accroché	aurions accroché
accrocherais	accrocheriez	aurais accroché	auriez accroché
accrocherait	accrocheraient	aurait accroché	auraient accroché
6 présent du subjonctif		13 passé du subjonctif	
accroche	accrochions	aie accroché	ayons accroché
accroches	accrochiez	aies accroché	ayez accroché
accroche	accrochent	ait accroché	aient accroché
7 imparfait du subjonctif		14 plus-que-parfait du subjonctif	
accrochasse	accrochassions	eusse accroché	eussions accroché
accrochasses	accrochassiez	eusses accroché	eussiez accroché
accrochât	accrochassent	eût accroché	eussent accroché

Impératif
accroche
accrochons
accrochez

Words and expressions related to this verb

accrocher son manteau   to hang up one's coat
un accrocheur, une accrocheuse   leech (a
   person who clings, "hangs on" to another
   person and difficult to shake off)
un accroche-plat   plate hanger
un accroche-coeur   curl of hair against the
   temple of one's head (kiss curl); **des
   accroche-coeurs**

décrocher   to unhook, to pick up
   the receiver of a telephone
décrocher une bonne place   to land
   a soft job
le décrochage   unhooking
un crochet   hook, hanger
crocheter   to hook in, to pick a lock
faire du crochet   to crochet

Consult the sections on verbs used in idiomatic expressions, verbs with prepositions, and the
list of over 1,000 verbs conjugated like model verbs in the back pages.

The subject pronouns are found on the page facing page 1.

to increase, to make greater, to enlarge

The Seven Simple Tenses		The Seven Compound Tenses	
Singular	Plural	Singular	Plural
1 présent de l'indicatif		**8 passé composé**	
accrois	accroissons	ai accru	avons accru
accrois	accroissez	as accru	avez accru
accroît	accroissent	a accru	ont accru
2 imparfait de l'indicatif		**9 plus-que-parfait de l'indicatif**	
accroissais	accroissions	avais accru	avions accru
accroissais	accroissiez	avais accru	aviez accru
accroissait	accroissaient	avait accru	avaient accru
3 passé simple		**10 passé antérieur**	
accrus	accrûmes	eus accru	eûmes accru
accrus	accrûtes	eus accru	eûtes accru
accrut	accrurent	eut accru	eurent accru
4 futur		**11 futur antérieur**	
accroîtrai	accroîtrons	aurai accru	aurons accru
accroîtras	accroîtrez	auras accru	aurez accru
accroîtra	accroîtront	aura accru	auront accru
5 conditionnel		**12 conditionnel passé**	
accroîtrais	accroîtrions	aurais accru	aurions accru
accroîtrais	accroîtriez	aurais accru	auriez accru
accroîtrait	accroîtraient	aurait accru	auraient accru
6 présent du subjonctif		**13 passé du subjonctif**	
accroisse	accroissions	aie accru	ayons accru
accroisses	accroissiez	aies accru	ayez accru
accroisse	accroissent	ait accru	aient accru
7 imparfait du subjonctif		**14 plus-que-parfait du subjonctif**	
accrusse	accrussions	eusse accru	eussions accru
accrusses	accrussiez	eusses accru	eussiez accru
accrût	accrussent	eût accru	eussent accru

Impératif
accrois
accroissons
accroissez

Words related to this verb

un accroissement   growth, increase, accumulation, accretion
une accrue   increase, accretion
s'accroître   to accrue, to increase

See also **croître.**

Consult the sections on verbs used in idiomatic expressions, verbs with prepositions, and the list of over 1,000 verbs conjugated like model verbs in the back pages.

to greet, welcome

The Seven Simple Tenses		The Seven Compound Tenses	
Singular	Plural	Singular	Plural
1 présent de l'indicatif		**8 passé composé**	
accueille	accueillons	ai accueilli	avons accueilli
accueilles	accueillez	as accueilli	avez accueilli
accueille	accueillent	a accueilli	ont accueilli
2 imparfait de l'indicatif		**9 plus-que-parfait de l'indicatif**	
accueillais	accueillions	avais accueilli	avions accueilli
accueillais	accueilliez	avais accueilli	aviez accueilli
accueillait	accueillaient	avait accueilli	avaient accueilli
3 passé simple		**10 passé antérieur**	
accueillis	accueillîmes	eus accueilli	eûmes accueilli
accueillis	accueillîtes	eus accueilli	eûtes accueilli
accueillit	accueillirent	eut accueilli	eurent accueilli
4 futur		**11 futur antérieur**	
accueillerai	accueillerons	aurai accueilli	aurons accueilli
accueilleras	accueillerez	auras accueilli	aurez accueilli
accueillera	accueilleront	aura accueilli	auront accueilli
5 conditionnel		**12 conditionnel passé**	
accueillerais	accueillerions	aurais accueilli	aurions accueilli
accueillerais	accueilleriez	aurais accueilli	auriez accueilli
accueillerait	accueilleraient	aurait accueilli	auraient accueilli
6 présent du subjonctif		**13 passé du subjonctif**	
accueille	accueillions	aie accueilli	ayons accueilli
accueilles	accueilliez	aies accueilli	ayez accueilli
accueille	accueillent	ait accueilli	aient accueilli
7 imparfait du subjonctif		**14 plus-que-parfait du subjonctif**	
accueillisse	accueillissions	eusse accueilli	eussions accueilli
accueillisses	accueillissiez	eusses accueilli	eussiez accueilli
accueillît	accueillissent	eût accueilli	eussent accueilli

Impératif
accueille
accueillons
accueillez

Sentences using this verb and words related to it

   Avez-vous jamais été accueilli aimablement? C'est bon. Avez-vous jamais été accueilli froidement? Ce n'est pas bon! Chaque fois que je rends visite à mes grands-parents, ils m'accueillent chaleureusement. Ils me font toujours bon accueil.

un accueil   welcome, reception;   **un accueil chaleureux**   warm welcome
accueillant, accueillante   hospitable

For other words and expressions related to this verb, see **cueillir.**

to accuse

The Seven Simple Tenses		The Seven Compound Tenses	
Singular	Plural	Singular	Plural
1 présent de l'indicatif		**8 passé composé**	
accuse	accusons	ai accusé	avons accusé
accuses	accusez	as accusé	avez accusé
accuse	accusent	a accusé	ont accusé
2 imparfait de l'indicatif		**9 plus-que-parfait de l'indicatif**	
accusais	accusions	avais accusé	avions accusé
accusais	accusiez	avais accusé	aviez accusé
accusait	accusaient	avait accusé	avaient accusé
3 passé simple		**10 passé antérieur**	
accusai	accusâmes	eus accusé	eûmes accusé
accusas	accusâtes	eus accusé	eûtes accusé
accusa	accusèrent	eut accusé	eurent accusé
4 futur		**11 futur antérieur**	
accuserai	accuserons	aurai accusé	aurons accusé
accuseras	accuserez	auras accusé	aurez accusé
accusera	accuseront	aura accusé	auront accusé
5 conditionnel		**12 conditionnel passé**	
accuserais	accuserions	aurais accusé	aurions accusé
accuserais	accuseriez	aurais accusé	auriez accusé
accuserait	accuseraient	aurait accusé	auraient accusé
6 présent du subjonctif		**13 passé du subjonctif**	
accuse	accusions	aie accusé	ayons accusé
accuses	accusiez	aies accusé	ayez accusé
accuse	accusent	ait accusé	aient accusé
7 imparfait du subjonctif		**14 plus-que-parfait du subjonctif**	
accusasse	accusassions	eusse accusé	eussions accusé
accusasses	accusassiez	eusses accusé	eussiez accusé
accusât	accusassent	eût accusé	eussent accusé

Impératif
accuse
accusons
accusez

Words and expressions related to this verb

accuser réception de qqch   to acknowledge receipt of something
une accusation   accusation, charge, indictment
porter une accusation contre   to bring charges against
un accusateur, une accusatrice   accuser;   **l'accusateur public**   public prosecutor
s'accuser de   to accuse oneself of

Consult the sections on verbs used in idiomatic expressions, verbs with prepositions, and the list of over 1,000 verbs conjugated like model verbs in the back pages.

to buy, to purchase

The Seven Simple Tenses		The Seven Compound Tenses	
Singular	Plural	Singular	Plural
1 présent de l'indicatif		**8 passé composé**	
achète	achetons	ai acheté	avons acheté
achètes	achetez	as acheté	avez acheté
achète	achètent	a acheté	ont acheté
2 imparfait de l'indicatif		**9 plus-que-parfait de l'indicatif**	
achetais	achetions	avais acheté	avions acheté
achetais	achetiez	avais acheté	aviez acheté
achetait	achetaient	avait acheté	avaient acheté
3 passé simple		**10 passé antérieur**	
achetai	achetâmes	eus acheté	eûmes acheté
achetas	achetâtes	eus acheté	eûtes acheté
acheta	achetèrent	eut acheté	eurent acheté
4 futur		**11 futur antérieur**	
achèterai	achèterons	aurai acheté	aurons acheté
achèteras	achèterez	auras acheté	aurez acheté
achètera	achèteront	aura acheté	auront acheté
5 conditionnel		**12 conditionnel passé**	
achèterais	achèterions	aurais acheté	aurions acheté
achèterais	achèteriez	aurais acheté	auriez acheté
achèterait	achèteraient	aurait acheté	auraient acheté
6 présent du subjonctif		**13 passé du subjonctif**	
achète	achetions	aie acheté	ayons acheté
achètes	achetiez	aies acheté	ayez acheté
achète	achètent	ait acheté	aient acheté
7 imparfait du subjonctif		**14 plus-que-parfait du subjonctif**	
achetasse	achetassions	eusse acheté	eussions acheté
achetasses	achetassiez	eusses acheté	eussiez acheté
achetât	achetassent	eût acheté	eussent acheté

Impératif
achète
achetons
achetez

Sentences using this verb and words related to it

Samedi je vais en ville pour acheter quelques cadeaux. La semaine dernière mon père a acheté une nouvelle automobile et ma mère a acheté une jolie robe. Quand je leur ai dit que je voulais faire quelques achats, ils m'ont demandé: —Qu'est-ce que tu achèteras?

Je leur ai répondu: —Je ne suis pas acheteur d'un grand magasin! J'achèterai un petit cadeau pour toi et pour toi!

un achat   purchase; **acheter qqch à qqn**   to buy something from someone
un acheteur, une acheteuse   buyer, purchaser
achetable   purchasable; **racheter**   to ransom; to buy back
acheter comptant   to buy in cash; **acheter à crédit**   to buy on credit

The subject pronouns are found on the page facing page 1.   **17**

to achieve, to finish, to complete, to end

The Seven Simple Tenses		The Seven Compound Tenses	
Singular	Plural	Singular	Plural
1 présent de l'indicatif		**8 passé composé**	
achève	achevons	ai achevé	avons achevé
achèves	achevez	as achevé	avez achevé
achève	achèvent	a achevé	ont achevé
2 imparfait de l'indicatif		**9 plus-que-parfait de l'indicatif**	
achevais	achevions	avais achevé	avions achevé
achevais	acheviez	avais achevé	aviez achevé
achevait	achevaient	avait achevé	avaient achevé
3 passé simple		**10 passé antérieur**	
achevai	achevâmes	eus achevé	eûmes achevé
achevas	achevâtes	eus achevé	eûtes achevé
acheva	achevèrent	eut achevé	eurent achevé
4 futur		**11 futur antérieur**	
achèverai	achèverons	aurai achevé	aurons achevé
achèveras	achèverez	auras achevé	aurez achevé
achèvera	achèveront	aura achevé	auront achevé
5 conditionnel		**12 conditionnel passé**	
achèverais	achèverions	aurais achevé	aurions achevé
achèverais	achèveriez	aurais achevé	auriez achevé
achèverait	achèveraient	aurait achevé	auraient achevé
6 présent du subjonctif		**13 passé du subjonctif**	
achève	achevions	aie achevé	ayons achevé
achèves	acheviez	aies achevé	ayez achevé
achève	achèvent	ait achevé	aient achevé
7 imparfait du subjonctif		**14 plus-que-parfait du subjonctif**	
achevasse	achevassions	eusse achevé	eussions achevé
achevasses	achevassiez	eusses achevé	eussiez achevé
achevât	achevassent	eût achevé	eussent achevé

Impératif
achève
achevons
achevez

Words and expressions related to this verb

achever de faire qqch to finish doing something
s'achever to come to an end, to close, to be fulfilled
un idiot achevé, une idiote achevée a complete idiot
un achèvement completion, end, conclusion; **l'achèvement du travail** completion of the work

Consult the sections on verbs used in idiomatic expressions, verbs with prepositions, and the list of over 1,000 verbs conjugated like model verbs in the back pages.

to acquire, to obtain

The Seven Simple Tenses		The Seven Compound Tenses	
Singular	Plural	Singular	Plural
1 présent de l'indicatif		**8 passé composé**	
acquiers	acquérons	ai acquis	avons acquis
acquiers	acquérez	as acquis	avez acquis
acquiert	acquièrent	a acquis	ont acquis
2 imparfait de l'indicatif		**9 plus-que-parfait de l'indicatif**	
acquérais	acquérions	avais acquis	avions acquis
acquérais	acquériez	avais acquis	aviez acquis
acquérait	acquéraient	avait acquis	avaient acquis
3 passé simple		**10 passé antérieur**	
acquis	acquîmes	eus acquis	eûmes acquis
acquis	acquîtes	eus acquis	eûtes acquis
acquit	acquirent	eut acquis	eurent acquis
4 futur		**11 futur antérieur**	
acquerrai	acquerrons	aurai acquis	aurons acquis
acquerras	acquerrez	auras acquis	aurez acquis
acquerra	acquerront	aura acquis	auront acquis
5 conditionnel		**12 conditionnel passé**	
acquerrais	acquerrions	aurais acquis	aurions acquis
acquerrais	acquerriez	aurais acquis	auriez acquis
acquerrait	acquerraient	aurait acquis	auraient acquis
6 présent du subjonctif		**13 passé du subjonctif**	
acquière	acquérions	aie acquis	ayons acquis
acquières	acquériez	aies acquis	ayez acquis
acquière	acquièrent	ait acquis	aient acquis
7 imparfait du subjonctif		**14 plus-que-parfait du subjonctif**	
acquisse	acquissions	eusse acquis	eussions acquis
acquisses	acquissiez	eusses acquis	eussiez acquis
acquît	acquissent	eût acquis	eussent acquis

Impératif
acquiers
acquérons
acquérez

Words and expressions related to this verb

s'acquérir   to accrue; to improve; to be gained or obtained
une acquisition   acquisition, purchase; **faire l'acquisition de**   to acquire
un acquit   receipt; release
acquis, acquise   acquired
conquérir   to conquer

Consult the sections on verbs used in idiomatic expressions, verbs with prepositions, and the list of over 1,000 verbs conjugated like model verbs in the back pages.

to admit

The Seven Simple Tenses		The Seven Compound Tenses	
Singular	Plural	Singular	Plural
1 présent de l'indicatif		**8 passé composé**	
admets	admettons	ai admis	avons admis
admets	admettez	as admis	avez admis
admet	admettent	a admis	ont admis
2 imparfait de l'indicatif		**9 plus-que-parfait de l'indicatif**	
admettais	admettions	avais admis	avions admis
admettais	admettiez	avais admis	aviez admis
admettait	admettaient	avait admis	avaient admis
3 passé simple		**10 passé antérieur**	
admis	admîmes	eus admis	eûmes admis
admis	admîtes	eus admis	eûtes admis
admit	admirent	eut admis	eurent admis
4 futur		**11 futur antérieur**	
admettrai	admettrons	aurai admis	aurons admis
admettras	admettrez	auras admis	aurez admis
admettra	admettront	aura admis	auront admis
5 conditionnel		**12 conditionnel passé**	
admettrais	admettrions	aurais admis	aurions admis
admettrais	admettriez	aurais admis	auriez admis
admettrait	admettraient	aurait admis	auraient admis
6 présent du subjonctif		**13 passé du subjonctif**	
admette	admettions	aie admis	ayons admis
admettes	admettiez	aies admis	ayez admis
admette	admettent	ait admis	aient admis
7 imparfait du subjonctif		**14 plus-que-parfait du subjonctif**	
admisse	admissions	eusse admis	eussions admis
admisses	admissiez	eusses admis	eussiez admis
admît	admissent	eût admis	eussent admis

Impératif
admets
admettons
admettez

Sentences using this verb and words related to it

　　Je connais un élève qui n'admet pas toujours ses fautes. Un jour, dans la classe de français, Robert a lancé son crayon contre le mur. Le professeur lui a dit: Robert, ce que tu viens de faire n'est pas admissible dans cette classe.
　　Robert a répondu: — Mais, monsieur, ce n'est pas moi qui ai lancé ce crayon. C'était Georges.
　　— Ce n'est pas vrai! dit Georges. Admets la vérité, Robert. Après quelques minutes, Robert a admis que c'était lui.

admis, admise　　admitted, accepted
une admission　　admission, admittance

The Seven Simple Tenses		The Seven Compound Tenses	
Singular	Plural	Singular	Plural

1 présent de l'indicatif		8 passé composé	
admire	admirons	ai admiré	avons admiré
admires	admirez	as admiré	avez admiré
admire	admirent	a admiré	ont admiré

2 imparfait de l'indicatif		9 plus-que-parfait de l'indicatif	
admirais	admirions	avais admiré	avions admiré
admirais	admiriez	avais admiré	aviez admiré
admirait	admiraient	avait admiré	avaient admiré

3 passé simple		10 passé antérieur	
admirai	admirâmes	eus admiré	eûmes admiré
admiras	admirâtes	eus admiré	eûtes admiré
admira	admirèrent	eut admiré	eurent admiré

4 futur		11 futur antérieur	
admirerai	admirerons	aurai admiré	aurons admiré
admireras	admirerez	auras admiré	aurez admiré
admirera	admireront	aura admiré	auront admiré

5 conditionnel		12 conditionnel passé	
admirerais	admirerions	aurais admiré	aurions admiré
admirerais	admireriez	aurais admiré	auriez admiré
admirerait	admireraient	aurait admiré	auraient admiré

6 présent du subjonctif		13 passé du subjonctif	
admire	admirions	aie admiré	ayons admiré
admires	admiriez	aies admiré	ayez admiré
admire	admirent	ait admiré	aient admiré

7 imparfait du subjonctif		14 plus-que-parfait du subjonctif	
admirasse	admirassions	eusse admiré	eussions admiré
admirasses	admirassiez	eusses admiré	eussiez admiré
admirât	admirassent	eût admiré	eussent admiré

Impératif
admire
admirons
admirez

Sentences using this verb and words related to it

Il y a des personnes admirables, n'est-ce pas? Quelle personne admirez-vous le plus? Est-ce que vous aimez une personne qui vous admire? Avez-vous des admirateurs, des admiratrices? Moi, j'admire l'art d'Auguste Rodin. Je suis toujours en admiration devant ses oeuvres sculptées.

une admiration   admiration, wonder
admirativement   admiringly
admiratif, admirative   admiring
un admirateur, une admiratrice   admirer

to worship, to adore

The Seven Simple Tenses		The Seven Compound Tenses	
Singular	Plural	Singular	Plural
1 présent de l'indicatif		**8 passé composé**	
adore	adorons	ai adoré	avons adoré
adores	adorez	as adoré	avez adoré
adore	adorent	a adoré	ont adoré
2 imparfait de l'indicatif		**9 plus-que-parfait de l'indicatif**	
adorais	adorions	avais adoré	avions adoré
adorais	adoriez	avais adoré	aviez adoré
adorait	adoraient	avait adoré	avaient adoré
3 passé simple		**10 passé antérieur**	
adorai	adorâmes	eus adoré	eûmes adoré
adoras	adorâtes	eus adoré	eûtes adoré
adora	adorèrent	eut adoré	eurent adoré
4 futur		**11 futur antérieur**	
adorerai	adorerons	aurai adoré	aurons adoré
adoreras	adorerez	auras adoré	aurez adoré
adorera	adoreront	aura adoré	auront adoré
5 conditionnel		**12 conditionnel passé**	
adorerais	adorerions	aurais adoré	aurions adoré
adorerais	adoreriez	aurais adoré	auriez adoré
adorerait	adoreraient	aurait adoré	auraient adoré
6 présent du subjonctif		**13 passé du subjonctif**	
adore	adorions	aie adoré	ayons adoré
adores	adoriez	aies adoré	ayez adoré
adore	adorent	ait adoré	aient adoré
7 imparfait du subjonctif		**14 plus-que-parfait du subjonctif**	
adorasse	adorassions	eusse adoré	eussions adoré
adorasses	adorassiez	eusses adoré	eussiez adoré
adorât	adorassent	eût adoré	eussent adoré

Impératif
adore
adorons
adorez

Sentences using this verb and words related to it

   Claudette adore dancer avec les beaux garçons. Elle adore mettre tous ses bijoux avant d'aller au bal. Elle est adorable, gracieuse, et danse adorablement.

adorable   adorable, charming, delightful
une adoration   adoration, worship
adorablement   adorably
un adorateur, une adoratrice   adorer, worshipper
dorer   to gild

The Seven Simple Tenses		The Seven Compound Tenses	
Singular	Plural	Singular	Plural
1 présent de l'indicatif		**8 passé composé**
adresse	adressons	ai adressé	avons adressé
adresses	adressez	as adressé	avez adressé
adresse	adressent	a adressé	ont adressé
2 imparfait de l'indicatif		**9 plus-que-parfait de l'indicatif**
adressais	adressions	avais adressé	avions adressé
adressais	adressiez	avais adressé	aviez adressé
adressait	adressaient	avait adressé	avaient adressé
3 passé simple		**10 passé antérieur**
adressai	adressâmes	eus adressé	eûmes adressé
adressas	adressâtes	eus adressé	eûtes adressé
adressa	adressèrent	eut adressé	eurent adressé
4 futur		**11 futur antérieur**
adresserai	adresserons	aurai adressé	aurons adressé
adresseras	adresserez	auras adressé	aurez adressé
adressera	adresseront	aura adressé	auront adressé
5 conditionnel		**12 conditionnel passé**
adresserais	adresserions	aurais adressé	aurions adressé
adresserais	adresseriez	aurais adressé	auriez adressé
adresserait	adresseraient	aurait adressé	auraient adressé
6 présent du subjonctif		**13 passé du subjonctif**
adresse	adressions	aie adressé	ayons adressé
adresses	adressiez	aies adressé	ayez adressé
adresse	adressent	ait adressé	aient adressé
7 imparfait du subjonctif		**14 plus-que-parfait du subjonctif**
adressasse	adressassions	eusse adressé	eussions adressé
adressasses	adressassiez	eusses adressé	eussiez adressé
adressât	adressassent	eût adressé	eussent adressé

Impératif
adresse
adressons
adressez

Words and expressions related to this verb

une adresse   address; skill, adroitness
adresser qqn à   to refer someone to
adresser la parole à   to direct your words to, to speak to
s'adresser à   to apply to
un tour d'adresse   feat of skill

Consult the sections on verbs used in idiomatic expressions, verbs with prepositions, and the list of over 1,000 verbs conjugated like model verbs in the back pages.

advenir

to happen, to occur, to come to pass

The Seven Simple Tenses		The Seven Compound Tenses	
Singular	Plural	Singular	Plural
1 présent de l'indicatif **il advient**		8 passé composé **il est advenu**	
2 imparfait de l'indicatif **il advenait**		9 plus-que-parfait de l'indicatif **il était advenu**	
3 passé simple **il advint**		10 passé antérieur **il fut advenu**	
4 futur **il adviendra**		11 futur antérieur **il sera advenu**	
5 conditionnel **il adviendrait**		12 conditionnel passé **il serait advenu**	
6 présent du subjonctif **qu'il advienne**		13 passé du subjonctif **qu'il soit advenu**	
7 imparfait du subjonctif **qu'il advînt**		14 plus-que-parfait du subjonctif **qu'il fût advenu**	

Impératif
Qu'il advienne!
Let it come to pass!

Words and expressions related to this verb

Il advint que. . .   It came to pass that. . .
Advienne que pourra. . .   Come what may. . .
dans un proche avenir   in the near future
À l'avenir soyez à l'heure!   In the future be on time!
une aventure   adventure
Voilà ce qu'il advint   That's what happened.

l'avenir *m.*   (from **à + venir**) future
à l'avenir   in the future, from this moment on
prédire l'avenir   to predict the future
l'avènement *m.*   advent
l'avent *m.*   advent (ecclesiastical term)
aventurer   to venture

This is an impersonal verb used in the 3rd person singular only.

to annoy, to irritate, to pester, to vex

The Seven Simple Tenses		The Seven Compound Tenses	
Singular	Plural	Singular	Plural
1 présent de l'indicatif		**8 passé composé**	
agace	agaçons	ai agacé	avons agacé
agaces	agacez	as agacé	avez agacé
agace	agacent	a agacé	ont agacé
2 imparfait de l'indicatif		**9 plus-que-parfait de l'indicatif**	
agaçais	agacions	avais agacé	avions agacé
agaçais	agaciez	avais agacé	aviez agacé
agaçait	agaçaient	avait agacé	avaient agacé
3 passé simple		**10 passé antérieur**	
agaçai	agaçâmes	eus agacé	eûmes agacé
agaças	agaçâtes	eus agacé	eûtes agacé
agaça	agacèrent	eut agacé	eurent agacé
4 futur		**11 futur antérieur**	
agacerai	agacerons	aurai agacé	aurons agacé
agaceras	agacerez	auras agacé	aurez agacé
agacera	agaceront	aura agacé	auront agacé
5 conditionnel		**12 conditionnel passé**	
agacerais	agacerions	aurais agacé	aurions agacé
agacerais	agaceriez	aurais agacé	auriez agacé
agacerait	agaceraient	aurait agacé	auraient agacé
6 présent du subjonctif		**13 passé du subjonctif**	
agace	agacions	aie agacé	ayons agacé
agaces	agaciez	aies agacé	ayez agacé
agace	agacent	ait agacé	aient agacé
7 imparfait du subjonctif		**14 plus-que-parfait du subjonctif**	
agaçasse	agaçassions	eusse agacé	eussions agacé
agaçasses	agaçassiez	eusses agacé	eussiez agacé
agaçât	agaçassent	eût agacé	eussent agacé

Impératif
agace
agaçons
agacez

Words and expressions related to this verb

un agacement   irritation
Cela est agaçant!   That's irritating!
agacer les nerfs de qqn   to get on
    someone's nerves

s'agacer   to get annoyed, irritated
une agacerie, des agaceries   teasing

Consult the sections on verbs used in idiomatic expressions, verbs with prepositions, and the list of over 1,000 verbs conjugated like model verbs in the back pages.

to act, to behave, to take effect

The Seven Simple Tenses		The Seven Compound Tenses	
Singular	Plural	Singular	Plural
1 présent de l'indicatif		**8 passé composé**	
agis	agissons	ai agi	avons agi
agis	agissez	as agi	avez agi
agit	agissent	a agi	ont agi
2 imparfait de l'indicatif		**9 plus-que-parfait de l'indicatif**	
agissais	agissions	avais agi	avions agi
agissais	agissiez	avais agi	aviez agi
agissait	agissaient	avait agi	avaient agi
3 passé simple		**10 passé antérieur**	
agis	agîmes	eus agi	eûmes agi
agis	agîtes	eus agi	eûtes agi
agit	agirent	eut agi	eurent agi
4 futur		**11 futur antérieur**	
agirai	agirons	aurai agi	aurons agi
agiras	agirez	auras agi	aurez agi
agira	agiront	aura agi	auront agi
5 conditionnel		**12 conditionnel passé**	
agirais	agirions	aurais agi	aurions agi
agirais	agiriez	aurais agi	auriez agi
agirait	agiraient	aurait agi	auraient agi
6 présent du subjonctif		**13 passé du subjonctif**	
agisse	agissions	aie agi	ayons agi
agisses	agissiez	aies agi	ayez agi
agisse	agissent	ait agi	aient agi
7 imparfait du subjonctif		**14 plus-que-parfait du subjonctif**	
agisse	agissions	eusse agi	eussions agi
agisses	agissiez	eusses agi	eussiez agi
agît	agissent	eût agi	eussent agi

Impératif
agis
agissons
agissez

Words and expressions related to this verb

faire agir   to set in motion, to call into action
bien agir   to behave well; **mal agir**   to behave badly
agir sur   to bear upon, to influence, to act upon
agir contre   to sue, to take action against
faire agir la loi   to put the law into effect
un agitateur, une agitatrice   agitator
agiter   to rouse, to stir up; to agitate, to shake

Consult the sections on verbs used in idiomatic expressions, verbs with prepositions, and the list of over 1,000 verbs conjugated like model verbs in the back pages.

to be the matter, to be a question of

The Seven Simple Tenses	The Seven Compound Tenses
Singular	Singular
1 présent de l'indicatif **il s'agit**	8 passé composé **il s'est agi**
2 imparfait de l'indicatif **il s'agissait**	9 plus-que-parfait de l'indicatif **il s'était agi**
3 passé simple **il s'agit**	10 passé antérieur **il se fut agi**
4 futur **il s'agira**	11 futur antérieur **il se sera agi**
5 conditionnel **il s'agirait**	12 conditionnel passé **il se serait agi**
6 présent du subjonctif **qu'il s'agisse**	13 passé du subjonctif **qu'il se soit agi**
7 imparfait du subjonctif **qu'il s'agît**	14 plus-que-parfait du subjonctif **qu'il se fût agi**

Impératif

—

Common idiomatic expressions using this verb

Hier, le petit Michel est entré dans la maison tout en pleurant.
—De quoi s'agit-il?! s'exclame sa mère.
—Il s'agit. . . il s'agit. . . de mon vélo. Quelqu'un a volé mon vélo!

Note that this verb is impersonal and is used primarily in the tenses given above.

s'agir de   to have to do with, to be a matter of
De quoi s'agit-il?   What's the matter? What's up?
Voici ce dont il s'agit   This is what it's about.
Il s'agit de mon vélo   It's about my bike.

to aid, to help, to assist

The Seven Simple Tenses		The Seven Compound Tenses	
Singular	Plural	Singular	Plural
1 présent de l'indicatif		**8 passé composé**	
aide	aidons	ai aidé	avons aidé
aides	aidez	as aidé	avez aidé
aide	aident	a aidé	ont aidé
2 imparfait de l'indicatif		**9 plus-que-parfait de l'indicatif**	
aidais	aidions	avais aidé	avions aidé
aidais	aidiez	avais aidé	aviez aidé
aidait	aidaient	avait aidé	avaient aidé
3 passé simple		**10 passé antérieur**	
aidai	aidâmes	eus aidé	eûmes aidé
aidas	aidâtes	eus aidé	eûtes aidé
aida	aidèrent	eut aidé	eurent aidé
4 futur		**11 futur antérieur**	
aiderai	aiderons	aurai aidé	aurons aidé
aideras	aiderez	auras aidé	aurez aidé
aidera	aideront	aura aidé	auront aidé
5 conditionnel		**12 conditionnel passé**	
aiderais	aiderions	aurais aidé	aurions aidé
aiderais	aideriez	aurais aidé	auriez aidé
aiderait	aideraient	aurait aidé	auraient aidé
6 présent du subjonctif		**13 passé du subjonctif**	
aide	aidions	aie aidé	ayons aidé
aides	aidiez	aies aidé	ayez aidé
aide	aident	ait aidé	aient aidé
7 imparfait du subjonctif		**14 plus-que-parfait du subjonctif**	
aidasse	aidassions	eusse aidé	eussions aidé
aidasses	aidassiez	eusses aidé	eussiez aidé
aidât	aidassent	eût aidé	eussent aidé

Impératif
aide
aidons
aidez

Sentences using this verb and words related to it

Tous les soirs Roger aide son petit frère à faire sa leçon de mathématiques. Ce soir, le petit frère lui demande: — Après cette leçon, veux-tu m'aider à écrire une composition?
— Aide-toi et le ciel t'aidera, lui répond son grand frère.

aider qqn à faire qqch   to help someone do something
s'aider   to help oneself; to help each other
une aide   aid, assistance, help; **à l'aide de**   with the help of
un aide-mémoire   handbook, memory aid
Aide-toi et le ciel t'aidera   God helps those who help themselves.

to love, to like

The Seven Simple Tenses		The Seven Compound Tenses	
Singular	Plural	Singular	Plural

1 présent de l'indicatif

aime	aimons
aimes	aimez
aime	aiment

8 passé composé

ai aimé	avons aimé
as aimé	avez aimé
a aimé	ont aimé

2 imparfait de l'indicatif

aimais	aimions
aimais	aimiez
aimait	aimaient

9 plus-que-parfait de l'indicatif

avais aimé	avions aimé
avais aimé	aviez aimé
avait aimé	avaient aimé

3 passé simple

aimai	aimâmes
aimas	aimâtes
aima	aimèrent

10 passé antérieur

eus aimé	eûmes aimé
eus aimé	eûtes aimé
eut aimé	eurent aimé

4 futur

aimerai	aimerons
aimeras	aimerez
aimera	aimeront

11 futur antérieur

aurai aimé	aurons aimé
auras aimé	aurez aimé
aura aimé	auront aimé

5 conditionnel

aimerais	aimerions
aimerais	aimeriez
aimerait	aimeraient

12 conditionnel passé

aurais aimé	aurions aimé
aurais aimé	auriez aimé
aurait aimé	auraient aimé

6 présent du subjonctif

aime	aimions
aimes	aimiez
aime	aiment

13 passé du subjonctif

aie aimé	ayons aimé
aies aimé	ayez aimé
ait aimé	aient aimé

7 imparfait du subjonctif

aimasse	aimassions
aimasses·	aimassiez
aimât	aimassent

14 plus-que-parfait du subjonctif

eusse aimé	eussions aimé
eusses aimé	eussiez aimé
eût aimé	eussent aimé

Impératif
aime
aimons
aimez

Sentences using this verb and words related to it

   Qu'est-ce que vous aimez faire après le dîner? Etudier? Jouer? Regarder la télé? Est-ce que vous êtes aimable? Etes-vous aimable avec tout le monde?
   Est-ce que vous aimez mieux étudier ou jouer?

amour *m.*   love; **une chanson d'amour**   love song (song of love)
aimer bien qqn   to like somebody
aimer (à) faire qqch   to enjoy doing something
aimer mieux   to prefer, to like better
aimable   friendly, amiable, pleasant
un amant   lover; **une amante**   mistress; **amoureux, amoureuse de**   in love with;
   tomber amoureux, amoureuse   to fall in love

The subject pronouns are found on the page facing page 1.

to add

The Seven Simple Tenses		The Seven Compound Tenses	
Singular	Plural	Singular	Plural
1 présent de l'indicatif		**8 passé composé**	
ajoute	ajoutons	ai ajouté	avons ajouté
ajoutes	ajoutez	as ajouté	avez ajouté
ajoute	ajoutent	a ajouté	ont ajouté
2 imparfait de l'indicatif		**9 plus-que-parfait de l'indicatif**	
ajoutais	ajoutions	avais ajouté	avions ajouté
ajoutais	ajoutiez	avais ajouté	aviez ajouté
ajoutait	ajoutaient	avait ajouté	avaient ajouté
3 passé simple		**10 passé antérieur**	
ajoutai	ajoutâmes	eus ajouté	eûmes ajouté
ajoutas	ajoutâtes	eus ajouté	eûtes ajouté
ajouta	ajoutèrent	eut ajouté	eurent ajouté
4 futur		**11 futur antérieur**	
ajouterai	ajouterons	aurai ajouté	aurons ajouté
ajouteras	ajouterez	auras ajouté	aurez ajouté
ajoutera	ajouteront	aura ajouté	auront ajouté
5 conditionnel		**12 conditionnel passé**	
ajouterais	ajouterions	aurais ajouté	aurions ajouté
ajouterais	ajouteriez	aurais ajouté	auriez ajouté
ajouterait	ajouteraient	aurait ajouté	auraient ajouté
6 présent du subjonctif		**13 passé du subjonctif**	
ajoute	ajoutions	aie ajouté	ayons ajouté
ajoutes	ajoutiez	aies ajouté	ayez ajouté
ajoute	ajoutent	ait ajouté	aient ajouté
7 imparfait du subjonctif		**14 plus-que-parfait du subjonctif**	
ajoutasse	ajoutassions	eusse ajouté	eussions ajouté
ajoutasses	ajoutassiez	eusses ajouté	eussiez ajouté
ajoutât	ajoutassent	eût ajouté	eussent ajouté

Impératif
ajoute
ajoutons
ajoutez

Sentences using this verb and words related to it

Si vous aimez faire un ragoût délicieux, ajoutez-y quelques petits oignons, du sel, du poivre, et une gousse d'ail pour obtenir une saveur piquante. Il y a d'autres assaisonnements et condiments que vous pouvez y ajouter aussi. Un assaisonnement ajoute du piquant dans votre ragoût.

un ajout   addition, additive
ajouter foi à   to add credence to, to give credence to
jouter   to tilt, to joust; to dispute, to fight
une joute   contest, tournament

The Seven Simple Tenses		The Seven Compound Tenses	
Singular	Plural	Singular	Plural
1 présent de l'indicatif		**8 passé composé**	
vais	allons	suis allé(e)	sommes allé(e)s
vas	allez	es allé(e)	êtes allé(e)(s)
va	vont	est allé(e)	sont allé(e)s
2 imparfait de l'indicatif		**9 plus-que-parfait de l'indicatif**	
allais	allions	étais allé(e)	étions allé(e)s
allais	alliez	étais allé(e)	étiez allé(e)(s)
allait	allaient	était allé(e)	étaient allé(e)s
3 passé simple		**10 passé antérieur**	
allai	allâmes	fus allé(e)	fûmes allé(e)s
allas	allâtes	fus allé(e)	fûtes allé(e)(s)
alla	allèrent	fut allé(e)	furent allé(e)s
4 futur		**11 futur antérieur**	
irai	irons	serai allé(e)	serons allé(e)s
iras	irez	seras allé(e)	serez allé(e)(s)
ira	iront	sera allé(e)	seront allé(e)s
5 conditionnel		**12 conditionnel passé**	
irais	irions	serais allé(e)	serions allé(e)s
irais	iriez	serais allé(e)	seriez allé(e)(s)
irait	iraient	serait allé(e)	seraient allé(e)s
6 présent du subjonctif		**13 passé du subjonctif**	
aille	allions	sois allé(e)	soyons allé(e)s
ailles	alliez	sois allé(e)	soyez allé(e)(s)
aille	aillent	soit allé(e)	soient allé(e)s
7 imparfait du subjonctif		**14 plus-que-parfait du subjonctif**	
allasse	allassions	fusse allé(e)	fussions allé(e)s
allasses	allassiez	fusses allé(e)	fussiez allé(e)(s)
allât	allassent	fût allé(e)	fussent allé(e)s

Impératif
va
allons
allez

Common idiomatic expressions using this verb

Comment allez-vous?   Je vais bien, je vais mal, je vais mieux.

aller à la pêche   to go fishing
aller à la rencontre de quelqu'un   to go to meet someone
aller à pied   to walk, to go on foot
aller au fond des choses   to get to the bottom of things
Ça va?   Is everything O.K.? **Oui, ça va!**

Be sure to consult the back pages for verbs used in idiomatic expressions.

The subject pronouns are found on the page facing page 1.   **31**

s'en aller

Part. pr. **s'en allant**   Part. passé **en allé(e)(s)**

to go away

The Seven Simple Tenses		The Seven Compound Tenses	
Singular	Plural	Singular	Plural
1 présent de l'indicatif		**8 passé composé**	
m'en vais	nous en allons	m'en suis allé(e)	nous en sommes allé(e)s
t'en vas	vous en allez	t'en es allé(e)	vous en êtes allé(e)(s)
s'en va	s'en vont	s'en est allé(e)	s'en sont allé(e)s
2 imparfait de l'indicatif		**9 plus-que-parfait de l'indicatif**	
m'en allais	nous en allions	m'en étais allé(e)	nous en étions allé(e)s
t'en allais	vous en alliez	t'en étais allé(e)	vous en étiez allé(e)(s)
s'en allait	s'en allaient	s'en était allé(e)	s'en étaient allé(e)s
3 passé simple		**10 passé antérieur**	
m'en allai	nous en allâmes	m'en fus allé(e)	nous en fûmes allé(e)s
t'en allas	vous en allâtes	t'en fus allé(e)	vous en fûtes allé(e)(s)
s'en alla	s'en allèrent	s'en fut allé(e)	s'en furent allé(e)s
4 futur		**11 futur antérieur**	
m'en irai	nous en irons	m'en serai allé(e)	nous en serons allé(e)s
t'en iras	vous en irez	t'en seras allé(e)	vous en serez allé(e)(s)
s'en ira	s'en iront	s'en sera allé(e)	s'en seront allé(e)s
5 conditionnel		**12 conditionnel passé**	
m'en irais	nous en irions	m'en serais allé(e)	nous en serions allé(e)s
t'en irais	vous en iriez	t'en serais allé(e)	vous en seriez allé(e)(s)
s'en irait	s'en iraient	s'en serait allé(e)	s'en seraient allé(e)s
6 présent du subjonctif		**13 passé du subjonctif**	
m'en aille	nous en allions	m'en sois allé(e)	nous en soyons allé(e)s
t'en ailles	vous en alliez	t'en sois allé(e)	vous en soyez allé(e)(s)
s'en aille	s'en aillent	s'en soit allé(e)	s'en soient allé(e)s
7 imparfait du subjonctif		**14 plus-que-parfait du subjonctif**	
m'en allasse	nous en allassions	m'en fusse allé(e)	nous en fussions allé(e)s
t'en allasses	vous en allassiez	t'en fusses allé(e)	vous en fussiez allé(e)(s)
s'en allât	s'en allassent	s'en fût allé(e)	s'en fussent allé(e)s

Impératif
va-t'en; ne t'en va pas
allons-nous-en; ne nous en allons pas
allez-vous-en; ne vous en allez pas

Common idiomatic expressions using this verb

This verb also has the following idiomatic meanings: to move away (from one residence to another), to die, to pass away, to steal away.

Monsieur et Madame Moreau n'habitent plus ici. Ils s'en sont allés. Je crois qu'ils sont maintenant à Bordeaux.

Madame Morel est gravement malade; elle s'en va.

Le cambrioleur s'en est allé furtivement avec l'argent et les bijoux.

Be sure to consult the back pages for verbs used in idiomatic expressions and with prepositions.

Part. pr. **amenant**   Part. passé **amené**   **amener**

to bring, to lead

The Seven Simple Tenses		The Seven Compound Tenses	
Singular	Plural	Singular	Plural
1 présent de l'indicatif		**8 passé composé**	
amène	amenons	ai amené	avons amené
amènes	amenez	as amené	avez amené
amène	amènent	a amené	ont amené
2 imparfait de l'indicatif		**9 plus-que-parfait de l'indicatif**	
amenais	amenions	avais amené	avions amené
amenais	ameniez	avais amené	aviez amené
amenait	amenaient	avait amené	avaient amené
3 passé simple		**10 passé antérieur**	
amenai	amenâmes	eus amené	eûmes amené
amenas	amenâtes	eus amené	eûtes amené
amena	amenèrent	eut amené	eurent amené
4 futur		**11 futur antérieur**	
amènerai	amènerons	aurai amené	aurons amené
amèneras	amènerez	auras amené	aurez amené
amènera	amèneront	aura amené	auront amené
5 conditionnel		**12 conditionnel passé**	
amènerais	amènerions	aurais amené	aurions amené
amènerais	amèneriez	aurais amené	auriez amené
amènerait	amèneraient	aurait amené	auraient amené
6 présent du subjonctif		**13 passé du subjonctif**	
amène	amenions	aie amené	ayons amené
amènes	ameniez	aies amené	ayez amené
amène	amènent	ait amené	aient amené
7 imparfait du subjonctif		**14 plus-que-parfait du subjonctif**	
amenasse	amenassions	eusse amené	eussions amené
amenasses	amenassiez	eusses amené	eussiez amené
amenât	amenassent	eût amené	eussent amené

Impératif
amène
amenons
amenez

Sentences using this verb and words related to it

   Aujourd'hui ma mère a amené ma petite soeur chez le dentiste. Quand elles sont entrées chez lui, le dentiste leur a demandé: —Quel bon vent vous amène ici??

amener une conversation   to direct, lead a conversation
amène   pleasant, agreeable

Be sure to consult the back pages for sections on verbs used in idiomatic expressions, verbs with prepositions, and the list of over 1,000 verbs conjugated like model verbs.

to amuse, to entertain

The Seven Simple Tenses		The Seven Compound Tenses	
Singular	Plural	Singular	Plural
1 présent de l'indicatif		**8 passé composé**	
amuse	amusons	ai amusé	avons amusé
amuses	amusez	as amusé	avez amusé
amuse	amusent	a amusé	ont amusé
2 imparfait de l'indicatif		**9 plus-que-parfait de l'indicatif**	
amusais	amusions	avais amusé	avions amusé
amusais	amusiez	avais amusé	aviez amusé
amusait	amusaient	avait amusé	avaient amusé
3 passé simple		**10 passé antérieur**	
amusai	amusâmes	eus amusé	eûmes amusé
amusas	amusâtes	eus amusé	eûtes amusé
amusa	amusèrent	eut amusé	eurent amusé
4 futur		**11 futur antérieur**	
amuserai	amuserons	aurai amusé	aurons amusé
amuseras	amuserez	auras amusé	aurez amusé
amusera	amuseront	aura amusé	auront amusé
5 conditionnel		**12 conditionnel passé**	
amuserais	amuserions	aurais amusé	aurions amusé
amuserais	amuseriez	aurais amusé	auriez amusé
amuserait	amuseraient	aurait amusé	auraient amusé
6 présent du subjonctif		**13 passé du subjonctif**	
amuse	amusions	aie amusé	ayons amusé
amuses	amusiez	aies amusé	ayez amusé
amuse	amusent	ait amusé	aient amusé
7 imparfait du subjonctif		**14 plus-que-parfait du subjonctif**	
amusasse	amusassions	eusse amusé	eussions amusé
amusasses	amusassiez	eusses amusé	eussiez amusé
amusât	amusassent	eût amusé	eussent amusé

Impératif
amuse
amusons
amusez

Sentences using this verb and words related to it

Cet acteur sait bien jouer son rôle. Il amuse les spectateurs. C'est un comédien accompli. Il est amusant, n'est-ce pas?

amusant, amusante   amusing
un amuseur   amuser, entertainer
un amuse-gueule   tidbit, titbit
une amusette   diversion, pastime
un amusement   amusement, entertainment

See also s'amuser.

to have a good time, to amuse oneself, to enjoy oneself

The Seven Simple Tenses		The Seven Compound Tenses	
Singular	Plural	Singular	Plural
1 présent de l'indicatif		**8 passé composé**	
m'amuse	nous amusons	me suis amusé(e)	nous sommes amusé(e)s
t'amuses	vous amusez	t'es amusé(e)	vous êtes amusé(e)(s)
s'amuse	s'amusent	s'est amusé(e)	se sont amusé(e)s
2 imparfait de l'indicatif		**9 plus-que-parfait de l'indicatif**	
m'amusais	nous amusions	m'étais amusé(e)	nous étions amusé(e)s
t'amusais	vous amusiez	t'étais amusé(e)	vous étiez amusé(e)(s)
s'amusait	s'amusaient	s'était amusé(e)	s'étaient amusé(e)s
3 passé simple		**10 passé antérieur**	
m'amusai	nous amusâmes	me fus amusé(e)	nous fûmes amusé(e)s
t'amusas	vous amusâtes	te fus amusé(e)	vous fûtes amusé(e)(s)
s'amusa	s'amusèrent	se fut amusé(e)	se furent amusé(e)s
4 futur		**11 futur antérieur**	
m'amuserai	nous amuserons	me serai amusé(e)	nous serons amusé(e)s
t'amuseras	vous amuserez	te seras amusé(e)	vous serez amusé(e)(s)
s'amusera	s'amuseront	se sera amusé(e)	se seront amusé(e)s
5 conditionnel		**12 conditionnel passé**	
m'amuserais	nous amuserions	me serais amusé(e)	nous serions amusé(e)s
t'amuserais	vous amuseriez	te serais amusé(e)	vous seriez amusé(e)(s)
s'amuserait	s'amuseraient	se serait amusé(e)	se seraient amusé(e)s
6 présent du subjonctif		**13 passé du subjonctif**	
m'amuse	nous amusions	me sois amusé(e)	nous soyons amusé(e)s
t'amuses	vous amusiez	te sois amusé(e)	vous soyez amusé(e)(s)
s'amuse	s'amusent	se soit amusé(e)	se soient amusé(e)s
7 imparfait du subjonctif		**14 plus-que-parfait du subjonctif**	
m'amusasse	nous amusassions	me fusse amusé(e)	nous fussions amusé(e)s
t'amusasses	vous amusassiez	te fusses amusé(e)	vous fussiez amusé(e)(s)
s'amusât	s'amusassent	se fût amusé(e)	se fussent amusé(e)s

Impératif
amuse-toi; ne t'amuse pas
amusons-nous; ne nous amusons pas
amusez-vous; ne vous amusez pas

Sentences using this verb and words related to it

Il y a des élèves qui s'amusent à mettre le professeur en colère. Est-ce que vous vous amusez dans la classe de français? Moi, je m'amuse beaucoup dans cette classe.

Hier soir je suis allé au cinéma et j'ai vu un film très amusant. Je me suis bien amusé. Mon amie, Françoise, s'est bien amusée aussi.

Que faites-vous pour vous amuser?

s'amuser à + inf.   to enjoy oneself + pres. part.
s'amuser de   to make fun of
s'amuser avec   to play with

See also **amuser.**

The subject pronouns are found on the page facing page 1.   **35**

to announce

The Seven Simple Tenses		The Seven Compound Tenses	
Singular	Plural	Singular	Plural
1 présent de l'indicatif		**8 passé composé**	
annonce	annonçons	ai annoncé	avons annoncé
annonces	annoncez	as annoncé	avez annoncé
annonce	annoncent	a annoncé	ont annoncé
2 imparfait de l'indicatif		**9 plus-que-parfait de l'indicatif**	
annonçais	annoncions	avais annoncé	avions annoncé
annonçais	annonciez	avais annoncé	aviez annoncé
annonçait	annonçaient	avait annoncé	avaient annoncé
3 passé simple		**10 passé antérieur**	
annonçai	annonçâmes	eus annoncé	eûmes annoncé
annonças	annonçâtes	eus annoncé	eûtes annoncé
annonça	annoncèrent	eut annoncé	eurent annoncé
4 futur		**11 futur antérieur**	
annoncerai	annoncerons	aurai annoncé	aurons annoncé
annonceras	annoncerez	auras annoncé	aurez annoncé
annoncera	annonceront	aura annoncé	auront annoncé
5 conditionnel		**12 conditionnel passé**	
annoncerais	annoncerions	aurais annoncé	aurions annoncé
annoncerais	annonceriez	aurais annoncé	auriez annoncé
annoncerait	annonceraient	aurait annoncé	auraient annoncé
6 présent du subjonctif		**13 passé du subjonctif**	
annonce	annoncions	aie annoncé	ayons annoncé
annonces	annonciez	aies annoncé	ayez annoncé
annonce	annoncent	ait annoncé	aient annoncé
7 imparfait du subjonctif		**14 plus-que-parfait du subjonctif**	
annonçasse	annonçassions	eusse annoncé	eussions annoncé
annonçasses	annonçassiez	eusses annoncé	eussiez annoncé
annonçât	annonçassent	eût annoncé	eussent annoncé

Impératif
annonce
annonçons
annoncez

Words and expressions related to this verb

une annonce   announcement, notification
demander par annonce   to advertise for
un annonceur   advertiser, announcer, speaker
un annoncier, une annoncière   advertising manager
s'annoncer bien   to look promising; **Cela s'annonce bien**   That looks promising.
les petites annonces d'un journal   newspaper classified advertisements
s'annoncer   to announce (introduce) oneself

Consult the sections on verbs used in idiomatic expressions, verbs with prepositions, and the list of over 1,000 verbs conjugated like model verbs in the back pages.

to perceive

The Seven Simple Tenses		The Seven Compound Tenses	
Singular	Plural	Singular	Plural

1 présent de l'indicatif

		8 passé composé	
aperçois	apercevons	ai aperçu	avons aperçu
aperçois	apercevez	as aperçu	avez aperçu
aperçoit	aperçoivent	a aperçu	ont aperçu

2 imparfait de l'indicatif

		9 plus-que-parfait de l'indicatif	
apercevais	apercevions	avais aperçu	avions aperçu
apercevais	aperceviez	avais aperçu	aviez aperçu
apercevait	apercevaient	avait aperçu	avaient aperçu

3 passé simple

		10 passé antérieur	
aperçus	aperçûmes	eus aperçu	eûmes aperçu
aperçus	aperçûtes	eus aperçu	eûtes aperçu
aperçut	aperçurent	eut aperçu	eurent aperçu

4 futur

		11 futur antérieur	
apercevrai	apercevrons	aurai aperçu	aurons aperçu
apercevras	apercevrez	auras aperçu	aurez aperçu
apercevra	apercevront	aura aperçu	auront aperçu

5 conditionnel

		12 conditionnel passé	
apercevrais	apercevrions	aurais aperçu	aurions aperçu
apercevrais	apercevriez	aurais aperçu	auriez aperçu
apercevrait	apercevraient	aurait aperçu	auraient aperçu

6 présent du subjonctif

		13 passé du subjonctif	
aperçoive	apercevions	aie aperçu	ayons aperçu
aperçoives	aperceviez	aies aperçu	ayez aperçu
aperçoive	aperçoivent	ait aperçu	aient aperçu

7 imparfait du subjonctif

		14 plus-que-parfait du subjonctif	
aperçusse	aperçussions	eusse aperçu	eussions aperçu
aperçusses	aperçussiez	eusses aperçu	eussiez aperçu
aperçût	aperçussent	eût aperçu	eussent aperçu

Impératif
aperçois
apercevons
apercevez

Words and expressions related to this verb

sans s'en apercevoir   without taking any notice (of it)
la perception   perception
perceptiblement   perceptibly
à peine perceptible   scarcely perceptible

un aperçu   glimpse, glance
s'apercevoir de   to become aware of, to notice
la perceptibilité   perceptibility
perceptif, perceptive   perceptive

Consult the sections on verbs used in idiomatic expressions, verbs with prepositions, and the list of over 1,000 verbs conjugated like model verbs in the back pages.

to appear

The Seven Simple Tenses		The Seven Compound Tenses	
Singular	Plural	Singular	Plural
1 présent de l'indicatif		**8 passé composé**	
apparais	apparaissons	ai apparu	avons apparu
apparais	apparaissez	as apparu	avez apparu
apparaît	apparaissent	a apparu	ont apparu
2 imparfait de l'indicatif		**9 plus-que-parfait de l'indicatif**	
apparaissais	apparaissions	avais apparu	avions apparu
apparaissais	apparaissiez	avais apparu	aviez apparu
apparaissait	apparaissaient	avait apparu	avaient apparu
3 passé simple		**10 passé antérieur**	
apparus	apparûmes	eus apparu	eûmes apparu
apparus	apparûtes	eus apparu	eûtes apparu
apparut	apparurent	eut apparu	eurent apparu
4 futur		**11 futur antérieur**	
apparaîtrai	apparaîtrons	aurai apparu	aurons apparu
apparaîtras	apparaîtrez	auras apparu	aurez apparu
apparaîtra	apparaîtront	aura apparu	auront apparu
5 conditionnel		**12 conditionnel passé**	
apparaîtrais	apparaîtrions	aurais apparu	aurions apparu
apparaîtrais	apparaîtriez	aurais apparu	auriez apparu
apparaîtrait	apparaîtraient	aurait apparu	auraient apparu
6 présent du subjonctif		**13 passé du subjonctif**	
apparaisse	apparaissions	aie apparu	ayons apparu
apparaisses	apparaissiez	aies apparu	ayez apparu
apparaisse	apparaissent	ait apparu	aient apparu
7 imparfait du subjonctif		**14 plus-que-parfait du subjonctif**	
apparusse	apparussions	eusse apparu	eussions apparu
apparusses	apparussiez	eusses apparu	eussiez apparu
apparût	apparussent	eût apparu	eussent apparu

Impératif
apparais
apparaissons
apparaissez

Words and expressions related to this verb

apparemment apparently
apparent, apparente apparent
contre toute apparence contrary to all
   appearances
une apparition apparition
l'apparition d'un livre the appearance
   (publication) of a new book; **vient de**
   paraître just published

une apparence appearance
en apparence in appearance, seemingly
sauver les apparences to save face, to
   keep up appearances
juger d'après les apparences to judge by
   appearances

Consult the sections on verbs used in idiomatic expressions, verbs with prepositions, and the list of over 1,000 verbs conjugated like model verbs in the back pages.

to belong, to pertain

The Seven Simple Tenses		The Seven Compound Tenses	
Singular	Plural	Singular	Plural
1 présent de l'indicatif		**8 passé composé**	
appartiens	appartenons	ai appartenu	avons appartenu
appartiens	appartenez	as appartenu	avez appartenu
appartient	appartiennent	a appartenu	ont appartenu
2 imparfait de l'indicatif		**9 plus-que-parfait de l'indicatif**	
appartenais	appartenions	avais appartenu	avions appartenu
appartenais	apparteniez	avais appartenu	aviez appartenu
appartenait	appartenaient	avait appartenu	avaient appartenu
3 passé simple		**10 passé antérieur**	
appartins	appartînmes	eus appartenu	eûmes appartenu
appartins	appartîntes	eus appartenu	eûtes appartenu
appartint	appartinrent	eut appartenu	eurent appartenu
4 futur		**11 futur antérieur**	
appartiendrai	appartiendrons	aurai appartenu	aurons appartenu
appartiendras	appartiendrez	auras appartenu	aurez appartenu
appartiendra	appartiendront	aura appartenu	auront appartenu
5 conditionnel		**12 conditionnel passé**	
appartiendrais	appartiendrions	aurais appartenu	aurions appartenu
appartiendrais	appartiendriez	aurais appartenu	auriez appartenu
appartiendrait	appartiendraient	aurait appartenu	auraient appartenu
6 présent du subjonctif		**13 passé du subjonctif**	
appartienne	appartenions	aie appartenu	ayons appartenu
appartiennes	apparteniez	aies appartenu	ayez appartenu
appartienne	appartiennent	ait appartenu	aient appartenu
7 imparfait du subjonctif		**14 plus-que-parfait du subjonctif**	
appartinsse	appartinssions	eusse appartenu	eussions appartenu
appartinsses	appartinssiez	eusses appartenu	eussiez appartenu
appartînt	appartinssent	eût appartenu	eussent appartenu

Impératif
appartiens
appartenons
appartenez

Words and expressions related to this verb

appartenir à   to belong to, to pertain to, to appertain to
Il appartient que. . .   It is fitting that. . .
appartenir à qqn de + inf.   to behoove someone to; **Il lui appartient de dire la vérité.**
une appartenance   appurtenance; **appartenant, appartenante**   appertaining, belonging
A TOUS CEUX QU'IL APPARTIENDRA   TO WHOM IT MAY CONCERN
s'appartenir   to be independent
appartenir à qqn de faire qqch   to be up to someone to do something

Consult the sections on verbs used in idiomatic expressions, verbs with prepositions, and the
list of over 1,000 verbs conjugated like model verbs in the back pages.

The subject pronouns are found on the page facing page 1.

appeler

to call, to name, to appeal

The Seven Simple Tenses		The Seven Compound Tenses	
Singular	Plural	Singular	Plural
1 présent de l'indicatif		**8 passé composé**	
appelle	appelons	ai appelé	avons appelé
appelles	appelez	as appelé	avez appelé
appelle	appellent	a appelé	ont appelé
2 imparfait de l'indicatif		**9 plus-que-parfait de l'indicatif**	
appelais	appelions	avais appelé	avions appelé
appelais	appeliez	avais appelé	aviez appelé
appelait	appelaient	avait appelé	avaient appelé
3 passé simple		**10 passé antérieur**	
appelai	appelâmes	eus appelé	eûmes appelé
appelas	appelâtes	eus appelé	eûtes appelé
appela	appelèrent	eut appelé	eurent appelé
4 futur		**11 futur antérieur**	
appellerai	appellerons	aurai appelé	aurons appelé
appelleras	appellerez	auras appelé	aurez appelé
appellera	appelleront	aura appelé	auront appelé
5 conditionnel		**12 conditionnel passé**	
appellerais	appellerions	aurais appelé	aurions appelé
appellerais	appelleriez	aurais appelé	auriez appelé
appellerait	appelleraient	aurait appelé	auraient appelé
6 présent du subjonctif		**13 passé du subjonctif**	
appelle	appelions	aie appelé	ayons appelé
appelles	appeliez	aies appelé	ayez appelé
appelle	appellent	ait appelé	aient appelé
7 imparfait du subjonctif		**14 plus-que-parfait du subjonctif**	
appelasse	appelassions	eusse appelé	eussions appelé
appelasses	appelassiez	eusses appelé	eussiez appelé
appelât	appelassent	eût appelé	eussent appelé

Impératif
appelle
appelons
appelez

Sentences using this verb and words related to it

Madame Dubois va appeler le médecin parce qu'elle ne va pas bien aujourd'hui.

—As-tu appelé le docteur, chérie? lui demande son mari.
—Non, mon chéri—répond sa femme. Je souffre. Veux-tu l'appeler, s'il te plaît?

une appellation appellation; **un appel** appeal, summons
en appeler à qqn to appeal to someone
rappeler to call back, to remind, to recall
un appel call; **appel téléphonique** telephone call; **faire l'appel** to call the roll

40

Part. pr. **s'appelant**   Part. passé **appelé(e)(s)**   **s'appeler**

to be named, to call oneself

The Seven Simple Tenses		The Seven Compound Tenses	
Singular	Plural	Singular	Plural

1 présent de l'indicatif

		8 passé composé	
m'appelle	nous appelons	me suis appelé(e)	nous sommes appelé(e)s
t'appelles	vous appelez	t'es appelé(e)	vous êtes appelé(e)(s)
s'appelle	s'appellent	s'est appelé(e)	se sont appelé(e)s

2 imparfait de l'indicatif

		9 plus-que-parfait de l'indicatif	
m'appelais	nous appelions	m'étais appelé(e)	nous étions appelé(e)s
t'appelais	vous appeliez	t'étais appelé(e)	vous étiez appelé(e)(s)
s'appelait	s'appelaient	s'était appelé(e)	s'étaient appelé(e)s

3 passé simple

		10 passé antérieur	
m'appelai	nous appelâmes	me fus appelé(e)	nous fûmes appelé(e)s
t'appelas	vous appelâtes	te fus appelé(e)	vous fûtes appelé(e)(s)
s'appela	s'appelèrent	se fut appelé(e)	se furent appelé(e)s

4 futur

		11 futur antérieur	
m'appellerai	nous appellerons	me serai appelé(e)	nous serons appelé(e)s
t'appelleras	vous appellerez	te seras appelé(e)	vous serez appelé(e)(s)
s'appellera	s'appelleront	se sera appelé(e)	se seront appelé(e)s

5 conditionnel

		12 conditionnel passé	
m'appellerais	nous appellerions	me serais appelé(e)	nous serions appelé(e)s
t'appellerais	vous appelleriez	te serais appelé(e)	vous seriez appelé(e)(s)
s'appellerait	s'appelleraient	se serait appelé(e)	se seraient appelé(e)s

6 présent du subjonctif

		13 passé du subjonctif	
m'appelle	nous appelions	me sois appelé(e)	nous soyons appelé(e)s
t'appelles	vous appeliez	te sois appelé(e)	vous soyez appelé(e)(s)
s'appelle	s'appellent	se soit appelé(e)	se soient appelé(e)s

7 imparfait du subjonctif

		14 plus-que-parfait du subjonctif	
m'appelasse	nous appelassions	me fusse appelé(e)	nous fussions appelé(e)s
t'appelasses	vous appelassiez	te fusses appelé(e)	vous fussiez appelé(e)(s)
s'appelât	s'appelassent	se fût appelé(e)	se fussent appelé(e)s

Impératif
appelle-toi; ne t'appelle pas
appelons-nous; ne nous appelons pas
appelez-vous; ne vous appelez pas

Sentences using this verb and words related to it

—Bonjour, mon enfant. Comment t'appelles-tu?
—Je m'appelle Henri.
—As-tu des frères et des soeurs?
—Oui, j'ai deux frères et trois soeurs. Ils s'appellent Joseph, Bernard, Thérèse, Paulette, et Andrée.

For other words and expressions related to this verb, see **appeler**, **rappeler**, and **se rappeler**.

to bring, to bear

The Seven Simple Tenses		The Seven Compound Tenses	
Singular	Plural	Singular	Plural
1 présent de l'indicatif		**8 passé composé**	
apporte	apportons	ai apporté	avons apporté
apportes	apportez	as apporté	avez apporté
apporte	apportent	a apporté	ont apporté
2 imparfait de l'indicatif		**9 plus-que-parfait de l'indicatif**	
apportais	apportions	avais apporté	avions apporté
apportais	apportiez	avais apporté	aviez apporté
apportait	apportaient	avait apporté	avaient apporté
3 passé simple		**10 passé antérieur**	
apportai	apportâmes	eus apporté	eûmes apporté
apportas	apportâtes	eus apporté	eûtes apporté
apporta	apportèrent	eut apporté	eurent apporté
4 futur		**11 futur antérieur**	
apporterai	apporterons	aurai apporté	aurons apporté
apporteras	apporterez	auras apporté	aurez apporté
apportera	apporteront	aura apporté	auront apporté
5 conditionnel		**12 conditionnel passé**	
apporterais	apporterions	aurais apporté	aurions apporté
apporterais	apporteriez	aurais apporté	auriez apporté
apporterait	apporteraient	aurait apporté	auraient apporté
6 présent du subjonctif		**13 passé du subjonctif**	
apporte	apportions	aie apporté	ayons apporté
apportes	apportiez	aies apporté	ayez apporté
apporte	apportent	ait apporté	aient apporté
7 imparfait du subjonctif		**14 plus-que-parfait du subjonctif**	
apportasse	apportassions	eusse apporté	eussions apporté
apportasses	apportassiez	eusses apporté	eussiez apporté
apportât	apportassent	eût apporté	eussent apporté

Impératif
apporte
apportons
apportez

Sentences using this verb and words related to it

Hier soir, j'ai dîné dans un restaurant français. Quand le garçon m'a apporté mon repas, je lui ai dit: —Apportez-moi du pain, aussi, s'il vous plaît et n'oubliez pas de m'apporter un verre de vin rouge.
—Tout de suite, monsieur—il m'a répondu. Voulez-vous que je vous apporte l'addition maintenant ou après le dîner? Aimez-vous la salade que je vous ai apportée?

un apport something brought; **un apport dotal** wife's dowry
un apporteur a person who brings something (usually news); **un apporteur de bonnes nouvelles** bearer of good news

See also **porter.**

The Seven Simple Tenses		The Seven Compound Tenses	
Singular	Plural	Singular	Plural

1   présent de l'indicatif

apprends	apprenons		
apprends	apprenez		
apprend	apprennent		

8   passé composé

ai appris	avons appris
as appris	avez appris
a appris	ont appris

2   imparfait de l'indicatif

apprenais	apprenions
apprenais	appreniez
apprenait	apprenaient

9   plus-que-parfait de l'indicatif

avais appris	avions appris
avais appris	aviez appris
avait appris	avaient appris

3   passé simple

appris	apprîmes
appris	apprîtes
apprit	apprirent

10   passé antérieur

eus appris	eûmes appris
eus appris	eûtes appris
eut appris	eurent appris

4   futur

apprendrai	apprendrons
apprendras	apprendrez
apprendra	apprendront

11   futur antérieur

aurai appris	aurons appris
auras appris	aurez appris
aura appris	auront appris

5   conditionnel

apprendrais	apprendrions
apprendrais	apprendriez
apprendrait	apprendraient

12   conditionnel passé

aurais appris	aurions appris
aurais appris	auriez appris
aurait appris	auraient appris

6   présent du subjonctif

apprenne	apprenions
apprennes	appreniez
apprenne	apprennent

13   passé du subjonctif

aie appris	ayons appris
aies appris	ayez appris
ait appris	aient appris

7   imparfait du subjonctif

apprisse	apprissions
apprisses	apprissiez
apprît	apprissent

14   plus-que-parfait du subjonctif

eusse appris	eussions appris
eusses appris	eussiez appris
eût appris	eussent appris

Impératif
apprends
apprenons
apprenez

Common idiomatic expressions using this verb

   A l'école j'apprends à lire en français. J'apprends à écrire et à parler. Ce matin mon maître de français m'a dit: —Robert, apprends ce poème par coeur pour demain.
   La semaine dernière j'ai appris un poème de Verlaine. Pour demain j'apprendrai la conjugaison du verbe *apprendre.*

apprendre par coeur   to memorize
apprendre à qqn à faire qqch   to teach somebody to do something
apprendre qqch à qqn   to inform someone of something; to teach someone something
apprendre à faire qqch   to learn to do something

The subject pronouns are found on the page facing page 1.

to approach, to come near, to bring near

The Seven Simple Tenses		The Seven Compound Tenses	
Singular	Plural	Singular	Plural
1 présent de l'indicatif		**8 passé composé**	
approche	approchons	ai approché	avons approché
approches	approchez	as approché	avez approché
approche	approchent	a approché	ont approché
2 imparfait de l'indicatif		**9 plus-que-parfait de l'indicatif**	
approchais	approchions	avais approché	avions approché
approchais	approchiez	avais approché	aviez approché
approchait	approchaient	avait approché	avaient approché
3 passé simple		**10 passé antérieur**	
approchai	approchâmes	eus approché	eûmes approché
approchas	approchâtes	eus approché	eûtes approché
approcha	approchèrent	eut approché	eurent approché
4 futur		**11 futur antérieur**	
approcherai	approcherons	aurai approché	aurons approché
approcheras	approcherez	auras approché	aurez approché
approchera	approcheront	aura approché	auront approché
5 conditionnel		**12 conditionnel passé**	
approcherais	approcherions	aurais approché	aurions approché
approcherais	approcheriez	aurais approché	auriez approché
approcherait	approcheraient	aurait approché	auraient approché
6 présent du subjonctif		**13 passé du subjonctif**	
approche	approchions	aie approché	ayons approché
approches	approchiez	aies approché	ayez approché
approche	approchent	ait approché	aient approché
7 imparfait du subjonctif		**14 plus-que-parfait du subjonctif**	
approchasse	approchassions	eusse approché	eussions approché
approchasses	approchassiez	eusses approché	eussiez approché
approchât	approchassent	eût approché	eussent approché

Impératif
approche
approchons
approchez

Words and expressions related to this verb

s'approcher de qqn ou qqch   to approach someone or something
se rapprocher de   to come closer to
rapprocher   to bring closer, nearer
reprocher qqch à qqn   to reproach someone with something; **un reproche**   reproach;
    faire des reproches à   to reproach; **sans reproche**   without blame, blameless
proche   close, near; **la pharmacie la plus proche**   the nearest pharmacy
prochain, prochaine   next; **la semaine prochaine**   next week; **la prochaine fois**   the next time

Consult the sections on verbs used in idiomatic expressions, verbs with prepositions, and the
list of over 1,000 verbs conjugated like model verbs in the back pages.

to approve (of)

The Seven Simple Tenses		The Seven Compound Tenses	
Singular	Plural	Singular	Plural

1 présent de l'indicatif

		8 passé composé	
approuve	approuvons	ai approuvé	avons approuvé
approuves	approuvez	as approuvé	avez approuvé
approuve	approuvent	a approuvé	ont approuvé

2 imparfait de l'indicatif

		9 plus-que-parfait de l'indicatif	
approuvais	approuvions	avais approuvé	avions approuvé
approuvais	approuviez	avais approuvé	aviez approuvé
approuvait	approuvaient	avait approuvé	avaient approuvé

3 passé simple

		10 passé antérieur	
approuvai	approuvâmes	eus approuvé	eûmes approuvé
approuvas	approuvâtes	eus approuvé	eûtes approuvé
approuva	approuvèrent	eut approuvé	eurent approuvé

4 futur

		11 futur antérieur	
approuverai	approuverons	aurai approuvé	aurons approuvé
approuveras	approuverez	auras approuvé	aurez approuvé
approuvera	approuveront	aura approuvé	auront approuvé

5 conditionnel

		12 conditionnel passé	
approuverais	approuverions	aurais approuvé	aurions approuvé
approuverais	approuveriez	aurais approuvé	auriez approuvé
approuverait	approuveraient	aurait approuvé	auraient approuvé

6 présent du subjonctif

		13 passé du subjonctif	
approuve	approuvions	aie approuvé	ayons approuvé
approuves	approuviez	aies approuvé	ayez approuvé
approuve	approuvent	ait approuvé	aient approuvé

7 imparfait du subjonctif

		14 plus-que-parfait du subjonctif	
approuvasse	approuvassions	eusse approuvé	eussions approuvé
approuvasses	approuvassiez	eusses approuvé	eussiez approuvé
approuvât	approuvassent	eût approuvé	eussent approuvé

Impératif
approuve
approuvons
approuvez

Words and expressions related to this verb

approuver qqn de faire qqch   to approve
   of someone's doing something
acheter à condition   to buy on approval
avec approbation   approvingly
la désapprobation   disapproval,
   disapprobation

J'approuve votre décision de continuer
   l'étude de la langue française.
l'approbation *f.*   approval
un approbateur, une approbatrice   approver
désapprouver   to disapprove, to
   disapprove of

Consult the sections on verbs used in idiomatic expressions, verbs with prepositions, and the
list of over 1,000 verbs conjugated like model verbs in the back pages.

The subject pronouns are found on the page facing page 1.   **45**

to pull up, to pull out, to uproot

The Seven Simple Tenses		The Seven Compound Tenses	
Singular	Plural	Singular	Plural
1 présent de l'indicatif		**8 passé composé**	
arrache	arrachons	ai arraché	avons arraché
arraches	arrachez	as arraché	avez arraché
arrache	arrachent	a arraché	ont arraché
2 imparfait de l'indicatif		**9 plus-que-parfait de l'indicatif**	
arrachais	arrachions	avais arraché	avions arraché
arrachais	arrachiez	avais arraché	aviez arraché
arrachait	arrachaient	avait arraché	avaient arraché
3 passé simple		**10 passé antérieur**	
arrachai	arrachâmes	eus arraché	eûmes arraché
arrachas	arrachâtes	eus arraché	eûtes arraché
arracha	arrachèrent	eut arraché	eurent arraché
4 futur		**11 futur antérieur**	
arracherai	arracherons	aurai arraché	aurons arraché
arracheras	arracherez	auras arraché	aurez arraché
arrachera	arracheront	aura arraché	auront arraché
5 conditionnel		**12 conditionnel passé**	
arracherais	arracherions	aurais arraché	aurions arraché
arracherais	arracheriez	aurais arraché	auriez arraché
arracherait	arracheraient	aurait arraché	auraient arraché
6 présent du subjonctif		**13 passé du subjonctif**	
arrache	arrachions	aie arraché	ayons arraché
arraches	arrachiez	aies arraché	ayez arraché
arrache	arrachent	ait arraché	aient arraché
7 imparfait du subjonctif		**14 plus-que-parfait du subjonctif**	
arrachasse	arrachassions	eusse arraché	eussions arraché
arrachasses	arrachassiez	eusses arraché	eussiez arraché
arrachât	arrachassent	eût arraché	eussent arraché

Impératif
arrache
arrachons
arrachez

Common idiomatic expressions using this verb and words related to it

arracher qqch des mains de qqn　to grab something out of someone's hands
faire qqch d'arrache-pied　to do something without interruption
s'arracher à　to tear oneself away from
un arrache-clou　nail puller (extractor) **(des arrache-clous)**
s'arracher les yeux　to have a violent quarrel

Consult the sections on verbs used in idiomatic expressions, verbs with prepositions, and the list of over 1,000 verbs conjugated like model verbs in the back pages.

The Seven Simple Tenses		The Seven Compound Tenses	
Singular	Plural	Singular	Plural

1   présent de l'indicatif

arrange	arrangeons
arranges	arrangez
arrange	arrangent

8   passé composé

ai arrangé	avons arrangé
as arrangé	avez arrangé
a arrangé	ont arrangé

2   imparfait de l'indicatif

arrangeais	arrangions
arrangeais	arrangiez
arrangeait	arrangeaient

9   plus-que-parfait de l'indicatif

avais arrangé	avions arrangé
avais arrangé	aviez arrangé
avait arrangé	avaient arrangé

3   passé simple

arrangeai	arrangeâmes
arrangeas	arrangeâtes
arrangea	arrangèrent

10   passé antérieur

eus arrangé	eûmes arrangé
eus arrangé	eûtes arrangé
eut arrangé	eurent arrangé

4   futur

arrangerai	arrangerons
arrangeras	arrangerez
arrangera	arrangeront

11   futur antérieur

aurai arrangé	aurons arrangé
auras arrangé	aurez arrangé
aura arrangé	auront arrangé

5   conditionnel

arrangerais	arrangerions
arrangerais	arrangeriez
arrangerait	arrangeraient

12   conditionnel passé

aurais arrangé	aurions arrangé
aurais arrangé	auriez arrangé
aurait arrangé	auraient arrangé

6   présent du subjonctif

arrange	arrangions
arranges	arrangiez
arrange	arrangent

13   passé du subjonctif

aie arrangé	ayons arrangé
aies arrangé	ayez arrangé
ait arrangé	aient arrangé

7   imparfait du subjonctif

arrangeasse	arrangeassions
arrangeasses	arrangeassiez
arrangeât	arrangeassent

14   plus-que-parfait du subjonctif

eusse arrangé	eussions arrangé
eusses arrangé	eussiez arrangé
eût arrangé	eussent arrangé

Impératif
arrange
arrangeons
arrangez

Sentences using this verb and words related to it

J'aime beaucoup un joli arrangement de fleurs. Aimez-vous les fleurs que j'ai arrangées dans ce vase? Les Japonais savent bien arranger des fleurs. Quand mon père apporte des fleurs à ma mère, nous les arrangeons dans un joli vase.

arranger qqch   to arrange, contrive something
arranger l'affaire   to straighten out a matter
arranger qqn   to accommodate, suit someone; **Ça m'arrange bien**   That suits me fine;
   Ça s'arrangera   It will turn out all right.

to arrest, to stop (someone or something)

The Seven Simple Tenses		The Seven Compound Tenses	
Singular	Plural	Singular	Plural

1 présent de l'indicatif		8 passé composé	
arrête	arrêtons	ai arrêté	avons arrêté
arrêtes	arrêtez	as arrêté	avez arrêté
arrête	arrêtent	a arrêté	ont arrêté

2 imparfait de l'indicatif		9 plus-que-parfait de l'indicatif	
arrêtais	arrêtions	avais arrêté	avions arrêté
arrêtais	arrêtiez	avais arrêté	aviez arrêté
arrêtait	arrêtaient	avait arrêté	avaient arrêté

3 passé simple		10 passé antérieur	
arrêtai	arrêtâmes	eus arrêté	eûmes arrêté
arrêtas	arrêtâtes	eus arrêté	eûtes arrêté
arrêta	arrêtèrent	eut arrêté	eurent arrêté

4 futur		11 futur antérieur	
arrêterai	arrêterons	aurai arrêté	aurons arrêté
arrêteras	arrêterez	auras arrêté	aurez arrêté
arrêtera	arrêteront	aura arrêté	auront arrêté

5 conditionnel		12 conditionnel passé	
arrêterais	arrêterions	aurais arrêté	aurions arrêté
arrêterais	arrêteriez	aurais arrêté	auriez arrêté
arrêterait	arrêteraient	aurait arrêté	auraient arrêté

6 présent du subjonctif		13 passé du subjonctif	
arrête	arrêtions	aie arrêté	ayons arrêté
arrêtes	arrêtiez	aies arrêté	ayez arrêté
arrête	arrêtent	ait arrêté	aient arrêté

7 imparfait du subjonctif		14 plus-que-parfait du subjonctif	
arrêtasse	arrêtassions	eusse arrêté	eussions arrêté
arrêtasses	arrêtassiez	eusses arrêté	eussiez arrêté
arrêtât	arrêtassent	eût arrêté	eussent arrêté

Impératif
arrête
arrêtons
arrêtez

Sentences using this verb and words related to it

L'agent de police a arrêté les voitures pour laisser les piétons traverser la rue. Il a crié: —Arrêtez! Arrêtez!

un arrêt halt, stop, arrest
arrêt d'autobus bus stop
un arrêté ministériel decree
arrêter qqn de faire qqch to stop someone from doing something
une arrestation arrest, apprehension
arrêter un jour to set a date; **arrêter un marché** to make a deal

See also **s'arrêter.**

to stop (oneself, itself), to pause

The Seven Simple Tenses		The Seven Compound Tenses	
Singular	Plural	Singular	Plural

1   présent de l'indicatif

m'arrête	nous arrêtons
t'arrêtes	vous arrêtez
s'arrête	s'arrêtent

8   passé composé

me suis arrêté(e)	nous sommes arrêté(e)s
t'es arrêté(e)	vous êtes arrêté(e)(s)
s'est arrêté(e)	se sont arrêté(e)s

2   imparfait de l'indicatif

m'arrêtais	nous arrêtions
t'arrêtais	vous arrêtiez
s'arrêtait	s'arrêtaient

9   plus-que-parfait de l'indicatif

m'étais arrêté(e)	nous étions arrêté(e)s
t'étais arrêté(e)	vous étiez arrêté(e)(s)
s'était arrêté(e)	s'étaient arrêté(e)s

3   passé simple

m'arrêtai	nous arrêtâmes
t'arrêtas	vous arrêtâtes
s'arrêta	s'arrêtèrent

10   passé antérieur

me fus arrêté(e)	nous fûmes arrêté(e)s
te fus arrêté(e)	vous fûtes arrêté(e)(s)
se fut arrêté(e)	se furent arrêté(e)s

4   futur

m'arrêterai	nous arrêterons
t'arrêteras	vous arrêterez
s'arrêtera	s'arrêteront

11   futur antérieur

me serai arrêté(e)	nous serons arrêté(e)s
te seras arrêté(e)	vous serez arrêté(e)(s)
se sera arrêté(e)	se seront arrêté(e)s

5   conditionnel

m'arrêterais	nous arrêterions
t'arrêterais	vous arrêteriez
s'arrêterait	s'arrêteraient

12   conditionnel passé

me serais arrêté(e)	nous serions arrêté(e)s
te serais arrêté(e)	vous seriez arrêté(e)(s)
se serait arrêté(e)	se seraient arrêté(e)s

6   présent du subjonctif

m'arrête	nous arrêtions
t'arrêtes	vous arrêtiez
s'arrête	s'arrêtent

13   passé du subjonctif

me sois arrêté(e)	nous soyons arrêté(e)s
te sois arrêté(e)	vous soyez arrêté(e)(s)
se soit arrêté(e)	se soient arrêté(e)s

7   imparfait du subjonctif

m'arrêtasse	nous arrêtassions
t'arrêtasse	vous arrêtassiez
s'arrêtât	s'arrêtassent

14   plus-que-parfait du subjonctif

me fusse arrêté(e)	nous fussions arrêté(e)s
te fusses arrêté(e)	vous fussiez arrêté(e)(s)
se fût arrêté(e)	se fussent arrêté(e)s

Impératif
arrête-toi; ne t'arrête pas
arrêtons-nous; ne nous arrêtons pas
arrêtez-vous; ne vous arrêtez pas

Sentences using this verb and words related to it

Madame Dumont s'est arrêtée devant une pâtisserie pour acheter une belle tarte aux cerises. Deux autres dames se sont arrêtées derrière elle et les trois sont entrées dans le magasin.

s'arrêter de faire qqch   to desist from doing something

For other words and expressions related to this verb, see **arrêter.**

to arrive, to happen

The Seven Simple Tenses		The Seven Compound Tenses	
Singular	Plural	Singular	Plural
1 présent de l'indicatif		**8 passé composé**	
arrive	arrivons	suis arrivé(e)	sommes arrivé(e)s
arrives	arrivez	es arrivé(e)	êtes arrivé(e)(s)
arrive	arrivent	est arrivé(e)	sont arrivé(e)s
2 imparfait de l'indicatif		**9 plus-que-parfait de l'indicatif**	
arrivais	arrivions	étais arrivé(e)	étions arrivé(e)s
arrivais	arriviez	étais arrivé(e)	étiez arrivé(e)(s)
arrivait	arrivaient	était arrivé(e)	étaient arrivé(e)s
3 passé simple		**10 passé antérieur**	
arrivai	arrivâmes	fus arrivé(e)	fûmes arrivé(e)s
arrivas	arrivâtes	fus arrivé(e)	fûtes arrivé(e)(s)
arriva	arrivèrent	fut arrivé(e)	furent arrivé(e)s
4 futur		**11 futur antérieur**	
arriverai	arriverons	serai arrivé(e)	serons arrivé(e)s
arriveras	arriverez	seras arrivé(e)	serez arrivé(e)(s)
arrivera	arriveront	sera arrivé(e)	seront arrivé(e)s
5 conditionnel		**12 conditionnel passé**	
arriverais	arriverions	serais arrivé(e)	serions arrivé(e)s
arriverais	arriveriez	serais arrivé(e)	seriez arrivé(e)(s)
arriverait	arriveraient	serait arrivé(e)	seraient arrivé(e)s
6 présent du subjonctif		**13 passé du subjonctif**	
arrive	arrivions	sois arrivé(e)	soyons arrivé(e)s
arrives	arriviez	sois arrivé(e)	soyez arrivé(e)(s)
arrive	arrivent	soit arrivé(e)	soient arrivé(e)s
7 imparfait du subjonctif		**14 plus-que-parfait du subjonctif**	
arrivasse	arrivassions	fusse arrivé(e)	fussions arrivé(e)s
arrivasses	arrivassiez	fusses arrivé(e)	fussiez arrivé(e)(s)
arrivât	arrivassent	fût arrivé(e)	fussent arrivé(e)s

Impératif
arrive
arrivons
arrivez

Sentences using this verb and words related to it

Paulette est arrivée à la gare à deux heures. Le train pour Paris arrivera à trois heures. Elle passera une heure dans la salle d'attente. Après quelques minutes, elle voit beaucoup de personnes qui courent frénétiquement. Elle n'arrive pas à comprendre ce qui se passe.
　—Qu'est-ce qui arrive? elle demande.
　—Il y a eu un accident! on lui répond.

arriver à faire qqch　to succeed in + pres. part.; to manage to do something
arriver à　to happen to　**Cela n'arrive qu'à moi!**　It's just my luck! That would happen to me!

See the back bages for verbs used in idiomatic expressions.

to sit down

The Seven Simple Tenses		The Seven Compound Tenses	
Singular	Plural	Singular	Plural

1   présent de l'indicatif

m'assieds	nous asseyons	
t'assieds	vous asseyez	
s'assied	s'asseyent	

8   passé composé

me suis assis(e)	nous sommes assis(es)
t'es assis(e)	vous êtes assis(e)(es)
s'est assis(e)	se sont assis(es)

2   imparfait de l'indicatif

m'asseyais	nous asseyions
t'asseyais	vous asseyiez
s'asseyait	s'asseyaient

9   plus-que-parfait de l'indicatif

m'étais assis(e)	nous étions assis(es)
t'étais assis(e)	vous étiez assis(e)(es)
s'était assis(e)	s'étaient assis(es)

3   passé simple

m'assis	nous assîmes
t'assis	vous assîtes
s'assit	s'assirent

10   passé antérieur

me fus assis(e)	nous fûmes assis(es)
te fus assis(e)	vous fûtes assis(e)(es)
se fut assis(e)	se furent assis(es)

4   futur

m'assiérai	nous assiérons
t'assiéras	vous assiérez
s'assiéra	s'assiéront

11   futur antérieur

me serai assis(e)	nous serons assis(es)
te seras assis(e)	vous serez assis(e)(es)
se sera assis(e)	se seront assis(es)

5   conditionnel

m'assiérais	nous assiérions
t'assiérais	vous assiériez
s'assiérait	s'assiéraient

12   conditionnel passé

me serais assis(e)	nous serions assis(es)
te serais assis(e)	vous seriez assis(e)(es)
se serait assis(e)	se seraient assis(es)

6   présent du subjonctif

m'asseye	nous asseyions
t'asseyes	vous asseyiez
s'asseye	s'asseyent

13   passé du subjonctif

me sois assis(e)	nous soyons assis(es)
te sois assis(e)	vous soyez assis(e)(es)
se soit assis(e)	se soient assis(es)

7   imparfait du subjonctif

m'assisse	nous assissions
t'assisses	vous assissiez
s'assît	s'assissent

14   plus-que-parfait du subjonctif

me fusse assis(e)	nous fussions assis(es)
te fusses assis(e)	vous fussiez assis(e)(es)
se fût assis(e)	se fussent assis(es)

Impératif
assieds-toi; ne t'assieds pas
asseyons-nous; ne nous asseyons pas
asseyez-vous; ne vous asseyez pas

Common idiomatic expressions using this verb and words related to it

Quand je voyage dans un train, je m'assieds toujours près d'une fenêtre si c'est possible. Une fois, pendant un voyage, une belle jeune fille s'est approchée de moi et m'a demandé:
—Puis-je m'asseoir ici? Est-ce que cette place est libre?
—Certainement, j'ai répondu—asseyez-vous, je vous en prie.
Elle s'est assise auprès de moi et nous nous sommes bien amusés à raconter des histoires drôles.

asseoir qqn   to seat someone; **se rasseoir**   to sit down again
rasseoir   to seat again, to reseat

The subject pronouns are found on the page facing page 1.   **51**

to assist (at), to be present (at), to attend

The Seven Simple Tenses		The Seven Compound Tenses	
Singular	Plural	Singular	Plural
1 présent de l'indicatif		**8 passé composé**	
assiste	assistons	ai assisté	avons assisté
assistes	assistez	as assisté	avez assisté
assiste	assistent	a assisté	ont assisté
2 imparfait de l'indicatif		**9 plus-que-parfait de l'indicatif**	
assistais	assistions	avais assisté	avions assisté
assistais	assistiez	avais assisté	aviez assisté
assistait	assistaient	avait assisté	avaient assisté
3 passé simple		**10 passé antérieur**	
assistai	assistâmes	eus assisté	eûmes assisté
assistas	assistâtes	eus assisté	eûtes assisté
assista	assistèrent	eut assisté	eurent assisté
4 futur		**11 futur antérieur**	
assisterai	assisterons	aurai assisté	aurons assisté
assisteras	assisterez	auras assisté	aurez assisté
assistera	assisteront	aura assisté	auront assisté
5 conditionnel		**12 conditionnel passé**	
assisterais	assisterions	aurais assisté	aurions assisté
assisterais	assisteriez	aurais assisté	auriez assisté
assisterait	assisteraient	aurait assisté	auraient assisté
6 présent du subjonctif		**13 passé du subjonctif**	
assiste	assistions	aie assisté	ayons assisté
assistes	assistiez	aies assisté	ayez assisté
assiste	assistent	ait assisté	aient assisté
7 imparfait du subjonctif		**14 plus-que-parfait du subjonctif**	
assistasse	assistassions	eusse assisté	eussions assisté
assistasses	assistassiez	eusses assisté	eussiez assisté
assistât	assistassent	eût assisté	eussent assisté

Impératif
assiste
assistons
assistez

Common idiomatic expressions using this verb

    Lundi prochain j'assisterai à une conférence de musiciens. L'année dernière j'ai assisté à la même conférence et il y avait beaucoup de monde.

assistance *f.*   assistance, help; attendance; audience
assister à   to be present at, to attend
assister de   to help with
les assistants   those present; spectators

Consult the back pages for the sections on verbs used in idiomatic expressions.

to assure, to ensure, to insure, to guarantee

The Seven Simple Tenses		The Seven Compound Tenses	
Singular	Plural	Singular	Plural

1 présent de l'indicatif		8 passé composé	
assure	assurons	ai assuré	avons assuré
assures	assurez	as assuré	avez assuré
assure	assurent	a assuré	ont assuré

2 imparfait de l'indicatif		9 plus-que-parfait de l'indicatif	
assurais	assurions	avais assuré	avions assuré
assurais	assuriez	avais assuré	aviez assuré
assurait	assuraient	avait assuré	avaient assuré

3 passé simple		10 passé antérieur	
assurai	assurâmes	eus assuré	eûmes assuré
assuras	assurâtes	eus assuré	eûtes assuré
assura	assurèrent	eut assuré	eurent assuré

4 futur		11 futur antérieur	
assurerai	assurerons	aurai assuré	aurons assuré
assureras	assurerez	auras assuré	aurez assuré
assurera	assureront	aura assuré	auront assuré

5 conditionnel		12 conditionnel passé	
assurerais	assurerions	aurais assuré	aurions assuré
assurerais	assureriez	aurais assuré	auriez assuré
assurerait	assureraient	aurait assuré	auraient assuré

6 présent du subjonctif		13 passé du subjonctif	
assure	assurions	aie assuré	ayons assuré
assures	assuriez	aies assuré	ayez assuré
assure	assurent	ait assuré	aient assuré

7 imparfait du subjonctif		14 plus-que-parfait du subjonctif	
assurasse	assurassions	eusse assuré	eussions assuré
assurasses	assurassiez	eusses assuré	eussiez assuré
assurât	assurassent	eût assuré	eussent assuré

Impératif
assure
assurons
assurez

Words and expressions related to this verb

assurer qqn de qqch   to assure someone of something
assurable   insurable, assurable
rassurer   to reassure
se rassurer   to be reassured

See also **s'assurer.**

Consult the sections on verbs used in idiomatic expressions, verbs with prepositions, and the
list of over 1,000 verbs conjugated like model verbs in the back pages.

to make sure, to assure oneself, to insure oneself

The Seven Simple Tenses		The Seven Compound Tenses	
Singular	Plural	Singular	Plural
1 présent de l'indicatif		**8 passé composé**	
m'assure	nous assurons	me suis assuré(e)	nous sommes assuré(e)s
t'assures	vous assurez	t'es assuré(e)	vous êtes assuré(e)(s)
s'assure	s'assurent	s'est assuré(e)	se sont assuré(e)s
2 imparfait de l'indicatif		**9 plus-que-parfait de l'indicatif**	
m'assurais	nous assurions	m'étais assuré(e)	nous étions assuré(e)s
t'assurais	vous assuriez	t'étais assuré(e)	vous étiez assuré(e)(s)
s'assurait	s'assuraient	s'était assuré(e)	s'étaient assuré(e)s
3 passé simple		**10 passé antérieur**	
m'assurai	nous assurâmes	me fus assuré(e)	nous fûmes assuré(e)s
t'assuras	vous assurâtes	te fus assuré(e)	vous fûtes assuré(e)(s)
s'assura	s'assurèrent	se fut assuré(e)	se furent assuré(e)s
4 futur		**11 futur antérieur**	
m'assurerai	nous assurerons	me serai assuré(e)	nous serons assuré(e)s
t'assureras	vous assurerez	te seras assuré(e)	vous serez assuré(e)(s)
s'assurera	s'assureront	se sera assuré(e)	se seront assuré(e)s
5 conditionnel		**12 conditionnel passé**	
m'assurerais	nous assurerions	me serais assuré(e)	nous serions assuré(e)s
t'assurerais	vous assureriez	te serais assuré(e)	vous seriez assuré(e)(s)
s'assurerait	s'assureraient	se serait assuré(e)	se seraient assuré(e)s
6 présent du subjonctif		**13 passé du subjonctif**	
m'assure	nous assurions	me sois assuré(e)	nous soyons assuré(e)s
t'assures	vous assuriez	te sois assuré(e)	vous soyez assuré(e)(s)
s'assure	s'assurent	se soit assuré(e)	se soient assuré(e)s
7 imparfait du subjonctif		**14 plus-que-parfait du subjonctif**	
m'assurasse	nous assurassions	me fusse assuré(e)	nous fussions assuré(e)s
t'assurasses	vous assurassiez	te fusses assuré(e)	vous fussiez assuré(e)(s)
s'assurât	s'assurassent	se fût assuré(e)	se fussent assuré(e)s

Impératif
assure-toi; ne t'assure pas
assurons-nous; ne nous assurons pas
assurez-vous; ne vous assurez pas

Sentences using this verb and words related to it

    Pour s'assurer que la porte était bien fermée, Madame Lafontaine l'a fermée à clef. Puis elle a fermé toutes les fenêtres pour avoir de l'assurance et un sentiment de sécurité.
    Assurément, elle a raison. Il y a des cambrioleurs dans le voisinage.

assurément   assuredly
assurance *f.*   assurance, insurance
s'assurer de la protection de qqn   to secure someone's protection
assurance sur la vie   life insurance, life assurance

See also **assurer.**

The Seven Simple Tenses		The Seven Compound Tenses	
Singular	Plural	Singular	Plural
1 présent de l'indicatif		**8 passé composé**	
atteins	atteignons	ai atteint	avons atteint
atteins	atteignez	as atteint	avez atteint
atteint	atteignent	a atteint	ont atteint
2 imparfait de l'indicatif		**9 plus-que-parfait de l'indicatif**	
atteignais	atteignions	avais atteint	avions atteint
atteignais	atteigniez	avais atteint	aviez atteint
atteignait	atteignaient	avait atteint	avaient atteint
3 passé simple		**10 passé antérieur**	
atteignis	atteignîmes	eus atteint	eûmes atteint
atteignis	atteignîtes	eus atteint	eûtes atteint
atteignit	atteignirent	eut atteint	eurent atteint
4 futur		**11 futur antérieur**	
atteindrai	atteindrons	aurai atteint	aurons atteint
atteindras	atteindrez	auras atteint	aurez atteint
atteindra	atteindront	aura atteint	auront atteint
5 conditionnel		**12 conditionnel passé**	
atteindrais	atteindrions	aurais atteint	aurions atteint
atteindrais	atteindriez	aurais atteint	auriez atteint
atteindrait	atteindraient	aurait atteint	auraient atteint
6 présent du subjonctif		**13 passé du subjonctif**	
atteigne	atteignions	aie atteint	ayons atteint
atteignes	atteigniez	aies atteint	ayez atteint
atteigne	atteignent	ait atteint	aient atteint
7 imparfait du subjonctif		**14 plus-que-parfait du subjonctif**	
atteignisse	atteignissions	eusse atteint	eussions atteint
atteignisses	atteignissiez	eusses atteint	eussiez atteint
atteignît	atteignissent	eût atteint	eussent atteint

Impératif
atteins
atteignons
atteignez

Words and expressions related to this verb

atteindre à   to reach   **être atteint (atteinte) de**   to suffer from
une atteinte   reach
hors d'atteinte   beyond reach

Consult the sections on verbs used in idiomatic expressions, verbs with prepositions, and the list of over 1,000 verbs conjugated like model verbs in the back pages.

to wait, to wait for, to expect

The Seven Simple Tenses		The Seven Compound Tenses	
Singular	Plural	Singular	Plural
1 présent de l'indicatif		**8 passé composé**	
attends	attendons	ai attendu	avons attendu
attends	attendez	as attendu	avez attendu
attend	attendent	a attendu	ont attendu
2 imparfait de l'indicatif		**9 plus-que-parfait de l'indicatif**	
attendais	attendions	avais attendu	avions attendu
attendais	attendiez	avais attendu	aviez attendu
attendait	attendaient	avait attendu	avaient attendu
3 passé simple		**10 passé antérieur**	
attendis	attendîmes	eus attendu	eûmes attendu
attendis	attendîtes	eus attendu	eûtes attendu
attendit	attendirent	eut attendu	eurent attendu
4 futur		**11 futur antérieur**	
attendrai	attendrons	aurai attendu	aurons attendu
attendras	attendrez	auras attendu	aurez attendu
attendra	attendront	aura attendu	auront attendu
5 conditionnel		**12 conditionnel passé**	
attendrais	attendrions	aurais attendu	aurions attendu
attendrais	attendriez	aurais attendu	auriez attendu
attendrait	attendraient	aurait attendu	auraient attendu
6 présent du subjonctif		**13 passé du subjonctif**	
attende	attendions	aie attendu	ayons attendu
attendes	attendiez	aies attendu	ayez attendu
attende	attendent	ait attendu	aient attendu
7 imparfait du subjonctif		**14 plus-que-parfait du subjonctif**	
attendisse	attendissions	eusse attendu	eussions attendu
attendisses	attendissiez	eusses attendu	eussiez attendu
attendît	attendissent	eût attendu	eussent attendu

Impératif
attends
attendons
attendez

Common idiomatic expressions using this verb

J'attends l'autobus depuis vingt minutes. Hier j'ai attendu dix minutes. Quand il arrivera, je m'attendrai à trouver une place libre.

faire attendre qqch à qqn   to make someone wait for something; to keep someone
    waiting for something
en attendant   meanwhile, in the meantime
Cela peut attendre!   It can wait!
s'attendre à   to expect; **s'attendre que** + subjunctive
J'attends l'autobus depuis vingt minutes!   I have been waiting for the bus for 20 minutes!

to attract, to allure

The Seven Simple Tenses		The Seven Compound Tenses	
Singular	Plural	Singular	Plural

1 présent de l'indicatif

		8 passé composé	
attire	attirons	ai attiré	avons attiré
attires	attirez	as attiré	avez attiré
attire	attirent	a attiré	ont attiré

2 imparfait de l'indicatif

		9 plus-que-parfait de l'indicatif	
attirais	attirions	avais attiré	avions attiré
attirais	attiriez	avais attiré	aviez attiré
attirait	attiraient	avait attiré	avaient attiré

3 passé simple

		10 passé antérieur	
attirai	attirâmes	eus attiré	eûmes attiré
attiras	attirâtes	eus attiré	eûtes attiré
attira	attirèrent	eut attiré	eurent attiré

4 futur

		11 futur antérieur	
attirerai	attirerons	aurai attiré	aurons attiré
attireras	attirerez	auras attiré	aurez attiré
attirera	attireront	aura attiré	auront attiré

5 conditionnel

		12 conditionnel passé	
attirerais	attirerions	aurais attiré	aurions attiré
attirerais	attireriez	aurais attiré	auriez attiré
attirerait	attireraient	aurait attiré	auraient attiré

6 présent du subjonctif

		13 passé du subjonctif	
attire	attirions	aie attiré	ayons attiré
attires	attiriez	aies attiré	ayez attiré
attire	attirent	ait attiré	aient attiré

7 imparfait du subjonctif

		14 plus-que-parfait du subjonctif	
attirasse	attirassions	eusse attiré	eussions attiré
attirasses	attirassiez	eusses attiré	eussiez attiré
attirât	attirassent	eût attiré	eussent attiré

Impératif
attire
attirons
attirez

Common idiomatic expressions using this verb and words related to it

attirant, attirante attractive
le tirage drawing, pulling; printing of a publication
premier tirage first printing
à gros tirage large number of copies printed

une attraction attraction
tirer to pull
un tirage limité limited number of copies

Do not confuse **un tirage** with **un triage,** which means sorting, selecting.

Consult the sections on verbs used in idiomatic expressions, verbs with prepositions, and the list of over 1,000 verbs conjugated like model verbs in the back pages.

to catch

The Seven Simple Tenses		The Seven Compound Tenses	
Singular	Plural	Singular	Plural
1 présent de l'indicatif		**8 passé composé**	
attrape	attrapons	ai attrapé	avons attrapé
attrapes	attrapez	as attrapé	avez attrapé
attrape	attrapent	a attrapé	ont attrapé
2 imparfait de l'indicatif		**9 plus-que-parfait de l'indicatif**	
attrapais	attrapions	avais attrapé	avions attrapé
attrapais	attrapiez	avais attrapé	aviez attrapé
attrapait	attrapaient	avait attrapé	avaient attrapé
3 passé simple		**10 passé antérieur**	
attrapai	attrapâmes	eus attrapé	eûmes attrapé
attrapas	attrapâtes	eus attrapé	eûtes attrapé
attrapa	attrapèrent	eut attrapé	eurent attrapé
4 futur		**11 futur antérieur**	
attraperai	attraperons	aurai attrapé	aurons attrapé
attraperas	attraperez	auras attrapé	aurez attrapé
attrapera	attraperont	aura attrapé	auront attrapé
5 conditionnel		**12 conditionnel passé**	
attraperais	attraperions	aurais attrapé	aurions attrapé
attraperais	attraperiez	aurais attrapé	auriez attrapé
attraperait	attraperaient	aurait attrapé	auraient attrapé
6 présent du subjonctif		**13 passé du subjonctif**	
attrape	attrapions	aie attrapé	ayons attrapé
attrapes	attrapiez	aies attrapé	ayez attrapé
attrape	attrapent	ait attrapé	aient attrapé
7 imparfait du subjonctif		**14 plus-que-parfait du subjonctif**	
attrapasse	attrapassions	eusse attrapé	eussions attrapé
attrapasses	attrapassiez	eusses attrapé	eussiez attrapé
attrapât	attrapassent	eût attrapé	eussent attrapé

Impératif
attrape
attrapons
attrapez

Common idiomatic expressions using this verb

    —**Si tu ne veux pas attraper un rhume, mets ton manteau parce qu'il fait froid dehors.**
    —**Je n'ai pas le temps maintenant, maman—je dois attraper l'autobus.**

attraper un rhume   to catch cold
attraper qqn à qqch   to catch someone at something (to surprise)
s'attraper   to be catching, infectious
une attrape   snare
un attrape-mouches   fly paper (sticky paper to catch flies)

58

to augment, to increase

The Seven Simple Tenses		The Seven Compound Tenses	
Singular	Plural	Singular	Plural

1 présent de l'indicatif

augmente	augmentons
augmentes	augmentez
augmente	augmentent

8 passé composé

ai augmenté	avons augmenté
as augmenté	avez augmenté
a augmenté	ont augmenté

2 imparfait de l'indicatif

augmentais	augmentions
augmentais	augmentiez
augmentait	augmentaient

9 plus-que-parfait de l'indicatif

avais augmenté	avions augmenté
avais augmenté	aviez augmenté
avait augmenté	avaient augmenté

3 passé simple

augmentai	augmentâmes
augmentas	augmentâtes
augmenta	augmentèrent

10 passé antérieur

eus augmenté	eûmes augmenté
eus augmenté	eûtes augmenté
eut augmenté	eurent augmenté

4 futur

augmenterai	augmenterons
augmenteras	augmenterez
augmentera	augmenteront

11 futur antérieur

aurai augmenté	aurons augmenté
auras augmenté	aurez augmenté
aura augmenté	auront augmenté

5 conditionnel

augmenterais	augmenterions
augmenterais	augmenteriez
augmenterait	augmenteraient

12 conditionnel passé

aurais augmenté	aurions augmenté
aurais augmenté	auriez augmenté
aurait augmenté	auraient augmenté

6 présent du subjonctif

augmente	augmentions
augmentes	augmentiez
augmente	augmentent

13 passé du subjonctif

aie augmenté	ayons augmenté
aies augmenté	ayez augmenté
ait augmenté	aient augmenté

7 imparfait du subjonctif

augmentasse	augmentassions
augmentasses	augmentassiez
augmentât	augmentassent

14 plus-que-parfait du subjonctif

eusse augmenté	eussions augmenté
eusses augmenté	eussiez augmenté
eût augmenté	eussent augmenté

Impératif
augmente
augmentons
augmentez

Words and expressions related to this verb

augmentation *f.*   increase, augmentation; **augmentation de salaire**   increase in salary
augmenter une douleur   to aggravate a pain
augmenter les prix   to increase prices

Consult the sections on verbs used in idiomatic expressions, verbs with prepositions, and the list of over 1,000 verbs conjugated like model verbs in the back pages.

to advance, to go forward

The Seven Simple Tenses		The Seven Compound Tenses	
Singular	Plural	Singular	Plural
1 présent de l'indicatif		**8 passé composé**	
avance	avançons	ai avancé	avons avancé
avances	avancez	as avancé	avez avancé
avance	avancent	a avancé	ont avancé
2 imparfait de l'indicatif		**9 plus-que-parfait de l'indicatif**	
avançais	avancions	avais avancé	avions avancé
avançais	avanciez	avais avancé	aviez avancé
avançait	avançaient	avait avancé	avaient avancé
3 passé simple		**10 passé antérieur**	
avançai	avançâmes	eus avancé	eûmes avancé
avanças	avançâtes	eus avancé	eûtes avancé
avança	avancèrent	eut avancé	eurent avancé
4 futur		**11 futur antérieur**	
avancerai	avancerons	aurai avancé	aurons avancé
avanceras	avancerez	auras avancé	aurez avancé
avancera	avanceront	aura avancé	auront avancé
5 conditionnel		**12 conditionnel passé**	
avancerais	avancerions	aurais avancé	aurions avancé
avancerais	avanceriez	aurais avancé	auriez avancé
avancerait	avanceraient	aurait avancé	auraient avancé
6 présent du subjonctif		**13 passé du subjonctif**	
avance	avancions	aie avancé	ayons avancé
avances	avanciez	aies avancé	ayez avancé
avance	avancent	ait avancé	aient avancé
7 imparfait du subjonctif		**14 plus-que-parfait du subjonctif**	
avançasse	avançassions	eusse avancé	eussions avancé
avançasses	avançassiez	eusses avancé	eussiez avancé
avançât	avançassent	eût avancé	eussent avancé

Impératif
avance
avançons
avancez

Sentences using this verb and words related to it

Le docteur a dit au petit garçon: —Ouvre la bouche et avance la langue.
Le garçon n'a pas ouvert la bouche et il n'a pas avancé la langue.
Le docteur a insisté: —Ouvrons la bouche et avançons la langue!

une avance   advance, progress
à l'avance, d'avance   in advance, beforehand
arriver en avance   to arrive early
Ta montre avance   Your watch is fast.
avancer une théorie   to promote a theory
Comment avance le travail?   How is the work coming along?

The Seven Simple Tenses		The Seven Compound Tenses	
Singular	Plural	Singular	Plural
1 présent de l'indicatif		**8 passé composé**	
ai	avons	ai eu	avons eu
as	avez	as eu	avez eu
a	ont	a eu	ont eu
2 imparfait de l'indicatif		**9 plus-que-parfait de l'indicatif**	
avais	avions	avais eu	avions eu
avais	aviez	avais eu	aviez eu
avait	avaient	avait eu	avaient eu
3 passé simple		**10 passé antérieur**	
eus	eûmes	eus eu	eûmes eu
eus	eûtes	eus eu	eûtes eu
eut	eurent	eut eu	eurent eu
4 futur		**11 futur antérieur**	
aurai	aurons	aurai eu	aurons eu
auras	aurez	auras eu	aurez eu
aura	auront	aura eu	auront eu
5 conditionnel		**12 conditionnel passé**	
aurais	aurions	aurais eu	aurions eu
aurais	auriez	aurais eu	auriez eu
aurait	auraient	aurait eu	auraient eu
6 présent du subjonctif		**13 passé du subjonctif**	
aie	ayons	aie eu	ayons eu
aies	ayez	aies eu	ayez eu
ait	aient	ait eu	aient eu
7 imparfait du subjonctif		**14 plus-que-parfait du subjonctif**	
eusse	eussions	eusse eu	eussions eu
eusses	eussiez	eusses eu	eussiez eu
eût	eussent	eût eu	eussent eu

Impératif
aie
ayons
ayez

Common idiomatic expressions using this verb

avoir. . . ans   to be . . . years old
avoir à + inf.   to have to, to be obliged to + inf.
avoir besoin de   to need, to have need of
avoir chaud   to be (feel) warm (persons)
avoir froid   to be (feel) cold (persons)
avoir sommeil   to be (feel) sleepy

avoir qqch à faire   to have
    something to do
avoir de la chance   to be lucky
avoir faim   to be hungry
avoir soif   to be thirsty

For more idioms using this verb, consult the back pages for the section on verbs used in idiomatic expressions.

to lower, to sink

The Seven Simple Tenses		The Seven Compound Tenses	
Singular	Plural	Singular	Plural
1 présent de l'indicatif		**8 passé composé**	
baisse	baissons	ai baissé	avons baissé
baisses	baissez	as baissé	avez baissé
baisse	baissent	a baissé	ont baissé
2 imparfait de l'indicatif		**9 plus-que-parfait de l'indicatif**	
baissais	baissions	avais baissé	avions baissé
baissais	baissiez	avais baissé	aviez baissé
baissait	baissaient	avait baissé	avaient baissé
3 passé simple		**10 passé antérieur**	
baissai	baissâmes	eus baissé	eûmes baissé
baissas	baissâtes	eus baissé	eûtes baissé
baissa	baissèrent	eut baissé	eurent baissé
4 futur		**11 futur antérieur**	
baisserai	baisserons	aurai baissé	aurons baissé
baisseras	baisserez	auras baissé	aurez baissé
baissera	baisseront	aura baissé	auront baissé
5 conditionnel		**12 conditionnel passé**	
baisserais	baisserions	aurais baissé	aurions baissé
baisserais	baisseriez	aurais baissé	auriez baissé
baisserait	baisseraient	aurait baissé	auraient baissé
6 présent du subjonctif		**13 passé du subjonctif**	
baisse	baissions	aie baissé	ayons baissé
baisses	baissiez	aies baissé	ayez baissé
baisse	baissent	ait baissé	aient baissé
7 imparfait du subjonctif		**14 plus-que-parfait du subjonctif**	
baissasse	baissassions	eusse baissé	eussions baissé
baissasses	baissassiez	eusses baissé	eussiez baissé
baissât	baissassent	eût baissé	eussent baissé

Impératif
baisse
baissons
baissez

Common idiomatic expressions using this verb

baisser la voix   to lower one's voice
baisser les yeux   to look down, cast one's eyes down
baisser les bras   to admit defeat, to give in
se jeter tête baissée dans qqch   to do something blindly, headlong
se baisser   to bend (stoop) down
rabaisser   to depreciate, to humble, to lower

See also **abaisser** and **s'abaisser**.

Consult the sections on verbs used in idiomatic expressions, verbs with prepositions, and the list of over 1,000 verbs conjugated like model verbs in the back pages.

to balance, to sway, to swing, to weigh

The Seven Simple Tenses		The Seven Compound Tenses	
Singular	Plural	Singular	Plural
1 présent de l'indicatif		**8 passé composé**	
balance	balançons	ai balancé	avons balancé
balances	balancez	as balancé	avez balancé
balance	balancent	a balancé	ont balancé
2 imparfait de l'indicatif		**9 plus-que-parfait de l'indicatif**	
balançais	balancions	avais balancé	avions balancé
balançais	balanciez	avais balancé	aviez balancé
balançait	balançaient	avait balancé	avaient balancé
3 passé simple		**10 passé antérieur**	
balançai	balançâmes	eus balancé	eûmes balancé
balanças	balançâtes	eus balancé	eûtes balancé
balança	balancèrent	eut balancé	eurent balancé
4 futur		**11 futur antérieur**	
balancerai	balancerons	aurai balancé	aurons balancé
balanceras	balancerez	auras balancé	aurez balancé
balancera	balanceront	aura balancé	auront balancé
5 conditionnel		**12 conditionnel passé**	
balancerais	balancerions	aurais balancé	aurions balancé
balancerais	balanceriez	aurais balancé	auriez balancé
balancerait	balanceraient	aurait balancé	auraient balancé
6 présent du subjonctif		**13 passé du subjonctif**	
balance	balancions	aie balancé	ayons balancé
balances	balanciez	aies balancé	ayez balancé
balance	balancent	ait balancé	aient balancé
7 imparfait du subjonctif		**14 plus-que-parfait du subjonctif**	
balançasse	balançassions	eusse balancé	eussions balancé
balançasses	balançassiez	eusses balancé	eussiez balancé
balançât	balançassent	eût balancé	eussent balancé

Impératif
balance
balançons
balancez

Words and expressions related to this verb

une balançoire   see-saw
une balance   weight scale
la balance des pouvoirs   the balance
  of powers

le balancement   balancing, rocking
faire pencher la balance   to favor someone

Consult the sections on verbs used in idiomatic expressions, verbs with prepositions, and the list of over 1,000 verbs conjugated like model verbs in the back pages.

The subject pronouns are found on the page facing page 1.   **63**

to sweep

The Seven Simple Tenses		The Seven Compound Tenses	
Singular	Plural	Singular	Plural
1 présent de l'indicatif		**8 passé composé**	
balaye	balayons	ai balayé	avons balayé
balayes	balayez	as balayé	avez balayé
balaye	balayent	a balayé	ont balayé
2 imparfait de l'indicatif		**9 plus-que-parfait de l'indicatif**	
balayais	balayions	avais balayé	avions balayé
balayais	balayiez	avais balayé	aviez balayé
balayait	balayaient	avait balayé	avaient balayé
3 passé simple		**10 passé antérieur**	
balayai	balayâmes	eus balayé	eûmes balayé
balayas	balayâtes	eus balayé	eûtes balayé
balaya	balayèrent	eut balayé	eurent balayé
4 futur		**11 futur antérieur**	
balayerai	balayerons	aurai balayé	aurons balayé
balayeras	balayerez	auras balayé	aurez balayé
balayera	balayeront	aura balayé	auront balayé
5 conditionnel		**12 conditionnel passé**	
balayerais	balayerions	aurais balayé	aurions balayé
balayerais	balayeriez	aurais balayé	auriez balayé
balayerait	balayeraient	aurait balayé	auraient balayé
6 présent du subjonctif		**13 passé du subjonctif**	
balaye	balayions	aie balayé	ayons balayé
balayes	balayiez	aies balayé	ayez balayé
balaye	balayent	ait balayé	aient balayé
7 imparfait du subjonctif		**14 plus-que-parfait du subjonctif**	
balayasse	balayassions	eusse balayé	eussions balayé
balayasses	balayassiez	eusses balayé	eussiez balayé
balayât	balayassent	eût balayé	eussent balayé

Impératif
balaye
balayons
balayez

Sentences using this verb and words related to it

—Marie, **as-tu** balayé les chambres?
—Non, madame.
—Et pourquoi pas?
—Parce que je n'ai pas de balai, je n'ai pas de balayette, et je ne suis pas balayeuse. Voilà pourquoi!

un balai broom; **une balayette** small broom; **un balayeur, une balayeuse** sweeper

Verbs ending in -*ayer* may change *y* to *i* before mute *e* or may keep *y*.

64

to build, to construct

The Seven Simple Tenses		The Seven Compound Tenses	
Singular	Plural	Singular	Plural
1 présent de l'indicatif		**8 passé composé**	
bâtis	bâtissons	ai bâti	avons bâti
bâtis	bâtissez	as bâti	avez bâti
bâtit	bâtissent	a bâti	ont bâti
2 imparfait de l'indicatif		**9 plus-que-parfait de l'indicatif**	
bâtissais	bâtissions	avais bâti	avions bâti
bâtissais	bâtissiez	avais bâti	aviez bâti
bâtissait	bâtissaient	avait bâti	avaient bâti
3 passé simple		**10 passé antérieur**	
bâtis	bâtîmes	eus bâti	eûmes bâti
bâtis	bâtîtes	eus bâti	eûtes bâti
bâtit	bâtirent	eut bâti	eurent bâti
4 futur		**11 futur antérieur**	
bâtirai	bâtirons	aurai bâti	aurons bâti
bâtiras	bâtirez	auras bâti	aurez bâti
bâtira	bâtiront	aura bâti	auront bâti
5 conditionnel		**12 conditionnel passé**	
bâtirais	bâtirions	aurais bâti	aurions bâti
bâtirais	bâtiriez	aurais bâti	auriez bâti
bâtirait	bâtiraient	aurait bâti	auraient bâti
6 présent du subjonctif		**13 passé du subjonctif**	
bâtisse	bâtissions	aie bâti	ayons bâti
bâtisses	bâtissiez	aies bâti	ayez bâti
bâtisse	bâtissent	ait bâti	aient bâti
7 imparfait du subjonctif		**14 plus-que-parfait du subjonctif**	
bâtisse	bâtissions	eusse bâti	eussions bâti
bâtisses	bâtissiez	eusses bâti	eussiez bâti
bâtît	bâtissent	eût bâti	eussent bâti

Impératif
bâtis
bâtissons
bâtissez

Sentences using this verb and words related to it

—Est-ce que tu aimes bâtir des maisons en papier mâché?
—Oui, beaucoup. J'aime surtout bâtir des petits avions en papier. Je les lance contre le mur dans la salle de classe.
—Et ton père? Aime-t-il bâtir?
—Non, il ne bâtit jamais. Il a fait bâtir cette maison. Nous bâtissons des châteaux en Espagne employant notre imagination.
—Moi, j'aime les grands bâtiments.

un bâtiment   building, edifice; **un bâtisseur**   builder
bâtir   to baste; **du fil à bâtir**   basting thread

The subject pronouns are found on the page facing page 1.   **65**

battre   Part. pr. **battant**   Part. passé **battu**

to beat, to hit, to strike

The Seven Simple Tenses		The Seven Compound Tenses	
Singular	Plural	Singular	Plural
1 présent de l'indicatif		**8 passé composé**	
bats	battons	ai battu	avons battu
bats	battez	as battu	avez battu
bat	battent	a battu	ont battu
2 imparfait de l'indicatif		**9 plus-que-parfait de l'indicatif**	
battais	battions	avais battu	avions battu
battais	battiez	avais battu	aviez battu
battait	battaient	avait battu	avaient battu
3 passé simple		**10 passé antérieur**	
battis	battîmes	eus battu	eûmes battu
battis	battîtes	eus battu	eûtes battu
battit	battirent	eut battu	eurent battu
4 futur		**11 futur antérieur**	
battrai	battrons	aurai battu	aurons battu
battras	battrez	auras battu	aurez battu
battra	battront	aura battu	auront battu
5 conditionnel		**12 conditionnel passé**	
battrais	battrions	aurais battu	aurions battu
battrais	battriez	aurais battu	auriez battu
battrait	battraient	aurait battu	auraient battu
6 présent du subjonctif		**13 passé du subjonctif**	
batte	battions	aie battu	ayons battu
battes	battiez	aies battu	ayez battu
batte	battent	ait battu	aient battu
7 imparfait du subjonctif		**14 plus-que-parfait du subjonctif**	
battisse	battissions	eusse battu	eussions battu
battisses	battissiez	eusses battu	eussiez battu
battît	battissent	eût battu	eussent battu

Impératif
bats
battons
battez

Sentences using this verb and words related to it

Notre femme de chambre est dans la cour. Elle est en train de battre les tapis. Elle les bat tous les samedis. Samedi dernier, pendant qu'elle battait les tapis, mon frère jouait au tennis et il a battu son adversaire.

battre des mains   to clap, to applaud
battre la campagne   to scour the countryside
le battant   leaf, flap (of a table)
une porte à deux battants   double door
une batte   bat, beater
le battement   banging (of a door); throbbing, flutter, beating

The Seven Simple Tenses		The Seven Compound Tenses	
Singular	Plural	Singular	Plural

1 présent de l'indicatif

me bats	nous battons		
te bats	vous battez		
se bat	se battent		

8 passé composé

me suis battu(e)	nous sommes battu(e)s
t'es battu(e)	vous êtes battu(e)(s)
s'est battu(e)	se sont battu(e)s

2 imparfait de l'indicatif

me battais	nous battions
te battais	vous battiez
se battait	se battaient

9 plus-que-parfait de l'indicatif

m'étais battu(e)	nous étions battu(e)s
t'étais battu(e)	vous étiez battu(e)(s)
s'était battu(e)	s'étaient battu(e)s

3 passé simple

me battis	nous battîmes
te battis	vous battîtes
se battit	se battirent

10 passé antérieur

me fus battu(e)	nous fûmes battu(e)s
te fus battu(e)	vous fûtes battu(e)(s)
se fut battu(e)	se furent battu(e)s

4 futur

me battrai	nous battrons
te battras	vous battrez
se battra	se battront

11 futur antérieur

me serai battu(e)	nous serons battu(e)s
te seras battu(e)	vous serez battu(e)(s)
se sera battu(e)	se seront battu(e)s

5 conditionnel

me battrais	nous battrions
te battrais	vous battriez
se battrait	se battraient

12 conditionnel passé

me serais battu(e)	nous serions battu(e)s
te serais battu(e)	vous seriez battu(e)(s)
se serait battu(e)	se seraient battu(e)s

6 présent du subjonctif

me batte	nous battions
te battes	vous battiez
se batte	se battent

13 passé du subjonctif

me sois battu(e)	nous soyons battu(e)s
te sois battu(e)	vous soyez battu(e)(s)
se soit battu(e)	se soient battu(e)s

7 imparfait du subjonctif

me battisse	nous battissions
te battisses	vous battissiez
se battît	se battissent

14 plus-que-parfait du subjonctif

me fusse battu(e)	nous fussions battu(e)s
te fusses battu(e)	vous fussiez battu(e)(s)
se fût battu(e)	se fussent battu(e)s

Impératif
bats-toi; ne te bats pas
battons-nous; ne nous battons pas
battez-vous; ne vous battez pas

Sentences using this verb and words related to it

Ecoutez! Nos voisins commencent à se battre. Ils se battent toujours. La dernière fois ils se sont battus à coups de poings. Il y a toujours un grand combat chez eux.

For other words and expressions related to this verb, see **abbattre**, **battre**, and **combattre**.

Consult the back pages for sections on verbs used in idiomatic expressions, verbs with prepositions, and the list of over 1,000 verbs conjugated like model verbs.

bavarder

to chat, to chatter, to babble, to gossip

The Seven Simple Tenses		The Seven Compound Tenses	
Singular	Plural	Singular	Plural
1 présent de l'indicatif		**8 passé composé**	
bavarde	bavardons	ai bavardé	avons bavardé
bavardes	bavardez	as bavardé	avez bavardé
bavarde	bavardent	a bavardé	ont bavardé
2 imparfait de l'indicatif		**9 plus-que-parfait de l'indicatif**	
bavardais	bavardions	avais bavardé	avions bavardé
bavardais	bavardiez	avais bavardé	aviez bavardé
bavardait	bavardaient	avait bavardé	avaient bavardé
3 passé simple		**10 passé antérieur**	
bavardai	bavardâmes	eus bavardé	eûmes bavardé
bavardas	bavardâtes	eus bavardé	eûtes bavardé
bavarda	bavardèrent	eut bavardé	eurent bavardé
4 futur		**11 futur antérieur**	
bavarderai	bavarderons	aurai bavardé	aurons bavardé
bavarderas	bavarderez	auras bavardé	aurez bavardé
bavardera	bavarderont	aura bavardé	auront bavardé
5 conditionnel		**12 conditionnel passé**	
bavarderais	bavarderions	aurais bavardé	aurions bavardé
bavarderais	bavarderiez	aurais bavardé	auriez bavardé
bavarderait	bavarderaient	aurait bavardé	auraient bavardé
6 présent du subjonctif		**13 passé du subjonctif**	
bavarde	bavardions	aie bavardé	ayons bavardé
bavardes	bavardiez	aies bavardé	ayez bavardé
bavarde	bavardent	ait bavardé	aient bavardé
7 imparfait du subjonctif		**14 plus-que-parfait du subjonctif**	
bavardasse	bavardassions	eusse bavardé	eussions bavardé
bavardasses	bavardassiez	eusses bavardé	eussiez bavardé
bavardât	bavardassent	eût bavardé	eussent bavardé

Impératif
bavarde
bavardons
bavardez

Sentences using this verb and words related to it

   Aimez-vous les personnes qui bavardent tout le temps? Je connais un homme qui est bavard. Sa femme est bavarde aussi. Elle aime à parler avec abondance. Moi, je n'aime pas le bavardage. Je ne bavarde pas parce que je n'aime pas perdre mon temps.

le bavardage chitchat, chattering, talkativeness
bavard, bavarde talkative, loquacious, garrulous
perdre son temps à bavarder to waste one's time babbling

to bless, to consecrate

The Seven Simple Tenses		The Seven Compound Tenses	
Singular	Plural	Singular	Plural
1 présent de l'indicatif		8 passé composé	
bénis	bénissons	ai béni	avons béni
bénis	bénissez	as béni	avez béni
bénit	bénissent	a béni	ont béni
2 imparfait de l'indicatif		9 plus-que-parfait de l'indicatif	
bénissais	bénissions	avais béni	avions béni
bénissais	bénissiez	avais béni	aviez béni
bénissait	bénissaient	avait béni	avaient béni
3 passé simple		10 passé antérieur	
bénis	bénîmes	eus béni	eûmes béni
bénis	bénîtes	eus béni	eûtes béni
bénit	bénirent	eut béni	eurent béni
4 futur		11 futur antérieur	
bénirai	bénirons	aurai béni	aurons béni
béniras	bénirez	auras béni	aurez béni
bénira	béniront	aura béni	auront béni
5 conditionnel		12 conditionnel passé	
bénirais	bénirions	aurais béni	aurions béni
bénirais	béniriez	aurais béni	auriez béni
bénirait	béniraient	aurait béni	auraient béni
6 présent du subjonctif		13 passé du subjonctif	
bénisse	bénissions	aie béni	ayons béni
bénisses	bénissiez	aies béni	ayez béni
bénisse	bénissent	ait béni	aient béni
7 imparfait du subjonctif		14 plus-que-parfait du subjonctif	
bénisse	bénissions	eusse béni	eussions béni
bénisses	bénissiez	eusses béni	eussiez béni
bénît	bénissent	eût béni	eussent béni

Impératif
bénis
bénissons
bénissez

Words and expressions related to this verb

de l'eau bénite   holy (blessed) water; **du pain bénit**   holy (blessed) bread
le bénitier   holy water basin

Consult the sections on verbs used in idiomatic expressions, verbs with prepositions, and the list of over 1,000 verbs conjugated like model verbs in the back pages.

to blame

The Seven Simple Tenses		The Seven Compound Tenses	
Singular	Plural	Singular	Plural
1 présent de l'indicatif		8 passé composé	
blâme	blâmons	ai blâmé	avons blâmé
blâmes	blâmez	as blâmé	avez blâmé
blâme	blâment	a blâmé	ont blâmé
2 imparfait de l'indicatif		9 plus-que-parfait de l'indicatif	
blâmais	blâmions	avais blâmé	avions blâmé
blâmais	blâmiez	avais blâmé	aviez blâmé
blâmait	blâmaient	avait blâmé	avaient blâmé
3 passé simple		10 passé antérieur	
blâmai	blâmâmes	eus blâmé	eûmes blâmé
blâmas	blâmâtes	eus blâmé	eûtes blâmé
blâma	blâmèrent	eut blâmé	eurent blâmé
4 futur		11 futur antérieur	
blâmerai	blâmerons	aurai blâmé	aurons blâmé
blâmeras	blâmerez	auras blâmé	aurez blâmé
blâmera	blâmeront	aura blâmé	auront blâmé
5 conditionnel		12 conditionnel passé	
blâmerais	blâmerions	aurais blâmé	aurions blâmé
blâmerais	blâmeriez	aurais blâmé	auriez blâmé
blâmerait	blâmeraient	aurait blâmé	auraient blâmé
6 présent du subjonctif		13 passé du subjonctif	
blâme	blâmions	aie blâmé	ayons blâmé
blâmes	blâmiez	aies blâmé	ayez blâmé
blâme	blâment	ait blâmé	aient blâmé
7 imparfait du subjonctif		14 plus-que-parfait du subjonctif	
blâmasse	blâmassions	eusse blâmé	eussions blâmé
blâmasses	blâmmassiez	eusses blâmé	eussiez blâmé
blâmât	blâmassent	eût blâmé	eussent blâmé

Impératif
blâme
blâmons
blâmez

Words and expressions related to this verb

être blâmé (blâmée)   to be blamed   **se blâmer**   to blame oneself
le blâme   blame   **blâmable**   blameworthy, blamable

Consult the sections on verbs used in idiomatic expressions, verbs with prepositions, and the list of over 1,000 verbs conjugated like model verbs in the back pages.

The Seven Simple Tenses		The Seven Compound Tenses	
Singular	Plural	Singular	Plural

1 présent de l'indicatif		8 passé composé	
blanchis	blanchissons	ai blanchi	avons blanchi
blanchis	blanchissez	as blanchi	avez blanchi
blanchit	blanchissent	a blanchi	ont blanchi

2 imparfait de l'indicatif		9 plus-que-parfait de l'indicatif	
blanchissais	blanchissions	avais blanchi	avions blanchi
blanchissais	blanchissiez	avais blanchi	aviez blanchi
blanchissait	blanchissaient	avait blanchi	avaient blanchi

3 passé simple		10 passé antérieur	
blanchis	blanchîmes	eus blanchi	eûmes blanchi
blanchis	blanchîtes	eus blanchi	eûtes blanchi
blanchit	blanchirent	eut blanchi	eurent blanchi

4 futur		11 futur antérieur	
blanchirai	blanchirons	aurai blanchi	aurons blanchi
blanchiras	blanchirez	auras blanchi	aurez blanchi
blanchira	blanchiront	aura blanchi	auront blanchi

5 conditionnel		12 conditionnel passé	
blanchirais	blanchirions	aurais blanchi	aurions blanchi
blanchirais	blanchiriez	aurais blanchi	auriez blanchi
blanchirait	blanchiraient	aurait blanchi	auraient blanchi

6 présent du subjonctif		13 passé du subjonctif	
blanchisse	blanchissions	aie blanchi	ayons blanchi
blanchisses	blanchissiez	aies blanchi	ayez blanchi
blanchisse	blanchissent	ait blanchi	aient blanchi

7 imparfait du subjonctif		14 plus-que-parfait du subjonctif	
blanchisse	blanchissions	eusse blanchi	eussions blanchi
blanchisses	blanchissiez	eusses blanchi	eussiez blanchi
blanchît	blanchissent	eût blanchi	eussent blanchi

Impératif
blanchis
blanchissons
blanchissez

Common idiomatic expressions using this verb and words related to it

le blanc   white
le blanc d'oeil   the white of the eye
la bille blanche   white billiard ball
du vin blanc   white wine
la blanchisserie   laundry
    (store where clothes are washed)

une carte blanche   unlimited privileges and authority
blanc comme neige   as white as snow
Blanche-Neige   Snow White
un chèque en blanc   blank check
un verre de blanc   a glass of white wine
le blanchissage   washing

Consult the sections on verbs used in idiomatic expressions, verbs with prepositions, and the list of over 1,000 verbs conjugated like model verbs in the back pages

The subject pronouns are found on the page facing page 1.

71

to harm, to hurt, to injure, to wound, to offend

The Seven Simple Tenses		The Seven Compound Tenses	
Singular	Plural	Singular	Plural
1 présent de l'indicatif		**8 passé composé**	
blesse	blessons	ai blessé	avons blessé
blesses	blessez	as blessé	avez blessé
blesse	blessent	a blessé	ont blessé
2 imparfait de l'indicatif		**9 plus-que-parfait de l'indicatif**	
blessais	blessions	avais blessé	avions blessé
blessais	blessiez	avais blessé	aviez blessé
blessait	blessaient	avait blessé	avaient blessé
3 passé simple		**10 passé antérieur**	
blessai	blessâmes	eus blessé	eûmes blessé
blessas	blessâtes	eus blessé	eûtes blessé
blessa	blessèrent	eut blessé	eurent blessé
4 futur		**11 futur antérieur**	
blesserai	blesserons	aurai blessé	aurons blessé
blesseras	blesserez	auras blessé	aurez blessé
blessera	blesseront	aura blessé	auront blessé
5 conditionnel		**12 conditionnel passé**	
blesserais	blesserions	aurais blessé	aurions blessé
blesserais	blesseriez	aurais blessé	auriez blessé
blesserait	blesseraient	aurait blessé	auraient blessé
6 présent du subjonctif		**13 passé du subjonctif**	
blesse	blessions	aie blessé	ayons blessé
blesses	blessiez	aies blessé	ayez blessé
blesse	blessent	ait blessé	aient blessé
7 imparfait du subjonctif		**14 plus-que-parfait du subjonctif**	
blessasse	blessassions	eusse blessé	eussions blessé
blessasses	blessassiez	eusses blessé	eussiez blessé
blessât	blessassent	eût blessé	eussent blessé

Impératif
blesse
blessons
blessez

Sentences using this verb and words related to it

Ma soeur est tombée sur un rocher qui l'a blessée au visage. C'était une blessure grave.

blesser à mort   to wound mortally
une blessure   wound, injury
une parole blessante   a cutting word

See also **se blesser.** Do not confuse **blesser** with **bénir,** which means *to bless.*

to hurt oneself, to injure oneself, to wound oneself

The Seven Simple Tenses		The Seven Compound Tenses	
Singular	Plural	Singular	Plural
1 présent de l'indicatif		**8 passé composé**	
me blesse	nous blessons	me suis blessé(e)	nous sommes blessé(e)s
te blesses	vous blessez	t'es blessé(e)	vous êtes blessé(e)(s)
se blesse	se blessent	s'est blessé(e)	se sont blessé(e)s
2 imparfait de l'indicatif		**9 plus-que-parfait de l'indicatif**	
me blessais	nous blessions	m'étais blessé(e)	nous étions blessé(e)s
te blessais	vous blessiez	t'étais blessé(e)	vous étiez blessé(e)(s)
se blessait	se blessaient	s'était blessé(e)	s'étaient blessé(e)s
3 passé simple		**10 passé antérieur**	
me blessai	nous blessâmes	me fus blessé(e)	nous fûmes blessé(e)s
te blessas	vous blessâtes	te fus blessé(e)	vous fûtes blessé(e)(s)
se blessa	se blessèrent	se fut blessé(e)	se furent blessé(e)s
4 futur		**11 futur antérieur**	
me blesserai	nous blesserons	me serai blessé(e)	nous serons blessé(e)s
te blesseras	vous blesserez	te seras blessé(e)	vous serez blessé(e)(s)
se blessera	se blesseront	se sera blessé(e)	se seront blessé(e)s
5 conditionnel		**12 conditionnel passé**	
me blesserais	nous blesserions	me serais blessé(e)	nous serions blessé(e)s
te blesserais	vous blesseriez	te serais blessé(e)	vous seriez blessé(e)(s)
se blesserait	se blesseraient	se serait blessé(e)	se seraient blessé(e)s
6 présent du subjonctif		**13 passé du subjonctif**	
me blesse	nous blessions	me sois blessé(e)	nous soyons blessé(e)s
te blesses	vous blessiez	te sois blessé(e)	vous soyez blessé(e)(s)
se blesse	se blessent	se soit blessé(e)	se soient blessé(e)s
7 imparfait du subjonctif		**14 plus-que-parfait du subjonctif**	
me blessasse	nous blessassions	me fusse blessé(e)	nous fussions blessé(e)s
te blessasses	vous blessassiez	te fusses blessé(e)	vous fussiez blessé(e)(s)
se blessât	se blessassent	se fût blessé(e)	se fussent blessé(e)s

Impératif
blesse-toi; ne te blesse pas
blessons-nous; ne nous blessons pas
blessez-vous; ne vous blessez pas

Sentences using this verb and words related to it

Madame Leblanc est tombée dans la rue et elle s'est blessée au genou. C'était une blessure légère, heureusement.

se blesser de   to take offense at

For other words and expressions related to this verb, see **blesser.** Do not confuse **blesser** and **se blesser** with **bénir,** which means *to bless.*

to drink

The Seven Simple Tenses		The Seven Compound Tenses	
Singular	Plural	Singular	Plural
1 présent de l'indicatif		**8 passé composé**	
bois	buvons	ai bu	avons bu
bois	buvez	as bu	avez bu
boit	boivent	a bu	ont bu
2 imparfait de l'indicatif		**9 plus-que-parfait de l'indicatif**	
buvais	buvions	avais bu	avions bu
buvais	buviez	avais bu	aviez bu
buvait	buvaient	avait bu	avaient bu
3 passé simple		**10 passé antérieur**	
bus	bûmes	eus bu	eûmes bu
bus	bûtes	eus bu	eûtes bu
but	burent	eut bu	eurent bu
4 futur		**11 futur antérieur**	
boirai	boirons	aurai bu	aurons bu
boiras	boirez	auras bu	aurez bu
boira	boiront	aura bu	auront bu
5 conditionnel		**12 conditionnel passé**	
boirais	boirions	aurais bu	aurions bu
boirais	boiriez	aurais bu	auriez bu
boirait	boiraient	aurait bu	auraient bu
6 présent du subjonctif		**13 passé du subjonctif**	
boive	buvions	aie bu	ayons bu
boives	buviez	aies bu	ayez bu
boive	boivent	ait bu	aient bu
7 imparfait du subjonctif		**14 plus-que-parfait du subjonctif**	
busse	bussions	eusse bu	eussions bu
busses	bussiez	eusses bu	eussiez bu
bût	bussent	eût bu	eussent bu

Impératif
bois
buvons
buvez

Sentences using this verb and words related to it

    —Michel, as-tu bu ton lait?
    —Non, maman, je ne l'ai pas bu.
    —Bois-le tout de suite, je te dis.
    —Tous les jours je bois du lait. N'y a-t-il pas d'autres boissons dans la maison?
    — Si, il y a d'autres boissons dans la maison mais les bons garçons comme toi boivent du lait.
boire à la santé de qqn   to drink to someone's health
une boisson   drink; **boisson gazeuse**   carbonated drink
un buveur, une buveuse   drinker; **une buvette**   bar
un buvard   ink blotter; **boire un coup**   to have a drink

to budge, to move

The Seven Simple Tenses		The Seven Compound Tenses	
Singular	Plural	Singular	Plural
1 présent de l'indicatif		**8 passé composé**	
bouge	bougeons	ai bougé	avons bougé
bouges	bougez	as bougé	avez bougé
bouge	bougent	a bougé	ont bougé
2 imparfait de l'indicatif		**9 plus-que-parfait de l'indicatif**	
bougeais	bougions	avais bougé	avions bougé
bougeais	bougiez	avais bougé	aviez bougé
bougeait	bougeaient	avait bougé	avaient bougé
3 passé simple		**10 passé antérieur**	
bougeai	bougeâmes	eus bougé	eûmes bougé
bougeas	bougeâtes	eus bougé	eûtes bougé
bougea	bougèrent	eut bougé	eurent bougé
4 futur		**11 futur antérieur**	
bougerai	bougerons	aurai bougé	aurons bougé
bougeras	bougerez	auras bougé	aurez bougé
bougera	bougeront	aura bougé	auront bougé
5 conditionnel		**12 conditionnel passé**	
bougerais	bougerions	aurais bougé	aurions bougé
bougerais	bougeriez	aurais bougé	auriez bougé
bougerait	bougeraient	aurait bougé	auraient bougé
6 présent du subjonctif		**13 passé du subjonctif**	
bouge	bougions	aie bougé	ayons bougé
bouges	bougiez	aies bougé	ayez bougé
bouge	bougent	ait bougé	aient bougé
7 imparfait du subjonctif		**14 plus-que-parfait du subjonctif**	
bougeasse	bougeassions	eusse bougé	eussions bougé
bougeasses	bougeassiez	eusses bougé	eussiez bougé
bougeât	bougeassent	eût bougé	eussent bougé

Impératif
bouge
bougeons
bougez

Words and expressions related to this verb

avoir la bougeotte   to be on the move; to be restless, to move about restlessly; to be
   fidgety
ne pas bouger   not to make a move

Consult the sections on verbs used in idiomatic expressions, verbs with prepositions, and the
list of over 1,000 verbs conjugated like model verbs in the back pages.

to boil

The Seven Simple Tenses		The Seven Compound Tenses	
Singular	Plural	Singular	Plural

1 présent de l'indicatif		8 passé composé	
bous	**bouillons**	**ai bouilli**	**avons bouilli**
bous	**bouillez**	**as bouilli**	**avez bouilli**
bout	**bouillent**	**a bouilli**	**ont bouilli**

2 imparfait de l'indicatif		9 plus-que-parfait de l'indicatif	
bouillais	**bouillions**	**avais bouilli**	**avions bouilli**
bouillais	**bouilliez**	**avais bouilli**	**aviez bouilli**
bouillait	**bouillaient**	**avait bouilli**	**avaient bouilli**

3 passé simple		10 passé antérieur	
bouillis	**bouillîmes**	**eus bouilli**	**eûmes bouilli**
bouillis	**bouillîtes**	**eus bouilli**	**eûtes bouilli**
bouillit	**bouillirent**	**eut bouilli**	**eurent bouilli**

4 futur		11 futur antérieur	
bouillirai	**bouillirons**	**aurai bouilli**	**aurons bouilli**
bouilliras	**bouillirez**	**auras bouilli**	**aurez bouilli**
bouillira	**bouilliront**	**aura bouilli**	**auront bouilli**

5 conditionnel		12 conditionnel passé	
bouillirais	**bouillirions**	**aurais bouilli**	**aurions bouilli**
bouillirais	**bouilliriez**	**aurais bouilli**	**auriez bouilli**
bouillirait	**bouilliraient**	**aurait bouilli**	**auraient bouilli**

6 présent du subjonctif		13 passé du subjonctif	
bouille	**bouillions**	**aie bouilli**	**ayons bouilli**
bouilles	**bouilliez**	**aies bouilli**	**ayez bouilli**
bouille	**bouillent**	**ait bouilli**	**aient bouilli**

7 imparfait du subjonctif		14 plus-que-parfait du subjonctif	
bouillisse	**bouillissions**	**eusse bouilli**	**eussions bouilli**
bouillisses	**bouillissiez**	**eusses bouilli**	**eussiez bouilli**
bouillît	**bouillissent**	**eût bouilli**	**eussent bouilli**

Impératif
Qu'il bouille!   Let it boil!

Words and expressions related to this verb

faire bouillir   to boil
le bouillon   broth; bubble
une bulle   bubble, blister
faire des bulles   to blow bubbles
la bouillabaisse   fish soup (chowder)

le bouillonnement   bubbling, boiling
faire donner un bouillon   to bring to boil
une bulle de savon   soap bubble
une bouilloire   kettle
réduire en bouillie   to beat to a pulp

Consult the sections on verbs used in idiomatic expressions, verbs with prepositions, and the list of over 1,000 verbs conjugated like model verbs in the back pages.

The Seven Simple Tenses		The Seven Compound Tenses	
Singular	Plural	Singular	Plural

1 présent de l'indicatif		8 passé composé	
brosse	brossons	ai brossé	avons brossé
brosses	brossez	as brossé	avez brossé
brosse	brossent	a brossé	ont brossé

2 imparfait de l'indicatif		9 plus-que-parfait de l'indicatif	
brossais	brossions	avais brossé	avions brossé
brossais	brossiez	avais brossé	aviez brossé
brossait	brossaient	avait brossé	avaient brossé

3 passé simple		10 passé antérieur	
brossai	brossâmes	eus brossé	eûmes brossé
brossas	brossâtes	eus brossé	eûtes brossé
brossa	brossèrent	eut brossé	eurent brossé

4 futur		11 futur antérieur	
brosserai	brosserons	aurai brossé	aurons brossé
brosseras	brosserez	auras brossé	aurez brossé
brossera	brosseront	aura brossé	auront brossé

5 conditionnel		12 conditionnel passe	
brosserais	brosserions	aurais brossé	aurions brosse
brosserais	brosseriez	aurais brossé	auriez brossé
brosserait	brosseraient	aurait brossé	auraient brossé

6 présent du subjonctif		13 passé du subjonctif	
brosse	brossions	aie brossé	ayons brossé
brosses	brossiez	aies brossé	ayez brossé
brosse	brossent	ait brossé	aient brossé

7 imparfait du subjonctif		14 plus-que-parfait du subjonctif	
brossasse	brossassions	eusse brossé	eussions brossé
brossasses	brossassiez	eusses brossé	eussiez brossé
brossât	brossassent	eût brossé	eussent brossé

Impératif
brosse
brossons
brossez

Sentences using this verb and words related to it

—**Henriette, as-tu-brossé tes souliers?**
—**Non, maman, je ne les ai pas brossés.**
—**Et pourquoi pas, ma petite?**
—**Parce que je n'ai pas de brosse.**

une brosse   brush; **brosse à chaussures**   shoebrush; **brosse à dents**   toothbrush;
    brosse à ongles   nailbrush
donner un coup de brosse   to brush

See also **se brosser.**

The subject pronouns are found on the page facing page 1.   **77**

to brush oneself

The Seven Simple Tenses		The Seven Compound Tenses	
Singular	Plural	Singular	Plural
1 présent de l'indicatif		**8 passé composé**	
me brosse	nous brossons	me suis brossé(e)	nous sommes brossé(e)s
te brosses	vous brossez	t'es brossé(e)	vous êtes brossé(e)(s)
se brosse	se brossent	s'est brossé(e)	se sont brossé(e)s
2 imparfait de l'indicatif		**9 plus-que-parfait de l'indicatif**	
me brossais	nous brossions	m'étais brossé(e)	nous étions brossé(e)s
te brossais	vous brossiez	t'étais brossé(e)	vous étiez brossé(e)(s)
se brossait	se brossaient	s'était brossé(e)	s'étaient brossé(e)s
3 passé simple		**10 passé antérieur**	
me brossai	nous brossâmes	me fus brossé(e)	nous fûmes brossé(e)s
te brossas	vous brossâtes	te fus brossé(e)	vous fûtes brossé(e)(s)
se brossa	se brossèrent	se fut brossé(e)	se furent brossé(e)s
4 futur		**11 futur antérieur**	
me brosserai	nous brosserons	me serai brossé(e)	nous serons brossé(e)s
te brosseras	vous brosserez	te seras brossé(e)	vous serez brossé(e)(s)
se brossera	se brosseront	se sera brossé(e)	se seront brossé(e)s
5 conditionnel		**12 conditionnel passé**	
me brosserais	nous brosserions	me serais brossé(e)	nous serions brossé(e)s
te brosserais	vous brosseriez	te serais brossé(e)	vous seriez brossé(e)(s)
se brosserait	se brosseraient	se serait brossé(e)	se seraient brossé(e)s
6 présent du subjonctif		**13 passé du subjonctif**	
me brosse	nous brossions	me sois brossé(e)	nous soyons brossé(e)s
te brosses	vous brossiez	te sois brossé(e)	vous soyez brossé(e)(s)
se brosse	se brossent	se soit brossé(e)	se soient brossé(e)s
7 imparfait du subjonctif		**14 plus-que-parfait du subjonctif**	
me brossasse	nous brossassions	me fusse brossé(e)	nous fussions brossé(e)s
te brossasses	vous brossassiez	te fusses brossé(e)	vous fussiez brossé(e)(s)
se brossât	se brossassent	se fût brossé(e)	se fussent brossé(e)s

Impératif
brosse-toi; ne te brosse pas
brossons-nous; ne nous brossons pas
brossez-vous; ne vous brossez pas

Sentences using this verb and words related to it

—Tina Marie, est-ce que tu t'es brossée?
—Non, maman, je ne me suis pas brossée.
—Et pourquoi pas? Brosse-toi vite!
—Parce que je n'ai pas de brosse à habits, je n'ai pas de brosse à cheveux, je n'ai pas de brosse à chaussures. Je n'ai aucune brosse. Je n'ai pas de brosse à dents, non plus.
—Quelle fille!

se brosser les dents, les cheveux, etc.   to brush one's teeth, hair, etc

For other words and expressions related to this verb, see **brosser**.

The Seven Simple Tenses		The Seven Compound Tenses	
Singular	Plural	Singular	Plural
1 présent de l'indicatif		**8 passé composé**	
brûle	brûlons	ai brûlé	avons brûlé
brûles	brûlez	as brûlé	avez brûlé
brûle	brûlent	a brûlé	ont brûlé
2 imparfait de l'indicatif		**9 plus-que-parfait de l'indicatif**	
brûlais	brûlions	avais brûlé	avions brûlé
brûlais	brûliez	avais brûlé	aviez brûlé
brûlait	brûlaient	avait brûlé	avaient brûlé
3 passé simple		**10 passé antérieur**	
brûlai	brûlâmes	eus brûlé	eûmes brûlé
brûlas	brûlâtes	eus brûlé	eûtes brûlé
brûla	brûlèrent	eut brûlé	eurent brûlé
4 futur		**11 futur antérieur**	
brûlerai	brûlerons	aurai brûlé	aurons brûlé
brûleras	brûlerez	auras brûlé	aurez brûlé
brûlera	brûleront	aura brûlé	auront brûlé
5 conditionnel		**12 conditionnel passé**	
brûlerais	brûlerions	aurais brûlé	aurions brûlé
brûlerais	brûleriez	aurais brûlé	auriez brûlé
brûlerait	brûleraient	aurait brûlé	auraient brûlé
6 présent du subjonctif		**13 passé du subjonctif**	
brûle	brûlions	aie brûlé	ayons brûlé
brûles	brûliez	aies brûlé	ayez brûlé
brûle	brûlent	ait brûlé	aient brûlé
7 imparfait du subjonctif		**14 plus-que-parfait du subjonctif**	
brûlasse	brûlassions	eusse brûlé	eussions brûlé
brûlasses	brûlassiez	eusses brûlé	eussiez brûlé
brûlât	brûlassent	eût brûlé	eussent brûlé

Impératif
brûle
brûlons
brûlez

Sentences using this verb and words related to it

—Joséphine, avez-vous brûlé les vieux papiers que je vous ai donnés?
—Oui, madame, et je me suis brûlée. J'ai une brûlure aux doigts.

une brûlure   burn
un brûleur   burner, roaster
brûler d'amour   to be madly in love
brûler de faire qqch   to be eager to do something
brûler un feu rouge   to pass through a red traffic light

to hide

The Seven Simple Tenses		The Seven Compound Tenses	
Singular	Plural	Singular	Plural
1 présent de l'indicatif		**8 passé composé**	
cache	cachons	ai caché	avons caché
caches	cachez	as caché	avez caché
cache	cachent	a caché	ont caché
2 imparfait de l'indicatif		**9 plus-que-parfait de l'indicatif**	
cachais	cachions	avais caché	avions caché
cachais	cachiez	avais caché	aviez caché
cachait	cachaient	avait caché	avaient caché
3 passé simple		**10 passé antérieur**	
cachai	cachâmes	eus caché	eûmes caché
cachas	cachâtes	eus caché	eûtes caché
cacha	cachèrent	eut caché	eurent caché
4 futur		**11 futur antérieur**	
cacherai	cacherons	aurai caché	aurons caché
cacheras	cacherez	auras caché	aurez caché
cachera	cacheront	aura caché	auront caché
5 conditionnel		**12 conditionnel passé**	
cacherais	cacherions	aurais caché	aurions caché
cacherais	cacheriez	aurais caché	auriez caché
cacherait	cacheraient	aurait caché	auraient caché
6 présent du subjonctif		**13 passé du subjonctif**	
cache	cachions	aie caché	ayons caché
caches	cachiez	aies caché	ayez caché
cache	cachent	ait caché	aient caché
7 imparfait du subjonctif		**14 plus-que-parfait du subjonctif**	
cachasse	cachassions	eusse caché	eussions caché
cachasses	cachassiez	eusses caché	eussiez caché
cachât	cachassent	eût caché	eussent caché

Impératif
cache
cachons
cachez

Sentences using this verb and words related to it

—Pierre, qu'est-ce que tu as caché derrière toi?
—Rien, papa.
—Ne me dis pas ça. Tu caches quelque chose.
—Voici, papa, c'est un petit chat que j'ai trouvé dans le parc.

une cache, une cachette   hiding place
un cachet   seal, mark
un cachetage   sealing
cacher qqch à qqn   to hide something from someone

cacheter   to seal up
cache-cache   hide-and-seek
vin cacheté   vintage wine
un cache-poussière   dust coat (des cache-poussière)

See also se **cacher**.

80

to hide oneself

The Seven Simple Tenses		The Seven Compound Tenses	
Singular	Plural	Singular	Plural

1 présent de l'indicatif

me cache	nous cachons
te caches	vous cachez
se cache	se cachent

8 passé composé

me suis caché(e)	nous sommes caché(e)s
t'es caché(e)	vous êtes caché(e)(s)
s'est caché(e)	se sont caché(e)s

2 imparfait de l'indicatif

me cachais	nous cachions
te cachais	vous cachiez
se cachait	se cachaient

9 plus-que-parfait de l'indicatif

m'étais caché(e)	nous étions caché(e)s
t'étais caché(e)	vous étiez caché(e)(s)
s'était caché(e)	s'étaient caché(e)s

3 passé simple

me cachai	nous cachâmes
te cachas	vous cachâtes
se cacha	se cachèrent

10 passé antérieur

me fus caché(e)	nous fûmes caché(e)s
te fus caché(e)	vous fûtes caché(e)(s)
se fut caché(e)	se furent caché(e)s

4 futur

me cacherai	nous cacherons
te cacheras	vous cacherez
se cachera	se cacheront

11 futur antérieur

me serai caché(e)	nous serons caché(e)s
te seras caché(e)	vous serez caché(e)(s)
se sera caché(e)	se seront caché(e)s

5 conditionnel

me cacherais	nous cacherions
te cacherais	vous cacheriez
se cacherait	se cacheraient

12 conditionnel passé

me serais caché(e)	nous serions caché(e)s
te serais caché(e)	vous seriez caché(e)(s)
se serait caché(e)	se seraient caché(e)s

6 présent du subjonctif

me cache	nous cachions
te caches	vous cachiez
se cache	se cachent

13 passé du subjonctif

me sois caché(e)	nous soyons caché(e)s
te sois caché(e)	vous soyez caché(e)(s)
se soit caché(e)	se soient caché(e)s

7 imparfait du subjonctif

me cachasse	nous cachassions
te cachasses	vous cachassiez
se cachât	se cachassent

14 plus-que-parfait du subjonctif

me fusse caché(e)	nous fussions caché(e)s
te fusses caché(e)	vous fussiez caché(e)(s)
se fût caché(e)	se fussent caché(e)s

Impératif
cache-toi; ne te cache pas
cachons-nous; ne nous cachons pas
cachez-vous; ne vous cachez pas

Sentences using this verb and words related to it

J'ai un petit chien que j'appelle Coco. Quelquefois je ne peux pas le trouver parce qu'il se cache sous mon lit ou derrière l'arbre dans le jardin. La semaine dernière il s'est caché sous le chapeau de mon père. Il aime jouer à cache-cache. Il est très intelligent.

une cache, une cachette hiding place
un cachet seal, mark
un cachetage sealing
se cacher de qqn to hide from someone

cacheter to seal up
cache-cache hide-and-seek
vin cacheté vintage wine
un cachot cell, prison

See also **cacher.**

The subject pronouns are found on the page facing page 1.   **81**

to break

The Seven Simple Tenses		The Seven Compound Tenses	
Singular	Plural	Singular	Plural

1 présent de l'indicatif

casse	cassons		
casses	cassez		
casse	cassent		

8 passé composé

ai cassé	avons cassé
as cassé	avez cassé
a cassé	ont cassé

2 imparfait de l'indicatif

cassais	cassions
cassais	cassiez
cassait	cassaient

9 plus-que-parfait de l'indicatif

avais cassé	avions cassé
avais cassé	aviez cassé
avait cassé	avaient cassé

3 passé simple

cassai	cassâmes
cassas	cassâtes
cassa	cassèrent

10 passé antérieur

eus cassé	eûmes cassé
eus cassé	eûtes cassé
eut cassé	eurent cassé

4 futur

casserai	casserons
casseras	casserez
cassera	casseront

11 futur antérieur

aurai cassé	aurons cassé
auras cassé	aurez cassé
aura cassé	auront cassé

5 conditionnel

casserais	casserions
casserais	casseriez
casserait	casseraient

12 conditionnel passé

aurais cassé	aurions cassé
aurais cassé	auriez cassé
aurait cassé	auraient cassé

6 présent du subjonctif

casse	cassions
casses	cassiez
casse	cassent

13 passé du subjonctif

aie cassé	ayons cassé
aies cassé	ayez cassé
ait cassé	aient cassé

7 imparfait du subjonctif

cassasse	cassassions
cassasses	cassassiez
cassât	cassassent

14 plus-que-parfait du subjonctif

eusse cassé	eussions cassé
eusses cassé	eussiez cassé
eût cassé	eussent cassé

Impératif
casse
cassons
cassez

Sentences using this verb and words related to it

    —Jean, c'est toi qui as cassé mon joli vase?
    —Non, maman, c'était Mathilde.
    —Mathilde, c'est toi qui as cassé mon joli vase?
    —Non, maman, c'était Jean.
    —Quels enfants!

une casse breakage, damage	**un casse-pieds** a bore, a pain in the neck
un casse-croûte snack	**un cassement de tête** puzzle, worry
un casse-noisettes, un casse-noix nutcracker	**concasser** to crush (cereal,
casser la croûte to have a snack	stones)

See also **se casser.**

to break (a part of one's body, *e.g.*, leg, arm, nose)

The Seven Simple Tenses		The Seven Compound Tenses	
Singular	Plural	Singular	Plural
1 présent de l'indicatif		**8 passé composé**	
me casse	nous cassons	me suis cassé(e)	nous sommes cassé(e)s
te casses	vous cassez	t'es cassé(e)	vous êtes cassé(e)(s)
se casse	se cassent	s'est cassé(e)	se sont cassé(e)s
2 imparfait de l'indicatif		**9 plus-que-parfait de l'indicatif**	
me cassais	nous cassions	m'étais cassé(e)	nous étions cassé(e)s
te cassais	vous cassiez	t'étais cassé(e)	vous étiez cassé(e)(s)
se cassait	se cassaient	s'était cassé(e)	s'étaient cassé(e)s
3 passé simple		**10 passé antérieur**	
me cassai	nous cassâmes	me fus cassé(e)	nous fûmes cassé(e)s
te cassas	vous cassâtes	te fus cassé(e)	vous fûtes cassé(e)(s)
se cassa	se cassèrent	se fut cassé(e)	se furent cassé(e)s
4 futur		**11 futur antérieur**	
me casserai	nous casserons	me serai cassé(e)	nous serons cassé(e)s
te casseras	vous casserez	te seras cassé(e)	vous serez cassé(e)(s)
se cassera	se casseront	se sera cassé(e)	se seront cassé(e)s
5 conditionnel		**12 conditionnel passé**	
me casserais	nous casserions	me serais cassé(e)	nous serions cassé(e)s
te casserais	vous casseriez	te serais cassé(e)	vous seriez cassé(e)(s)
se casserait	se casseraient	se serait cassé(e)	se seraient cassé(e)s
6 présent du subjonctif		**13 passé du subjonctif**	
me casse	nous cassions	me sois cassé(e)	nous soyons cassé(e)s
te casses	vous cassiez	te sois cassé(e)	vous soyez cassé(e)(s)
se casse	se cassent	se soit cassé(e)	se soient cassé(e)s
7 imparfait du subjonctif		**14 plus-que-parfait du subjonctif**	
me cassasse	nous cassassions	me fusse cassé(e)	nous fussions cassé(e)s
te cassasses	vous cassassiez	te fusses cassé(e)	vous fussiez cassé(e)(s)
se cassât	se cassassent	se fût cassé(e)	se fussent cassé(e)s

Impératif
casse-toi. . .; ne te casse pas. . .
cassons-nous. . .; ne nous cassons pas. . .
cassez-vous. . .; ne vous cassez pas. . .

Sentences using this verb and words related to it

    Pendant les vacances d'hiver, nous sommes allés faire du ski dans les montagnes. Mon père s'est cassé le bras, ma mère s'est cassé la jambe, et moi, je me suis cassé le pied.

se casser la tête   to rack one's brains
se casser le nez   to find nobody answering the door
casser la tête à qqn   to annoy someone

See also **casser.**

to cause, to chat

The Seven Simple Tenses		The Seven Compound Tenses	
Singular	Plural	Singular	Plural

1 présent de l'indicatif

cause	causons		
causes	causez		
cause	causent		

8 passé composé

ai causé		avons causé	
as causé		avez causé	
a causé		ont causé	

2 imparfait de l'indicatif

causais	causions
causais	causiez
causait	causaient

9 plus-que-parfait de l'indicatif

avais causé	avions causé
avais causé	aviez causé
avait causé	avaient causé

3 passé simple

causai	causâmes
causas	causâtes
causa	causèrent

10 passé antérieur

eus causé	eûmes causé
eus causé	eûtes causé
eut causé	eurent causé

4 futur

causerai	causerons
causeras	causerez
causera	causeront

11 futur antérieur

aurai causé	aurons causé
auras causé	aurez causé
aura causé	auront causé

5 conditionnel

causerais	causerions
causerais	causeriez
causerait	causeraient

12 conditionnel passé

aurais causé	aurions causé
aurais causé	auriez causé
aurait causé	auraient causé

6 présent du subjonctif

cause	causions
causes	causiez
cause	causent

13 passé du subjonctif

aie causé	ayons causé
aies causé	ayez causé
ait causé	aient causé

7 imparfait du subjonctif

causasse	causassions
causasses	causassiez
causât	causassent

14 plus-que-parfait du subjonctif

eusse causé	eussions causé
eusses causé	eussiez causé
eût causé	eussent causé

Impératif
cause
causons
causez

Sentences using this verb and words related to it

Quand je voyage, j'aime beaucoup causer avec les passagers. Est-ce que vous causez avec vos voisins dans la salle de classe? En français, bien sûr! Je connais un garçon qui n'est pas très causant.

causant, causante	talkative	**une cause célèbre**	famous trial
causatif, causative	causative	**une causerie**	chat, informal talk
une cause	cause, reason	**causeur, causeuse**	talkative
causer de la pluie et du beau temps			
to chat about the weather			

to yield, to cede

The Seven Simple Tenses		The Seven Compound Tenses	
Singular	Plural	Singular	Plural
1 présent de l'indicatif		8 passé composé	
cède	cédons	ai cédé	avons cédé
cèdes	cédez	as cédé	avez cédé
cède	cèdent	a cédé	ont cédé
2 imparfait de l'indicatif		9 plus-que-parfait de l'indicatif	
cédais	cédions	avais cédé	avions cédé
cédais	cédiez	avais cédé	aviez cédé
cédait	cédaient	avait cédé	avaient cédé
3 passé simple		10 passé antérieur	
cédai	cédâmes	eus cédé	eûmes cédé
cédas	cédâtes	eus cédé	eûtes cédé
céda	cédèrent	eut cédé	eurent cédé
4 futur		11 futur antérieur	
céderai	céderons	aurai cédé	aurons cédé
céderas	céderez	auras cédé	aurez cédé
cédera	céderont	aura cédé	auront cédé
5 conditionnel		12 conditionnel passé	
céderais	céderions	aurais cédé	aurions cédé
céderais	céderiez	aurais cédé	auriez cédé
céderait	céderaient	aurait cédé	auraient cédé
6 présent du subjonctif		13 passé du subjonctif	
cède	cédions	aie cédé	ayons cédé
cèdes	cédiez	aies cédé	ayez cédé
cède	cèdent	ait cédé	aient cédé
7 imparfait du subjonctif		14 plus-que-parfait du subjonctif	
cédasse	cédassions	eusse cédé	eussions cédé
cédasses	cédassiez	eusses cédé	eussiez cédé
cédât	cédassent	eût cédé	eussent cédé

Impératif
cède
cédons
cédez

Sentences using this verb and words related to it

Hier soir j'ai pris l'autobus pour rentrer chez moi. J'ai pris la dernière place libre. Après quelques minutes, une vieille dame est entrée dans l'autobus et j'ai cédé ma place à cette aimable personne.

céder à   to give up, give in, yield to   **céder le pas à qqn**   to give way to someone
accéder à   to accede to, to comply with
concéder à   to concede to, to grant

Consult the section on verbs with prepositions in the back sections.

to cease

The Seven Simple Tenses		The Seven Compound Tenses	
Singular	Plural	Singular	Plural
1 présent de l'indicatif		**8 passé composé**	
cesse	cessons	ai cessé	avons cessé
cesses	cessez	as cessé	avez cessé
cesse	cessent	a cessé	ont cessé
2 imparfait de l'indicatif		**9 plus-que-parfait de l'indicatif**	
cessais	cessions	avais cessé	avions cessé
cessais	cessiez	avais cessé	aviez cessé
cessait	cessaient	avait cessé	avaient cessé
3 passé simple		**10 passé antérieur**	
cessai	cessâmes	eus cessé	eûmes cessé
cessas	cessâtes	eus cessé	eûtes cessé
cessa	cessèrent	eut cessé	eurent cessé
4 futur		**11 futur antérieur**	
cesserai	cesserons	aurai cessé	aurons cessé
cesseras	cesserez	auras cessé	aurez cessé
cessera	cesseront	aura cessé	auront cessé
5 conditionnel		**12 conditionnel passé**	
cesserais	cesserions	aurais cessé	aurions cessé
cesserais	cesseriez	aurais cessé	auriez cessé
cesserait	cesseraient	aurait cessé	auraient cessé
6 présent du subjonctif		**13 passé du subjonctif**	
cesse	cessions	aie cessé	ayons cessé
cesses	cessiez	aies cessé	ayez cessé
cesse	cessent	ait cessé	aient cessé
7 imparfait du subjonctif		**14 plus-que-parfait du subjonctif**	
cessasse	cessassions	eusse cessé	eussions cessé
cessasses	cessassiez	eusses cessé	eussiez cessé
cessât	cessassent	eût cessé	eussent cessé

Impératif
cesse
cessons
cessez

Sentences using this verb and words related to it

—Robert, cesse de parler, s'il te plaît! Tu es trop bavard dans cette classe.
—Oui, monsieur. Je cesse de parler. Je me tais.

une cesse cease, ceasing
cesser de se voir to stop seeing each other
cesser le feu to cease fire

For **je me tais,** see **se taire.** See also **bavarder.**

The Seven Simple Tenses		The Seven Compound Tenses	
Singular	Plural	Singular	Plural

1 présent de l'indicatif		8 passé composé	
change	changeons	ai changé	avons changé
changes	changez	as changé	avez changé
change	changent	a changé	ont changé

2 imparfait de l'indicatif		9 plus-que-parfait de l'indicatif	
changeais	changions	avais changé	avions changé
changeais	changiez	avais changé	aviez changé
changeait	changeaient	avait changé	avaient changé

3 passé simple		10 passé antérieur	
changeai	changeâmes	eus changé	eûmes changé
changeas	changeâtes	eus changé	eûtes changé
changea	changèrent	eut changé	eurent changé

4 futur		11 futur antérieur	
changerai	changerons	aurai changé	aurons changé
changeras	changerez	auras changé	aurez changé
changera	changeront	aura changé	auront changé

5 conditionnel		12 conditionnel passé	
changerais	changerions	aurais changé	aurions changé
changerais	changeriez	aurais changé	auriez changé
changerait	changeraient	aurait changé	auraient changé

6 présent du subjonctif		13 passé du subjonctif	
change	changions	aie changé	ayons changé
changes	changiez	aies changé	ayez changé
change	changent	ait changé	aient changé

7 imparfait du subjonctif		14 plus-que-parfait du subjonctif	
changeasse	changeassions	eusse changé	eussions changé
changeasses	changeassiez	eusses changé	eussiez changé
changeât	changeassent	eût changé	eussent changé

Impératif
change
changeons
changez

Common idiomatic expressions using this verb

Je vais **changer** de vêtements maintenant parce que je prends le train pour Paris et là je vais **changer** de train pour aller à Marseille.

changer d'avis   to change one's mind
changer de route   to take another road

échanger   to exchange
Plus ça change, plus c'est la même chose!   The more it changes, the more it remains the same!

Consult the back pages for the section on verbs used in idiomatic expressions.

to sing

The Seven Simple Tenses		The Seven Compound Tenses	
Singular	Plural	Singular	Plural
1 présent de l'indicatif		**8 passé composé**	
chante	chantons	ai chanté	avons chanté
chantes	chantez	as chanté	avez chanté
chante	chantent	a chanté	ont chanté
2 imparfait de l'indicatif		**9 plus-que-parfait de l'indicatif**	
chantais	chantions	avais chanté	avions chanté
chantais	chantiez	avais chanté	aviez chanté
chantait	chantaient	avait chanté	avaient chanté
3 passé simple		**10 passé antérieur**	
chantai	chantâmes	eus chanté	eûmes chanté
chantas	chantâtes	eus chanté	eûtes chanté
chanta	chantèrent	eut chanté	eurent chanté
4 futur		**11 futur antérieur**	
chanterai	chanterons	aurai chanté	aurons chanté
chanteras	chanterez	auras chanté	aurez chanté
chantera	chanteront	aura chanté	auront chanté
5 conditionnel		**12 conditionnel passé**	
chanterais	chanterions	aurais chanté	aurions chanté
chanterais	chanteriez	aurais chanté	auriez chanté
chanterait	chanteraient	aurait chanté	auraient chanté
6 présent du subjonctif		**13 passé du subjonctif**	
chante	chantions	aie chanté	ayons chanté
chantes	chantiez	aies chanté	ayez chanté
chante	chantent	ait chanté	aient chanté
7 imparfait du subjonctif		**14 plus-que-parfait du subjonctif**	
chantasse	chantassions	eusse chanté	eussions chanté
chantasses	chantassiez	eusses chanté	eussiez chanté
chantât	chantassent	eût chanté	eussent chanté

Impératif
chante
chantons
chantez

Sentences using this verb and words related to it

    Madame Chanteclaire aime bien chanter en jouant du piano. Tous les matins elle chante dans la salle de bains et quelquefois elle chante quand elle dort. Elle donne des leçons de chant.

une chanson   song
chansons!   fiddlesticks! nonsense!
C'est une autre chanson!   That's another story!
chanson d'amour   love song
Si ça vous chante. . .   If you are in
  the mood for it. . .

chanson de geste   epic poem
un chant   carol, chant, singing
le chantage   blackmail
chanteur, chanteuse   singer
enchanter   to enchant

to burden, to charge, to load

The Seven Simple Tenses		The Seven Compound Tenses	
Singular	Plural	Singular	Plural
1 présent de l'indicatif		**8 passé composé**	
charge	chargeons	ai chargé	avons chargé
charges	chargez	as chargé	avez chargé
charge	chargent	a chargé	ont chargé
2 imparfait de l'indicatif		**9 plus-que-parfait de l'indicatif**	
chargeais	chargions	avais chargé	avions chargé
chargeais	chargiez	avais chargé	aviez chargé
chargeait	chargeaient	avait chargé	avaient chargé
3 passé simple		**10 passé antérieur**	
chargeai	chargeâmes	eus chargé	eûmes chargé
chargeas	chargeâtes	eus chargé	eûtes chargé
chargea	chargèrent	eut chargé	eurent chargé
4 futur		**11 futur antérieur**	
chargerai	chargerons	aurai chargé	aurons chargé
chargeras	chargerez	auras chargé	aurez chargé
chargera	chargeront	aura chargé	auront chargé
5 conditionnel		**12 conditionnel passé**	
chargerais	chargerions	aurais chargé	aurions chargé
chargerais	chargeriez	aurais chargé	auriez chargé
chargerait	chargeraient	aurait chargé	auraient chargé
6 présent du subjonctif		**13 passé du subjonctif**	
charge	chargions	aie chargé	ayons chargé
charges	chargiez	aies chargé	ayez chargé
charge	chargent	ait chargé	aient chargé
7 imparfait du subjonctif		**14 plus-que-parfait du subjonctif**	
chargeasse	chargeassions	eusse chargé	eussions chargé
chargeasses	chargeassiez	eusses chargé	eussiez chargé
chargeât	chargeassent	eût chargé	eussent chargé

Impératif
charge
chargeons
chargez

Common idiomatic expressions using this verb

Je connais une dame qui charge son mari de paquets chaque fois qu'ils vont faire des emplettes. Une fois quand je les ai vus en ville, il a chargé sa femme de malédictions.

une charge a load, burden	**charger de malédictions** to curse
chargé d'impôts heavily taxed	**charger de louanges** to overwhelm with
un chargé d'affaires envoy	praises
Je m'en charge I'll take care of it.	

to hunt, to pursue, to chase, to drive out

The Seven Simple Tenses		The Seven Compound Tenses	
Singular	Plural	Singular	Plural
1 présent de l'indicatif		**8 passé composé**	
chasse	chassons	ai chassé	avons chassé
chasses	chassez	as chassé	avez chassé
chasse	chassent	a chassé	ont chassé
2 imparfait de l'indicatif		**9 plus-que-parfait de l'indicatif**	
chassais	chassions	avais chassé	avions chassé
chassais	chassiez	avais chassé	aviez chassé
chassait	chassaient	avait chassé	avaient chassé
3 passé simple		**10 passé antérieur**	
chassai	chassâmes	eus chassé	eûmes chassé
chassas	chassâtes	eus chassé	eûtes chassé
chassa	chassèrent	eut chassé	eurent chassé
4 futur		**11 futur antérieur**	
chasserai	chasserons	aurai chassé	aurons chassé
chasseras	chasserez	auras chassé	aurez chassé
chassera	chasseront	aura chassé	auront chassé
5 conditionnel		**12 conditionnel passé**	
chasserais	chasserions	aurais chassé	aurions chassé
chasserais	chasseriez	aurais chassé	auriez chassé
chasserait	chasseraient	aurait chassé	auraient chassé
6 présent du subjonctif		**13 passé du subjonctif**	
chasse	chassions	aie chassé	ayons chassé
chasses	chassiez	aies chassé	ayez chassé
chasse	chassent	ait chassé	aient chassé
7 imparfait du subjonctif		**14 plus-que-parfait du subjonctif**	
chassasse	chassassions	eusse chassé	eussions chassé
chassasses	chassassiez	eusses chassé	eussiez chassé
chassât	chassassent	eût chassé	eussent chassé

Impératif
chasse
chassons
chassez

Sentences using this verb and words related to it

Avez-vous jamais chassé des papillons? Tout le monde aime chasser de temps en temps. Les chasseurs aiment chasser. Les chats aiment chasser les souris. Et les garçons aiment chasser les jolies jeunes filles.

Pronounce out loud this tongue twister as fast as you can:
Le chasseur, sachant chasser sans son chien, chassera.
(The hunter, knowing how to hunt without his dog, will hunt.)
Sachant is the pres. part. of **savoir.**

to look for, to search, to seek

The Seven Simple Tenses		The Seven Compound Tenses	
Singular	Plural	Singular	Plural
1 présent de l'indicatif		**8 passé composé**	
cherche	cherchons	ai cherché	avons cherché
cherches	cherchez	as cherché	avez cherché
cherche	cherchent	a cherché	ont cherché
2 imparfait de l'indicatif		**9 plus-que-parfait de l'indicatif**	
cherchais	cherchions	avais cherché	avions cherché
cherchais	cherchiez	avais cherché	aviez cherché
cherchait	cherchaient	avait cherché	avaient cherché
3 passé simple		**10 passé antérieur**	
cherchai	cherchâmes	eus cherché	eûmes cherché
cherchas	cherchâtes	eus cherché	eûtes cherché
chercha	cherchèrent	eut cherché	eurent cherché
4 futur		**11 futur antérieur**	
chercherai	chercherons	aurai cherché	aurons cherché
chercheras	chercherez	auras cherché	aurez cherché
cherchera	chercheront	aura cherché	auront cherché
5 conditionnel		**12 conditionnel passé**	
chercherais	chercherions	aurais cherché	aurions cherché
chercherais	chercheriez	aurais cherché	auriez cherché
chercherait	chercheraient	aurait cherché	auraient cherché
6 présent du subjonctif		**13 passé du subjonctif**	
cherche	cherchions	aie cherché	ayons cherché
cherches	cherchiez	aies cherché	ayez cherché
cherche	cherchent	ait cherché	aient cherché
7 imparfait du subjonctif		**14 plus-que-parfait du subjonctif**	
cherchasse	cherchassions	eusse cherché	eussions cherché
cherchasses	cherchassiez	eusses cherché	eussiez cherché
cherchât	cherchassent	eût cherché	eussent cherché

Impératif
cherche
cherchons
cherchez

Sentences using this verb and words related to it

—Monsieur, monsieur, j'ai perdu mon livre de français. J'ai cherché partout et je n'arrive
pas à le trouver.
—Continue à chercher parce que demain je donnerai un examen.

se chercher   to look for one another
chercheur   seeker, investigator
aller chercher   to go and get
chercher à   to attempt to, try to
aller chercher qqn ou qqch   to go get
  someone or something

rechercher   to investigate, to seek, to look
  for again
faire des travaux de recherches   to carry
  out research work
envoyer chercher   to send for

The subject pronouns are found on the page facing page 1.

chérir

Part. pr. **chérissant**   Part. passé **chéri**

to cherish

The Seven Simple Tenses		The Seven Compound Tenses	
Singular	Plural	Singular	Plural
1 présent de l'indicatif		**8 passé composé**	
chéris	chérissons	ai chéri	avons chéri
chéris	chérissez	as chéri	avez chéri
chérit	chérissent	a chéri	ont chéri
2 imparfait de l'indicatif		**9 plus-que-parfait de l'indicatif**	
chérissais	chérissions	avais chéri	avions chéri
chérissais	chérissiez	avais chéri	aviez chéri
chérissait	chérissaient	avait chéri	avaient chéri
3 passé simple		**10 passé antérieur**	
chéris	chérîmes	eus chéri	eûmes chéri
chéris	chérîtes	eus chéri	eûtes chéri
chérit	chérirent	eut chéri	eurent chéri
4 futur		**11 futur antérieur**	
chérirai	chérirons	aurai chéri	aurons chéri
chériras	chérirez	auras chéri	aurez chéri
chérira	chériront	aura chéri	auront chéri
5 conditionnel		**12 conditionnel passé**	
chérirais	chéririons	aurais chéri	aurions chéri
chérirais	chéririez	aurais chéri	auriez chéri
chérirait	chériraient	aurait chéri	auraient chéri
6 présent du subjonctif		**13 passé du subjonctif**	
chérisse	chérissions	aie chéri	ayons chéri
chérisses	chérissiez	aies chéri	ayez chéri
chérisse	chérissent	ait chéri	aient chéri
7 imparfait du subjonctif		**14 plus-que-parfait du subjonctif**	
chérisse	chérissions	eusse chéri	eussions chéri
chérisses	chérissiez	eusses chéri	eussiez chéri
chérît	chérissent	eût chéri	eussent chéri

Impératif
chéris
chérissons
chérissez

Words and expressions related to this verb

cher, chère   dear; expensive
Ça coûte cher!   That costs a lot!
chéri, chérie   darling, dear
chèrement   dearly

acheter cher   to buy at a high price
vendre cher   to sell at a high price
Vous me le paierez cher!   You will pay dearly for it!

Consult the sections on verbs used in idiomatic expressions, verbs with prepositions, and the list of over 1,000 verbs conjugated like model verbs in the back pages.

to choose, to select, to pick

The Seven Simple Tenses		The Seven Compound Tenses	
Singular	Plural	Singular	Plural

1   présent de l'indicatif

		8 passé composé	
choisis	choisissons	ai choisi	avons choisi
choisis	choisissez	as choisi	avez choisi
choisit	choisissent	a choisi	ont choisi

2   imparfait de l'indicatif

		9 plus-que-parfait de l'indicatif	
choisissais	choisissions	avais choisi	avions choisi
choisissais	choisissiez	avais choisi	aviez choisi
choisissait	choisissaient	avait choisi	avaient choisi

3   passé simple

		10 passé antérieur	
choisis	choisîmes	eus choisi	eûmes choisi
choisis	choisîtes	eus choisi	eûtes choisi
choisit	choisirent	eut choisi	eurent choisi

4   futur

		11 futur antérieur	
choisirai	choisirons	aurai choisi	aurons choisi
choisiras	choisirez	auras choisi	aurez choisi
choisira	choisiront	aura choisi	auront choisi

5   conditionnel

		12 conditionnel passé	
choisirais	choisirions	aurais choisi	aurions choisi
choisirais	choisiriez	aurais choisi	auriez choisi
choisirait	choisiraient	aurait choisi	auraient choisi

6   présent du subjonctif

		13 passé du subjonctif	
choisisse	choisissions	aie choisi	ayons choisi
choisisses	choisissiez	aies choisi	ayez choisi
choisisse	choisissent	ait choisi	aient choisi

7   imparfait du subjonctif

		14 plus-que-parfait du subjonctif	
choisisse	choisissions	eusse choisi	eussions choisi
choisisses	choisissiez	eusses choisi	eussiez choisi
choisît	choisissent	eût choisi	eussent choisi

Impératif
choisis
choisissons
choisissez

Sentences using this verb and words related to it

Hier soir j'ai dîné dans un restaurant français avec des amis. J'ai choisi du poisson. Raymond a choisi de la viande et Joseph a choisi une omelette.

un choix   choice
faire choix de   to make choice of
l'embarras du choix   too much to choose from
Il n'y a pas grand choix   There's not much choice.

The subject pronouns are found on the page facing page 1.   **93**

chuchoter

Part. pr. **chuchotant**   Part. passé **chuchoté**

to whisper

The Seven Simple Tenses		The Seven Compound Tenses	
Singular	Plural	Singular	Plural
1 présent de l'indicatif		**8 passé composé**	
chuchote	chuchotons	ai chuchoté	avons chuchoté
chuchotes	chuchotez	as chuchoté	avez chuchoté
chuchote	chuchotent	a chuchoté	ont chuchoté
2 imparfait de l'indicatif		**9 plus-que-parfait de l'indicatif**	
chuchotais	chuchotions	avais chuchoté	avions chuchoté
chuchotais	chuchotiez	avais chuchoté	aviez chuchoté
chuchotait	chuchotaient	avait chuchoté	avaient chuchoté
3 passé simple		**10 passé antérieur**	
chuchotai	chuchotâmes	eus chuchoté	eûmes chuchoté
chuchotas	chuchotâtes	eus chuchoté	eûtes chuchoté
chuchota	chuchotèrent	eut chuchoté	eurent chuchoté
4 futur		**11 futur antérieur**	
chuchoterai	chuchoterons	aurai chuchoté	aurons chuchoté
chuchoteras	chuchoterez	auras chuchoté	aurez chuchoté
chuchotera	chuchoteront	aura chuchoté	auront chuchoté
5 conditionnel		**12 conditionnel passé**	
chuchoterais	chuchoterions	aurais chuchoté	aurions chuchoté
chuchoterais	chuchoteriez	aurais chuchoté	auriez chuchoté
chuchoterait	chuchoteraient	aurait chuchoté	auraient chuchoté
6 présent du subjonctif		**13 passé du subjonctif**	
chuchote	chuchotions	aie chuchoté	ayons chuchoté
chuchotes	chuchotiez	aies chuchoté	ayez chuchoté
chuchote	chuchotent	ait chuchoté	aient chuchoté
7 imparfait du subjonctif		**14 plus-que-parfait du subjonctif**	
chuchotasse	chuchotassions	eusse chuchoté	eussions chuchoté
chuchotasses	chuchotassiez	eusses chuchoté	eussiez chuchoté
chuchotât	chuchotassent	eût chuchoté	eussent chuchoté

Impératif
chuchote
chuchotons
chuchotez

Common idiomatic expressions using this verb and words related to it

un chuchoteur, une chuchoteuse
  whisperer
chuchoter à l'oreille de qqn   to whisper
  in someone's ear

le chuchotement   whispering
une chuchoterie   a conversation in
  whispering tones so that others
  may not hear

Consult the sections on verbs used in idiomatic expressions, verbs with prepositions, and the list of over 1,000 verbs conjugated like model verbs in the back pages.

to combat, to fight

The Seven Simple Tenses		The Seven Compound Tenses	
Singular	Plural	Singular	Plural
1 présent de l'indicatif		**8 passé composé**	
combats	combattons	ai combattu	avons combattu
combats	combattez	as combattu	avez combattu
combat	combattent	a combattu	ont combattu
2 imparfait de l'indicatif		**9 plus-que-parfait de l'indicatif**	
combattais	combattions	avais combattu	avions combattu
combattais	combattiez	avais combattu	aviez combattu
combattait	combattaient	avait combattu	avaient combattu
3 passé simple		**10 passé antérieur**	
combattis	combattîmes	eus combattu	eûmes combattu
combattis	combattîtes	eus combattu	eûtes combattu
combattit	combattirent	eut combattu	eurent combattu
4 futur		**11 futur antérieur**	
combattrai	combattrons	aurai combattu	aurons combattu
combattras	combattrez	auras combattu	aurez combattu
combattra	combattront	aura combattu	auront combattu
5 conditionnel		**12 conditionnel passé**	
combattrais	combattrions	aurais combattu	aurions combattu
combattrais	combattriez	aurais combattu	auriez combattu
combattrait	combattraient	aurait combattu	auraient combattu
6 présent du subjonctif		**13 passé du subjonctif**	
combatte	combattions	aie combattu	ayons combattu
combattes	combattiez	aies combattu	ayez combattu
combatte	combattent	ait combattu	aient combattu
7 imparfait du subjonctif		**14 plus-que-parfait du subjonctif**	
combattisse	combattissions	eusse combattu	eussions combattu
combattisses	combattissiez	eusses combattu	eussiez combattu
combattît	combattissent	eût combattu	eussent combattu

Impératif
combats
combattons
combattez

Words and expressions related to this verb

un combat   fight, struggle
hors de combat   out of the fight
combattant, combattante   fighting

un combat de coqs   cock fight
un combat aérien   aerial combat
combatif, combative   pugnacious

For other words and expressions related to this verb, see **abattre, battre,** and **se battre.**

Consult the sections on verbs used in idiomatic expressions, verbs with prepositions, and the list of over 1,000 verbs conjugated like model verbs in the back pages.

commander

to command, to order

The Seven Simple Tenses		The Seven Compound Tenses	
Singular	Plural	Singular	Plural
1 présent de l'indicatif		**8 passé composé**	
commande	commandons	ai commandé	avons commandé
commandes	commandez	as commandé	avez commandé
commande	commandent	a commandé	ont commandé
2 imparfait de l'indicatif		**9 plus-que-parfait de l'indicatif**	
commandais	commandions	avais commandé	avions commandé
commandais	commandiez	avais commandé	aviez commandé
commandait	commandaient	avait commandé	avaient commandé
3 passé simple		**10 passé antérieur**	
commandai	commandâmes	eus commandé	eûmes commandé
commandas	commandâtes	eus commandé	eûtes commandé
commanda	commandèrent	eut commandé	eurent commandé
4 futur		**11 futur antérieur**	
commanderai	commanderons	aurai commandé	aurons commandé
commanderas	commanderez	auras commandé	aurez commandé
commandera	commanderont	aura commandé	auront commandé
5 conditionnel		**12 conditionnel passé**	
commanderais	commanderions	aurais commandé	aurions commandé
commanderais	commanderiez	aurais commandé	auriez commandé
commanderait	commanderaient	aurait commandé	auraient commandé
6 présent du subjonctif		**13 passé du subjonctif**	
commande	commandions	aie commandé	ayons commandé
commandes	commandiez	aies commandé	ayez commandé
commande	commandent	ait commandé	aient commandé
7 imparfait du subjonctif		**14 plus-que-parfait du subjonctif**	
commandasse	commandassions	eusse commandé	eussions commandé
commandasses	commandassiez	eusses commandé	eussiez commandé
commandât	commandassent	eût commandé	eussent commandé

Impératif
commande
commandons
commandez

Common idiomatic expressions using this verb

Hier soir mes amis et moi avons dîné dans un restaurant chinois. Nous avons commandé beaucoup de choses intéressantes.

un commandant   commanding officer
une commande   an order
commander à qqn de faire qqch   to order someone to do something
recommander   to recommend; **recommander à qqn de faire qqch**   to advise someone to do something
décommander un rendez-vous   to cancel a date, an appointment

to begin, to start, to commence

The Seven Simple Tenses		The Seven Compound Tenses	
Singular	Plural	Singular	Plural
1 présent de l'indicatif		**8 passé composé**	
commence	commençons	ai commencé	avons commencé
commences	commencez	as commencé	avez commencé
commence	commencent	a commencé	ont commencé
2 imparfait de l'indicatif		**9 plus-que-parfait de l'indicatif**	
commençais	commencions	avais commencé	avions commencé
commençais	commenciez	avais commencé	aviez commencé
commençait	commençaient	avait commencé	avaient commencé
3 passé simple		**10 passé antérieur**	
commençai	commençâmes	eus commencé	eûmes commencé
commenças	commençâtes	eus commencé	eûtes commencé
commença	commencèrent	eut commencé	eurent commencé
4 futur		**11 futur antérieur**	
commencerai	commencerons	aurai commencé	aurons commencé
commenceras	commencerez	auras commencé	aurez commencé
commencera	commenceront	aura commencé	auront commencé
5 conditionnel		**12 conditionnel passé**	
commencerais	commencerions	aurais commencé	aurions commencé
commencerais	commenceriez	aurais commencé	auriez commencé
commencerait	commenceraient	aurait commencé	auraient commencé
6 présent du subjonctif		**13 passé du subjonctif**	
commence	commencions	aie commencé	ayons commencé
commences	commenciez	aies commencé	ayez commencé
commence	commencent	ait commencé	aient commencé
7 imparfait du subjonctif		**14 plus-que-parfait du subjonctif**	
commençasse	commençassions	eusse commencé	eussions commencé
commençasses	commençassiez	eusses commencé	eussiez commencé
commençât	commençassent	eût commencé	eussent commencé

Impératif
commence
commençons
commencez

Common idiomatic expressions using this verb

—Alexandre, as-tu commencé tes devoirs pour la classe de français?
—Non, maman, pas encore. Je vais faire une promenade maintenant.
—Tu ne vas pas faire une promenade parce qu'il commence à pleuvoir.
—Commence à faire tes devoirs tout de suite!

commencer à + inf.	to begin + inf.	**pour commencer**	to begin with
le commencement	the beginning	**commencer par**	to begin by
au commencement	in the beginning	**recommencer à**	to begin again + inf.
du commencement à la fin	from		
beginning to end			

Be sure to consult the back pages for the section on verbs with prepositions.

The subject pronouns are found on the page facing page 1.   **97**

to commit

The Seven Simple Tenses		The Seven Compound Tenses	
Singular	Plural	Singular	Plural
1 présent de l'indicatif		**8 passé composé**	
commets	commettons	ai commis	avons commis
commets	commettez	as commis	avez commis
commet	commettent	a commis	ont commis
2 imparfait de l'indicatif		**9 plus-que-parfait de l'indicatif**	
commettais	commettions	avais commis	avions commis
commettais	commettiez	avais commis	aviez commis
commettait	commettaient	avait commis	avaient commis
3 passé simple		**10 passé antérieur**	
commis	commîmes	eus commis	eûmes commis
commis	commîtes	eus commis	eûtes commis
commit	commirent	eut commis	eurent commis
4 futur		**11 futur antérieur**	
commettrai	commettrons	aurai commis	aurons commis
commettras	commettrez	auras commis	aurez commis
commettra	commettront	aura commis	auront commis
5 conditionnel		**12 conditionnel passé**	
commettrais	commettrions	aurais commis	aurions commis
commettrais	commettriez	aurais commis	auriez commis
commettrait	commettraient	aurait commis	auraient commis
6 présent du subjonctif		**13 passé du subjonctif**	
commette	commettions	aie commis	ayons commis
commettes	commettiez	aies commis	ayez commis
commette	commettent	ait commis	aient commis
7 imparfait du subjonctif		**14 plus-que-parfait du subjonctif**	
commisse	commissions	eusse commis	eussions commis
commisses	commissiez	eusses commis	eussiez commis
commît	commissent	eût commis	eussent commis

Impératif
commets
commettons
commettez

Words and expressions related to this verb

commettre un péché   to commit a sin
être commis à   to be committed to
commis aux soins de   to be placed under
   the care of
se commettre   to commit oneself

commettre qqch à qqn   to entrust
   something to someone
commettre qqn à qqn   to entrust someone
   to someone, to place someone under
   someone's care

Consult the sections on verbs used in idiomatic expressions, verbs with prepositions, and the list of over 1,000 verbs conjugated like model verbs in the back pages.

to compare

The Seven Simple Tenses		The Seven Compound Tenses	
Singular	Plural	Singular	Plural

1   présent de l'indicatif

compare	comparons		
compares	comparez		
compare	comparent		

8   passé composé

ai comparé	avons comparé
as comparé	avez comparé
a comparé	ont comparé

2   imparfait de l'indicatif

comparais	comparions
comparais	compariez
comparait	comparaient

9   plus-que-parfait de l'indicatif

avais comparé	avions comparé
avais comparé	aviez comparé
avait comparé	avaient comparé

3   passé simple

comparai	comparâmes
comparas	comparâtes
compara	comparèrent

10   passé antérieur

eus comparé	eûmes comparé
eus comparé	eûtes comparé
eut comparé	eurent comparé

4   futur

comparerai	comparerons
compareras	comparerez
comparera	compareront

11   futur antérieur

aurai comparé	aurons comparé
auras comparé	aurez comparé
aura comparé	auront comparé

5   conditionnel

comparerais	comparerions
comparerais	compareriez
comparerait	compareraient

12   conditionnel passé

aurais comparé	aurions comparé
aurais comparé	auriez comparé
aurait comparé	auraient comparé

6   présent du subjonctif

compare	comparions
compares	compariez
compare	comparent

13   passé du subjonctif

aie comparé	ayons comparé
aies comparé	ayez comparé
ait comparé	aient comparé

7   imparfait du subjonctif

comparasse	comparassions
comparasses	comparassiez
comparât	comparassent

14   plus-que-parfait du subjonctif

eusse comparé	eussions comparé
eusses comparé	eussiez comparé
eût comparé	eussent comparé

Impératif
compare
comparons
comparez

Words and expressions related to this verb

comparer à   to compare to (when some
  equality exists between the two compared)
comparer avec   to compare with (when one
  is considered to be of a higher degree
  than the rest)
sans comparaison   without comparison

une comparaison   comparison
comparativement   comparatively
comparatif, comparative   comparative
par comparaison avec   comparatively to
comparable à   comparable to
en comparaison de   in comparison with

Consult the sections on verbs used in idiomatic expressions, verbs with prepositions, and the
list of over 1,000 verbs conjugated like model verbs in the back pages.

to understand

The Seven Simple Tenses		The Seven Compound Tenses	
Singular	Plural	Singular	Plural

1 présent de l'indicatif

		8 passé composé	
comprends	comprenons	ai compris	avons compris
comprends	comprenez	as compris	avez compris
comprend	comprennent	a compris	ont compris

2 imparfait de l'indicatif

		9 plus-que-parfait de l'indicatif	
comprenais	comprenions	avais compris	avions compris
comprenais	compreniez	avais compris	aviez compris
comprenait	comprenaient	avait compris	avaient compris

3 passé simple

		10 passé antérieur	
compris	comprîmes	eus compris	eûmes compris
compris	comprîtes	eus compris	eûtes compris
comprit	comprirent	eut compris	eurent compris

4 futur

		11 futur antérieur	
comprendrai	comprendrons	aurai compris	aurons compris
comprendras	comprendrez	auras compris	aurez compris
comprendra	comprendront	aura compris	auront compris

5 conditionnel

		12 conditionnel passé	
comprendrais	comprendrions	aurais compris	aurions compris
comprendrais	comprendriez	aurais compris	auriez compris
comprendrait	comprendraient	aurait compris	auraient compris

6 présent du subjonctif

		13 passé du subjonctif	
comprenne	comprenions	aie compris	ayons compris
comprennes	compreniez	aies compris	ayez compris
comprenne	comprennent	ait compris	aient compris

7 imparfait du subjonctif

		14 plus-que-parfait du subjonctif	
comprisse	comprissions	eusse compris	eussions compris
comprisses	comprissiez	eusses compris	eussiez compris
comprît	comprissent	eût compris	eussent compris

Impératif
comprends
comprenons
comprenez

Sentences using this verb and expressions related to it

Je ne comprends jamais la maîtresse de biologie. Je n'ai pas compris la leçon d'hier, je ne comprends pas la leçon d'aujourd'hui, et je ne comprendrai jamais rien.

faire comprendre à qqn que. . .   to make it clear to someone that. . .
la compréhension   comprehension, understanding
Ça se comprend   Of course; That is understood.
y compris   included, including

Be sure to consult the back pages for the section on verbs used in idiomatic expressions.

to count, to intend, to expect to

The Seven Simple Tenses		The Seven Compound Tenses	
Singular	Plural	Singular	Plural

1 présent de l'indicatif		**8 passé composé**	
compte	comptons	ai compté	avons compté
comptes	comptez	as compté	avez compté
compte	comptent	a compté	ont compté
2 imparfait de l'indicatif		**9 plus-que-parfait de l'indicatif**	
comptais	comptions	avais compté	avions compté
comptais	comptiez	avais compté	aviez compté
comptait	comptaient	avait compté	avaient compté
3 passé simple		**10 passé antérieur**	
comptai	comptâmes	eus compté	eûmes compté
comptas	comptâtes	eus compté	eûtes compté
compta	comptèrent	eut compté	eurent compté
4 futur		**11 futur antérieur**	
compterai	compterons	aurai compté	aurons compté
compteras	compterez	auras compté	aurez compté
comptera	compteront	aura compté	auront compté
5 conditionnel		**12 conditionnel passé**	
compterais	compterions	aurais compté	aurions compté
compterais	compteriez	aurais compté	auriez compté
compterait	compteraient	aurait compté	auraient compté
6 présent du subjonctif		**13 passé du subjonctif**	
compte	comptions	aie compté	ayons compté
comptes	comptiez	aies compté	ayez compté
compte	comptent	ait compté	aient compté
7 imparfait du subjonctif		**14 plus-que-parfait du subjonctif**	
comptasse	comptassions	eusse compté	eussions compté
comptasses	comptassiez	eusses compté	eussiez compté
comptât	comptassent	eût compté	eussent compté

Impératif
compte
comptons
comptez

Common idiomatic expressions using this verb

Je compte aller en France l'été prochain avec ma femme pour voir nos amis français.

la comptabilité   bookkeeping
comptable   accountable
le comptage   accounting
payer comptant   to pay cash
compter faire qqch   to expect to
  do something

compter sur   to count (rely) on; **Puis-je y
  compter?**   Can I depend on it?
escompter   to discount; **un escompte**   discount
donner sans compter   to give generously
sans compter. . .   to say nothing of
le comptoir   counter (in a store)

to conceive

The Seven Simple Tenses		The Seven Compound Tenses	
Singular	Plural	Singular	Plural

1 présent de l'indicatif

conçois	concevons		
conçois	concevez		
conçoit	conçoivent		

8 passé composé

ai conçu	avons conçu
as conçu	avez conçu
a conçu	ont conçu

2 imparfait de l'indicatif

concevais	concevions
concevais	conceviez
concevait	concevaient

9 plus-que-parfait de l'indicatif

avais conçu	avions conçu
avais conçu	aviez conçu
avait conçu	avaient conçu

3 passé simple

conçus	conçûmes
conçus	conçûtes
conçut	conçurent

10 passé antérieur

eus conçu	eûmes conçu
eus conçu	eûtes conçu
eut conçu	eurent conçu

4 futur

concevrai	concevrons
concevras	concevrez
concevra	concevront

11 futur antérieur

aurai conçu	aurons conçu
auras conçu	aurez conçu
aura conçu	auront conçu

5 conditionnel

concevrais	concevrions
concevrais	concevriez
concevrait	concevraient

12 conditionnel passé

aurais conçu	aurions conçu
aurais conçu	auriez conçu
aurait conçu	auraient conçu

6 présent du subjonctif

conçoive	concevions
conçoives	conceviez
conçoive	conçoivent

13 passé du subjonctif

aie conçu	ayons conçu
aies conçu	ayez conçu
ait conçu	aient conçu

7 imparfait du subjonctif

conçusse	conçussions
conçusses	conçussiez
conçût	conçussent

14 plus-que-parfait du subjonctif

eusse conçu	eussions conçu
eusses conçu	eussiez conçu
eût conçu	eussent conçu

Impératif
conçois
concevons
concevez

Words and expressions related to this verb

concevoir des idées   to form ideas
concevable   conceivable

ainsi conçu   written as follows
Je ne peux même pas concevoir. . .   I just can't even imagine. . .

Consult the sections on verbs used in idiomatic expressions, verbs with prepositions, and the list of over 1,000 verbs conjugated like model verbs in the back pages.

The Seven Simple Tenses		The Seven Compound Tenses	
Singular	Plural	Singular	Plural

1 présent de l'indicatif

conclus	concluons		
conclus	concluez		
conclut	concluent		

8 passé composé

ai conclu	avons conclu		
as conclu	avez conclu		
a conclu	ont conclu		

2 imparfait de l'indicatif

concluais	concluions
concluais	concluiez
concluait	concluaient

9 plus-que-parfait de l'indicatif

avais conclu	avions conclu
avais conclu	aviez conclu
avait conclu	avaient conclu

3 passé simple

conclus	conclûmes
conclus	conclûtes
conclut	conclurent

10 passé antérieur

eus conclu	eûmes conclu
eus conclu	eûtes conclu
eut conclu	eurent conclu

4 futur

conclurai	conclurons
concluras	conclurez
conclura	concluront

11 futur antérieur

aurai conclu	aurons conclu
auras conclu	aurez conclu
aura conclu	auront conclu

5 conditionnel

conclurais	conclurions
conclurais	concluriez
conclurait	concluraient

12 conditionnel passé

aurais conclu	aurions conclu
aurais conclu	auriez conclu
aurait conclu	auraient conclu

6 présent du subjonctif

conclue	concluions
conclues	concluiez
conclue	concluent

13 passé du subjonctif

aie conclu	ayons conclu
aies conclu	ayez conclu
ait conclu	aient conclu

7 imparfait du subjonctif

conclusse	conclussions
conclusses	conclussiez
conclût	conclussent

14 plus-que-parfait du subjonctif

eusse conclu	eussions conclu
eusses conclu	eussiez conclu
eût conclu	eussent conclu

Impératif
conclus
concluons
concluez

Words and expressions related to this verb

la conclusion   conclusion
exclure   to exclude
exclu, exclue   excluded
un film en exclusivité   a first-run
   motion picture

inclure   to enclose, to include (**part. passé:
   inclus, incluse**); **une photo ci-incluse**   a
   photo enclosed herewith; **jusqu'à la page
   100 incluse**   up to and including
   page 100

Consult the sections on verbs used in idiomatic expressions, verbs with prepositions, and the
list of over 1,000 verbs conjugated like model verbs in the back pages.

to lead, to drive, to conduct, to manage

The Seven Simple Tenses		The Seven Compound Tenses	
Singular	Plural	Singular	Plural

1 présent de l'indicatif

		8 passé composé	
conduis	conduisons	ai conduit	avons conduit
conduis	conduisez	as conduit	avez conduit
conduit	conduisent	a conduit	ont conduit

2 imparfait de l'indicatif

		9 plus-que-parfait de l'indicatif	
conduisais	conduisions	avais conduit	avions conduit
conduisais	conduisiez	avais conduit	aviez conduit
conduisait	conduisaient	avait conduit	avaient conduit

3 passé simple

		10 passé antérieur	
conduisis	conduisîmes	eus conduit	eûmes conduit
conduisis	conduisîtes	eus conduit	eûtes conduit
conduisit	conduisirent	eut conduit	eurent conduit

4 futur

		11 futur antérieur	
conduirai	conduirons	aurai conduit	aurons conduit
conduiras	conduirez	auras conduit	aurez conduit
conduira	conduiront	aura conduit	auront conduit

5 conditionnel

		12 conditionnel passé	
conduirais	conduirions	aurais conduit	aurions conduit
conduirais	conduiriez	aurais conduit	auriez conduit
conduirait	conduiraient	aurait conduit	auraient conduit

6 présent du subjonctif

		13 passé du subjonctif	
conduise	conduisions	aie conduit	ayons conduit
conduises	conduisiez	aies conduit	ayez conduit
conduise	conduisent	ait conduit	aient conduit

7 imparfait du subjonctif

		14 plus-que-parfait du subjonctif	
conduisisse	conduisissions	eusse conduit	eussions conduit
conduisisses	conduisissiez	eusses conduit	eussiez conduit
conduisît	conduisissent	eût conduit	eussent conduit

Impératif
conduis
conduisons
conduisez

Sentences using this verb and words related to it

   —Savez-vous conduire?
   —Oui, je sais conduire. Je conduis une voiture, je dirige un orchestre, et hier j'ai conduit quelqu'un à la gare. Attendez, je vais vous conduire à la porte.
   —Merci, Vous êtes très aimable.

un conducteur, une conductrice driver   **conduire une voiture** to drive a car
la conduite conduct, behavior   **se conduire** to conduct (behave)
induire to induce   oneself
induire en to lead into

See also **déduire, introduire, produire, réduire, reproduire, séduire,** and **traduire.**

to know, to be acquainted with, to make the acquaintance of

The Seven Simple Tenses		The Seven Compound Tenses	
Singular	Plural	Singular	Plural

1   présent de l'indicatif

connais	connaissons		
connais	connaissez		
connaît	connaissent		

8   passé composé

ai connu	avons connu
as connu	avez connu
a connu	ont connu

2   imparfait de l'indicatif

connaissais	connaissions
connaissais	connaissiez
connaissait	connaissaient

9   plus-que-parfait de l'indicatif

avais connu	avions connu
avais connu	aviez connu
avait connu	avaient connu

3   passé simple

connus	connûmes
connus	connûtes
connut	connurent

10   passé antérieur

eus connu	eûmes connu
eus connu	eûtes connu
eut connu	eurent connu

4   futur

connaîtrai	connaîtrons
connaîtras	connaîtrez
connaîtra	connaîtront

11   futur antérieur

aurai connu	aurons connu
auras connu	aurez connu
aura connu	auront connu

5   conditionnel

connaîtrais	connaîtrions
connaîtrais	connaîtriez
connaîtrait	connaîtraient

12   conditionnel passé

aurais connu	aurions connu
aurais connu	auriez connu
aurait connu	auraient connu

6   présent du subjonctif

connaisse	connaissions
connaisses	connaissiez
connaisse	connaissent

13   passé du subjonctif

aie connu	ayons connu
aies connu	ayez connu
ait connu	aient connu

7   imparfait du subjonctif

connusse	connussions
connusses	connussiez
connût	connussent

14   plus-que-parfait du subjonctif

eusse connu	eussions connu
eusses connu	eussiez connu
eût connu	eussent connu

Impératif
connais
connaissons
connaissez

Common idiomatic expressions using this verb and words related to it

—**Connaissez-vous quelqu'un qui puisse m'aider? Je suis touriste et je ne connais pas cette ville.**
—**Non, je ne connais personne. Je suis touriste aussi.**
—**Voulez-vous aller prendre un café? Nous pouvons nous faire connaissance.**

la connaissance   knowledge, understanding, acquaintance
connaisseur, connaisseuse   expert
se connaître   to know each other, to know oneself
faire connaissance   to get acquainted

See also **méconnaître** and **reconnaître**.

to conquer

The Seven Simple Tenses		The Seven Compound Tenses	
Singular	Plural	Singular	Plural

1 présent de l'indicatif

		8 passé composé	
conquiers	conquérons	ai conquis	avons conquis
conquiers	conquérez	as conquis	avez conquis
conquiert	conquièrent	a conquis	ont conquis

2 imparfait de l'indicatif

		9 plus-que-parfait de l'indicatif	
conquérais	conquérions	avais conquis	avions conquis
conquérais	conquériez	avais conquis	aviez conquis
conquérait	conquéraient	avait conquis	avaient conquis

3 passé simple

		10 passé antérieur	
conquis	conquîmes	eus conquis	eûmes conquis
conquis	conquîtes	eus conquis	eûtes conquis
conquit	conquirent	eut conquis	eurent conquis

4 futur

		11 futur antérieur	
conquerrai	conquerrons	aurai conquis	aurons conquis
conquerras	conquerrez	auras conquis	aurez conquis
conquerra	conquerront	aura conquis	auront conquis

5 conditionnel

		12 conditionnel passé	
conquerrais	conquerrions	aurais conquis	aurions conquis
conquerrais	conquerriez	aurais conquis	auriez conquis
conquerrait	conquerraient	aurait conquis	auraient conquis

6 présent du subjonctif

		13 passé du subjonctif	
conquière	conquiérions	aie conquis	ayons conquis
conquières	conquériez	aies conquis	ayez conquis
conquière	conquièrent	ait conquis	aient conquis

7 imparfait du subjonctif

		14 plus-que-parfait du subjonctif	
conquisse	conquissions	eusse conquis	eussions conquis
conquisses	conquissiez	eusses conquis	eussiez conquis
conquît	conquissent	eût conquis	eussent conquis

Impératif
conquiers
conquérons
conquérez

Words and expressions related to this verb

conquérir l'affection de qqn to win someone's affection

conquérir une femme to win over a woman; **conquérir un homme** to win over a man

la conquête conquest; **la conquête du pouvoir** conquest of power

avoir un air conquérant to seem pretentious

Consult the sections on verbs used in idiomatic expressions, verbs with prepositions, and the list of over 1,000 verbs conjugated like model verbs in the back pages.

to advise, to counsel, to recommend

The Seven Simple Tenses		The Seven Compound Tenses	
Singular	Plural	Singular	Plural
1 présent de l'indicatif		**8 passé composé**	
conseille	conseillons	ai conseillé	avons conseillé
conseilles	conseillez	as conseillé	avez conseillé
conseille	conseillent	a conseillé	ont conseillé
2 imparfait de l'indicatif		**9 plus-que-parfait de l'indicatif**	
conseillais	conseillions	avais conseillé	avions conseillé
conseillais	conseilliez	avais conseillé	aviez conseillé
conseillait	conseillaient	avait conseillé	avaient conseillé
3 passé simple		**10 passé antérieur**	
conseillai	conseillâmes	eus conseillé	eûmes conseillé
conseillas	conseillâtes	eus conseillé	eûtes conseillé
conseilla	conseillèrent	eut conseillé	eurent conseillé
4 futur		**11 futur antérieur**	
conseillerai	conseillerons	aurai conseillé	aurons conseillé
conseilleras	conseillerez	auras conseillé	aurez conseillé
conseillera	conseilleront	aura conseillé	auront conseillé
5 conditionnel		**12 conditionnel passé**	
conseillerais	conseillerions	aurais conseillé	aurions conseillé
conseillerais	conseilleriez	aurais conseillé	auriez conseillé
conseillerait	conseilleraient	aurait conseillé	auraient conseillé
6 présent du subjonctif		**13 passé du subjonctif**	
conseille	conseillions	aie conseillé	ayons conseillé
conseilles	conseilliez	aies conseillé	ayez conseillé
conseille	conseillent	ait conseillé	aient conseillé
7 imparfait du subjonctif		**14 plus-que-parfait du subjonctif**	
conseillasse	conseillassions	eusse conseillé	eussions conseillé
conseillasses	conseillassiez	eusses conseillé	eussiez conseillé
conseillât	conseillassent	eût conseillé	eussent conseillé

Impératif
conseille
conseillons
conseillez

Words and expressions related to this verb

conseiller qqch à qqn   to recommend something to someone
conseiller à qqn de faire qqch   to advise someone to do something
un conseiller (un conseilleur), une conseillère (une conseilleuse)   counselor, adviser
un conseil   counsel, advice; **sur le conseil de**   on the advice of
déconseiller   to advise, warn against; **déconseiller qqch à qqn**   to advise someone
  against something

Consult the sections on verbs used in idiomatic expressions, verbs with prepositions, and the
list of over 1,000 verbs conjugated like model verbs in the back pages.

to consent, to agree

The Seven Simple Tenses		The Seven Compound Tenses	
Singular	Plural	Singular	Plural
1 présent de l'indicatif		8 passé composé	
consens	consentons	ai consenti	avons consenti
consens	consentez	as consenti	avez consenti
consent	consentent	a consenti	ont consenti
2 imparfait de l'indicatif		9 plus-que-parfait de l'indicatif	
consentais	consentions	avais consenti	avions consenti
consentais	consentiez	avais consenti	aviez consenti
consentait	consentaient	avait consenti	avaient consenti
3 passé simple		10 passé antérieur	
consentis	consentîmes	eus consenti	eûmes consenti
consentis	consentîtes	eus consenti	eûtes consenti
consentit	consentirent	eut consenti	eurent consenti
4 futur		11 futur antérieur	
consentirai	consentirons	aurai consenti	aurons consenti
consentiras	consentirez	auras consenti	aurez consenti
consentira	consentiront	aura consenti	auront consenti
5 conditionnel		12 conditionnel passé	
consentirais	consentirions	aurais consenti	aurions consenti
consentirais	consentiriez	aurais consenti	auriez consenti
consentirait	consentiraient	aurait consenti	auraient consenti
6 présent du subjonctif		13 passé du subjonctif	
consente	consentions	aie consenti	ayons consenti
consentes	consentiez	aies consenti	ayez consenti
consente	consentent	ait consenti	aient consenti
7 imparfait du subjonctif		14 plus-que-parfait du subjonctif	
consentisse	consentissions	eusse consenti	eussions consenti
consentisses	consentissiez	eusses consenti	eussiez consenti
consentît	consentissent	eût consenti	eussent consenti

Impératif
consens
consentons
consentez

Words and expressions related to this verb

consentir à faire qqch   to agree to do something
le consentement   consent, approval
consentant, consentante   agreeable, willing

consentir à qqch   to consent to something
consentir au mariage   to consent to marriage
donner son consentement   to give one's consent, agreement

Consult the sections on verbs used in idiomatic expressions, verbs with prepositions, and the list of over 1,000 verbs conjugated like model verbs in the back pages.

to construct, to build

The Seven Simple Tenses		The Seven Compound Tenses	
Singular	Plural	Singular	Plural
1 présent de l'indicatif		**8 passé composé**	
construis	construisons	ai construit	avons construit
construis	construisez	as construit	avez construit
construit	construisent	a construit	ont construit
2 imparfait de l'indicatif		**9 plus-que-parfait de l'indicatif**	
construisais	construisions	avais construit	avions construit
construisais	construisiez	avais construit	aviez construit
construisait	construisaient	avait construit	avaient construit
3 passé simple		**10 passé antérieur**	
construisis	construisîmes	eus construit	eûmes construit
construisis	construisîtes	eus construit	eûtes construit
construisit	construisirent	eut construit	eurent construit
4 futur		**11 futur antérieur**	
construirai	construirons	aurai construit	aurons construit
construiras	construirez	auras construit	aurez construit
construira	construiront	aura construit	auront construit
5 conditionnel		**12 conditionnel passé**	
construirais	construirions	aurais construit	aurions construit
construirais	construiriez	aurais construit	auriez construit
construirait	construiraient	aurait construit	auraient construit
6 présent du subjonctif		**13 passé du subjonctif**	
construise	construisions	aie construit	ayons construit
construises	construisiez	aies construit	ayez construit
construise	construisent	ait construit	aient construit
7 imparfait du subjonctif		**14 plus-que-parfait du subjonctif**	
construisisse	construisissions	eusse construit	eussions construit
construisisses	construisissiez	eusses construit	eussiez construit
construisît	construisissent	eût construit	eussent construit

Impératif
construis
construisons
construisez

Sentences using this verb and words related to it

　　—Je vois que vous êtes en train de construire quelque chose. Qu'est-ce que vous construisez?
　　—Je construis une tour comme la Tour Eiffel. Aimez-vous ce bateau que j'ai construit?

un constructeur   a manufacturer, builder, constructor
une construction   construction, building
reconstruire   to reconstruct, to rebuild

Consult the back pages for sections on verbs used in idiomatic expressions, verbs with prepositions, and the list of over 1,000 verbs conjugated like model verbs.

The subject pronouns are found on the page facing page 1.   **109**

to contain

The Seven Simple Tenses		The Seven Compound Tenses	
Singular	Plural	Singular	Plural
1 présent de l'indicatif		**8 passé composé**	
contiens	contenons	ai contenu	avons contenu
contiens	contenez	as contenu	avez contenu
contient	contiennent	a contenu	ont contenu
2 imparfait de l'indicatif		**9 plus-que-parfait de l'indicatif**	
contenais	contenions	avais contenu	avions contenu
contenais	conteniez	avais contenu	aviez contenu
contenait	contenaient	avait contenu	avaient contenu
3 passé simple		**10 passé antérieur**	
contins	contînmes	eus contenu	eûmes contenu
contins	contîntes	eus contenu	eûtes contenu
contint	continrent	eut contenu	eurent contenu
4 futur		**11 futur antérieur**	
contiendrai	contiendrons	aurai contenu	aurons contenu
continendras	contiendrez	auras contenu	aurez contenu
contiendra	contiendront	aura contenu	auront contenu
5 conditionnel		**12 conditionnel passé**	
contiendrais	contiendrions	aurais contenu	aurions contenu
contiendrais	contiendriez	aurais contenu	auriez contenu
contiendrait	contiendraient	aurait contenu	auraient contenu
6 présent du subjonctif		**13 passé du subjonctif**	
contienne	contenions	aie contenu	ayons contenu
contiennes	conteniez	aies contenu	ayez contenu
contienne	contiennent	ait contenu	aient contenu
7 imparfait du subjonctif		**14 plus-que-parfait du subjonctif**	
continsse	continssions	eusse contenu	eussions contenu
continsses	continssiez	eusses contenu	eussiez contenu
contînt	continssent	eût contenu	eussent contenu

Impératif
contiens
contenons
contenez

Common idiomatic expressions using this verb and words related to it

contenir ses émotions   to contain (dominate) one's emotions

être content (contente)   to be content, satisfied

être content (contente) des autres   to be content (satisfied) with others

se contenir   to contain oneself, to dominate (control) oneself

un contenant   container

le contenu   contents

être content (contente) de soi   to be self-satisfied

avoir l'air content   to seem pleased

Consult the sections on verbs used in idiomatic expressions, verbs with prepositions, and the list of over 1,000 verbs conjugated like model verbs in the back pages.

to relate, to narrate

The Seven Simple Tenses		The Seven Compound Tenses	
Singular	Plural	Singular	Plural

1   présent de l'indicatif

		8 passé composé	
conte	contons	ai conté	avons conté
contes	contez	as conté	avez conté
conte	content	a conté	ont conté

2   imparfait de l'indicatif

		9 plus-que-parfait de l'indicatif	
contais	contions	avais conté	avions conté
contais	contiez	avais conté	aviez conté
contait	contaient	avait conté	avaient conté

3   passé simple

		10 passé antérieur	
contai	contâmes	eus conté	eûmes conté
contas	contâtes	eus conté	eûtes conté
conta	contèrent	eut conté	eurent conté

4   futur

		11 futur antérieur	
conterai	conterons	aurai conté	aurons conté
conteras	conterez	auras conté	aurez conté
contera	conteront	aura conté	auront conté

5   conditionnel

		12 conditionnel passé	
conterais	conterions	aurais conté	aurions conté
conterais	conteriez	aurais conté	auriez conté
conterait	conteraient	aurait conté	auraient conté

6   présent du subjonctif

		13 passé du subjonctif	
conte	contions	aie conté	ayons conté
contes	contiez	aies conté	ayez conté
conte	content	ait conté	aient conté

7   imparfait du subjonctif

		14 plus-que-parfait du subjonctif	
contasse	contassions	eusse conté	eussions conté
contasses	contassiez	eusses conté	eussiez conté
contât	contassent	eût conté	eussent conté

	Impératif
	conte
	contons
	contez

Sentences using this verb and words related to it

   Notre professeur de français nous conte toujours des histoires intéressantes. Son conte favori est *Un coeur simple* de Flaubert.

un conte   a story, tale
un conte de fées   fairy tale
un conte à dormir debout   cock-and-bull story

See also **raconter**.

un conteur, une conteuse   writer of short stories

to continue

The Seven Simple Tenses		The Seven Compound Tenses	
Singular	Plural	Singular	Plural
1 présent de l'indicatif		**8 passé composé**	
continue	continuons	ai continué	avons continué
continues	continuez	as continué	avez continué
continue	continuent	a continué	ont continué
2 imparfait de l'indicatif		**9 plus-que-parfait de l'indicatif**	
continuais	continuions	avais continué	avions continué
continuais	continuiez	avais continué	aviez continué
continuait	continuaient	avait continué	avaient continué
3 passé simple		**10 passé antérieur**	
continuai	continuâmes	eus continué	eûmes continué
continuas	continuâtes	eus continué	eûtes continué
continua	continuèrent	eut continué	eurent continué
4 futur		**11 futur antérieur**	
continuerai	continuerons	aurai continué	aurons continué
continueras	continuerez	auras continué	aurez continué
continuera	continueront	aura continué	auront continué
5 conditionnel		**12 conditionnel passé**	
continuerais	continuerions	aurais continué	aurions continué
continuerais	continueriez	aurais continué	auriez continué
continuerait	continueraient	aurait continué	auraient continué
6 présent du subjonctif		**13 passé du subjonctif**	
continue	continuions	aie continué	ayons continué
continues	continuiez	aies continué	ayez continué
continue	continuent	ait continué	aient continué
7 imparfait du subjonctif		**14 plus-que-parfait du subjonctif**	
continuasse	continuassions	eusse continué	eussions continué
continuasses	continuassiez	eusses continué	eussiez continué
continuât	continuassent	eût continué	eussent continué

Impératif
continue
continuons
continuez

Sentences using this verb and words related to it

—**Allez-vous continuer à étudier le français l'année prochaine?**
—**Certainement. Je compte étudier cette belle langue continuellement.**

la continuation   continuation
continuel, continuelle   continual
continuellement   continually

continuer à + inf.   to continue + inf.
continuer de + inf.   to continue (persist) in;
    Cet ivrogne continue de boire   This
    drunkard persists in drinking (habit).

112

to constrain, to restrain, to compel

The Seven Simple Tenses		The Seven Compound Tenses	
Singular	Plural	Singular	Plural
1 présent de l'indicatif		**8 passé composé**	
contrains	contraignons	ai contraint	avons contraint
contrains	contraignez	as contraint	avez contraint
contraint	contraignent	a contraint	ont contraint
2 imparfait de l'indicatif		**9 plus-que-parfait de l'indicatif**	
contraignais	contraignions	avais contraint	avions contraint
contraignais	contraigniez	avais contraint	aviez contraint
contraignait	contraignaient	avait contraint	avaient contraint
3 passé simple		**10 passé antérieur**	
contraignis	contraignîmes	eus contraint	eûmes contraint
contraignis	contraignîtes	eus contraint	eûtes contraint
contraignit	contraignirent	eut contraint	eurent contraint
4 futur		**11 futur antérieur**	
contraindrai	contraindrons	aurai contraint	aurons contraint
contraindras	contraindrez	auras contraint	aurez contraint
contraindra	contraindront	aura contraint	auront contraint
5 conditionnel		**12 conditionnel passé**	
contraindrais	contraindrions	aurais contraint	aurions contraint
contraindrais	contraindriez	aurais contraint	auriez contraint
contraindrait	contraindraient	aurait contraint	auraient contraint
6 présent du subjonctif		**13 passé du subjonctif**	
contraigne	contraignions	aie contraint	ayons contraint
contraignes	contraigniez	aies contraint	ayez contraint
contraigne	contraignent	ait contraint	aient contraint
7 imparfait du subjonctif		**14 plus-que-parfait du subjonctif**	
contraignisse	contraignissions	eusse contraint	eussions contraint
contraignisses	contraignissiez	eusses contraint	eussiez contraint
contraignît	contraignissent	eût contraint	eussent contraint

Impératif
contrains
contraignons
contraignez

Words and expressions related to this verb

se contraindre à faire qqch   to constrain
  oneself from doing something
avoir l'air contraint   to have a constrained
  expression (on one's face)

contraint, contrainte   constrained, forced
être contraint (contrainte) à faire qqch   to
  be constrained to doing something
la contrainte   constraint
tenir qqn dans la contrainte   to hold
  someone in constraint

Consult the sections on verbs used in idiomatic expressions, verbs with prepositions, and the list of over 1,000 verbs conjugated like model verbs in the back pages.

to contradict

The Seven Simple Tenses		The Seven Compound Tenses	
Singular	Plural	Singular	Plural
1 présent de l'indicatif		8 passé composé	
contredis	contredisons	ai contredit	avons contredit
contredis	contredisez	as contredit	avez contredit
contredit	contredisent	a contredit	ont contredit
2 imparfait de l'indicatif		9 plus-que-parfait de l'indicatif	
contredisais	contredisions	avais contredit	avions contredit
contredisais	contredisiez	avais contredit	aviez contredit
contredisait	contredisaient	avait contredit	avaient contredit
3 passé simple		10 passé antérieur	
contredis	contredîmes	eus contredit	eûmes contredit
contredis	contredîtes	eus contredit	eûtes contredit
contredit	contredirent	eut contredit	eurent contredit
4 futur		11 futur antérieur	
contredirai	contredirons	aurai contredit	aurons contredit
contrediras	contredirez	auras contredit	aurez contredit
contredira	contrediront	aura contredit	auront contredit
5 conditionnel		12 conditionnel passé	
contredirais	contredirions	aurais contredit	aurions contredit
contredirais	contrediriez	aurais contredit	auriez contredit
contredirait	contrediraient	aurait contredit	auraient contredit
6 présent du subjonctif		13 passé du subjonctif	
contredise	contredisions	aie contredit	ayons contredit
contredises	contredisiez	aies contredit	ayez contredit
contredise	contredisent	ait contredit	aient contredit
7 imparfait du subjonctif		14 plus-que-parfait du subjonctif	
contredisse	contredissions	eusse contredit	eussions contredit
contredisses	contredissiez	eusses contredit	eussiez contredit
contredît	contredissent	eût contredit	eussent contredit

Impératif
contredis
contredisons
contredisez

Words and expressions related to this verb

se contredire to contradict oneself,
  to contradict each other (one another)
un contredit contradiction; **sans contredit**
  unquestionably
une contradiction contradiction

contradictoire contradictory
contradicteur, contradictrice
  contradictor
contradictoirement contradictorily
en contradiction avec inconsistent
  with

Consult the sections on verbs used in idiomatic expressions, verbs with prepositions, and the list of over 1,000 verbs conjugated like model verbs in the back pages.

The Seven Simple Tenses		The Seven Compound Tenses	
Singular	Plural	Singular	Plural

1 présent de l'indicatif

convaincs	convainquons	
convaincs	convainquez	
convainc	convainquent	

8 passé composé

ai convaincu	avons convaincu
as convaincu	avez convaincu
a convaincu	ont convaincu

2 imparfait de l'indicatif

convainquais	convainquions
convainquais	convainquiez
convainquait	convainquaient

9 plus-que-parfait de l'indicatif

avais convaincu	avions convaincu
avais convaincu	aviez convaincu
avait convaincu	avaient convaincu

3 passé simple

convainquis	convainquîmes
convainquis	convainquîtes
convainquit	convainquirent

10 passé antérieur

eus convaincu	eûmes convaincu
eus convaincu	eûtes convaincu
eut convaincu	eurent convaincu

4 futur

convaincrai	convaincrons
convaincras	convaincrez
convaincra	convaincront

11 futur antérieur

aurai convaincu	aurons convaincu
auras convaincu	aurez convaincu
aura convaincu	auront convaincu

5 conditionnel

convaincrais	convaincrions
convaincrais	convaincriez
convaincrait	convaincraient

12 conditionnel passé

aurais convaincu	aurions convaincu
aurais convaincu	auriez convaincu
aurait convaincu	auraient convaincu

6 présent du subjonctif

convainque	convainquions
convainques	convainquiez
convainque	convainquent

13 passé du subjonctif

aie convaincu	ayons convaincu
aies convaincu	ayez convaincu
ait convaincu	aient convaincu

7 imparfait du subjonctif

convainquisse	convainquissions
convainquisses	convainquissiez
convainquît	convainquissent

14 plus-que-parfait du subjonctif

eusse convaincu	eussions convaincu
eusses convaincu	eussiez convaincu
eût convaincu	eussent convaincu

Impératif
convaincs
convainquons
convainquez

Words and expressions related to this verb

convaincre qqn de qqch   to convince
(persuade) someone of something
se laisser convaincre   to allow oneself
to be persuaded

d'un ton convaincu   in a convincing tone
convaincant, convaincante   convincing
se convaincre   to convince oneself

Consult the sections on verbs used in idiomatic expressions, verbs with prepositions, and the list of over 1,000 verbs conjugated like model verbs in the back pages.

to suit, to be suitable, to be appropriate, to agree, to acknowledge

The Seven Simple Tenses		The Seven Compound Tenses	
Singular	Plural	Singular	Plural
1 présent de l'indicatif		**8 passé composé**	
conviens	convenons	ai convenu	avons convenu
conviens	convenez	as convenu	avez convenu
convient	conviennent	a convenu	ont convenu
2 imparfait de l'indicatif		**9 plus-que-parfait de l'indicatif**	
convenais	convenions	avais convenu	avions convenu
convenais	conveniez	avais convenu	aviez convenu
convenait	convenaient	avait convenu	avaient convenu
3 passé simple		**10 passé antérieur**	
convins	convînmes	eus convenu	eûmes convenu
convins	convîntes	eus convenu	eûtes convenu
convint	convinrent	eut convenu	eurent convenu
4 futur		**11 futur antérieur**	
conviendrai	conviendrons	aurai convenu	aurons convenu
conviendras	conviendrez	auras convenu	aurez convenu
conviendra	conviendront	aura convenu	auront convenu
5 conditionnel		**12 conditionnel passé**	
conviendrais	conviendrions	aurais convenu	aurions convenu
conviendrais	conviendriez	aurais convenu	auriez convenu
conviendrait	conviendraient	aurait convenu	auraient convenu
6 présent du subjonctif		**13 passé du subjonctif**	
convienne	convenions	aie convenu	ayons convenu
conviennes	conveniez	aies convenu	ayez convenu
convienne	conviennent	ait convenu	aient convenu
7 imparfait du subjonctif		**14 plus-que-parfait du subjonctif**	
convinsse	convinssions	eusse convenu	eussions convenu
convinsses	convinssiez	eusses convenu	eussiez convenu
convînt	convinssent	eût convenu	eussent convenu

Impératif
conviens
convenons
convenez

Common idiomatic expressions using this verb

convenir à to please, to suit (conjugated with **avoir**); Cela lui a convenu That suited him.
convenir de qqch to agree on something (conjugated with **être**); Ils sont convenus d'aller au cinéma They agreed to go to the movies.
J'en conviens I agree to it.

convenir de faire qqch to agree to do something; Mon père et moi, nous sommes convenus de venir chez vous à 8 h. du soir. My father and I agreed to come to your place at 8 in the evening.
Il faut convenir que vous avez raison Admittedly, you are right (One must admit that you are right.)
Cela ne me convient pas That does not suit me.
Faites ce qui convient Do what is suitable.

116

to correct

The Seven Simple Tenses		The Seven Compound Tenses	
Singular	Plural	Singular	Plural
1 présent de l'indicatif		**8 passé composé**	
corrige	corrigeons	ai corrigé	avons corrigé
corriges	corrigez	as corrigé	avez corrigé
corrige	corrigent	a corrigé	ont corrigé
2 imparfait de l'indicatif		**9 plus-que-parfait de l'indicatif**	
corrigeais	corrigions	avais corrigé	avions corrigé
corrigeais	corrigiez	avais corrigé	aviez corrigé
corrigeait	corrigeaient	avait corrigé	avaient corrigé
3 passé simple		**10 passé antérieur**	
corrigeai	corrigeâmes	eus corrigé	eûmes corrigé
corrigeas	corrigeâtes	eus corrigé	eûtes corrigé
corrigea	corrigèrent	eut corrigé	eurent corrigé
4 futur		**11 futur antérieur**	
corrigerai	corrigerons	aurai corrigé	aurons corrigé
corrigeras	corrigerez	auras corrigé	aurez corrigé
corrigera	corrigeront	aura corrigé	auront corrigé
5 conditionnel		**12 conditionnel passé**	
corrigerais	corrigerions	aurais corrigé	aurions corrigé
corrigerais	corrigeriez	aurais corrigé	auriez corrigé
corrigerait	corrigeraient	aurait corrigé	auraient corrigé
6 présent du subjonctif		**13 passé du subjonctif**	
corrige	corrigions	aie corrigé	ayons corrigé
corriges	corrigiez	aies corrigé	ayez corrigé
corrige	corrigent	ait corrigé	aient corrigé
7 imparfait du subjonctif		**14 plus-que-parfait du subjonctif**	
corrigeasse	corrigeassions	eusse corrigé	eussions corrigé
corrigeasses	corrigeassiez	eusses corrigé	eussiez corrigé
corrigeât	corrigeassent	eût corrigé	eussent corrigé

Impératif
corrige
corrigeons
corrigez

Sentences using this verb and words related to it

   Dans la classe de français nous corrigeons toujours nos devoirs en classe. La maîtresse de français écrit les corrections au tableau.

une correction   correction; **recorriger**   to correct again
corriger qqn de   to correct someone of
se corriger de   to correct one's ways
corrigible   corrigible; **incorrigible**   incorrigible
incorrectement   inaccurately, incorrectly

to corrupt

The Seven Simple Tenses		The Seven Compound Tenses	
Singular	Plural	Singular	Plural
1 présent de l'indicatif		**8 passé composé**	
corromps	corrompons	ai corrompu	avons corrompu
corromps	corrompez	as corrompu	avez corrompu
corrompt	corrompent	a corrompu	ont corrompu
2 imparfait de l'indicatif		**9 plus-que-parfait de l'indicatif**	
corrompais	corrompions	avais corrompu	avions corrompu
corrompais	corrompiez	avais corrompu	aviez corrompu
corrompait	corrompaient	avait corrompu	avaient corrompu
3 passé simple		**10 passé antérieur**	
corrompis	corrompîmes	eus corrompu	eûmes corrompu
corrompis	corrompîtes	eus corrompu	eûtes corrompu
corrompit	corrompirent	eut corrompu	eurent corrompu
4 futur		**11 futur antérieur**	
corromprai	corromprons	aurai corrompu	aurons corrompu
corrompras	corromprez	auras corrompu	aurez corrompu
corrompra	corrompront	aura corrompu	auront corrompu
5 conditionnel		**12 conditionnel passé**	
corromprais	corromprions	aurais corrompu	aurions corrompu
corromprais	corrompriez	aurais corrompu	auriez corrompu
corromprait	corrompraient	aurait corrompu	auraient corrompu
6 présent du subjonctif		**13 passé du subjonctif**	
corrompe	corrompions	aie corrompu	ayons corrompu
corrompes	corrompiez	aies corrompu	ayez corrompu
corrompe	corrompent	ait corrompu	aient corrompu
7 imparfait du subjonctif		**14 plus-que-parfait du subjonctif**	
corrompisse	corrompissions	eusse corrompu	eussions corrompu
corrompisses	corrompissiez	eusses corrompu	eussiez corrompu
corrompît	corrompissent	eût corrompu	eussent corrompu

Impératif
corromps
corrompons
corrompez

Sentences using this verb and words related to it

corrompre qqch to corrupt something;
**Je connais un élève qui corrompt la
prononciation de la langue française** I
know a student who corrupts the
pronunciation of the French language.
corruptible corruptible
se laisser corrompre to allow oneself
to be corrupted

corrompre qqn to corrupt someone;
**Les spectacles ignobles à la télévision
corrompent la jeunesse de ce pays** The
disgraceful shows on television corrupt
the youth of this country.
la corruption corruption
un corrupteur, une corruptrice corrupter

Part. pr. **couchant**   Part. passé **couché**   **coucher**

to put to bed, to lay, to flatten

The Seven Simple Tenses | The Seven Compound Tenses

Singular	Plural	Singular	Plural
1 présent de l'indicatif		**8 passé composé**	
couche	couchons	ai couché	avons couché
couches	couchez	as couché	avez couché
couche	couchent	a couché	ont couché
2 imparfait de l'indicatif		**9 plus-que-parfait de l'indicatif**	
couchais	couchions	avais couché	avions couché
couchais	couchiez	avais couché	aviez couché
couchait	couchaient	avait couché	avaient couché
3 passé simple		**10 passé antérieur**	
couchai	couchâmes	eus couché	eûmes couché
couchas	couchâtes	eus couché	eûtes couché
coucha	couchèrent	eut couché	eurent couché
4 futur		**11 futur antérieur**	
coucherai	coucherons	aurai couché	aurons couché
coucheras	coucherez	auras couché	aurez couché
couchera	coucheront	aura couché	auront couché
5 conditionnel		**12 conditionnel passé**	
coucherais	coucherions	aurais couché	aurions couché
coucherais	coucheriez	aurais couché	auriez couché
coucherait	coucheraient	aurait couché	auraient couché
6 présent du subjonctif		**13 passé du subjonctif**	
couche	couchions	aie couché	ayons couché
couches	couchiez	aies couché	ayez couché
couche	couchent	ait couché	aient couché
7 imparfait du subjonctif		**14 plus-que-parfait du subjonctif**	
couchasse	couchassions	eusse couché	eussions couché
couchasses	couchassiez	eusses couché	eussiez couché
couchât	couchassent	eût couché	eussent couché

Impératif
couche
couchons
couchez

Words and expressions related to this verb

C'est l'heure du coucher It's time for bed.
Le coucher et la nourriture bed and board
au coucher du soleil at sunset
découcher to sleep somewhere other than in one's own bed

coucher à l'hôtel to sleep in a hotel
accoucher de to give birth to a child;
Elle a accouché d'une fille She has given birth to a girl.
recoucher to put back to bed

See also **se coucher.**

Consult the sections on verbs used in idiomatic expressions, verbs with prepositions, and the list of over 1,000 verbs conjugated like model verbs in the back pages.

to go to bed, to lie down

The Seven Simple Tenses		The Seven Compound Tenses	
Singular	Plural	Singular	Plural

1 présent de l'indicatif

		8 passé composé	
me couche	nous couchons	me suis couché(e)	nous sommes couché(e)s
te couches	vous couchez	t'es couché(e)	vous êtes couché(e)(s)
se couche	se couchent	s'est couché(e)	se sont couché(e)s

2 imparfait de l'indicatif

		9 plus-que-parfait de l'indicatif	
me couchais	nous couchions	m'étais couché(e)	nous étions couché(e)s
te couchais	vous couchiez	t'étais couché(e)	vous étiez couché(e)(s)
se couchait	se couchaient	s'était couché(e)	s'étaient couché(e)s

3 passé simple

		10 passé antérieur	
me couchai	nous couchâmes	me fus couché(e)	nous fûmes couché(e)s
te couchas	vous couchâtes	te fus couché(e)	vous fûtes couché(e)(s)
se coucha	se couchèrent	se fut couché(e)	se furent couché(e)s

4 futur

		11 futur antérieur	
me coucherai	nous coucherons	me serai couché(e)	nous serons couché(e)s
te coucheras	vous coucherez	te seras couché(e)	vous serez couché(e)(s)
se couchera	se coucheront	se sera couché(e)	se seront couché(e)s

5 conditionnel

		12 conditionnel passé	
me coucherais	nous coucherions	me serais couché(e)	nous serions couché(e)s
te coucherais	vous coucheriez	te serais couché(e)	vous seriez couché(e)(s)
se coucherait	se coucheraient	se serait couché(e)	se seraient couché(e)s

6 présent du subjonctif

		13 passé du subjonctif	
me couche	nous couchions	me sois couché(e)	nous soyons couché(e)s
te couches	vous couchiez	te sois couché(e)	vous soyez couché(e)(s)
se couche	se couchent	se soit couché(e)	se soient couché(e)s

7 imparfait du subjonctif

		14 plus-que-parfait du subjonctif	
me couchasse	nous couchassions	me fusse couché(e)	nous fussions couché(e)s
te couchasses	vous couchassiez	te fusses couché(e)	vous fussiez couché(e)(s)
se couchât	se couchassent	se fût couché(e)	se fussent couché(e)s

Impératif
couche-toi; ne te couche pas
couchons-nous; ne nous couchons pas
couchez-vous; ne vous couchez pas

Sentences using this verb and words related to it

—Couche-toi, Hélène! Il est minuit. Hier soir tu t'es couchée tard.
—Donne-moi ma poupée pour nous coucher ensemble.

le coucher du soleil sunset		**se recoucher** to go back to bed
une couche a layer		**se coûcher tôt** to go to bed early
une couchette bunk, cot		**Comme on fait son lit on se couche!**
Le soleil se couche The sun is setting.		You've made your bed; now lie in it!

See also **coucher.**

to sew, to stitch

The Seven Simple Tenses		The Seven Compound Tenses	
Singular	Plural	Singular	Plural
1 présent de l'indicatif		**8 passé composé**	
couds	cousons	ai cousu	avons cousu
couds	cousez	as cousu	avez cousu
coud	cousent	a cousu	ont cousu
2 imparfait de l'indicatif		**9 plus-que-parfait de l'indicatif**	
cousais	cousions	avais cousu	avions cousu
cousais	cousiez	avais cousu	aviez cousu
cousait	cousaient	avait cousu	avaient cousu
3 passé simple		**10 passé antérieur**	
cousis	cousîmes	eus cousu	eûmes cousu
cousis	cousîtes	eus cousu	eûtes cousu
cousit	cousirent	eut cousu	eurent cousu
4 futur		**11 futur antérieur**	
coudrai	coudrons	aurai cousu	aurons cousu
coudras	coudrez	auras cousu	aurez cousu
coudra	coudront	aura cousu	auront cousu
5 conditionnel		**12 conditionnel passé**	
coudrais	coudrions	aurais cousu	aurions cousu
coudrais	coudriez	aurais cousu	auriez cousu
coudrait	coudraient	aurait cousu	auraient cousu
6 présent du subjonctif		**13 passé du subjonctif**	
couse	cousions	aie cousu	ayons cousu
couses	cousiez	aies cousu	ayez cousu
couse	cousent	ait cousu	aient cousu
7 imparfait du subjonctif		**14 plus-que-parfait du subjonctif**	
cousisse	cousissions	eusse cousu	eussions cousu
cousisses	cousissiez	eusses cousu	eussiez cousu
cousît	cousissent	eût cousu	eussent cousu

Impératif
couds
cousons
cousez

Words and expressions related to this verb

recoudre   to sew again, to sew up
la couture   sewing; dressmaking
la couture à la machine   machine sewing
découdre   to unstitch, to rip up some
  sewing
une machine à coudre   sewing machine

un couturier, une couturière   fashion designer
la haute couture   high fashion
décousu, décousue   unstitched, unsewn;
  incoherent   **Mon professeur d'algèbre
  explique les leçons d'une manière décousue.**

Consult the sections on verbs used in idiomatic expressions, verbs with prepositions, and the
list of over 1,000 verbs conjugated like model verbs in the back pages.

to cut, to switch off

The Seven Simple Tenses		The Seven Compound Tenses	
Singular	Plural	Singular	Plural
1 présent de l'indicatif		**8 passé composé**	
coupe	coupons	ai coupé	avons coupé
coupes	coupez	as coupé	avez coupé
coupe	coupent	a coupé	ont coupé
2 imparfait de l'indicatif		**9 plus-que-parfait de l'indicatif**	
coupais	coupions	avais coupé	avions coupé
coupais	coupiez	avais coupé	aviez coupé
coupait	coupaient	avait coupé	avaient coupé
3 passé simple		**10 passé antérieur**	
coupai	coupâmes	eus coupé	eûmes coupé
coupas	coupâtes	eus coupé	eûtes coupé
coupa	coupèrent	eut coupé	eurent coupé
4 futur		**11 futur antérieur**	
couperai	couperons	aurai coupé	aurons coupé
couperas	couperez	auras coupé	aurez coupé
coupera	couperont	aura coupé	auront coupé
5 conditionnel		**12 conditionnel passé**	
couperais	couperions	aurais coupé	aurions coupé
couperais	couperiez	aurais coupé	auriez coupé
couperait	couperaient	aurait coupé	auraient coupé
6 présent du subjonctif		**13 passé du subjonctif**	
coupe	coupions	aie coupé	ayons coupé
coupes	coupiez	aies coupé	ayez coupé
coupe	coupent	ait coupé	aient coupé
7 imparfait du subjonctif		**14 plus-que-parfait du subjonctif**	
coupasse	coupassions	eusse coupé	eussions coupé
coupasses	coupassiez	eusses coupé	eussiez coupé
coupât	coupassent	eût coupé	eussent coupé

Impératif
coupe
coupons
coupez

Common idiomatic expressions using this verb

Ce morceau de pain est trop grand. Je vais le couper en deux.

un coupon coupon
une coupure cut, gash, crack
couper les cheveux en quatre to split hairs
se faire couper les cheveux to have one's hair cut

découper to cut out
entrecouper to interrupt
couper la fièvre to reduce a fever

Consult the back pages for the section on verbs used in idiomatic expressions.

to run, to race

The Seven Simple Tenses		The Seven Compound Tenses	
Singular	Plural	Singular	Plural

1 présent de l'indicatif

cours	courons
cours	courez
court	courent

8 passé composé

ai couru	avons couru
as couru	avez couru
a couru	ont couru

2 imparfait de l'indicatif

courais	courions
courais	couriez
courait	couraient

9 plus-que-parfait de l'indicatif

avais couru	avions couru
avais couru	aviez couru
avait couru	avaient couru

3 passé simple

courus	courûmes
courus	courûtes
courut	coururent

10 passé antérieur

eus couru	eûmes couru
eus couru	eûtes couru
eut couru	eurent couru

4 futur

courrai	courrons
courras	courrez
courra	courront

11 futur antérieur

aurai couru	aurons couru
auras couru	aurez couru
aura couru	auront couru

5 conditionnel

courrais	courrions
courrais	courriez
courrait	courraient

12 conditionnel passé

aurais couru	aurions couru
aurais couru	auriez couru
aurait couru	auraient couru

6 présent du subjonctif

coure	courions
coures	couriez
coure	courent

13 passé du subjonctif

aie couru	ayons couru
aies couru	ayez couru
ait couru	aient couru

7 imparfait du subjonctif

courusse	courussions
courusses	courussiez
courût	courussent

14 plus-que-parfait du subjonctif

eusse couru	eussions couru
eusses couru	eussiez couru
eût couru	eussent couru

Impératif
cours
courons
courez

Sentences using this verb and words related to it

Les enfants sont toujours prêts à courir. Quand on est jeune on court sans se fatiguer. Michel a couru de la maison jusqu'à l'école. Il a seize ans.

le courrier   courier, messenger, mail
un coureur   runner
faire courir un bruit   to spread a rumor
courir une course   to run a race
courir le monde   to roam all over
   the world

accourir vers   to come running toward
courir les rues   to run about the streets
par le temps qui court   these days, nowadays
parcourir   to go through, to travel through,
   to cover (distance)

to cost

The Seven Simple Tenses		The Seven Compound Tenses	
Singular	Plural	Singular	Plural
1 présent de l'indicatif		8 passé composé	
il coûte	**ils coûtent**	**il a coûté**	**ils ont coûté**
2 imparfait de l'indicatif		9 plus-que-parfait de l'indicatif	
il coûtait	**ils coûtaient**	**il avait coûté**	**ils avaient coûté**
3 passé simple		10 passé antérieur	
il coûta	**ils coûtèrent**	**il eut coûté**	**ils eurent coûté**
4 futur		11 futur antérieur	
il coûtera	**ils coûteront**	**il aura coûté**	**ils auront coûté**
5 conditionnel		12 conditionnel passé	
il coûterait	**ils coûteraient**	**il aurait coûté**	**ils auraient coûté**
6 présent du subjonctif		13 passé du subjonctif	
qu'il coûte	**qu'ils coûtent**	**qu'il ait coûté**	**qu'ils aient coûté**
7 imparfait du subjonctif		14 plus-que-parfait du subjonctif	
qu'il coûtât	**qu'ils coûtassent**	**qu'il eût coûté**	**qu'ils eussent coûté**

Impératif
—

Sentences using this verb and words related to it

—Combien coûte cette table?
—Elle coûte dix mille francs.
—Et combien coûte ce lit?
—Il coûte dix mille francs aussi.
—Ils coûtent joliment cher!

coûteusement   expensively, dearly
coûte que coûte   at any cost
coûteux, coûteuse   costly, expensive
Cela coûte joliment cher   That costs a pretty penny.
coûter cher, coûter peu   to be expensive, inexpensive

coûter à qqn   to cost someone;
Cela lui en a coûté sa vie
That cost him his life.

This verb is generally regarded as impersonal and is used primarily in the third person singular and plural.

to cover

The Seven Simple Tenses		The Seven Compound Tenses	
Singular	Plural	Singular	Plural
1 présent de l'indicatif		**8 passé composé**	
couvre	couvrons	ai couvert	avons couvert
couvres	couvrez	as couvert	avez couvert
couvre	couvrent	a couvert	ont couvert
2 imparfait de l'indicatif		**9 plus-que-parfait de l'indicatif**	
couvrais	couvrions	avais couvert	avions couvert
couvrais	couvriez	avais couvert	aviez couvert
couvrait	couvraient	avait couvert	avaient couvert
3 passé simple		**10 passé antérieur**	
couvris	couvrîmes	eus couvert	eûmes couvert
couvris	couvrîtes	eus couvert	eûtes couvert
couvrit	couvrirent	eut couvert	eurent couvert
4 futur		**11 futur antérieur**	
couvrirai	couvrirons	aurai couvert	aurons couvert
couvriras	couvrirez	auras couvert	aurez couvert
couvrira	couvriront	aura couvert	auront couvert
5 conditionnel		**12 conditionnel passé**	
couvrirais	couvririons	aurais couvert	aurions couvert
couvrirais	couvririez	aurais couvert	auriez couvert
couvrirait	couvriraient	aurait couvert	auraient couvert
6 présent du subjonctif		**13 passé du subjonctif**	
couvre	couvrions	aie couvert	ayons couvert
couvres	couvriez	aies couvert	ayez couvert
couvre	couvrent	ait couvert	aient couvert
7 imparfait du subjonctif		**14 plus-que-parfait du subjonctif**	
couvrisse	couvrissions	eusse couvert	eussions couvert
couvrisses	couvrissiez	eusses couvert	eussiez couvert
couvrît	couvrissent	eût couvert	eussent couvert

Impératif
couvre
couvrons
couvrez

Sentences using this verb and words related to it

   Avant de quitter la maison, Madame Champlain a couvert le lit d'un dessus-de-lit. Puis, elle a couvert son mari de caresses et de baisers.

un couvert   place setting (spoon, knife, fork, *etc.*)
acheter des couverts   to buy cutlery
mettre le couvert   to lay the table
une couverture   blanket
Le temps se couvre   The sky is overcast.

See also **découvrir**.

découvrir   to discover, disclose, uncover
se couvrir   to cover oneself, to put on one's hat
le couvre-feu   curfew
un couvre-lit   bedspread **(des couvre-lits)**
un dessus-de-lit   bedspread **(des dessus-de-lits)**

to fear, to be afraid

The Seven Simple Tenses		The Seven Compound Tenses	
Singular	Plural	Singular	Plural
1 présent de l'indicatif		**8 passé composé**	
crains	craignons	ai craint	avons craint
crains	craignez	as craint	avez craint
craint	craignent	a craint	ont craint
2 imparfait de l'indicatif		**9 plus-que-parfait de l'indicatif**	
craignais	craignions	avais craint	avions craint
craignais	craigniez	avais craint	aviez craint
craignait	craignaient	avait craint	avaient craint
3 passé simple		**10 passé antérieur**	
craignis	craignîmes	eus craint	eûmes craint
craignis	craignîtes	eus craint	eûtes craint
craignit	craignirent	eut craint	eurent craint
4 futur		**11 futur antérieur**	
craindrai	craindrons	aurai craint	aurons craint
craindras	craindrez	auras craint	aurez craint
craindra	craindront	aura craint	auront craint
5 conditionnel		**12 conditionnel passé**	
craindrais	craindrions	aurais craint	aurions craint
craindrais	craindriez	aurais craint	auriez craint
craindrait	craindraient	aurait craint	auraient craint
6 présent du subjonctif		**13 passé du subjonctif**	
craigne	craignions	aie craint	ayons craint
craignes	craigniez	aies craint	ayez craint
craigne	craignent	ait craint	aient craint
7 imparfait du subjonctif		**14 plus-que-parfait du subjonctif**	
craignisse	craignissions	eusse craint	eussions craint
craignisses	craignissiez	eusses craint	eussiez craint
craignît	craignissent	eût craint	eussent craint

Impératif
crains
craignons
craignez

Sentences using this verb and words related to it

    Le petit garçon **craint** de traverser le parc pendant la nuit. Il a raison parce que c'est dangereux. Il a des **craintes**.

une crainte   fear, dread   **craintif, craintive**   fearful
craindre pour sa vie   to be in fear of one's life   **craintivement**   fearfully
sans crainte   fearless

Consult the back pages for sections on verbs used in idiomatic expressions, verbs with prepositions, and the list of over 1,000 verbs conjugated like model verb.

The Seven Simple Tenses		The Seven Compound Tenses	
Singular	Plural	Singular	Plural
1 présent de l'indicatif		**8 passé composé**	
crée	créons	ai créé	avons créé
crées	créez	as créé	avez créé
crée	créent	a créé	ont créé
2 imparfait de l'indicatif		**9 plus-que-parfait de l'indicatif**	
créais	créions	avais créé	avions créé
créais	créiez	avais créé	aviez créé
créait	créaient	avait créé	avaient créé
3 passé simple		**10 passé antérieur**	
créai	créâmes	eus créé	eûmes créé
créas	créâtes	eus créé	eûtes créé
créa	créèrent	eut créé	eurent créé
4 futur		**11 futur antérieur**	
créerai	créerons	aurai créé	aurons créé
créeras	créerez	auras créé	aurez créé
créera	créeront	aura créé	auront créé
5 conditionnel		**12 conditionnel passé**	
créerais	créerions	aurais créé	aurions créé
créerais	créeriez	aurais créé	auriez créé
créerait	créeraient	aurait créé	auraient créé
6 présent du subjonctif		**13 passé du subjonctif**	
crée	créions	aie créé	ayons créé
crées	créiez	aies créé	ayez créé
crée	créent	ait créé	aient créé
7 imparfait du subjonctif		**14 plus-que-parfait du subjonctif**	
créasse	créassions	eusse créé	eussions créé
créasses	créassiez	eusses créé	eussiez créé
créât	créassent	eût créé	eussent créé

Impératif
crée
créons
créez

Sentences using this verb and words related to it

   Madame Imbert, professeur de mathématiques, est une drôle de créature. Tout ce qu'elle fait manque d'originalité. Quelle misérable créature!

drôle de créature   funny, queer person
la création   creation; **depuis la création du monde**   since the creation of the world
la créativité   creativity; **la récréation**   recreation
une créature   creature
recréer   to create again; **récréer**   to enliven
un créateur, une créatrice   creator

to shout, to cry out

The Seven Simple Tenses		The Seven Compound Tenses	
Singular	Plural	Singular	Plural
1 présent de l'indicatif		**8 passé composé**	
crie	crions	ai crié	avons crié
cries	criez	as crié	avez crié
crie	crient	a crié	ont crié
2 imparfait de l'indicatif		**9 plus-que-parfait de l'indicatif**	
criais	criions	avais crié	avions crié
criais	criiez	avais crié	aviez crié
criait	criaient	avait crié	avaient crié
3 passé simple		**10 passé antérieur**	
criai	criâmes	eus crié	eûmes crié
crias	criâtes	eus crié	eûtes crié
cria	crièrent	eut crié	eurent crié
4 futur		**11 futur antérieur**	
crierai	crierons	aurai crié	aurons crié
crieras	crierez	auras crié	aurez crié
criera	crieront	aura crié	auront crié
5 conditionnel		**12 conditionnel passé**	
crierais	crierions	aurais crié	aurions crié
crierais	crieriez	aurais crié	auriez crié
crierait	crieraient	aurait crié	auraient crié
6 présent du subjonctif		**13 passé du subjonctif**	
crie	criions	aie crié	ayons crié
cries	criiez	aies crié	ayez crié
crie	crient	ait crié	aient crié
7 imparfait du subjonctif		**14 plus-que-parfait du subjonctif**	
criasse	criassions	eusse crié	eussions crié
criasses	criassiez	eusses crié	eussiez crié
criât	criassent	eût crié	eussent crié

	Impératif
	crie
	crions
	criez

Sentences using this verb and words related to it

Cet enfant crie toujours. Hier il a crié à tue-tête quand il a vu un avion dans le ciel.

un cri   a shout, a cry
pousser un cri   to utter a cry
crier à tue-tête   to shout one's head off
un crieur   hawker
un crieur de journaux   newsboy

un criailleur, une criailleuse   nagger
un criard, une criarde   someone who
    constantly shouts, nags, scolds; screecher

to believe

The Seven Simple Tenses		The Seven Compound Tenses	
Singular	Plural	Singular	Plural
1 présent de l'indicatif		**8 passé composé**	
crois	croyons	ai cru	avons cru
crois	croyez	as cru	avez cru
croit	croient	a cru	ont cru
2 imparfait de l'indicatif		**9 plus-que-parfait de l'indicatif**	
croyais	croyions	avais cru	avions cru
croyais	croyiez	avais cru	aviez cru
croyait	croyaient	avait cru	avaient cru
3 passé simple		**10 passé antérieur**	
crus	crûmes	eus cru	eûmes cru
crus	crûtes	eus cru	eûtes cru
crut	crurent	eut cru	eurent cru
4 futur		**11 futur antérieur**	
croirai	croirons	aurai cru	aurons cru
croiras	croirez	auras cru	aurez cru
croira	croiront	aura cru	auront cru
5 conditionnel		**12 conditionnel passé**	
croirais	croirions	aurais cru	aurions cru
croirais	croiriez	aurais cru	auriez cru
croirait	croiraient	aurait cru	auraient cru
6 présent du subjonctif		**13 passé du subjonctif**	
croie	croyions	aie cru	ayons cru
croies	croyiez	aies cru	ayez cru
croie	croient	ait cru	aient cru
7 imparfait du subjonctif		**14 plus-que-parfait du subjonctif**	
crusse	crussions	eusse cru	eussions cru
crusses	crussiez	eusses cru	eussiez cru
crût	crussent	eût cru	eussent cru

Impératif
crois
croyons
croyez

Sentences using this verb and words related to it

Est-ce que vous croyez tout ce que vous entendez? Avez-vous cru l'histoire que je vous ai racontée?

Croyez-m'en! Take my word for it!
se croire to think oneself; to consider oneself
Paul se croit beau Paul thinks himself handsome.
croyable believable

incroyable unbelievable
croire à qqch to believe in something
croire en qqn to believe in someone

Consult the back pages for the section on verbs used in idiomatic expressions.

to grow, to increase

The Seven Simple Tenses		The Seven Compound Tenses	
Singular	Plural	Singular	Plural
1 présent de l'indicatif		8 passé composé	
croîs	croissons	ai crû	avons crû
croîs	croissez	as crû	avez crû
croît	croissent	a crû	ont crû
2 imparfait de l'indicatif		9 plus-que-parfait de l'indicatif	
croissais	croissions	avais crû	avions crû
croissais	croissiez	avais crû	aviez crû
croissait	croissaient	avait crû	avaient crû
3 passé simple		10 passé antérieur	
crûs	crûmes	eus crû	eûmes crû
crûs	crûtes	eus crû	eûtes crû
crût	crûrent	eut crû	eurent crû
4 futur		11 futur antérieur	
croîtrai	croîtrons	aurai crû	aurons crû
croîtras	croîtrez	auras crû	aurez crû
croîtra	croîtront	aura crû	auront crû
5 conditionnel		12 conditionnel passé	
croîtrais	croîtrions	aurais crû	aurions crû
croîtrais	croîtriez	aurais crû	auriez crû
croîtrait	croîtraient	aurait crû	auraient crû
6 présent du subjonctif		13 passé du subjonctif	
croisse	croissions	aie crû	ayons crû
croisses	croissiez	aies crû	ayez crû
croisse	croissent	ait crû	aient crû
7 imparfait du subjonctif		14 plus-que-parfait du subjonctif	
crûsse	crûssions	eusse crû	eussions crû
crûsses	crûssiez	eusses crû	eussiez crû
crût	crûssent	eût crû	eussent crû

Impératif
croîs
croissons
croissez

Words and expressions related to this verb

un croissant   crescent (shape of moon); name of a pastry in crescent shape: **Au petit déjeuner, les Français aiment prendre un café et un croissant**/For breakfast, French people like to have coffee and a croissant (crescent shaped roll).

la croissance   growth; **un accroissement**   increase

crescendo   crescendo (progressive increase in intensity of sound in music; an Italian word related to **croître**).

See also **accroître**.

Consult the sections on verbs used in idiomatic expressions, verbs with prepositions, and the list of over 1,000 verbs conjugated like model verbs in the back pages.

to gather, to pick

The Seven Simple Tenses		The Seven Compound Tenses	
Singular	Plural	Singular	Plural

1 présent de l'indicatif

cueille	cueillons
cueilles	cueillez
cueille	cueillent

8 passé composé

ai cueilli	avons cueilli
as cueilli	avez cueilli
a cueilli	ont cueilli

2 imparfait de l'indicatif

cueillais	cueillions
cueillais	cueilliez
cueillait	cueillaient

9 plus-que-parfait de l'indicatif

avais cueilli	avions cueilli
avais cueilli	aviez cueilli
avait cueilli	avaient cueilli

3 passé simple

cueillis	cueillîmes
cueillis	cueillîtes
cueillit	cueillirent

10 passé antérieur

eus cueilli	eûmes cueilli
eus cueilli	eûtes cueilli
eut cueilli	eurent cueilli

4 futur

cueillerai	cueillerons
cueilleras	cueillerez
cueillera	cueilleront

11 futur antérieur

aurai cueilli	aurons cueilli
auras cueilli	aurez cueilli
aura cueilli	auront ceuilli

5 conditionnel

cueillerais	cueillerions
cueillerais	cueilleriez
cueillerait	cueilleraient

12 conditionnel passé

aurais cueilli	aurions cueilli
aurais cueilli	auriez cueilli
aurait cueilli	auraient cueilli

6 présent du subjonctif

cueille	cueillions
cueilles	cueilliez
cueille	cueillent

13 passé du subjonctif

aie cueilli	ayons cueilli
aies cueilli	ayez cueilli
ait cueilli	aient cueilli

7 imparfait du subjonctif

cueillisse	cueillissions
cueillisses	cueillissiez
cueillît	cueillissent

14 plus-que-parfait du subjonctif

eusse cueilli	eussions cueilli
eusses cueilli	eussiez cueilli
eût cueilli	eussent cueilli

Impératif
cueille
cueillons
cueillez

Sentences using this verb and words related to it

Je vois que tu cueilles des fleurs. As-tu cueilli toutes les fleurs qui sont dans ce vase?

un cueilleur, une cueilleuse   gatherer, picker
la cueillaison, la cueillette   gathering, picking
un cueilloir   basket for picking fruit; instrument for picking fruit on high branches
Cueillez, cueillez votre jeunesse (Ronsard)   Seize the day (Horace: *Carpe diem*).

For other words related to this verb, see **accueillir**.

to cook

The Seven Simple Tenses		The Seven Compound Tenses	
Singular	Plural	Singular	Plural
1 présent de l'indicatif		**8 passé composé**	
cuis	cuisons	ai cuit	avons cuit
cuis	cuisez	as cuit	avez cuit
cuit	cuisent	a cuit	ont cuit
2 imparfait de l'indicatif		**9 plus-que-parfait de l'indicatif**	
cuisais	cuisions	avais cuit	avions cuit
cuisais	cuisiez	avais cuit	aviez cuit
cuisait	cuisaient	avait cuit	avaient cuit
3 passé simple		**10 passé antérieur**	
cuisis	cuisîmes	eus cuit	eûmes cuit
cuisis	cuisîtes	eus cuit	eûtes cuit
cuisit	cuisirent	eut cuit	eurent cuit
4 futur		**11 futur antérieur**	
cuirai	cuirons	aurai cuit	aurons cuit
cuiras	cuirez	auras cuit	aurez cuit
cuira	cuiront	aura cuit	auront cuit
5 conditionnel		**12 conditionnel passé**	
cuirais	cuirions	aurais cuit	aurions cuit
cuirais	cuiriez	aurais cuit	auriez cuit
cuirait	cuiraient	aurait cuit	auraient cuit
6 présent du subjonctif		**13 passé du subjonctif**	
cuise	cuisions	aie cuit	ayons cuit
cuises	cuisiez	aies cuit	ayez cuit
cuise	cuisent	ait cuit	aient cuit
7 imparfait du subjonctif		**14 plus-que-parfait du subjonctif**	
cuisisse	cuisissions	eusse cuit	eussions cuit
cuisisses	cuisissiez	eusses cuit	eussiez cuit
cuisît	cuisissent	eût cuit	eussent cuit

Impératif
cuis
cuisons
cuisez

Sentences using this verb and words related to it

Qui a cuit ce morceau de viande? C'est dégoûtant! Il est trop cuit. Ne savez-vous pas faire cuire un bon morceau de viande? Vous n'êtes pas bon cuisinier.

la cuisine	kitchen	**une cuisinière**	kitchen range (stove)
cuisinier, cuisinière	cook	**un cuiseur**	pressure cooker
faire cuire à la poêle	to pan fry	**trop cuit**	overcooked, overdone
Il est cuit	He's done for; His goose is cooked.	**la cuisson**	cooking (time)

132

The Seven Simple Tenses		The Seven Compound Tenses	
Singular	Plural	Singular	Plural

1   présent de l'indicatif

		8 passé composé	
danse	dansons	ai dansé	avons dansé
danses	dansez	as dansé	avez dansé
danse	dansent	a dansé	ont dansé

2   imparfait de l'indicatif

		9 plus-que-parfait de l'indicatif	
dansais	dansions	avais dansé	avions dansé
dansais	dansiez	avais dansé	aviez dansé
dansait	dansaient	avait dansé	avaient dansé

3   passé simple

		10 passé antérieur	
dansai	dansâmes	eus dansé	eûmes dansé
dansas	dansâtes	eus dansé	eûtes dansé
dansa	dansèrent	eut dansé	eurent dansé

4   futur

		11 futur antérieur	
danserai	danserons	aurai dansé	aurons dansé
danseras	danserez	auras dansé	aurez dansé
dansera	danseront	aura dansé	auront dansé

5   conditionnel

		12 conditionnel passé	
danserais	danserions	aurais dansé	aurions dansé
danserais	danseriez	aurais dansé	auriez dansé
danserait	danseraient	aurait dansé	auraient dansé

6   présent du subjonctif

		13 passé du subjonctif	
danse	dansions	aie dansé	ayons dansé
danses	dansiez	aies dansé	ayez dansé
danse	dansent	ait dansé	aient dansé

7   imparfait du subjonctif

		14 plus-que-parfait du subjonctif	
dansasse	dansassions	eusse dansé	eussions dansé
dansasses	dansassiez	eusses dansé	eussiez dansé
dansât	dansassent	eût dansé	eussent dansé

Impératif
danse
dansons
dansez

Sentences using this verb and words related to it

René: **Veux-tu danser avec moi?**
Renée: **Je ne sais pas danser.**
René: **Je suis bon danseur. Je vais t'apprendre à danser. Viens! Dansons!**

danser de joie   to dance for joy
une soirée dansante   evening dancing
  party
un thé dansant   dancing at teatime
  (usually 5 o'clock)

un danseur, une danseuse   dancer
une danse   dance; **un bal**   ball
  (dance)

to deceive, to disappoint

The Seven Simple Tenses		The Seven Compound Tenses	
Singular	Plural	Singular	Plural
1 présent de l'indicatif		**8 passé composé**	
déçois	décevons	ai déçu	avons déçu
déçois	décevez	as déçu	avez déçu
déçoit	déçoivent	a déçu	ont déçu
2 imparfait de l'indicatif		**9 plus-que-parfait de l'indicatif**	
décevais	décevions	avais déçu	avions déçu
décevais	déceviez	avais déçu	aviez déçu
décevait	décevaient	avait déçu	avaient déçu
3 passé simple		**10 passé antérieur**	
déçus	déçûmes	eus déçu	eûmes déçu
déçus	déçûtes	eus déçu	eûtes déçu
déçut	déçurent	eut déçu	eurent déçu
4 futur		**11 futur antérieur**	
décevrai	décevrons	aurai déçu	aurons déçu
décevras	décevrez	auras déçu	aurez déçu
décevra	décevront	aura déçu	auront déçu
5 conditionnel		**12 conditionnel passé**	
décevrais	décevrions	aurais déçu	aurions déçu
décevrais	décevriez	aurais déçu	auriez déçu
décevrait	décevraient	aurait déçu	auraient déçu
6 présent du subjonctif		**13 passé du subjonctif**	
déçoive	décevions	aie déçu	ayons déçu
déçoives	déceviez	aies déçu	ayez déçu
déçoive	déçoivent	ait déçu	aient déçu
7 imparfait du subjonctif		**14 plus-que-parfait du subjonctif**	
déçusse	déçussions	eusse déçu	eussions déçu
déçusses	déçussiez	eusses déçu	eussiez déçu
déçût	déçussent	eût déçu	eussent déçu

Impératif
déçois
décevons
décevez

Words and expressions related to this verb

décevoir la confiance de qqn   to deceive someone's confidence (trust)
décevant, décevante   disappointing

décevoir les espoirs de qqn   to disappoint someone's hopes
la déception   disappointment; **la tromperie** deceit
Vous m'avez déçu   You have disappointed me.

Consult the sections on verbs used in idiomatic expressions, verbs with prepositions, and the list of over 1,000 verbs conjugated like model verbs in the back pages.

to rip, to tear, to rend

The Seven Simple Tenses		The Seven Compound Tenses	
Singular	Plural	Singular	Plural
1 présent de l'indicatif		**8 passé composé**	
déchire	déchirons	ai déchiré	avons déchiré
déchires	déchirez	as déchiré	avez déchiré
déchire	déchirent	a déchiré	ont déchiré
2 imparfait de l'indicatif		**9 plus-que-parfait de l'indicatif**	
déchirais	déchirions	avais déchiré	avions déchiré
déchirais	déchiriez	avais déchiré	aviez déchiré
déchirait	déchiraient	avait déchiré	avaient déchiré
3 passé simple		**10 passé antérieur**	
déchirai	déchirâmes	eus déchiré	eûmes déchiré
déchiras	déchirâtes	eus déchiré	eûtes déchiré
déchira	déchirèrent	eut déchiré	eurent déchiré
4 futur		**11 futur antérieur**	
déchirerai	déchirerons	aurai déchiré	aurons déchiré
déchireras	déchirerez	auras déchiré	aurez déchiré
déchirera	déchireront	aura déchiré	auront déchiré
5 conditionnel		**12 conditionnel passé**	
déchirerais	déchirerions	aurais déchiré	aurions déchiré
déchirerais	déchireriez	aurais déchiré	auriez déchiré
déchirerait	déchireraient	aurait déchiré	auraient déchiré
6 présent du subjonctif		**13 passé du subjonctif**	
déchire	déchirions	aie déchiré	ayons déchiré
déchires	déchiriez	aies déchiré	ayez déchiré
déchire	déchirent	ait déchiré	aient déchiré
7 imparfait du subjonctif		**14 plus-que-parfait du subjonctif**	
déchirasse	déchirassions	eusse déchiré	eussions déchiré
déchirasses	déchirassiez	eusses déchiré	eussiez déchiré
déchirât	déchirassent	eût déchiré	eussent déchiré

Impératif
déchire
déchirons
déchirez

Words and expressions related to this verb

déchirer qqn à belles dents
    to tear someone apart
déchirer le voile   to discover the truth
une déchirure   laceration, tear

déchirer en lambeaux   to tear into shreds
se déchirer   to tear each other apart
un déchirement   tearing; **un déchirement du
    coeur**   heartbreak

Consult the sections on verbs used in idiomatic expressions, verbs with prepositions, and the
list of over 1,000 verbs conjugated like model verbs in the back pages.

décider

to decide

The Seven Simple Tenses		The Seven Compound Tenses	
Singular	Plural	Singular	Plural
1 présent de l'indicatif		**8 passé composé**	
décide	décidons	ai décidé	avons décidé
décides	décidez	as décidé	avez décidé
décide	décident	a décidé	ont décidé
2 imparfait de l'indicatif		**9 plus-que-parfait de l'indicatif**	
décidais	décidions	avais décidé	avions décidé
décidais	décidiez	avais décidé	aviez décidé
décidait	décidaient	avait décidé	avaient décidé
3 passé simple		**10 passé antérieur**	
décidai	décidâmes	eus décidé	eûmes décidé
décidas	décidâtes	eus décidé	eûtes décidé
décida	décidèrent	eut décidé	eurent décidé
4 futur		**11 futur antérieur**	
déciderai	déciderons	aurai décidé	aurons décidé
décideras	déciderez	auras décidé	aurez décidé
décidera	décideront	aura décidé	auront décidé
5 conditionnel		**12 conditionnel passé**	
déciderais	déciderions	aurais décidé	aurions décidé
déciderais	décideriez	aurais décidé	auriez décidé
déciderait	décideraient	aurait décidé	auraient décidé
6 présent du subjonctif		**13 passé du subjonctif**	
décide	décidions	aie décidé	ayons décidé
décides	décidiez	aies décidé	ayez décidé
décide	décident	ait décidé	aient décidé
7 imparfait du subjonctif		**14 plus-que-parfait du subjonctif**	
décidasse	décidassions	eusse décidé	eussions décidé
décidasses	décidassiez	eusses décidé	eussiez décidé
décidât	décidassent	eût décidé	eussent décidé

Impératif
décide
décidons
décidez

Words and expressions related to this verb

une décision   decision; **prendre une décision**   to make (come to) a decision
décidément   decidedly
décider de faire qqch   to decide to do something; **J'ai décidé de partir**   I decided to leave.
se décider à faire qqch   to make up one's mind, to resolve to do something; **Le docteur
    Malaise s'est décidé à faire l'opération.**
Décidez-vous!   Make up your mind!

Consult the sections on verbs used in idiomatic expressions, verbs with prepositions, and the
list of over 1,000 verbs conjugated like model verbs in the back pages.

136

discover, to uncover

The Seven Simple Tenses		The Seven Compound Tenses	
Singular	Plural	Singular	Plural

1 présent de l'indicatif

		8 passé composé	
découvre	découvrons	ai découvert	avons découvert
découvres	découvrez	as découvert	avez découvert
découvre	découvrent	a découvert	ont découvert

2 imparfait de l'indicatif

		9 plus-que-parfait de l'indicatif	
découvrais	découvrions	avais découvert	avions découvert
découvrais	découvriez	avais découvert	aviez découvert
découvrait	découvraient	avait découvert	avaient découvert

3 passé simple

		10 passé antérieur	
découvris	découvrîmes	eus découvert	eûmes découvert
découvris	découvrîtes	eus découvert	eûtes découvert
découvrit	découvrirent	eut découvert	eurent découvert

4 futur

		11 futur antérieur	
découvrirai	découvrirons	aurai découvert	aurons découvert
découvriras	découvrirez	auras découvert	aurez découvert
découvrira	découvriront	aura découvert	auront découvert

5 conditionnel

		12 conditionnel passé	
découvrirais	découvririons	aurais découvert	aurions découvert
découvrirais	découvririez	aurais découvert	auriez découvert
découvrirait	découvriraient	aurait découvert	auraient découvert

6 présent du subjonctif

		13 passé du subjonctif	
découvre	découvrions	aie découvert	ayons découvert
découvres	découvriez	aies découvert	ayez découvert
découvre	découvrent	ait découvert	aient découvert

7 imparfait du subjonctif

		14 plus-que-parfait du subjonctif	
découvrisse	découvrissions	eusse découvert	eussions découvert
découvrisses	découvrissiez	eusses découvert	eussiez découvert
découvrît	découvrissent	eût découvert	eussent découvert

Impératif
découvre
découvrons
découvrez

Sentences using this verb and words related to it

Ce matin j'ai couvert ce panier de fruits et maintenant il est découvert. Qui l'a découvert?

un découvreur   discoverer
une découverte   a discovery, invention
se découvrir   to take off one's clothes; to take off one's hat
aller à la découverte   to explore
Découvrir saint Pierre pour couvrir saint Paul   To rob Peter to pay Paul.

See also **couvrir.**

to describe

The Seven Simple Tenses		The Seven Compound Tenses	
Singular	Plural	Singular	Plural
1 présent de l'indicatif		**8 passé composé**	
décris	décrivons	ai décrit	avons décrit
décris	décrivez	as décrit	avez décrit
décrit	décrivent	a décrit	ont décrit
2 imparfait de l'indicatif		**9 plus-que-parfait de l'indicatif**	
décrivais	décrivions	avais décrit	avions décrit
décrivais	décriviez	avais décrit	aviez décrit
décrivait	décrivaient	avait décrit	avaient décrit
3 passé simple		**10 passé antérieur**	
décrivis	décrivîmes	eus décrit	eûmes décrit
décrivis	décrivîtes	eus décrit	eûtes décrit
décrivit	décrivirent	eut décrit	eurent décrit
4 futur		**11 futur antérieur**	
décrirai	décrirons	aurai décrit	aurons décrit
décriras	décrirez	auras décrit	aurez décrit
décrira	décriront	aura décrit	auront décrit
5 conditionnel		**12 conditionnel passé**	
décrirais	décririons	aurais décrit	aurions décrit
décrirais	décririez	aurais décrit	auriez décrit
décrirait	décriraient	aurait décrit	auraient décrit
6 présent du subjonctif		**13 passé du subjonctif**	
décrive	décrivions	aie décrit	ayons décrit
décrives	décriviez	aies décrit	ayez décrit
décrive	décrivent	ait décrit	aient décrit
7 imparfait du subjonctif		**14 plus-que-parfait du subjonctif**	
décrivisse	décrivissions	eusse décrit	eussions décrit
décrivisses	décrivissiez	eusses décrit	eussiez décrit
décrivît	décrivissent	eût décrit	eussent décrit

Impératif
décris
décrivons
décrivez

Sentences using this verb and words related to it

Quel beau paysage! Je le décrirai dans une lettre à mon ami. Je ferai une description en détail.

une description description
écrire to write

See also **écrire**.

proscrire to proscribe
prescrire to prescribe, stipulate
une prescription prescription

to decrease, to diminish

The Seven Simple Tenses		The Seven Compound Tenses	
Singular	Plural	Singular	Plural
1 présent de l'indicatif		**8 passé composé**	
décrois	décroissons	ai décru	avons décru
décrois	décroissez	as décru	avez décru
décroît	décroissent	a décru	ont décru
2 imparfait de l'indicatif		**9 plus-que-parfait de l'indicatif**	
décroissais	décroissions	avais décru	avions décru
décroissais	décroissiez	avais décru	aviez décru
décroissait	décroissaient	avait décru	avaient décru
3 passé simple		**10 passé antérieur**	
décrus	décrûmes	eus décru	eûmes décru
décrus	décrûtes	eus décru	eûtes décru
décrut	décrurent	eut décru	eurent décru
4 futur		**11 futur antérieur**	
décroîtrai	décroîtrons	aurai décru	aurons décru
décroîtras	décroîtrez	auras décru	aurez décru
décroîtra	décroîtront	aura décru	auront décru
5 conditionnel		**12 conditionnel passé**	
décroîtrais	décroîtrions	aurais décru	aurions décru
décroîtrais	décroîtriez	aurais décru	auriez décru
décroîtrait	décroîtraient	aurait décru	auraient décru
6 présent du subjonctif		**13 passé du subjonctif**	
décroisse	décroissions	aie décru	ayons décru
décroisses	décroissiez	aies décru	ayez décru
décroisse	décroissent	ait décru	aient décru
7 imparfait du subjonctif		**14 plus-que-parfait du subjonctif**	
décrusse	décrussions	eusse décru	eussions décru
décrusses	décrussiez	eusses décru	eussiez décru
décrût	décrussent	eût décru	eussent décru

Impératif
décrois
décroissons
décroissez

Words and expressions related to this verb

le décroît de la lune   waning of
  the moon
la décroissance   decrease
être en décroissance
  to be diminishing

décroissant, décroissante   decreasing,
  diminishing
un croissant   crescent shaped roll; crescent (of
  the moon)
la croissance   increase, growth
croître   to grow, to increase

Consult the sections on verbs used in idiomatic expressions, verbs with prepositions, and the
list of over 1,000 verbs conjugated like model verbs in the back pages.

to deduce, to infer, to deduct

The Seven Simple Tenses		The Seven Compound Tenses	
Singular	Plural	Singular	Plural
1 présent de l'indicatif		**8 passé composé**	
déduis	déduisons	ai déduit	avons déduit
déduis	déduisez	as déduit	avez déduit
déduit	déduisent	a déduit	ont déduit
2 imparfait de l'indicatif		**9 plus-que-parfait de l'indicatif**	
déduisais	déduisions	avais déduit	avions déduit
déduisais	déduisiez	avais déduit	aviez déduit
déduisait	déduisaient	avait déduit	avaient déduit
3 passé simple		**10 passé antérieur**	
déduisis	déduisîmes	eus déduit	eûmes déduit
déduisis	déduisîtes	eus déduit	eûtes déduit
déduisit	déduisirent	eut déduit	eurent déduit
4 futur		**11 futur antérieur**	
déduirai	déduirons	aurai déduit	aurons déduit
déduiras	déduirez	auras déduit	aurez déduit
déduira	déduiront	aura déduit	auront déduit
5 conditionnel		**12 conditionnel passé**	
déduirais	déduirions	aurais déduit	aurions déduit
déduirais	déduiriez	aurais déduit	auriez déduit
déduirait	déduiraient	aurait déduit	auraient déduit
6 présent du subjonctif		**13 passé du subjonctif**	
déduise	déduisions	aie déduit	ayons déduit
déduises	déduisiez	aies déduit	ayez déduit
déduise	déduisent	ait déduit	aient déduit
7 imparfait du subjonctif		**14 plus-que-parfait du subjonctif**	
déduisisse	déduisissions	eusse déduit	eussions déduit
déduisisses	déduisissiez	eusses déduit	eussiez déduit
déduisît	déduisissent	eût déduit	eussent déduit

Impératif
déduis
déduisons
déduisez

Words and expressions related to this verb

une déduction deduction, inference; allowance
déductif, déductive deductive
se déduire to be deduced

une réduction reduction
réduire to reduce
à prix réduit at a reduced price

Consult the sections on verbs used in idiomatic expressions, verbs with prepositions, and the list of over 1,000 verbs conjugated like model verbs in the back pages.

to undo, to untie

The Seven Simple Tenses		The Seven Compound Tenses	
Singular	Plural	Singular	Plural

1 présent de l'indicatif

défais	défaisons
défais	défaites
défait	défont

8 passé composé

ai défait	avons défait
as défait	avez défait
a défait	ont défait

2 imparfait de l'indicatif

défaisais	défaisions
défaisais	défaisiez
défaisait	défaisaient

9 plus-que-parfait de l'indicatif

avais défait	avions défait
avais défait	aviez défait
avait défait	avaient défait

3 passé simple

défis	défîmes
défis	défîtes
défit	défirent

10 passé antérieur

eus défait	eûmes défait
eus défait	eûtes défait
eut défait	eurent défait

4 futur

déferai	déferons
déferas	déferez
défera	déferont

11 futur antérieur

aurai défait	aurons défait
auras défait	aurez défait
aura défait	auront défait

5 conditionnel

déferais	déferions
déferais	déferiez
déferait	déferaient

12 conditionnel passé

aurais défait	aurions défait
aurais défait	auriez défait
aurait défait	auraient défait

6 présent du subjonctif

défasse	défassions
défasses	défassiez
défasse	défassent

13 passé du subjonctif

aie défait	ayons défait
aies défait	ayez défait
ait défait	aient défait

7 imparfait du subjonctif

défisse	défissions
défisses	défissiez
défît	défissent

14 plus-que-parfait du subjonctif

eusse défait	eussions défait
eusses défait	eussiez défait
eût défait	eussent défait

Impératif
défais
défaisons
défaites

Common idiomatic expressions using this verb and words related to it

défaire un lit   to strip a bed
défaire une malle, une valise, etc
    to unpack a trunk, suitcase, etc.
une défaite   (military) defeat
avoir le visage défait   to look pale
défaire les boutons   to unbutton, to undo
    the buttons

défaire la table   to clear the table
se défaire de qqch   to rid oneself of
    something
se défaire d'une habitude   to break a habit
le défaitisme   defeatism
des cheveux défaits   dishevelled hair

Consult the sections on verbs used in idiomatic expressions, verbs with prepositions, and the list of over 1,000 verbs conjugated like model verbs in the back pages.

The subject pronouns are found on the page facing page 1.   **141**

to defend, to forbid, to prohibit

The Seven Simple Tenses		The Seven Compound Tenses	
Singular	Plural	Singular	Plural
1 présent de l'indicatif		**8 passé composé**	
défends	défendons	ai défendu	avons défendu
défends	défendez	as défendu	avez défendu
défend	défendent	a défendu	ont défendu
2 imparfait de l'indicatif		**9 plus-que-parfait de l'indicatif**	
défendais	défendions	avais défendu	avions défendu
défendais	défendiez	avais défendu	aviez défendu
défendait	défendaient	avait défendu	avaient défendu
3 passé simple		**10 passé antérieur**	
défendis	défendîmes	eus défendu	eûmes défendu
défendis	défendîtes	eus défendu	eûtes défendu
défendit	défendirent	eut défendu	eurent défendu
4 futur		**11 futur antérieur**	
défendrai	défendrons	aurai défendu	aurons défendu
défendras	défendrez	auras défendu	aurez défendu
défendra	défendront	aura défendu	auront défendu
5 conditionnel		**12 conditionnel passé**	
défendrais	défendrions	aurais défendu	aurions défendu
défendrais	défendriez	aurais défendu	auriez défendu
défendrait	défendraient	aurait défendu	auraient défendu
6 présent du subjonctif		**13 passé du subjonctif**	
défende	défendions	aie défendu	ayons défendu
défendes	défendiez	aies défendu	ayez défendu
défende	défendent	ait défendu	aient défendu
7 imparfait du subjonctif		**14 plus-que-parfait du subjonctif**	
défendisse	défendissions	eusse défendu	eussions défendu
défendisses	défendissiez	eusses défendu	eussiez défendu
défendît	défendissent	eût défendu	eussent défendu

Impératif
défends
défendons
défendez

Sentences using this verb and words related to it

Le père: **Je te défends de fumer. C'est une mauvaise habitude.**
 Le fils: **Alors, pourquoi fumes-tu, papa?**

une défense   defense
DÉFENSE DE FUMER   SMOKING
  PROHIBITED
défendable   justifiable
défendre qqch à qqn   to forbid
  someone something

se défendre   to defend oneself
défensif, défensive   defensive
défensivement   defensively
se défendre d'avoir fait qqch   to deny
  having done something

to lunch, to have lunch, breakfast

The Seven Simple Tenses		The Seven Compound Tenses	
Singular	Plural	Singular	Plural
1 présent de l'indicatif		**8 passé composé**	
déjeune	déjeunons	ai déjeuné	avons déjeuné
déjeunes	déjeunez	as déjeuné	avez déjeuné
déjeune	déjeunent	a déjeuné	ont déjeuné
2 imparfait de l'indicatif		**9 plus-que-parfait de l'indicatif**	
déjeunais	déjeunions	avais déjeuné	avions déjeuné
déjeunais	déjeuniez	avais déjeuné	aviez déjeuné
déjeunait	déjeunaient	avait déjeuné	avaient déjeuné
3 passé simple		**10 passé antérieur**	
déjeunai	déjeunâmes	eus déjeuné	eûmes déjeuné
déjeunas	déjeunâtes	eus déjeuné	eûtes déjeuné
déjeuna	déjeunèrent	eut déjeuné	eurent déjeuné
4 futur		**11 futur antérieur**	
déjeunerai	déjeunerons	aurai déjeuné	aurons déjeuné
déjeuneras	déjeunerez	auras déjeuné	aurez déjeuné
déjeunera	déjeuneront	aura déjeuné	auront déjeuné
5 conditionnel		**12 conditionnel passé**	
déjeunerais	déjeunerions	aurais déjeuné	aurions déjeuné
déjeunerais	déjeuneriez	aurais déjeuné	auriez déjeuné
déjeunerait	déjeuneraient	aurait déjeuné	auraient déjeuné
6 présent du subjonctif		**13 passé du subjonctif**	
déjeune	déjeunions	aie déjeuné	ayons déjeuné
déjeunes	déjeuniez	aies déjeuné	ayez déjeuné
déjeune	déjeunent	ait déjeuné	aient déjeuné
7 imparfait du subjonctif		**14 plus-que-parfait du subjonctif**	
déjeunasse	déjeunassions	eusse déjeuné	eussions déjeuné
déjeunasses	déjeunassiez	eusses déjeuné	eussiez déjeuné
déjeunât	déjeunassent	eût déjeuné	eussent déjeuné

Impératif
déjeune
déjeunons
déjeunez

Sentences using this verb and words related to it

Tous les matins je me lève et je prends mon petit déjeuner à sept heures et demie. A midi je déjeune avec mes camarades à l'école. Avec qui déjeunez-vous?

le déjeuner lunch	**rompre le jeûne** to break one's fast
le petit déjeuner breakfast	**un jour de jeûne** a day of fasting
jeûner to fast	
le jeûne fast, fasting	

demander

Part. pr. **demandant** Part. passé **demandé**

to ask (for), to request

The Seven Simple Tenses		The Seven Compound Tenses	
Singular	Plural	Singular	Plural
1 présent de l'indicatif		**8 passé composé**	
demande	demandons	ai demandé	avons demandé
demandes	demandez	as demandé	avez demandé
demande	demandent	a demandé	ont demandé
2 imparfait de l'indicatif		**9 plus-que-parfait de l'indicatif**	
demandais	demandions	avais demandé	avions demandé
demandais	demandiez	avais demandé	aviez demandé
demandait	demandaient	avait demandé	avaient demandé
3 passé simple		**10 passé antérieur**	
demandai	demandâmes	eus demandé	eûmes demandé
demandas	demandâtes	eus demandé	eûtes demandé
demanda	demandèrent	eut demandé	eurent demandé
4 futur		**11 futur antérieur**	
demanderai	demanderons	aurai demandé	aurons demandé
demanderas	demanderez	auras demandé	aurez demandé
demandera	demanderont	aura demandé	auront demandé
5 conditionnel		**12 conditionnel passé**	
demanderais	demanderions	aurais demandé	aurions demandé
demanderais	demanderiez	aurais demandé	auriez demandé
demanderait	demanderaient	aurait demandé	auraient demandé
6 présent du subjonctif		**13 passé du subjonctif**	
demande	demandions	aie demandé	ayons demandé
demandes	demandiez	aies demandé	ayez demandé
demande	demandent	ait demandé	aient demandé
7 imparfait du subjonctif		**14 plus-que-parfait du subjonctif**	
demandasse	demandassions	eusse demandé	eussions demandé
demandasses	demandassiez	eusses demandé	eussiez demandé
demandât	demandassent	eût demandé	eussent demandé

Impératif
demande
demandons
demandez

Sentences using this verb and words related to it

J'ai demandé à une dame où s'arrête l'autobus. Elle m'a répondu: —Je ne sais pas, monsieur. Demandez à l'agent de police.

une demande a request	**mander** to send word by letter
sur demande on request, on application	**un mandat** mandate; **un mandat-lettre**
faire une demande de to apply for	letter money order; **un mandat-poste**
se demander to wonder	postal money order

144

to reside, to live, to remain, to stay

The Seven Simple Tenses		The Seven Compound Tenses	
Singular	Plural	Singular	Plural
1 présent de l'indicatif		8 passé composé	
demeure	demeurons	ai demeuré	avons demeuré
demeures	demeurez	as demeuré	avez demeuré
demeure	demeurent	a demeuré	ont demeuré
2 imparfait de l'indicatif		9 plus-que-parfait de l'indicatif	
demeurais	demeurions	avais demeuré	avions demeuré
demeurais	demeuriez	avais demeuré	aviez demeuré
demeurait	demeuraient	avait demeuré	avaient demeuré
3 passé simple		10 passé antérieur	
demeurai	demeurâmes	eus demeuré	eûmes demeuré
demeuras	demeurâtes	eus demeuré	eûtes demeuré
demeura	demeurèrent	eut demeuré	eurent demeuré
4 futur		11 futur antérieur	
demeurerai	demeurerons	aurai demeuré	aurons demeuré
demeureras	demeurerez	auras demeuré	aurez demeuré
demeurera	demeureront	aura demeuré	auront demeuré
5 conditionnel		12 conditionnel passé	
demeurerais	demeurerions	aurais demeuré	aurions demeuré
demeurerais	demeureriez	aurais demeuré	auriez demeuré
demeurerait	demeureraient	aurait demeuré	auraient demeuré
6 présent du subjonctif		13 passé du subjonctif	
demeure	demeurions	aie demeuré	ayons demeuré
demeures	demeuriez	aies demeuré	ayez demeuré
demeure	demeurent	ait demeuré	aient demeuré
7 imparfait du subjonctif		14 plus-que-parfait du subjonctif	
demeurasse	demeurassions	eusse demeuré	eussions demeuré
demeurasses	demeurassiez	eusses demeuré	eussiez demeuré
demeurât	demeurassent	eût demeuré	eussent demeuré

Impératif
demeure
demeurons
demeurez

Sentences using this verb and words related to it

—Où demeurez-vous?
—Je demeure dans un appartement, rue des Jardins.

une demeure dwelling, residence	**demeurer à un hôtel** to stay at a hotel
au demeurant after all	**une personne demeurée** mentally
demeurer couché to stay in bed	retarded
demeurer court to stop short	

to demolish

The Seven Simple Tenses		The Seven Compound Tenses	
Singular	Plural	Singular	Plural
1 présent de l'indicatif		**8 passé composé**	
démolis	démolissons	ai démoli	avons démoli
démolis	démolissez	as démoli	avez démoli
démolit	démolissent	a démoli	ont démoli
2 imparfait de l'indicatif		**9 plus-que-parfait de l'indicatif**	
démolissais	démolissions	avais démoli	avions démoli
démolissais	démolissiez	avais démoli	aviez démoli
démolissait	démolissaient	avait démoli	avaient démoli
3 passé simple		**10 passé antérieur**	
démolis	démolîmes	eus démoli	eûmes démoli
démolis	démolîtes	eus démoli	eûtes démoli
démolit	démolirent	eut démoli	eurent démoli
4 futur		**11 futur antérieur**	
démolirai	démolirons	aurai démoli	aurons démoli
démoliras	démolirez	auras démoli	aurez démoli
démolira	démoliront	aura démoli	auront démoli
5 conditionnel		**12 conditionnel passé**	
démolirais	démolirions	aurais démoli	aurions démoli
démolirais	démoliriez	aurais démoli	auriez démoli
démolirait	démoliraient	aurait démoli	auraient démoli
6 présent du subjonctif		**13 passé du subjonctif**	
démolisse	démolissions	aie démoli	ayons démoli
démolisses	démolissiez	aies démoli	ayez démoli
démolisse	démolissent	ait démoli	aient démoli
7 imparfait du subjonctif		**14 plus-que-parfait du subjonctif**	
démolisse	démolissions	eusse démoli	eussions démoli
démolisses	démolissiez	eusses démoli	eussiez démoli
démolît	démolissent	eût démoli	eussent démoli

Impératif
démolis
démolissons
démolissez

Words and expressions related to this verb

une démolition   demolition
un démolisseur, une démolisseuse
  demolisher

se démolir   to fall apart, to fall to pieces

Consult the sections on verbs used in idiomatic expressions, verbs with prepositions; and the list of over 1,000 verbs conjugated like model verbs in the back pages.

to hurry, to hasten

The Seven Simple Tenses		The Seven Compound Tenses	
Singular	Plural	Singular	Plural
1 présent de l'indicatif		**8 passé composé**	
me dépêche	nous dépêchons	me suis dépêché(e)	nous sommes dépêché(e)s
te dépêches	vous dépêchez	t'es dépêché(e)	vous êtes dépêché(e)(s)
se dépêche	se dépêchent	s'est dépêché(e)	se sont dépêché(e)s
2 imparfait de l'indicatif		**9 plus-que-parfait de l'indicatif**	
me dépêchais	nous dépêchions	m'étais dépêché(e)	nous étions dépêché(e)s
te dépêchais	vous dépêchiez	t'étais dépêché(e)	vous étiez dépêché(e)(s)
se dépêchait	se dépêchaient	s'était dépêché(e)	s'étaient dépêché(e)s
3 passé simple		**10 passé antérieur**	
me dépêchai	nous dépêchâmes	me fus dépêché(e)	nous fûmes dépêché(e)s
te dépêchas	vous dépêchâtes	te fus dépêché(e)	vous fûtes dépêché(e)(s)
se dépêcha	se dépêchèrent	se fut dépêché(e)	se furent dépêché(e)s
4 futur		**11 futur antérieur**	
me dépêcherai	nous dépêcherons	me serai dépêché(e)	nous serons dépêché(e)s
te dépêcheras	vous dépêcherez	te seras dépêché(e)	vous serez dépêché(e)(s)
se dépêchera	se dépêcheront	se sera dépêché(e)	se seront dépêché(e)s
5 conditionnel		**12 conditionnel passé**	
me dépêcherais	nous dépêcherions	me serais dépêché(e)	nous serions dépêché(e)s
te dépêcherais	vous dépêcheriez	te serais dépêché(e)	vous seriez dépêché(e)(s)
se dépêcherait	se dépêcheraient	se serait dépêché(e)	se seraient dépêché(e)s
6 présent du subjonctif		**13 passé du subjonctif**	
me dépêche	nous dépêchions	me sois dépêché(e)	nous soyons dépêché(e)s
te dépêches	vous dépêchiez	te sois dépêché(e)	vous soyez dépêché(e)(s)
se dépêche	se dépêchent	se soit dépêché(e)	se soient dépêché(e)s
7 imparfait du subjonctif		**14 plus-que-parfait du subjonctif**	
me dépêchasse	nous dépêchassions	me fusse dépêché(e)	nous fussions dépêché(e)s
te dépêchasses	vous dépêchassiez	te fusses dépêché(e)	vous fussiez dépêché(e)(s)
se dépêchât	se dépêchassent	se fût dépêché(e)	se fussent dépêché(e)s

Impératif
dépêche-toi; ne te dépêche pas
dépêchons-nous; ne nous dépêchons pas
dépêchez-vous; ne vous dépêchez pas

Sentences using this verb and words related to it

**En me dépêchant pour attraper l'autobus, je suis tombé et je me suis fait mal au genou.
Je me dépêchais de venir chez vous pour vous dire quelque chose de très important.**

une dépêche   a telegram, a dispatch
dépêcher   to dispatch

Consult the back pages for sections on verbs used in idiomatic expressions, verbs with prepositions, and the list of over 1,000 verbs conjugated like model verbs.

to depict, to describe, to portray

The Seven Simple Tenses		The Seven Compound Tenses	
Singular	Plural	Singular	Plural
1 présent de l'indicatif		**8 passé composé**	
dépeins	dépeignons	ai dépeint	avons dépeint
dépeins	dépeignez	as dépeint	avez dépeint
dépeint	dépeignent	a dépeint	ont dépeint
2 imparfait de l'indicatif		**9 plus-que-parfait de l'indicatif**	
dépeignais	dépeignions	avais dépeint	avions dépeint
dépeignais	dépeigniez	avais dépeint	aviez dépeint
dépeignait	dépeignaient	avait dépeint	avaient dépeint
3 passé simple		**10 passé antérieur**	
dépeignis	dépeignîmes	eus dépeint	eûmes dépeint
dépeignis	dépeignîtes	eus dépeint	eûtes dépeint
dépeignit	dépeignirent	eut dépeint	eurent dépeint
4 futur		**11 futur antérieur**	
dépeindrai	dépeindrons	aurai dépeint	aurons dépeint
dépeindras	dépeindrez	auras dépeint	aurez dépeint
dépeindra	dépeindront	aura dépeint	auront dépeint
5 conditionnel		**12 conditionnel passé**	
dépeindrais	dépeindrions	aurais dépeint	aurions dépeint
dépeindrais	dépeindriez	aurais dépeint	auriez dépeint
dépeindrait	dépeindraient	aurait dépeint	auraient dépeint
6 présent du subjonctif		**13 passé du subjonctif**	
dépeigne	dépeignions	aie dépeint	ayons dépeint
dépeignes	dépeigniez	aies dépeint	ayez dépeint
dépeigne	dépeignent	ait dépeint	aient dépeint
7 imparfait du subjonctif		**14 plus-que-parfait du subjonctif**	
dépeignisse	dépeignissions	eusse dépeint	eussions dépeint
dépeignisses	dépeignissiez	eusses dépeint	eussiez dépeint
dépeignît	dépeignissent	eût dépeint	eussent dépeint

Impératif
dépeins
dépeignons
dépeignez

Words and expressions related to this verb

dépeindre une scène   to depict a scene   **la peinture**   painting
peindre   to paint   **peinturer**   to daub
un peintre   painter; **une femme peintre** woman artist

For other words and expressions related to this verb, see **peindre**.

Consult the sections on verbs used in idiomatic expressions, verbs with prepositions, and the list of over 1,000 verbs conjugated like model verbs in the back pages.

to depend (on), to be dependent (on)

The Seven Simple Tenses		The Seven Compound Tenses	
Singular	Plural	Singular	Plural
1 présent de l'indicatif		**8 passé composé**	
dépends	dépendons	ai dépendu	avons dépendu
dépends	dépendez	as dépendu	avez dépendu
dépend	dépendent	a dépendu	ont dépendu
2 imparfait de l'indicatif		**9 plus-que-parfait de l'indicatif**	
dépendais	dépendions	avais dépendu	avions dépendu
dépendais	dépendiez	avais dépendu	aviez dépendu
dépendait	dépendaient	avait dépendu	avaient dépendu
3 passé simple		**10 passé antérieur**	
dépendis	dépendîmes	eus dépendu	eûmes dépendu
dépendis	dépendîtes	eus dépendu	eûtes dépendu
dépendit	dépendirent	eut dépendu	eurent dépendu
4 futur		**11 futur antérieur**	
dépendrai	dépendrons	aurai dépendu	aurons dépendu
dépendras	dépendrez	auras dépendu	aurez dépendu
dépendra	dépendront	aura dépendu	auront dépendu
5 conditionnel		**12 conditionnel passé**	
dépendrais	dépendrions	aurais dépendu	aurions dépendu
dépendrais	dépendriez	aurais dépendu	auriez dépendu
dépendrait	dépendraient	aurait dépendu	auraient dépendu
6 présent du subjonctif		**13 passé du subjonctif**	
dépende	dépendions	aie dépendu	ayons dépendu
dépendes	dépendiez	aies dépendu	ayez dépendu
dépende	dépendent	ait dépendu	aient dépendu
7 imparfait du subjonctif		**14 plus-que-parfait du subjonctif**	
dépendisse	dépendissions	eusse dépendu	eussions dépendu
dépendisses	dépendissiez	eusses dépendu	eussiez dépendu
dépendît	dépendissent	eût dépendu	eussent dépendu

	Impératif
	dépends
	dépendons
	dépendez

Common idiomatic expressions using this verb and words related to it

dépendre de   to depend on, to be
   dependent on
la dépendance   dependence
l'indépendance   independence
être dans la dépendance de   to be
   dependent on
pendre   to hang; **dépendre**   to take down
   (from a hanging position)

Il dépend de vous de + inf.   It depends
   on you + inf.
indépendamment de   independently of
dépendant de   depending on, subject to
indépendant, indépendante   independent
Cela dépend!   That depends!

Consult the sections on verbs used in idiomatic expressions, verbs with prepositions, and the
list of over 1,000 verbs conjugated like model verbs in the back pages.

The subject pronouns are found on the page facing page 1   **149**

dépenser

to spend (money)

The Seven Simple Tenses		The Seven Compound Tenses	
Singular	Plural	Singular	Plural
1 présent de l'indicatif		**8 passé composé**	
dépense	dépensons	ai dépensé	avons dépensé
dépenses	dépensez	as dépensé	avez dépensé
dépense	dépensent	a dépensé	ont dépensé
2 imparfait de l'indicatif		**9 plus-que-parfait de l'indicatif**	
dépensais	dépensions	avais dépensé	avions dépensé
dépensais	dépensiez	avais dépensé	aviez dépensé
dépensait	dépensaient	avait dépensé	avaient dépensé
3 passé simple		**10 passé antérieur**	
dépensai	dépensâmes	eus dépensé	eûmes dépensé
dépensas	dépensâtes	eus dépensé	eûtes dépensé
dépensa	dépensèrent	eut dépensé	eurent dépensé
4 futur		**11 futur antérieur**	
dépenserai	dépenserons	aurai dépensé	aurons dépensé
dépenseras	dépenserez	auras dépensé	aurez dépensé
dépensera	dépenseront	aura dépensé	auront dépensé
5 conditionnel		**12 conditionnel passé**	
dépenserais	dépenserions	aurais dépensé	aurions dépensé
dépenserais	dépenseriez	aurais dépensé	auriez dépensé
dépenserait	dépenseraient	aurait dépensé	auraient dépensé
6 présent du subjonctif		**13 passé du subjonctif**	
dépense	dépensions	aie dépensé	ayons dépensé
dépenses	dépensiez	aies dépensé	ayez dépensé
dépense	dépensent	ait dépensé	aient dépensé
7 imparfait du subjonctif		**14 plus-que-parfait du subjonctif**	
dépensasse	dépensassions	eusse dépensé	eussions dépensé
dépensasses	dépensassiez	eusses dépensé	eussiez dépensé
dépensât	dépensassent	eût dépensé	eussent dépensé

	Impératif	
	dépense	
	dépensons	
	dépensez	

Sentences using this verb and words related to it

Mon père m'a dit que je dépense sottement. Je lui ai répondu que je n'ai rien dépensé cette semaine.

dépensier, dépensière   extravagant, unthrifty, spendthrift
dépenser sottement   to spend money foolishly
aux dépens de quelqu'un   at someone's expense

to displease

The Seven Simple Tenses		The Seven Compound Tenses	
Singular	Plural	Singular	Plural
1 présent de l'indicatif		**8 passé composé**	
déplais	déplaisons	ai déplu	avons déplu
déplais	déplaisez	as déplu	avez déplu
déplaît	déplaisent	a déplu	ont déplu
2 imparfait de l'indicatif		**9 plus-que-parfait de l'indicatif**	
déplaisais	déplaisions	avais déplu	avions déplu
déplaisais	déplaisiez	avais déplu	aviez déplu
déplaisait	déplaisaient	avait déplu	avaient déplu
3 passé simple		**10 passé antérieur**	
déplus	déplûmes	eus déplu	eûmes déplu
déplus	déplûtes	eus déplu	eûtes déplu
déplut	déplurent	eut déplu	eurent déplu
4 futur		**11 futur antérieur**	
déplairai	déplairons	aurai déplu	aurons déplu
déplairas	déplairez	auras déplu	aurez déplu
déplaira	déplairont	aura déplu	auront déplu
5 conditionnel		**12 conditionnel passé**	
déplairais	déplairions	aurais déplu	aurions déplu
déplairais	déplairiez	aurais déplu	auriez déplu
déplairait	déplairaient	aurait déplu	auraient déplu
6 présent du subjonctif		**13 passé du subjonctif**	
déplaise	déplaisions	aie déplu	ayons déplu
déplaises	déplaisiez	aies déplu	ayez déplu
déplaise	déplaisent	ait déplu	aient déplu
7 imparfait du subjonctif		**14 plus-que-parfait du subjonctif**	
déplusse	déplussions	eusse déplu	eussions déplu
déplusses	déplussiez	eusses déplu	eussiez déplu
déplût	déplussent	eût déplu	eussent déplu

Impératif
déplais
déplaisons
déplaisez

Common idiomatic expressions using this verb

Cela me déplaît   I don't like that.
Il me déplaît de + inf.   I don't like + inf.
Plaise à Dieu. . .   May God grant that. . .
le plaisir pleasure
le déplaisir displeasure

plaire à qqn   to please someone
A Dieu ne plaise!   God forbid!
Plaît-il?   Pardon me? I beg your pardon?
    What did you say?
déplaisant, déplaisante displeasing, offensive
déplaire à qqn   to displease someone

Consult the sections on verbs used in idiomatic expressions, verbs with prepositions, and the list of over 1,000 verbs conjugated like model verbs in the back pages

to disturb, to derange

The Seven Simple Tenses		The Seven Compound Tenses	
Singular	Plural	Singular	Plural
1 présent de l'indicatif		**8 passé composé**	
dérange	dérangeons	ai dérangé	avons dérangé
déranges	dérangez	as dérangé	avez dérangé
dérange	dérangent	a dérangé	ont dérangé
2 imparfait de l'indicatif		**9 plus-que-parfait de l'indicatif**	
dérangeais	dérangions	avais dérangé	avions dérangé
dérangeais	dérangiez	avais dérangé	aviez dérangé
dérangeait	dérangeaient	avait dérangé	avaient dérangé
3 passé simple		**10 passé antérieur**	
dérangeai	dérangeâmes	eus dérangé	eûmes dérangé
dérangeas	dérangeâtes	eus dérangé	eûtes dérangé
dérangea	dérangèrent	eut dérangé	eurent dérangé
4 futur		**11 futur antérieur**	
dérangerai	dérangerons	aurai dérangé	aurons dérangé
dérangeras	dérangerez	auras dérangé	aurez dérangé
dérangera	dérangeront	aura dérangé	auront dérangé
5 conditionnel		**12 conditionnel passé**	
dérangerais	dérangerions	aurais dérangé	aurions dérangé
dérangerais	dérangeriez	aurais dérangé	auriez dérangé
dérangerait	dérangeraient	aurait dérangé	auraient dérangé
6 présent du subjonctif		**13 passé du subjonctif**	
dérange	dérangions	aie dérangé	ayons dérangé
déranges	dérangiez	aies dérangé	ayez dérangé
dérange	dérangent	ait dérangé	aient dérangé
7 imparfait du subjonctif		**14 plus-que-parfait du subjonctif**	
dérangeasse	dérangeassions	eusse dérangé	eussions dérangé
dérangeasses	dérangeassiez	eusses dérangé	eussiez dérangé
dérangeât	dérangeassent	eût dérangé	eussent dérangé

Impératif
dérange
dérangeons
dérangez

Sentences using this verb and words related to it

Le professeur: **Entrez!**
L'élève: **Excusez-moi, monsieur. Est-ce que je vous dérange?**
Le professeur: **Non, tu ne me déranges pas. Qu'est-ce que tu veux?**
L'élève: **Je veux savoir si nous avons un jour de congé demain.**

dérangé, dérangée upset, out of order, broken down
une personne dérangée a deranged person
un dérangement disarrangement, disorder, inconvenience
se déranger to inconvenience oneself
Je vous prie, ne vous dérangez pas! I beg you (please), don't disturb yourself!

to go down, to descend, to take down, to bring down

The Seven Simple Tenses		The Seven Compound Tenses	
Singular	Plural	Singular	Plural
1 présent de l'indicatif		**8 passé composé**	
descends	descendons	suis descendu(e)	sommes descendu(e)s
descends	descendez	es descendu(e)	êtes descendu(e)(s)
descend	descendent	est descendu(e)	sont descendu(e)s
2 imparfait de l'indicatif		**9 plus-que-parfait de l'indicatif**	
descendais	descendions	étais descendu(e)	étions descendu(e)s
descendais	descendiez	étais descendu(e)	étiez descendu(e)(s)
descendait	descendaient	était descendu(e)	étaient descendu(e)s
3 passé simple		**10 passé antérieur**	
descendis	descendîmes	fus descendu(e)	fûmes descendu(e)s
descendis	descendîtes	fus descendu(e)	fûtes descendu(e)(s)
descendit	descendirent	fut descendu(e)	furent descendu(e)s
4 futur		**11 futur antérieur**	
descendrai	descendrons	serai descendu(e)	serons descendu(e)s
descendras	descendrez	seras descendu(e)	serez descendu(e)(s)
descendra	descendront	sera descendu(e)	seront descendu(e)s
5 conditionnel		**12 conditionnel passé**	
descendrais	descendrions	serais descendu(e)	serions descendu(e)s
descendrais	descendriez	serais descendu(e)	seriez descendu(e)(s)
descendrait	descendraient	serait descendu(e)	seraient descendu(e)s
6 présent du subjonctif		**13 passé du subjonctif**	
descende	descendions	sois descendu(e)	soyons descendu(e)s
descendes	descendiez	sois descendu(e)	soyez descendu(e)(s)
descende	descendent	soit descendu(e)	soient descendu(e)s
7 imparfait du subjonctif		**14 plus-que-parfait du subjonctif**	
descendisse	descendissions	fusse descendu(e)	fussions descendu(e)s
descendisses	descendissiez	fusses descendu(e)	fussiez descendu(e)(s)
descendît	descendissent	fût descendu(e)	fussent descendu(e)s

	Impératif
	descends
	descendons
	descendez

Sentences using this verb

This verb is conjugated with *avoir* when it has a direct object.

Examples: **J'ai descendu l'escalier**   I went down the stairs.
              J'ai descendu les valises   I brought down the suitcases.

BUT: **Elle est descendue vite**   She came down quickly.

descendre à un hôtel   to stop (stay over) at a hotel
descendre le store   to pull down the window shade

See also the verb **monter.**

The subject pronouns are found on the page facing page 1.   **153**

to desire

The Seven Simple Tenses		The Seven Compound Tenses	
Singular	Plural	Singular	Plural
1 présent de l'indicatif		**8 passé composé**	
désire	désirons	ai désiré	avons désiré
désires	désirez	as désiré	avez désiré
désire	désirent	a désiré	ont désiré
2 imparfait de l'indicatif		**9 plus-que-parfait de l'indicatif**	
désirais	désirions	avais désiré	avions désiré
désirais	désiriez	avais désiré	aviez désiré
désirait	désiraient	avait désiré	avaient désiré
3 passé simple		**10 passé antérieur**	
désirai	désirâmes	eus désiré	eûmes désiré
désiras	désirâtes	eus désiré	eûtes désiré
désira	désirèrent	eut désiré	eurent désiré
4 futur		**11 futur antérieur**	
désirerai	désirerons	aurai désiré	aurons désiré
désireras	désirerez	auras désiré	aurez désiré
désirera	désireront	aura désiré	auront désiré
5 conditionnel		**12 conditionnel passé**	
désirerais	désirerions	aurais désiré	aurions désiré
désirerais	désireriez	aurais désiré	auriez désiré
désirerait	désireraient	aurait désiré	auraient désiré
6 présent du subjonctif		**13 passé du subjonctif**	
désire	désirions	aie désiré	ayons désiré
désires	désiriez	aies désiré	ayez désiré
désire	désirent	ait désiré	aient désiré
7 imparfait du subjonctif		**14 plus-que-parfait du subjonctif**	
désirasse	désirassions	eusse désiré	eussions désiré
désirasses	désirassiez	eusses désiré	eussiez désiré
désirât	désirassent	eût désiré	eussent désiré

Impératif
désire
désirons
désirez

Sentences using this verb and words related to it

La vendeuse: **Bonjour, monsieur. Vous désirez?**
Le client: **Je désire acheter une cravate.**
La vendeuse: **Bien, monsieur. Vous pouvez choisir. Voici toutes nos cravates.**

un désir   desire, wish
désirable   desirable
un désir de plaire   a desire to please
laisser à désirer   to leave much to be desired

to draw, to sketch

The Seven Simple Tenses		The Seven Compound Tenses	
Singular	Plural	Singular	Plural
1 présent de l'indicatif		**8 passé composé**	
dessine	dessinons	ai dessiné	avons dessiné
dessines	dessinez	as dessiné	avez dessiné
dessine	dessinent	a dessiné	ont dessiné
2 imparfait de l'indicatif		**9 plus-que-parfait de l'indicatif**	
dessinais	dessinions	avais dessiné	avions dessiné
dessinais	dessiniez	avais dessiné	aviez dessiné
dessinait	dessinaient	avait dessiné	avaient dessiné
3 passé simple		**10 passé antérieur**	
dessinai	dessinâmes	eus dessiné	eûmes dessiné
dessinas	dessinâtes	eus dessiné	eûtes dessiné
dessina	dessinèrent	eut dessiné	eurent dessiné
4 futur		**11 futur antérieur**	
dessinerai	dessinerons	aurai dessiné	aurons dessiné
dessineras	dessinerez	auras dessiné	aurez dessiné
dessinera	dessineront	aura dessiné	auront dessiné
5 conditionnel		**12 conditionnel passé**	
dessinerais	dessinerions	aurais dessiné	aurions dessiné
dessinerais	dessineriez	aurais dessiné	auriez dessiné
dessinerait	dessineraient	aurait dessiné	auraient dessiné
6 présent du subjonctif		**13 passé du subjonctif**	
dessine	dessinions	aie dessiné	ayons dessiné
dessines	dessiniez	aies dessiné	ayez dessiné
dessine	dessinent	ait dessiné	aient dessiné
7 imparfait du subjonctif		**14 plus-que-parfait du subjonctif**	
dessinasse	dessinassions	eusse dessiné	eussions dessiné
dessinasses	dessinassiez	eusses dessiné	eussiez dessiné
dessinât	dessinassent	eût dessiné	eussent dessiné

Impératif
dessine
dessinons
dessinez

Words and expressions related to this verb

dessiner au crayon   to draw with a pencil
un dessinateur, une dessinatrice   sketcher;
  —de journal   cartooonist; **—de modes**
  dress designer; **—de dessins animés**
  cartoonist

dessiner très vite   to do a quick sketch
se dessiner   to take shape, to stand out
un dessin   drawing, sketch
un dessin à la plume   pen and ink sketch

Do not confuse **un dessin** (sketch, drawing) with **un dessein** (plan, project, purpose).

Consult the sections on verbs used in idiomatic expressions, verbs with prepositions, and the list of over 1,000 verbs conjugated like model verbs in the back pages.

to detest, to dislike, to hate

The Seven Simple Tenses		The Seven Compound Tenses	
Singular	Plural	Singular	Plural

1 présent de l'indicatif

déteste	détestons	**8 passé composé**	
détestes	détestez	ai détesté	avons détesté
déteste	détestent	as détesté	avez détesté
		a détesté	ont détesté

2 imparfait de l'indicatif

détestais	détestions	**9 plus-que-parfait de l'indicatif**	
détestais	détestiez	avais détesté	avions détesté
détestait	détestaient	avais détesté	aviez détesté
		avait détesté	avaient détesté

3 passé simple

détestai	détestâmes	**10 passé antérieur**	
détestas	détestâtes	eus détesté	eûmes détesté
détesta	détestèrent	eus détesté	eûtes détesté
		eut détesté	eurent détesté

4 futur

détesterai	détesterons	**11 futur antérieur**	
détesteras	détesterez	aurai détesté	aurons détesté
détestera	détesteront	auras détesté	aurez détesté
		aura détesté	auront détesté

5 conditionnel

détesterais	détesterions	**12 conditionnel passé**	
détesterais	détesteriez	aurais détesté	aurions détesté
détesterait	détesteraient	aurais détesté	auriez détesté
		aurait détesté	auraient détesté

6 présent du subjonctif

déteste	détestions	**13 passé du subjonctif**	
détestes	détestiez	aie détesté	ayons détesté
déteste	détestent	aies détesté	ayez détesté
		ait détesté	aient détesté

7 imparfait du subjonctif

détestasse	détestassions	**14 plus-que-parfait du subjonctif**	
détestasses	détestassiez	eusse détesté	eussions détesté
détestât	détestassent	eusses détesté	eussiez détesté
		eût détesté	eussent détesté

Impératif
déteste
détestons
détestez

Sentences using this verb and words related to it

Je déteste la médiocrité, je déteste le mensonge, et je déteste la calomnie. Ce sont des choses détestables.

détestable   loathsome, hateful
détestablement   detestably

Consult the back pages for various sections on verb usage.

to turn aside, to turn away, to divert

The Seven Simple Tenses		The Seven Compound Tenses	
Singular	Plural	Singular	Plural

1 présent de l'indicatif

		8 passé composé	
détourne	détournons	ai détourné	avons détourné
détournes	détournez	as détourné	avez détourné
détourne	détournent	a détourné	ont détourné

2 imparfait de l'indicatif

		9 plus-que-parfait de l'indicatif	
détournais	détournions	avais détourné	avions détourné
détournais	détourniez	avais détourné	aviez détourné
détournait	détournaient	avait détourné	avaient détourné

3 passé simple

		10 passé antérieur	
détournai	détournâmes	eus détourné	eûmes détourné
détournas	détournâtes	eus détourné	eûtes détourné
détourna	détournèrent	eut détourné	eurent détourné

4 futur

		11 futur antérieur	
détournerai	détournerons	aurai détourné	aurons détourné
détourneras	détournerez	auras détourné	aurez détourné
détournera	détourneront	aura détourné	auront détourné

5 conditionnel

		12 conditionnel passé	
détournerais	détournerions	aurais détourné	aurions détourné
détournerais	détourneriez	aurais détourné	auriez détourné
détournerait	détourneraient	aurait détourné	auraient détourné

6 présent du subjonctif

		13 passé du subjonctif	
détourne	détournions	aie détourné	ayons détourné
détournes	détourniez	aies détourné	ayez détourné
détourne	détournent	ait détourné	aient détourné

7 imparfait du subjonctif

		14 plus-que-parfait du subjonctif	
détournasse	détournassions	eusse détourné	eussions détourné
détournasses	détournassiez	eusses détourné	eussiez détourné
détournât	détournassent	eût détourné	eussent détourné

Impératif
détourne
détournons
détournez

Words and expressions related to this verb

détourner les yeux   to look away
détourner qqn de faire qqch   to discourage
   someone from doing something
un chemin détourné   side road

se détourner de   to turn oneself away from
un détour   detour; **faire un détour**
   to make a detour
tourner   to turn

Consult the sections on verbs used in idiomatic expressions, verbs with prepositions, and the list of over 1,000 verbs conjugated like model verbs in the back pages.

détruire

to destroy

The Seven Simple Tenses		The Seven Compound Tenses	
Singular	Plural	Singular	Plural

1 présent de l'indicatif

détruis	détruisons		
détruis	détruisez		
détruit	détruisent		

8 passé composé

ai détruit	avons détruit
as détruit	avez détruit
a détruit	ont détruit

2 imparfait de l'indicatif

détruisais	détruisions
détruisais	détruisiez
détruisait	détruisaient

9 plus-que-parfait de l'indicatif

avais détruit	avions détruit
avais détruit	aviez détruit
avait détruit	avaient détruit

3 passé simple

détruisis	détruisîmes
détruisis	détruisîtes
détruisit	détruisirent

10 passé antérieur

eus détruit	eûmes détruit
eus détruit	eûtes détruit
eut détruit	eurent détruit

4 futur

détruirai	détruirons
détruiras	détruirez
détruira	détruiront

11 futur antérieur

aurai détruit	aurons détruit
auras détruit	aurez détruit
aura détruit	auront détruit

5 conditionnel

détruirais	détruirions
détruirais	détruiriez
détruirait	détruiraient

12 conditionnel passé

aurais détruit	aurions détruit
aurais détruit	auriez détruit
aurait détruit	auraient détruit

6 présent du subjonctif

détruise	détruisions
détruises	détruisiez
détruise	détruisent

13 passé du subjonctif

aie détruit	ayons détruit
aies détruit	ayez détruit
ait détruit	aient détruit

7 imparfait du subjonctif

détruisisse	détruisissions
détruisisses	détruisissiez
détruisît	détruisissent

14 plus-que-parfait du subjonctif

eusse détruit	eussions détruit
eusses détruit	eussiez détruit
eût détruit	eussent détruit

Impératif
détruis
détruisons
détruisez

Words related to this verb

la destruction destruction
destructif, destructive destructive
la destructivité destructiveness
destructible destructible

se détruire to destroy (to do away with) oneself

Consult the back pages for various sections on verb usage.

to develop, to spread out

The Seven Simple Tenses		The Seven Compound Tenses	
Singular	Plural	Singular	Plural

1 présent de l'indicatif

développe	développons
développes	développez
développe	développent

8 passé composé

ai développé	avons développé
as développé	avez développé
a développé	ont développé

2 imparfait de l'indicatif

développais	développions
développais	développiez
développait	développaient

9 plus-que-parfait de l'indicatif

avais développé	avions développé
avais développé	aviez développé
avait développé	avaient développé

3 passé simple

développai	développâmes
développas	développâtes
développa	développèrent

10 passé antérieur

eus développé	eûmes développé
eus développé	eûtes développé
eut développé	eurent développé

4 futur

développerai	développerons
développeras	développerez
développera	développeront

11 futur antérieur

aurai développé	aurons développé
auras développé	aurez développé
aura développé	auront développé

5 conditionnel

développerais	développerions
développerais	développeriez
développerait	développeraient

12 conditionnel passé

aurais développé	aurions développé
aurais développé	auriez développé
aurait développé	auraient développé

6 présent du subjonctif

développe	développions
développes	développiez
développe	développent

13 passé du subjonctif

aie développé	ayons développé
aies développé	ayez développé
ait développé	aient développé

7 imparfait du subjonctif

développasse	développassions
développasses	développassiez
développât	développassent

14 plus-que-parfait du subjonctif

eusse développé	eussions développé
eusses développé	eussiez développé
eût développé	eussent développé

Impératif
développe
développons
développez

Words related to this verb

un développement   development
un enveloppement   envelopment, wrapping up; **enveloppement sinapisé**   mustard poultice

envelopper   to envelop, to wrap up
une enveloppe   envelope

Consult the sections on verbs used in idiomatic expressions, verbs with prepositions, and the list of over 1,000 verbs conjugated like model verbs in the back pages.

to become

The Seven Simple Tenses		The Seven Compound Tenses	
Singular	Plural	Singular	Plural

1 présent de l'indicatif

		8 passé composé	
deviens	devenons	suis devenu(e)	sommes devenu(e)s
deviens	devenez	es devenu(e)	êtes devenu(e)(s)
devient	deviennent	est devenu(e)	sont devenu(e)s

2 imparfait de l'indicatif

		9 plus-que-parfait de l'indicatif	
devenais	devenions	étais devenu(e)	étions devenu(e)s
devenais	deveniez	étais devenu(e)	étiez devenu(e)(s)
devenait	devenaient	était devenu(e)	étaient devenu(e)s

3 passé simple

		10 passé antérieur	
devins	devînmes	fus devenu(e)	fûmes devenu(e)s
devins	devîntes	fus devenu(e)	fûtes devenu(e)(s)
devint	devinrent	fut devenu(e)	furent devenu(e)s

4 futur

		11 futur antérieur	
deviendrai	deviendrons	serai devenu(e)	serons devenu(e)s
deviendras	deviendrez	seras devenu(e)	serez devenu(e)(s)
deviendra	deviendront	sera devenu(e)	seront devenu(e)s

5 conditionnel

		12 conditionnel passé	
deviendrais	deviendrions	serais devenu(e)	serions devenu(e)s
deviendrais	deviendriez	serais devenu(e)	seriez devenu(e)(s)
deviendrait	deviendraient	serait devenu(e)	seraient devenu(e)s

6 présent du subjonctif

		13 passé du subjonctif	
devienne	devenions	sois devenu(e)	soyons devenu(e)s
deviennes	deveniez	sois devenu(e)	soyez devenu(e)(s)
devienne	deviennent	soit devenu(e)	soient devenu(e)s

7 imparfait du subjonctif

		14 plus-que-parfait du subjonctif	
devinsse	devinssions	fusse devenu(e)	fussions devenu(e)s
devinsses	devinssiez	fusses devenu(e)	fussiez devenu(e)(s)
devînt	devinssent	fût devenu(e)	fussent devenu(e)s

Impératif
deviens
devenons
devenez

Common idiomatic expressions using this verb

J'entends dire que Claudette est devenue docteur. Et vous, qu'est-ce que vous voulez devenir?

devenir fou, devenir folle   to go mad, crazy
Qu'est devenue votre soeur?   What has become of your sister?

Consult the back pages for various sections on verb usage.

to have to, must, ought, owe, should

The Seven Simple Tenses		The Seven Compound Tenses	
Singular	Plural	Singular	Plural
1 présent de l'indicatif		**8 passé composé**	
dois	devons	ai dû	avons dû
dois	devez	as dû	avez dû
doit	doivent	a dû	ont dû
2 imparfait de l'indicatif		**9 plus-que-parfait de l'indicatif**	
devais	devions	avais dû	avions dû
devais	deviez	avais dû	aviez dû
devait	devaient	avait dû	avaient dû
3 passé simple		**10 passé antérieur**	
dus	dûmes	eus dû	eûmes dû
dus	dûtes	eus dû	eûtes dû
dut	durent	eut dû	eurent dû
4 futur		**11 futur antérieur**	
devrai	devrons	aurai dû	aurons dû
devras	devrez	auras dû	aurez dû
devra	devront	aura dû	auront dû
5 conditionnel		**12 conditionnel passé**	
devrais	devrions	aurais dû	aurions dû
devrais	devriez	aurais dû	auriez dû
devrait	devraient	aurait dû	auraient dû
6 présent du subjonctif		**13 passé du subjonctif**	
doive	devions	aie dû	ayons dû
doives	deviez	aies dû	ayez dû
doive	doivent	ait dû	aient dû
7 imparfait du subjonctif		**14 plus-que-parfait du subjonctif**	
dusse	dussions	eusse dû	eussions dû
dusses	dussiez	eusses dû	eussiez dû
dût	dussent	eût dû	eussent dû

Impératif
dois
devons
devez

Common idiomatic expressions using this verb

Hier soir je suis allé au cinéma avec mes amis. Vous auriez dû venir avec nous. Le film était excellent.

Vous auriez dû venir   You should have come.
le devoir   duty, obligation
les devoirs   homework
Cette grosse somme d'argent est due lundi.

Consult the back pages for various sections on using verbs.

The subject pronouns are found on the page facing page 1.   **161**

to diminish, to decrease, to lessen

The Seven Simple Tenses		The Seven Compound Tenses	
Singular	Plural	Singular	Plural
1 présent de l'indicatif		**8 passé composé**	
diminue	diminuons	ai diminué	avons diminué
diminues	diminuez	as diminué	avez diminué
diminue	diminuent	a diminué	ont diminué
2 imparfait de l'indicatif		**9 plus-que-parfait de l'indicatif**	
diminuais	diminuions	avais diminué	avions diminué
diminuais	diminuiez	avais diminué	aviez diminué
diminuait	diminuaient	avait diminué	avaient diminué
3 passé simple		**10 passé antérieur**	
diminuai	diminuâmes	eus diminué	eûmes diminué
diminuas	diminuâtes	eus diminué	eûtes diminué
diminua	diminuèrent	eut diminué	eurent diminué
4 futur		**11 futur antérieur**	
diminuerai	diminuerons	aurai diminué	aurons diminué
diminueras	diminuerez	auras diminué	aurez diminué
diminuera	diminueront	aura diminué	auront diminué
5 conditionnel		**12 conditionnel passé**	
diminuerais	diminuerions	aurais diminué	aurions diminué
diminuerais	diminueriez	aurais diminué	auriez diminué
diminuerait	diminueraient	aurait diminué	auraient diminué
6 présent du subjonctif		**13 passé du subjonctif**	
diminue	diminuions	aie diminué	ayons diminué
diminues	diminuiez	aies diminué	ayez diminué
diminue	diminuent	ait diminué	aient diminué
7 imparfait du subjonctif		**14 plus-que-parfait du subjonctif**	
diminuasse	diminuassions	eusse diminué	eussions diminué
diminuasses	diminuassiez	eusses diminué	eussiez diminué
diminuât	diminuassent	eût diminué	eussent diminué

Impératif
diminue
diminuons
diminuez

Words and expressions related to this verb

une diminution   decrease, diminution, reduction
diminutif, diminutive   diminutive
faire diminuer   to lower, to decrease
la diminution d'un prix   lowering of a price
se diminuer   to lower oneself

Consult the sections on verbs used in idiomatic expressions, verbs with prepositions, and the list of over 1,000 verbs conjugated like model verbs in the back pages.

to dine, to have dinner

The Seven Simple Tenses		The Seven Compound Tenses	
Singular	Plural	Singular	Plural
1 présent de l'indicatif		**8 passé composé**	
dîne	dînons	ai dîné	avons dîné
dînes	dînez	as dîné	avez dîné
dîne	dînent	a dîné	ont dîné
2 imparfait de l'indicatif		**9 plus-que-parfait de l'indicatif**	
dînais	dînions	avais dîné	avions dîné
dînais	dîniez	avais dîné	aviez dîné
dînait	dînaient	avait dîné	avaient dîné
3 passé simple		**10 passé antérieur**	
dînai	dînâmes	eus dîné	eûmes dîné
dînas	dînâtes	eus dîné	eûtes dîné
dîna	dînèrent	eut dîné	eurent dîné
4 futur		**11 futur antérieur**	
dînerai	dînerons	aurai dîné	aurons dîné
dîneras	dînerez	auras dîné	aurez dîné
dînera	dîneront	aura dîné	auront dîné
5 conditionnel		**12 conditionnel passé**	
dînerais	dînerions	aurais dîné	aurions dîné
dînerais	dîneriez	aurais dîné	auriez dîné
dînerait	dîneraient	aurait dîné	auraient dîné
6 présent du subjonctif		**13 passé du subjonctif**	
dîne	dînions	aie dîné	ayons dîné
dînes	dîniez	aies dîné	ayez dîné
dîne	dînent	ait dîné	aient dîné
7 imparfait du subjonctif		**14 plus-que-parfait du subjonctif**	
dînasse	dînassions	eusse dîné	eussions dîné
dînasses	dînassiez	eusses dîné	eussiez dîné
dînât	dînassent	eût dîné	eussent dîné

Impératif
dîne
dînons
dînez

Common idiomatic expressions using this verb

   Lundi j'ai dîné chez des amis. Mardi tu as dîné chez moi. Mercredi nous avons dîné chez Pierre. J'aurais dû dîner seul.

le dîner dinner	**un dîneur** diner
une dînette child's dinner party	**donner un dîner** to give a dinner
l'heure du dîner dinner time	**dîner en ville** to dine out
j'aurais dû I should have	**j'aurais dû dîner** I should have had dinner.

Try reading aloud this play on sounds (the letter **d**) as fast as you can:
   Denis a dîné du dos d'un dindon dodu.
   Dennis dined on (ate) the back of a plump turkey.

The subject pronouns are found on the page facing page 1.   **163**

to say, to tell

The Seven Simple Tenses		The Seven Compound Tenses	
Singular	Plural	Singular	Plural
1 présent de l'indicatif		**8 passé composé**	
dis	disons	ai dit	avons dit
dis	dites	as dit	avez dit
dit	disent	a dit	ont dit
2 imparfait de l'indicatif		**9 plus-que-parfait de l'indicatif**	
disais	disions	avais dit	avions dit
disais	disiez	avais dit	aviez dit
disait	disaient	avait dit	avaient dit
3 passé simple		**10 passé antérieur**	
dis	dîmes	eus dit	eûmes dit
dis	dîtes	eus dit	eûtes dit
dit	dirent	eut dit	eurent dit
4 futur		**11. futur antérieur**	
dirai	dirons	aurai dit	aurons dit
diras	direz	auras dit	aurez dit
dira	diront	aura dit	auront dit
5 conditionnel		**12 conditionnel passé**	
dirais	dirions	aurais dit	aurions dit
dirais	diriez	aurais dit	auriez dit
dirait	diraient	aurait dit	auraient dit
6 présent du subjonctif		**13 passé du subjonctif**	
dise	disions	aie dit	ayons dit
dises	disiez	aies dit	ayez dit
dise	disent	ait dit	aient dit
7 imparfait du subjonctif		**14 plus-que-parfait du subjonctif**	
disse	dissions	eusse dit	eussions dit
disses	dissiez	eusses dit	eussiez dit
dît	dissent	eût dit	eussent dit

Impératif
dis
disons
dites

Common idiomatic expressions using this verb

—Qu'est-ce que vous avez dit? Je n'ai pas entendu.
—J'ai dit que je ne vous ai pas entendu. Parlez plus fort.

c'est-à-dire   that is, that is to say
entendre dire que   to hear it said that
vouloir dire   to mean
dire du bien de   to speak well of

For more idioms using this verb, see the back pages for the section on verbs used in idiomatic expressions.

See also **contredire, interdire, médire, prédire** and note the different *vous* form in the *présent de l'indicatif* and the *impératif*.

to discuss, to argue

The Seven Simple Tenses		The Seven Compound Tenses	
Singular	Plural	Singular	Plural
1 présent de l'indicatif		**8 passé composé**	
discute	discutons	ai discuté	avons discuté
discutes	discutez	as discuté	avez discuté
discute	discutent	a discuté	ont discuté
2 imparfait de l'indicatif		**9 plus-que-parfait de l'indicatif**	
discutais	discutions	avais discuté	avions discuté
discutais	discutiez	avais discuté	aviez discuté
discutait	discutaient	avait discuté	avaient discuté
3 passé simple		**10 passé antérieur**	
discutai	discutâmes	eus discuté	eûmes discuté
discutas	discutâtes	eus discuté	eûtes discuté
discuta	discutèrent	eut discuté	eurent discuté
4 futur		**11 futur antérieur**	
discuterai	discuterons	aurai discuté	aurons discuté
discuteras	discuterez	auras discuté	aurez discuté
discutera	discuteront	aura discuté	auront discuté
5 conditionnel		**12 conditionnel passé**	
discuterais	discuterions	aurais discuté	aurions discuté
discuterais	discuteriez	aurais discuté	auriez discuté
discuterait	discuteraient	aurait discuté	auraient discuté
6 présent du subjonctif		**13 passé du subjonctif**	
discute	discutions	aie discuté	ayons discuté
discutes	discutiez	aies discuté	ayez discuté
discute	discutent	ait discuté	aient discuté
7 imparfait du subjonctif		**14 plus-que-parfait du subjonctif**	
discutasse	discutassions	eusse discuté	eussions discuté
discutasses	discutassiez	eusses discuté	eussiez discuté
discutât	discutassent	eût discuté	eussent discuté

Impératif
discute
discutons
discutez

Words and expressions related to this verb

une discussion   discussion
discutable   disputable, questionable
discuter avec   to argue with; **discuter de**   to argue about

Consult the sections on verbs used in idiomatic expressions, verbs with prepositions, and the list of over 1,000 verbs conjugated like model verbs in the back pages.

to disappear

The Seven Simple Tenses		The Seven Compound Tenses	
Singular	Plural	Singular	Plural
1 présent de l'indicatif		**8 passé composé**	
disparais	disparaissons	ai disparu	avons disparu
disparais	disparaissez	as disparu	avez disparu
disparaît	disparaissent	a disparu	ont disparu
2 imparfait de l'indicatif		**9 plus-que-parfait de l'indicatif**	
disparaissais	disparaissions	avais disparu	avions disparu
disparaissais	disparaissiez	avais disparu	aviez disparu
disparaissait	disparaissaient	avait disparu	avaient disparu
3 passé simple		**10 passé antérieur**	
disparus	disparûmes	eus disparu	eûmes disparu
disparus	disparûtes	eus disparu	eûtes disparu
disparut	disparurent	eut disparu	eurent disparu
4 futur		**11 futur antérieur**	
disparaîtrai	disparaîtrons	aurai disparu	aurons disparu
disparaîtras	disparaîtrez	auras disparu	aurez disparu
disparaîtra	disparaîtront	aura disparu	auront disparu
5 conditionnel		**12 conditionnel passé**	
disparaîtrais	disparaîtrions	aurais disparu	aurions disparu
disparaîtrais	disparaîtriez	aurais disparu	auriez disparu
disparaîtrait	disparaîtraient	aurait disparu	auraient disparu
6 présent du subjonctif		**13 passé du subjonctif**	
disparaisse	disparaissions	aie disparu	ayons disparu
disparaisses	disparaissiez	aies disparu	ayez disparu
disparaisse	disparaissent	ait disparu	aient disparu
7 imparfait du subjonctif		**14 plus-que-parfait du subjonctif**	
disparusse	disparussions	eusse disparu	eussions disparu
disparusses	disparussiez	eusses disparu	eussiez disparu
disparût	disparussent	eût disparu	eussent disparu

Impératif
disparais
disparaissons
disparaissez

Words and expressions related to this verb

faire disparaître aux regards   to hide
  from sight
**notre cher ami disparu (notre chère amie
  disparue)**   our dear departed friend

la disparition   disappearance, disappearing
disparu, disparue en mer   lost at sea
être porté disparu   to be declared missing

Consult the sections on verbs used in idiomatic expressions, verbs with prepositions, and the
list of over 1,000 verbs conjugated like model verbs in the back pages.

to give

The Seven Simple Tenses		The Seven Compound Tenses

Singular	Plural	Singular	Plural
1 présent de l'indicatif		**8 passé composé**	
donne	donnons	ai donné	avons donné
donnes	donnez	as donné	avez donné
donne	donnent	a donné	ont donné
2 imparfait de l'indicatif		**9 plus-que-parfait de l'indicatif**	
donnais	donnions	avais donné	avions donné
donnais	donniez	avais donné	aviez donné
donnait	donnaient	avait donné	avaient donné
3 passé simple		**10 passé antérieur**	
donnai	donnâmes	eus donné	eûmes donné
donnas	donnâtes	eus donné	eûtes donné
donna	donnèrent	eut donné	eurent donné
4 futur		**11 futur antérieur**	
donnerai	donnerons	aurai donné	aurons donné
donneras	donnerez	auras donné	aurez donné
donnera	donneront	aura donné	auront donné
5 conditionnel		**12 conditionnel passé**	
donnerais	donnerions	aurais donné	aurions donné
donnerais	donneriez	aurais donné	auriez donné
donnerait	donneraient	aurait donné	auraient donné
6 présent du subjonctif		**13 passé du subjonctif**	
donne	donnions	aie donné	ayons donné
donnes	donniez	aies donné	ayez donné
donne	donnent	ait donné	aient donné
7 imparfait du subjonctif		**14 plus-que-parfait du subjonctif**	
donnasse	donnassions	eusse donné	eussions donné
donnasses	donnassiez	eusses donné	eussiez donné
donnât	donnassent	eût donné	eussent donné

Impératif
donne
donnons
donnez

Common idiomatic expressions using this verb and words related to it

donner rendez-vous à qqn   to make an appointment (a date) with someone
donner sur   to look out upon: **La salle à manger donne sur un joli jardin**   The dining
   room looks out upon (faces) a pretty garden.
donner congé à   to grant leave to
abandonner   to abandon; **ordonner**   to order; **pardonner**   to pardon

For more idioms using this verb, consult the back pages for the section on verbs used in
idiomatic expressions.

to sleep

The Seven Simple Tenses		The Seven Compound Tenses	
Singular	Plural	Singular	Plural
1 présent de l'indicatif		**8 passé composé**	
dors	dormons	ai dormi	avons dormi
dors	dormez	as dormi	avez dormi
dort	dorment	a dormi	ont dormi
2 imparfait de l'indicatif		**9 plus-que-parfait de l'indicatif**	
dormais	dormions	avais dormi	avions dormi
dormais	dormiez	avais dormi	aviez dormi
dormait	dormaient	avait dormi	avaient dormi
3 passé simple		**10 passé antérieur**	
dormis	dormîmes	eus dormi	eûmes dormi
dormis	dormîtes	eus dormi	eûtes dormi
dormit	dormirent	eut dormi	eurent dormi
4 futur		**11 futur antérieur**	
dormirai	dormirons	aurai dormi	aurons dormi
dormiras	dormirez	auras dormi	aurez dormi
dormira	dormiront	aura dormi	auront dormi
5 conditionnel		**12 conditionnel passé**	
dormirais	dormirions	aurais dormi	aurions dormi
dormirais	dormiriez	aurais dormi	auriez dormi
dormirait	dormiraient	aurait dormi	auraient dormi
6 présent du subjonctif		**13 passé du subjonctif**	
dorme	dormions	aie dormi	ayons dormi
dormes	dormiez	aies dormi	ayez dormi
dorme	dorment	ait dormi	aient dormi
7 imparfait du subjonctif		**14 plus-que-parfait du subjonctif**	
dormisse	dormissions	eusse dormi	eussions dormi
dormisses	dormissiez	eusses dormi	eussiez dormi
dormît	dormissent	eût dormi	eussent dormi

Impératif
dors
dormons
dormez

Common idiomatic expressions using this verb and words related to it

dormir toute la nuit　to sleep through the night　　**endormir**　to put to sleep
parler en dormant　to talk in one's sleep　　**s'endormir**　to fall asleep
empêcher de dormir　to keep from sleeping
la dormition　dormition
le dortoir　dormitory
dormir à la belle étoile　to sleep outdoors
dormir sur les deux oreilles　to sleep soundly

168

The Seven Simple Tenses		The Seven Compound Tenses	
Singular	Plural	Singular	Plural

1 présent de l'indicatif		8 passé composé	
doute	doutons	ai douté	avons douté
doutes	doutez	as douté	avez douté
doute	doutent	a douté	ont douté

2 imparfait de l'indicatif		9 plus-que-parfait de l'indicatif	
doutais	doutions	avais douté	avions douté
doutais	doutiez	avais douté	aviez douté
doutait	doutaient	avait douté	avaient douté

3 passé simple		10 passé antérieur	
doutai	doutâmes	eus douté	eûmes douté
doutas	doutâtes	eus douté	eûtes douté
douta	doutèrent	eut douté	eurent douté

4 futur		11 futur antérieur	
douterai	douterons	aurai douté	aurons douté
douteras	douterez	auras douté	aurez douté
doutera	douteront	aura douté	auront douté

5 conditionnel		12 conditionnel passé	
douterais	douterions	aurais douté	aurions douté
douterais	douteriez	aurais douté	auriez douté
douterait	douteraient	aurait douté	auraient douté

6 présent du subjonctif		13 passé du subjonctif	
doute	doutions	aie douté	ayons douté
doutes	doutiez	aies douté	ayez douté
doute	doutent	ait douté	aient douté

7 imparfait du subjonctif		14 plus-que-parfait du subjonctif	
doutasse	doutassions	eusse douté	eussions douté
doutasses	doutassiez	eusses douté	eussiez douté
doutât	doutassent	eût douté	eussent douté

Impératif
doute
doutons
doutez

Common idiomatic expressions using this verb

Je doute que cet homme soit coupable. Il n'y a pas de doute qu'il est innocent.

le doute doubt	**ne douter de rien** to doubt nothing,
sans doute no doubt	to be too credulous
sans aucun doute undoubtedly	**ne se douter de rien** to suspect nothing
d'un air de doute dubiously	**se douter de** to suspect
redouter to dread, to fear	

Consult the front and back pages for various sections on verb usage.

to escape, to avoid

The Seven Simple Tenses		The Seven Compound Tenses	
Singular	Plural	Singular	Plural

1 présent de l'indicatif		8 passé composé	
échappe	échappons	ai échappé	avons échappé
échappes	échappez	as échappé	avez échappé
échappe	échappent	a échappé	ont échappé

2 imparfait de l'indicatif		9 plus-que-parfait de l'indicatif	
échappais	échappions	avais échappé	avions échappé
échappais	échappiez	avais échappé	aviez échappé
échappait	échappaient	avait échappé	avaient échappé

3 passé simple		10 passé antérieur	
échappai	échappâmes	eus échappé	eûmes échappé
échappas	échappâtes	eus échappé	eûtes échappé
échappa	échappèrent	eut échappé	eurent échappé

4 futur		11 futur antérieur	
échapperai	échapperons	aurai échappé	aurons échappé
échapperas	échapperez	auras échappé	aurez échappé
échappera	échapperont	aura échappé	auront échappé

5 conditionnel		12 conditionnel passé	
échapperais	échapperions	aurais échappé	aurions échappé
échapperais	échapperiez	aurais échappé	auriez échappé
échapperait	échapperaient	aurait échappé	auraient échappé

6 présent du subjonctif		13 passé du subjonctif	
échappe	échappions	aie échappé	ayons échappé
échappes	échappiez	aies échappé	ayez échappé
échappe	échappent	ait échappé	aient échappé

7 imparfait du subjonctif		14 plus-que-parfait du subjonctif	
échappasse	échappassions	eusse échappé	eussions échappé
échappasses	échappassiez	eusses échappé	eussiez échappé
échappât	échappassent	eût échappé	eussent échappé

Impératif
échappe
échappons
échappez

Words and expressions related to this verb

échapper à to avoid; **échapper de** to escape from
l'échapper belle to have a narrow escape; **Je l'ai échappé belle** I had a narrow escape.
Cela m'a échappé I did not notice it.
Cela m'est échappé It slipped my mind (I forgot it).
laisser échapper to let slip, to overlook
s'échapper de to escape from
une échappée de lumière a glimmer of light

The Seven Simple Tenses		The Seven Compound Tenses	
Singular	Plural	Singular	Plural
1 présent de l'indicatif		8 passé composé	
échoue	échouons	ai échoué	avons échoué
échoues	échouez	as échoué	avez échoué
échoue	échouent	a échoué	ont échoué
2 imparfait de l'indicatif		9 plus-que-parfait de l'indicatif	
échouais	échouions	avais échoué	avions échoué
échouais	échouiez	avais échoué	aviez échoué
échouait	échouaient	avait échoué	avaient échoué
3 passé simple		10 passé antérieur	
échouai	échouâmes	eus échoué	eûmes échoué
échouas	échouâtes	eus échoué	eûtes échoué
échoua	échouèrent	eut échoué	eurent échoué
4 futur		11 futur antérieur	
échouerai	échouerons	aurai échoué	aurons échoué
échoueras	échouerez	auras échoué	aurez échoué
échouera	échoueront	aura échoué	auront échoué
5 conditionnel		12 conditionnel passé	
échouerais	échouerions	aurais échoué	aurions échoué
échouerais	échoueriez	aurais échoué	auriez échoué
échouerait	échoueraient	aurait échoué	auraient échoué
6 présent du subjonctif		13 passé du subjonctif	
échoue	échouions	aie échoué	ayons échoué
échoues	échouiez	aies échoué	ayez échoué
échoue	échouent	ait échoué	aient échoué
7 imparfait du subjonctif		14 plus-que-parfait du subjonctif	
échouasse	échouassions	eusse échoué	eussions échoué
échouasses	échouassiez	eusses échoué	eussiez échoué
échouât	échouassent	eût échoué	eussent échoué

Impératif
échoue
échouons
échouez

Common idiomatic expressions using this verb

échouer à qqch   to fail (flunk) at something
échouer à un examen   to flunk an exam
échouer   to touch bottom (accidentally), to fail
Tous mes espoirs ont échoué   All my hopes have touched bottom (have failed).

Consult the sections on verbs used in idiomatic expressions, verbs with prepositions, and the list of over 1,000 verbs conjugated like model verbs in the back pages.

to listen (to)

The Seven Simple Tenses		The Seven Compound Tenses	
Singular	Plural	Singular	Plural
1 présent de l'indicatif		**8 passé composé**	
écoute	écoutons	ai écouté	avons écouté
écoutes	écoutez	as écouté	avez écouté
écoute	écoutent	a écouté	ont écouté
2 imparfait de l'indicatif		**9 plus-que-parfait de l'indicatif**	
écoutais	écoutions	avais écouté	avions écouté
écoutais	écoutiez	avais écouté	aviez écouté
écoutait	écoutaient	avait écouté	avaient écouté
3 passé simple		**10 passé antérieur**	
écoutai	écoutâmes	eus écouté	eûmes écouté
écoutas	écoutâtes	eus écouté	eûtes écouté
écouta	écoutèrent	eut écouté	eurent écouté
4 futur		**11 futur antérieur**	
écouterai	écouterons	aurai écouté	aurons écouté
écouteras	écouterez	auras écouté	aurez écouté
écoutera	écouteront	aura écouté	auront écouté
5 conditionnel		**12 conditionnel passé**	
écouterais	écouterions	aurais écouté	aurions écouté
écouterais	écouteriez	aurais écouté	auriez écouté
écouterait	écouteraient	aurait écouté	auraient écouté
6 présent du subjonctif		**13 passé du subjonctif**	
écoute	écoutions	aie écouté	ayons écouté
écoutes	écoutiez	aies écouté	ayez écouté
écoute	écoutent	ait écouté	aient écouté
7 imparfait du subjonctif		**14 plus-que-parfait du subjonctif**	
écoutasse	écoutassions	eusse écouté	eussions écouté
écoutasses	écoutassiez	eusses écouté	eussiez écouté
écoutât	écoutassent	eût écouté	eussent écouté

Impératif
écoute
écoutons
écoutez

Common idiomatic expressions using this verb and words related to it

    Ecoutez-vous le professeur quand il explique la leçon? L'avez-vous écouté ce matin en classe?

aimer à s'écouter parler   to love to hear one's own voice
un écouteur   telephone receiver (ear piece)
être à l'écoute   to be listening in
n'écouter personne   not to heed anyone
savoir écouter   to be a good listener
écouter aux portes   to eavesdrop, to listen secretly

The Seven Simple Tenses		The Seven Compound Tenses	
Singular	Plural	Singular	Plural

1   présent de l'indicatif

		8 passé composé	
écris	écrivons	ai écrit	avons écrit
écris	écrivez	as écrit	avez écrit
écrit	écrivent	a écrit	ont écrit

2   imparfait de l'indicatif

9   plus-que-parfait de l'indicatif

écrivais	écrivions	avais écrit	avions écrit
écrivais	écriviez	avais écrit	aviez écrit
écrivait	écrivaient	avait écrit	avaient écrit

3   passé simple

10   passé antérieur

écrivis	écrivîmes	eus écrit	eûmes écrit
écrivis	écrivîtes	eus écrit	eûtes écrit
écrivit	écrivirent	eut écrit	eurent écrit

4   futur

11   futur antérieur

écrirai	écrirons	aurai écrit	aurons écrit
écriras	écrirez	auras écrit	aurez écrit
écrira	écriront	aura écrit	auront écrit

5   conditionnel

12   conditionnel passé

écrirais	écririons	aurais écrit	aurions écrit
écrirais	écririez	aurais écrit	auriez écrit
écrirait	écriraient	aurait écrit	auraient écrit

6   présent du subjonctif

13   passé du subjonctif

écrive	écrivions	aie écrit	ayons écrit
écrives	écriviez	aies écrit	ayez écrit
écrive	écrivent	ait écrit	aient écrit

7   imparfait du subjonctif

14   plus-que-parfait du subjonctif

écrivisse	écrivissions	eusse écrit	eussions écrit
écrivisses	écrivissiez	eusses écrit	eussiez écrit
écrivît	écrivissent	eût écrit	eussent écrit

Impératif
écris
écrivons
écrivez

Sentences using this verb and words and expressions related to it

Jean: **As-tu écrit ta composition pour la classe de français?**
Jacques: **Non, je ne l'ai pas écrite.**
Jean: **Écrivons-la ensemble.**

un écrivain   writer;   **une femme écrivain**   woman writer
écriture *(f.)*   handwriting, writing
écrire un petit mot à qqn   to write a note to someone

See also **décrire.**

to frighten

The Seven Simple Tenses		The Seven Compound Tenses	
Singular	Plural	Singular	Plural
1 présent de l'indicatif		**8 passé composé**	
effraye	effrayons	ai effrayé	avons effrayé
effrayes	effrayez	as effrayé	avez effrayé
effraye	effrayent	a effrayé	ont effrayé
2 imparfait de l'indicatif		**9 plus-que-parfait de l'indicatif**	
effrayais	effrayions	avais effrayé	avions effrayé
effrayais	effrayiez	avais effrayé	aviez effrayé
effrayait	effrayaient	avait effrayé	avaient effrayé
3 passé simple		**10 passé antérieur**	
effrayai	effrayâmes	eus effrayé	eûmes effrayé
effrayas	effrayâtes	eus effrayé	eûtes effrayé
effraya	effrayèrent	eut effrayé	eurent effrayé
4 futur		**11 futur antérieur**	
effrayerai	effrayerons	aurai effrayé	aurons effrayé
effrayeras	effrayerez	auras effrayé	aurez effrayé
effrayera	effrayeront	aura effrayé	auront effrayé
5 conditionnel		**12 conditionnel passé**	
effrayerais	effrayerions	aurais effrayé	aurions effrayé
effrayerais	effrayeriez	aurais effrayé	auriez effrayé
effrayerait	effrayeraient	aurait effrayé	auraient effrayé
6 présent du subjonctif		**13 passé du subjonctif**	
effraye	effrayions	aie effrayé	ayons effrayé
effrayes	effrayiez	aies effrayé	ayez effrayé
effraye	effrayent	ait effrayé	aient effrayé
7 imparfait du subjonctif		**14 plus-que-parfait du subjonctif**	
effrayasse	effrayassions	eusse effrayé	eussions effrayé
effrayasses	effrayassiez	eusses effrayé	eussiez effrayé
effrayât	effrayassent	eût effrayé	eussent effrayé

Impératif
effraye
effrayons
effrayez

Sentences using this verb and words related to it

Le tigre a effrayé l'enfant. L'enfant a effrayé le singe. Le singe effraiera le bébé. C'est effrayant!

effrayant, effrayante frightful, awful	**effroyable** dreadful, fearful
effrayé, effrayée frightened	**effroyablement** dreadfully, fearfully

Verbs ending in *-ayer* may change *y* to *i* before mute *e* or may keep *y*.

to amuse, to cheer up, to enliven, to entertain

The Seven Simple Tenses		The Seven Compound Tenses	
Singular	Plural	Singular	Plural
1 présent de l'indicatif		**8 passé composé**	
égaye	égayons	ai égayé	avons égayé
égayes	égayez	as égayé	avez égayé
égaye	égayent	a égayé	ont égayé
2 imparfait de l'indicatif		**9 plus-que-parfait de l'indicatif**	
égayais	égayions	avais égayé	avions égayé
égayais	égayiez	avais égayé	aviez égayé
égayait	égayaient	avait égayé	avaient égayé
3 passé simple		**10 passé antérieur**	
égayai	égayâmes	eus égayé	eûmes égayé
égayas	égayâtes	eus égayé	eûtes égayé
égaya	égayèrent	eut égayé	eurent égayé
4 futur		**11 futur antérieur**	
égayerai	égayerons	aurai égayé	aurons égayé
égayeras	égayerez	auras égayé	aurez égayé
égayera	égayeront	aura égayé	auront égayé
5 conditionnel		**12 conditionnel passé**	
égayerais	égayerions	aurais égayé	aurions égayé
égayerais	égayeriez	aurais égayé	auriez égayé
égayerait	égayeraient	aurait égayé	auraient égayé
6 présent du subjonctif		**13 passé du subjonctif**	
égaye	égayions	aie égayé	ayons égayé
égayes	égayiez	aies égayé	ayez égayé
égaye	égayent	ait égayé	aient égayé
7 imparfait du subjonctif		**14 plus-que-parfait du subjonctif**	
égayasse	égayassions	eusse égayé	eussions égayé
égayasses	égayassiez	eusses égayé	eussiez égayé
égayât	égayassent	eût égayé	eussent égayé

Impératif
égaye
égayons
égayez

Words related to this verb

égayant, égayante   lively
s'égayer aux dépens de   to make fun of
gai, gaie   gay, cheerful, merry
gaiment   gaily, cheerfully

Verbs ending in *-ayer* may change *y* to *i* before mute *e* or may keep *y*.

to raise, to rear, to bring up

The Seven Simple Tenses		The Seven Compound Tenses	
Singular	Plural	Singular	Plural
1 présent de l'indicatif		**8 passé composé**	
élève	élevons	ai élevé	avons élevé
élèves	élevez	as élevé	avez élevé
élève	élèvent	a élevé	ont élevé
2 imparfait de l'indicatif		**9 plus-que-parfait de l'indicatif**	
élevais	élevions	avais élevé	avions éleé
élevais	éleviez	avais élevé	aviez élevé
élevait	élevaient	avait élevé	avaient élevé
3 passé simple		**10 passé antérieur**	
élevai	élevâmes	eus élevé	eûmes élevé
élevas	élevâtes	eus élevé	eûtes élevé
éleva	élevèrent	eut élevé	eurent élevé
4 futur		**11 futur antérieur**	
élèverai	élèverons	aurai élevé	aurons élevé
élèveras	élèverez	auras élevé	aurez élevé
élèvera	élèveront	aura élevé	auront élevé
5 conditionnel		**12 conditionnel passé**	
élèverais	élèverions	aurais élevé	aurions élevé
élèverais	élèveriez	aurais élevé	auriez élevé
élèverait	élèveraient	aurait élevé	auraient élevé
6 présent du subjonctif		**13 passé du subjonctif**	
élève	élevions	aie élevé	ayons élevé
élèves	éleviez	aies élevé	ayez élevé
élève	élèvent	ait élevé	aient élevé
7 imparfait du subjonctif		**14 plus-que-parfait du subjonctif**	
élevasse	élevassions	eusse élevé	eussions élevé
élevasses	élevassiez	eusses élevé	eussiez élevé
élevât	élevassent	eût élevé	eussent élevé

Impératif
élève
élevons
élevez

Words and expressions related to this verb

un, une élève pupil, student
élevage *m.* breeding, rearing
élévation *f.* elevation, raising
bien élevé well-bred, well brought up
mal élevé ill-bred, badly brought up

Consult the sections on verbs used in idiomatic expressions, verbs with prepositions, and the list of over 1,000 verbs conjugated like model verbs in the back pages.

to elect, to choose

The Seven Simple Tenses		The Seven Compound Tenses	
Singular	Plural	Singular	Plural
1 présent de l'indicatif		8 passé composé	
élis	élisons	ai élu	avons élu
élis	élisez	as élu	avez élu
élit	élisent	a élu	ont élu
2 imparfait de l'indicatif		9 plus-que-parfait de l'indicatif	
élisais	élisions	avais élu	avions élu
élisais	élisiez	avais élu	aviez élu
élisait	élisaient	avait élu	avaient élu
3 passé simple		10 passé antérieur	
élus	élûmes	eus élu	eûmes élu
élus	élûtes	eus élu	eûtes élu
élut	élurent	eut élu	eurent élu
4 futur		11 futur antérieur	
élirai	élirons	aurai élu	aurons élu
éliras	élirez	auras élu	aurez élu
élira	éliront	aura élu	auront élu
5 conditionnel		12 conditionnel passé	
élirais	élirions	aurais élu	aurions élu
élirais	éliriez	aurais élu	auriez élu
élirait	éliraient	aurait élu	auraient élu
6 présent du subjonctif		13 passé du subjonctif	
élise	élisions	aie élu	ayons élu
élises	élisiez	aies élu	ayez élu
élise	élisent	ait élu	aient élu
7 imparfait du subjonctif		14 plus-que-parfait du subjonctif	
élusse	élussions	eusse élu	eussions élu
élusses	élussiez	eusses élu	eussiez élu
élût	élussent	eût élu	eussent élu

Impératif
élis
élisons
élisez

Words and expressions related to this verb

Car il y a beaucoup d'appelés mais peu d'élus
   For many are called but few are chosen (Gospel)
une élection   election, choice
le jour des élections   election day
électif, élective   elective

Consult the sections on verbs used in idiomatic expressions, verbs with prepositions, and the list of over 1,000 verbs conjugated like model verbs in the back pages.

The subject pronouns are found on the page facing page 1.

to move away, to go away, to withdraw, to step back, to keep back, to keep away

The Seven Simple Tenses		The Seven Compound Tenses	
Singular	Plural	Singular	Plural
1 présent de l'indicatif		**8 passé composé**	
m'éloigne	nous éloignons	me suis éloigné(e)	nous sommes éloigné(e)s
t'éloignes	vous éloignez	t'es éloigné(e)	vous êtes éloigné(e)(s)
s'éloigne	s'éloignent	s'est éloigné(e)	se sont éloigné(e)s
2 imparfait de l'indicatif		**9 plus-que-parfait de l'indicatif**	
m'éloignais	nous éloignions	m'étais éloigné(e)	nous étions éloigné(e)s
t'éloignais	vous éloigniez	t'étais éloigné(e)	vous étiez éloigné(e)(s)
s'éloignait	s'éloignaient	s'était éloigné(e)	s'étaient éloigné(e)s
3 passé simple		**10 passé antérieur**	
m'éloignai	nous éloignâmes	me fus éloigné(e)	nous fûmes éloigné(e)s
t'éloignas	vous éloignâtes	te fus éloigné(e)	vous fûtes éloigné(e)(s)
s'éloigna	s'éloignèrent	se fut éloigné(e)	se furent éloigné(e)s
4 futur		**11 futur antérieur**	
m'éloignerai	nous éloignerons	me serai éloigné(e)	nous serons éloigné(e)s
t'éloigneras	vous éloignerez	te seras éloigné(e)	vous serez éloigné(e)(s)
s'éloignera	s'éloigneront	se sera éloigné(e)	se seront éloigné(e)s
5 conditionnel		**12 conditionnel passé**	
m'éloignerais	nous éloignerions	me serais éloigné(e)	nous serions éloigné(e)s
t'éloignerais	vous éloigneriez	te serais éloigné(e)	vous seriez éloigné(e)(s)
s'éloignerait	s'éloigneraient	se serait éloigné(e)	se seraient éloigné(e)s
6 présent du subjonctif		**13 passé du subjonctif**	
m'éloigne	nous éloignions	me sois éloigné(e)	nous soyons éloigné(e)s
t'éloignes	vous éloigniez	te sois éloigné(e)	vous soyez éloigné(e)(s)
s'éloigne	s'éloignent	se soit éloigné(e)	se soient éloigné(e)s
7 imparfait du subjonctif		**14 plus-que-parfait du subjonctif**	
m'éloignasse	nous éloignassions	me fusse éloigné(e)	nous fussions éloigné(e)s
t'éloignasses	vous éloignassiez	te fusses éloigné(e)	vous fussiez éloigné(e)(s)
s'éloignât	s'éloignassent	se fût éloigné(e)	se fussent éloigné(e)s

Impératif
éloigne-toi; ne t'éloigne pas
éloignons-nous; ne nous éloignons pas
éloignez-vous; ne vous éloignez pas

Words and expressions related to this verb

éloigner de   to keep away from, to keep at a distance
s'éloigner de   to keep one's distance from, to move away from
s'éloigner en courant   to run away, to move away while running
loin   far; **lointain, lointaine**   distant
loin de là, loin de ça   far from it
Loin des yeux, loin du coeur   Out of sight, out of mind.
Eloignez-vous, s'il vous plaît!   Stay back! Keep your distance, please!

Consult the sections on verbs used in idiomatic expressions, verbs with prepositions, and the list of over 1,000 verbs conjugated like model verbs in the back pages.

to kiss, to embrace

The Seven Simple Tenses		The Seven Compound Tenses	
Singular	Plural	Singular	Plural
1 présent de l'indicatif		**8 passé composé**	
embrasse	embrassons	ai embrassé	avons embrassé
embrasses	embrassez	as embrassé	avez embrassé
embrasse	embrassent	a embrassé	ont embrassé
2 imparfait de l'indicatif		**9 plus-que-parfait de l'indicatif**	
embrassais	embrassions	avais embrassé	avions embrassé
embrassais	embrassiez	avais embrassé	aviez embrassé
embrassait	embrassaient	avait embrassé	avaient embrassé
3 passé simple		**10 passé antérieur**	
embrassai	embrassâmes	eus embrassé	eûmes embrassé
embrassas	embrassâtes	eus embrassé	eûtes embrassé
embrassa	embrassèrent	eut embrassé	eurent embrassé
4 futur		**11 futur antérieur**	
embrasserai	embrasserons	aurai embrassé	aurons embrassé
embrasseras	embrasserez	auras embrassé	aurez embrassé
embrassera	embrasseront	aura embrassé	auront embrassé
5 conditionnel		**12 conditionnel passé**	
embrasserais	embrasserions	aurais embrassé	aurions embrassé
embrasserais	embrasseriez	aurais embrassé	auriez embrassé
embrasserait	embrasseraient	aurait embrassé	auraient embrassé
6 présent du subjonctif		**13 passé du subjonctif**	
embrasse	embrassions	aie embrassé	ayons embrassé
embrasses	embrassiez	aies embrassé	ayez embrassé
embrasse	embrassent	ait embrassé	aient embrassé
7 imparfait du subjonctif		**14 plus-que-parfait du subjonctif**	
embrassasse	embrassassions	eusse embrassé	eussions embrassé
embrassasses	embrassassiez	eusses embrassé	eussiez embrassé
embrassât	embrassassent	eût embrassé	eussent embrassé

Impératif
embrasse
embrassons
embrassez

Sentences using this verb and words related to it

—**Embrasse-moi. Je t'aime. Ne me laisse pas.**
—**Je t'embrasse. Je t'aime aussi. Je ne te laisse pas. Embrassons-nous.**

le bras   arm
un embrassement   embracement, embrace
s'embrasser   to embrace each other, to hug each other
embrasseur, embrasseuse   a person who likes to kiss a lot

The subject pronouns are found on the page facing page 1.

to lead, to lead away, to take away (persons)

The Seven Simple Tenses		The Seven Compound Tenses	
Singular	Plural	Singular	Plural
1 présent de l'indicatif		8 passé composé	
emmène	emmenons	ai emmené	avons emmené
emmènes	emmenez	as emmené	avez emmené
emmène	emmènent	a emmené	ont emmené
2 imparfait de l'indicatif		9 plus-que-parfait de l'indicatif	
emmenais	emmenions	avais emmené	avions emmené
emmenais	emmeniez	avais emmené	aviez emmené
emmenait	emmenaient	avait emmené	avaient emmené
3 passé simple		10 passé antérieur	
emmenai	emmenâmes	eus emmené	eûmes emmené
emmenas	emmenâtes	eus emmené	eûtes emmené
emmena	emmenèrent	eut emmené	eurent emmené
4 futur		11 futur antérieur	
emmènerai	emmènerons	aurai emmené	aurons emmené
emmèneras	emmènerez	auras emmené	aurez emmené
emmènera	emmèneront	aura emmené	auront emmené
5 conditionnel		12 conditionnel passé	
emmènerais	emmènerions	aurais emmené	aurions emmené
emmènerais	emmèneriez	aurais emmené	auriez emmené
emmènerait	emmèneraient	aurait emmené	auraient emmené
6 présent du subjonctif		13 passé du subjonctif	
emmène	emmenions	aie emmené	ayons emmené
emmènes	emmeniez	aies emmené	ayez emmené
emmène	emmènent	ait emmené	aient emmené
7 imparfait du subjonctif		14 plus-que-parfait du subjonctif	
emmenasse	emmenassions	eusse emmené	eussions emmené
emmenasses	emmenassiez	eusses emmené	eussiez emmené
emmenât	emmenassent	eût emmené	eussent emmené

Impératif
emmène
emmenons
emmenez

Sentences using this verb and words related to it

Quand j'emmène une personne d'un lieu dans un autre, je mène cette personne avec moi. Mon père nous emmènera au cinéma lundi prochain. Samedi dernier il nous a emmenés au théâtre.

Le train m'a emmené à Paris   The train took me to Paris.
Un agent de police a emmené l'assassin   A policeman took away the assassin.

See also **mener**.

180

to move, to touch, to excite, to arouse

The Seven Simple Tenses		The Seven Compound Tenses	
Singular	Plural	Singular	Plural

1   présent de l'indicatif

		8 passé composé	
émeus	émouvons	ai ému	avons ému
émeus	émouvez	as ému	avez ému
émeut	émeuvent	a ému	ont ému

2   imparfait de l'indicatif

		9 plus-que-parfait de l'indicatif	
émouvais	émouvions	avais ému	avions ému
émouvais	émouviez	avais ému	aviez ému
émouvait	émouvaient	avait ému	avaient ému

3   passé simple

		10 passé antérieur	
émus	émûmes	eus ému	eûmes ému
émus	émûtes	eus ému	eûtes ému
émut	émurent	eut ému	eurent ému

4   futur

		11 futur antérieur	
émouvrai	émouvrons	aurai ému	aurons ému
émouvras	émouvrez	auras ému	aurez ému
émouvra	émouvront	aura ému	auront ému

5   conditionnel

		12 conditionnel passé	
émouvrais	émouvrions	aurais ému	aurions ému
émouvrais	émouvriez	aurais ému	auriez ému
émouvrait	émouvraient	aurait ému	auraient ému

6   présent du subjonctif

		13 passé du subjonctif	
émeuve	émouvions	aie ému	ayons ému
émeuves	émouviez	aies ému	ayez ému
émeuve	émeuvent	ait ému	aient ému

7   imparfait du subjonctif

		14 plus-que-parfait du subjonctif	
émusse	émussions	eusse ému	eussions ému
émusses	émussiez	eusses ému	eussiez ému
émût	émussent	eût ému	eussent ému

Impératif
émeus
émouvons
émouvez

Words and expressions related to this verb

s'émouvoir de   to be moved (touched) by   **émouvant, émouvante**   moving, touching
une émeute   insurrection, insurgency   **fort émouvant**   thrilling
un émeutier, une émeutière   insurrectionist,
     insurgent

Consult the sections on verbs used in idiomatic expressions, verbs with prepositions, and the list of over 1,000 verbs conjugated like model verbs in the back pages.

to hinder, to prevent

The Seven Simple Tenses		The Seven Compound Tenses	
Singular	Plural	Singular	Plural
1 présent de l'indicatif		**8 passé composé**	
empêche	empêchons	ai empêché	avons empêché
empêches	empêchez	as empêché	avez empêché
empêche	empêchent	a empêché	ont empêché
2 imparfait de l'indicatif		**9 plus-que-parfait de l'indicatif**	
empêchais	empêchions	avais empêché	avions empêché
empêchais	empêchiez	avais empêché	aviez empêché
empêchait	empêchaient	avait empêché	avaient empêché
3 passé simple		**10 passé antérieur**	
empêchai	empêchâmes	eus empêché	eûmes empêché
empêchas	empêchâtes	eus empêché	eûtes empêché
empêcha	empêchèrent	eut empêché	eurent empêché
4 futur		**11 futur antérieur**	
empêcherai	empêcherons	aurai empêché	aurons empêché
empêcheras	empêcherez	auras empêché	aurez empêché
empêchera	empêcheront	aura empêché	auront empêché
5 conditionnel		**12 conditionnel passé**	
empêcherais	empêcherions	aurais empêché	aurions empêché
empêcherais	empêcheriez	aurais empêché	auriez empêché
empêcherait	empêcheraient	aurait empêché	auraient empêché
6 présent du subjonctif		**13 passé du subjonctif**	
empêche	empêchions	aie empêché	ayons empêché
empêches	empêchiez	aies empêché	ayez empêché
empêche	empêchent	ait empêché	aient empêché
7 imparfait du subjonctif		**14 plus-que-parfait du subjonctif**	
empêchasse	empêchassions	eusse empêché	eussions empêché
empêchasses	empêchassiez	eusses empêché	eussiez empêché
empêchât	empêchassent	eût empêché	eussent empêché

Impératif
empêche
empêchons
empêchez

Sentences using this verb and words related to it

   Georgette a empêché son frère de finir ses devoirs parce qu'elle jouait des disques en même temps. Le bruit était un vrai empêchement.

un empêchement impediment, hindrance
en cas d'empêchement in case of prevention
empêcher qqn de faire qqch to prevent someone from doing something
empêcher d'entrer to keep from entering
s'empêcher de faire qqch to refrain from doing something

to use, to employ

The Seven Simple Tenses		The Seven Compound Tenses	
Singular	Plural	Singular	Plural
1 présent de l'indicatif		**8 passé composé**	
emploie	employons	ai employé	avons employé
emploies	employez	as employé	avez employé
emploie	emploient	a employé	ont employé
2 imparfait de l'indicatif		**9 plus-que-parfait de l'indicatif**	
employais	employions	avais employé	avions employé
employais	employiez	avais employé	aviez employé
employait	employaient	avait employé	avaient employé
3 passé simple		**10 passé antérieur**	
employai	employâmes	eus employé	eûmes employé
employas	employâtes	eus employé	eûtes employé
employa	employèrent	eut employé	eurent employé
4 futur		**11 futur antérieur**	
emploierai	emploierons	aurai employé	aurons employé
emploieras	emploierez	auras employé	aurez employé
emploiera	emploieront	aura employé	auront employé
5 conditionnel		**12 conditionnel passé**	
emploierais	emploierions	aurais employé	aurions employé
emploierais	emploieriez	aurais employé	auriez employé
emploierait	emploieraient	aurait employé	auraient employé
6 présent du subjonctif		**13 passé du subjonctif**	
emploie	employions	aie employé	ayons employé
emploies	employiez	aies employé	ayez employé
emploie	emploient	ait employé	aient employé
7 imparfait du subjonctif		**14 plus-que-parfait du subjonctif**	
employasse	employassions	eusse employé	eussions employé
employasses	employassiez	eusses employé	eussiez employé
employât	employassent	eût employé	eussent employé

Impératif
emploie
employons
employez

Words and expressions related to this verb

un employé, une employée   employee
employeur   employer
sans emploi   jobless
un emploi   employment

s'employer à faire qqch   to occupy oneself
  doing something
employer son temps   to spend one's time

Verbs ending in *-oyer* must change *y* to *i* before mute *e*.

emprunter

to borrow

The Seven Simple Tenses		The Seven Compound Tenses	
Singular	Plural	Singular	Plural

1   présent de l'indicatif

		8 passé composé	
emprunte	empruntons	ai emprunté	avons emprunté
empruntes	empruntez	as emprunté	avez emprunté
emprunte	empruntent	a emprunté	ont emprunté

2   imparfait de l'indicatif   **9   plus-que-parfait de l'indicatif**

empruntais	empruntions	avais emprunté	avions emprunté
empruntais	empruntiez	avais emprunté	aviez emprunté
empruntait	empruntaient	avait emprunté	avaient emprunté

3   passé simple   **10   passé antérieur**

empruntai	empruntâmes	eus emprunté	eûmes emprunté
empruntas	empruntâtes	eus emprunté	eûtes emprunté
emprunta	empruntèrent	eut emprunté	eurent emprunté

4   futur   **11   futur antérieur**

emprunterai	emprunterons	aurai emprunté	aurons emprunté
emprunteras	emprunterez	auras emprunté	aurez emprunté
empruntera	emprunteront	aura emprunté	auront emprunté

5   conditionnel   **12   conditionnel passé**

emprunterais	emprunterions	aurais emprunté	aurions emprunté
emprunterais	emprunteriez	aurais emprunté	auriez emprunté
emprunterait	emprunteraient	aurait emprunté	auraient emprunté

6   présent du subjonctif   **13   passé du subjonctif**

emprunte	empruntions	aie emprunté	ayons emprunté
empruntes	empruntiez	aies emprunté	ayez emprunté
emprunte	empruntent	ait emprunté	aient emprunté

7   imparfait du subjonctif   **14   plus-que-parfait du subjonctif**

empruntasse	empruntassions	eusse emprunté	eussions emprunté
empruntasses	empruntassiez	eusses emprunté	eussiez emprunté
empruntât	empruntassent	eût emprunté	eussent emprunté

Impératif
emprunte
empruntons
empruntez

Words related to this verb

emprunteur, emprunteuse   a person who makes a habit of borrowing
un emprunt   loan, borrowing
emprunter quelque chose à quelqu'un   to borrow something from someone
    Monsieur Leblanc a emprunté de l'argent à mon père   Mr. Leblanc borrowed some
    money from my father.

The Seven Simple Tenses		The Seven Compound Tenses	
Singular	Plural	Singular	Plural

1 présent de l'indicatif		8 passé composé	
encourage	encourageons	ai encouragé	avons encouragé
encourages	encouragez	as encouragé	avez encouragé
encourage	encouragent	a encouragé	ont encouragé

2 imparfait de l'indicatif		9 plus-que-parfait de l'indicatif	
encourageais	encouragions	avais encouragé	avions encouragé
encourageais	encouragiez	avais encouragé	aviez encouragé
encourageait	encourageaient	avait encouragé	avaient encouragé

3 passé simple		10 passé antérieur	
encourageai	encourageâmes	eus encouragé	eûmes encouragé
encourageas	encourageâtes	eus encouragé	eûtes encouragé
encouragea	encouragèrent	eut encouragé	eurent encouragé

4 futur		11 futur antérieur	
encouragerai	encouragerons	aurai encouragé	aurons encouragé
encourageras	encouragerez	auras encouragé	aurez encouragé
encouragera	encourageront	aura encouragé	auront encouragé

5 conditionnel		12 conditionnel passé	
encouragerais	encouragerions	aurais encouragé	aurions encouragé
encouragerais	encourageriez	aurais encouragé	auriez encouragé
encouragerait	encourageraient	aurait encouragé	auraient encouragé

6 présent du subjonctif		13 passé du subjonctif	
encourage	encouragions	aie encouragé	ayons encouragé
encourages	encouragiez	aies encouragé	ayez encouragé
encourage	encouragent	ait encouragé	aient encouragé

7 imparfait du subjonctif		14 plus-que-parfait du subjonctif	
encourageasse	encourageassions	eusse encouragé	eussions encouragé
encourageasses	encourageassiez	eusses encouragé	eussiez encouragé
encourageât	encourageassent	eût encouragé	eussent encouragé

Impératif
encourage
encourageons
encouragez

Words and expressions related to this verb

encourager qqn à faire qqch
  to encourage someone to do something
encourageant, encourageante   encouraging;
  des paroles encourageantes
  encouraging words

l'encouragement *m.*   encouragement
le découragement   discouragement
le courage   courage
décourager   to discourage
le découragement   discouragement
se décourager   to become discouraged

Consult the sections on verbs used in idiomatic expressions, verbs with prepositions, and the list of over 1,000 verbs conjugated like model verbs in the back pages.

to run away, to slip away, to escape, to flee, to fly away

The Seven Simple Tenses		The Seven Compound Tenses	
Singular	Plural	Singular	Plural
1 présent de l'indicatif		**8 passé composé**	
m'enfuis	nous enfuyons	me suis enfui(e)	nous sommes enfui(e)s
t'enfuis	vous enfuyez	t'es enfui(e)	vous êtes enfui(e)(s)
s'enfuit	s'enfuient	s'est enfui(e)	se sont enfui(e)s
2 imparfait de l'indicatif		**9 plus-que-parfait de l'indicatif**	
m'enfuyais	nous enfuyions	m'étais enfui(e)	nous étions enfui(e)s
t'enfuyais	vous enfuyiez	t'étais enfui(e)	vous étiez enfui(e)(s)
s'enfuyait	s'enfuyaient	s'était enfui(e)	s'étaient enfui(e)s
3 passé simple		**10 passé antérieur**	
m'enfuis	nous enfuîmes	me fus enfui(e)	nous fûmes enfui(e)s
t'enfuis	vous enfuîtes	te fus enfui(e)	vous fûtes enfui(e)(s)
s'enfuit	s'enfuirent	se fut enfui(e)	se furent enfui(e)s
4 futur		**11 futur antérieur**	
m'enfuirai	nous enfuirons	me serai enfui(e)	nous serons enfui(e)s
t'enfuiras	vous enfuirez	te seras enfui(e)	vous serez enfui(e)(s)
s'enfuira	s'enfuiront	se sera enfui(e)	se seront enfui(e)s
5 conditionnel		**12 conditionnel passé**	
m'enfuirais	nous enfuirions	me serais enfui(e)	nous serions enfui(e)s
t'enfuirais	vous enfuiriez	te serais enfui(e)	vous seriez enfui(e)(s)
s'enfuirait	s'enfuiraient	se serait enfui(e)	se seraient enfui(e)s
6 présent du subjonctif		**13 passé du subjonctif**	
m'enfuie	nous enfuyions	me sois enfui(e)	nous soyons enfui(e)s
t'enfuies	vous enfuyiez	te sois enfui(e)	vous soyez enfui(e)(s)
s'enfuie	s'enfuient	se soit enfui(e)	se soient enfui(e)s
7 imparfait du subjonctif		**14 plus-que-parfait du subjonctif**	
m'enfuisse	nous enfuissions	me fusse enfui(e)	nous fussions enfui(e)s
t'enfuisses	vous enfuissiez	te fusses enfui(e)	vous fussiez enfui(e)(s)
s'enfuît	s'enfuissent	se fût enfui(e)	se fussent enfui(e)s

Impératif
enfuis-toi; ne t'enfuis pas
enfuyons-nous; ne nous enfuyons pas
enfuyez-vous; ne vous enfuyez pas

Common idiomatic expressions using this verb and words related to it

s'enfuir d'un endroit　to flee from a place
prendre la fuite　to take to flight
laid à faire fuir　ugly enough to make you run off
fuir　to flee

faire fuir　to put to flight
la fuite　flight
fuir devant un danger　to run away from danger
Le temps fuit　Time flies.

Consult the sections on verbs used in idiomatic expressions, verbs with prepositions, and the list of over 1,000 verbs conjugated like model verbs in the back pages.

to carry away, to take away, to remove

The Seven Simple Tenses		The Seven Compound Tenses	
Singular	Plural	Singular	Plural
1 présent de l'indicatif		**8 passé composé**	
enlève	enlevons	ai enlevé	avons enlevé
enlèves	enlevez	as enlevé	avez enlevé
enlève	enlèvent	a enlevé	ont enlevé
2 imparfait de l'indicatif		**9 plus-que-parfait de l'indicatif**	
enlevais	enlevions	avais enlevé	avions enlevé
enlevais	enleviez	avais enlevé	aviez enlevé
enlevait	enlevaient	avait enlevé	avaient enlevé
3 passé simple		**10 passé antérieur**	
enlevai	enlevâmes	eus enlevé	eûmes enlevé
enlevas	enlevâtes	eus enlevé	eûtes enlevé
enleva	enlevèrent	eut enlevé	eurent enlevé
4 futur		**11 futur antérieur**	
enlèverai	enlèverons	aurai enlevé	aurons enlevé
enlèveras	enlèverez	auras enlevé	aurez enlevé
enlèvera	enlèveront	aura enlevé	auront enlevé
5 conditionnel		**12 conditionnel passé**	
enlèverais	enlèverions	aurais enlevé	aurions enlevé
enlèverais	enlèveriez	aurais enlevé	auriez enlevé
enlèverait	enlèveraient	aurait enlevé	auraient enlevé
6 présent du subjonctif		**13 passé du subjonctif**	
enlève	enlevions	aie enlevé	ayons enlevé
enlèves	enleviez	aies enlevé	ayez enlevé
enlève	enlèvent	ait enlevé	aient enlevé
7 imparfait du subjonctif		**14 plus-que-parfait du subjonctif**	
enlevasse	enlevassions	eusse enlevé	eussions enlevé
enlevasses	enlevassiez	eusses enlevé	eussiez enlevé
enlevât	enlevassent	eût enlevé	eussent enlevé

Impératif
enlève
enlevons
enlevez

Sentences using this verb and words related to it

   Madame Dubac est entrée dans sa maison. Elle a enlevé son chapeau, son manteau et ses gants. Puis, elle est allée directement au salon pour enlever une chaise et la mettre dans la salle à manger. Après cela, elle a enlevé les ordures.

enlever les ordures   to take the garbage out
un enlèvement   lifting, carrying off, removal
enlèvement d'un enfant   baby snatching, kidnapping
un enlevage   spurt (sports)

ennuyer

Part. pr. **ennuyant**   Part. passé **ennuyé**

to bore, to annoy, to weary

The Seven Simple Tenses		The Seven Compound Tenses	
Singular	Plural	Singular	Plural
1 présent de l'indicatif		**8 passé composé**	
ennuie	ennuyons	ai ennuyé	avons ennuyé
ennuies	ennuyez	as ennuyé	avez ennuyé
ennuie	ennuient	a ennuyé	ont ennuyé
2 imparfait de l'indicatif		**9 plus-que-parfait de l'indicatif**	
ennuyais	ennuyions	avais ennuyé	avions ennuyé
ennuyais	ennuyiez	avais ennuyé	aviez ennuyé
ennuyait	ennuyaient	avait ennuyé	avaient ennuyé
3 passé simple		**10 passé antérieur**	
ennuyai	ennuyâmes	eus ennuyé	eûmes ennuyé
ennuyas	ennuyâtes	eus ennuyé	eûtes ennuyé
ennuya	ennuyèrent	eut ennuyé	eurent ennuyé
4 futur		**11 futur antérieur**	
ennuierai	ennuierons	aurai ennuyé	aurons ennuyé
ennuieras	ennuierez	auras ennuyé	aurez ennuyé
ennuiera	ennuieront	aura ennuyé	auront ennuyé
5 conditionnel		**12 conditionnel passé**	
ennuierais	ennuierions	aurais ennuyé	aurions ennuyé
ennuierais	ennuieriez	aurais ennuyé	auriez ennuyé
ennuierait	ennuieraient	aurait ennuyé	auraient ennuyé
6 présent du subjonctif		**13 passé du subjonctif**	
ennuie	ennuyions	aie ennuyé	ayons ennuyé
ennuies	ennuyiez	aies ennuyé	ayez ennuyé
ennuie	ennuient	ait ennuyé	aient ennuyé
7 imparfait du subjonctif		**14 plus-que-parfait du subjonctif**	
ennuyasse	ennuyassions	eusse ennuyé	eussions ennuyé
ennuyasses	ennuyassiez	eusses ennuyé	eussiez ennuyé
ennuyât	ennuyassent	eût ennuyé	eussent ennuyé

Impératif
ennuie
ennuyons
ennuyez

Sentences using this verb and words related to it

—**Est-ce que je vous ennuie?**
—**Oui, vous m'ennuyez. Allez-vous en!**

un ennui   weariness, boredom, ennui
des ennuis   worries, troubles
ennuyeux, ennuyeuse   boring

mourir d'ennui   to be bored to tears
s'ennuyer   to become bored, to get bored
ennuyant, ennuyante   annoying

Verbs ending in -*uyer* must change *y* to *i* before mute *e*.

188

The Seven Simple Tenses		The Seven Compound Tenses	
Singular	Plural	Singular	Plural
1 présent de l'indicatif		**8 passé composé**	
enseigne	enseignons	ai enseigné	avons enseigné
enseignes	enseignez	as enseigné	avez enseigné
enseigne	enseignent	a enseigné	ont enseigné
2 imparfait de l'indicatif		**9 plus-que-parfait de l'indicatif**	
enseignais	enseignions	avais enseigné	avions enseigné
enseignais	enseigniez	avais enseigné	aviez enseigné
enseignait	enseignaient	avait enseigné	avaient enseigné
3 passé simple		**10 passé antérieur**	
enseignai	enseignâmes	eus enseigné	eûmes enseigné
enseignas	enseignâtes	eus enseigné	eûtes enseigné
enseigna	enseignèrent	eut enseigné	eurent enseigné
4 futur		**11 futur antérieur**	
enseignerai	enseignerons	aurai enseigné	aurons enseigné
enseigneras	enseignerez	auras enseigné	aurez enseigné
enseignera	enseigneront	aura enseigné	auront enseigné
5 conditionnel		**12 conditionnel passé**	
enseignerais	enseignerions	aurais enseigné	aurions enseigné
enseignerais	enseigneriez	aurais enseigné	auriez enseigné
enseignerait	enseigneraient	aurait enseigné	auraient enseigné
6 présent du subjonctif		**13 passé du subjonctif**	
enseigne	enseignions	aie enseigné	ayons enseigné
enseignes	enseigniez	aies enseigné	ayez enseigné
enseigne	enseignent	ait enseigné	aient enseigné
7 imparfait du subjonctif		**14 plus-que-parfait du subjonctif**	
enseignasse	enseignassions	eusse enseigné	eussions enseigné
enseignasses	enseignassiez	eusses enseigné	eussiez enseigné
enseignât	enseignassent	eût enseigné	eussent enseigné

Impératif
enseigne
enseignons
enseignez

Sentences using this verb and words and expressions related to it

J'enseigne aux élèves à lire en français. L'enseignement est une profession.

enseigner quelque chose à quelqu'un   to teach something to someone
une enseigne   sign, flag
un enseigne   ensign
l'enseignement *(m.)*   teaching
renseigner qqn de qqch   to inform someone about something
se renseigner   to get information, to inquire
un renseignement, des renseignements   information

The subject pronouns are found on the page facing page 1.

to hear, to understand

The Seven Simple Tenses		The Seven Compound Tenses	
Singular	Plural	Singular	Plural
1 présent de l'indicatif		**8 passé composé**	
entends	entendons	ai entendu	avons entendu
entends	entendez	as entendu	avez entendu
entend	entendent	a entendu	ont entendu
2 imparfait de l'indicatif		**9 plus-que-parfait de l'indicatif**	
entendais	entendions	avais entendu	avions entendu
entendais	entendiez	avais entendu	aviez entendu
entendait	entendaient	avait entendu	avaient entendu
3 passé simple		**10 passé antérieur**	
entendis	entendîmes	eus entendu	eûmes entendu
entendis	entendîtes	eus entendu	eûtes entendu
entendit	entendirent	eut entendu	eurent entendu
4 futur		**11 futur antérieur**	
entendrai	entendrons	aurai entendu	aurons entendu
entendras	entendrez	auras entendu	aurez entendu
entendra	entendront	aura entendu	auront entendu
5 conditionnel		**12 conditionnel passé**	
entendrais	entendrions	aurais entendu	aurions entendu
entendrais	entendriez	aurais entendu	auriez entendu
entendrait	entendraient	aurait entendu	auraient entendu
6 présent du subjonctif		**13 passé du subjonctif**	
entende	entendions	aie entendu	ayons entendu
entendes	entendiez	aies entendu	ayez entendu
entende	entendent	ait entendu	aient entendu
7 imparfait du subjonctif		**14 plus-que-parfait du subjonctif**	
entendisse	entendissions	eusse entendu	eussions entendu
entendisses	entendissiez	eusses entendu	eussiez entendu
entendît	entendissent	eût entendu	eussent entendu

Impératif
entends
entendons
entendez

Sentences using this verb and words and expressions related to it

—As-tu entendu quelque chose?
—Non, chéri, je n'ai rien entendu.
—J'ai entendu un bruit. . . de la cuisine. . . silence . . . je l'entends encore.
—Oh! Un cambrioleur!

un entendement	understanding	bien entendu	of course
sous-entendre	to imply	C'est entendu!	It's understood! Agreed!
un sous-entente	innuendo	s'entendre avec qqn	to get along with
une sous-entente	implication		someone, to understand each other

Je m'entends bien avec ma soeur
   I get along very well with my sister.

The Seven Simple Tenses		The Seven Compound Tenses	
Singular	Plural	Singular	Plural

1 présent de l'indicatif

		8 passé composé	
enterre	enterrons	ai enterré	avons enterré
enterres	enterrez	as enterré	avez enterré
enterre	enterrent	a enterré	ont enterré

2 imparfait de l'indicatif

		9 plus-que-parfait de l'indicatif	
enterrais	enterrions	avais enterré	avions enterré
enterrais	enterriez	avais enterré	aviez enterré
enterrait	enterraient	avait enterré	avaient enterré

3 passé simple

		10 passé antérieur	
enterrai	enterrâmes	eus enterré	eûmes enterré
enterras	enterrâtes	eus enterré	eûtes enterré
enterra	enterrerent	eut enterré	eurent enterré

4 futur

		11 futur antérieur	
enterrerai	enterrerons	aurai enterré	aurons enterré
enterreras	enterrerez	auras enterré	aurez enterré
enterrera	enterreront	aura enterré	auront enterré

5 conditionnel

		12 conditionnel passé	
enterrerais	enterrerions	aurais enterré	aurions enterré
enterrerais	enterreriez	aurais enterré	auriez enterré
enterrerait	enterreraient	aurait enterré	auraient enterré

6 présent du subjonctif

		13 passé du subjonctif	
enterre	enterrions	aie enterré	ayons enterré
enterres	enterriez	aies enterré	ayez enterré
enterre	enterrent	ait enterré	aient enterré

7 imparfait du subjonctif

		14 plus-que-parfait du subjonctif	
enterrasse	enterrassions	eusse enterré	eussions enterré
enterrasses	enterrassiez	eusses enterré	eussiez enterré
enterrât	enterrassent	eût enterré	eussent enterré

Impératif
enterre
enterrons
enterrez

Words and expressions related to this verb

enterrer un cadavre   to bury a corpse
s'enterrer   to bury oneself
enterrer une affaire   to abandon a matter
enterrer sa vie de garçon   to hold a
   bachelor's party (for a man about to be
   married)

enterrer une chose   to bury something, to
   forget about something, to shelve
   something
un enterrement   burial, interment
s'enterrer dans un endroit   to bury oneself
   in a place, to isolate oneself from the
   rest of the world

Consult the sections on verbs used in idiomatic expressions, verbs with prepositions, and the
list of over 1,000 verbs conjugated like model verbs in the back pages.

to undertake, to engage upon

The Seven Simple Tenses		The Seven Compound Tenses	
Singular	Plural	Singular	Plural
1 présent de l'indicatif		8 passé composé	
entreprends	entreprenons	ai entrepris	avons entrepris
entreprends	entreprenez	as entrepris	avez entrepris
entreprend	éntreprennent	a entrepris	ont entrepris
2 imparfait de l'indicatif		9 plus-que-parfait de l'indicatif	
entreprenais	entreprenions	avais entrepris	avions entrepris
entreprenais	entrepreniez	avais entrepris	aviez entrepris
entreprenait	entreprenaient	avait entrepris	avaient entrepris
3 passé simple		10 passé antérieur	
entrepris	entreprîmes	eus entrepris	eûmes entrepris
entrepris	entreprîtes	eus entrepris	eûtes entrepris
entreprit	entreprirent	eut entrepris	eurent entrepris
4 futur		11 futur antérieur	
entreprendrai	entreprendrons	aurai entrepris	aurons entrepris
entreprendras	entreprendrez	auras entrepris	aurez entrepris
entreprendra	entreprendront	aura entrepris	auront entrepris
5 conditionnel		12 conditionnel passé	
entreprendrais	entreprendrions	aurais entrepris	aurions entrepris
entreprendrais	entreprendriez	aurais entrepris	auriez entrepris
entreprendrait	entreprendraient	aurait entrepris	auraient entrepris
6 présent du subjonctif		13 passé du subjonctif	
entreprenne	entreprenions	aie entrepris	ayons entrepris
entreprennes	entrepreniez	aies entrepris	ayez entrepris
entreprenne	entreprennent	ait entrepris	aient entrepris
7 imparfait du subjonctif		14 plus-que-parfait du subjonctif	
entreprisse	entreprissions	eusse entrepris	eussions entrepris
entreprisses	entreprissiez	eusses entrepris	eussiez entrepris
entreprît	entreprissent	eût entrepris	eussent entrepris

Impératif
entreprends
entreprenons
entreprenez

Words and expressions related to this verb

entreprendre de faire qqch   to undertake
  to do something
avoir un esprit entreprenant   to be bold,
  daring, enterprising
une entreprise   enterprise; **une entreprise
rémunératrice**   profitable enterprise

entreprenant, entreprenante   enterprising
un entrepreneur, une entrepreneuse
  contractor
une association d'entreprises   cartel

Consult the sections on verbs used in idiomatic expressions, verbs with prepositions, and the list of over 1,000 verbs conjugated like model verbs in the back pages.

to enter, to come in, to go in

The Seven Simple Tenses		The Seven Compound Tenses	
Singular	Plural	Singular	Plural
1 présent de l'indicatif		**8 passé composé**	
entre	entrons	suis entré(e)	sommes entré(e)s
entres	entrez	es entré(e)	êtes entré(e)(s)
entre	entrent	est entré(e)	sont entré(e)s
2 imparfait de l'indicatif		**9 plus-que-parfait de l'indicatif**	
entrais	entrions	étais entré(e)	étions entré(e)s
entrais	entriez	étais entré(e)	étiez entré(e)(s)
entrait	entraient	était entré(e)	étaient entré(e)s
3 passé simple		**10 passé antérieur**	
entrai	entrâmes	fus entré(e)	fûmes entré(e)s
entras	entrâtes	fus entré(e)	fûtes entré(e)(s)
entra	entrèrent	fut entré(e)	furent entré(e)s
4 futur		**11 futur antérieur**	
entrerai	entrerons	serai entré(e)	serons entré(e)s
entreras	entrerez	seras entré(e)	serez entré(e)(s)
entrera	entreront	sera entré(e)	seront entré(e)s
5 conditionnel		**12 conditionnel passé**	
entrerais	entrerions	serais entré(e)	serions entré(e)s
entrerais	entreriez	serais entré(e)	seriez entré(e)(s)
entrerait	entreraient	serait entré(e)	seraient entré(e)s
6 présent du subjonctif		**13 passé du subjonctif**	
entre	entrions	sois entré(e)	soyons entré(e)s
entres	entriez	sois entré(e)	soyez entré(e)(s)
entre	entrent	soit entré(e)	soient entré(e)s
7 imparfait du subjonctif		**14 plus-que-parfait du subjonctif**	
entrasse	entrassions	fusse entré(e)	fussions entré(e)s
entrasses	entrassiez	fusses entré(e)	fussiez entré(e)(s)
entrât	entrassent	fût entré(e)	fussent entré(e)s

Impératif
entre
entrons
entrez

Sentences using this verb and words and expressions related to it

Mes parents veulent acheter une nouvelle maison. Nous sommes allés voir quelques maisons à vendre. Nous avons vu une jolie maison et nous y sommes entrés. Ma mère est entrée dans la cuisine pour regarder. Mon père est entré dans le garage pour regarder. Ma soeur est entrée dans la salle à manger et moi, je suis entré dans la salle de bains pour voir s'il y avait une douche.

l'entrée *(f.)*   entrance
entrer par la fenêtre   to enter through the window
entrer dans + noun   to enter (into) + noun

See also **rentrer**.

The subject pronouns are found on the page facing page 1.   **193**

to fly off, to fly away, to take flight, to take wing (birds), to take off (airplane)

The Seven Simple Tenses		The Seven Compound Tenses	
Singular	Plural	Singular	Plural
1 présent de l'indicatif		**8 passé composé**	
m'envole	nous envolons	me suis envolé(e)	nous sommes envolé(e)s
t'envoles	vous envolez	t'es envolé(e)	vous êtes envolé(e)(s)
s'envole	s'envolent	s'est envolé(e)	se sont envolé(e)s
2 imparfait de l'indicatif		**9 plus-que-parfait de l'indicatif**	
m'envolais	nous envolions	m'étais envolé(e)	nous étions envolé(e)s
t'envolais	vous envoliez	t'étais envolé(e)	vous étiez envolé(e)(s)
s'envolait	s'envolaient	s'était envolé(e)	s'étaient envolé(e)s
3 passé simple		**10 passé antérieur**	
m'envolai	nous envolâmes	me fus envolé(e)	nous fûmes envolé(e)s
t'envolas	vous envolâtes	te fus envolé(e)	vous fûtes envolé(e)(s)
s'envola	s'envolèrent	se fut envolé(e)	se furent envolé(e)s
4 futur		**11 futur antérieur**	
m'envolerai	nous envolerons	me serai envolé(e)	nous serons envolé(e)s
t'envoleras	vous envolerez	te seras envolé(e)	vous serez envolé(e)(s)
s'envolera	s'envoleront	se sera envolé(e)	se seront envolé(e)s
5 conditionnel		**12 conditionnel passé**	
m'envolerais	nous envolerions	me serais envolé(e)	nous serions envolé(e)s
t'envolerais	vous envoleriez	te serais envolé(e)	vous seriez envolé(e)(s)
s'envolerait	s'envoleraient	se serait envolé(e)	se seraient envolé(e)s
6 présent du subjonctif		**13 passé du subjonctif**	
m'envole	nous envolions	me sois envolé(e)	nous soyons envolé(e)s
t'envoles	vous envoliez	te sois envolé(e)	vous soyez envolé(e)(s)
s'envole	s'envolent	se soit envolé(e)	se soient envolé(e)s
7 imparfait du subjonctif		**14 plus-que-parfait du subjonctif**	
m'envolasse	nous envolassions	me fusse envolé(e)	nous fussions envolé(e)s
t'envolasses	vous envolassiez	te fusses envolé(e)	vous fussiez envolé(e)(s)
s'envolât	s'envolassent	se fût envolé(e)	se fussent envolé(e)s

Impératif
envole-toi; ne t'envole pas
envolons-nous; ne nous envolons pas
envolez-vous; ne vous envolez pas

Words and expressions related to this verb

une envolée flying off
un envol flight of a bird;
  take-off of an airplane

voler to fly, to steal
le vol flight, theft
Les paroles s'envolent
  Spoken words fly away.

Consult the sections on verbs used in idiomatic expressions, verbs with prepositions, and the list of over 1,000 verbs conjugated like model verbs in the back pages.

The Seven Simple Tenses		The Seven Compound Tenses	
Singular	Plural	Singular	Plural
1 présent de l'indicatif		8 passé composé	
envoie	envoyons	ai envoyé	avons envoyé
envoies	envoyez	as envoyé	avez envoyé
envoie	envoient	a envoyé	ont envoyé
2 imparfait de l'indicatif		9 plus-que-parfait de l'indicatif	
envoyais	envoyions	avais envoyé	avions envoyé
envoyais	envoyiez	avais envoyé	aviez envoyé
envoyait	envoyaient	avait envoyé	avaient envoyé
3 passé simple		10 passé antérieur	
envoyai	envoyâmes	eus envoyé	eûmes envoyé
envoyas	envoyâtes	eus envoyé	eûtes envoyé
envoya	envoyèrent	eut envoyé	eurent envoyé
4 futur		11 futur antérieur	
enverrai	enverrons	aurai envoyé	aurons envoyé
enverras	enverrez	auras envoyé	aurez envoyé
enverra	enverront	aura envoyé	auront envoyé
5 conditionnel		12 conditionnel passé	
enverrais	enverrions	aurais envoyé	aurions envoyé
enverrais	enverriez	aurais envoyé	auriez envoyé
enverrait	enverraient	aurait envoyé	auraient envoyé
6 présent du subjonctif		13 passé du subjonctif	
envoie	envoyions	aie envoyé	ayons envoyé
envoies	envoyiez	aies envoyé	ayez envoyé
envoie	envoient	ait envoyé	aient envoyé
7 imparfait du subjonctif		14 plus-que-parfait du subjonctif	
envoyasse	envoyassions	eusse envoyé	eussions envoyé
envoyasses	envoyassiez	eusses envoyé	eussiez envoyé
envoyât	envoyassent	eût envoyé	eussent envoyé

Impératif
envoie
envoyons
envoyez

Sentences using this verb and words related to it

Hier j'ai envoyé une lettre à des amis en France. Demain j'enverrai une lettre à mes amis en Italie. J'enverrais une lettre en Chine mais je ne connais personne dans ce pays.

Verbs ending in -oyer must change y to i before mute e.

envoyer chercher   to send for;   Mon père a envoyé chercher le docteur parce que mon petit frère est malade.
un envoi   envoy
envoyeur, envoyeuse   sender
renvoyer   to send away (back), to discharge someone

to marry, to wed

The Seven Simple Tenses		The Seven Compound Tenses	
Singular	Plural	Singular	Plural
1 présent de l'indicatif		**8 passé composé**	
épouse	épousons	ai épousé	avons épousé
épouses	épousez	as épousé	avez épousé
épouse	épousent	a épousé	ont épousé
2 imparfait de l'indicatif		**9 plus-que-parfait de l'indicatif**	
épousais	épousions	avais épousé	avions épousé
épousais	épousiez	avais épousé	aviez épousé
épousait	épousaient	avait épousé	avaient épousé
3 passé simple		**10 passé antérieur**	
épousai	épousâmes	eus épousé	eûmes épousé
épousas	épousâtes	eus épousé	eûtes épousé
épousa	épousèrent	eut épousé	eurent épousé
4 futur		**11 futur antérieur**	
épouserai	épouserons	aurai épousé	aurons épousé
épouseras	épouserez	auras épousé	aurez épousé
épousera	épouseront	aura épousé	auront épousé
5 conditionnel		**12 conditionnel passé**	
épouserais	épouserions	aurais épousé	aurions épousé
épouserais	épouseriez	aurais épousé	auriez épousé
épouserait	épouseraient	aurait épousé	auraient épousé
6 présent du subjonctif		**13 passé du subjonctif**	
épouse	épousions	aie épousé	ayons épousé
épouses	épousiez	aies épousé	ayez épousé
épouse	épousent	ait épousé	aient épousé
7 imparfait du subjonctif		**14 plus-que-parfait du subjonctif**	
épousasse	épousassions	eusse épousé	eussions épousé
épousasses	épousassiez	eusses épousé	eussiez épousé
épousât	épousassent	eût épousé	eussent épousé

Impératif
épouse
épousons
épousez

Sentences using this verb and words related to it

    J'ai trois frères. Le premier a épousé une jolie jeune fille française. Le deuxième a épousé une belle jeune fille italienne, et le troisième a épousé une jolie fille espagnole. Elles sont très intelligentes.

un époux   husband
une épouse   wife
les nouveaux mariés   the newlyweds
se marier avec quelqu'un   to get married to someone

196

to try, to test, to put to the test, to feel, to experience

The Seven Simple Tenses		The Seven Compound Tenses	
Singular	Plural	Singular	Plural
1 présent de l'indicatif		**8 passé composé**	
éprouve	éprouvons	ai éprouvé	avons éprouvé
éprouves	éprouvez	as éprouvé	avez éprouvé
éprouve	éprouvent	a éprouvé	ont éprouvé
2 imparfait de l'indicatif		**9 plus-que-parfait de l'indicatif**	
éprouvais	éprouvions	avais éprouvé	avions éprouvé
éprouvais	éprouviez	avais éprouvé	aviez éprouvé
éprouvait	éprouvaient	avait éprouvé	avaient éprouvé
3 passé simple		**10 passé antérieur**	
éprouvai	éprouvâmes	eus éprouvé	eûmes éprouvé
éprouvas	éprouvâtes	eus éprouvé	eûtes éprouvé
éprouva	éprouvèrent	eut éprouvé	eurent éprouvé
4 futur		**11 futur antérieur**	
éprouverai	éprouverons	aurai éprouvé	aurons éprouvé
éprouveras	éprouverez	auras éprouvé	aurez éprouvé
éprouvera	éprouveront	aura éprouvé	auront éprouvé
5 conditionnel		**12 conditionnel passé**	
éprouverais	éprouverions	aurais éprouvé	aurions éprouvé
éprouverais	éprouveriez	aurais éprouvé	auriez éprouvé
éprouverait	éprouveraient	aurait éprouvé	auraient éprouvé
6 présent du subjonctif		**13 passé du subjonctif**	
éprouve	éprouvions	aie éprouvé	ayons éprouvé
éprouves	éprouviez	aies éprouvé	ayez éprouvé
éprouve	éprouvent	ait éprouvé	aient éprouvé
7 imparfait du subjonctif		**14 plus-que-parfait du subjonctif**	
éprouvasse	éprouvassions	eusse éprouvé	eussions éprouvé
éprouvasses	éprouvassiez	eusses éprouvé	eussiez éprouvé
éprouvât	éprouvassent	eût éprouvé	eussent éprouvé

Impératif
éprouve
éprouvons
éprouvez

Common idiomatic expressions using this verb and words related to it

éprouver des doutes   to have doubts,
  to feel doubtful
éprouver qqn   to put someone
  to the test
mettre qqn à l'épreuve   to
  put someone to the test
éprouver un regret   to feel a regret

éprouver de la sympathie pour qqn
  to feel sympathy for someone
mettre à l'épreuve   to put to the test
une épreuve   test, proof, page proof
une épreuve écrite   written test
une épreuve orale   oral test
éprouver de la honte   to experience shame

Consult the sections on verbs used in idiomatic expressions, verbs with prepositions, and the
list of over 1,000 verbs conjugated like model verbs in the back pages.

The subject pronouns are found on the page facing page 1.   **197**

to hope

The Seven Simple Tenses		The Seven Compound Tenses	
Singular	Plural	Singular	Plural
1 présent de l'indicatif		**8 passé composé**	
espère	espérons	ai espéré	avons espéré
espères	espérez	as espéré	avez espéré
espère	espèrent	a espéré	ont espéré
2 imparfait de l'indicatif		**9 plus-que-parfait de l'indicatif**	
espérais	espérions	avais espéré	avions espéré
espérais	espériez	avais espéré	aviez espéré
espérait	espéraient	avait espéré	avaient espéré
3 passé simple		**10 passé antérieur**	
espérai	espérâmes	eus espéré	eûmes espéré
espéras	espérâtes	eus espéré	eûtes espéré
espéra	espérèrent	eut espéré	eurent espéré
4 futur		**11 futur antérieur**	
espérerai	espérerons	aurai espéré	aurons espéré
espéreras	espérerez	auras espéré	aurez espéré
espérera	espéreront	aura espéré	auront espéré
5 conditionnel		**12 conditionnel passé**	
espérerais	espérerions	aurais espéré	aurions espéré
espérerais	espéreriez	aurais espéré	auriez espéré
espérerait	espéreraient	aurait espéré	auraient espéré
6 présent du subjonctif		**13 passé du subjonctif**	
espère	espérions	aie espéré	ayons espéré
espères	espériez	aies espéré	ayez espéré
espère	espèrent	ait espéré	aient espéré
7 imparfait du subjonctif		**14 plus-que-parfait du subjonctif**	
espérasse	espérassions	eusse espéré	eussions espéré
espérasses	espérassiez	eusses espéré	eussiez espéré
espérât	espérassent	eût espéré	eussent espéré

Impératif
espère
espérons
espérez

Sentences using this verb and words and expressions related to it

J'espère que Paul viendra mais je n'espère pas que son frère vienne.

l'espérance *(f.)*   hope, expectation
plein d'espérance   hopeful, full of hope
l'espoir *(m.)*   hope
avoir bon espoir de réussir   to have good hopes of succeeding
désespérer de   to despair of; **se désespérer**   to be in despair
le désespoir   despair; **un désespoir d'amour**   disappointed love

to try, to try on

The Seven Simple Tenses		The Seven Compound Tenses	
Singular	Plural	Singular	Plural
1 présent de l'indicatif		**8 passé composé**	
essaye	essayons	ai essayé	avons essayé
essayes	essayez	as essayé	avez essayé
essaye	essayent	a essayé	ont essayé
2 imparfait de l'indicatif		**9 plus-que-parfait de l'indicatif**	
essayais	essayions	avais essayé	avions essayé
essayais	essayiez	avais essayé	aviez essayé
essayait	essayaient	avait essayé	avaient essayé
3 passé simple		**10 passé antérieur**	
essayai	essayâmes	eus essayé	eûmes essayé
essayas	essayâtes	eus essayé	eûtes essayé
essaya	essayèrent	eut essayé	eurent essayé
4 futur		**11 futur antérieur**	
essayerai	essayerons	aurai essayé	aurons essayé
essayeras	essayerez	auras essayé	aurez essayé
essayera	essayeront	aura essayé	auront essayé
5 conditionnel		**12 conditionnel passé**	
essayerais	essayerions	aurais essayé	aurions essayé
essayerais	essayeriez	aurais essayé	auriez essayé
essayerait	essayeraient	aurait essayé	auraient essayé
6 présent du subjonctif		**13 passé du subjonctif**	
essaye	essayions	aie essayé	ayons essayé
essayes	essayiez	aies essayé	ayez essayé
essaye	essayent	ait essayé	aient essayé
7 imparfait du subjonctif		**14 plus-que-parfait du subjonctif**	
essayasse	essayassions	eusse essayé	eussions essayé
essayasses	essayassiez	eusses essayé	eussiez essayé
essayât	essayassent	eût essayé	eussent essayé

Impératif
essaye
essayons
essayez

Sentences using this verb and words related to it

   Marcel a essayé d'écrire un essai sur la vie des animaux sauvages mais il n'a pas pu réussir à écrire une seule phrase. Alors, il est allé dans la chambre de son grand frère pour travailler ensemble.

un essai essay		**essayeur, essayeuse** fitter (clothing)	
essayiste essayist		**essayage** *(m.)* fitting (clothing)	
essayer de faire qqch to try to do something			

Verbs ending in *-ayer* may change *y* to *i* before mute *e* or may keep *y*.

to wipe

The Seven Simple Tenses		The Seven Compound Tenses	
Singular	Plural	Singular	Plural
1 présent de l'indicatif		**8 passé composé**	
essuie	essuyons	ai essuyé	avons essuyé
essuies	essuyez	as essuyé	avez essuyé
essuie	essuient	a essuyé	ont essuyé
2 imparfait de l'indicatif		**9 plus-que-parfait de l'indicatif**	
essuyais	essuyions	avais essuyé	avions essuyé
essuyais	essuyiez	avais essuyé	aviez essuyé
essuyait	essuyaient	avait essuyé	avaient essuyé
3 passé simple		**10 passé antérieur**	
essuyai	essuyâmes	eus essuyé	eûmes essuyé
essuyas	essuyâtes	eus essuyé	eûtes essuyé
essuya	essuyèrent	eut essuyé	eurent essuyé
4 futur		**11 futur antérieur**	
essuierai	essuierons	aurai essuyé	aurons essuyé
essuieras	essuierez	auras essuyé	aurez essuyé
essuiera	essuieront	aura essuyé	auront essuyé
5 conditionnel		**12 conditionnel passé**	
essuierais	essuierions	aurais essuyé	aurions essuyé
essuierais	essuieriez	aurais essuyé	auriez essuyé
essuierait	essuieraient	aurait essuyé	auraient essuyé
6 présent du subjonctif		**13 passé du subjonctif**	
essuie	essuyions	aie essuyé	ayons essuyé
essuies	essuyiez	aies essuyé	ayez essuyé
essuie	essuient	ait essuyé	aient essuyé
7 imparfait du subjonctif		**14 plus-que-parfait du subjonctif**	
essuyasse	essuyassions	eusse essuyé	eussions essuyé
essuyasses	essuyassiez	eusses essuyé	eussiez essuyé
essuyât	essuyassent	eût essuyé	eussent essuyé

Impératif
essuie
essuyons
essuyez

Words and expressions related to this verb

un essuie-mains	hand towel	**un essuie-verres**	glass cloth
un essuie-glace	windshield wiper	**s'essuyer**	to wipe oneself
l'essuyage *(m.)*	wiping	**s'essuyer le front**	to wipe one's brow

Verbs ending in *-uyer* must change *y* to *i* before mute *e*.

to establish, to set up, to draw up

The Seven Simple Tenses		The Seven Compound Tenses	
Singular	Plural	Singular	Plural
1 présent de l'indicatif		**8 passé composé**	
établis	établissons	ai établi	avons établi
établis	établissez	as établi	avez établi
établit	établissent	a établi	ont établi
2 imparfait de l'indicatif		**9 plus-que-parfait de l'indicatif**	
établissais	établissions	avais établi	avions établi
établissais	établissiez	avais établi	aviez établi
établissait	établissaient	avait établi	avaient établi
3 passé simple		**10 passé antérieur**	
établis	établîmes	eus établi	eûmes établi
établis	établîtes	eus établi	eûtes établi
établit	établirent	eut établi	eurent établi
4 futur		**11 futur antérieur**	
établirai	établirons	aurai établi	aurons établi
établiras	établirez	auras établi	aurez établi
établira	établiront	aura établi	auront établi
5 conditionnel		**12 conditionnel passé**	
établirais	établirions	aurais établi	aurions établi
établirais	établiriez	aurais établi	auriez établi
établirait	établiraient	aurait établi	auraient établi
6 présent du subjonctif		**13 passé du subjonctif**	
établisse	établissions	aie établi	ayons établi
établisses	établissiez	aies établi	ayez établi
établisse	établissent	ait établi	aient établi
7 imparfait du subjonctif		**14 plus-que-parfait du subjonctif**	
établisse	établissions	eusse établi	eussions établi
établisses	établissiez	eusses établi	eussiez établi
établît	établissent	eût établi	eussent établi

Impératif
établis
établissons
établissez

Words related to this verb

rétablir   to reestablish, to restore
s'établir   to settle down, to start a business
se rétablir   to recover one's health
un établissement   establishment

Consult the sections on verbs used in idiomatic expressions, verbs with prepositions, and the list of over 1,000 verbs conjugated like model verbs in the back pages.

The subject pronouns are found on the page facing page 1.   **201**

to extinguish

The Seven Simple Tenses		The Seven Compound Tenses	
Singular	Plural	Singular	Plural
1 présent de l'indicatif		**8 passé composé**	
éteins	éteignons	ai éteint	avons éteint
éteins	éteignez	as éteint	avez éteint
éteint	éteignent	a éteint	ont éteint
2 imparfait de l'indicatif		**9 plus-que-parfait de l'indicatif**	
éteignais	éteignions	avais éteint	avions éteint
éteignais	éteigniez	avais éteint	aviez éteint
éteignait	éteignaient	avait éteint	avaient éteint
3 passé simple		**10 passé antérieur**	
éteignis	éteignîmes	eus éteint	eûmes éteint
éteignis	éteignîtes	eus éteint	eûtes éteint
éteignit	éteignirent	eut éteint	eurent éteint
4 futur		**11 futur antérieur**	
éteindrai	éteindrons	aurai éteint	aurons éteint
éteindras	éteindrez	auras éteint	aurez éteint
éteindra	éteindront	aura éteint	auront éteint
5 conditionnel		**12 conditionnel passé**	
éteindrais	éteindrions	aurais éteint	aurions éteint
éteindrais	éteindriez	aurais éteint	auriez éteint
éteindrait	éteindraient	aurait éteint	auraient éteint
6 présent du subjonctif		**13 passé du subjonctif**	
éteigne	éteignions	aie éteint	ayons éteint
éteignes	éteigniez	aies éteint	ayez éteint
éteigne	éteignent	ait éteint	aient éteint
7 imparfait du subjonctif		**14 plus-que-parfait du subjonctif**	
éteignisse	éteignissions	eusse éteint	eussions éteint
éteignisses	éteignissiez	eusses éteint	eussiez éteint
éteignît	éteignissent	eût éteint	eussent éteint

Impératif
éteins
éteignons
éteignez

Sentences using this verb and words and expressions related to it

Il est minuit. Je vais me coucher. Je dois me lever tôt le matin pour aller à l'école. J'éteins la lumière. Bonne nuit!

éteint, éteinte   extinct
un éteignoir   extinguisher, snuffer
s'éteindre   to flicker out, to die out, to die
éteindre le feu   to put out the fire
éteindre la lumière   to turn off the light

to stretch oneself, to stretch out, to lie down

The Seven Simple Tenses		The Seven Compound Tenses	
Singular	Plural	Singular	Plural
1 présent de l'indicatif		**8 passé composé**	
m'étends	**nous étendons**	**me suis étendu(e)**	**nous sommes étendu(e)s**
t'étends	**vous étendez**	**t'es étendu(e)**	**vous êtes étendu(e)(s)**
s'étend	**s'étendent**	**s'est étendu(e)**	**se sont étendu(e)s**
2 imparfait de l'indicatif		**9 plus-que-parfait de l'indicatif**	
m'étendais	**nous étendions**	**m'étais étendu(e)**	**nous étions étendu(e)s**
t'étendais	**vous étendiez**	**t'étais étendu(e)**	**vous étiez étendu(e)(s)**
s'étendait	**s'étendaient**	**s'était étendu(e)**	**s'étaient étendu(e)s**
3 passé simple		**10 passé antérieur**	
m'étendis	**nous étendîmes**	**me fus étendu(e)**	**nous fûmes étendu(e)s**
t'étendis	**vous étendîtes**	**te fus étendu(e)**	**vous fûtes étendu(e)(s)**
s'étendit	**s'étendirent**	**se fut étendu(e)**	**se furent étendu(e)s**
4 futur		**11 futur antérieur**	
m'étendrai	**nous étendrons**	**me serai étendu(e)**	**nous serons étendu(e)s**
t'étendras	**vous étendrez**	**te seras étendu(e)**	**vous serez étendu(e)(s)**
s'étendra	**s'étendront**	**se sera étendu(e)**	**se seront étendu(e)s**
5 conditionnel		**12 conditionnel passé**	
m'étendrais	**nous étendrions**	**me serais étendu(e)**	**nous serions étendu(e)s**
t'étendrais	**vous étendriez**	**te serais étendu(e)**	**vous seriez étendu(e)(s)**
s'étendrait	**s'étendraient**	**se serait étendu(e)**	**se seraient étendu(e)s**
6 présent du subjonctif		**13 passé du subjonctif**	
m'étende	**nous étendions**	**me sois étendu(e)**	**nous soyons étendu(e)s**
t'étendes	**vous étendiez**	**te sois étendu(e)**	**vous soyez étendu(e)(s)**
s'étende	**s'étendent**	**se soit étendu(e)**	**se soient étendu(e)s**
7 imparfait du subjonctif		**14 plus-que-parfait du subjonctif**	
m'étendisse	**nous étendissions**	**me fusse étendu(e)**	**nous fussions étendu(e)s**
t'étendisses	**vous étendissiez**	**te fusses étendu(e)**	**vous fussiez étendu(e)(s)**
s'étendît	**s'étendissent**	**se fût étendu(e)**	**se fussent étendu(e)s**

Impératif
étends-toi; ne t'étends pas
étendons-nous; ne nous étendons pas
étendez-vous; ne vous étendez pas

Sentences using this verb and words and expressions related to it

   Ma mère était si fatiguée quand elle est rentrée à la maison après avoir fait du shopping, qu'elle est allée directement au lit et elle s'est étendue.

étendre du linge   to hang out the wash
étendre la main   to hold out your hand
étendre le bras   to extend your arm
étendre d'eau   to water down
s'étendre sur qqch   to dwell on something

to amaze, to astonish, to stun, to surprise

The Seven Simple Tenses		The Seven Compound Tenses	
Singular	Plural	Singular	Plural
1 présent de l'indicatif		**8 passé composé**	
étonne	étonnons	ai étonné	avons étonné
étonnes	étonnez	as étonné	avez étonné
étonne	étonnent	a étonné	ont étonné
2 imparfait de l'indicatif		**9 plus-que-parfait de l'indicatif**	
étonnais	étonnions	avais étonné	avions étonné
étonnais	étonniez	avais étonné	aviez étonné
étonnait	étonnaient	avait étonné	avaient étonné
3 passé simple		**10 passé antérieur**	
étonnai	étonnâmes	eus étonné	eûmes étonné
étonnas	étonnâtes	eus étonné	eûtes étonné
étonna	étonnèrent	eut étonné	eurent étonné
4 futur		**11 futur antérieur**	
étonnerai	étonnerons	aurai étonné	aurons étonné
étonneras	étonnerez	auras étonné	aurez étonné
étonnera	étonneront	aura étonné	auront étonné
5 conditionnel		**12 conditionnel passé**	
étonnerais	étonnerions	aurais étonné	aurions étonné
étonnerais	étonneriez	aurais étonné	auriez étonné
étonnerait	étonneraient	aurait étonné	auraient étonné
6 présent du subjonctif		**13 passé du subjonctif**	
étonne	étonnions	aie étonné	ayons étonné
étonnes	étonniez	aies étonné	ayez étonné
étonne	étonnent	ait étonné	aient étonné
7 imparfait du subjonctif		**14 plus-que-parfait du subjonctif**	
étonnasse	étonnassions	eusse étonné	eussions étonné
étonnasses	étonnassiez	eusses étonné	eussiez étonné
étonnât	étonnassent	eût étonné	eussent étonné

Impératif
étonne
étonnons
étonnez

Words related to this verb

étonnant, étonnante   astonishing
C'est bien étonnant!   It's quite astonishing!
l'étonnement *(m.)*   astonishment, amazement
s'étonner de   to be astonished at
Cela m'étonne!   That astonishes me!
Cela ne m'étonne pas!   That does not surprise me!

Consult the front and back pages for various sections on using verbs.

to daze, to stun, to make dizzy, to deafen, to bewilder

The Seven Simple Tenses		The Seven Compound Tenses	
Singular	Plural	Singular	Plural
1 présent de l'indicatif		**8 passé composé**	
étourdis	étourdissons	ai étourdi	avons étoudi
étourdis	étourdissez	as étourdi	avez étourdi
étourdit	étourdissent	a étourdi	ont étourdi
2 imparfait de l'indicatif		**9 plus-que-parfait de l'indicatif**	
étourdissais	étourdissions	avais étourdi	avions étourdi
étourdissais	étourdissiez	avais étourdi	aviez étourdi
étourdissait	étourdissaient	avait étourdi	avaient étourdi
3 passé simple		**10 passé antérieur**	
étourdis	étourdîmes	eus étourdi	eûmes étourdi
étourdis	étourdîtes	eus étourdi	eûtes étourdi
étourdit	étourdirent	eut étourdi	eurent étourdi
4 futur		**11 futur antérieur**	
étourdirai	étourdirons	aurai étourdi	aurons étourdi
étourdiras	étourdirez	auras étourdi	aurez étourdi
étourdira	étourdiront	aura étourdi	auront étourdi
5 conditionnel		**12 conditionnel passé**	
étourdirais	étourdirions	aurais étourdi	aurions étourdi
étourdirais	étourdiriez	aurais étourdi	auriez étourdi
étourdirait	étourdiraient	aurait étourdi	auraient étourdi
6 présent du subjonctif		**13 passé du subjonctif**	
étourdisse	étourdissions	aie étourdi	ayons étourdi
étourdisses	étourdissiez	aies étourdi	ayez étourdi
étourdisse	étourdissent	ait étourdi	aient étourdi
7 imparfait du subjonctif		**14 plus-que-parfait du subjonctif**	
étourdisse	étourdissions	eusse étourdi	eussions étourdi
étourdisses	étourdissiez	eusses étourdi	eussiez étourdi
étourdît	étourdissent	eût étourdi	eussent étourdi

Impératif
étourdis
étourdissons
étourdissez

Words and expressions related to this verb

s'étourdir   to lose one's senses in some kind of outlet; **boire pour s'étourdir** to drink in order to forget
une étourderie   thoughtlessness, carelessness

un étourdissement   giddiness; temporary loss of one's senses
étourdiment   thoughtlessly
étourdi, étourdie   thoughtless, giddy
par étourderie   by an oversight
étourdissant, étourdissante   staggering, deafening

Consult the sections on verbs used in idiomatic expressions, verbs with prepositions, and the list of over 1,000 verbs conjugated like model verbs in the back pages.

to be

The Seven Simple Tenses		The Seven Compound Tenses	
Singular	Plural	Singular	Plural
1 présent de l'indicatif		**8 passé composé**	
suis	sommes	ai été	avons été
es	êtes	as été	avez été
est	sont	a été	ont été
2 imparfait de l'indicatif		**9 plus-que-parfait de l'indicatif**	
étais	étions	avais été	avions été
étais	étiez	avais été	aviez été
était	étaient	avait été	avaient été
3 passé simple		**10 passé antérieur**	
fus	fûmes	eus été	eûmes été
fus	fûtes	eus été	eûtes été
fut	furent	eut été	eurent été
4 futur		**11 futur antérieur**	
serai	serons	aurai été	aurons été
seras	serez	auras été	aurez été
sera	seront	aura été	auront été
5 conditionnel		**12 conditionnel passé**	
serais	serions	aurais été	aurions été
serais	seriez	aurais été	auriez été
serait	seraient	aurait été	auraient été
6 présent du subjonctif		**13 passé du subjonctif**	
sois	soyons	aie été	ayons été
sois	soyez	aies été	ayez été
soit	soient	ait été	aient été
7 imparfait du subjonctif		**14 plus-que-parfait du subjonctif**	
fusse	fussions	eusse été	eussions été
fusses	fussiez	eusses été	eussiez été
fût	fussent	eût été	eussent été

Impératif
sois
soyons
soyez

Common idiomatic expressions using this verb

être en train de + inf.   to be in the act of + pres. part., to be in the process of, to be busy + pres. part.;
    Mon père est en train d'écrire une lettre à mes grands-parents.

être à l'heure   to be on time   **Je suis à vous**   I am at your service.
être à temps   to be in time   **Je suis d'avis que. . .**   I am of the opinion that. . .
être pressé(e)   to be in a hurry

For more idiomatic expressions using this verb, consult the back pages.

The Seven Simple Tenses		The Seven Compound Tenses	
Singular	Plural	Singular	Plural
1 présent de l'indicatif		**8 passé composé**	
étudie	étudions	ai étudié	avons étudié
étudies	étudiez	as étudié	avez étudié
étudie	étudient	a étudié	ont étudié
2 imparfait de l'indicatif		**9 plus-que-parfait de l'indicatif**	
étudiais	étudiions	avais étudié	avions étudié
étudiais	étudiiez	avais étudié	aviez étudié
étudiait	étudiaient	avait étudié	avaient étudié
3 passé simple		**10 passé antérieur**	
étudiai	étudiâmes	eus étudié	eûmes étudié
étudias	étudiâtes	eus étudié	eûtes étudié
étudia	étudièrent	eut étudié	eurent étudié
4 futur		**11 futur antérieur**	
étudierai	étudierons	aurai étudié	aurons étudié
étudieras	étudierez	auras étudié	aurez étudié
étudiera	étudieront	aura étudié	auront étudié
5 conditionnel		**12 conditionnel passé**	
étudierais	étudierions	aurais étudié	aurions étudié
étudierais	étudieriez	aurais étudié	auriez étudié
étudierait	étudieraient	aurait étudié	auraient étudié
6 présent du subjonctif		**13 passé du subjonctif**	
étudie	étudiions	aie étudié	ayons étudié
étudies	étudiiez	aies étudié	ayez étudié
étudie	étudient	ait étudié	aient étudié
7 imparfait du subjonctif		**14 plus-que-parfait du subjonctif**	
étudiasse	étudiassions	eusse étudié	eussions étudié
étudiasses	étudiassiez	eusses étudié	eussiez étudié
étudiât	étudiassent	eût étudié	eussent étudié

Impératif
étudie
étudions
étudiez

Sentences using this verb and words related to it

Je connais une jeune fille qui étudie le piano depuis deux ans. Je connais un garçon qui étudie ses leçons à fond. Je connais un astronome qui étudie les étoiles dans le ciel depuis dix ans.

étudier à fond   to study thoroughly
un étudiant, une étudiante   student
l'étude *(f.)*   study;   **les études**   studies
faire ses études   to study, to go to school
à l'étude   under consideration, under study

to evaluate, to appraise, to assess, to estimate

The Seven Simple Tenses		The Seven Compound Tenses	
Singular	Plural	Singular	Plural
1 présent de l'indicatif		**8 passé composé**	
évalue	évaluons	ai évalué	avons évalué
évalues	évaluez	as évalué	avez évalué
évalue	évaluent	a évalué	ont évalué
2 imparfait de l'indicatif		**9 plus-que-parfait de l'indicatif**	
évaluais	évaluions	avais évalué	avions évalué
évaluais	évaluiez	avais évalué	aviez évalué
évaluait	évaluaient	avait évalué	avaient évalué
3 passé simple		**10 passé antérieur**	
évaluai	évaluâmes	eus évalué	eûmes évalué
évaluas	évaluâtes	eus évalué	eûtes évalué
évalua	évaluèrent	eut évalué	eurent évalué
4 futur		**11 futur antérieur**	
évaluerai	évaluerons	aurai évalué	aurons évalué
évalueras	évaluerez	auras évalué	aurez évalué
évaluera	évalueront	aura évalué	auront évalué
5 conditionnel		**12 conditionnel passé**	
évaluerais	évaluerions	aurais évalué	aurions évalué
évaluerais	évalueriez	aurais évalué	auriez évalué
évaluerait	évalueraient	aurait évalué	auraient évalué
6 présent du subjonctif		**13 passé du subjonctif**	
évalue	évaluions	aie évalué	ayons évalué
évalues	évaluiez	aies évalué	ayez évalué
évalue	évaluent	ait évalué	aient évalué
7 imparfait du subjonctif		**14 plus-que-parfait du subjonctif**	
évaluasse	évaluassions	eusse évalué	eussions évalué
évaluasses	évaluassiez	eusses évalué	eussiez évalué
évaluât	évaluassent	eût évalué	eussent évalué

Impératif
évalue
évaluons
évaluez

Words and expressions related to this verb

une évaluation   evaluation, estimate, assessment
de valeur   valuable, of value
valable   valid
mettre en valeur   to emphasize, to enhance

la valeur   value, valor
faire évaluer qqch   to evaluate something
valablement   validly
valeureusement   valorously

Consult the sections on verbs used in idiomatic expressions, verbs with prepositions, and the list of over 1,000 verbs conjugated like model verbs in the back pages.

to faint, to lose consciousness, to swoon, to vanish

The Seven Simple Tenses		The Seven Compound Tenses	
Singular	Plural	Singular	Plural
1 présent de l'indicatif		**8 passé composé**	
m'évanouis	nous évanouissons	me suis évanoui(e)	nous sommes évanoui(e)s
t'évanouis	vous évanouissez	t'es évanoui(e)	vous êtes évanoui(e)(s)
s'évanouit	s'évanouissent	s'est évanoui(e)	se sont évanoui(e)s
2 imparfait de l'indicatif		**9 plus-que-parfait de l'indicatif**	
m'évanouissais	nous évanouissions	m'étais évanoui(e)	nous étions évanoui(e)s
t'évanouissais	vous évanouissiez	t'étais évanoui(e)	vous étiez évanoui(e)(s)
s'évanouissait	s'évanouissaient	s'était évanoui(e)	s'étaient évanoui(e)s
3 passé simple		**10 passé antérieur**	
m'évanouis	nous évanouîmes	me fus évanoui(e)	nous fûmes évanoui(e)s
t'évanouis	vous évanouîtes	te fus évanoui(e)	vous fûtes évanoui(e)(s)
s'évanouit	s'évanouirent	se fut évanoui(e)	se furent évanoui(e)s
4 futur		**11 futur antérieur**	
m'évanouirai	nous évanouirons	me serai évanoui(e)	nous serons évanoui(e)s
t'évanouiras	vous évanouirez	te seras évanoui(e)	vous serez évanoui(e)(s)
s'évanouira	s'évanouiront	se sera évanoui(e)	se seront évanoui(e)s
5 conditionnel		**12 conditionnel passé**	
m'évanouirais	nous évanouirions	me serais évanoui(e)	nous serions évanoui(e)s
t'évanouirais	vous évanouiriez	te serais évanoui(e)	vous seriez évanoui(e)(s)
s'évanouirait	s'évanouiraient	se serait évanoui(e)	se seraient évanoui(e)s
6 présent du subjonctif		**13 passé du subjonctif**	
m'évanouisse	nous évanouissions	me sois évanoui(e)	nous soyons évanoui(e)s
t'évanouisses	vous évanouissiez	te sois évanoui(e)	vous soyez évanoui(e)(s)
s'évanouisse	s'évanouissent	se soit évanoui(e)	se soient évanoui(e)s
7 imparfait du subjonctif		**14 plus-que-parfait du subjonctif**	
m'évanouisse	nous évanouissions	me fusse évanoui(e)	nous fussions évanoui(e)s
t'évanouisses	vous évanouissiez	te fusses évanoui(e)	vous fussiez évanoui(e)(s)
s'évanouît	s'évanouissent	se fût évanoui(e)	se fussent évanoui(e)s

Impératif
évanouis-toi; ne t'évanouis pas
évanouissons-nous; ne nous évanouissons pas
évanouissez-vous; ne vous évanouissez pas

Words and expressions related to this verb

un évanouissement   faint, fading
un rêve évanoui   vanished dream

évanoui, évanouie   unconscious, fainted, in a faint; vanished
revenir d'un évanouissement   to come out of a faint

Consult the sections on verbs used in idiomatic expressions, verbs with prepositions, and the list of over 1,000 verbs conjugated like model verbs in the back pages.

to avoid

The Seven Simple Tenses		The Seven Compound Tenses	
Singular	Plural	Singular	Plural
1 présent de l'indicatif		**8 passé composé**	
évite	évitons	ai évité	avons évité
évites	évitez	as évité	avez évité
évite	évitent	a évité	ont évité
2 imparfait de l'indicatif		**9 plus-que-parfait de l'indicatif**	
évitais	évitions	avais évité	avions évité
évitais	évitiez	avais évité	aviez évité
évitait	évitaient	avait évité	avaient évité
3 passé simple		**10 passé antérieur**	
évitai	évitâmes	eus évité	eûmes évité
évitas	évitâtes	eus évité	eûtes évité
évita	évitèrent	eut évité	eurent évité
4 futur		**11 futur antérieur**	
éviterai	éviterons	aurai évité	aurons évité
éviteras	éviterez	auras évité	aurez évité
évitera	éviteront	aura évité	auront évité
5 conditionnel		**12 conditionnel passé**	
éviterais	éviterions	aurais évité	aurions évité
éviterais	éviteriez	aurais évité	auriez évité
éviterait	éviteraient	aurait évité	auraient évité
6 présent du subjonctif		**13 passé du subjonctif**	
évite	évitions	aie évité	ayons évité
évites	évitiez	aies évité	ayez évité
évite	évitent	ait évité	aient évité
7 imparfait du subjonctif		**14 plus-que-parfait du subjonctif**	
évitasse	évitassions	eusse évité	eussions évité
évitasses	évitassiez	eusses évité	eussiez évité
évitât	évitassent	eût évité	eussent évité

Impératif
évite
évitons
évitez

Words and expressions related to this verb

éviter de faire qqch   to avoid doing something
éviter à qqn la peine de faire qqch   to spare someone the trouble of doing something
évitable   avoidable
inévitable   inevitable, unavoidable
inévitablement   inevitably, unavoidably

Consult the sections on verbs used in idiomatic expressions, verbs with prepositions, and the list of over 1,000 verbs conjugated like model verbs in the back pages.

to excuse

The Seven Simple Tenses		The Seven Compound Tenses	
Singular	Plural	Singular	Plural
1 présent de l'indicatif		**8 passé composé**	
excuse	excusons	ai excusé	avons excué
excuses	excusez	as excusé	avez excusé
excuse	excusent	a excusé	ont excusé
2 imparfait de l'indicatif		**9 plus-que-parfait de l'indicatif**	
excusais	excusions	avais excusé	avions excusé
excusais	excusiez	avais excusé	aviez excusé
excusait	excusaient	avait excusé	avaient excusé
3 passé simple		**10 passé antérieur**	
excusai	excusâmes	eus excusé	eûmes excusé
excusas	excusâtes	eus excusé	eûtes excusé
excusa	excusèrent	eut excusé	eurent excusé
4 futur		**11 futur antérieur**	
excuserai	excuserons	aurai excusé	aurons excusé
excuseras	excuserez	auras excusé	aurez excusé
excusera	excuseront	aura excusé	auront excusé
5 conditionnel		**12 conditionnel passé**	
excuserais	excuserions	aurais excusé	aurions excusé
excuserais	excuseriez	aurais excusé	auriez excusé
excuserait	excuseraient	aurait excusé	auraient excusé
6 présent du subjonctif		**13 passé du subjonctif**	
excuse	excusions	aie excusé	ayons excusé
excuses	excusiez	aies excusé	ayez excusé
excuse	excusent	ait excusé	aient excusé
7 imparfait du subjonctif		**14 plus-que-parfait du subjonctif**	
excusasse	excusassions	eusse excusé	eussions excusé
excuasasses	excusassiez	eusses excusé	eussiez excusé
excusât	excusassent	eût excusé	eussent excusé

Impératif
excuse
excusons
excusez

Words and expressions related to this verb

excuser de   to excuse from (for)
excuser qqn de faire qqch   to excuse someone from doing something; to excuse someone's
  doing something
se faire excuser   to ask to be excused
une excuse   excuse
faire ses excuses à qqn pour qqch   to apologize to someone for something

See also **s'excuser.**

Consult the sections on verbs used in idiomatic expressions, verbs with prepositions, and the
list of over 1,000 verbs conjugated like model verbs in the back pages.

The subject pronouns are found on the page facing page 1.   **211**

s'excuser

to excuse oneself, to apologize

The Seven Simple Tenses		The Seven Compound Tenses	
Singular	Plural	Singular	Plural
1 présent de l'indicatif		**8 passé composé**	
m'excuse	nous excusons	me suis excusé(e)	nous sommes excusé(e)s
t'excuses	vous excusez	t'es excusé(e)	vous êtes excusé(e)(s)
s'excuse	s'excusent	s'est excusé(e)	se sont excusé(e)s
2 imparfait de l'indicatif		**9 plus-que-parfait de l'indicatif**	
m'excusais	nous excusions	m'étais excusé(e)	nous étions excusé(e)s
t'excusais	vous excusiez	t'étais excusé(e)	vous étiez excusé(e)(s)
s'excusait	s'excusaient	s'était excusé(e)	s'étaient excusé(e)s
3 passé simple		**10 passé antérieur**	
m'excusai	nous excusâmes	me fus excusé(e)	nous fûmes excusé(e)s
t'excusas	vous excusâtes	te fus excusé(e)	vous fûtes excusé(e)(s)
s'excusa	s'excusèrent	se fut excusé(e)	se furent excusé(e)s
4 futur		**11 futur antérieur**	
m'excuserai	nous excuserons	me serai excusé(e)	nous serons excusé(e)s
t'excuseras	vous excuserez	te seras excusé(e)	vous serez excusé(e)(s)
s'excusera	s'excuseront	se sera excusé(e)	se seront excusé(e)s
5 conditionnel		**12 conditionnel passé**	
m'excuserais	nous excuserions	me serais excusé(e)	nous serions excusé(e)s
t'excuserais	vous excuseriez	te serais excusé(e)	vous seriez excusé(e)(s)
s'excuserait	s'excuseraient	se serait excusé(e)	se seraient excusé(e)s
6 présent du subjonctif		**13 passé du subjonctif**	
m'excuse	nous excusions	me sois excusé(e)	nous soyons excusé(e)s
t'excuses	vous excusiez	te sois excusé(e)	vous soyez excusé(e)(s)
s'excuse	s'excusent	se soit excusé(e)	se soient excusé(e)s
7 imparfait du subjonctif		**14 plus-que-parfait du subjonctif**	
m'excusasse	nous excusassions	me fusse excusé(e)	nous fussions excusé(e)s
t'excusasses	vous excusassiez	te fusses excusé(e)	vous fussiez excusé(e)(s)
s'excusât	s'excusassent	se fût excusé(e)	se fussent excusé(e)s

Impératif
excuse-toi; ne t'excuse pas
excusons-nous; ne nous excusons pas
excusez-vous; ne vous excusez pas

Sentences using this verb and words and expressions related to it

L'élève: **Je m'excuse, madame. Excusez-moi. Je m'excuse de vous déranger.
Est-ce que vous m'excusez? Est-ce que je vous dérange?**
La maîtresse: **Oui, je t'excuse. Non, tu ne me déranges pas. Que veux-tu?**
L'élève: **Est-ce que je peux quitter la salle de classe pour aller aux toilettes?**
La maîtresse: **Oui, vas-y.**

s'excuser de   to apologize for
Veuillez m'excuser   Please (Be good enough to) excuse me.
Qui s'excuse s'accuse   A guilty conscience needs no accuser.

212

to demand, to require

The Seven Simple Tenses		The Seven Compound Tenses	
Singular	Plural	Singular	Plural
1 présent de l'indicatif		**8 passé composé**	
exige	exigeons	ai exigé	avons exigé
exiges	exigez	as exigé	avez exigé
exige	exigent	a exigé	ont exigé
2 imparfait de l'indicatif		**9 plus-que-parfait de l'indicatif**	
exigeais	exigions	avais exigé	avions exigé
exigeais	exigiez	avais exigé	aviez exigé
exigeait	exigeaient	avait exigé	avaient exigé
3 passé simple		**10 passé antérieur**	
exigeai	exigeâmes	eus exigé	eûmes exigé
exigeas	exigeâtes	eus exigé	eûtes exigé
exigea	exigèrent	eut exigé	eurent exigé
4 futur		**11 futur antérieur**	
exigerai	exigerons	aurai exigé	aurons exigé
exigeras	exigerez	auras exigé	aurez exigé
exigera	exigeront	aura exigé	auront exigé
5 conditionnel		**12 conditionnel passé**	
exigerais	exigerions	aurais exigé	aurions exigé
exigerais	exigeriez	aurais exigé	auriez exigé
exigerait	exigeraient	aurait exigé	auraient exigé
6 présent du subjonctif		**13 passé du subjonctif**	
exige	exigions	aie exigé	ayons exigé
exiges	exigiez	aies exigé	ayez exigé
exige	exigent	ait exigé	aient exigé
7 imparfait du subjonctif		**14 plus-que-parfait du subjonctif**	
exigeasse	exigeassions	eusse exigé	eussions exigé
exigeasses	exigeassiez	eusses exigé	eussiez exigé
exigeât	exigeassent	eût exigé	eussent exigé

Impératif
exige
exigeons
exigez

Sentences using this verb and words related to it

La maîtresse de français:	**Paul, viens ici. Ta composition est chargée de fautes.**
	J'exige que tu la refasses. Rends-la-moi dans dix minutes.
L'élève:	**Ce n'est pas de ma faute, madame. C'est mon père qui l'a écrite.**
	Dois-je la refaire?

exigeant, exigeante   exacting
l'exigence *(f.)*   exigency
exiger des soins attentifs   to demand great care
les exigences   requirements

to explain

The Seven Simple Tenses		The Seven Compound Tenses	
Singular	Plural	Singular	Plural
1 présent de l'indicatif		**8 passé composé**	
explique	expliquons	ai expliqué	avons expliqué
expliques	expliquez	as expliqué	avez expliqué
explique	expliquent	a expliqué	ont expliqué
2 imparfait de l'indicatif		**9 plus-que-parfait de l'indicatif**	
expliquais	expliquions	avais expliqué	avions expliqué
expliquais	expliquiez	avais expliqué	aviez expliqué
expliquait	expliquaient	avait expliqué	avaient expliqué
3 passé simple		**10 passé antérieur**	
expliquai	expliquâmes	eus expliqué	eûmes expliqué
expliquas	expliquâtes	eus expliqué	eûtes expliqué
expliqua	expliquèrent	eut expliqué	eurent expliqué
4 futur		**11 futur antérieur**	
expliquerai	expliquerons	aurai expliqué	aurons expliqué
expliqueras	expliquerez	auras expliqué	aurez expliqué
expliquera	expliqueront	aura expliqué	auront expliqué
5 conditionnel		**12 conditionnel passé**	
expliquerais	expliquerions	aurais expliqué	aurions expliqué
expliquerais	expliqueriez	aurais expliqué	auriez expliqué
expliquerait	expliqueraient	aurait expliqué	auraient expliqué
6 présent du subjonctif		**13 passé du subjonctif**	
explique	expliquions	aie expliqué	ayons expliqué
expliques	expliquiez	aies expliqué	ayez expliqué
explique	expliquent	ait expliqué	aient expliqué
7 imparfait du subjonctif		**14 plus-que-parfait du subjonctif**	
expliquasse	expliquassions	eusse expliqué	eussions expliqué
expliquasses	expliquassiez	eusses expliqué	eussiez expliqué
expliquât	expliquassent	eût expliqué	eussent expliqué

Impératif
explique
expliquons
expliquez

Words related to this verb

explicite   explicit   **explicable**   explainable
explicitement   explicitly   **explicatif, explicative**   explanatory
l'explication *(f.)*   explanation   **s'expliciter**   to be explicit
explicateur, explicatrice   explainer

Note the difference in meaning in the following two sentences. See p. xxv (b).

J'ai étudié la leçon que le professeur avait expliquée.   I studied the lesson which the
teacher had explained.
J'avais étudié la leçon que le professeur a expliquée.   I had studied the lesson which the
teacher explained.

The Seven Simple Tenses		The Seven Compound Tenses	
Singular	Plural	Singular	Plural

1   présent de l'indicatif

		8 passé composé	
exprime	exprimons	ai exprimé	avons exprimé
exprimes	exprimez	as exprimé	avez exprimé
exprime	expriment	a exprimé	ont exprimé

2   imparfait de l'indicatif

		9 plus-que-parfait de l'indicatif	
exprimais	exprimions	avais exprimé	avions exprimé
exprimais	exprimiez	avais exprimé	aviez exprimé
exprimait	exprimaient	avait exprimé	avaient exprimé

3   passé simple

		10 passé antérieur	
exprimai	exprimâmes	eus exprimé	eûmes exprimé
exprimas	exprimâtes	eus exprimé	eûtes exprimé
exprima	exprimèrent	eut exprimé	eurent exprimé

4   futur

		11 futur antérieur	
exprimerai	exprimerons	aurai exprimé	aurons exprimé
exprimeras	exprimerez	auras exprimé	aurez exprimé
exprimera	exprimeront	aura exprimé	auront exprimé

5   conditionnel

		12 conditionnel passé	
exprimerais	exprimerions	aurais exprimé	aurions exprimé
exprimerais	exprimeriez	aurais exprimé	auriez exprimé
exprimerait	exprimeraient	aurait exprimé	auraient exprimé

6   présent du subjonctif

		13 passé du subjonctif	
exprime	exprimions	aie exprimé	ayons exprimé
exprimes	exprimiez	aies exprimé	ayez exprimé
exprime	expriment	ait exprimé	aient exprimé

7   imparfait du subjonctif

		14 plus-que-parfait du subjonctif	
exprimasse	exprimassions	eusse exprimé	eussions exprimé
exprimasses	exprimassiez	eusses exprimé	eussiez exprimé
exprimât	exprimassent	eût exprimé	eussent exprimé

Impératif
exprime
exprimons
exprimez

Words and expressions related to this verb

exprimer ses voeux   to express (convey) one's wishes
exprimable   expressible
une expression   expression; **expression des sentiments**   expression of feelings
exprimer   to press, to squeeze
s'exprimer   to express oneself

Consult the sections on verbs used in idiomatic expressions, verbs with prepositions, and the list of over 1,000 verbs conjugated like model verbs in the back pages.

to become angry, to get angry

The Seven Simple Tenses		The Seven Compound Tenses	
Singular	Plural	Singular	Plural

1   présent de l'indicatif

me fâche	nous fâchons	
te fâches	vous fâchez	
se fâche	se fâchent	

8   passé composé

me suis fâché(e)	nous sommes fâché(e)s
t'es fâché(e)	vous êtes fâché(e)(s)
s'est fâché(e)	se sont fâché(e)s

2   imparfait de l'indicatif

me fâchais	nous fâchions
te fâchais	vous fâchiez
se fâchait	se fâchaient

9   plus-que-parfait de l'indicatif

m'étais fâché(e)	nous étions fâché(e)s
t'étais fâché(e)	vous étiez fâché(e)(s)
s'était fâché(e)	s'étaient fâché(e)s

3   passé simple

me fâchai	nous fâchâmes
te fâchas	vous fâchâtes
se fâcha	se fâchèrent

10   passé antérieur

me fus fâché(e)	nous fûmes fâché(e)s
te fus fâché(e)	vous fûtes fâché(e)(s)
se fut fâché(e)	se furent fâché(e)s

4   futur

me fâcherai	nous fâcherons
te fâcheras	vous fâcherez
se fâchera	se fâcheront

11   futur antérieur

me serai fâché(e)	nous serons fâché(e)s
te seras fâché(e)	vous serez fâché(e)(s)
se sera fâché(e)	se seront fâché(e)s

5   conditionnel

me fâcherais	nous fâcherions
te fâcherais	vous fâcheriez
se fâcherait	se fâcheraient

12   conditionnel passé

me serais fâché(e)	nous serions fâché(e)s
te serais fâché(e)	vous seriez fâché(e)(s)
se serait fâché(e)	se seraient fâché(e)s

6   présent du subjonctif

me fâche	nous fâchions
te fâches	vous fâchiez
se fâche	se fâchent

13   passé du subjonctif

me sois fâché(e)	nous soyons fâché(e)s
te sois fâché(e)	vous soyez fâché(e)(s)
se soit fâché(e)	se soient fâché(e)s

7   imparfait du subjonctif

me fâchasse	nous fâchassions
te fâchasses	vous fâchassiez
se fâchât	se fâchassent

14   plus-que-parfait du subjonctif

me fusse fâché(e)	nous fussions fâché(e)s
te fusses fâché(e)	vous fussiez fâché(e)(s)
se fût fâché(e)	se fussent fâché(e)s

Impératif
fâche-toi; ne te fâche pas
fâchons-nous; ne nous fâchons pas
fâchez-vous; ne vous fâchez pas

Words and expressions related to this verb

fâcher qqn   to anger someone, to offend someone
se fâcher contre qqn   to become angry at someone
une fâcherie   tiff
C'est fâcheux!   It's a nuisance! It's annoying!
fâcheusement   annoyingly

The Seven Simple Tenses		The Seven Compound Tenses	
Singular	Plural	Singular	Plural

1 présent de l'indicatif		8 passé composé	
faux	faillons	ai failli	avons failli
faux	faillez	as failli	avez failli
faut	faillent	a failli	ont failli

2 imparfait de l'indicatif		9 plus-que-parfait de l'indicatif	
faillais	faillions	avais failli	avions failli
faillais	failliez	avais failli	aviez failli
faillait	faillaient	avait failli	avaient failli

3 passé simple		10 passé antérieur	
faillis	faillîmes	eus failli	eûmes failli
faillis	faillîtes	eus failli	eûtes failli
faillit	faillirent	eut failli	eurent failli

4 futur		11 futur antérieur	
faillirai or faudrai	faillirons or faudrons	aurai failli	aurons failli
failliras or faudras	faillirez or faudrez	auras failli	aurez failli
faillira or faudra	failliront or faudront	aura failli	auront failli

5 conditionnel		12 conditionnel passé	
faillirais or faudrais	faillirions or faudrions	aurais failli	aurions failli
faillirais or faudrais	failliriez or faudriez	aurais failli	auriez failli
faillirait or faudrait	failliraient or faudraient	aurait failli	auraient failli

6 présent du subjonctif		13 passé du subjonctif	
faille	faillions	aie failli	ayons failli
failles	failliez	aies failli	ayez failli
faille	faillent	ait failli	aient failli

7 imparfait du subjonctif		14 plus-que-parfait du subjonctif	
faillisse	faillissions	eusse failli	eussions failli
faillisses	faillissiez	eusses failli	eussiez failli
faillît	faillissent	eût failli	eussent failli

Impératif

Words and expressions related to this verb

la faillite   bankruptcy, failure
failli, faillie   bankrupt
J'ai failli tomber   I almost fell.
faire faillite   to go bankrupt

défaillir   to weaken, to faint
défaillant, défaillante   feeble
une défaillance   faint (swoon)

to do, to make

The Seven Simple Tenses		The Seven Compound Tenses	
Singular	Plural	Singular	Plural
1 présent de l'indicatif		**8 passé composé**	
fais	faisons	ai fait	avons fait
fais	faites	as fait	avez fait
fait	font	a fait	ont fait
2 imparfait de l'indicatif		**9 plus-que-parfait de l'indicatif**	
faisais	faisions	avais fait	avions fait
faisais	faisiez	avais fait	aviez fait
faisait	faisaient	avait fait	avaient fait
3 passé simple		**10 passé antérieur**	
fis	fîmes	eus fait	eûmes fait
fis	fîtes	eus fait	eûtes fait
fit	firent	eut fait	eurent fait
4 futur		**11 futur antérieur**	
ferai	ferons	aurai fait	aurons fait
feras	ferez	auras fait	aurez fait
fera	feront	aura fait	auront fait
5 conditionnel		**12 conditionnel passé**	
ferais	ferions	aurais fait	aurions fait
ferais	feriez	aurais fait	auriez fait
ferait	feraient	aurait fait	auraient fait
6 présent du subjonctif		**13 passé du subjonctif**	
fasse	fassions	aie fait	ayons fait
fasses	fassiez	aies fait	ayez fait
fasse	fassent	ait fait	aient fait
7 imparfait du subjonctif		**14 plus-que-parfait du subjonctif**	
fisse	fissions	eusse fait	eussions fait
fisses	fissiez	eusses fait	eussiez fait
fît	fissent	eût fait	eussent fait

Impératif
fais
faisons
faites

Common idiomatic expressions using this verb

faire beau   to be beautiful weather
faire chaud   to be warm weather
faire froid   to be cold weather
faire de l'autostop   to hitchhike
faire attention à qqn ou à qqch   to pay attention to someone or to something

For more idioms using this verb, see the back pages for the section on verbs used in idiomatic expressions.

to be necessary, must, to be lacking to (à), to need

The Seven Simple Tenses	The Seven Compound Tenses
Singular	Singular
1 présent de l'indicatif **il faut**	8 passé composé **il a fallu**
2 imparfait de l'indicatif **il fallait**	9 plus-que-parfait de l'indicatif **il avait fallu**
3 passé simple **il fallut**	10 passé antérieur **il eut fallu**
4 futur **il faudra**	11 futur antérieur **il aura fallu**
5 conditionnel **il faudrait**	12 conditionnel passé **il aurait fallu**
6 présent du subjonctif **qu'il faille**	13 passé du subjonctif **qu'il ait fallu**
7 imparfait du subjonctif **qu'il fallût**	14 plus-que-parfait du subjonctif **qu'il eût fallu**

Impératif

Common idiomatic expressions using this verb

Il faut que je fasse mes leçons avant de regarder la télé. Il faut me coucher tôt parce qu'il faut me lever tôt. Il faut faire attention en classe, et il faut être sage. Si je fais toutes ces choses, je serai récompensé.

comme il faut   as is proper
agir comme il faut   to behave properly
Il me faut de l'argent   I need some money.

Il faut manger pour vivre   It is necessary to eat in order to live.
Il ne faut pas parler sans politesse   One must not talk impolitely.

This is an impersonal verb and is used in the tenses given above with the subject *il.*

to congratulate

The Seven Simple Tenses		The Seven Compound Tenses	
Singular	Plural	Singular	Plural

1 présent de l'indicatif		8 passé composé	
félicite	félicitons	ai félicité	avons félicité
félicites	félicitez	as félicité	avez félicité
félicite	félicitent	a félicité	ont félicité

2 imparfait de l'indicatif		9 plus-que-parfait de l'indicatif	
félicitais	félicitions	avais félicité	avions félicité
félicitais	félicitiez	avais félicité	aviez félicité
félicitait	félicitaient	avait félicité	avaient félicité

3 passé simple		10 passé antérieur	
félicitai	félicitâmes	eus félicité	eûmes félicité
félicitas	félicitâtes	eus félicité	eûtes félicité
félicita	félicitèrent	eut félicité	eurent félicité

4 futur		11 futur antérieur	
féliciterai	féliciterons	aurai félicité	aurons félicité
féliciteras	féliciterez	auras félicité	aurez félicité
félicitera	féliciteront	aura félicité	auront félicité

5 conditionnel		12 conditionnel passé	
féliciterais	féliciterions	aurais félicité	aurions félicité
féliciterais	féliciteriez	aurais félicité	auriez félicité
féliciterait	féliciteraient	aurait félicité	auraient félicité

6 présent du subjonctif		13 passé du subjonctif	
félicite	félicitions	aie félicité	ayons félicité
félicites	félicitiez	aies félicité	ayez félicité
félicite	félicitent	ait félicité	aient félicité

7 imparfait du subjonctif		14 plus-que-parfait du subjonctif	
félicitasse	félicitassions	eusse félicité	eussions félicité
félicitasses	félicitassiez	eusses félicité	eussiez félicité
félicitât	félicitassent	eût félicité	eussent félicité

Impératif
félicite
félicitons
félicitez

Words and expressions related to this verb

féliciter qqn de qqch to congratulate someone for something
Je vous félicite! I congratulate you!
la félicitation congratulation
Félicitations! Congratulations!
se féliciter de qqch to congratulate oneself about something
la félicité bliss, felicity, happiness

Consult the sections on verbs used in idiomatic expressions, verbs with prepositions, and the list of over 1,000 verbs conjugated like model verbs in the back pages.

to feign, to make believe, to pretend, to simulate

The Seven Simple Tenses		The Seven Compound Tenses	
Singular	Plural	Singular	Plural
1 présent de l'indicatif		**8 passé composé**	
feins	**feignons**	**ai feint**	**avons feint**
feins	**feignez**	**as feint**	**avez feint**
feint	**feignent**	**a feint**	**ont feint**
2 imparfait de l'indicatif		**9 plus-que-parfait de l'indicatif**	
feignais	**feignions**	**avais feint**	**avions feint**
feignais	**feigniez**	**avais feint**	**aviez feint**
feignait	**feignaient**	**avait feint**	**avaient feint**
3 passé simple		**10 passé antérieur**	
feignis	**feignîmes**	**eus feint**	**eûmes feint**
feignis	**feignîtes**	**eus feint**	**eûtes feint**
feignit	**feignirent**	**eut feint**	**eurent feint**
4 futur		**11 futur antérieur**	
feindrai	**feindrons**	**aurai feint**	**aurons feint**
feindras	**feindrez**	**auras feint**	**aurez feint**
feindra	**feindront**	**aura feint**	**auront feint**
5 conditionnel		**12 conditionnel passé**	
feindrais	**feindrions**	**aurais feint**	**aurions feint**
feindrais	**feindriez**	**aurais feint**	**auriez feint**
feindrait	**feindraient**	**aurait feint**	**auraient feint**
6 présent du subjonctif		**13 passé du subjonctif**	
feigne	**feignions**	**aie feint**	**ayons feint**
feignes	**feigniez**	**aies feint**	**ayez feint**
feigne	**feignent**	**ait feint**	**aient feint**
7 imparfait du subjonctif		**14 plus-que-parfait du subjonctif**	
feignisse	**feignissions**	**eusse feint**	**eussions feint**
feignisses	**feignissiez**	**eusses feint**	**eussiez feint**
feignît	**feignissent**	**eût feint**	**eussent feint**

Impératif
feins
feignons
feignez

Words and expressions related to this verb

feint, feinte   feigned, pretended
la feinte   pretense, sham
feinter   to feint

feignant, feignante   lazy
sans feinte   without pretense
feinter qqn   to fool someone
faire une feinte à qqn   to fool someone

Consult the sections on verbs used in idiomatic expressions, verbs with prepositions, and the list of over 1,000 verbs conjugated like model verbs in the back pages.

to split, to crack, to cleave

The Seven Simple Tenses		The Seven Compound Tenses	
Singular	Plural	Singular	Plural
1 présent de l'indicatif		**8 passé composé**	
fends	fendons	ai fendu	avons fendu
fends	fendez	as fendu	avez fendu
fend	fendent	a fendu	ont fendu
2 imparfait de l'indicatif		**9 plus-que-parfait de l'indicatif**	
fendais	fendions	avais fendu	avions fendu
fendais	fendiez	avais fendu	aviez fendu
fendait	fendaient	avait fendu	avaient fendu
3 passé simple		**10 passé antérieur**	
fendis	fendîmes	eus fendu	eûmes fendu
fendis	fendîtes	eus fendu	eûtes fendu
fendit	fendirent	eut fendu	eurent fendu
4 futur		**11 futur antérieur**	
fendrai	fendrons	aurai fendu	aurons fendu
fendras	fendrez	auras fendu	aurez fendu
fendra	fendront	aura fendu	auront fendu
5 conditionnel		**12 conditionnel passé**	
fendrais	fendrions	aurais fendu	aurions fendu
fendrais	fendriez	aurais fendu	auriez fendu
fendrait	fendraient	aurait fendu	auraient fendu
6 présent du subjonctif		**13 passé du subjonctif**	
fende	fendions	aie fendu	ayons fendu
fendes	fendiez	aies fendu	ayez fendu
fende	fendent	ait fendu	aient fendu
7 imparfait du subjonctif		**14 plus-que-parfait du subjonctif**	
fendisse	fendissions	eusse fendu	eussions fendu
fendisses	fendissiez	eusses fendu	eussiez fendu
fendît	fendissent	eût fendu	eussent fendu

Impératif
fends
fendons
fendez

Common idiomatic expressions using this verb and words related to it

fendre un mur to make a crack in a wall
une fente crack, split, slot
se fendre de chagrin
   to feel heartbroken

fendre du bois to split wood
fendre son coeur to break one's heart
un fendoir cleaver
à fendre l'âme enough to break one's spirit, to crush one's heart

Consult the sections on verbs used in idiomatic expressions, verbs with prepositions, and the list of over 1,000 verbs conjugated like model verbs in the back pages.

The Seven Simple Tenses		The Seven Compound Tenses	
Singular	Plural	Singular	Plural

1   présent de l'indicatif

ferme	fermons	**8 passé composé**	
fermes	fermez	ai fermé	avons fermé
ferme	ferment	as fermé	avez fermé
		a fermé	ont fermé

2   imparfait de l'indicatif

fermais	fermions	**9 plus-que-parfait de l'indicatif**	
fermais	fermiez	avais fermé	avions fermé
fermait	fermaient	avais fermé	aviez fermé
		avait fermé	avaient fermé

3   passé simple

fermai	fermâmes	**10 passé antérieur**	
fermas	fermâtes	eus fermé	eûmes fermé
ferma	fermèrent	eus fermé	eûtes fermé
		eut fermé	eurent fermé

4   futur

fermerai	fermerons	**11 futur antérieur**	
fermeras	fermerez	aurai fermé	aurons fermé
fermera	fermeront	auras fermé	aurez fermé
		aura fermé	auront fermé

5   conditionnel

fermerais	fermerions	**12 conditionnel passé**	
fermerais	fermeriez	aurais fermé	aurions fermé
fermerait	fermeraient	aurais fermé	auriez fermé
		aurait fermé	auraient fermé

6   présent du subjonctif

ferme	fermions	**13 passé du subjonctif**	
fermes	fermiez	aie fermé	ayons fermé
ferme	ferment	aies fermé	ayez fermé
		ait fermé	aient fermé

7   imparfait du subjonctif

fermasse	fermassions	**14 plus-que-parfait du subjonctif**	
fermasses	fermassiez	eusse fermé	eussions fermé
fermât	fermassent	eusses fermé	eussiez fermé
		eût fermé	eussent fermé

Impératif
ferme
fermons
fermez

Sentences using this verb and words and expressions related to it

Georges est rentré tard hier soir. Il a ouvert la porte, puis il l'a fermée. Il a ouvert la garde-robe pour y mettre son manteau, son chapeau et ses gants et il l'a fermée. Il a ouvert la fenêtre mais il ne l'a pas fermée parce qu'il faisait trop chaud dans sa chambre et il ne peut pas dormir dans une chambre où l'air est lourd.

enfermer to shut in	**renfermer** to enclose
fermer **à clef** to lock	**une fermeture** closing, shutting
fermer **au verrou** to bolt	**une fermeture éclair, une fermeture à glissière**
Ferme-la! Shut up! Zip it!	zipper
fermer **le robinet** to turn off the tap	**l'heure de fermer** closing time

to depend on, to rely on, to trust in

The Seven Simple Tenses		The Seven Compound Tenses	
Singular	Plural	Singular	Plural
1　présent de l'indicatif		**8　passé composé**	
me fie	nous fions	me suis fié(e)	nous sommes fié(e)s
te fies	vous fiez	t'es fié(e)	vous êtes fié(e)(s)
se fie	se fient	s'est fié(e)	se sont fié(e)s
2　imparfait de l'indicatif		**9　plus-que-parfait de l'indicatif**	
me fiais	nous fiions	m'étais fié(e)	nous étions fié(e)s
te fiais	vous fiiez	t'étais fié(e)	vous étiez fié(e)(s)
se fiait	se fiaient	s'était fié(e)	s'étaient fié(e)s
3　passé simple		**10　passé antérieur**	
me fiai	nous fiâmes	me fus fié(e)	nous fûmes fié(e)s
te fias	vous fiâtes	te fus fié(e)	vous fûtes fié(e)(s)
se fia	se fièrent	se fut fié(e)	se furent fié(e)s
4　futur		**11　futur antérieur**	
me fierai	nous fierons	me serai fié(e)	nous serons fié(e)s
te fieras	vous fierez	te seras fié(e)	vous serez fié(e)(s)
se fiera	se fieront	se sera fié(e)	se seront fié(e)s
5　conditionnel		**12　conditionnel passé**	
me fierais	nous fierions	me serais fié(e)	nous serions fié(e)s
te fierais	vous fieriez	te serais fié(e)	vous seriez fié(e)(s)
se fierait	se fieraient	se serait fié(e)	se seraient fié(e)s
6　présent du subjonctif		**13　passé du subjonctif**	
me fie	nous fiions	me sois fié(e)	nous soyons fié(e)s
te fies	vous fiiez	te sois fié(e)	vous soyez fié(e)(s)
se fie	se fient	se soit fié(e)	se soient fié(e)s
7　imparfait du subjonctif		**14　plus-que-parfait du subjonctif**	
me fiasse	nous fiassions	me fusse fié(e)	nous fussions fié(e)s
te fiasses	vous fiassiez	te fusses fié(e)	vous fussiez fié(e)(s)
se fiât	se fiassent	se fût fié(e)	se fussent fié(e)s

Impératif
fie-toi; ne te fie pas
fions-nous; ne nous fions pas
fiez-vous; ne vous fiez pas

Words and expressions related to this verb

la confiance　confidence, trust
avoir confiance en soi　to be self-confident
confier à　to confide to
se méfier de　to mistrust, to distrust,
　to beware of
le méfiance　mistrust, distrust

se fier à　to depend on, to trust in, to
　rely on
se confier à　to trust to, to confide in

to finish, to end, to terminate, to complete

The Seven Simple Tenses		The Seven Compound Tenses	
Singular	Plural	Singular	Plural
1 présent de l'indicatif		**8 passé composé**	
finis	finissons	ai fini	avons fini
finis	finissez	as fini	avez fini
finit	finissent	a fini	ont fini
2 imparfait de l'indicatif		**9 plus-que-parfait de l'indicatif**	
finissais	finissions	avais fini	avions fini
finissais	finissiez	avais fini	aviez fini
finissait	finissaient	avait fini	avaient fini
3 passé simple		**10 passé antérieur**	
finis	finîmes	eus fini	eûmes fini
finis	finîtes	eus fini	eûtes fini
finit	finirent	eut fini	eurent fini
4 futur		**11 futur antérieur**	
finirai	finirons	aurai fini	aurons fini
finiras	finirez	auras fini	aurez fini
finira	finiront	aura fini	auront fini
5 conditionnel		**12 conditionnel passé**	
finirais	finirions	aurais fini	aurions fini
finirais	finiriez	aurais fini	auriez fini
finirait	finiraient	aurait fini	auraient fini
6 présent du subjonctif		**13 passé du subjonctif**	
finisse	finissions	aie fini	ayons fini
finisses	finissiez	aies fini	ayez fini
finisse	finissent	ait fini	aient fini
7 imparfait du subjonctif		**14 plus-que-parfait du subjonctif**	
finisse	finissions	eusse fini	eussions fini
finisses	finissiez	eusses fini	eussiez fini
finît	finissent	eût fini	eussent fini

Impératif
finis
finissons
finissez

Sentences using this verb and words and expressions related to it

finir de + inf.   to finish + pr. part.
J'ai fini de travailler pour aujourd'hui   I have finished working for today.

finir par + inf.   to end up by + pr. part.
Louis a fini par épouser une femme plus âgée que lui   Louis ended up by marrying a
    woman older than he.

la fin   the end; **la fin de semaine**   weekend; **C'est fini!**   It's all over!
afin de   in order to; **enfin**   finally; **finalement**   finally
mettre fin à   to put an end to; **final, finale**   final; **définir**   to define

The subject pronouns are found on the page facing page 1.   **225**

to found, to establish, to lay the foundation

The Seven Simple Tenses		The Seven Compound Tenses	
Singular	Plural	Singular	Plural
1 présent de l'indicatif		**8 passé composé**	
fonde	fondons	ai fondé	avons fondé
fondes	fondez	as fondé	avez fondé
fonde	fondent	a fondé	ont fondé
2 imparfait de l'indicatif		**9 plus-que-parfait de l'indicatif**	
fondais	fondions	avais fondé	avions fondé
fondais	fondiez	avais fondé	aviez fondé
fondait	fondaient	avait fondé	avaient fondé
3 passé simple		**10 passé antérieur**	
fondai	fondâmes	eus fondé	eûmes fondé
fondas	fondâtes	eus fondé	eûtes fondé
fonda	fondèrent	eut fondé	eurent fondé
4 futur		**11 futur antérieur**	
fonderai	fonderons	aurai fondé	aurons fondé
fonderas	fonderez	auras fondé	aurez fondé
fondera	fonderont	aura fondé	auront fondé
5 conditionnel		**12 conditionnel passé**	
fonderais	fonderions	aurais fondé	aurions fondé
fonderais	fonderiez	aurais fondé	auriez fondé
fonderait	fonderaient	aurait fondé	auraient fondé
6 présent du subjonctif		**13 passé du subjonctif**	
fonde	fondions	aie fondé	ayons fondé
fondes	fondiez	aies fondé	ayez fondé
fonde	fondent	ait fondé	aient fondé
7 imparfait du subjonctif		**14 plus-que-parfait du subjonctif**	
fondasse	fondassions	eusse fondé	eussions fondé
fondasses	fondassiez	eusses fondé	eussiez fondé
fondât	fondassent	eût fondé	eussent fondé

Impératif
fonde
fondons
fondez

Common idiomatic expressions using this verb and words related to it

se fonder sur   to be based on
un fondateur, une fondatrice   founder
le fond   bottom; background
à fond   thoroughly
du fond du coeur   from the bottom
   of one's heart
de fond en comble   from top to bottom
   (from bottom to top)

le fondement   foundation of a building
la fondation   foundation, endowment
bien fondé   well founded; **mal fondé**
   ill founded
au fond   in the bottom, in the back,
   in the rear; at bottom, after all
manquer de fond   to be shallow

Consult the sections on verbs used in idiomatic expressions, verbs with prepositions, and the list of over 1,000 verbs conjugated like model verbs in the back pages.

to melt, to dissolve, to mix colors

The Seven Simple Tenses		The Seven Compound Tenses	
Singular	Plural	Singular	Plural
1 présent de l'indicatif		**8 passé composé**	
fonds	fondons	ai fondu	avons fondu
fonds	fondez	as fondu	avez fondu
fond	fondent	a fondu	ont fondu
2 imparfait de l'indicatif		**9 plus-que-parfait de l'indicatif**	
fondais	fondions	avais fondu	avions fondu
fondais	fondiez	avais fondu	aviez fondu
fondait	fondaient	avait fondu	avaient fondu
3 passé simple		**10 passé antérieur**	
fondis	fondîmes	eus fondu	eûmes fondu
fondis	fondîtes	eus fondu	eûtes fondu
fondit	fondirent	eut fondu	eurent fondu
4 futur		**11 futur antérieur**	
fondrai	fondrons	aurai fondu	aurons fondu
fondras	fondrez	auras fondu	aurez fondu
fondra	fondront	aura fondu	auront fondu
5 conditionnel		**12 conditionnel passé**	
fondrais	fondrions	aurais fondu	aurions fondu
fondrais	fondriez	aurais fondu	auriez fondu
fondrait	fondraient	aurait fondu	auraient fondu
6 présent du subjonctif		**13 passé du subjonctif**	
fonde	fondions	aie fondu	ayons fondu
fondes	fondiez	aies fondu	ayez fondu
fonde	fondent	ait fondu	aient fondu
7 imparfait du subjonctif		**14 plus-que-parfait du subjonctif**	
fondisse	fondissions	eusse fondu	eussions fondu
fondisses	fondissiez	eusses fondu	eussiez fondu
fondît	fondissent	eût fondu	eussent fondu

Impératif
fonds
fondons
fondez

Words and expressions related to this verb

confondre   to confound, to confuse; **se confondre**   to merge, to mingle
refondre   to recast, to remelt; **se fondre**   to melt, to dissolve
la refonte   recasting, remelting of metal
du beurre fondu   melted butter; **du fromage fondu**   melted cheese
fondre en larmes   to burst into tears

Consult the sections on verbs used in idiomatic expressions, verbs with prepositions, and the list of over 1,000 verbs conjugated like model verbs in the back pages.

forcer

to force

The Seven Simple Tenses		The Seven Compound Tenses	
Singular	Plural	Singular	Plural
1 présent de l'indicatif		**8 passé composé**	
force	forçons	ai forcé	avons forcé
forces	forcez	as forcé	avez forcé
force	forcent	a forcé	ont forcé
2 imparfait de l'indicatif		**9 plus-que-parfait de l'indicatif**	
forçais	forcions	avais forcé	avions forcé
forçais	forciez	avais forcé	aviez forcé
forçait	forçaient	avait forcé	avaient forcé
3 passé simple		**10 passé antérieur**	
forçai	forçâmes	eus forcé	eûmes forcé
forças	forçâtes	eus forcé	eûtes forcé
força	forcèrent	eut forcé	eurent forcé
4 futur		**11 futur antérieur**	
forcerai	forcerons	aurai forcé	aurons forcé
forceras	forcerez	auras forcé	aurez forcé
forcera	forceront	aura forcé	auront forcé
5 conditionnel		**12 conditionnel passé**	
forcerais	forcerions	aurais forcé	aurions forcé
forcerais	forceriez	aurais forcé	auriez forcé
forcerait	forceraient	aurait forcé	auraient forcé
6 présent du subjonctif		**13 passé du subjonctif**	
force	forcions	aie forcé	ayons forcé
forces	forciez	aies forcé	ayez forcé
force	forcent	ait forcé	aient forcé
7 imparfait du subjonctif		**14 plus-que-parfait du subjonctif**	
forçasse	forçassions	eusse forcé	eussions forcé
forçasses	forçassiez	eusses forcé	eussiez forcé
forçât	forçassent	eût forcé	eussent forcé

Impératif
force
forçons
forcez

Words and expressions related to this verb

forcer la porte de qqn   to force one's way into someone's house
être forcé de faire qqch   to be obliged to do something
se forcer la voix   to strain one's voice
un forçat   a convict
à force de   by dint of
la force   strength, force; **avec force**   forcefully, with force
forcément   necessarily, inevitably
forcer qqn à faire qqch   to force someone to do something

to dig deeply, to excavate, to go deep into, to search

The Seven Simple Tenses		The Seven Compound Tenses	
Singular	Plural	Singular	Plural
1 présent de l'indicatif		8 passé composé	
fouille	fouillons	ai fouillé	avons fouillé
fouilles	fouillez	as fouillé	avez fouillé
fouille	fouillent	a fouillé	ont fouillé
2 imparfait de l'indicatif		9 plus-que-parfait de l'indicatif	
fouillais	fouillions	avais fouillé	avions fouillé
fouillais	fouilliez	avais fouillé	aviez fouillé
fouillait	fouillaient	avait fouillé	avaient fouillé
3 passé simple		10 passé antérieur	
fouillai	fouillâmes	eus fouillé	eûmes fouillé
fouillas	fouillâtes	eus fouillé	eûtes fouillé
fouilla	fouillèrent	eut fouillé	eurent fouillé
4 futur		11 futur antérieur	
fouillerai	fouillerons	aurai fouillé	aurons fouillé
fouilleras	fouillerez	auras fouillé	aurez fouillé
fouillera	fouilleront	aura fouillé	auront fouillé
5 conditionnel		12 conditionnel passé	
fouillerais	fouillerions	aurais fouillé	aurions fouillé
fouillerais	fouilleriez	aurais fouillé	auriez fouillé
fouillerait	fouilleraient	aurait fouillé	auraient fouillé
6 présent du subjonctif		13 passé du subjonctif	
fouille	fouillions	aie fouillé	ayons fouillé
fouilles	fouilliez	aies fouillé	ayez fouillé
fouille	fouillent	ait fouillé	aient fouillé
7 imparfait du subjonctif		14 plus-que-parfait du subjonctif	
fouillasse	fouillassions	eusse fouillé	eussions fouillé
fouillasses	fouillassiez	eusses fouillé	eussiez fouillé
fouillât	fouillassent	eût fouillé	eussent fouillé

Impératif
fouille
fouillons
fouillez

Words and expressions related to this verb

fouiller la maison   to search the house
fouiller dans les poches   to search around
  (to rummage) in one's pockets

fouiller qqn   to frisk (search) someone
la fouille   excavation
un fouilleur, une fouilleuse   searcher

Consult the sections on verbs used in idiomatic expressions, verbs with prepositions, and the list of over 1,000 verbs conjugated like model verbs in the back pages.

to furnish, to supply

The Seven Simple Tenses		The Seven Compound Tenses	
Singular	Plural	Singular	Plural
1 présent de l'indicatif		**8 passé composé**	
fournis	fournissons	ai fourni	avons fourni
fournis	fournissez	as fourni	avez fourni
fournit	fournissent	a fourni	ont fourni
2 imparfait de l'indicatif		**9 plus-que-parfait de l'indicatif**	
fournissais	fournissions	avais fourni	avions fourni
fournissais	fournissiez	avais fourni	aviez fourni
fournissait	fournissaient	avait fourni	avaient fourni
3 passé simple		**10 passé antérieur**	
fournis	fournîmes	eus fourni	eûmes fourni
fournis	fournîtes	eus fourni	eûtes fourni
fournit	fournirent	eut fourni	eurent fourni
4 futur		**11 futur antérieur**	
fournirai	fournirons	aurai fourni	aurons fourni
fourniras	fournirez	auras fourni	aurez fourni
fournira	fourniront	aura fourni	auront fourni
5 conditionnel		**12 conditionnel passé**	
fournirais	fournirions	aurais fourni	aurions fourni
fournirais	fourniriez	aurais fourni	auriez fourni
fournirait	fourniraient	aurait fourni	auraient fourni
6 présent du subjonctif		**13 passé du subjonctif**	
fournisse	fournissions	aie fourni	ayons fourni
fournisses	fournissiez	aies fourni	ayez fourni
fournisse	fournissent	ait fourni	aient fourni
7 imparfait du subjonctif		**14 plus-que-parfait du subjonctif**	
fournisse	fournissions	eusse fourni	eussions fourni
fournisses	fournissiez	eusses fourni	eussiez fourni
fournît	fournissent	eût fourni	eussent fourni

Impératif
fournis
fournissons
fournissez

Words and expressions related to this verb

fournir qqch à qqn   to supply somebody with something
se fournir de   to provide oneself with
un fournisseur   supplier
fournir à   to provide for; **fournir de**   to furnish with
la fourniture   supplying; **les fournitures**   supplies

Consult the sections on verbs used in idiomatic expressions, verbs with prepositions, and the list of over 1,000 verbs conjugated like model verbs in the back pages.

to knock, to hit, to frap, to rap, to strike (hit)

The Seven Simple Tenses		The Seven Compound Tenses	
Singular	Plural	Singular	Plural
1 présent de l'indicatif		**8 passé composé**	
frappe	frappons	ai frappé	avons frappé
frappes	frappez	as frappé	avez frappé
frappe	frappent	a frappé	ont frappé
2 imparfait de l'indicatif		**9 plus-que-parfait de l'indicatif**	
frappais	frappions	avais frappé	avions frappé
frappais	frappiez	avais frappé	aviez frappé
frappait	frappaient	avait frappé	avaient frappé
3 passé simple		**10 passé antérieur**	
frappai	frappâmes	eus frappé	eûmes frappé
frappas	frappâtes	eus frappé	eûtes frappé
frappa	frappèrent	eut frappé	eurent frappé
4 futur		**11 futur antérieur**	
frapperai	frapperons	aurai frappé	aurons frappé
frapperas	frapperez	auras frappé	aurez frappé
frappera	frapperont	aura frappé	auront frappé
5 conditionnel		**12 conditionnel passé**	
frapperais	frapperions	aurais frappé	aurions frappé
frapperais	frapperiez	aurais frappé	auriez frappé
frapperait	frapperaient	aurait frappé	auraient frappé
6 présent du subjonctif		**13 passé du subjonctif**	
frappe	frappions	aie frappé	ayons frappé
frappes	frappiez	aies frappé	ayez frappé
frappe	frappent	ait frappé	aient frappé
7 imparfait du subjonctif		**14 plus-que-parfait du subjonctif**	
frappasse	frappassions	eusse frappé	eussions frappé
frappasses	frappassiez	eusses frappé	eussiez frappé
frappât	frappassent	eût frappé	eussent frappé

Impératif
frappe
frappons
frappez

Common idiomatic expressions using this verb and words related to it

se frapper la poitrine   to beat one's chest
le frappage   striking (medals, coins)
une faute de frappe   a typing mistake
frapper à la porte   to knock on the door
frapper du pied   to stamp one's foot
entrer sans frapper   enter without knocking
C'est frappant!   It's striking!

frappé (frappée) de
   stricken with
le frappement   beating,
   striking
frappé à mort   mortally
   wounded

The subject pronouns are found on the page facing page 1.

to shudder, to quiver, to tremble

The Seven Simple Tenses		The Seven Compound Tenses	
Singular	Plural	Singular	Plural
1 présent de l'indicatif		**8 passé composé**	
frémis	frémissons	ai frémi	avons frémi
frémis	frémissez	as frémi	avez frémi
frémit	frémissent	a frémi	ont frémi
2 imparfait de l'indicatif		**9 plus-que-parfait de l'indicatif**	
frémissais	frémissions	avais frémi	avions frémi
frémissais	frémissiez	avais frémi	aviez frémi
frémissait	frémissaient	avait frémi	avaient frémi
3 passé simple		**10 passé antérieur**	
frémis	frémîmes	eus frémi	eûmes frémi
frémis	frémîtes	eus frémi	eûtes frémi
frémit	frémirent	eut frémi	eurent frémi
4 futur		**11 futur antérieur**	
frémirai	frémirons	aurai frémi	aurons frémi
frémiras	frémirez	auras frémi	aurez frémi
frémira	frémiront	aura frémi	auront frémi
5 conditionnel		**12 conditionnel passé**	
frémirais	frémirions	aurais frémi	aurions frémi
frémirais	frémiriez	aurais frémi	auriez frémi
frémirait	frémiraient	aurait frémi	auraient frémi
6 présent du subjonctif		**13 passé du subjonctif**	
frémisse	frémissions	aie frémi	ayons frémi
frémisses	frémissiez	aies frémi	ayez frémi
frémisse	frémissent	ait frémi	aient frémi
7 imparfait du subjonctif		**14 plus-que-parfait du subjonctif**	
frémisse	frémissions	eusse frémi	eussions frémi
frémisses	frémissiez	eusses frémi	eussiez frémi
frémît	frémissent	eût frémi	eussent frémi

	Impératif
	frémis
	frémissons
	frémissez

Words and expressions related to this verb

frémir de colère   to shake with anger
le frémissement   quivering, rustling,
   shuddering; **le frémissement des feuilles**
   rustling of leaves
faire frémir qqn   to give someone
   the shivers

une histoire à faire frémir   a horror story,
   a chiller thriller
frémissant, frémissante   rustling,
   quivering, shuddering
de l'eau frémissante   simmering water

Consult the sections on verbs used in idiomatic expressions, verbs with prepositions, and the
list of over 1,000 verbs conjugated like model verbs in the back pages.

The Seven Simple Tenses		The Seven Compound Tenses	
Singular	Plural	Singular	Plural
1 présent de l'indicatif		**8 passé composé**	
fris		ai frit	avons frit
fris		as frit	avez frit
frit		a frit	ont frit
		9 plus-que-parfait de l'indicatif	
		avais frit	avions frit
		avais frit	aviez frit
		avait frit	avaient frit
		10 passé antérieur	
		eus frit	eûmes frit
		eus frit	eûtes frit
		eut frit	eurent frit
4 futur		**11 futur antérieur**	
frirai	frirons	aurai frit	aurons frit
friras	frirez	auras frit	aurez frit
frira	friront	aura frit	auront frit
5 conditionnel		**12 conditionnel passé**	
frirais	fririons	aurais frit	aurions frit
frirais	fririez	aurais frit	auriez frit
frirait	friraient	aurait frit	auraient frit
		13 passé du subjonctif	
		aie frit	ayons frit
		aies frit	ayez frit
		ait frit	aient frit
		14 plus-que-parfait du subjonctif	
		eusse frit	eussions frit
		eusses frit	eussiez frit
		eût frit	eussent frit

Impératif
fris
faisons frire
faites frire

Words and expressions related to this verb

friable   friable
pommes frites   French fries
une friteuse   frying basket
la friture   frying

des pommes de terre frites   fried potatoes
(French style)
un bifteck frites   steak with French fries

This verb is generally used only in the persons and tenses given above. To supply the forms that are lacking, use the appropriate form of **faire** plus the infinitive **frire**, e.g., the plural of the present indicative is: **nous faisons frire, vous faites frire, ils font frire.**

to flee, to fly off, to shun, to leak

The Seven Simple Tenses		The Seven Compound Tenses	
Singular	Plural	Singular	Plural
1 présent de l'indicatif		**8 passé composé**	
fuis	fuyons	ai fui	avons fui
fuis	fuyez	as fui	avez fui
fuit	fuient	a fui	ont fui
2 imparfait de l'indicatif		**9 plus-que-parfait de l'indicatif**	
fuyais	fuyions	avais fui	avions fui
fuyais	fuyiez	avais fui	aviez fui
fuyait	fuyaient	avait fui	avaient fui
3 passé simple		**10 passé antérieur**	
fuis	fuîmes	eus fui	eûmes fui
fuis	fuîtes	eus fui	eûtes fui
fuit	fuirent	eut fui	eurent fui
4 futur		**11 futur antérieur**	
fuirai	fuirons	aurai fui	aurons fui
fuiras	fuirez	auras fui	aurez fui
fuira	fuiront	aura fui	auront fui
5 conditionnel		**12 conditionnel passé**	
fuirais	fuirions	aurais fui	aurions fui
fuirais	fuiriez	aurais fui	auriez fui
fuirait	fuiraient	aurait fui	auraient fui
6 présent du subjonctif		**13 passé du subjonctif**	
fuie	fuyions	aie fui	ayons fui
fuies	fuyiez	aies fui	ayez fui
fuie	fuient	ait fui	aient fui
7 imparfait du subjonctif		**14 plus-que-parfait du subjonctif**	
fuisse	fuissions	eusse fui	eussions fui
fuisses	fuissiez	eusses fui	eussiez fui
fuît	fuissent	eût fui	eussent fui

Impératif
fuis
fuyons
fuyez

Common idiomatic expressions using this verb

faire fuir to put to flight	**s'enfuir de** to flee from, to run away from
la fuite flight	**fugitif, fugitive** fugitive, fleeting, runaway
prendre la fuite to take to flight	**fugitivement** fugitively

The Seven Simple Tenses		The Seven Compound Tenses	
Singular	Plural	Singular	Plural
1 présent de l'indicatif		8 passé composé	
fume	fumons	ai fumé	avons fumé
fumes	fumez	as fumé	avez fumé
fume	fument	a fumé	ont fumé
2 imparfait de l'indicatif		9 plus-que-parfait de l'indicatif	
fumais	fumions	avais fumé	avions fumé
fumais	fumiez	avais fumé	aviez fumé
fumait	fumaient	avait fumé	avaient fumé
3 passé simple		10 passé antérieur	
fumai	fumâmes	eus fumé	eûmes fumé
fumas	fumâtes	eus fumé	eûtes fumé
fuma	fumèrent	eut fumé	eurent fumé
4 futur		11 futur antérieur	
fumerai	fumerons	aurai fumé	aurons fumé
fumeras	fumerez	auras fumé	aurez fumé
fumera	fumeront	aura fumé	auront fumé
5 conditionnel		12 conditionnel passé	
fumerais	fumerions	aurais fumé	aurions fumé
fumerais	fumeriez	aurais fumé	auriez fumé
fumerait	fumeraient	aurait fumé	auraient fumé
6 présent du subjonctif		13 passé du subjonctif	
fume	fumions	aie fumé	ayons fumé
fumes	fumiez	aies fumé	ayez fumé
fume	fument	ait fumé	aient fumé
7 imparfait du subjonctif		14 plus-que-parfait du subjonctif	
fumasse	fumassions	eusse fumé	eussions fumé
fumasses	fumassiez	eusses fumé	eussiez fumé
fumât	fumassent	eût fumé	eussent fumé

Impératif
fume
fumons
fumez

Sentences using this verb and words related to it

Le père: **Je te défends de fumer. C'est une mauvaise habitude.**
Le fils: **Alors, pourquoi fumes-tu, papa?**

Défense de fumer No smoking allowed
la fumée smoke
un rideau de fumée smoke screen
parfumer to perfume
compartiment (pour) fumeurs
   smoking car (on a train)

fumeux, fumeuse smoky
un fume-cigare cigar holder
un fume-cigarette cigarette holder
un fumeur, une fumeuse smoker
   (person who smokes)

The subject pronouns are found on the page facing page 1.

2

gagner

to win, to earn, to gain

The Seven Simple Tenses		The Seven Compound Tenses	
Singular	Plural	Singular	Plural
1 présent de l'indicatif		**8 passé composé**	
gagne	gagnons	ai gagné	avons gagné
gagnes	gagnez	as gagné	avez gagné
gagne	gagnent	a gagné	ont gagné
2 imparfait de l'indicatif		**9 plus-que-parfait de l'indicatif**	
gagnais	gagnions	avais gagné	avions gagné
gagnais	gagniez	avais gagné	aviez gagné
gagnait	gagnaient	avait gagné	avaient gagné
3 passé simple		**10 passé antérieur**	
gagnai	gagnâmes	eus gagné	eûmes gagné
gagnas	gagnâtes	eus gagné	eûtes gagné
gagna	gagnèrent	eut gagné	eurent gagné
4 futur		**11 futur antérieur**	
gagnerai	gagnerons	aurai gagné	aurons gagné
gagneras	gagnerez	auras gagné	aurez gagné
gagnera	gagneront	aura gagné	auront gagné
5 conditionnel		**12 conditionnel passé**	
gagnerais	gagnerions	aurais gagné	aurions gagné
gagnerais	gagneriez	aurais gagné	auriez gagné
gagnerait	gagneraient	aurait gagné	auraient gagné
6 présent du subjonctif		**13 passé du subjonctif**	
gagne	gagnions	aie gagné	ayons gagné
gagnes	gagniez	aies gagné	ayez gagné
gagne	gagnent	ait gagné	aient gagné
7 imparfait du subjonctif		**14 plus-que-parfait du subjonctif**	
gagnasse	gagnassions	eusse gagné	eussions gagné
gagnasses	gagnassiez	eusses gagné	eussiez gagné
gagnât	gagnassent	eût gagné	eussent gagné

Impératif
gagne
gagnons
gagnez

Common idiomatic expressions using this verb and words related to it

gagner sa vie   to earn one's living
gagner du poids   to gain weight
gagner de l'argent   to earn money
gagnable   obtainable
gagner du temps   to save time

regagner   to regain, to recover, to win back
regagner le temps perdu   to make up (to recover) time lost

to guard, to keep, to retain

The Seven Simple Tenses		The Seven Compound Tenses	
Singular	Plural	Singular	Plural
1 présent de l'indicatif		8 passé composé	
garde	gardons	ai gardé	avons gardé
gardes	gardez	as gardé	avez gardé
garde	gardent	a gardé	ont gardé
2 imparfait de l'indicatif		9 plus-que-parfait de l'indicatif	
gardais	gardions	avais gardé	avions gardé
gardais	gardiez	avais gardé	aviez gardé
gardait	gardaient	avait gardé	avaient gardé
3 passé simple		10 passé antérieur	
gardai	gardâmes	eus gardé	eûmes gardé
gardas	gardâtes	eus gardé	eûtes gardé
garda	gardèrent	eut gardé	eurent gardé
4 futur		11 futur antérieur	
garderai	garderons	aurai gardé	aurons gardé
garderas	garderez	auras gardé	aurez gardé
gardera	garderont	aura gardé	auront gardé
5 conditionnel		12 conditionnel passé	
garderais	garderions	aurais gardé	aurions gardé
garderais	garderiez	aurais gardé	auriez gardé
garderait	garderaient	aurait gardé	auraient gardé
6 présent du subjonctif		13 passé du subjonctif	
garde	gardions	aie gardé	ayons gardé
gardes	gardiez	aies gardé	ayez gardé
garde	gardent	ait gardé	aient gardé
7 imparfait du subjonctif		14 plus-que-parfait du subjonctif	
gardasse	gardassions	eusse gardé	eussions gardé
gardasses	gardassiez	eusses gardé	eussiez gardé
gardât	gardassent	eût gardé	eussent gardé

Impératif
garde
gardons
gardez

Sentences using this verb and words and expressions related to it

   Madame Mimi a mis son enfant chez une gardienne d'enfants parce qu'elle va passer la journée en ville. Elle a besoin d'acheter une nouvelle garde-robe.

se garder   to protect oneself
se garder de tomber   to take care not to fall
un gardien, une gardienne   guardian
prendre garde de   to take care not to
une gardienne d'enfants   babysitter
une garde-robe   wardrobe (closet)
un gardien de but   goalie

regarder   to look at, to watch, to consider, to regard
un garde-manger   pantry
un garde-vue   eyeshade (visor)
En garde!   On guard!
Dieu m'en garde!   God forbid!

The subject pronouns are found on the page facing page 1.

23

to spoil, to damage

The Seven Simple Tenses		The Seven Compound Tenses	
Singular	Plural	Singular	Plural
1 présent de l'indicatif		**8 passé composé**	
gâte	gâtons	ai gâté	avons gâté
gâtes	gâtez	as gâté	avez gâté
gâte	gâtent	a gâté	ont gâté
2 imparfait de l'indicatif		**9 plus-que-parfait de l'indicatif**	
gâtais	gâtions	avais gâté	avions gâté
gâtais	gâtiez	avais gâté	aviez gâté
gâtait	gâtaient	avait gâté	avaient gâté
3 passé simple		**10 passé antérieur**	
gâtai	gâtâmes	eus gâté	eûmes gâté
gâtas	gâtâtes	eus gâté	eûtes gâté
gâta	gâtèrent	eut gâté	eurent gâté
4 futur		**11 futur antérieur**	
gâterai	gâterons	aurai gâté	aurons gâté
gâteras	gâterez	auras gâté	aurez gâté
gâtera	gâteront	aura gâté	auront gâté
5 conditionnel		**12 conditionnel passé**	
gâterais	gâterions	aurais gâté	aurions gâté
gâterais	gâteriez	aurais gâté	auriez gâté
gâterait	gâteraient	aurait gâté	auraient gâté
6 présent du subjonctif		**13 passé du subjonctif**	
gâte	gâtions	aie gâté	ayons gâté
gâtes	gâtiez	aies gâté	ayez gâté
gâte	gâtent	ait gâté	aient gâté
7 imparfait du subjonctif		**14 plus-que-parfait du subjonctif**	
gâtasse	gâtassions	eusse gâté	eussions gâté
gâtasses	gâtassiez	eusses gâté	eussiez gâté
gâtât	gâtassent	eût gâté	eussent gâté

Impératif
gâte
gâtons
gâtez

Sentences using this verb and words related to it

Marcel est un enfant gâté. Je n'aime pas jouer avec lui. Il gâte tout. Il demande toujours des gâteries.

gâter un enfant to spoil a child
se gâter to pamper oneself

un enfant gâté a spoiled child
une gâterie a treat

The Seven Simple Tenses		The Seven Compound Tenses	
Singular	Plural	Singular	Plural

1 présent de l'indicatif		8 passé composé	
gèle	gelons	ai gelé	avons gelé
gèles	gelez	as gelé	avez gelé
gèle	gèlent	a gelé	ont gelé

2 imparfait de l'indicatif		9 plus-que-parfait de l'indicatif	
gelais	gelions	avais gelé	avions gelé
gelais	geliez	avais gelé	aviez gelé
gelait	gelaient	avait gelé	avaient gelé

3 passé simple		10 passé antérieur	
gelai	gelâmes	eus gelé	eûmes gelé
gelas	gelâtes	eus gelé	eûtes gelé
gela	gelèrent	eut gelé	eurent gelé

4 futur		11 futur antérieur	
gèlerai	gèlerons	aurai gelé	aurons gelé
gèleras	gèlerez	auras gelé	aurez gelé
gèlera	gèleront	aura gelé	auront gelé

5 conditionnel		12 conditionnel passé	
gèlerais	gèlerions	aurais gelé	aurions gelé
gèlerais	gèleriez	aurais gelé	auriez gelé
gèlerait	gèleraient	aurait gelé	auraient gelé

6 présent du subjonctif		13 passé du subjonctif	
gèle	gelions	aie gelé	ayons gelé
gèles	geliez	aies gelé	ayez gelé
gèle	gèlent	ait gelé	aient gelé

7 imparfait du subjonctif		14 plus-que-parfait du subjonctif	
gelasse	gelassions	eusse gelé	eussions gelé
gelasses	gelassiez	eusses gelé	eussiez gelé
gelât	gelassent	eût gelé	eussent gelé

Impératif
gèle
gelons
gelez

Sentences using this verb and expressions related to it

Je ne veux pas sortir aujourd'hui parce qu'il gèle. Quand je me suis levé ce matin, j'ai regardé par la fenêtre et j'ai vu de la gelée partout.

Il gèle! It's freezing!		**congeler** to congeal, to freeze	
Qu'il gèle! Let it freeze!		**la congélation** congelation, freezing, icing	
le gel frost, freezing		**le point de congélation** freezing point	
la gelée frost		**à la gelée** jellied	

Consult the sections on verbs used in idiomatic expressions, verbs with prepositions, and the list of over 1,000 verbs conjugated like model verbs in the back pages.

The subject pronouns are found on the page facing page 1.

to bother, to hamper, to constrict, to embarrass, to hinder, to impede, to inconvenience

The Seven Simple Tenses		The Seven Compound Tenses	
Singular	Plural	Singular	Plural
1　présent de l'indicatif		**8　passé composé**	
gêne	gênons	ai gêné	avons gêné
gênes	gênez	as gêné	avez gêné
gêne	gênent	a gêné	ont gêné
2　imparfait de l'indicatif		**9　plus-que-parfait de l'indicatif**	
gênais	gênions	avais gêné	avions gêné
gênais	gêniez	avais gêné	aviez gêné
gênait	gênaient	avait gêné	avaient gêné
3　passé simple		**10　passé antérieur**	
gênai	gênâmes	eus gêné	eûmes gêné
gênas	gênâtes	eus gêné	eûtes gêné
gêna	gênèrent	eut gêné	eurent gêné
4　futur		**11　futur antérieur**	
gênerai	gênerons	aurai gêné	aurons gêné
gêneras	gênerez	auras gêné	aurez gêné
gênera	gêneront	aura gêné	auront gêné
5　conditionnel		**12　conditionnel passé**	
gênerais	gênerions	aurais gêné	aurions gêné
gênerais	gêneriez	aurais gêné	auriez gêné
gênerait	gêneraient	aurait gêné	auraient gêné
6　présent du subjonctif		**13　passé du subjonctif**	
gêne	gênions	aie gêné	ayons gêné
gênes	gêniez	aies gêné	ayez gêné
gêne	gênent	ait gêné	aient gêné
7　imparfait du subjonctif		**14　plus-que-parfait du subjonctif**	
gênasse	gênassions	eusse gêné	eussions gêné
gênasses	gênassiez	eusses gêné	eussiez gêné
gênât	gênassent	eût gêné	eussent gêné

Impératif
gêne
gênons
gênez

Words and expressions related to this verb

se gêner　to inconvenience oneself　　　**un gêneur, une gêneuse**　nuisance (person)
Ne vous gênez pas!　Put yourself at ease!　　**C'est gênant!**　It's bothersome!
　Don't trouble yourself!

Consult the sections on verbs used in idiomatic expressions, verbs with prepositions, and the
list of over 1,000 verbs conjugated like model verbs in the back pages.

The Seven Simple Tenses

Singular	Plural

1   présent de l'indicatif

gis	gisons
gis	gisez
gît	gisent

2   imparfait de l'indicatif

gisais	gisions
gisais	gisiez
gisait	gisaient

Words and expressions related to this verb

un gisement   layer, deposit
un gisement de charbon   coal field
Ci-gît. . .   Here lies. . .
Ci-gisent. . .   Here lie. . .

gisant, gisante   lying, fallen, felled
un gîte   lodging, refuge, shelter
gîter   to lie down

This verb is generally used only in the above tenses. It is used primarily in reference to the dead, to sick persons lying down, and to inanimate objects that have been felled.

Consult the sections on verbs used in idiomatic expressions, verbs with prepositions, and the list of over 1,000 verbs conjugated like model verbs in the back pages.

goûter

to taste, to have a snack, to enjoy

The Seven Simple Tenses		The Seven Compound Tenses	
Singular	Plural	Singular	Plural
1 présent de l'indicatif		**8 passé composé**	
goûte	goûtons	ai goûté	avons goûté
goûtes	goûtez	as goûté	avez goûté
goûte	goûtent	a goûté	ont goûté
2 imparfait de l'indicatif		**9 plus-que-parfait de l'indicatif**	
goûtais	goûtions	avais goûté	avions goûté
goûtais	goûtiez	avais goûté	aviez goûté
goûtait	goûtaient	avait goûté	avaient goûté
3 passé simple		**10 passé antérieur**	
goûtai	goûtâmes	eus goûté	eûmes goûté
goûtas	goûtâtes	eus goûté	eûtes goûté
goûta	goûtèrent	eut goûté	eurent goûté
4 futur		**11 futur antérieur**	
goûterai	goûterons	aurai goûté	aurons goûté
goûteras	goûterez	auras goûté	aurez goûté
goûtera	goûteront	aura goûté	auront goûté
5 conditionnel		**12 conditionnel passé**	
goûterais	goûterions	aurais goûté	aurions goûté
goûterais	goûteriez	aurais goûté	auriez goûté
goûterait	goûteraient	aurait goûté	auraient goûté
6 présent du subjonctif		**13 passé du subjonctif**	
goûte	goûtions	aie goûté	ayons goûté
goûtes	goûtiez	aies goûté	ayez goûté
goûte	goûtent	ait goûté	aient goûté
7 imparfait du subjonctif		**14 plus-que-parfait du subjonctif**	
goûtasse	goûtassions	eusse goûté	eussions goûté
goûtasses	goûtassiez	eusses goûté	eussiez goûté
goûtât	goûtassent	eût goûté	eussent goûté

Impératif
goûte
goûtons
goûtez

Common idiomatic expressions using this verb

Quand j'arrive chez moi de l'école l'après-midi, j'ai l'habitude de prendre le goûter à quatre heures.

le goûter snack, bite to eat	**de mauvais goût** in bad taste
goûter sur l'herbe to have a picnic	**avoir un goût de** to taste like
Chacun son goût To each his own	**goûter de** to eat or drink something for
goûter à to drink or eat only a small	the first time
quantity	**dégoûter** to disgust
le goût taste	**C'est dégoûtant!** It's disgusting!

242

to grow (up, taller), to increase

The Seven Simple Tenses		The Seven Compound Tenses	
Singular	Plural	Singular	Plural
1 présent de l'indicatif		**8 passé composé**	
grandis	grandissons	ai grandi	avons grandi
grandis	grandissez	as grandi	avez grandi
grandit	grandissent	a grandi	ont grandi
2 imparfait de l'indicatif		**9 plus-que-parfait de l'indicatif**	
grandissais	grandissions	avais grandi	avions grandi
grandissais	grandissiez	avais grandi	aviez grandi
grandissait	grandissaient	avait grandi	avaient grandi
3 passé simple		**10 passé antérieur**	
grandis	grandîmes	eus grandi	eûmes grandi
grandis	grandîtes	eus grandi	eûtes grandi
grandit	grandirent	eut grandi	eurent grandi
4 futur		**11 futur antérieur**	
grandirai	grandirons	aurai grandi	aurons grandi
grandiras	grandirez	auras grandi	aurez grandi
grandira	grandiront	aura grandi	auront grandi
5 conditionnel		**12 conditionnel passé**	
grandirais	grandirions	aurais grandi	aurions grandi
grandirais	grandiriez	aurais grandi	auriez grandi
grandirait	grandiraient	aurait grandi	auraient grandi
6 présent du subjonctif		**13 passé du subjonctif**	
grandisse	grandissions	aie grandi	ayons grandi
grandisses	grandissiez	aies grandi	ayez grandi
grandisse	grandissent	ait grandi	aient grandi
7 imparfait du subjonctif		**14 plus-que-parfait du subjonctif**	
grandisse	grandissions	eusse grandi	eussions grandi
grandisses	grandissiez	eusses grandi	eussiez grandi
grandît	grandissent	eût grandi	eussent grandi

Impératif
grandis
grandissons
grandissez

Sentences using this verb and words related to it

Voyez-vous comme Joseph et Joséphine ont grandi? C'est incroyable! Quel âge ont-ils maintenant?

le grandissement   growth
grandiose   grandiose, grand
grand, grande   tall
la grandeur   size, greatness, grandeur
grandiosement   grandiosely

agrandir   to expand, to enlarge
un agrandissement   enlargement, extension, aggrandizement

to grate, to scrape, to scratch

The Seven Simple Tenses		The Seven Compound Tenses	
Singular	Plural	Singular	Plural
1 présent de l'indicatif		**8 passé composé**	
gratte	grattons	ai gratté	avons gratté
grattes	grattez	as gratté	avez gratté
gratte	grattent	a gratté	ont gratté
2 imparfait de l'indicatif		**9 plus-que-parfait de l'indicatif**	
grattais	grattions	avais gratté	avions gratté
grattais	grattiez	avais gratté	aviez gratté
grattait	grattaient	avait gratté	avaient gratté
3 passé simple		**10 passé antérieur**	
grattai	grattâmes	eus gratté	eûmes gratté
grattas	grattâtes	eus gratté	eûtes gratté
gratta	grattèrent	eut gratté	eurent gratté
4 futur		**11 futur antérieur**	
gratterai	gratterons	aurai gratté	aurons gratté
gratteras	gratterez	auras gratté	aurez gratté
grattera	gratteront	aura gratté	auront gratté
5 conditionnel		**12 conditionnel passé**	
gratterais	gratterions	aurais gratté	aurions gratté
gratterais	gratteriez	aurais gratté	auriez gratté
gratterait	gratteraient	aurait gratté	auraient gratté
6 présent du subjonctif		**13 passé du subjonctif**	
gratte	grattions	aie gratté	ayons gratté
grattes	grattiez	aies gratté	ayez gratté
gratte	grattent	ait gratté	aient gratté
7 imparfait du subjonctif		**14 plus-que-parfait du subjonctif**	
grattasse	grattassions	eusse gratté	eussions gratté
grattasses	grattassiez	eusses gratté	eussiez gratté
grattât	grattassent	eût gratté	eussent gratté

Impératif
gratte
grattons
grattez

Words and expressions related to this verb

une gratte   scraper
un gratte-ciel   skyscraper (**des gratte-ciel**)
un gratte-dos   back scratcher
  (**des gratte-dos**)

le grattage   scratching, scraping
un grattoir   scraper, grater

Consult the sections on verbs used in idiomatic expressions, verbs with prepositions, and the
list of over 1,000 verbs conjugated like model verbs in the back pages.

to hail (weather)

The Seven Simple Tenses	The Seven Compound Tenses
Singular Plural	Singular Plural
1 présent de l'indicatif **il grêle**	8 passé composé **il a grêlé**
2 imparfait de l'indicatif **il grêlait**	9 plus-que-parfait de l'indicatif **il avait grêlé**
3 passé simple **il grêla**	10 passé antérieur **il eut grêlé**
4 futur **il grêlera**	11 futur antérieur **il aura grêlé**
5 conditionnel **il grêlerait**	12 conditionnel passé **il aurait grêlé**
6 présent du subjonctif **qu'il grêle**	13 passé du subjonctif **qu'il ait grêlé**
7 imparfait du subjonctif **qu'il grêlât**	14 plus-que-parfait du subjonctif **qu'il eût grêlé**

Impératif
Qu'il grêle!   Let it hail!

Words and expressions related to this verb

la grêle hail (weather)
une averse de grêle hail storm
un grêlon hail stone

grêle *adj.* thin, slender, slim; **un bras
grêle** thin arm; **une voix grêle**
shrill voice

Consult the back pages for the section on weather expressions using verbs.

to climb

The Seven Simple Tenses		The Seven Compound Tenses	
Singular	Plural	Singular	Plural
1 présent de l'indicatif		8 passé composé	
grimpe	grimpons	ai grimpé	avons grimpé
grimpes	grimpez	as grimpé	avez grimpé
grimpe	grimpent	a grimpé	ont grimpé
2 imparfait de l'indicatif		9 plus-que-parfait de l'indicatif	
grimpais	grimpions	avais grimpé	avions grimpé
grimpais	grimpiez	avais grimpé	aviez grimpé
grimpait	grimpaient	avait grimpé	avaient grimpé
3 passé simple		10 passé antérieur	
grimpai	grimpâmes	eus grimpé	eûmes grimpé
grimpas	grimpâtes	eus grimpé	eûtes grimpé
grimpa	grimpèrent	eut grimpé	eurent grimpé
4 futur		11 futur antérieur	
grimperai	grimperons	aurai grimpé	aurons grimpé
grimperas	grimperez	auras grimpé	aurez grimpé
grimpera	grimperont	aura grimpé	auront grimpé
5 conditionnel		12 conditionnel passé	
grimperais	grimperions	aurais grimpé	aurions grimpé
grimperais	grimperiez	aurais grimpé	auriez grimpé
grimperait	grimperaient	aurait grimpé	auraient grimpé
6 présent du subjonctif		13 passé du subjonctif	
grimpe	grimpions	aie grimpé	ayons grimpé
grimpes	grimpiez	aies grimpé	ayez grimpé
grimpe	grimpent	ait grimpé	aient grimpé
7 imparfait du subjonctif		14 plus-que-parfait du subjonctif	
grimpasse	grimpassions	eusse grimpé	eussions grimpé
grimpasses	grimpassiez	eusses grimpé	eussiez grimpé
grimpât	grimpassent	eût grimpé	eussent grimpé

Impératif
grimpe
grimpons
grimpez

Words and expressions related to this verb

grimper à l'échelle   to climb a ladder
une plante grimpante   climbing plant
une grimpée, une grimpette   steep climb

un grimpeur, une grimpeuse   climber
grimper aux arbres   to climb trees

Consult the sections on verbs used in idiomatic expressions, verbs with prepositions, and the list of over 1,000 verbs conjugated like model verbs in the back pages.

to chide, to reprimand, to scold

The Seven Simple Tenses		The Seven Compound Tenses	
Singular	Plural	Singular	Plural
1 présent de l'indicatif		**8 passé composé**	
gronde	grondons	ai grondé	avons grondé
grondes	grondez	as grondé	avez grondé
gronde	grondent	a grondé	ont grondé
2 imparfait de l'indicatif		**9 plus-que-parfait de l'indicatif**	
grondais	grondions	avais grondé	avions grondé
grondais	grondiez	avais grondé	aviez grondé
grondait	grondaient	avait grondé	avaient grondé
3 passé simple		**10 passé antérieur**	
grondai	grondâmes	eus grondé	eûmes grondé
grondas	grondâtes	eus grondé	eûtes grondé
gronda	grondèrent	eut grondé	eurent grondé
4 futur		**11 futur antérieur**	
gronderai	gronderons	aurai grondé	aurons grondé
gronderas	gronderez	auras grondé	aurez grondé
grondera	gronderont	aura grondé	auront grondé
5 conditionnel		**12 conditionnel passé**	
gronderais	gronderions	aurais grondé	aurions grondé
gronderais	gronderiez	aurais grondé	auriez grondé
gronderait	gronderaient	aurait grondé	auraient grondé
6 présent du subjonctif		**13 passé du subjonctif**	
gronde	grondions	aie grondé	ayons grondé
grondes	grondiez	aies grondé	ayez grondé
gronde	grondent	ait grondé	aient grondé
7 imparfait du subjonctif		**14 plus-que-parfait du subjonctif**	
grondasse	grondassions	eusse grondé	eussions grondé
grondasses	grondassiez	eusses grondé	eussiez grondé
grondât	grondassent	eût grondé	eussent grondé

Impératif
gronde
grondons
grondez

Sentences using this verb and words related to it

—Victor, pourquoi pleures-tu?
—La maîtresse de mathématiques m'a grondé.
—Pourquoi est-ce qu'elle t'a grondé? Qu'est-ce que tu as fait?
—Ce n'est pas parce que j'ai fait quelque chose. C'est parce que je n'ai rien fait. Je n'ai pas préparé la leçon.
—Alors, tu mérites une gronderie et une réprimande.
—C'est une grondeuse. Elle gronde à chaque instant. C'est une criarde.

une grondeuse	a scolder	**une gronderie**	a scolding
une criarde	a nag, nagger	**à chaque instant**	constantly

The subject pronouns are found on the page facing page 1.

to cure, to heal, to remedy, to recover

The Seven Simple Tenses		The Seven Compound Tenses	
Singular	Plural	Singular	Plural
1 présent de l'indicatif		**8 passé composé**	
guéris	guérissons	ai guéri	avons guéri
guéris	guérissez	as guéri	avez guéri
guérit	guérissent	a guéri	ont guéri
2 imparfait de l'indicatif		**9 plus-que-parfait de l'indicatif**	
guérissais	guérissions	avais guéri	avions guéri
guérissais	guérissiez	avais guéri	aviez guéri
guérissait	guérissaient	avait guéri	avaient guéri
3 passé simple		**10 passé antérieur**	
guéris	guérîmes	eus guéri	eûmes guéri
guéris	guérîtes	eus guéri	eûtes guéri
guérit	guérirent	eut guéri	eurent guéri
4 futur		**11 futur antérieur**	
guérirai	guérirons	aurai guéri	aurons guéri
guériras	guérirez	auras guéri	aurez guéri
guérira	guériront	aura guéri	auront guéri
5 conditionnel		**12 conditionnel passé**	
guérirais	guéririons	aurais guéri	aurions guéri
guérirais	guéririez	aurais guéri	auriez guéri
guérirait	guériraient	aurait guéri	auraient guéri
6 présent du subjonctif		**13 passé du subjonctif**	
guérisse	guérissions	aie guéri	ayons guéri
guérisses	guérissiez	aies guéri	ayez guéri
guérisse	guérissent	ait guéri	aient guéri
7 imparfait du subjonctif		**14 plus-que-parfait du subjonctif**	
guérisse	guérissions	eusse guéri	eussions guéri
guérisses	guérissiez	eusses guéri	eussiez guéri
guérît	guérissent	eût guéri	eussent guéri

Impératif
guéris
guérissons
guérissez

Sentences using this verb and words related to it

Madame Gérard est tombée dans l'escalier la semaine dernière et elle a reçu une blessure au genou. Elle est allée chez le médecin et maintenant elle est guérie.

une guérison   healing, cure   **guérir de**   to recover from,
guérisseur, guérisseuse   healer, faith healer   to cure of
guérissable   curable

to get dressed, to dress (oneself)

The Seven Simple Tenses		The Seven Compound Tenses	
Singular	Plural	Singular	Plural

1   présent de l'indicatif

m'habille	nous habillons		
t'habilles	vous habillez		
s'habille	s'habillent		

8   passé composé

me suis habillé(e)	nous sommes habillé(e)s
t'es habillé(e)	vous êtes habillé(e)(s)
s'est habillé(e)	se sont habillé(e)s

2   imparfait de l'indicatif

m'habillais	nous habillions
t'habillais	vous habilliez
s'habillait	s'habillaient

9   plus-que-parfait de l'indicatif

m'étais habillé(e)	nous étions habillé(e)s
t'étais habillé(e)	vous étiez habillé(e)(s)
s'était habillé(e)	s'étaient habillé(e)s

3   passé simple

m'habillai	nous habillâmes
t'habillas	vous habillâtes
s'habilla	s'habillèrent

10   passé antérieur

me fus habillé(e)	nous fûmes habillé(e)s
te fus habillé(e)	vous fûtes habillé(e)(s)
se fut habillé(e)	se furent habillé(e)s

4   futur

m'habillerai	nous habillerons
t'habilleras	vous habillerez
s'habillera	s'habilleront

11   futur antérieur

me serai habillé(e)	nous serons habillé(e)s
te seras habillé(e)	vous serez habillé(e)(s)
se sera habillé(e)	se seront habillé(e)s

5   conditionnel

m'habillerais	nous habillerions
t'habillerais	vous habilleriez
s'habillerait	s'habilleraient

12   conditionnel passé

me serais habillé(e)	nous serions habillé(e)s
te serais habillé(e)	vous seriez habillé(e)(s)
se serait habillé(e)	se seraient habillé(e)s

6   présent du subjonctif

m'habille	nous habillions
t'habilles	vous habilliez
s'habille	s'habillent

13   passé du subjonctif

me sois habillé(e)	nous soyons habillé(e)s
te sois habillé(e)	vous soyez habillé(e)(s)
se soit habillé(e)	se soient habillé(e)s

7   imparfait du subjonctif

m'habillasse	nous habillassions
t'habillasses	vous habillassiez
s'habillât	s'habillassent

14   plus-que-parfait du subjonctif

me fusse habillé(e)	nous fussions habillé(e)s
te fusses habillé(e)	vous fussiez habillé(e)(s)
se fût habillé(e)	se fussent habillé(e)s

Impératif
habille-toi; ne t'habille pas
habillons-nous; ne nous habillons pas
habillez-vous; ne vous habillez pas

Sentences using this verb and words related to it

un habit	costume, outfit	**déshabiller**	to undress
les habits	clothes	**se déshabiller**	to undress oneself, to get
habiller qqn	to dress someone		undressed
habillement *(m.)*	garment, wearing apparel	**habiller de**	to clothe with

L'habit ne fait pas le moine.   Clothes
   don't make the person (the monk).

habiter

Part. pr. **habitant**   Part. passé **habité**

to live(in), to dwell (in), to inhabit

The Seven Simple Tenses		The Seven Compound Tenses	
Singular	Plural	Singular	Plural
1 présent de l'indicatif		**8 passé composé**	
habite	habitons	ai habité	avons habité
habites	habitez	as habité	avez habité
habite	habitent	a habité	ont habité
2 imparfait de l'indicatif		**9 plus-que-parfait de l'indicatif**	
habitais	habitions	avais habité	avions habité
habitais	habitiez	avais habité	aviez habité
habitait	habitaient	avait habité	avaient habité
3 passé simple		**10 passé antérieur**	
habitai	habitâmes	eus habité	eûmes habité
habitas	habitâtes	eus habité	eûtes habité
habita	habitèrent	eut habité	eurent habité
4 futur		**11 futur antérieur**	
habiterai	habiterons	aurai habité	aurons habité
habiteras	habiterez	auras habité	aurez habité
habitera	habiteront	aura habité	auront habité
5 conditionnel		**12 conditionnel passé**	
habiterais	habiterions	aurais habité	aurions habité
habiterais	habiteriez	aurais habité	auriez habité
habiterait	habiteraient	aurait habité	auraient habité
6 présent du subjonctif		**13 passé du subjonctif**	
habite	habitions	aie habité	ayons habité
habites	habitiez	aies habité	ayez habité
habite	habitent	ait habité	aient habité
7 imparfait du subjonctif		**14 plus-que-parfait du subjonctif**	
habitasse	habitassions	eusse habité	eussions habité
habitasses	habitassiez	eusses habité	eussiez habité
habitât	habitassent	eût habité	eussent habité

Impératif
habite
habitons
habitez

Sentences using this verb and words related to it

—Où habitez-vous?
—J'habite 27 rue Duparc dans une petite maison blanche.
—Avec qui habitez-vous?
—J'habite avec mes parents, mes frères, mes soeurs, et mon chien.

une habitation dwelling, residence, abode
un habitat habitat
un habitant inhabitant

habitable habitable, inhabitable
l'amélioration de l'habitat
improvement of living conditions

H.L.M. (habitation à loyer modéré)
lodging at a moderate rental

The Seven Simple Tenses		The Seven Compound Tenses	
Singular	Plural	Singular	Plural

1 présent de l'indicatif		8 passé composé	
hais	haïssons	ai haï	avons haï
hais	haïssez	as haï	avez haï
hait	haïssent	a haï	ont haï

2 imparfait de l'indicatif		9 plus-que-parfait de l'indicatif	
haïssais	haïssions	avais haï	avions haï
haïssais	haïssiez	avais haï	aviez haï
haïssait	haïssaient	avait haï	avaient haï

3 passé simple		10 passé antérieur	
haïs	haïmes	eus haï	eûmes haï
haïs	haïtes	eus haï	eûtes haï
haït	haïrent	eut haï	eurent haï

4 futur		11 futur antérieur	
haïrai	haïrons	aurai haï	aurons haï
haïras	haïrez	auras haï	aurez haï
haïra	haïront	aura haï	auront haï

5 conditionnel		12 conditionnel passé	
haïrais	haïrions	aurais haï	aurions haï
haïrais	haïriez	aurais haï	auriez haï
haïrait	haïraient	aurait haï	auraient haï

6 présent du subjonctif		13 passé du subjonctif	
haïsse	haïssions	aie haï	ayons haï
haïsses	haïssiez	aies haï	ayez haï
haïsse	haïssent	ait haï	aient haï

7 imparfait du subjonctif		14 plus-que-parfait du subjonctif	
haïsse	haïssions	eusse haï	eussions haï
haïsses	haïssiez	eusses haï	eussiez haï
haït	haïssent	eût haï	eussent haï

Impératif
hais
haïssons
haïssez

Sentences using this verb and words related to it

Je hais le mensonge, je hais la médiocrité, et je hais la calomnie. Ces choses sont haïssables. Je hais Marguerite et Jeanne; elles sont haineuses.

haïssable detestable, hateful
la haine hatred, hate
haineux, haineuse hateful, heinous

haïr qqn comme la peste
to hate somebody like poison

This verb begins with aspirate *h;* make no liaison and use *je* instead of *j'*.

to hesitate

The Seven Simple Tenses		The Seven Compound Tenses	
Singular	Plural	Singular	Plural
1 présent de l'indicatif		**8 passé composé**	
hésite	hésitons	ai hésité	avons hésité
hésites	hésitez	as hésité	avez hésité
hésite	hésitent	a hésité	ont hésité
2 imparfait de l'indicatif		**9 plus-que-parfait de l'indicatif**	
hésitais	hésitions	avais hésité	avions hésité
hésitais	hésitiez	avais hésité	aviez hésité
hésitait	hésitaient	avait hésité	avaient hésité
3 passé simple		**10 passé antérieur**	
hésitai	hésitâmes	eus hésité	eûmes hésité
hésitas	hésitâtes	eus hésité	eûtes hésité
hésita	hésitèrent	eut hésité	eurent hésité
4 futur		**11 futur antérieur**	
hésiterai	hésiterons	aurai hésité	aurons hésité
hésiteras	hésiterez	auras hésité	aurez hésité
hésitera	hésiteront	aura hésité	auront hésité
5 conditionnel		**12 conditionnel passé**	
hésiterais	hésiterions	aurais hésité	aurions hésité
hésiterais	hésiteriez	aurais hésité	auriez hésité
hésiterait	hésiteraient	aurait hésité	auraient hésité
6 présent du subjonctif		**13 passé du subjonctif**	
hésite	hésitions	aie hésité	ayons hésité
hésites	hésitiez	aies hésité	ayez hésité
hésite	hésitent	ait hésité	aient hésité
7 imparfait du subjonctif		**14 plus-que-parfait du subjonctif**	
hésitasse	hésitassions	eusse hésité	eussions hésité
hésitasses	hésitassiez	eusses hésité	eussiez hésité
hésitât	hésitassent	eût hésité	eussent hésité

Impératif
hésite
hésitons
hésitez

Words and expressions related to this verb

hésiter à faire qqch   to hesitate to do something
une hésitation   hesitation
hésitant, hésitante   undecided, hesitating
sans hésitation   unhesitatingly, without hesitation

Consult the sections on verbs used in idiomatic expressions, verbs with prepositions, and the list of over 1,000 verbs conjugated like model verbs in the back pages.

The Seven Simple Tenses		The Seven Compound Tenses	
Singular	Plural	Singular	Plural

1 présent de l'indicatif		8 passé composé	
impose	imposons	ai imposé	avons imposé
imposes	imposez	as imposé	avez imposé
impose	imposent	a imposé	ont imposé

2 imparfait de l'indicatif		9 plus-que-parfait de l'indicatif	
imposais	imposions	avais imposé	avions imposé
imposais	imposiez	avais imposé	aviez imposé
imposait	imposaient	avait imposé	avaient imposé

3 passé simple		10 passé antérieur	
imposai	imposâmes	eus imposé	eûmes imposé
imposas	imposâtes	eus imposé	eûtes imposé
imposa	imposèrent	eut imposé	eurent imposé

4 futur		11 futur antérieur	
imposerai	imposerons	aurai imposé	aurons imposé
imposeras	imposerez	auras imposé	aurez imposé
imposera	imposeront	aura imposé	auront imposé

5 conditionnel		12 conditionnel passé	
imposerais	imposerions	aurais imposé	aurions imposé
imposerais	imposeriez	aurais imposé	auriez imposé
imposerait	imposeraient	aurait imposé	auraient imposé

6 présent du subjonctif		13 passé du subjonctif	
impose	imposions	aie imposé	ayons imposé
imposes	imposiez	aies imposé	ayez impoé
impose	imposent	ait imposé	aient imposé

7 imparfait du subjonctif		14 plus-que-parfait du subjonctif	
imposasse	imposassions	eusse imposé	eussions imposé
imposasses	imposassiez	eusses imposé	eussiez imposé
imposât	imposassent	eût imposé	eussent imposé

Impératif
impose
imposons
imposez

Words and expressions related to this verb

s'imposer   to assert oneself
s'imposer à   to intrude on
imposable   taxable
un impôt   tax; **l'impôt sur le revenu**
  income tax

une imposition   imposition
imposant, imposante   imposing, impressive
imposer le respect   to compel respect
imposer une règle   to lay down a rule

Consult the sections on verbs used in idiomatic expressions, verbs with prepositions, and the list of over 1,000 verbs conjugated like model verbs in the back pages.

to include, to enclose

The Seven Simple Tenses		The Seven Compound Tenses	
Singular	Plural	Singular	Plural

1 présent de l'indicatif		8 passé composé	
inclus	incluons	ai inclus	avons inclus
inclus	incluez	as inclus	avez inclus
inclut	incluent	a inclus	ont inclus

2 imparfait de l'indicatif		9 plus-que-parfait de l'indicatif	
incluais	incluions	avais inclus	avions inclus
incluais	incluiez	avais inclus	aviez inclus
incluait	incluaient	avait inclus	avaient inclus

3 passé simple		10 passé antérieur	
inclus	inclûmes	eus inclus	eûmes inclus
inclus	inclûtes	eus inclus	eûtes inclus
inclut	inclurent	eut inclus	eurent inclus

4 futur		11 futur antérieur	
inclurai	inclurons	aurai inclus	aurons inclus
incluras	inclurez	auras inclus	aurez inclus
inclura	incluront	aura inclus	auront inclus

5 conditionnel		12 conditionnel passé	
inclurais	inclurions	aurais inclus	aurions inclus
inclurais	incluriez	aurais inclus	auriez inclus
inclurait	incluraient	aurait inclus	auraient inclus

6 présent du subjonctif		13 passé du subjonctif	
inclue	incluions	aie inclus	ayons inclus
inclues	incluiez	aies inclus	ayez inclus
inclue	incluent	ait invlus	aient inclus

7 imparfait du subjonctif		14 plus-que-parfait du subjonctif	
inclusse	inclussions	eusse inclus	eussions inclus
inclusses	inclussiez	eusses inclus	eussiez inclus
inclût	inclussent	eût inclus	eussent inclus

Impératif
inclus
incluons
incluez

Words and expressions related to this verb

la lettre ci-incluse   the letter enclosed herewith
l'argent ci-inclus   the money enclosed herewith
une inclusion   inclusion
inclusif, inclusive   inclusive
inclusivement   inclusively

exclure   to exclude
exclusivement   exclusively
exclusif, exclusive   exclusive
une exclusion   exclusion
exclu, exclue   excluded

Consult the sections on verbs used in idiomatic expressions, verbs with prepositions, and the list of over 1,000 verbs conjugated like model verbs in the back pages.

to indicate, to point out, to show

The Seven Simple Tenses		The Seven Compound Tenses	
Singular	Plural	Singular	Plural
1 présent de l'indicatif		**8 passé composé**	
indique	indiquons	ai indiqué	avons indiqué
indiques	indiquez	as indiqué	avez indiqué
indique	indiquent	a indiqué	ont indiqué
2 imparfait de l'indicatif		**9 plus-que-parfait de l'indicatif**	
indiquais	indiquions	avais indiqué	avions indiqué
indiquais	indiquiez	avais indiqué	aviez indiqué
indiquait	indiquaient	avait indiqué	avaient indiqué
3 passé simple		**10 passé antérieur**	
indiquai	indiquâmes	eus indiqué	eûmes indiqué
indiquas	indiquâtes	eus indiqué	eûtes indiqué
indiqua	indiquèrent	eut indiqué	eurent indiqué
4 futur		**11 futur antérieur**	
indiquerai	indiquerons	aurai indiqué	aurons indiqué
indiqueras	indiquerez	auras indiqué	aurez indiqué
indiquera	indiqueront	aura indiqué	auront indiqué
5 conditionnel		**12 conditionnel passé**	
indiquerais	indiquerions	aurais indiqué	aurions indiqué
indiquerais	indiqueriez	aurais indiqué	auriez indiqué
indiquerait	indiqueraient	aurait indiqué	auraient indiqué
6 présent du subjonctif		**13 passé du subjonctif**	
indique	indiquions	aie indiqué	ayons indiqué
indiques	indiquiez	aies indiqué	ayez indiqué
indique	indiquent	ait indiqué	aient indiqué
7 imparfait du subjonctif		**14 plus-que-parfait du subjonctif**	
indiquasse	indiquassions	eusse indiqué	eussions indiqué
indiquasses	indiquassiez	eusses indiqué	eussiez indiqué
indiquât	indiquassent	eût indiqué	eussent indiqué

Impératif
indique
indiquons
indiquez

Words and expressions related to this verb

indiquer du doigt   to point out (with one's finger)
indiquer un bon médecin   to recommend a good doctor
une indication   indication
indicatif, indicative   indicative
un indice   index
indicateur, indicatrice   indicator
un indicateur de vitesse   speedometer

Consult the sections on verbs used in idiomatic expressions, verbs with prepositions, and the list of over 1,000 verbs conjugated like model verbs in the back pages.

The subject pronouns are found on the page facing page 1.

to find out, to inquire, to make inquiries, to inform oneself

The Seven Simple Tenses		The Seven Compound Tenses	
Singular	Plural	Singular	Plural

1 présent de l'indicatif

		8 passé composé	
m'informe	nous informons	me suis informé(e)	nous sommes informé(e)s
t'informes	vous informez	t'es informé(e)	vous êtes informé(e)(s)
s'informe	s'informent	s'est informé(e)	se sont informé(e)s

2 imparfait de l'indicatif

		9 plus-que-parfait de l'indicatif	
m'informais	nous informions	m'étais informé(e)	nous étions informé(e)s
t'informais	vous informiez	t'étais informé(e)	vous étiez informé(e)(s)
s'informait	s'informaient	s'était informé(e)	s'étaient informé(e)s

3 passé simple

		10 passé antérieur	
m'informai	nous informâmes	me fus informé(e)	nous fûmes informé(e)s
t'informas	vous informâtes	te fus informé(e)	vous fûtes informé(e)(s)
s'informa	s'informèrent	se fut informé(e)	se furent informé(e)s

4 futur

		11 futur antérieur	
m'informerai	nous informerons	me serai informé(e)	nous serons informé(e)s
t'informeras	vous informerez	te seras informé(e)	vous serez informé(e)(s)
s'informera	s'informeront	se sera informé(e)	se seront informé(e)s

5 conditionnel

		12 conditionnel passé	
m'informerais	nous informerions	me serais informé(e)	nous serions informé(e)s
t'informerais	vous informeriez	te serais informé(e)	vous seriez informé(e)(s)
s'informerait	s'informeraient	se serait informé(e)	se seraient informé(e)s

6 présent du subjonctif

		13 passé du subjonctif	
m'informe	nous informions	me sois informé(e)	nous soyons informé(e)s
t'informes	vous informiez	te sois informé(e)	vous soyez informé(e)(s)
s'informe	s'informent	se soit informé(e)	se soient informé(e)s

7 imparfait du subjonctif

		14 plus-que-parfait du subjonctif	
m'informasse	nous informassions	me fusse informé(e)	nous fussions informé(e)s
t'informasses	vous informassiez	te fusses informé(e)	vous fussiez informé(e)(s)
s'informât	s'informassent	se fût informé(e)	se fussent informé(e)s

Impératif
informe-toi; ne t'informe pas
informons-nous; ne nous informons pas
informez-vous; ne vous informez pas

Words and expressions related to this verb

informer to inform, to advise
Je vous informe que. . .
  I am informing you that. . .
les informations *f.* new items,
  news bulletins
informatif, informative informative
informationnel, informationnelle
  informational

s'informer de to inquire about
prendre des informations sur qqn
  to make inquiries about someone
un informateur, une informatrice
  informer, informant
une information officielle official
  investigation
former to form

Consult the sections on verbs used in idiomatic expressions, verbs with prepositions, and the list of over 1,000 verbs conjugated like model verbs in the back pages.

to worry, to be upset

The Seven Simple Tenses		The Seven Compound Tenses	
Singular	Plural	Singular	Plural

1 présent de l'indicatif		8 passé composé	
m'inquiète	nous inquiétons	me suis inquiété(e)	nous sommes inquiété(e)s
t'inquiètes	vous inquiétez	t'es inquiété(e)	vous êtes inquiété(e)(s)
s'inquiète	s'inquiètent	s'est inquiété(e)	se sont inquiété(e)s

2 imparfait de l'indicatif		9 plus-que-parfait de l'indicatif	
m'inquiétais	nous inquiétions	m'étais inquiété(e)	nous étions inquiété(e)s
t'inquiétais	vous inquiétiez	t'étais inquiété(e)	vous étiez inquiété(e)(s)
s'inquiétait	s'inquiétaient	s'était inquiété(e)	s'étaient inquiété(e)s

3 passé simple		10 passé antérieur	
m'inquiétai	nous inquiétâmes	me fus inquiété(e)	nous fûmes inquiété(e)s
t'inquiétas	vous inquiétâtes	te fus inquiété(e)	vous fûtes inquiété(e)(s)
s'inquiéta	s'inquiétèrent	se fut inquiété(e)	se furent inquiété(e)s

4 futur		11 futur antérieur	
m'inquiéterai	nous inquiéterons	me serai inquiété(e)	nous serons inquiété(e)s
t'inquiéteras	vous inquiéterez	te seras inquiété(e)	vous serez inquiété(e)(s)
s'inquiétera	s'inquiéteront	se sera inquiété(e)	se seront inquiété(e)s

5 conditionnel		12 conditionnel passé	
m'inquiéterais	nous inquiéterions	me serais inquiété(e)	nous serions inquiété(e)s
t'inquiéterais	vous inquiéteriez	te serais inquiété(e)	vous seriez inquiété(e)(s)
s'inquiéterait	s'inquiéteraient	se serait inquiété(e)	se seraient inquiété(e)s

6 présent du subjonctif		13 passé du subjonctif	
m'inquiète	nous inquiétions	me sois inquiété(e)	nous soyons inquiété(e)s
t'inquiètes	vous inquiétiez	te sois inquiété(e)	vous soyez inquiété(e)(s)
s'inquiète	s'inquiètent	se soit inquiété(e)	se soient inquiété(e)s

7 imparfait du subjonctif		14 plus-que-parfait du subjonctif	
m'inquiétasse	nous inquiétassions	me fusse inquiété(e)	nous fussions inquiété(e)s
t'inquiétasses	vous inquiétassiez	te fusses inquiété(e)	vous fussiez inquiété(e)(s)
s'inquiétât	s'inquiétassent	se fût inquiété(e)	se fussent inquiété(e)s

Impératif
inquiète-toi, ne t'inquiète pas
inquiétons-nous; ne nous inquiétons pas
inquiétez-vous; ne vous inquiétez pas

Words related to this verb

s'inquiéter de   to worry about
inquiéter   to trouble, to worry
une inquiétude   restlessness, anxiety, uneasiness
inquiétant, inquiétante   disturbing, alarming
inquiet, inquiète   restless, alarmed, disturbed, worried

Consult the sections on verbs used in idiomatic expressions, verbs with prepositions, and the list of over 1,000 verbs conjugated like model verbs in the back pages.

to insist

The Seven Simple Tenses		The Seven Compound Tenses	
Singular	Plural	Singular	Plural
1 présent de l'indicatif		**8 passé composé**	
insiste	insistons	ai insisté	avons insisté
insistes	insistez	as insisté	avez insisté
insiste	insistent	a insisté	ont insisté
2 imparfait de l'indicatif		**9 plus-que-parfait de l'indicatif**	
insistais	insistions	avais insisté	avions insisté
insistais	insistiez	avais insisté	aviez insisté
insistait	insistaient	avait insisté	avaient insisté
3 passé simple		**10 passé antérieur**	
insistai	insistâmes	eus insisté	eûmes insisté
insistas	insistâtes	eus insisté	eûtes insisté
insista	insistèrent	eut insisté	eurent insisté
4 futur		**11 futur antérieur**	
insisterai	insisterons	aurai insisté	aurons insisté
insisteras	insisterez	auras insisté	aurez insisté
insistera	insisteront	aura insisté	auront insisté
5 conditionnel		**12 conditionnel passé**	
insisterais	insisterions	aurais insisté	aurions insisté
insisterais	insisteriez	aurais insisté	auriez insisté
insisterait	insisteraient	aurait insisté	auraient insisté
6 présent du subjonctif		**13 passé du subjonctif**	
insiste	insistions	aie insisté	ayons insisté
insistes	insistiez	aies insisté	ayez insisté
insiste	insistent	ait insisté	aient insisté
7 imparfait du subjonctif		**14 plus-que-parfait du subjonctif**	
insistasse	insistassions	eusse insisté	eussions insisté
insistasses	insistassiez	eusses insisté	eussiez insisté
insistât	insistassent	eût insisté	eussent insisté

Impératif
insiste
insistons
insistez

Sentences using this verb and words related to it

   Madame Albertine, maîtresse de français, insiste que les élèves fassent les devoirs tous les jours, qu'ils parlent en français dans la salle de classe, et qu'ils soient attentifs.

insistant, insistante   insistent, persistent
l'insistance *(f.)*   insistence

For the use of subjunctive, see p. 557.

The Seven Simple Tenses		The Seven Compound Tenses	
Singular	Plural	Singular	Plural
1 présent de l'indicatif		**8 passé composé**	
instruis	instruisons	ai instruit	avons instruit
instruis	instruisez	as instruit	avez instruit
instruit	instruisent	a instruit	ont instruit
2 imparfait de l'indicatif		**9 plus-que-parfait de l'indicatif**	
instruisais	instruisions	avais instruit	avions instruit
instruisais	instruisiez	avais instruit	aviez instruit
instruisait	instruisaient	avait instruit	avaient instruit
3 passé simple		**10 passé antérieur**	
instruisis	instruisîmes	eus instruit	eûmes instruit
instruisis	instruisîtes	eus instruit	eûtes instruit
instruisit	instruisirent	eut instruit	eurent instruit
4 futur		**11 futur antérieur**	
instruirai	instruirons	aurai instruit	aurons instruit
instruiras	instruirez	auras instruit	aurez instruit
instruira	instruiront	aura instruit	auront instruit
5 conditionnel		**12 conditionnel passé**	
instruirais	instruirions	aurais instruit	aurions instruit
instruirais	instruiriez	aurais instruit	auriez instruit
instruirait	instruiraient	aurait instruit	auraient instruit
6 présent du subjonctif		**13 passé du subjonctif**	
instruise	instruisions	aie instruit	ayons instruit
instruises	instruisiez	aies instruit	ayez instruit
instruise	instruisent	ait instruit	aient instruit
7 imparfait du subjonctif		**14 plus-que-parfait du subjonctif**	
instruisisse	instruisissions	eusse instruit	eussions instruit
instruisisses	instruisissiez	eusses instruit	eussiez instruit
instruisît	instruisissent	eût instruit	eussent instruit

Impératif
instruis
instruisons
instruisez

Words and expressions related to this verb

instruit, instruite educated
instruction *(f.)* instruction, teaching
sans instruction uneducated
instructeur, instructrice instructor
instructif, instructive instructive
les instructions instructions

s'instruire to teach oneself, to educate oneself
l'instruction publique public education
bien instruit (instruite), fort instruit (instruite) well educated

to forbid, to prohibit

The Seven Simple Tenses		The Seven Compound Tenses	
Singular	Plural	Singular	Plural
1 présent de l'indicatif		**8 passé composé**	
interdis	interdisons	ai interdit	avons interdit
interdis	interdisez	as interdit	avez interdit
interdit	interdisent	a interdit	ont interdit
2 imparfait de l'indicatif		**9 plus-que-parfait de l'indicatif**	
interdisais	interdisions	avais interdit	avions interdit
interdisais	interdisiez	avais interdit	aviez interdit
interdisait	interdisaient	avait interdit	avaient interdit
3 passé simple		**10 passé antérieur**	
interdis	interdîmes	eus interdit	eûmes interdit
interdis	interdîtes	eus interdit	eûtes interdit
interdit	interdirent	eut interdit	eurent interdit
4 futur		**11 futur antérieur**	
interdirai	interdirons	aurai interdit	aurons interdit
interdiras	interdirez	auras interdit	aurez interdit
interdira	interdiront	aura interdit	auront interdit
5 conditionnel		**12 conditionnel passé**	
interdirais	interdirions	aurais interdit	aurions interdit
inerdirais	interdiriez	aurais interdit	auriez interdit
interdirait	interdiraient	aurait interdit	auraient interdit
6 présent du subjonctif		**13 passé du subjonctif**	
interdise	interdisions	aie interdit	ayons interdit
interdises	interdisiez	aies interdit	ayez interdit
interdise	interdisent	ait interdit	aient interdit
7 imparfait du subjonctif		**14 plus-que-parfait du subjonctif**	
interdisse	interdissions	eusse interdit	eussions interdit
interdisses	interdissiez	eusses interdit	eussiez interdit
interdît	interdissent	eût interdit	eussent interdit

Impératif
interdis
interdisons
interdisez

Sentences using this verb and words and expressions related to it

Je vous interdis de m'interrompre constamment, je vous interdis d'entrer dans la salle de classe en retard, et je vous interdis de quitter la salle sans permission.

interdire qqch à qqn   to forbid someone something
l'interdit *(m.)*   interdict; *(adj.)* **les jeux interdits**   forbidden games
l'interdiction *(f.)*   interdiction, prohibition
Il est interdit de marcher sur l'herbe   Do not walk on the grass.
interdire à qqn de faire qqch   to forbid someone from doing something
STATIONNEMENT INTERDIT   NO PARKING

to be interested in

The Seven Simple Tenses		The Seven Compound Tenses	
Singular	Plural	Singular	Plural
1 présent de l'indicatif		**8 passé composé**	
m'intéresse	nous intéressons	me suis intéressé(e)	nous sommes intéressé(e)s
t'intéresses	vous intéressez	t'es intéressé(e)	vous êtes intéressé(e)(s)
s'intéresse	s'intéressent	s'est intéressé(e)	se sont intéressé(e)s
2 imparfait de l'indicatif		**9 plus-que-parfait de l'indicatif**	
m'intéressais	nous intéressions	m'étais intéressé(e)	nous étions intéressé(e)s
t'intéressais	vous intéressiez	t'étais intéressé(e)	vous étiez intéressé(e)(s)
s'intéressait	s'intéressaient	s'était intéressé(e)	s'étaient intéressé(e)s
3 passé simple		**10 passé antérieur**	
m'intéressai	nous intéressâmes	me fus intéressé(e)	nous fûmes intéressé(e)s
t'intéressas	vous intéressâtes	te fus intéressé(e)	vous fûtes intéressé(e)(s)
s'intéressa	s'intéressèrent	se fut intéressé(e)	se furent intéressé(e)s
4 futur		**11 futur antérieur**	
m'intéresserai	nous intéresserons	me serai intéressé(e)	nous serons intéressé(e)s
t'intéresseras	vous intéresserez	te seras intéressé(e)	vous serez intéressé(e)(s)
s'intéressera	s'intéresseront	se sera intéressé(e)	se seront intéressé(e)s
5 conditionnel		**12 conditionnel passé**	
m'intéresserais	nous intéresserions	me serais intéressé(e)	nous serions intéressé(e)s
t'intéresserais	vous intéresseriez	te serais intéressé(e)	vous seriez intéressé(e)(s)
s'intéresserait	s'intéresseraient	se serait intéressé(e)	se seraient intéressé(e)s
6 présent du subjonctif		**13 passé du subjonctif**	
m'intéresse	nous intéressions	me sois intéressé(e)	nous soyons intéressé(e)s
t'intéresses	vous intéressiez	te sois intéressé(e)	vous soyez intéressé(e)(s)
s'intéresse	s'intéressent	se soit intéressé(e)	se soient intéressé(e)s
7 imparfait du subjonctif		**14 plus-que-parfait du subjonctif**	
m'intéressasse	nous intéressassions	me fusse intéressé(e)	nous fussions intéressé(e)s
t'intéressasses	vous intéressassiez	te fusses intéressé(e)	vous fussiez intéressé(e)(s)
s'intéressât	s'intéressassent	se fût intéressé(e)	se fussent intéressé(e)s

Impératif
intéresse-toi; ne t'intéresse pas
intéressons-nous; ne nous intéressons pas
intéressez-vous; ne vous intéressez pas

Words and expressions related to this verb

s'intéresser à qqch   to be interested in something, to concern oneself with
Je m'intéresse aux sports.   I am interested in sports.
s'intéresser à qqn   to be interested in someone
Janine s'intéresse à lui.   Janine is interested in him.
intéresser qqn à qqch   to interest someone in something
Je m'intéresse à tout.   I am interested in everything.
Cela ne m'intéresse pas du tout.   That does not interest me at all.
un intérêt   interest
intéressant, intéressante   interesting
Rien ne m'intéresse   Nothing interests me.

The subject pronouns are found on the page facing page 1.

to interrogate, to question

The Seven Simple Tenses		The Seven Compound Tenses	
Singular	Plural	Singular	Plural

1 présent de l'indicatif

---	---	
interroge	interrogeons
interroges	interrogez
interroge	interrogent

8 passé composé

ai interrogé	avons interrogé
as interrogé	avez interrogé
a interrogé	ont interrogé

2 imparfait de l'indicatif

interrogeais	interrogions
interrogeais	interrogiez
interrogeait	interrogeaient

9 plus-que-parfait de l'indicatif

avais interrogé	avions interrogé
avais interrogé	aviez interrogé
avait interrogé	avaient interrogé

3 passé simple

interrogeai	interrogeâmes
interrogeas	interrogeâtes
interrogea	interrogèrent

10 passé antérieur

eus interrogé	eûmes interrogé
eus interrogé	eûtes interrogé
eut interrogé	eurent interrogé

4 futur

interrogerai	interrogerons
interrogeras	interrogerez
interrogera	interrogeront

11 futur antérieur

aurai interrogé	aurons interrogé
auras interrogé	aurez interrogé
aura interrogé	auront interrogé

5 conditionnel

interrogerais	interrogerions
interrogerais	interrogeriez
interrogerait	interrogeraient

12 conditionnel passé

aurais interrogé	aurions interrogé
aurais interrogé	auriez interrogé
aurait interrogé	auraient interrogé

6 présent du subjonctif

interroge	interrogions
interroges	interrogiez
interroge	interrogent

13 passé du subjonctif

aie interrogé	ayons interrogé
aies interrogé	ayez interrogé
ait interrogé	aient interrogé

7 imparfait du subjonctif

interrogeasse	interrogeassions
interrogeasses	interrogeassiez
interrogeât	interrogeassent

14 plus-que-parfait du subjonctif

eusse interrogé	eussions interrogé
eusses interrogé	eussiez interrogé
eût interrogé	eussent interrogé

Impératif
interroge
interrogeons
interrogez

Words and expressions related to this verb

une interrogation interrogation, questioning
un point d'interrogation question mark
un interrogateur, une interrogatrice interrogator

interrogatif, interrogative
 interrogative
interrogativement interrogatively

Consult the sections on verbs used in idiomatic expressions, verbs with prepositions, and the list of over 1,000 verbs conjugated like model verbs in the back pages.

to interrupt

The Seven Simple Tenses		The Seven Compound Tenses	
Singular	Plural	Singular	Plural
1 présent de l'indicatif		**8 passé composé**	
interromps	**interrompons**	**ai interrompu**	**avons interrompu**
interromps	**interrompez**	**as interrompu**	**avez interrompu**
interrompt	**interrompent**	**a interrompu**	**ont interrompu**
2 imparfait de l'indicatif		**9 plus-que-parfait de l'indicatif**	
interrompais	**interrompions**	**avais interrompu**	**avions interrompu**
interrompais	**interrompiez**	**avais interrompu**	**aviez interrompu**
interrompait	**interrompaient**	**avait interrompu**	**avaient interrompu**
3 passé simple		**10 passé antérieur**	
interrompis	**interrompîmes**	**eus interrompu**	**eûmes interrompu**
interrompis	**interrompîtes**	**eus interrompu**	**eûtes interrompu**
interrompit	**interrompirent**	**eut interrompu**	**eurent interrompu**
4 futur		**11 futur antérieur**	
interromprai	**interromprons**	**aurai interrompu**	**aurons interrompu**
interrompras	**interromprez**	**auras interrompu**	**aurez interrompu**
interrompra	**interrompront**	**aura interrompu**	**auront interrompu**
5 conditionnel		**12 conditionnel passé**	
interromprais	**interromprions**	**aurais interrompu**	**aurions interrompu**
interromprais	**interrompriez**	**aurais interrompu**	**auriez interrompu**
interromprait	**interrompraient**	**aurait interrompu**	**auraient interrompu**
6 présent du subjonctif		**13 passé du subjonctif**	
interrompe	**interrompions**	**aie interrompu**	**ayons interrompu**
interrompes	**interrompiez**	**aies interrompu**	**ayez interrompu**
interrompe	**interrompent**	**ait interrompu**	**aient interrompu**
7 imparfait du subjonctif		**14 plus-que-parfait du subjonctif**	
interrompisse	**interrompissions**	**eusse interrompu**	**eussions interrompu**
interrompisses	**interrompissiez**	**eusses interrompu**	**eussiez interrompu**
interrompît	**interrompissent**	**eût interrompu**	**eussent interrompu**

Impératif
interromps
interrompons
interrompez

Sentences using this verb and words related to it

—Maurice, tu m'interromps à chaque instant. Cesse de m'interrompre, s'il te plaît! C'est une mauvaise habitude et je ne l'aime pas. Est-ce que tu l'aimes quand on t'interrompt continuellement?

une interruption interruption   **un interrupteur, une interruptrice**
interrompu, interrompue interrupted   interrupter

to introduce, to show in

The Seven Simple Tenses		The Seven Compound Tenses	
Singular	Plural	Singular	Plural
1 présent de l'indicatif		**8 passé composé**	
introduis	introduisons	ai introduit	avons introduit
introduis	introduisez	as introduit	avez introduit
introduit	introduisent	a introduit	ont introduit
2 imparfait de l'indicatif		**9 plus-que-parfait de l'indicatif**	
introduisais	introduisions	avais introduit	avions introduit
introduisais	introduisiez	avais introduit	aviez introduit
introduisait	introduisaient	avait introduit	avaient introduit
3 passé simple		**10 passé antérieur**	
introduisis	introduisîmes	eus introduit	eûmes introduit
introduisis	introduisîtes	eus introduit	eûtes introduit
introduisit	introduisirent	eut introduit	eurent introduit
4 futur		**11 futur antérieur**	
introduirai	introduirons	aurai introduit	aurons introduit
introduiras	introduirez	auras introduit	aurez introduit
introduira	introduiront	aura introduit	auront introduit
5 conditionnel		**12 conditionnel passé**	
introduirais	introduirions	aurais introduit	aurions introduit
introduirais	introduiriez	aurais introduit	auriez introduit
introduirait	introduiraient	aurait introduit	auraient introduit
6 présent du subjonctif		**13 passé du subjonctif**	
introduise	introduisions	aie introduit	ayons introduit
introduises	introduisiez	aies introduit	ayez introduit
introduise	introduisent	ait introduit	aient introduit
7 imparfait du subjonctif		**14 plus-que-parfait du subjonctif**	
introduisisse	introduisissions	eusse introduit	eussions introduit
introduisisses	introduisissiez	eusses introduit	eussiez introduit
introduisît	introduisissent	eût introduit	eussent introduit

Impératif
introduis
introduisons
introduisez

Words related to this verb

introductoire introductory
introducteur, introductrice introducer
introductif, introductive introductory
introduction *(f.)* introduction

Consult the back pages for various sections on verbs used in idiomatic expressions and verbs that require certain prepositions.

The Seven Simple Tenses		The Seven Compound Tenses	
Singular	Plural	Singular	Plural
1 présent de l'indicatif		**8 passé composé**	
invite	invitons	ai invité	avons invité
invites	invitez	as invité	avez invité
invite	invitent	a invité	ont invité
2 imparfait de l'indicatif		**9 plus-que-parfait de l'indicatif**	
invitais	invitions	avais invité	avions invité
invitais	invitiez	avais invité	aviez invité
invitait	invitaient	avait invité	avaient invité
3 passé simple		**10 passé antérieur**	
invitai	invitâmes	eus invité	eûmes invité
invitas	invitâtes	eus invité	eûtes invité
invita	invitèrent	eut invité	eurent invité
4 futur		**11 futur antérieur**	
inviterai	inviterons	aurai invité	aurons invité
inviteras	inviterez	auras invité	aurez invité
invitera	inviteront	aura invité	auront invité
5 conditionnel		**12 conditionnel passé**	
inviterais	inviterions	aurais invité	aurions invité
inviterais	inviteriez	aurais invité	auriez invité
inviterait	inviteraient	aurait invité	auraient invité
6 présent du subjonctif		**13 passé du subjonctif**	
invite	invitions	aie invité	ayons invité
invites	invitiez	aies invité	ayez invité
invite	invitent	ait invité	aient invité
7 imparfait du subjonctif		**14 plus-que-parfait du subjonctif**	
invitasse	invitassions	eusse invité	eussions invité
invitasses	invitassiez	eusses invité	eussiez invité
invitât	invitassent	eût invité	eussent invité

Impératif
invite
invitons
invitez

Sentences using this verb and words related to it

J'ai reçu une invitation à dîner chez les Martin. C'est pour samedi soir. J'ai accepté avec plaisir et maintenant je vais en ville acheter un cadeau pour eux.

l'invitation *(f.)*   invitation
les invités   the guests
sur l'invitation de   at the invitation of
sans invitation   without invitation, uninvited

inviter qqn à faire qqch
to invite someone to do something

The subject pronouns are found on the page facing page 1.   **265**

to throw, to cast

The Seven Simple Tenses		The Seven Compound Tenses	
Singular	Plural	Singular	Plural
1 présent de l'indicatif		**8 passé composé**	
jette	jetons	ai jeté	avons jeté
jettes	jetez	as jeté	avez jeté
jette	jettent	a jeté	ont jeté
2 imparfait de l'indicatif		**9 plus-que-parfait de l'indicatif**	
jetais	jetions	avais jeté	avions jeté
jetais	jetiez	avais jeté	aviez jeté
jetait	jetaient	avait jeté	avaient jeté
3 passé simple		**10 passé antérieur**	
jetai	jetâmes	eus jeté	eûmes jeté
jetas	jetâtes	eus jeté	eûtes jeté
jeta	jetèrent	eut jeté	eurent jeté
4 futur		**11 futur antérieur**	
jetterai	jetterons	aurai jeté	aurons jeté
jetteras	jetterez	auras jeté	aurez jeté
jettera	jetteront	aura jeté	auront jeté
5 conditionnel		**12 conditionnel passé**	
jetterais	jetterions	aurais jeté	aurions jeté
jetterais	jetteriez	aurais jeté	auriez jeté
jetterait	jetteraient	aurait jeté	auraient jeté
6 présent du subjonctif		**13 passé du subjonctif**	
jette	jetions	aie jeté	ayons jeté
jettes	jetiez	aies jeté	ayez jeté
jette	jettent	ait jeté	aient jeté
7 imparfait du subjonctif		**14 plus-que-parfait du subjonctif**	
jetasse	jetassions	eusse jeté	eussions jeté
jetasses	jetassiez	eusses jeté	eussiez jeté
jetât	jetassent	eût jeté	eussent jeté

Impératif
jette
jetons
jetez

Common idiomatic expressions using this verb

jeter un cri   to utter a cry
jeter son argent par la fenêtre   to throw out one's money
se jeter sur (contre)   to throw oneself at (against)
un jeton de téléphone   telephone slug
une jetée   jetty
un jet d'eau   fountain
jeter un coup d'oeil à   to glance at; **se jeter au cou de qqn**
   to throw oneself at somebody
rejeter   to reject, to throw back; **projeter**   to plan, to project

The Seven Simple Tenses | The Seven Compound Tenses

Singular	Plural	Singular	Plural
1 présent de l'indicatif		**8 passé composé**	
joins	joignons	ai joint	avons joint
joins	joignez	as joint	avez joint
joint	joignent	a joint	ont joint
2 imparfait de l'indicatif		**9 plus-que-parfait de l'indicatif**	
joignais	joignions	avais joint	avions joint
joignais	joigniez	avais joint	aviez joint
joignait	joignaient	avait joint	avaient joint
3 passé simple		**10 passé antérieur**	
joignis	joignîmes	eus joint	eûmes joint
joignis	joignîtes	eus joint	eûtes joint
joignit	joignirent	eut joint	eurent joint
4 futur		**11 futur antérieur**	
joindrai	joindrons	aurai joint	aurons joint
joindras	joindrez	auras joint	aurez joint
joindra	joindront	aura joint	auront joint
5 conditionnel		**12 conditionnel passé**	
joindrais	joindrions	aurais joint	aurions joint
joindrais	joindriez	aurais joint	auriez joint
joindrait	joindraient	aurait joint	auraient joint
6 présent du subjonctif		**13 passé du subjonctif**	
joigne	joignions	aie joint	ayons joint
joignes	joigniez	aies joint	ayez joint
joigne	joignent	ait joint	aient joint
7 imparfait du subjonctif		**14 plus-que-parfait du subjonctif**	
joignisse	joignissions	eusse joint	eussions joint
joignisses	joignissiez	eusses joint	eussiez joint
joignît	joignissent	eût joint	eussent joint

Impératif
joins
joignons
joignez

Common idiomatic expressions using this verb and words related to it

joindre les deux bouts to make ends meet	**rejoindre** to rejoin,
les jointures des doigts knuckles	to join together
joint, jointe joined	**se rejoindre** to meet,
joignant, joignante adjoining	to come together again
ci-joint herewith, attached	
joindre à to join to, to add to	

to play, to act (in a play), to gamble

The Seven Simple Tenses		The Seven Compound Tenses	
Singular	Plural	Singular	Plural
1 présent de l'indicatif		**8 passé composé**	
joue	jouons	ai joué	avons joué
joues	jouez	as joué	avez joué
joue	jouent	a joué	ont joué
2 imparfait de l'indicatif		**9 plus-que-parfait de l'indicatif**	
jouais	jouions	avais joué	avions joué
jouais	jouiez	avais joué	aviez joué
jouait	jouaient	avait joué	avaient joué
3 passé simple		**10 passé antérieur**	
jouai	jouâmes	eus joué	eûmes joué
jouas	jouâtes	eus joué	eûtes joué
joua	jouèrent	eut joué	eurent joué
4 futur		**11 futur antérieur**	
jouerai	jouerons	aurai joué	aurons joué
joueras	jouerez	auras joué	aurez joué
jouera	joueront	aura joué	auront joué
5 conditionnel		**12 conditionnel passé**	
jouerais	jouerions	aurais joué	aurions joué
jouerais	joueriez	aurais joué	auriez joué
jouerait	joueraient	aurait joué	auraient joué
6 présent du subjonctif		**13 passé du subjonctif**	
joue	jouions	aie joué	ayons joué
joues	jouiez	aies joué	ayez joué
joue	jouent	ait joué	aient joué
7 imparfait du subjonctif		**14 plus-que-parfait du subjonctif**	
jouasse	jouassions	eusse joué	eussions joué
jouasses	jouassiez	eusses joué	eussiez joué
jouât	jouassent	eût joué	eussent joué

Impératif
joue
jouons
jouez

Common idiomatic expressions using this verb

jouer au tennis to play tennis
jouer aux cartes to play cards
jouer du piano to play the piano
jouer un tour à qqn to play a trick on someone
un jouet toy, plaything
joueur, joueuse player, gambler
jouer sur les mots to play with words
déjouer to baffle, to thwart

jouer un rôle to play a part
jouer une partie de qqch to play a game of something
jouer de la flûte to play the flute
se jouer de to make fun of, to deride
un joujou, des joujoux toy, toys (child's language)

to enjoy

The Seven Simple Tenses		The Seven Compound Tenses	
Singular	Plural	Singular	Plural
1 présent de l'indicatif		**8 passé composé**	
jouis	jouissons	ai joui	avons joui
jouis	jouissez	as joui	avez joui
jouit	jouissent	a joui	ont joui
2 imparfait de l'indicatif		**9 plus-que-parfait de l'indicatif**	
jouissais	jouissions	avais joui	avions joui
jouissais	jouissiez	avais joui	aviez joui
jouissait	jouissaient	avait joui	avaient joui
3 passé simple		**10 passé antérieur**	
jouis	jouîmes	eus joui	eûmes joui
jouis	jouîtes	eus joui	eûtes joui
jouit	jouirent	eut joui	eurent joui
4 futur		**11 futur antérieur**	
jouirai	jouirons	aurai joui	aurons joui
jouiras	jouirez	auras joui	aurez joui
jouira	jouiront	aura joui	auront joui
5 conditionnel		**12 conditionnel passé**	
jouirais	jouirions	aurais joui	aurions joui
jouirais	jouiriez	aurais joui	auriez joui
jouirait	jouiraient	aurait joui	auraient joui
6 présent du subjonctif		**13 passé du subjonctif**	
jouisse	jouissions	aie joui	ayons joui
jouisses	jouissiez	aies joui	ayez joui
jouisse	jouissent	ait joui	aient joui
7 imparfait du subjonctif		**14 plus-que-parfait du subjonctif**	
jouisse	jouissions	eusse joui	eussions joui
jouisses	jouissiez	eusses joui	eussiez joui
jouît	jouissent	eût joui	eussent joui

Impératif
jouis
jouissons
jouissez

Words and expressions related to this verb

jouir de qqch   to enjoy something
la jouissance   delight, enjoyment
la joie   joy; **la joie de vivre**   joy of
   living; **avec joie**   gladly
la réjouissance   rejoicing

se réjouir de   to rejoice in, to be delighted at
réjouir   to cheer up, to gladden, to rejoice
réjouir la vue   to be pleasing to the eye
réjouir le coeur   to gladden the heart
réjouissant, réjouissante   entertaining, amusing

Consult the sections on verbs used in idiomatic expressions, verbs with prepositions, and the list of over 1,000 verbs conjugated like model verbs in the back pages.

to judge, to deem

The Seven Simple Tenses		The Seven Compound Tenses	
Singular	Plural	Singular	Plural
1 présent de l'indicatif		**8 passé composé**	
juge	jugeons	ai jugé	avons jugé
juges	jugez	as jugé	avez jugé
juge	jugent	a jugé	ont jugé
2 imparfait de l'indicatif		**9 plus-que-parfait de l'indicatif**	
jugeais	jugions	avais jugé	avions jugé
jugeais	jugiez	avais jugé	aviez jugé
jugeait	jugeaient	avait jugé	avaient jugé
3 passé simple		**10 passé antérieur**	
jugeai	jugeâmes	eus jugé	eûmes jugé
jugeas	jugeâtes	eus jugé	eûtes jugé
jugea	jugèrent	eut jugé	eurent jugé
4 futur		**11 futur antérieur**	
jugerai	jugerons	aurai jugé	aurons jugé
jugeras	jugerez	auras jugé	aurez jugé
jugera	jugeront	aura jugé	auront jugé
5 conditionnel		**12 conditionnel passé**	
jugerais	jugerions	aurais jugé	aurions jugé
jugerais	jugeriez	aurais jugé	auriez jugé
jugerait	jugeraient	aurait jugé	auraient jugé
6 présent du subjonctif		**13 passé du subjonctif**	
juge	jugions	aie jugé	ayons jugé
juges	jugiez	aies jugé	ayez jugé
juge	jugent	ait jugé	aient jugé
7 imparfait du subjonctif		**14 plus-que-parfait du subjonctif**	
jugeasse	jugeassions	eusse jugé	eussions jugé
jugeasses	jugeassiez	eusses jugé	eussiez jugé
jugeât	jugeassent	eût jugé	eussent jugé

Impératif
juge
jugeons
jugez

Words and expressions related to this verb

juger de   to judge (of)   **Jugez de ma joie!**   You can imagine my joy!
à en juger par. . .   judging by. . .
juger par. . .   to judge by. . .
mal juger qqn   to misjudge someone
juger bon de faire qqch   to think it wise to do something
un juge   judge, magistrate; **un juge de paix**   justice of the peace
un jugement   judgment

Consult the sections on verbs used in idiomatic expressions, verbs with prepositions, and the list of over 1,000 verbs conjugated like model verbs in the back pages.

to swear, to vow

The Seven Simple Tenses		The Seven Compound Tenses	
Singular	Plural	Singular	Plural
1 présent de l'indicatif		8 passé composé	
jure	jurons	ai juré	avons juré
jures	jurez	as juré	avez juré
jure	jurent	a juré	ont juré
2 imparfait de l'indicatif		9 plus-que-parfait de l'indicatif	
jurais	jurions	avais juré	avions juré
jurais	juriez	avais juré	aviez juré
jurait	juraient	avait juré	avaient juré
3 passé simple		10 passé antérieur	
jurai	jurâmes	eus juré	eûmes juré
juras	jurâtes	eus juré	eûtes juré
jura	jurèrent	eut juré	eurent juré
4 futur		11 futur antérieur	
jurerai	jurerons	aurai juré	aurons juré
jureras	jurerez	auras juré	aurez juré
jurera	jureront	aura juré	auront juré
5 conditionnel		12 conditionnel passé	
jurerais	jurerions	aurais juré	aurions juré
jurerais	jureriez	aurais juré	auriez juré
jurerait	jureraient	aurait juré	auraient juré
6 présent du subjonctif		13 passé du subjonctif	
jure	jurions	aie juré	ayons juré
jures	juriez	aies juré	ayez juré
jure	jurent	ait juré	aient juré
7 imparfait du subjonctif		14 plus-que-parfait du subjonctif	
jurasse	jurassions	eusse juré	eussions juré
jurasses	jurassiez	eusses juré	eussiez juré
jurât	jurassent	eût juré	eussent juré

Impératif
jure
jurons
jurez

Words and expressions related to this verb

jurer sur la Bible   to swear on the Bible
un juriste   jurist
la jurisprudence   jurisprudence
un jureur   swearer
jurer contre   to swear against

un juron   curse, oath
un jury   jury
un jurisconsulte   legal expert
un jurement   swearing, oath

Consult the sections on verbs used in idiomatic expressions, verbs with prepositions, and the list of over 1,000 verbs conjugated like model verbs in the back pages.

lâcher

to loosen, to unleash, to let go

The Seven Simple Tenses		The Seven Compound Tenses	
Singular	Plural	Singular	Plural
1 présent de l'indicatif		**8 passé composé**	
lâche	lâchons	ai lâché	avons lâché
lâches	lâchez	as lâché	avez lâché
lâche	lâchent	a lâché	ont lâché
2 imparfait de l'indicatif		**9 plus-que-parfait de l'indicatif**	
lâchais	lâchions	avais lâché	avions lâché
lâchais	lâchiez	avais lâché	aviez lâché
lâchait	lâchaient	avait lâché	avaient lâché
3 passé simple		**10 passé antérieur**	
lâchai	lâchâmes	eus lâché	eûmes lâché
lâchas	lâchâtes	eus lâché	eûtes lâché
lâcha	lâchèrent	eut lâché	eurent lâché
4 futur		**11 futur antérieur**	
lâcherai	lâcherons	aurai lâché	aurons lâché
lâcheras	lâcherez	auras lâché	aurez lâché
lâchera	lâcheront	aura lâché	auront lâché
5 conditionnel		**12 conditionnel passé**	
lâcherais	lâcherions	aurais lâché	aurions lâché
lâcherais	lâcheriez	aurais lâché	auriez lâché
lâcherait	lâcheraient	aurait lâché	auraient lâché
6 présent du subjonctif		**13 passé du subjonctif**	
lâche	lâchions	aie lâché	ayons lâché
lâches	lâchiez	aies lâché	ayez lâché
lâche	lâchent	ait lâché	aient lâché
7 imparfait du subjonctif		**14 plus-que-parfait du subjonctif**	
lâchasse	lâchassions	eusse lâché	eussions lâché
lâchasses	lâchassiez	eusses lâché	eussiez lâché
lâchât	lâchassent	eût lâché	eussent lâché

Impératif
lâche
lâchons
lâchez

Words and expressions related to this verb

lâcher prise to let go
un lâcheur, une lâcheuse quitter
lâche coward; **lâchement** cowardly
la lâcheté cowardice
un vêtement lâche flowing, loose garment

un relâche rest, relaxation, respite, temporary closing of a theater
relâcher to abate, to loosen, to relax, to slacken

Consult the sections on verbs used in idiomatic expressions, verbs with prepositions, and the list of over 1,000 verbs conjugated like model verbs in the back pages.

to let, to allow, to leave

The Seven Simple Tenses		The Seven Compound Tenses	
Singular	Plural	Singular	Plural

1   présent de l'indicatif

		8 passé composé	
laisse	laissons	ai laissé	avons laissé
laisses	laissez	as laissé	avez laissé
laisse	laissent	a laissé	ont laissé

2   imparfait de l'indicatif

		9 plus-que-parfait de l'indicatif	
laissais	laissions	avais laissé	avions laissé
laissais	laissiez	avais laissé	aviez laissé
laissait	laissaient	avait laissé	avaient laissé

3   passé simple

		10 passé antérieur	
laissai	laissâmes	eus laissé	eumes laissé
laissas	laissâtes	eus laissé	eûtes laissé
laissa	laissèrent	eut laissé	eurent laissé

4   futur

		11 futur antérieur	
laisserai	laisserons	aurai laissé	aurons laissé
laisseras	laisserez	auras laissé	aurez laissé
laissera	laisseront	aura laissé	auront laissé

5   conditionnel

		12 conditionnel passé	
laisserais	laisserions	aurais laissé	aurions laissé
laisserais	laisseriez	aurais laissé	auriez laissé
laisserait	laisseraient	aurait laissé	auraient laissé

6   présent du subjonctif

		13 passé du subjonctif	
laisse	laissions	aie laissé	ayons laissé
laisses	laissiez	aies laissé	ayez laissé
laisse	laissent	ait laissé	aient laissé

7   imparfait du subjonctif

		14 plus-que-parfait du subjonctif	
laissasse	laissassions	eusse laissé	eussions laissé
laissasses	laissassiez	eusses laissé	eussiez laissé
laissât	laissassent	eût laissé	eussent laissé

Impératif
laisse
laissons
laissez

Common idiomatic expressions using this verb

Quand j'ai quitté la maison ce matin pour aller à l'école, j'ai laissé mes livres sur la table dans la cuisine. Dans la classe de français, le professeur m'a demandé où étaient mes livres et je lui ai répondu que je les avais laissés sur la table chez moi. C'était fâcheux.

laissez-faire   do not interfere;   **Laissez-moi faire**   Let me do as I please.
une laisse   a leash; **délaisser**   to abandon, to forsake
laisser **entrer**   to let in, to allow to enter; **laisser tomber**   to drop
laisser aller   to let go; **se laisser aller**   to let oneself go
C'était fâcheux!   (See **se fâcher**)

to hurl, to launch, to throw

The Seven Simple Tenses		The Seven Compound Tenses	
Singular	Plural	Singular	Plural
1 présent de l'indicatif		**8 passé composé**	
lance	lançons	ai lancé	avons lancé
lances	lancez	as lancé	avez lancé
lance	lancent	a lancé	ont lancé
2 imparfait de l'indicatif		**9 plus-que-parfait de l'indicatif**	
lançais	lancions	avais lancé	avions lancé
lançais	lanciez	avais lancé	aviez lancé
lançait	lançaient	avait lancé	avaient lancé
3 passé simple		**10 passé antérieur**	
lançai	lançâmes	eus lancé	eûmes lancé
lanças	lançâtes	eus lancé	eûtes lancé
iança	lancèrent	eut lancé	eurent lancé
4 futur		**11 futur antérieur**	
lancerai	lancerons	aurai lancé	aurons lancé
lanceras	lancerez	auras lancé	aurez lancé
lancera	lanceront	aura lancé	auront lancé
5 conditionnel		**12 conditionnel passé**	
lancerais	lancerions	aurais lancé	aurions lancé
lancerais	lanceriez	aurais lancé	auriez lancé
lancerait	lanceraient	aurait lancé	auraient lancé
6 présent du subjonctif		**13 passé du subjonctif**	
lance	lancions	aie lancé	ayons lancé
lances	lanciez	aies lancé	ayez lancé
lance	lancent	ait lancé	aient lancé
7 imparfait du subjonctif		**14 plus-que-parfait du subjonctif**	
lançasse	lançassions	eusse lancé	eussions lancé
lançasses	lançassiez	eusses lancé	eussiez lancé
lançât	lançassent	eût lancé	eussent lancé

Impératif
lance
lançons
lancez

Words and expressions related to this verb

se lancer contre   to throw oneself at, against   **un lancement**   hurling, casting
un départ lancé   a flying start (sports)   **un lanceur**   thrower, pitcher (sports)
une lance   a spear

Consult the front and back pages for various sections on using verbs.

to wash

The Seven Simple Tenses		The Seven Compound Tenses	
Singular	Plural	Singular	Plural

1 présent de l'indicatif

lave	lavons	**8 passé composé**	
laves	lavez	ai lavé	avons lavé
lave	lavent	as lavé	avez lavé
		a lavé	ont lavé

2 imparfait de l'indicatif

		9 plus-que-parfait de l'indicatif	
lavais	lavions	avais lavé	avions lavé
lavais	laviez	avais lavé	aviez lavé
lavait	lavaient	avait lavé	avaient lavé

3 passé simple

		10 passé antérieur	
lavai	lavâmes	eus lavé	eûmes lavé
lavas	lavâtes	eus lavé	eûtes lavé
lava	lavèrent	eut lavé	eurent lavé

4 futur

		11 futur antérieur	
laverai	laverons	aurai lavé	aurons lavé
laveras	laverez	auras lavé	aurez lavé
lavera	laveront	aura lavé	auront lavé

5 conditionnel

		12 conditionnel passé	
laverais	laverions	aurais lavé	aurions lavé
laverais	laveriez	aurais lavé	auriez lavé
laverait	laveraient	aurait lavé	auraient lavé

6 présent du subjonctif

		13 passé du subjonctif	
lave	lavions	aie lavé	ayons lavé
laves	laviez	aies lavé	ayez lavé
lave	lavent	ait lavé	aient lavé

7 imparfait du subjonctif

		14 plus-que-parfait du subjonctif	
lavasse	lavassions	eusse lavé	eussions lavé
lavasses	lavassiez	eusses lavé	eussiez lavé
lavât	lavassent	eût lavé	eussent lavé

Impératif
lave
lavons
lavez

Sentences using this verb and words related to it

Samedi après-midi j'ai lavé la voiture de mon père et il m'a donné de l'argent pour mon travail.

le lavage	washing	**la lavure**	dish water	
le lavement	enema	**un laveur, une laveuse**		washer
la lavette	dish mop	**une laveuse mécanique**		washing machine

See also **se laver.**

Consult the front and back pages for various sections on using verbs.

The subject pronouns are found on the page facing page 1.

se laver

Part. pr. **se lavant**   **Part. passé** **lavé(e)(s)**

to wash oneself

The Seven Simple Tenses		The Seven Compound Tenses	
Singular	Plural	Singular	Plural
1 présent de l'indicatif		**8 passé composé**	
me lave	nous lavons	me suis lavé(e)	nous sommes lavé(e)s
te laves	vous lavez	t'es lavé(e)	vous êtes lavé(e)(s)
se lave	se lavent	s'est lavé(e)	se sont lavé(e)s
2 imparfait de l'indicatif		**9 plus-que-parfait de l'indicatif**	
me lavais	nous lavions	m'étais lavé(e)	nous étions lavé(e)s
te lavais	vous laviez	t'étais lavé(e)	vous étiez lavé(e)(s)
se lavait	se lavaient	s'était lavé(e)	s'étaient lavé(e)s
3 passé simple		**10 passé antérieur**	
me lavai	nous lavâmes	me fus lavé(e)	nous fûmes lavé(e)s
te lavas	vous lavâtes	te fus lavé(e)	vous fûtes lavé(e)(s)
se lava	se lavèrent	se fut lavé(e)	se furent lavé(e)s
4 futur		**11 futur antérieur**	
me laverai	nous laverons	me serai lavé(e)	nous serons lavé(e)s
te laveras	vous laverez	te seras lavé(e)	vous serez lavé(e)(s)
se lavera	se laveront	se sera lavé(e)	se seront lavé(e)s
5 conditionnel		**12 conditionnel passé**	
me laverais	nous laverions	me serais lavé(e)	nous serions lavé(e)s
te laverais	vous laveriez	te serais lavé(e)	vous seriez lavé(e)(s)
se laverait	se laveraient	se serait lavé(e)	se seraient lavé(e)s
6 présent du subjonctif		**13 passé du subjonctif**	
me lave	nous lavions	me sois lavé(e)	nous soyons lavé(e)s
te laves	vous laviez	te sois lavé(e)	vous soyez lavé(e)(s)
se lave	se lavent	se soit lavé(e)	se soient lavé(e)s
7 imparfait du subjonctif		**14 plus-que-parfait du subjonctif**	
me lavasse	nous lavassions	me fusse lavé(e)	nous fussions lavé(e)s
te lavasses	vous lavassiez	te fusses lavé(e)	vous fussiez lavé(e)(s)
se lavât	se lavassent	se fût lavé(e)	se fussent lavé(e)s

Impératif
lave-toi; ne te lave pas
lavons-nous; ne nous lavons pas
lavez-vous; ne vous lavez pas

Sentences using this verb and words related to it

Tous les matins je me lave. Je me lave le visage, je me lave les mains, le cou et les oreilles.
Hier soir je me suis lavé les pieds.
Ma mère m'a demandé: —Henriette, est-ce que tu t'es bien lavée?
Je lui ai répondu: —Oui, maman, je me suis lavée! Je me suis bien lavé les mains!

For words related to se laver, see the verb laver.

to lift, to raise

The Seven Simple Tenses		The Seven Compound Tenses	
Singular	Plural	Singular	Plural

1   présent de l'indicatif

lève	levons		
lèves	levez		
lève	lèvent		

8   passé composé

ai levé	avons levé		
as levé	avez levé		
a levé	ont levé		

2   imparfait de l'indicatif

levais	levions
levais	leviez
levait	levaient

9   plus-que-parfait de l'indicatif

avais levé	avions levé
avais levé	aviez levé
avait levé	avaient levé

3   passé simple

levai	levâmes
levas	levâtes
leva	levèrent

10   passé antérieur

eus levé	eûmes levé
eus levé	eûtes levé
eut levé	eurent levé

4   futur

lèverai	lèverons
lèveras	lèverez
lèvera	lèveront

11   futur antérieur

aurai levé	aurons levé
auras levé	aurez levé
aura levé	auront levé

5   conditionnel

lèverais	lèverions
lèverais	lèveriez
lèverait	lèveraient

12   conditionnel passé

aurais levé	aurions levé
aurais levé	auriez levé
aurait levé	auraient levé

6   présent du subjonctif

lève	levions
lèves	leviez
lève	lèvent

13   passé du subjonctif

aie levé	ayons levé
aies levé	ayez levé
ait levé	aient levé

7   imparfait du subjonctif

levasse	levassions
levasses	levassiez
levât	levassent

14   plus-que-parfait du subjonctif

eusse levé	eussions levé
eusses levé	eussiez levé
eût levé	eussent levé

Impératif
lève
levons
levez

Words and expressions related to this verb

voter à main levée   to vote by a show of hands
le levage   raising, lifting
faire lever qqn   to get someone out of bed
le levant   the East
le levain   leaven
du pain sans levain   unleavened bread
le lever du soleil   sunrise

se relever   to get up on one's feet
lever la main   to raise one's hand
élever   to raise, to rear, to bring up
enlever   to remove
relever   to raise again, to pick up

Consult the back pages for verbs used in idiomatic expressions. See also **se lever.**

to get up

The Seven Simple Tenses		The Seven Compound Tenses	
Singular	Plural	Singular	Plural
1 présent de l'indicatif		**8 passé composé**	
me lève	nous levons	me suis levé(e)	nous sommes levé(e)s
te lèves	vous levez	t'es levé(e)	vous êtes levé(e)(s)
se lève	se lèvent	s'est levé(e)	se sont levé(e)s
2 imparfait de l'indicatif		**9 plus-que-parfait de l'indicatif**	
me levais	nous levions	m'étais levé(e)	nous étions levé(e)s
te levais	vous leviez	t'étais levé(e)	vous étiez levé(e)(s)
se levait	se levaient	s'était levé(e)	s'étaient levé(e)s
3 passé simple		**10 passé antérieur**	
me levai	nous levâmes	me fus levé(e)	nous fûmes levé(e)s
te levas	vous levâtes	te fus levé(e)	vous fûtes levé(e)(s)
se leva	se levèrent	se fut levé(e)	se furent levé(e)s
4 futur		**11 futur antérieur**	
me lèverai	nous lèverons	me serai levé(e)	nous serons levé(e)s
te lèveras	vous lèverez	te seras levé(e)	vous serez levé(e)(s)
se lèvera	se lèveront	se sera levé(e)	se seront levé(e)s
5 conditionnel		**12 conditionnel passé**	
me lèverais	nous lèverions	me serais levé(e)	nous serions levé(e)s
te lèverais	vous lèveriez	te serais levé(e)	vous seriez levé(e)(s)
se lèverait	se lèveraient	se serait levé(e)	se seraient levé(e)s
6 présent du subjonctif		**13 passé du subjonctif**	
me lève	nous levions	me sois levé(e)	nous soyons levé(e)s
te lèves	vous leviez	te sois levé(e)	vous soyez levé(e)(s)
se lève	se lèvent	se soit levé(e)	se soient levé(e)s
7 imparfait du subjonctif		**14 plus-que-parfait du subjonctif**	
me levasse	nous levassions	me fusse levé(e)	nous fussions levé(e)s
te levasses	vous levassiez	te fusses levé(e)	vous fussiez levé(e)(s)
se levât	se levassent	se fût levé(e)	se fussent levé(e)s

Impératif
lève-toi; ne te lève pas
levons-nous; ne nous levons pas
levez-vous; ne vous levez pas

Sentences using this verb and words related to it

Caroline est entrée dans le salon. Elle s'est assise, puis elle s'est levée. Après s'être levée, elle a quitté la maison.

For words related to **se lever,** see the verb **lever.**

Also, consult the back pages for various sections on verbs used with certain prepositions and over 1,000 verbs conjugated like model verbs among the 501.

The Seven Simple Tenses		The Seven Compound Tenses	
Singular	Plural	Singular	Plural
1 présent de l'indicatif		**8 passé composé**	
lis	lisons	ai lu	avons lu
lis	lisez	as lu	avez lu
lit	lisent	a lu	ont lu
2 imparfait de l'indicatif		**9 plus-que-parfait de l'indicatif**	
lisais	lisions	avais lu	avions lu
lisais	lisiez	avais lu	aviez lu
lisait	lisaient	avait lu	avaient lu
3 passé simple		**10 passé antérieur**	
lus	lûmes	eus lu	eûmes lu
lus	lûtes	eus lu	eûtes lu
lut	lurent	eut lu	eurent lu
4 futur		**11 futur antérieur**	
lirai	lirons	aurai lu	aurons lu
liras	lirez	auras lu	aurez lu
lira	liront	aura lu	auront lu
5 conditionnel		**12 conditionnel passé**	
lirais	lirions	aurais lu	aurions lu
lirais	liriez	aurais lu	auriez lu
lirait	liraient	aurait lu	auraient lu
6 présent du subjonctif		**13 passé du subjonctif**	
lise	lisions	aie lu	ayons lu
lises	lisiez	aies lu	ayez lu
lise	lisent	ait lu	aient lu
7 imparfait du subjonctif		**14 plus-que-parfait du subjonctif**	
lusse	lussions	eusse lu	eussions lu
lusses	lussiez	eusses lu	eussiez lu
lût	lussent	eût lu	eussent lu

Impératif
lis
lisons
lisez

Words and expressions related to this verb

C'est un livre à lire   It's a book worth reading.
lisible   legible, readable
lisiblement   legibly
lecteur, lectrice   reader (a person who reads)
un lecteur d'épreuves, une lectrice d'épreuves   proof reader
la lecture   reading
lectures pour la jeunesse   juvenile reading
Dans l'espoir de vous lire. . .
   I hope to receive a letter from you soon.

lire à haute voix   to read aloud
lire à voix basse   to read in a low voice
lire tout bas   to read to oneself
relire   to reread

louer

to praise, to rent, to rent out

The Seven Simple Tenses		The Seven Compound Tenses	
Singular	Plural	Singular	Plural
1 présent de l'indicatif		**8 passé composé**	
loue	louons	ai loué	avons loué
loues	louez	as loué	avez loué
loue	louent	a loué	ont loué
2 imparfait de l'indicatif		**9 plus-que-parfait de l'indicatif**	
louais	louions	avais loué	avions loué
louais	louiez	avais loué	aviez loué
louait	louaient	avait loué	avaient loué
3 passé simple		**10 passé antérieur**	
louai	louâmes	eus loué	eûmes loué
louas	louâtes	eus loué	eûtes loué
loua	louèrent	eut loué	eurent loue
4 futur		**11 futur antérieur**	
louerai	louerons	aurai loué	aurons loué
loueras	louerez	auras loué	aurez loué
louera	loueront	aura loué	auront loué
5 conditionnel		**12 conditionnel passé**	
louerais	louerions	aurais loué	aurions loué
louerais	loueriez	aurais loué	auriez loué
louerait	loueraient	aurait loué	auraient loué
6 présent du subjonctif		**13 passé du subjonctif**	
loue	louions	aie loué	ayons loué
loues	louiez	aies loué	ayez loué
loue	louent	ait loué	aient loué
7 imparfait du subjonctif		**14 plus-que-parfait du subjonctif**	
louasse	louassions	eusse loué	eussions loué
louasses	louassiez	eusses loué	eussiez loué
louât	louassent	eût loué	eussent loué

Impératif
loue
louons
louez

Words and expressions related to this verb

une place louée   reserved seat
maison à louer   house for rent (to let)
se louer de   to congratulate oneself on
allouer   to allot, to allocate
allouable   allowable

un loueur, une loueuse   a person who rents
    something to someone
un loueur de voitures   car rental agent
le louage   renting, hiring out
la louange   praise

Consult the sections on verbs used in idiomatic expressions, verbs with prepositions, and the list of over 1,000 verbs conjugated like model verbs in the back pages.

to shine

The Seven Simple Tenses		The Seven Compound Tenses	
Singular	Plural	Singular	Plural
1 présent de l'indicatif		8 passé composé	
il luit		**il a lui**	
2 imparfait de l'indicatif		9 plus-que-parfait de l'indicatif	
il luisait		**il avait lui**	
3 passé simple		10 passé antérieur	
–		**il eut lui**	
4 futur		11 futur antérieur	
il luira		**il aura lui**	
5 conditionnel		12 conditionnel passé	
il luirait		**il aurait lui**	
6 présent du subjonctif		13 passé du subjonctif	
qu'il luise		**qu'il ait lui**	
7 imparfait du subjonctif		14 plus-que-parfait du subjonctif	
–		**qu'il eût lui**	

Impératif
Qu'il luise!   Let it shine!

Words and expressions related to this verb

la lueur   glimmer, glean, glow
luisant, luisante   shining

Le soleil luit   The sun is shining.
J'ai le nez qui luit   My nose is shiny.

This verb is used ordinarily when referring to the sun.

to reduce (one's weight), to grow thin, to lose weight

The Seven Simple Tenses		The Seven Compound Tenses	
Singular	Plural	Singular	Plural
1 présent de l'indicatif		**8 passé composé**	
maigris	maigrissons	ai maigri	avons maigri
maigris	maigrissez	as maigri	avez maigri
maigrit	maigrissent	a maigri	ont maigri
2 imparfait de l'indicatif		**9 plus-que-parfait de l'indicatif**	
maigrissais	maigrissions	avais maigri	avions maigri
maigrissais	maigrissiez	avais maigri	aviez maigri
maigrissait	maigrissaient	avait maigri	avaient maigri
3 passé simple		**10 passé antérieur**	
maigris	maigrîmes	eus maigri	eûmes maigri
maigris	maigrîtes	eus maigri	eûtes maigri
maigrit	maigrirent	eut maigri	eurent maigri
4 futur		**11 futur antérieur**	
maigrirai	maigrirons	aurai maigri	aurons maigri
maigriras	maigrirez	auras maigri	aurez maigri
maigrira	maigriront	aura maigri	auront maigri
5 conditionnel		**12 conditionnel passé**	
maigrirais	maigririons	aurais maigri	aurions maigri
maigrirais	maigririez	aurais maigri	auriez maigri
maigrirait	maigriraient	aurait maigri	auraient maigri
6 présent du subjonctif		**13 passé du subjonctif**	
maigrisse	maigrissions	aie maigri	ayons maigri
maigrisses	maigrissiez	aies maigri	ayez maigri
maigrisse	maigrissent	ait maigri	aient maigri
7 imparfait du subjonctif		**14 plus-que-parfait du subjonctif**	
maigrisse	maigrissions	eusse maigri	eussions maigri
maigrisses	maigrissiez	eusses maigri	eussiez maigri
maigrît	maigrissent	eût maigri	eussent maigri

Impératif
maigris
maigrissons
maigrissez

Words and expressions related to this verb

maigre thin
la maigreur thinness
maigrement meagerly
se faire maigrir to slim down one's weight
être en régime pour maigrir to be on a diet to lose weight

to eat

The Seven Simple Tenses		The Seven Compound Tenses	
Singular	Plural	Singular	Plural

1   présent de l'indicatif

mange	mangeons	ai mangé	avons mangé
manges	mangez	as mangé	avez mangé
mange	mangent	a mangé	ont mangé

8   passé composé (above right column)

2   imparfait de l'indicatif

mangeais	mangions	avais mangé	avions mangé
mangeais	mangiez	avais mangé	aviez mangé
mangeait	mangeaient	avait mangé	avaient mangé

9   plus-que-parfait de l'indicatif

3   passé simple

mangeai	mangeâmes	eus mangé	eûmes mangé
mangeas	mangeâtes	eus mangé	eûtes mangé
mangea	mangèrent	eut mangé	eurent mangé

10   passé antérieur

4   futur

mangerai	mangerons	aurai mangé	aurons mangé
mangeras	mangerez	auras mangé	aurez mangé
mangera	mangeront	aura mangé	auront mangé

11   futur antérieur

5   conditionnel

mangerais	mangerions	aurais mangé	aurions mangé
mangerais	mangeriez	aurais mangé	auriez mangé
mangerait	mangeraient	aurait mangé	auraient mangé

12   conditionnel passé

6   présent du subjonctif

mange	mangions	aie mangé	ayons mangé
manges	mangiez	aies mangé	ayez mangé
mange	mangent	ait mangé	aient mangé

13   passé du subjonctif

7   imparfait du subjonctif

mangeasse	mangeassions	eusse mangé	eussions mangé
mangeasses	mangeassiez	eusses mangé	eussiez mangé
mangeât	mangeassent	eût mangé	eussent mangé

14   plus-que-parfait du subjonctif

Impératif
mange
mangeons
mangez

Words and expressions related to this verb

le manger   food
gros mangeur   big eater
manger de l'argent   to spend
  money foolishly
ne pas manger à sa faim   not to
  have much to eat
un mange-tout   spendthrift

manger à sa faim   to eat until filled
manger comme quatre   to eat like
  a horse
une mangeoire   manger

manquer

Part. pr. **manquant** Part. passé **manqué**

to miss, to lack

The Seven Simple Tenses		The Seven Compound Tenses	
Singular	Plural	Singular	Plural
1 présent de l'indicatif		**8 passé composé**	
manque	manquons	ai manqué	avons manqué
manques	manquez	as manqué	avez manqué
manque	manquent	a manqué	ont manqué
2 imparfait de l'indicatif		**9 plus-que-parfait de l'indicatif**	
manquais	manquions	avais manqué	avions manqué
manquais	manquiez	avais manqué	aviez manqué
manquait	manquaient	avait manqué	avaient manqué
3 passé simple		**10 passé antérieur**	
manquai	manquâmes	eus manqué	eûmes manqué
manquas	manquâtes	eus manqué	eûtes manqué
manqua	manquèrent	eut manqué	eurent manqué
4 futur		**11 futur antérieur**	
manquerai	manquerons	aurai manqué	aurons manqué
manqueras	manquerez	auras manqué	aurez manqué
manquera	manqueront	aura manqué	auront manqué
5 conditionnel		**12 conditionnel passé**	
manquerais	manquerions	aurais manqué	aurions manqué
manquerais	manqueriez	aurais manqué	auriez manqué
manquerait	manqueraient	aurait manqué	auraient manqué
6 présent du subjonctif		**13 passé du subjonctif**	
manque	manquions	aie manqué	ayons manqué
manques	manquiez	aies manqué	ayez manqué
manque	manquent	ait manqué	aient manqué
7 imparfait du subjonctif		**14 plus-que-parfait du subjonctif**	
manquasse	manquassions	eusse manqué	eussions manqué
manquasses	manquassiez	eusses manqué	eussiez manqué
manquât	manquassent	eût manqué	eussent manqué

Impératif
manque
manquons
manquez

Common idiomatic expressions using this verb

manquer à to lack; **Le courage lui manque** He lacks courage.
Elle me manque I miss her.
Est-ce que je te manque? Do you miss me?
manquer de qqch to be lacking something; **manquer de sucre** to be out of sugar
Ne manquez pas de venir Don't fail to come.
un mariage manqué a broken engagement
un héros manqué a would-be hero
Il me manque un franc I am lacking (I need) one franc.

to walk, to march, to run (machine), to function

The Seven Simple Tenses		The Seven Compound Tenses	
Singular	Plural	Singular	Plural
1 présent de l'indicatif		**8 passé composé**	
marche	marchons	ai marché	avons marché
marches	marchez	as marché	avez marché
marche	marchent	a marché	ont marché
2 imparfait de l'indicatif		**9 plus-que-parfait de l'indicatif**	
marchais	marchions	avais marché	avions marché
marchais	marchiez	avais marché	aviez marché
marchait	marchaient	avait marché	avaient marché
3 passé simple		**10 passé antérieur**	
marchai	marchâmes	eus marché	eûmes marché
marchas	marchâtes	eus marché	eûtes marché
marcha	marchèrent	eut marché	eurent marché
4 futur		**11 futur antérieur**	
marcherai	marcherons	aurai marché	aurons marché
marcheras	marcherez	auras marché	aurez marché
marchera	marcheront	aura marché	auront marché
5 conditionnel		**12 conditionnel passé**	
marcherais	marcherions	aurais marché	aurions marché
marcherais	marcheriez	aurais marché	auriez marché
marcherait	marcheraient	aurait marché	auraient marché
6 présent du subjonctif		**13 passé du subjonctif**	
marche	marchions	aie marché	ayons marché
marches	marchiez	aies marché	ayez marché
marche	marchent	ait marché	aient marché
7 imparfait du subjonctif		**14 plus-que-parfait du subjonctif**	
marchasse	marchassions	eusse marché	eussions marché
marchasses	marchassiez	eusses marché	eussiez marché
marchât	marchassent	eût marché	eussent marché

Impératif
marche
marchons
marchez

Words and expressions related to this verb

la marche   march, walking
ralentir sa marche   to slow down one's pace
le marché   market
le marché aux fleurs   flower market
le marché aux puces   flea market
à bon marché   cheap
faire marcher qqn   to put someone on
une démarche   gait, walk
faire une démarche   to take a step

marcher bien   to function (go, run, work) well
marcher sur les pas de qqn   to follow in someone's footsteps
faire marcher qqch   to make something go (run, function)
Ça ne marche plus   It's out of order.

to curse

The Seven Simple Tenses		The Seven Compound Tenses	
Singular	Plural	Singular	Plural

1 présent de l'indicatif

		8 passé composé	
maudis	maudissons	ai maudit	avons maudit
maudis	maudissez	as maudit	avez maudit
maudit	maudissent	a maudit	ont maudit

2 imparfait de l'indicatif

		9 plus-que-parfait de l'indicatif	
maudissais	maudissions	avais maudit	avions maudit
maudissais	maudissiez	avais maudit	aviez maudit
maudissait	maudissaient	avait maudit	avaient maudit

3 passé simple

		10 passé antérieur	
maudis	maudîmes	eus maudit	eûmes maudit
maudis	maudîtes	eus maudit	eûtes maudit
maudit	maudirent	eut maudit	eurent maudit

4 futur

		11 futur antérieur	
maudirai	maudirons	aurai maudit	aurons maudit
maudiras	maudirez	auras maudit	aurez maudit
maudira	maudiront	aura maudit	auront maudit

5 conditionnel

		12 conditionnel passé	
maudirais	maudirions	aurais maudit	aurions maudit
maudirais	maudiriez	aurais maudit	auriez maudit
maudirait	maudiraient	aurait maudit	auraient maudit

6 présent du subjonctif

		13 passé du subjonctif	
maudisse	maudissions	aie maudit	ayons maudit
maudisses	maudissiez	aies maudit	ayez maudit
maudisse	maudissent	ait maudit	aient maudit

7 imparfait du subjonctif

		14 plus-que-parfait du subjonctif	
maudisse	maudissions	eusse maudit	eussions maudit
maudisses	maudissiez	eusses maudit	eussiez maudit
maudît	maudissent	eût maudit	eussent maudit

Impératif
maudis
maudissons
maudissez

Words and expressions related to this verb

maudit, maudite   cursed
Quel maudit temps!   What rotten weather!
maudire un ennemi   to curse an enemy

les maudits   the damned
le Maudit   Demon
dire   to say, to tell; **dire du mal de qqn**
   to say something evil about someone

Consult the sections on verbs used in idiomatic expressions, verbs with prepositions, and the list of over 1,000 verbs conjugated like model verbs in the back pages.

to misjudge, to misunderstand, not to know, not to recognize

The Seven Simple Tenses		The Seven Compound Tenses	
Singular	Plural	Singular	Plural
1 présent de l'indicatif		**8 passé composé**	
méconnais	méconnaissons	ai méconnu	avons méconnu
méconnais	méconnaissez	as méconnu	avez méconnu
méconnaît	méconnaissent	a méconnu	ont méconnu
2 imparfait de l'indicatif		**9 plus-que-parfait de l'indicatif**	
méconnaissais	méconnaissions	avais méconnu	avions méconnu
méconnaissais	méconnaissiez	avais méconnu	aviez méconnu
méconnaissait	méconnaissaient	avait méconnu	avaient méconnu
3 passé simple		**10 passé antérieur**	
méconnus	méconnûmes	eus méconnu	eûmes méconnu
méconnus	méconnûtes	eus méconnu	eûtes méconnu
méconnut	méconnurent	eut méconnu	eurent méconnu
4 futur		**11 futur antérieur**	
méconnaîtrai	méconnaîtrons	aurai méconnu	aurons méconnu
méconnaîtras	méconnaîtrez	auras méconnu	aurez méconnu
méconnaîtra	méconnaîtront	aura méconnu	auront méconnu
5 conditionnel		**12 conditionnel passé**	
méconnaîtrais	méconnaîtrions	aurais méconnu	aurions méconnu
méconnaîtrais	méconnaîtriez	aurais méconnu	auriez méconnu
méconnaîtrait	méconnaîtraient	aurait méconnu	auraient méconnu
6 présent du subjonctif		**13 passé du subjonctif**	
méconnaisse	méconnaissions	aie méconnu	ayons méconnu
méconnaisses	méconnaissiez	aies méconnu	ayez méconnu
méconnaisse	méconnaissent	ait méconnu	aient méconnu
7 imparfait du subjonctif		**14 plus-que-parfait du subjonctif**	
méconnusse	méconnussions	eusse méconnu	eussions méconnu
méconnusses	méconnussiez	eusses méconnu	eussiez méconnu
méconnût	méconnussent	eût méconnu	eussent méconnu

Impératif
méconnais
méconnaissons
méconnaissez

Words related to this verb

méconnaissable unrecognizable
méconnu, méconnue misunderstood

la méconnaissance misappreciation
se méconnaître to underrate
(underestimate) oneself

Consult the sections on verbs used in idiomatic expressions, verbs with prepositions, and the list of over 1,000 verbs conjugated like model verbs in the back pages.

to slander

The Seven Simple Tenses		The Seven Compound Tenses	
Singular	Plural	Singular	Plural

1 présent de l'indicatif

		8 passé composé	
médis	médisons	ai médit	avons médit
médis	médisez	as médit	avez médit
médit	médisent	a médit	ont médit

2 imparfait de l'indicatif

		9 plus-que-parfait de l'indicatif	
médisais	médisions	avais médit	avions médit
médisais	médisiez	avais médit	aviez médit
médisait	médisaient	avait médit	avaient médit

3 passé simple

		10 passé antérieur	
médis	médîmes	eus médit	eûmes médit
médis	médîtes	eus médit	eûtes médit
médit	médirent	eut médit	eurent médit

4 futur

		11 futur antérieur	
médirai	médirons	aurai médit	aurons médit
médiras	médirez	auras médit	aurez médit
médira	médiront	aura médit	auront médit

5 conditionnel

		12 conditionnel passé	
médirais	médirions	aurais médit	aurions médit
médirais	médiriez	aurais médit	auriez médit
médirait	médiraient	aurait médit	auraient médit

6 présent du subjonctif

		13 passé du subjonctif	
médise	médisions	aie médit	ayons médit
médises	médisiez	aies médit	ayez médit
médise	médisent	ait médit	aient médit

7 imparfait du subjonctif

		14 plus-que-parfait du subjonctif	
médisse	médissions	eusse médit	eussions médit
médisses	médissiez	eusses médit	eussiez médit
médît	médissent	eût médit	eussent médit

Impératif
médis
médisons
médisez

Words and expressions related to this verb

la médisance   slander
dire des médisances   to say scandalous
  things

un médisant, une médisante   slanderer
médire de   to speak ill of, to slander

Consult the sections on verbs used in idiomatic expressions, verbs with prepositions, and the
list of over 1,000 verbs conjugated like model verbs in the back pages.

to beware, distrust, mistrust

The Seven Simple Tenses		The Seven Compound Tenses	
Singular	Plural	Singular	Plural

1   présent de l'indicatif

me méfie	nous méfions
te méfies	vous méfiez
se méfie	se méfient

8   passé composé

me suis méfié(e)	nous sommes méfié(e)s
t'es méfié(e)	vous êtes méfié(e)(s)
s'est méfié(e)	se sont méfié(e)s

2   imparfait de l'indicatif

me méfiais	nous méfiions
te méfiais	vous méfiiez
se méfiait	se méfiaient

9   plus-que-parfait de l'indicatif

m'étais méfié(e)	nous étions méfié(e)s
t'étais méfié(e)	vous étiez méfié(e)(s)
s'était méfié(e)	s'étaient méfié(e)s

3   passé simple

me méfiai	nous méfiâmes
te méfias	vous méfiâtes
se méfia	se méfièrent

10   passé antérieur

me fus méfié(e)	nous fûmes méfié(e)s
te fus méfié(e)	vous fûtes méfié(e)(s)
se fut méfié(e)	se furent méfié(e)s

4   futur

me méfierai	nous méfierons
te méfieras	vous méfierez
se méfiera	se méfieront

11   futur antérieur

me serai méfié(e)	nous serons méfié(e)s
te seras méfié(e)	vous serez méfié(e)(s)
se sera méfié(e)	se seront méfié(e)s

5   conditionnel

me méfierais	nous méfierions
te méfierais	vous méfieriez
se méfierait	se méfieraient

12   conditionnel passé

me serais méfié(e)	nous serions méfié(e)s
te serais méfié(e)	vous seriez méfié(e)(s)
se serait méfié(e)	se seraient méfié(e)s

6   présent du subjonctif

me méfie	nous méfiions
te méfies	vous méfiiez
se méfie	se méfient

13   passé du subjonctif

me sois méfié(e)	nous soyons méfié(e)s
te sois méfié(e)	vous soyez méfié(e)(s)
se soit méfié(e)	se soient méfié(e)s

7   imparfait du subjonctif

me méfiasse	nous méfiassions
te méfiasses	vous méfiassiez
se méfiât	se méfiassent

14   plus-que-parfait du subjonctif

me fusse méfié(e)	nous fussions méfié(e)s
te fusses méfié(e)	vous fussiez méfié(e)(s)
se fût méfié(e)	se fussent méfié(e)s

Impératif
méfie-toi; ne te méfie pas
méfions-nous; ne nous méfions pas
méfiez-vous; ne vous méfiez pas

Words and expressions related to this verb

se méfier de   to distrust, to mistrust
méfiez-vous!   Watch out!
méfiant, méfiante   distrustful
la méfiance   distrust, mistrust
un méfait   misdeed, wrongdoing

mener

Part. pr. **menant**   Part. passé **mené**

to lead, to control

The Seven Simple Tenses		The Seven Compound Tenses	
Singular	Plural	Singular	Plural

1 présent de l'indicatif

mène	menons		
mènes	menez		
mène	mènent		

8 passé composé

ai mené	avons mené
as mené	avez mené
a mené	ont mené

2 imparfait de l'indicatif

menais	menions
menais	meniez
menait	menaient

9 plus-que-parfait de l'indicatif

avais mené	avions mené
avais mené	aviez mené
avait mené	avaient mené

3 passé simple

menai	menâmes
menas	menâtes
mena	menèrent

10 passé antérieur

eus mené	eûmes mené
eus mené	eûtes mené
eut mené	eurent mené

4 futur

mènerai	mènerons
mèneras	mènerez
mènera	mèneront

11 futur antérieur

aurai mené	aurons mené
auras mené	aurez mené
aura mené	auront mené

5 conditionnel

mènerais	mènerions
mènerais	mèneriez
mènerait	mèneraient

12 conditionnel passé

aurais mené	aurions mené
aurais mené	auriez mené
aurait mené	auraient mené

6 présent du subjonctif

mène	menions
mènes	meniez
mène	mènent

13 passé du subjonctif

aie mené	ayons mené
aies mené	ayez mené
ait mené	aient mené

7 imparfait du subjonctif

menasse	menassions
menasses	menassiez
menât	menassent

14 plus-que-parfait du subjonctif

eusse mené	eussions mené
eusses mené	eussiez mené
eût mené	eussent mené

Impératif
mène
menons
menez

Words and expressions related to this verb

un meneur, une meneuse   leader
Cela ne mène à rien   That leads to nothing
mener qqn par le bout du nez   to lead someone around by the nose
mener une vie vagabonde   to lead a vagabond life
mener tout le monde   to be bossy with everyone
mener la bande   to lead the group
Cela vous mènera loin   That will take you a long way.

See also **emmener.**

to lie, to tell a lie

The Seven Simple Tenses		The Seven Compound Tenses	
Singular	Plural	Singular	Plural
1 présent de l'indicatif		**8 passé composé**	
mens	mentons	ai menti	avons menti
mens	mentez	as menti	avez menti
ment	mentent	a menti	ont menti
2 imparfait de l'indicatif		**9 plus-que-parfait de l'indicatif**	
mentais	mentions	avais menti	avions menti
mentais	mentiez	avais menti	aviez menti
mentait	mentaient	avait menti	avaient menti
3 passé simple		**10 passé antérieur**	
mentis	mentîmes	eus menti	eûmes menti
mentis	mentîtes	eus menti	eûtes menti
mentit	mentirent	eut menti	eurent menti
4 futur		**11 futur antérieur**	
mentirai	mentirons	aurai menti	aurons menti
mentiras	mentirez	auras menti	aurez menti
mentira	mentiront	aura menti	auront menti
5 conditionnel		**12 conditionnel passé**	
mentirais	mentirions	aurais menti	aurions mnti
mentirais	mentiriez	aurais menti	auriez menti
mentirait	mentiraient	aurait menti	auraient menti
6 présent du subjonctif		**13 passé du subjonctif**	
mente	mentions	aie menti	ayons menti
mentes	mentiez	aies menti	ayez menti
mente	mentent	ait menti	aient menti
7 imparfait du subjonctif		**14 plus-que-parfait du subjonctif**	
mentisse	mentissions	eusse menti	eussions menti
mentisses	mentissiez	eusses menti	eussiez menti
mentît	mentissent	eût menti	eussent menti

Impératif
mens
mentons
mentez

Words and expressions related to this verb

un mensonge   a lie
dire des mensonges   to tell lies
un menteur, une menteuse   a liar

démentir   to belie, to deny, to falsify,
   to refute
une menterie   fib

Consult the back pages for weather expressions using verbs.

to be mistaken, to mistake

The Seven Simple Tenses		The Seven Compound Tenses	
Singular	Plural	Singular	Plural

1   présent de l'indicatif

		8 passé composé	
me méprends	nous méprenons	me suis mépris(e)	nous sommes mépris(es)
te méprends	vous méprenez	t'es mépris(e)	vous êtes mépris(e)(es)
se méprend	se méprennent	s'est mépris(e)	se sont mépris(es)

2   imparfait de l'indicatif

		9 plus-que-parfait de l'indicatif	
me méprenais	nous méprenions	m'étais mépris(e)	nous étions mépris(es)
te méprenais	vous mépreniez	t'étais mépris(e)	vous étiez mépris(e)(es)
se méprenait	se méprenaient	s'était mépris(e)	s'étaient mépris(es)

3   passé simple

		10 passé antérieur	
me mépris	nous méprîmes	me fus mépris(e)	nous fûmes mépris(es)
te mépris	vous méprîtes	te fus mépris(e)	vous fûtes mépris(e)(es)
se méprit	se méprirent	se fut mépris(e)	se furent mépris(es)

4   futur

		11 futur antérieur	
me méprendrai	nous méprendrons	me serai mépris(e)	nous serons mépris(es)
te méprendras	vous méprendrez	te seras mépris(e)	vous serez mépris(e)(es)
se méprendra	se méprendront	se sera mépris(e)	se seront mépris(es)

5   conditionnel

		12 conditionnel passé	
me méprendrais	nous méprendrions	me serais mépris(e)	nous serions mépris(es)
te méprendrais	vous méprendriez	te serais mépris(e)	vous seriez mépris(e)(es)
se méprendrait	se méprendraient	se serait mépris(e)	se seraient mépris(es)

6   présent du subjonctif

		13 passé du subjonctif	
me méprenne	nous méprenions	me sois mépris(e)	nous soyons mépris(es)
te méprennes	vous mépreniez	te sois mépris(e)	vous soyez mépris(e)(es)
se méprenne	se méprennent	se soit mépris(e)	se soient mépris(es)

7   imparfait du subjonctif

		14 plus-que-parfait du subjonctif	
me méprisse	nous méprissions	me fusse mépris(e)	nous fussions mépris(es)
te méprisses	vous méprissiez	te fusses mépris(e)	vous fussiez mépris(e)(es)
se méprît	se méprissent	se fût mépris(e)	se fussent mépris(es)

Impératif
méprends-toi; ne te méprends pas
méprenons-nous; ne nous méprenons pas
méprenez-vous; ne vous méprenez pas

Common idiomatic expressions using this verb

se méprendre sur qqn
  to be mistaken about someone;
  to take someone for someone else

se méprendre au sujet de qqch
  to be mistaken about something;
  to take something for something else

Consult the sections on verbs used in idiomatic expressions, verbs with prepositions, and the list of over 1,000 verbs conjugated like model verbs in the back pages.

to merit, to deserve

The Seven Simple Tenses		The Seven Compound Tenses	
Singular	Plural	Singular	Plural
1 présent de l'indicatif		**8 passé composé**	
mérite	méritons	ai mérité	avons mérité
mérites	méritez	as mérité	avez mérité
mérite	méritent	a mérité	ont mérité
2 imparfait de l'indicatif		**9 plus-que-parfait de l'indicatif**	
méritais	méritions	avais mérité	avions mérité
méritais	méritiez	avais mérité	aviez mérité
méritait	méritaient	avait mérité	avaient mérité
3 passé simple		**10 passé antérieur**	
méritai	méritâmes	eus mérité	eûmes mérité
méritas	méritâtes	eus mérité	eûtes mérité
mérita	méritèrent	eut mérité	eurent mérité
4 futur		**11 futur antérieur**	
mériterai	mériterons	aurai mérité	aurons mérité
mériteras	mériterez	auras mérité	aurez mérité
méritera	mériteront	aura mérité	auront mérité
5 conditionnel		**12 conditionnel passé**	
mériterais	mériterions	aurais mérité	aurions mérité
mériterais	mériteriez	aurais mérité	auriez mérité
mériterait	mériteraient	aurait mérité	auraient mérité
6 présent du subjonctif		**13 passé du subjonctif**	
mérite	méritions	aie mérité	ayons mérité
mérites	méritiez	aies mérité	ayez mérité
mérite	méritent	ait mérité	aient mérité
7 imparfait du subjonctif		**14 plus-que-parfait du subjonctif**	
méritasse	méritassions	eusse mérité	eussions mérité
méritasses	méritassiez	eusses mérité	eussiez mérité
méritât	méritassent	eût mérité	eussent mérité

Impératif
mérite
méritons
méritez

Words and expressions related to this verb

un mérite   merit, worthiness
méritant, méritante   deserving (person)
une femme de mérite, un homme de mérite
  a woman, a man of merit

méritoire   meritorious, commendable,
  deserving (things, acts, deeds)
sans mérite   undeserving

Consult the back pages for French proverbs using verbs.

to put, to place

The Seven Simple Tenses		The Seven Compound Tenses	
Singular	Plural	Singular	Plural
1 présent de l'indicatif		**8 passé composé**	
mets	mettons	ai mis	avons mis
mets	mettez	as mis	avez mis
met	mettent	a mis	ont mis
2 imparfait de l'indicatif		**9 plus-que-parfait de l'indicatif**	
mettais	mettions	avais mis	avions mis
mettais	mettiez	avais mis	aviez mis
mettait	mettaient	avait mis	avaient mis
3 passé simple		**10 passé antérieur**	
mis	mîmes	eus mis	eûmes mis
mis	mîtes	eus mis	eûtes mis
mit	mirent	eut mis	eurent mis
4 futur		**11 futur antérieur**	
mettrai	mettrons	aurai mis	aurons mis
mettras	mettrez	auras mis	aurez mis
mettra	mettront	aura mis	auront mis
5 conditionnel		**12 conditionnel passé**	
mettrais	mettrions	aurais mis	aurions mis
mettrais	mettriez	aurais mis	auriez mis
mettrait	mettraient	aurait mis	auraient mis
6 présent du subjonctif		**13 passé du subjonctif**	
mette	mettions	aie mis	ayons mis
mettes	mettiez	aies mis	ayez mis
mette	mettent	ait mis	aient mis
7 imparfait du subjonctif		**14 plus-que-parfait du subjonctif**	
misse	missions	eusse mis	eussions mis
misses	missiez	eusses mis	eussiez mis
mît	missent	eût mis	eussent mis

Impératif
mets
mettons
mettez

Words and expressions related to this verb

mettre la table   to set the table
mettre de côté   to lay aside, to save
mettre en cause   to question
mettre qqn à la porte   to kick
   somebody out the door

mettre au courant   to inform
mettre le couvert   to set the table
mettre au point   to make clear
mettre la télé   to turn on the TV
mettre la radio   to turn on the radio

See also **se mettre.**

Try reading aloud as fast as you can this play on the sound **mi: Mimi a mis ses amis
à Miami.**   Mimi dropped off her friends in Miami.

294

to begin, to start, to place oneself

The Seven Simple Tenses		The Seven Compound Tenses	
Singular	Plural	Singular	Plural
1 présent de l'indicatif		**8 passé composé**	
me mets	nous mettons	me suis mis(e)	nous sommes mis(es)
te mets	vous mettez	t'es mis(e)	vous êtes mis(e)(es)
se met	se mettent	s'est mis(e)	se sont mis(es)
2 imparfait de l'indicatif		**9 plus-que-parfait de l'indicatif**	
me mettais	nous mettions	m'étais mis(e)	nous étions mis(es)
te mettais	vous mettiez	t'étais mis(e)	vous étiez mis(e)(es)
se mettait	se mettaient	s'était mis(e)	s'étaient mis(es)
3 passé simple		**10 passé antérieur**	
me mis	nous mîmes	me fus mis(e)	nous fûmes mis(es)
te mis	vous mîtes	te fus mis(e)	vous fûtes mis(e)(es)
se mit	se mirent	se fut mis(e)	se furent mis(es)
4 futur		**11 futur antérieur**	
me mettrai	nous mettrons	me serai mis(e)	nous serons mis(es)
te mettras	vous mettrez	te seras mis(e)	vous serez mis(e)(es)
se mettra	se mettront	se sera mis(e)	se seront mis(es)
5 conditionnel		**12 conditionnel passé**	
me mettrais	nous mettrions	me serais mis(e)	nous serions mis(es)
te mettrais	vous mettriez	te serais mis(e)	vous seriez mis(e)(es)
se mettrait	se mettraient	se serait mis(e)	se seraient mis(es)
6 présent du subjonctif		**13 passé du subjonctif**	
me mette	nous mettions	me sois mis(e)	nous soyons mis(es)
te mettes	vous mettiez	te sois mis(e)	vous soyez mis(e)(es)
se mette	se mettent	se soit mis(e)	se soient mis(es)
7 imparfait du subjonctif		**14 plus-que-parfait du subjonctif**	
me misse	nous missions	me fusse mis(e)	nous fussions mis(es)
te misses	vous missiez	te fusses mis(e)	vous fussiez mis(e)(es)
se mît	se missent	se fût mis(e)	se fussent mis(es)

Impératif
mets-toi; ne te mets pas
mettons-nous; ne nous mettons pas
mettez-vous; ne vous mettez pas

Words and expressions related to this verb

se mettre à + inf.   to begin, to start + inf.
se mettre à table   to go sit at the table
se mettre en colère   to get angry
mettable   wearable; **se mettre en grande toilette**   to dress for an occasion;
   se mettre en smoking   to put on a dinner jacket
mettre en scène   to stage; **un metteur en scène**   director of a play, film

See also **mettre**.

to aim (at)

The Seven Simple Tenses		The Seven Compound Tenses	
Singular	Plural	Singular	Plural
1 présent de l'indicatif		**8 passé composé**	
mire	mirons	ai miré	avons miré
mires	mirez	as miré	avez miré
mire	mirent	a miré	ont miré
2 imparfait de l'indicatif		**9 plus-que-parfait de l'indicatif**	
mirais	mirions	avais miré	avions miré
mirais	miriez	avais miré	aviez miré
mirait	miraient	avait miré	avaient miré
3 passé simple		**10 passé antérieur**	
mirai	mirâmes	eus miré	eûmes miré
miras	mirâtes	eus miré	eûtes miré
mira	mirèrent	eut miré	eurent miré
4 futur		**11 futur antérieur**	
mirerai	mirerons	aurai miré	aurons miré
mireras	mirerez	auras miré	aurez miré
mirera	mireront	aura miré	auront miré
5 conditionnel		**12 conditionnel passé**	
mirerais	mirerions	aurais miré	aurions miré
mirerais	mireriez	aurais miré	auriez miré
mirerait	mireraient	aurait miré	auraient miré
6 présent du subjonctif		**13 passé du subjonctif**	
mire	mirions	aie miré	ayons miré
mires	miriez	aies miré	ayez miré
mire	mirent	ait miré	aient miré
7 imparfait du subjonctif		**14 plus-que-parfait du subjonctif**	
mirasse	mirassions	eusse miré	eussions miré
mirasses	mirassiez	eusses miré	eussiez miré
mirât	mirassent	eût miré	eussent miré

Impératif
mire
mirons
mirez

Words and expressions related to this verb

la mire   aim, aiming; **point de mire**   point aimed at
le mirage   mirage; illusion
un miroir   mirror
miroiter   to gleam, glisten, sparkle
se mirer dans   to look at oneself in (a mirror, a pool of water, a shiny surface)
admirer   to admire

Consult the sections on verbs used in idiomatic expressions, verbs with prepositions, and the list of over 1,000 verbs conjugated like model verbs in the back pages.

to go up, to ascend, to take up, to bring up, to mount

The Seven Simple Tenses		The Seven Compound Tenses	
Singular	Plural	Singular	Plural
1 présent de l'indicatif		**8 passé composé**	
monte	montons	suis monté(e)	sommes monté(e)s
montes	montez	es monté(e)	êtes monté(e)(s)
monte	montent	est monté(e)	sont monté(e)s
2 imparfait de l'indicatif		**9 plus-que-parfait de l'indicatif**	
montais	montions	étais monté(e)	étions monté(e)s
montais	montiez	étais monté(e)	étiez monté(e)(s)
montait	montaient	était monté(e)	étaient monté(e)s
3 passé simple		**10 passé antérieur**	
montai	montâmes	fus monté(e)	fûmes monté(e)s
montas	montâtes	fus monté(e)	fûtes monté(e)(s)
monta	montèrent	fut monté(e)	furent monté(e)s
4 futur		**11 futur antérieur**	
monterai	monterons	serai monté(e)	serons monté(e)s
monteras	monterez	seras monté(e)	serez monté(e)(s)
montera	monteront	sera monté(e)	seront monté(e)s
5 conditionnel		**12 conditionnel passé**	
monterais	monterions	serais monté(e)	serions monté(e)s
monterais	monteriez	serais monté(e)	seriez monté(e)(s)
monterait	monteraient	serait monté(e)	seraient monté(e)s
6 présent du subjonctif		**13 passé du subjonctif**	
monte	montions	sois monté(e)	soyons monté(e)s
montes	montiez	sois monté(e)	soyez monté(e)(s)
monte	montent	soit monté(e)	soient monté(e)s
7 imparfait du subjonctif		**14 plus-que-parfait du subjonctif**	
montasse	montassions	fusse monté(e)	fussions monté(e)s
montasses	montassiez	fusses monté(e)	fussiez monté(e)(s)
montât	montassent	fût monté(e)	fussent monté(e)s

Impératif
monte
montons
montez

This verb is conjugated with *avoir* when it has a direct object.

Examples: **J'ai monté l'escalier**   I went up the stairs.
           J'ai monté les valises   I brought up the suitcases.

BUT: **Elle est montée vite**   She went up quickly.

See also the verb **descendre**.

monter à bicyclette   to ride a bicycle
monter dans un train   to get on a train
monter une pièce de théâtre   to stage a play

montrer

Part. pr. **montrant** Part. passé **montré**

to show, to display, to exhibit, to point out

The Seven Simple Tenses		The Seven Compound Tenses	
Singular	Plural	Singular	Plural
1 présent de l'indicatif		**8 passé composé**	
montre	montrons	ai montré	avons montré
montres	montrez	as montré	avez montré
montre	montrent	a montré	ont montré
2 imparfait de l'indicatif		**9 plus-que-parfait de l'indicatif**	
montrais	montrions	avais montré	avions montré
montrais	montriez	avais montré	aviez montré
montrait	montraient	avait montré	avaient montré
3 passé simple		**10 passé antérieur**	
montrai	montrâmes	eus montré	eûmes montré
montras	montrâtes	eus montré	eûtes montré
montra	montrèrent	eut montré	eurent montré
4 futur		**11 futur antérieur**	
montrerai	montrerons	aurai montré	aurons montré
montreras	montrerez	auras montré	aurez montré
montrera	montreront	aura montré	auront montré
5 conditionnel		**12 conditionnel passé**	
montrerais	montrerions	aurais montré	aurions montré
montrerais	montreriez	aurais montré	auriez montré
montrerait	montreraient	aurait montré	auraient montré
6 présent du subjonctif		**13 passé du subjonctif**	
montre	montrions	aie montré	ayons montré
montres	montriez	aies montré	ayez montré
montre	montrent	ait montré	aient montré
7 imparfait du subjonctif		**14 plus-que-parfait du subjonctif**	
montrasse	montrassions	eusse montré	eussions montré
montrasses	montrassiez	eusses montré	eussiez montré
montrât	montrassent	eût montré	eussent montré

Impératif
montre
montrons
montrez

Words and expressions related to this verb

une montre a watch, display
une montre-bracelet wrist watch
faire montre de sa richesse to display, to show off one's wealth
Quelle heure est-il à votre montre? What time is it on your watch?
se faire montrer la porte to be put out the door
démontrer to demonstrate
se démontrer to be proved
se montrer to show oneself, to appear

298

to make fun

The Seven Simple Tenses		The Seven Compound Tenses	
Singular	Plural	Singular	Plural

1   présent de l'indicatif

		8 passé composé	
me moque	nous moquons	me suis moqué(e)	nous sommes moqué(e)s
te moques	vous moquez	t'es moqué(e)	vous êtes moqué(e)(s)
se moque	se moquent	s'est moqué(e)	se sont moqué(e)s

2   imparfait de l'indicatif   **9   plus-que-parfait de l'indicatif**

me moquais	nous moquions	m'étais moqué(e)	nous étions moqué(e)s
te moquais	vous moquiez	t'étais moqué(e)	vous étiez moqué(e)(s)
se moquais	se moquaient	s'était moqué(e)	s'étaient moqué(e)s

3   passé simple   **10   passé antérieur**

me moquai	nous moquâmes	me fus moqué(e)	nous fûmes moqué(e)s
te moquas	vous moquâtes	te fus moqué(e)	vous fûtes moqué(e)(s)
se moqua	se moquèrent	se fut moqué(e)	se furent moqué(e)s

4   futur   **11   futur antérieur**

me moquerai	nous moquerons	me serai moqué(e)	nous serons moqué(e)s
te moqueras	vous moquerez	te seras moqué(e)	vous serez moqué(e)(s)
se moquera	se moqueront	se sera moqué(e)	se seront moqué(e)s

5   conditionnel   **12   conditionnel passé**

me moquerais	nous moquerions	me serais moqué(e)	nous serions moqué(e)s
te moquerais	vous moqueriez	te serais moqué(e)	vous seriez moqué(e)(s)
se moquerait	se moqueraient	se serait moqué(e)	se seraient moqué(e)s

6   présent du subjonctif   **13   passé du subjonctif**

me moque	nous moquions	me sois moqué(e)	nous soyons moqué(e)s
te moques	vous moquiez	te sois moqué(e)	vous soyez moqué(e)(s)
se moque	se moquent	se soit moqué(e)	se soient moqué(e)s

7   imparfait du subjonctif   **14   plus-que-parfait du subjonctif**

me moquasse	nous moquassions	me fusse moqué(e)	nous fussions moqué(e)s
te moquasses	vous moquassiez	te fusses moqué(e)	vous fussiez moqué(e)(s)
se moquât	se moquassent	se fût moqué(e)	se fussent moqué(e)s

Impératif
moque-toi; ne te moque pas
moquons-nous; ne nous moquons pas
moquez-vous; ne vous moquez pas

Words and expressions related to this verb

se moquer de   to make fun of, to laugh at
Je m'en moque!   I don't give a hoot!
moquer   to mock

une moquerie   mockery
un moqueur, une moqueuse   mocker
moqueusement   mockingly

Consult the sections on verbs used in idiomatic expressions, verbs with prepositions, and the list of over 1,000 verbs conjugated like model verbs in the back pages.

to bite

The Seven Simple Tenses		The Seven Compound Tenses	
Singular	Plural	Singular	Plural
1 présent de l'indicatif		**8 passé composé**	
mords	mordons	ai mordu	avons mordu
mords	mordez	as mordu	avez mordu
mord	mordent	a mordu	ont mordu
2 imparfait de l'indicatif		**9 plus-que-parfait de l'indicatif**	
mordais	mordions	avais mordu	avions mordu
mordais	mordiez	avais mordu	aviez mordu
mordait	mordaient	avait mordu	avaient mordu
3 passé simple		**10 passé antérieur**	
mordis	mordîmes	eus mordu	eûmes mordu
mordis	mordîtes	eus mordu	eûtes mordu
mordit	mordirent	eut mordu	eurent mordu
4 futur		**11 futur antérieur**	
mordrai	mordrons	aurai mordu	aurons mordu
mordras	mordrez	auras mordu	aurez mordu
mordra	mordront	aura mordu	auront mordu
5 conditionnel		**12 conditionnel passé**	
mordrais	mordrions	aurais mordu	aurions mordu
mordrais	mordriez	aurais mordu	auriez mordu
mordrait	mordraient	aurait mordu	auraient mordu
6 présent du subjonctif		**13 passé du subjonctif**	
morde	mordions	aie mordu	ayons mordu
mordes	mordiez	aies mordu	ayez mordu
morde	mordent	ait mordu	aient mordu
7 imparfait du subjonctif		**14 plus-que-parfait du subjonctif**	
mordisse	mordissions	eusse mordu	eussions mordu
mordisses	mordissiez	eusses mordu	eussiez mordu
mordît	mordissent	eût mordu	eussent mordu

Impératif
mords
mordons
mordez

Words and expressions related to this verb

Chien qui aboie ne mord pas   A barking dog does not bite; **(aboyer,** to bark)
Tous les chiens qui aboient ne mordent pas   All dogs that bark do not bite.
mordre la poussière   to bite the dust
se mordre les lèvres   to bite one's lips

mordeur, mordeuse   biter (one who bites)
mordiller   to bite playfully, to nibble
mordant, mordante   biting, trenchant
une morsure   bite

to grind, to mill

The Seven Simple Tenses		The Seven Compound Tenses	
Singular	Plural	Singular	Plural

1 présent de l'indicatif		8 passé composé	
mouds	moulons	ai moulu	avons moulu
mouds	moulez	as moulu	avez moulu
moud	moulent	a moulu	ont moulu

2 imparfait de l'indicatif		9 plus-que-parfait de l'indicatif	
moulais	moulions	avais moulu	avions moulu
moulais	mouliez	avais moulu	aviez moulu
moulait	moulaient	avait moulu	avaient moulu

3 passé simple		10 passé antérieur	
moulus	moulûmes	eus moulu	eûmes moulu
moulus	moulûtes	eus moulu	eûtes moulu
moulut	moulurent	eut moulu	eurent moulu

4 futur		11 futur antérieur	
moudrai	moudrons	aurai moulu	aurons moulu
moudras	moudrez	auras moulu	aurez moulu
moudra	moudront	aura moulu	auront moulu

5 conditionnel		12 conditionnel passé	
moudrais	moudrions	aurais moulu	aurions moulu
moudrais	moudriez	aurais moulu	auriez moulu
moudrait	moudraient	aurait moulu	auraient moulu

6 présent du subjonctif		13 passé du subjonctif	
moule	moulions	aie moulu	ayons moulu
moules	mouliez	aies moulu	ayez moulu
moule	moulent	ait moulu	aient moulu

7 imparfait du subjonctif		14 plus-que-parfait du subjonctif	
moulusse	moulussions	eusse moulu	eussions moulu
moulusses	moulussiez	eusses moulu	eussiez moulu
moulût	moulussent	eût moulu	eussent moulu

Impératif
mouds
moulons
moulez

Words and expressions related to this verb

moudre du café   to grind coffee;
  moudre du poivre   to grind pepper
un moulin à café   coffee mill,
  coffee grinder
un petit moulin à légumes
  vegetable blender

un moulin   mill; **un moulin à eau**
  watermill; **un moulin à vent**
  windmill; **un moulin rouge**   red mill
un moulin à paroles   person who talks
  constantly without ever stopping;
  excessively talkative; chatterbox

Consult the sections on verbs used in idiomatic expressions, verbs with prepositions, and the
list of over 1,000 verbs conjugated like model verbs in the back pages.

to die

The Seven Simple Tenses		The Seven Compound Tenses	
Singular	Plural	Singular	Plural
1 présent de l'indicatif		**8 passé composé**	
meurs	mourons	suis mort(e)	sommes mort(e)s
meurs	mourez	es mort(e)	êtes mort(e)(s)
meurt	meurent	est mort(e)	sont mort(e)s
2 imparfait de l'indicatif		**9 plus-que-parfait de l'indicatif**	
mourais	mourions	étais mort(e)	étions mort(e)s
mourais	mouriez	étais mort(e)	étiez mort(e)(s)
mourait	mouraient	était mort(e)	étaient mort(e)s
3 passé simple		**10 passé antérieur**	
mourus	mourûmes	fus mort(e)	fûmes mort(e)s
mourus	mourûtes	fus mort(e)	fûtes mort(e)(s)
mourut	moururent	fut mort(e)	furent mort(e)s
4 futur		**11 futur antérieur**	
mourrai	mourrons	serai mort(e)	serons mort(e)s
mourras	mourrez	seras mort(e)	serez mort(e)(s)
mourra	mourront	sera mort(e)	seront mort(e)s
5 conditionnel		**12 conditionnel passé**	
mourrais	mourrions	serais mort(e)	serions mort(e)s
mourrais	mourriez	serais mort(e)	seriez mort(e)(s)
mourrait	mourraient	serait mort(e)	seraient mort(e)s
6 présent du subjonctif		**13 passé du subjonctif**	
meure	mourions	sois mort(e)	soyons mort(e)s
meures	mouriez	sois mort(e)	soyez mort(e)(s)
meure	meurent	soit mort(e)	soient mort(e)s
7 imparfait du subjonctif		**14 plus-que-parfait du subjonctif**	
mourusse	mourussions	fusse mort(e)	fussions mort(e)s
mourusses	mourussiez	fusses mort(e)	fussiez mort(e)(s)
mourût	mourussent	fût mort(e)	fussent mort(e)s

Impératif
meurs
mourons
mourez

Words and expressions related to this verb

mourir de faim   to starve to death
la mort   death
Elle est mourante   She is dying; **Elle se meure**   She is dying.
mourir d'ennui   to be bored to tears
mourir de chagrin   to die of a broken heart
mourir de soif   to die of thirst
mourir de rire   to die laughing
mourir d'envie de faire qqch   to be very eager to do something

The Seven Simple Tenses		The Seven Compound Tenses	
Singular	Plural	Singular	Plural

1   présent de l'indicatif

		8 passé composé	
meus	mouvons	ai mû	avons mû
meus	mouvez	as mû	avez mû
meut	meuvent	a mû	ont mû

2   imparfait de l'indicatif

		9 plus-que-parfait de l'indicatif	
mouvais	mouvions	avais mû	avions mû
mouvais	mouviez	avais mû	aviez mû
mouvait	mouvaient	avait mû	avaient mû

3   passé simple

		10 passé antérieur	
mus	mûmes	eus mû	eûmes mû
mus	mûtes	eus mû	eûtes mû
mut	murent	eut mû	eurent mû

4   futur

		11 futur antérieur	
mouvrai	mouvrons	aurai mû	aurons mû
mouvras	mouvrez	auras mû	aurez mû
mouvra	mouvront	aura mû	auront mû

5   conditionnel

		12 conditionnel passé	
mouvrais	mouvrions	aurais mû	aurions mû
mouvrais	mouvriez	aurais mû	auriez mû
mouvrait	mouvraient	aurait mû	auraient mû

6   présent du subjonctif

		13 passé du subjonctif	
meuve	mouvions	aie mû	ayons mû
meuves	mouviez	aies mû	ayez mû
meuve	meuvent	ait mû	aient mû

7   imparfait du subjonctif

		14 plus-que-parfait du subjonctif	
musse	mussions	eusse mû	eussions mû
musses	mussiez	eusses mû	eussiez mû
mût	mussent	eût mû	eussent mû

Impératif
meus
mouvons
mouvez

Words and expressions related to this verb

émouvoir   to move, to affect (emotionally)
s'émouvoir   to be moved, to be touched, to be affected (emotionally)
faire mouvoir   to move, to set in motion

Do not confuse this verb with **déménager,** which means to move from one dwelling to another or from one city to another.

to swim

The Seven Simple Tenses		The Seven Compound Tenses	
Singular	Plural	Singular	Plural
1 présent de l'indicatif		**8 passé composé**	
nage	nageons	ai nagé	avons nagé
nages	nagez	as nagé	avez nagé
nage	nagent	a nagé	ont nagé
2 imparfait de l'indicatif		**9 plus-que-parfait de l'indicatif**	
nageais	nagions	avais nagé	avions nagé
nageais	nagiez	avais nagé	aviez nagé
nageait	nageaient	avait nagé	avaient nagé
3 passé simple		**10 passé antérieur**	
nageai	nageâmes	eus nagé	eûmes nagé
nageas	nageâtes	eus nagé	eûtes nagé
nagea	nagèrent	eut nagé	eurent nagé
4 futur		**11 futur antérieur**	
nagerai	nagerons	aurai nagé	aurons nagé
nageras	nagerez	auras nagé	aurez nagé
nagera	nageront	aura nagé	auront nagé
5 conditionnel		**12 conditionnel passé**	
nagerais	nagerions	aurais nagé	aurions nagé
nagerais	nageriez	aurais nagé	auriez nagé
nagerait	nageraient	aurait nagé	auraient nagé
6 présent du subjonctif		**13 passé du subjonctif**	
nage	nagions	aie nagé	ayons nagé
nages	nagiez	aies nagé	ayez nagé
nage	nagent	ait nagé	aient nagé
7 imparfait du subjonctif		**14 plus-que-parfait du subjonctif**	
nageasse	nageassions	eusse nagé	eussions nagé
nageasses	nageassiez	eusses nagé	eussiez nagé
nageât	nageassent	eût nagé	eussent nagé

Impératif
nage
nageons
nagez

Words and expressions related to this verb

un nageur, une nageuse   swimmer
la piscine   swimming pool
savoir nager   to know how to swim
la natation   swimming
nager entre deux eaux   to swim under water
la nage   swimming; **la nage libre**   free style swimming
se sauver à la nage   to swim to safety

The Seven Simple Tenses		The Seven Compound Tenses	
Singular	Plural	Singular	Plural
1 présent de l'indicatif		**8 passé composé**	
nais	naissons	suis né(e)	sommes né(e)s
nais	naissez	es né(e)	êtes né(e)(s)
naît	naissent	est né(e)	sont né(e)s
2 imparfait de l'indicatif		**9 plus-que-parfait de l'indicatif**	
naissais	naissions	étais né(e)	étions né(e)s
naissais	naissiez	étais né(e)	étiez né(e)(s)
naissait	naissaient	était né(e)	étaient né(e)s
3 passé simple		**10 passé antérieur**	
naquis	naquîmes	fus né(e)	fûmes né(e)s
naquis	naquîtes	fus né(e)	fûtes né(e)(s)
naquit	naquirent	fut né(e)	furent né(e)s
4 futur		**11 futur antérieur**	
naîtrai	naîtrons	serai né(e)	serons né(e)s
naîtras	naîtrez	seras né(e)	serez né(e)(s)
naîtra	naîtront	sera né(e)	seront né(e)s
5 conditionnel		**12 conditionnel passé**	
naîtrais	naîtrions	serais né(e)	serions né(e)s
naîtrais	naîtriez	serais né(e)	seriez né(e)(s)
naîtrait	naîtraient	serait né(e)	seraient né(e)s
6 présent du subjonctif		**13 passé du subjonctif**	
naisse	naissions	sois né(e)	soyons né(e)s
naisses	naissiez	sois né(e)	soyez né(e)(s)
naisse	naissent	soit né(e)	soient né(e)s
7 imparfait du subjonctif		**14 plus-que-parfait du subjonctif**	
naquisse	naquissions	fusse né(e)	fussions né(e)s
naquisses	naquissiez	fusses né(e)	fussiez né(e)(s)
naquît	naquissent	fût né(e)	fussent né(e)s

Impératif
nais
naissons
naissez

Words and expressions related to this verb

la naissance   birth
un anniversaire de naissance   a birthday anniversary
donner naissance à   to give birth to; **la naissance du monde**   beginning of the world
Anne est Française de naissance   Anne was born French.
renaître   to be born again
faire naître   to cause, to give rise to
Je ne suis pas né(e) d'hier!   I wasn't born yesterday!

to snow

The Seven Simple Tenses	The Seven Compound Tenses
Singular	Singular
1 présent de l'indicatif **il neige**	8 passé composé **il a neigé**
2 imparfait de l'indicatif **il neigeait**	9 plus-que-parfait de l'indicatif **il avait neigé**
3 passé simple **il neigea**	10 passé antérieur **il eut neigé**
4 futur **il neigera**	11 futur antérieur **il aura neigé**
5 conditionnel **il neigerait**	12 conditionnel passé **il aurait neigé**
6 présent du subjonctif **qu'il neige**	13 passé du subjonctif **qu'il ait neigé**
7 imparfait du subjonctif **qu'il neigeât**	14 plus-que-parfait du subjonctif **qu'il eût neigé**

Impératif
Qu'il neige! (Let it snow)!

Words and expressions related to this verb

la neige snow
un bonhomme de neige a snowman
neige fondue slush
neigeux, neigeuse snowy
Blanche-Neige Snow-White
une boule de neige snowball
lancer des boules de neige to throw snowballs
une chute de neige snowfall

The Seven Simple Tenses		The Seven Compound Tenses	
Singular	Plural	Singular	Plural

1 présent de l'indicatif

nettoie	nettoyons		
nettoies	nettoyez		
nettoie	nettoient		

8 passé composé

ai nettoyé	avons nettoyé
as nettoyé	avez nettoyé
a nettoyé	ont nettoyé

2 imparfait de l'indicatif

nettoyais	nettoyions
nettoyais	nettoyiez
nettoyait	nettoyaient

9 plus-que-parfait de l'indicatif

avais nettoyé	avions nettoyé
avais nettoyé	aviez nettoyé
avait nettoyé	avaient nettoyé

3 passé simple

nettoyai	nettoyâmes
nettoyas	nettoyâtes
nettoya	nettoyèrent

10 passé antérieur

eus nettoyé	eûmes nettoyé
eus nettoyé	eûtes nettoyé
eut nettoyé	eurent nettoyé

4 futur

nettoierai	nettoierons
nettoieras	nettoierez
nettoiera	nettoieront

11 futur antérieur

aurai nettoyé	aurons nettoyé
auras nettoyé	aurez nettoyé
aura nettoyé	auront nettoyé

5 conditionnel

nettoierais	nettoierions
nettoierais	nettoieriez
nettoierait	nettoieraient

12 conditionnel passé

aurais nettoyé	aurions nettoyé
aurais nettoyé	auriez nettoyé
aurait nettoyé	auraient nettoyé

6 présent du subjonctif

nettoie	nettoyions
nettoies	nettoyiez
nettoie	nettoient

13 passé du subjonctif

aie nettoyé	ayons nettoyé
aies nettoyé	ayez nettoyé
ait nettoyé	aient nettoyé

7 imparfait du subjonctif

nettoyasse	nettoyassions
nettoyasses	nettoyassiez
nettoyât	nettoyassent

14 plus-que-parfait du subjonctif

eusse nettoyé	eussions nettoyé
eusses nettoyé	eussiez nettoyé
eût nettoyé	eussent nettoyé

Impératif
nettoie
nettoyons
nettoyez

Words and expressions related to this verb

le nettoyage   cleaning; **le nettoyage à sec**   dry cleaning
nettoyer à sec   to dry clean
une nettoyeuse   cleaning machine
un nettoyeur de fenêtres   window cleaner

Verbs ending in *-oyer* must change *y* to *i* before mute *e*.

to deny

The Seven Simple Tenses		The Seven Compound Tenses	
Singular	Plural	Singular	Plural
1 présent de l'indicatif		**8 passé composé**	
nie	nions	ai nié	avons nié
nies	niez	as nié	avez nié
nie	nient	a nié	ont nié
2 imparfait de l'indicatif		**9 plus-que-parfait de l'indicatif**	
niais	niions	avais nié	avions nié
niais	niiez	avais nié	aviez nié
niait	niaient	avait nié	avaient nié
3 passé simple		**10 passé antérieur**	
niai	niâmes	eus nié	eûmes nié
nias	niâtes	eus nié	eûtes nié
nia	nièrent	eut nié	eurent nié
4 futur		**11 futur antérieur**	
nierai	nierons	aurai nié	aurons nié
nieras	nierez	auras nié	aurez nié
niera	nieront	aura nié	auront nié
5 conditionnel		**12 conditionnel passé**	
nierais	nierions	aurais nié	aurions nié
nierais	nieriez	aurais nié	auriez nié
nierait	nieraient	aurait nié	auraient nié
6 présent du subjonctif		**13 passé du subjonctif**	
nie	niions	aie nié	ayons nié
nies	niiez	aies nié	ayez nié
nie	nient	ait nié	aient nié
7 imparfait du subjonctif		**14 plus-que-parfait du subjonctif**	
niasse	niassions	eusse nié	eussions nié
niasses	niassiez	eusses nié	eussiez nié
niât	niassent	eût nié	eussent nié

Impératif
nie
nions
niez

Words and expressions related to this verb

nier un fait   to deny a fact
dénier qqch à qqn   to deny someone
  something, to refuse someone something
un déni   denial; **un déni de justice**
  denial of justice

renier   to deny openly, to reject
renier un ami   to reject a friend
renier sa promesse   to renege on one's
  promise
un renégat, une renégate   renegade
un reniement   denial

Consult the sections on verbs used in idiomatic expressions, verbs with prepositions, and the
list of over 1,000 verbs conjugated like model verbs in the back pages.

to name, to appoint

The Seven Simple Tenses		The Seven Compound Tenses	
Singular	Plural	Singular	Plural

1   présent de l'indicatif

		8 passé composé	
nomme	nommons	ai nommé	avons nommé
nommes	nommez	as nommé	avez nommé
nomme	nomment	a nommé	ont nommé

2   imparfait de l'indicatif

		9 plus-que-parfait de l'indicatif	
nommais	nommions	avais nommé	avions nommé
nommais	nommiez	avais nommé	aviez nommé
nommait	nommaient	avait nommé	avaient nommé

3   passé simple

		10 passé antérieur	
nommai	nommâmes	eus nommé	eûmes nommé
nommas	nommâtes	eus nommé	eûtes nommé
nomma	nommèrent	eut nommé	eurent nommé

4   futur

		11 futur antérieur	
nommerai	nommerons	aurai nommé	aurons nommé
nommeras	nommerez	auras nommé	aurez nommé
nommera	nommeront	aura nommé	auront nommé

5   conditionnel

		12 conditionnel passé	
nommerais	nommerions	aurais nommé	aurions nommé
nommerais	nommeriez	aurais nommé	auriez nommé
nommerait	nommeraient	aurait nommé	auraient nommé

6   présent du subjonctif

		13 passé du subjonctif	
nomme	nommions	aie nommé	ayons nommé
nommes	nommiez	aies nommé	ayez nommé
nomme	nomment	ait nommé	aient nommé

7   imparfait du subjonctif

		14 plus-que-parfait du subjonctif	
nommasse	nommassions	eusse nommé	eussions nommé
nommasses	nommassiez	eusses nommé	eussiez nommé
nommât	nommassent	eût nommé	eussent nommé

Impératif
nomme
nommons
nommez

Common idiomatic expressions using this verb and words related to it

nommément   namely, by name
un pronom   a pronoun
un pseudonyme   pseudonym
un nom de théâtre   stage name
le petit nom   a person's first name
appeler les choses par leur nom
   to call a spade a spade
anonyme   anonymous

un nom de plume   pen name (a name used
   by an author other than the real name)
un nom de guerre   false (assumed) name
nominalement   nominally
au nom du Père, du Fils, et du Saint-Esprit
   in the name of the Father, the Son, and
   the Holy Spirit

The subject pronouns are found on the page facing page 1.   **309**

to feed, to nourish

The Seven Simple Tenses		The Seven Compound Tenses	
Singular	Plural	Singular	Plural
1 présent de l'indicatif		**8 passé composé**	
nourris	nourrissons	ai nourri	avons nourri
nourris	nourrissez	as nourri	avez nourri
nourrit	nourrissent	a nourri	ont nourri
2 imparfait de l'indicatif		**9 plus-que-parfait de l'indicatif**	
nourrissais	nourrissions	avais nourri	avions nourri
nourrissais	nourrissiez	avais nourri	aviez nourri
nourrissait	nourrissaient	avait nourri	avaient nourri
3 passé simple		**10 passé antérieur**	
nourris	nourrîmes	eus nourri	eûmes nourri
nourris	nourrîtes	eus nourri	eûtes nourri
nourrit	nourrirent	eut nourri	eurent nourri
4 futur		**11 futur antérieur**	
nourrirai	nourrirons	aurai nourri	aurons nourri
nourriras	nourrirez	auras nourri	aurez nourri
nourrira	nourriront	aura nourri	auront nourri
5 conditionnel		**12 conditionnel passé**	
nourrirais	nourririons	aurais nourri	aurions nourri
nourrirais	nourririez	aurais nourri	auriez nourri
nourrirait	nourriraient	aurait nourri	auraient nourri
6 présent du subjonctif		**13 passé du subjonctif**	
nourrisse	nourrissions	aie nourri	ayons nourri
nourrisses	nourrissiez	aies nourri	ayez nourri
nourrisse	nourrissent	ait nourri	aient nourri
7 imparfait du subjonctif		**14 plus-que-parfait du subjonctif**	
nourrisse	nourrissions	eusse nourri	eussions nourri
nourrisses	nourrissiez	eusses nourri	eussiez nourri
nourrît	nourrissent	eût nourri	eussent nourri

Impératif
nourris
nourrissons
nourrissez

Words and expressions related to this verb

la nourriture   nourishment, food
une nourrice   wet nurse
bien nourri   well fed; **mal nourri**   poorly
   fed
nourrissant, nourrissante   nourishing

un nourrisson   infant
nourricier, nourricière   nutritious
une mère nourricière   foster mother
un père nourricier   foster father

to harm, to hinder

The Seven Simple Tenses		The Seven Compound Tenses	
Singular	Plural	Singular	Plural

1   présent de l'indicatif

		8 passé composé	
nuis	**nuisons**	**ai nui**	**avons nui**
nuis	**nuisez**	**as nui**	**avez nui**
nuit	**nuisent**	**a nui**	**ont nui**

2   imparfait de l'indicatif

		9 plus-que-parfait de l'indicatif	
nuisais	**nuisions**	**avais nui**	**avions nui**
nuisais	**nuisiez**	**avais nui**	**aviez nui**
nuisait	**nuisaient**	**avait nui**	**avaient nui**

3   passé simple

		10 passé antérieur	
nuisis	**nuisîmes**	**eus nui**	**eûmes nui**
nuisis	**nuisîtes**	**eus nui**	**eûtes nui**
nuisit	**nuisirent**	**eut nui**	**eurent nui**

4   futur

		11 futur antérieur	
nuirai	**nuirons**	**aurai nui**	**aurons nui**
nuiras	**nuirez**	**auras nui**	**aurez nui**
nuira	**nuiront**	**aura nui**	**auront nui**

5   conditionnel

		12 conditionnel passé	
nuirais	**nuirions**	**aurais nui**	**aurions nui**
nuirais	**nuiriez**	**aurais nui**	**auriez nui**
nuirait	**nuiraient**	**aurait nui**	**auraient nui**

6   présent du subjonctif

		13 passé du subjonctif	
nuise	**nuisions**	**aie nui**	**ayons nui**
nuises	**nuisiez**	**aies nui**	**ayez nui**
nuise	**nuisent**	**ait nui**	**aient nui**

7   imparfait du subjonctif

		14 plus-que-parfait du subjonctif	
nuisisse	**nuisissions**	**eusse nui**	**eussions nui**
nuisisses	**nuisissiez**	**eusses nui**	**eussiez nui**
nuisît	**nuisissent**	**eût nui**	**eussent nui**

Impératif
nuis
nuisons
nuisez

Words and expressions related to this verb

la nuisance   nuisance
la nuisibilité   harmfulness
nuisible   harmful

nuire à   to do harm to, to be injurious to, to be harmful to
Cela peut nuire à la réputation de votre famille
That may harm the reputation of your family.

obéir

to obey

The Seven Simple Tenses		The Seven Compound Tenses	
Singular	Plural	Singular	Plural
1 présent de l'indicatif		**8 passé composé**	
obéis	obéissons	ai obéi	avons obéi
obéis	obéissez	as obéi	avez obéi
obéit	obéissent	a obéi	ont obéi
2 imparfait de l'indicatif		**9 plus-que-parfait de l'indicatif**	
obéissais	obéissions	avais obéi	avions obéi
obéissais	obéissiez	avais obéi	aviez obéi
obéissait	obéissaient	avait obéi	avaient obéi
3 passé simple		**10 passé antérieur**	
obéis	obéîmes	eus obéi	eûmes obéi
obéis	obéîtes	eus obéi	eûtes obéi
obéit	obéirent	eut obéi	eurent obéi
4 futur		**11 futur antérieur**	
obéirai	obéirons	aurai obéi	aurons obéi
obéiras	obéirez	auras obéi	aurez obéi
obéira	obéiront	aura obéi	auront obéi
5 conditionnel		**12 conditionnel passé**	
obéirais	obéirions	aurais obéi	aurions obéi
obéirais	obéiriez	aurais obéi	auriez obéi
obéirait	obéiraient	aurait obéi	auraient obéi
6 présent du subjonctif		**13 passé du subjonctif**	
obéisse	obéissions	aie obéi	ayons obéi
obéisses	obéissiez	aies obéi	ayez obéi
obéisse	obéissent	ait obéi	aient obéi
7 imparfait du subjonctif		**14 plus-que-parfait du subjonctif**	
obéisse	obéissions	eusse obéi	eussions obéi
obéisses	obéissiez	eusses obéi	eussiez obéi
obéît	obéissent	eût obéi	eussent obéi

Impératif
obéis
obéissons
obéissez

Words and expressions related to this verb

obéir à qqn to obey someone
désobéir à qqn to disobey someone
l'obéissance *(f.)* obedience

obéissant, obéissante obedient
désobéissant, désobéissante disobedient

Consult the back pages for verbs with prepositions.

The Seven Simple Tenses		The Seven Compound Tenses	
Singular	Plural	Singular	Plural

1 présent de l'indicatif

		8 passé composé	
oblige	obligeons	ai obligé	avons obligé
obliges	obligez	as obligé	avez obligé
oblige	obligent	a obligé	ont obligé

2 imparfait de l'indicatif   **9 plus-que-parfait de l'indicatif**

obligeais	obligions	avais obligé	avions obligé
obligeais	obligiez	avais obligé	aviez obligé
obligeait	obligeaient	avait obligé	avaient obligé

3 passé simple   **10 passé antérieur**

obligeai	obligeâmes	eus obligé	eûmes obligé
obligeas	obligeâtes	eus obligé	eûtes obligé
obligea	obligèrent	eut obligé	eurent obligé

4 futur   **11 futur antérieur**

obligerai	obligerons	aurai obligé	aurons obligé
obligeras	obligerez	auras obligé	aurez obligé
obligera	obligeront	aura obligé	auront obligé

5 conditionnel   **12 conditionnel passé**

obligerais	obligerions	aurais obligé	aurions obligé
obligerais	obligeriez	aurais obligé	auriez obligé
obligerait	obligeraient	aurait obligé	auraient obligé

6 présent du subjonctif   **13 passé du subjonctif**

oblige	obligions	aie obligé	ayons obligé
obliges	obligiez	aies obligé	ayez obligé
oblige	obligent	ait obligé	aient obligé

7 imparfait du subjonctif   **14 plus-que-parfait du subjonctif**

obligeasse	obligeassions	eusse obligé	eussions obligé
obligeasses	obligeassiez	eusses obligé	eussiez obligé
obligeât	obligeassent	eût obligé	eussent obligé

Impératif
oblige
obligeons
obligez

Words and expressions related to this verb

obligatoire   obligatory
obligation *(f.)*   obligation
avoir beaucoup d'obligation à qqn   to be much obliged to someone
obligeant, obligeante   obliging
se montrer obligeant envers qqn   to show kindness to someone
obligé, obligée   obliged
Noblesse oblige   Nobility obliges. (i.e., the moral obligation of a highborn person is to show honorable conduct)

The subject pronouns are found on the page facing page 1.   **313**

obtenir

to obtain, to get

The Seven Simple Tenses		The Seven Compound Tenses	
Singular	Plural	Singular	Plural
1 présent de l'indicatif		**8 passé composé**	
obtiens	obtenons	ai obtenu	avons obtenu
obtiens	obtenez	as obtenu	avez obtenu
obtient	obtiennent	a obtenu	ont obtenu
2 imparfait de l'indicatif		**9 plus-que-parfait de l'indicatif**	
obtenais	obtenions	avais obtenu	avions obtenu
obtenais	obteniez	avais obtenu	aviez obtenu
obtenait	obtenaient	avait obtenu	avaient obtenu
3 passé simple		**10 passé antérieur**	
obtins	obtînmes	eus obtenu	eûmes obtenu
obtins	obtîntes	eus obtenu	eûtes obtenu
obtint	obtinrent	eut obtenu	eurent obtenu
4 futur		**11 futur antérieur**	
obtiendrai	obtiendrons	aurai obtenu	aurons obtenu
obtiendras	obtiendrez	auras obtenu	aurez obtenu
obtiendra	obtiendront	aura obtenu	auront obtenu
5 conditionnel		**12 conditionnel passé**	
obtiendrais	obtiendrions	aurais obtenu	aurions obtenu
obtiendrais	obtiendriez	aurais obtenu	auriez obtenu
obtiendrait	obtiendraient	aurait obtenu	auraient obtenu
6 présent du subjonctif		**13 passé du subjonctif**	
obtienne	obtenions	aie obtenu	ayons obtenu
obtiennes	obteniez	aies obtenu	ayez obtenu
obtienne	obtiennent	ait obtenu	aient obtenu
7 imparfait du subjonctif		**14 plus-que-parfait du subjonctif**	
obtinsse	obtinssions	eusse obtenu	eussions obtenu
obtinsses	obtinssiez	eusses obtenu	eussiez obtenu
obtînt	obtinssent	eût obtenu	eussent obtenu

Impératif
obtiens
obtenons
obtenez

Words and expressions related to this verb

l'obtention   obtainment
obtenir de qqn qqch de force   to get something out of someone by force
s'obtenir de   to be obtained from

See also **tenir.**

Consult the back pages for verbs used in weather expressions.

The Seven Simple Tenses | The Seven Compound Tenses

Singular	Plural	Singular	Plural
1 présent de l'indicatif		**8 passé composé**	
occupe	occupons	ai occupé	avons occupé
occupes	occupez	as occupé	avez occupé
occupe	occupent	a occupé	ont occupé
2 imparfait de l'indicatif		**9 plus-que-parfait de l'indicatif**	
occupais	occupions	avais occupé	avions occupé
occupais	occupiez	avais occupé	aviez occupé
occupait	occupaient	avait occupé	avaient occupé
3 passé simple		**10 passé antérieur**	
occupai	occupâmes	eus occupé	eûmes occupé
occupas	occupâtes	eus occupé	eûtes occupé
occupa	occupèrent	eut occupé	eurent occupé
4 futur		**11 futur antérieur**	
occuperai	occuperons	aurai occupé	aurons occupé
occuperas	occuperez	auras occupé	aurez occupé
occupera	occuperont	aura occupé	auront occupé
5 conditionnel		**12 conditionnel passé**	
occuperais	occuperions	aurais occupé	aurions occupé
occuperais	occuperiez	aurais occupé	auriez occupé
occuperait	occuperaient	aurait occupé	auraient occupé
6 présent du subjonctif		**13 passé du subjonctif**	
occupe	occupions	aie occupé	ayons occupé
occupes	occupiez	aies occupé	ayez occupé
occupe	occupent	ait occupé	aient occupé
7 imparfait du subjonctif		**14 plus-que-parfait du subjonctif**	
occupasse	occupassions	eusse occupé	eussions occupé
occupasses	occupassiez	eusses occupé	eussiez occupé
occupât	occupassent	eût occupé	eussent occupé

Impératif
occupe
occupons
occupez

Words and expressions related to this verb

occupation *(f.)*   occupation
être occupé(e)   to be busy
occuper qqn   to keep someone busy
occuper trop de place   to take up too much room
occupant, occupante   occupying; **du travail occupant**   engrossing work
occuper l'attention de qqn   to hold someone's attention
préoccuper   to preoccupy; **une préoccupation**   preoccupation

s'occuper

Part. pr. **s'occupant**   Part. passé **occupé(e)(s)**

to be busy, to keep oneself busy

The Seven Simple Tenses		The Seven Compound Tenses	
Singular	Plural	Singular	Plural
1 présent de l'indicatif		**8 passé composé**	
m'occupe	nous occupons	me suis occupé(e)	nous sommes occupé(e)s
t'occupes	vous occupez	t'es occupé(e)	vous êtes occupé(e)(s)
s'occupe	s'occupent	s'est occupé(e)	se sont occupé(e)s
2 imparfait de l'indicatif		**9 plus-que-parfait de l'indicatif**	
m'occupais	nous occupions	m'étais occupé(e)	nous étions occupé(e)s
t'occupais	vous occupiez	t'étais occupé(e)	vous étiez occupé(e)(s)
s'occupait	s'occupaient	s'était occupé(e)	s'étaient occupé(e)s
3 passé simple		**10 passé antérieur**	
m'occupai	nous occupâmes	me fus occupé(e)	nous fûmes occupé(e)s
t'occupas	vous occupâtes	te fus occupé(e)	vous fûtes occupé(e)(s)
s'occupa	s'occupèrent	se fut occupé(e)	se furent occupé(e)s
4 futur		**11 futur antérieur**	
m'occuperai	nous occuperons	me serai occupé(e)	nous serons occupé(e)s
t'occuperas	vous occuperez	te seras occupé(e)	vous serez occupé(e)(s)
s'occupera	s'occuperont	se sera occupé(e)	se seront occupé(e)s
5 conditionnel		**12 conditionnel passé**	
m'occuperais	nous occuperions	me serais occupé(e)	nous serions occupé(e)s
t'occuperais	vous occuperiez	te serais occupé(e)	vous seriez occupé(e)(s)
s'occuperait	s'occuperaient	se serait occupé(e)	se seraient occupé(e)s
6 présent du subjonctif		**13 passé du subjonctif**	
m'occupe	nous occupions	me sois occupé(e)	nous soyons occupé(e)s
t'occupes	vous occupiez	te sois occupé(e)	vous soyez occupé(e)(s)
s'occupe	s'occupent	se soit occupé(e)	se soient occupé(e)s
7 imparfait du subjonctif		**14 plus-que-parfait du subjonctif**	
m'occupasse	nous occupassions	me fusse occupé(e)	nous fussions occupé(e)s
t'occupasses	vous occupassiez	te fusses occupé(e)	vous fussiez occupé(e)(s)
s'occupât	s'occupassent	se fût occupé(e)	se fussent occupé(e)s

Impératif
occupe-toi; ne t'occupe pas
occupons-nous; ne nous occupons pas
occupez-vous; ne vous occupez pas

Words and expressions related to this verb

s'occuper de ses affaires   to mind one's own business
Je m'occupe de mes affaires   I mind my own business.
s'occuper des enfants   to look after children
s'occuper de   to look after, to tend to
s'occuper à   to be engaged in

See also the verb **occuper**.

Occupez-vous de vos affaires!   Mind your own business!
Ne vous occupez pas de mes affaires!   Don't mind my business!
Est-ce qu'on s'occupe de vous?   Is someone helping you?

The Seven Simple Tenses		The Seven Compound Tenses	
Singular	Plural	Singular	Plural
1 présent de l'indicatif		**8 passé composé**	
offre	offrons	ai offert	avons offert
offres	offrez	as offert	avez offert
offre	offrent	a offert	ont offert
2 imparfait de l'indicatif		**9 plus-que-parfait de l'indicatif**	
offrais	offrions	avais offert	avions offert
offrais	offriez	avais offert	aviez offert
offrait	offraient	avait offert	avaient offert
3 passé simple		**10 passé antérieur**	
offris	offrîmes	eus offert	eûmes offert
offris	offrîtes	eus offert	eûtes offert
offrit	offrirent	eut offert	eurent offert
4 futur		**11 futur antérieur**	
offrirai	offrirons	aurai offert	aurons offert
offriras	offrirez	auras offert	aurez offert
offrira	offriront	aura offert	auront offert
5 conditionnel		**12 conditionnel passé**	
offrirais	offririons	aurais offert	aurions offert
offrirais	offririez	aurais offert	auriez offert
offrirait	offriraient	aurait offert	auraient offert
6 présent du subjonctif		**13 passé du subjonctif**	
offre	offrions	aie offert	ayons offert
offres	offriez	aies offert	ayez offert
offre	offrent	ait offert	aient offert
7 imparfait du subjonctif		**14 plus-que-parfait du subjonctif**	
offrisse	offrissions	eusse offert	eussions offert
offrisses	offrissiez	eusses offert	eussiez offert
offrît	offrissent	eût offert	eussent offert

	Impératif
	offre
	offrons
	offrez

Words and expressions related to this verb

offrir qqch à qqn   to offer (to present) something to someone
une offre   an offer, a proposal
une offrande   gift, offering
l'offre et la demande   supply and demand

Consult the back pages for the section on verbs that require certain prepositions.

to omit

The Seven Simple Tenses		The Seven Compound Tenses	
Singular	Plural	Singular	Plural
1 présent de l'indicatif		**8 passé composé**	
omets	omettons	ai omis	avons omis
omets	omettez	as omis	avez omis
omet	omettent	a omis	ont omis
2 imparfait de l'indicatif		**9 plus-que-parfait de l'indicatif**	
omettais	omettions	avais omis	avions omis
omettais	omettiez	avais omis	aviez omis
omettait	omettaient	avait omis	avaient omis
3 passé simple		**10 passé antérieur**	
omis	omîmes	eus omis	eûmes omis
omis	omîtes	eus omis	eûtes omis
omit	omirent	eut omis	eurent omis
4 futur		**11 futur antérieur**	
omettrai	omettrons	aurai omis	aurons omis
omettras	omettrez	auras omis	aurez omis
omettra	omettront	aura omis	auront omis
5 conditionnel		**12 conditionnel passé**	
omettrais	omettrions	aurais omis	aurions omis
omettrais	omettriez	aurais omis	auriez omis
omettrait	omettraient	aurait omis	auraient omis
6 présent du subjonctif		**13 passé du subjonctif**	
omette	omettions	aie omis	ayons omis
omettes	omettiez	aies omis	ayez omis
omette	omettent	ait omis	aient omis
7 imparfait du subjonctif		**14 plus-que-parfait du subjonctif**	
omisse	omissions	eusse omis	eussions omis
omisses	omissiez	eusses omis	eussiez omis
omît	omissent	eût omis	eussent omis

Impératif
omets
omettons
omettez

Words and expressions related to this verb

omettre de faire qqch to neglect to do something
une omission an omission
omis, omise omitted
commettre to commit

Consult the back pages for verbs used in idiomatic expressions.

The Seven Simple Tenses		The Seven Compound Tenses	
Singular	Plural	Singular	Plural
1 présent de l'indicatif		**8 passé composé**	
ose	osons	ai osé	avons osé
oses	osez	as osé	avez osé
ose	osent	a osé	ont osé
2 imparfait de l'indicatif		**9 plus-que-parfait de l'indicatif**	
osais	osions	avais osé	avions osé
osais	osiez	avais osé	aviez osé
osait	osaient	avait osé	avaient osé
3 passé simple		**10 passé antérieur**	
osai	osâmes	eus osé	eûmes osé
osas	osâtes	eus osé	eûtes osé
osa	osèrent	eut osé	eurent osé
4 futur		**11 futur antérieur**	
oserai	oserons	aurai osé	aurons osé
oseras	oserez	auras osé	aurez osé
osera	oseront	aura osé	auront osé
5 conditionnel		**12 conditionnel passé**	
oserais	oserions	aurais osé	aurions osé
oserais	oseriez	aurais osé	auriez osé
oserait	oseraient	aurait osé	auraient osé
6 présent du subjonctif		**13 passé du subjonctif**	
ose	osions	aie osé	ayons osé
oses	osiez	aies osé	ayez osé
ose	osent	ait osé	aient osé
7 imparfait du subjonctif		**14 plus-que-parfait du subjonctif**	
osasse	osassions	eusse osé	eussions osé
osasses	osassiez	eusses osé	eussiez osé
osât	osassent	eût osé	eussent osé

Impératif
ose
osons
osez

Words and expressions related to this verb

Si j'ose dire. . .   If I may be so bold as to say. . .
Je n'ose le dire   I dare not say so.
oser faire qqch   to dare to do something; to have the courage, audacity to do something
Je n'ose rien dire   I don't dare say anything.

Consult the sections on verbs used in idiomatic expressions, verbs with prepositions, and the list of over 1,000 verbs conjugated like model verbs in the back pages.

to forget

The Seven Simple Tenses		The Seven Compound Tenses	
Singular	Plural	Singular	Plural
1 présent de l'indicatif		**8 passé composé**	
oublie	oublions	ai oublié	avons oublié
oublies	oubliez	as oublié	avez oublié
oublie	oublient	a oublié	ont oublié
2 imparfait de l'indicatif		**9 plus-que-parfait de l'indicatif**	
oubliais	oubliions	avais oublié	avions oublié
oubliais	oubliiez	avais oublié	aviez oublié
oubliait	oubliaient	avait oublié	avaient oublié
3 passé simple		**10 passé antérieur**	
oubliai	oubliâmes	eus oublié	eûmes oublié
oublias	oubliâtes	eus oublié	eûtes oublié
oublia	oublièrent	eut oublié	eurent oublié
4 futur		**11 futur antérieur**	
oublierai	oublierons	aurai oublié	aurons oublié
oublieras	oublierez	auras oublié	aurez oublié
oubliera	oublieront	aura oublié	auront oublié
5 conditionnel		**12 conditionnel passé**	
oublierais	oublierions	aurais oublié	aurions oublié
oublierais	oublieriez	aurais oublié	auriez oublié
oublierait	oublieraient	aurait oublié	auraient oublié
6 présent du subjonctif		**13 passé du subjonctif**	
oublie	oubliions	aie oublié	ayons oublié
oublies	oubliiez	aies oublié	ayez oublié
oublie	oublient	ait oublié	aient oublié
7 imparfait du subjonctif		**14 plus-que-parfait du subjonctif**	
oubliasse	oubliassions	eusse oublié	eussions oublié
oubliasses	oubliassiez	eusses oublié	eussiez oublié
oubliât	oubliassent	eût oublié	eussent oublié

Impératif
oublie
oublions
oubliez

Words and expressions related to this verb

un oubli   oversight; oblivion
oubliable   forgettable
inoubliable   unforgettable
s'oublier   to forget oneself, to be
    unmindful of oneself

oublier de faire qqch   to forget to do
    something
oublieux, oublieuse   oblivious; **oublieux de**
    unmindful of

Consult the back pages for the section on verbs that require certain prepositions.

to open

The Seven Simple Tenses		The Seven Compound Tenses	
Singular	Plural	Singular	Plural
1 présent de l'indicatif		**8 passé composé**	
ouvre	**ouvrons**	**ai ouvert**	**avons ouvert**
ouvres	**ouvrez**	**as ouvert**	**avez ouvert**
ouvre	**ouvrent**	**a ouvert**	**ont ouvert**
2 imparfait de l'indicatif		**9 plus-que-parfait de l'indicatif**	
ouvrais	**ouvrions**	**avais ouvert**	**avions ouvert**
ouvrais	**ouvriez**	**avais ouvert**	**aviez ouvert**
ouvrait	**ouvraient**	**avait ouvert**	**avaient ouvert**
3 passé simple		**10 passé antérieur**	
ouvris	**ouvrîmes**	**eus ouvert**	**eûmes ouvert**
ouvris	**ouvrîtes**	**eus ouvert**	**eûtes ouvert**
ouvrit	**ouvrirent**	**eut ouvert**	**eurent ouvert**
4 futur		**11 futur antérieur**	
ouvrirai	**ouvrirons**	**aurai ouvert**	**aurons ouvert**
ouvriras	**ouvrirez**	**auras ouvert**	**aurez ouvert**
ouvrira	**ouvriront**	**aura ouvert**	**auront ouvert**
5 conditionnel		**12 conditionnel passé**	
ouvrirais	**ouvririons**	**aurais ouvert**	**aurions ouvert**
ouvrirais	**ouvririez**	**aurais ouvert**	**auriez ouvert**
ouvrirait	**ouvriraient**	**aurait ouvert**	**auraient ouvert**
6 présent du subjonctif		**13 passé du subjonctif**	
ouvre	**ouvrions**	**aie ouvert**	**ayons ouvert**
ouvres	**ouvriez**	**aies ouvert**	**ayez ouvert**
ouvre	**ouvrent**	**ait ouvert**	**aient ouvert**
7 imparfait du subjonctif		**14 plus-que-parfait du subjonctif**	
ouvrisse	**ouvrissions**	**eusse ouvert**	**eussions ouvert**
ouvrisses	**ouvrissiez**	**eusses ouvert**	**eussiez ouvert**
ouvrît	**ouvrissent**	**eût ouvert**	**eussent ouvert**

Impératif
ouvre
ouvrons
ouvrez

Words and expressions related to this verb

ouvert, ouverte   open
ouverture *(f.)*   opening
ouvrir le gaz   to turn on the gas
ouvrir de force   to force open

rouvrir   to reopen, to open again
entrouvrir   to open just a bit
s'ouvrir à   to confide in

Consult the back pages for over 1,000 French verbs conjugated like model verbs among the 501.

paraître

to appear, to seem

The Seven Simple Tenses		The Seven Compound Tenses	
Singular	Plural	Singular	Plural
1 présent de l'indicatif		**8 passé composé**	
parais	paraissons	ai paru	avons paru
parais	paraissez	as paru	avez paru
paraît	paraissent	a paru	ont paru
2 imparfait de l'indicatif		**9 plus-que-parfait de l'indicatif**	
paraissais	paraissions	avais paru	avions paru
paraissais	paraissiez	avais paru	aviez paru
paraissait	paraissaient	avait paru	avaient paru
3 passé simple		**10 passé antérieur**	
parus	parûmes	eus paru	eûmes paru
parus	parûtes	eus paru	eûtes paru
parut	parurent	eut paru	eurent paru
4 futur		**11 futur antérieur**	
paraîtrai	paraîtrons	aurai paru	aurons paru
paraîtras	paraîtrez	auras paru	aurez paru
paraîtra	paraîtront	aura paru	auront paru
5 conditionnel		**12 conditionnel passé**	
paraîtrais	paraîtrions	aurais paru	aurions paru
paraîtrais	paraîtriez	aurais paru	auriez paru
paraîtrait	paraîtraient	aurait paru	auraient paru
6 présent du subjonctif		**13 passé du subjonctif**	
paraisse	paraissions	aie paru	ayons paru
paraisses	paraissiez	aies paru	ayez paru
paraisse	paraissent	ait paru	aient paru
7 imparfait du subjonctif		**14 plus-que-parfait du subjonctif**	
parusse	parussions	eusse paru	eussions paru
parusses	parussiez	eusses paru	eussiez paru
parût	parussent	eût paru	eussent paru

Impératif
parais
paraissons
paraissez

Words and expressions related to this verb

apparition *(f.)* apparition, appearance
Cela me paraît incroyable That seems unbelievable to me.
Le jour paraît Day is breaking.
apparaître to appear, to come into view
disparaître to disappear
réapparaître to reappear
Ce livre vient de paraître This book has just been published.

to pardon, to forgive

The Seven Simple Tenses		The Seven Compound Tenses	
Singular	Plural	Singular	Plural
1 présent de l'indicatif		8 passé composé	
pardonne	pardonnons	ai pardonné	avons pardonné
pardonnes	pardonnez	as pardonné	avez pardonné
pardonne	pardonnent	a pardonné	ont pardonné
2 imparfait de l'indicatif		9 plus-que-parfait de l'indicatif	
pardonnais	pardonnions	avais pardonné	avions pardonné
pardonnais	pardonniez	avais pardonné	aviez pardonné
pardonnait	pardonnaient	avait pardonné	avaient pardonné
3 passé simple		10 passé antérieur	
pardonnai	pardonnâmes	eus pardonné	eûmes pardonné
pardonnas	pardonnâtes	eus pardonné	eûtes pardonné
pardonna	pardonnèrent	eut pardonné	eurent pardonné
4 futur		11 futur antérieur	
pardonnerai	pardonnerons	aurai pardonné	aurons pardonné
pardonneras	pardonnerez	auras pardonné	aurez pardonné
pardonnera	pardonneront	aura pardonné	auront pardonné
5 conditionnel		12 conditionnel passé	
pardonnerais	pardonnerions	aurais pardonné	aurions pardonné
pardonnerais	pardonneriez	aurais pardonné	auriez pardonné
pardonnerait	pardonneraient	aurait pardonné	auraient pardonné
6 présent du subjonctif		13 passé du subjonctif	
pardonne	pardonnions	aie pardonné	ayons pardonné
pardonnes	pardonniez	aies pardonné	ayez pardonné
pardonne	pardonnent	ait pardonné	aient pardonné
7 imparfait du subjonctif		14 plus-que-parfait du subjonctif	
pardonnasse	pardonnassions	eusse pardonné	eussions pardonné
pardonnasses	pardonnassiez	eusses pardonné	eussiez pardonné
pardonnât	pardonnassent	eût pardonné	eussent pardonné

Impératif
pardonne
pardonnons
pardonnez

Sentences using this verb and words related to it

pardonner à qqn de qqch   to forgive someone for something
  J'ai pardonné à mon ami d'être arrivé en retard   I forgave my friend for having arrived late.
un pardon   forgiveness, pardon
un don   gift
pardonnable   forgivable, pardonable
Pardonnez-moi   Pardon me.

Consult the back pages for weather expressions using verbs.

to talk, to speak

The Seven Simple Tenses		The Seven Compound Tenses	
Singular	Plural	Singular	Plural
1 présent de l'indicatif		**8 passé composé**	
parle	parlons	ai parlé	avons parlé
parles	parlez	as parlé	avez parlé
parle	parlent	a parlé	ont parlé
2 imparfait de l'indicatif		**9 plus-que-parfait de l'indicatif**	
parlais	parlions	avais parlé	avions parlé
parlais	parliez	avais parlé	aviez parlé
parlait	parlaient	avait parlé	avaient parlé
3 passé simple		**10 passé antérieur**	
parlai	parlâmes	eus parlé	eûmes parlé
parlas	parlâtes	eus parlé	eûtes parlé
parla	parlèrent	eut parlé	eurent parlé
4 futur		**11 futur antérieur**	
parlerai	parlerons	aurai parlé	aurons parlé
parleras	parlerez	auras parlé	aurez parlé
parlera	parleront	aura parlé	auront parlé
5 conditionnel		**12 conditionnel passé**	
parlerais	parlerions	aurais parlé	aurions parlé
parlerais	parleriez	aurais parlé	auriez parlé
parlerait	parleraient	aurait parlé	auraient parlé
6 présent du subjonctif		**13 passé du subjonctif**	
parle	parlions	aie parlé	ayons parlé
parles	parliez	aies parlé	ayez parlé
parle	parlent	ait parlé	aient parlé
7 imparfait du subjonctif		**14 plus-que-parfait du subjonctif**	
parlasse	parlassions	eusse parlé	eussions parlé
parlasses	parlassiez	eusses parlé	eussiez parlé
parlât	parlassent	eût parlé	eussent parlé

Impératif
parle
parlons
parlez

Words and expressions related to this verb

parler à haute voix   to speak in a loud voice; **parler haut**   to speak loudly
parler à voix basse   to speak softly; **parler bas**   to speak softly
la parole   spoken word; **parler à**   to talk to; **parler de**   to talk about (of)
selon la parole du Christ   according to Christ's words
le don de la parole   the gift of gab
parler affaires   to talk business, to talk shop
sans parler de. . .   not to mention. . .
parler pour qqn   to speak for someone; **parler contre qqn**   to speak against someone
un parloir   parlor (room where people talk)

to leave, to depart

The Seven Simple Tenses		The Seven Compound Tenses	
Singular	Plural	Singular	Plural
1 présent de l'indicatif		8 passé composé	
pars	partons	suis parti(e)	sommes parti(e)s
pars	partez	es parti(e)	êtes parti(e)(s)
part	partent	est parti(e)	sont parti(e)s
2 imparfait de l'indicatif		9 plus-que-parfait de l'indicatif	
partais	partions	étais parti(e)	étions parti(e)s
partais	partiez	étais parti(e)	étiez parti(e)(s)
partait	partaient	était parti(e)	étaient parti(e)s
3 passé simple		10 passé antérieur	
partis	partîmes	fus parti(e)	fûmes parti(e)s
partis	partîtes	fus parti(e)	fûtes parti(e)(s)
partit	partirent	fut parti(e)	furent parti(e)s
4 futur		11 futur antérieur	
partirai	partirons	serai parti(e)	serons parti(e)s
partiras	partirez	seras parti(e)	serez parti(e)(s)
partira	partiront	sera parti(e)	seront parti(e)s
5 conditionnel		12 conditionnel passé	
partirais	partirions	serais parti(e)	serions parti(e)s
partirais	partiriez	serais parti(e)	seriez parti(e)(s)
partirait	partiraient	serait parti(e)	seraient parti(e)s
6 présent du subjonctif		13 passé du subjonctif	
parte	partions	sois parti(e)	soyons parti(e)s
partes	partiez	sois parti(e)	soyez parti(e)(s)
parte	partent	soit parti(e)	soient parti(e)s
7 imparfait du subjonctif		14 plus-que-parfait du subjonctif	
partisse	partissions	fusse parti(e)	fussions parti(e)s
partisses	partissiez	fusses parti(e)	fussiez parti(e)(s)
partît	partissent	fût parti(e)	fussent parti(e)s

Impératif
pars
partons
partez

Words and expressions related to this verb

A quelle heure part le train pour Paris?   At what time does the train for Paris leave?
à partir de maintenant   from now on; **à partir d'aujourd'hui**   from today on
le départ   departure
partir en voyage   to go on a trip
partir en vacances   to leave for a vacation
repartir   to leave again, to set out again

Consult the back pages for verbs used in idiomatic expressions.

to pass, to spend (time)

The Seven Simple Tenses		The Seven Compound Tenses	
Singular	Plural	Singular	Plural
1 présent de l'indicatif		**8 passé composé**	
passe	passons	ai passé	avons passé
passes	passez	as passé	avez passé
passe	passent	a passé	ont passé
2 imparfait de l'indicatif		**9 plus-que-parfait de l'indicatif**	
passais	passions	avais passé	avions passé
passais	passiez	avais passé	aviez passé
passait	passaient	avait passé	avaient passé
3 passé simple		**10 passé antérieur**	
passai	passâmes	eus passé	eûmes passé
passas	passâtes	eus passé	eûtes passé
passa	passèrent	eut passé	eurent passé
4 futur		**11 futur antérieur**	
passerai	passerons	aurai passé	aurons passé
passeras	passerez	auras passé	aurez passé
passera	passeront	aura passé	auront passé
5 conditionnel		**12 conditionnel passé**	
passerais	passerions	aurais passé	aurions passé
passerais	passeriez	aurais passé	auriez passé
passerait	passeraient	aurait passé	auraient passé
6 présent du subjonctif		**13 passé du subjonctif**	
passe	passions	aie passé	ayons passé
passes	passiez	aies passé	ayez passé
passe	passent	ait passé	aient passé
7 imparfait du subjonctif		**14 plus-que-parfait du subjonctif**	
passasse	passassions	eusse passé	eussions passé
passasses	passassiez	eusses passé	eussiez passé
passât	passassent	eût passé	eussent passé

Impératif
passe
passons
passez

This verb is conjugated with **être** to indicate a state.

Example: **Ses soupçons sont passés en certitudes.**
This verb is conjugated with **être** when it means *to pass by, go by:*
Example: **Elle est passée chez moi.**   She came by my house.
BUT: This verb is conjugated with **avoir** when it has a direct object:
Examples: **Elle m'a passé le sel.**   She passed me the salt.
          Elle a passé un examen.   She took an exam.
repasser   to pass again; to iron
dépasser   to protrude, to exceed, to surpass

See also **se passer.**

to happen, to take place

The Seven Simple Tenses	The Seven Compound Tenses
Singular	Singular
1 présent de l'indicatif **il se passe**	8 passé composé **il s'est passé**
2 imparfait de l'indicatif **il se passait**	9 plus-que-parfait de l'indicatif **il s'était passé**
3 passé simple **il se passa**	10 passé antérieur **il se fut passé**
4 futur **il se passera**	11 futur antérieur **il se sera passé**
5 conditionnel **il se passerait**	12 conditionnel passé **il se serait passé**
6 présent du subjonctif **qu'il se passe**	13 passé du subjonctif **qu'il se soit passé**
7 imparfait du subjonctif **qu'il se passât**	14 plus-que-parfait du subjonctif **qu'il se fût passé**

Impératif
Qu'il se passe! (Let it happen!)

Words and expressions related to this verb

Que se passe-t-il?   What's going on? What's happening?
Qu'est-ce qui se passe?   What's going on? What's happening?
Qu'est-ce qui s'est passé?   What happened?
se passer de qqch   to do without something
Je peux me passer de fumer   I can do without smoking.

This verb is impersonal and is generally used in the 3rd person sing. only.

See also **passer**.

to skate

The Seven Simple Tenses		The Seven Compound Tenses	
Singular	Plural	Singular	Plural
1 présent de l'indicatif		**8 passé composé**	
patine	patinons	ai patiné	avons patiné
patines	patinez	as patiné	avez patiné
patine	patinent	a patiné	ont patiné
2 imparfait de l'indicatif		**9 plus-que-parfait de l'indicatif**	
patinais	patinions	avais patiné	avions patiné
patinais	patiniez	avais patiné	aviez patiné
patinait	patinaient	avait patiné	avaient patiné
3 passé simple		**10 passé antérieur**	
patinai	patinâmes	eus patiné	eûmes patiné
patinas	patinâtes	eus patiné	eûtes patiné
patina	patinèrent	eut patiné	eurent patiné
4 futur		**11 futur antérieur**	
patinerai	patinerons	aurai patiné	aurons patiné
patineras	patinerez	auras patiné	aurez patiné
patinera	patineront	aura patiné	auront patiné
5 conditionnel		**12 conditionnel passé**	
patinerais	patinerions	aurais patiné	aurions patiné
patinerais	patineriez	aurais patiné	auriez patiné
patinerait	patineraient	aurait patiné	auraient patiné
6 présent du subjonctif		**13 passé du subjonctif**	
patine	patinions	aie patiné	ayons patiné
patines	patiniez	aies patiné	ayez patiné
patine	patinent	ait patiné	aient patiné
7 imparfait du subjonctif		**14 plus-que-parfait du subjonctif**	
patinasse	patinassions	eusse patiné	eussions patiné
patinasses	patinassiez	eusses patiné	eussiez patiné
patinât	patinassent	eût patiné	eussent patiné

Impératif
patine
patinons
patinez

Words and expressions related to this verb

patiner sur glace   to skate on ice
une patinette   scooter
un patineur, une patineuse   skater

une patinoire   skating rink
patiner sur roulettes, patiner à
     roulettes   to roller skate
le patinage à roulettes   roller skating

The Seven Simple Tenses		The Seven Compound Tenses	
Singular	Plural	Singular	Plural

1 présent de l'indicatif		**8 passé composé**	
paye	payons	ai payé	avons payé
payes	payez	as payé	avez payé
paye	payent	a payé	ont payé

2 imparfait de l'indicatif		**9 plus-que-parfait de l'indicatif**	
payais	payions	avais payé	avions payé
payais	payiez	avais payé	aviez payé
payait	payaient	avait payé	avaient payé

3 passé simple		**10 passé antérieur**	
payai	payâmes	eus payé	eûmes payé
payas	payâtes	eus payé	eûtes payé
paya	payèrent	eut payé	eurent payé

4 futur		**11 futur antérieur**	
payerai	payerons	aurai payé	aurons payé
payeras	payerez	auras payé	aurez payé
payera	payeront	aura payé	auront payé

5 conditionnel		**12 conditionnel passé**	
payerais	payerions	aurais payé	aurions payé
payerais	payeriez	aurais payé	auriez payé
payerait	payeraient	aurait payé	auraient payé

6 présent du subjonctif		**13 passé du subjonctif**	
paye	payions	aie payé	ayons payé
payes	payiez	aies payé	ayez payé
paye	payent	ait payé	aient payé

7 imparfait du subjonctif		**14 plus-que-parfait du subjonctif**	
payasse	payassions	eusse payé	eussions payé
payasses	payassiez	eusses payé	eussiez payé
payât	payassent	eût payé	eussent payé

Impératif
paye
payons
payez

Words and expressions related to this verb

Payez à la caisse, s'il vous plaît   Pay at the cashier, please.
un payement (or **paiement**)   payment
avoir de quoi payer   to have the means to pay
payable   payable
se faire payer à dîner par qqn   to get your dinner paid for by someone
payer cher   to pay a lot
payer peu   to pay little
payer comptant   to pay in cash

Verbs ending in -*ayer* may change *y* to *i* before mute *e* or may keep *y*.

The subject pronouns are found on the page facing page 1.   **329**

to sin, to commit a sin

The Seven Simple Tenses		The Seven Compound Tenses	
Singular	Plural	Singular	Plural
1 présent de l'indicatif		8 passé composé	
pèche	péchons	ai péché	avons péché
pèches	péchez	as péché	avez péché
pèche	pèchent	a péché	ont péché
2 imparfait de l'indicatif		9 plus-que-parfait de l'indicatif	
péchais	péchions	avais péché	avions péché
péchais	péchiez	avais péché	aviez péché
péchait	péchaient	avait péché	avaient péché
3 passé simple		10 passé antérieur	
péchai	péchâmes	eus péché	eûmes péché
péchas	péchâtes	eus péché	eûtes péché
pécha	péchèrent	eut péché	eurent péché
4 futur		11 futur antérieur	
pécherai	pécherons	aurai péché	aurons péché
pécheras	pécherez	auras péché	aurez péché
péchera	pécheront	aura péché	auront péché
5 conditionnel		12 conditionnel passé	
pécherais	pécherions	aurais péché	aurions péché
pécherais	pécheriez	aurais péché	auriez péché
pécherait	pécheraient	aurait péché	auraient péché
6 présent du subjonctif		13 passé du subjonctif	
pèche	péchions	aie péché	ayons péché
pèches	péchiez	aies péché	ayez péché
pèche	pèchent	ait péché	aient péché
7 imparfait du subjonctif		14 plus-que-parfait du subjonctif	
péchasse	péchassions	eusse péché	eussions péché
péchasses	péchassiez	eusses péché	eussiez péché
péchât	péchassent	eût péché	eussent péché

Impératif
pèche
péchons
péchez

Words and expressions related to this verb

le péché   sin
un pécheur, une pécheresse   sinner
à tout péché miséricorde   forgiveness for every sin
commettre, faire un péché   to commit sin

Do not confuse this verb with **pêcher,** *to fish.*

to fish

The Seven Simple Tenses		The Seven Compound Tenses	
Singular	Plural	Singular	Plural

1   présent de l'indicatif

		8 passé composé	
pêche	pêchons	ai pêché	avons pêché
pêches	pêchez	as pêché	avez pêché
pêche	pêchent	a péché	ont péché

2   imparfait de l'indicatif

		9 plus-que-parfait de l'indicatif	
pêchais	pêchions	avais pêché	avions pêché
pêchais	pêchiez	avais pêché	aviez pêché
pêchait	pêchaient	avait pêché	avaient pêché

3   passé simple

		10 passé antérieur	
pêchai	pêchâmes	eus pêché	eûmes pêché
pêchas	pêchâtes	eus pêché	eûtes pêché
pêcha	pêchèrent	eut pêché	eurent pêché

4   futur

		11 futur antérieur	
pêcherai	pêcherons	aurai pêché	aurons pêché
pêcheras	pêcherez	auras pêché	aurez pêché
pêchera	pêcheront	aura pêché	auront pêché

5   conditionnel

		12 conditionnel passé	
pêcherais	pêcherions	aurais pêché	aurions pêché
pêcherais	pêcheriez	aurais pêché	auriez pêché
pêcherait	pêcheraient	aurait pêché	auraient pêché

6   présent du subjonctif

		13 passé du subjonctif	
pêche	pêchions	aie pêché	ayons pêché
pêches	pêchiez	aies pêché	ayez pêché
pêche	pêchent	ait pêché	aient pêché

7   imparfait du subjonctif

		14 plus-que-parfait du subjonctif	
pêchasse	pêchassions	eusse pêché	eussions pêché
pêchasses	pêchassiez	eusses pêché	eussiez pêché
pêchât	pêchassent	eût pêché	eussent pêché

Impératif
pêche
pêchons
pêchez

Common idiomatic expressions using this verb

Samedi nous irons à la pêche. Je connais un lac à la campagne où il y a beaucoup de poissons.

aller à la pêche   to go fishing
un pêcheur   fisherman; **une pêcheuse**
un bateau pêcheur   fishing boat

la pêche au filet   net fishing
un pêcheur de perles
   pearl diver

Do not confuse this verb with **pécher,** *to sin.* And do not confuse **une pêche** (peach), which is a fruit, with a verb form of **pêcher** and with the noun **la pêche** which means *fishing,* the sport.

to comb one's hair

The Seven Simple Tenses		The Seven Compound Tenses	
Singular	Plural	Singular	Plural

1 présent de l'indicatif

me peigne	nous peignons		
te peignes	vous peignez		
se peigne	se peignent		

8 passé composé

me suis peigné(e)	nous sommes peigné(e)s
t'es peigné(e)	vous êtes peigné(e)(s)
s'est peigné(e)	se sont peigné(e)s

2 imparfait de l'indicatif

me peignais	nous peignions
te peignais	vous peigniez
se peignait	se peignaient

9 plus-que-parfait de l'indicatif

m'étais peigné(e)	nous étions peigné(e)s
t'étais peigné(e)	vous étiez peigné(e)(s)
s'était peigné(e)	s'étaient peigné(e)s

3 passé simple

me peignai	nous peignâmes
te peignas	vous peignâtes
se peigna	se peignèrent

10 passé antérieur

me fus peigné(e)	nous fûmes peigné(e)s
te fus peigné(e)	vous fûtes peigné(e)(s)
se fut peigné(e)	se furent peigné(e)s

4 futur

me peignerai	nous peignerons
te peigneras	vous peignerez
se peignera	se peigneront

11 futur antérieur

me serai peigné(e)	nous serons peigné(e)s
te seras peigné(e)	vous serez peigné(e)(s)
se sera peigné(e)	se seront peigné(e)s

5 conditionnel

me peignerais	nous peignerions
te peignerais	vous peigneriez
se peignerait	se peigneraient

12 conditionnel passé

me serais peigné(e)	nous serions peigné(e)s
te serais peigné(e)	vous seriez peigné(e)(s)
se serait peigné(e)	se seraient peigné(e)s

6 présent du subjonctif

me peigne	nous peignions
te peignes	vous peigniez
se peigne	se peignent

13 passé du subjonctif

me sois peigné(e)	nous soyons peigné(e)s
te sois peigné(e)	vous soyez peigné(e)(s)
se soit peigné(e)	se soient peigné(e)s

7 imparfait du subjonctif

me peignasse	nous peignassions
te peignasses	vous peignassiez
se peignât	se peignassent

14 plus-que-parfait du subjonctif

me fusse peigné(e)	nous fussions peigné(e)s
te fusses peigné(e)	vous fussiez peigné(e)(s)
se fût peigné(e)	se fussent peigné(e)s

Impératif
peigne-toi; ne te peigne pas
peignons-nous; ne nous peignons pas
peignez-vous; ne vous peignez pas

Sentences using this verb and words related to it

Mon frère a peigné notre petit chien. Ma mère a lavé les cheveux de ma petite soeur et elle l'a peignée. Après cela, elle s'est lavé les cheveux et elle s'est peignée.

peigner qqn	to comb someone	**mal peigné(e)(s)**	untidy hair, dishevelled
un peigne	a comb	**bien peigné(e)(s)**	well combed
un peignoir	dressing gown	**un peignoir de bain**	bath robe

to paint, to portray

The Seven Simple Tenses		The Seven Compound Tenses	
Singular	Plural	Singular	Plural
1 présent de l'indicatif		**8 passé composé**	
peins	**peignons**	**ai peint**	**avons peint**
peins	**peignez**	**as peint**	**avez peint**
peint	**peignent**	**a peint**	**ont peint**
2 imparfait de l'indicatif		**9 plus-que-parfait de l'indicatif**	
peignais	**peignions**	**avais peint**	**avions peint**
peignais	**peigniez**	**avais peint**	**aviez peint**
peignait	**peignaient**	**avait peint**	**avaient peint**
3 passé simple		**10 passé antérieur**	
peignis	**peignîmes**	**eus peint**	**eûmes peint**
peignis	**peignîtes**	**eus peint**	**eûtes peint**
peignit	**peignirent**	**eut peint**	**eurent peint**
4 futur		**11 futur antérieur**	
peindrai	**peindrons**	**aurai peint**	**aurons peint**
peindras	**peindrez**	**auras peint**	**aurez peint**
peindra	**peindront**	**aura peint**	**auront peint**
5 conditionnel		**12 conditionnel passé**	
peindrais	**peindrions**	**aurais peint**	**aurions peint**
peindrais	**peindriez**	**aurais peint**	**auriez peint**
peindrait	**peindraient**	**aurait peint**	**auraient peint**
6 présent du subjonctif		**13 passé du subjonctif**	
peigne	**peignions**	**aie peint**	**ayons peint**
peignes	**peigniez**	**aies peint**	**ayez peint**
peigne	**peignent**	**ait peint**	**aient peint**
7 imparfait du subjonctif		**14 plus-que-parfait du subjonctif**	
peignisse	**peignissions**	**eusse peint**	**eussions peint**
peignisses	**peignissiez**	**eusses peint**	**eussiez peint**
peignît	**peignissent**	**eût peint**	**eussent peint**

Impératif
peins
peignons
peignez

Sentences using this verb and words related to it

—**Qui a peint ce tableau? Mon fils. Il est artiste peintre.**
—**Est-ce que Renoir a jamais peint une reine noire?**

une peinture   painting, picture
un tableau   painting, picture
une peinture à l'huile   oil painting
peintre en bâtiments   house painter
dépeindre   to depict, to describe

un peintre   painter
un artiste peintre   artist
une femme peintre   woman artist
une palette de peintre   artist's palette
se faire peindre   to have one's portrait painted

to hang, to suspend

The Seven Simple Tenses		The Seven Compound Tenses	
Singular	Plural	Singular	Plural
1 présent de l'indicatif		**8 passé composé**	
pends	pendons	ai pendu	avons pendu
pends	pendez	as pendu	avez pendu
pend	pendent	a pendu	ont pendu
2 imparfait de l'indicatif		**9 plus-que-parfait de l'indicatif**	
pendais	pendions	avais pendu	avions pendu
pendais	pendiez	avais pendu	aviez pendu
pendait	pendaient	avait pendu	avaient pendu
3 passé simple		**10 passé antérieur**	
pendis	pendîmes	eus pendu	eûmes pendu
pendis	pendîtes	eus pendu	eûtes pendu
pendit	pendirent	eut pendu	eurent pendu
4 futur		**11 futur antérieur**	
pendrai	pendrons	aurai pendu	aurons pendu
pendras	pendrez	auras pendu	aurez pendu
pendra	pendront	aura pendu	auront pendu
5 conditionnel		**12 conditionnel passé**	
pendrais	pendrions	aurais pendu	aurions pendu
pendrais	pendriez	aurais pendu	auriez pendu
pendrait	pendraient	aurait pendu	auraient pendu
6 présent du subjonctif		**13 passé du subjonctif**	
pende	pendions	aie pendu	ayons pendu
pendes	pendiez	aies pendu	ayez pendu
pende	pendent	ait pendu	aient pendu
7 imparfait du subjonctif		**14 plus-que-parfait du subjonctif**	
pendisse	pendissions	eusse pendu	eussions pendu
pendisses	pendissiez	eusses pendu	eussiez pendu
pendît	pendissent	eût pendu	eussent pendu

Impératif
pends
pendons
pendez

Words and expressions related to this verb

pendre des rideaux   to hang curtains
pendre qqch   to hang something
pendre qqn   to hang someone
se pendre   to hang oneself
dépendre de   to depend on
pendant   during; **pendant que**   while
un pendant   pendant, main piece of a
necklace, hanging ornament

suspendre un lustre   to hang a chandelier
(ceiling lighting fixture)
pendu, pendue *adj.*   hung (thing); hanged
(person)
un pendule   pendulum
une pendule   clock
un pendant d'oreille   pendant earring,
drop earring

to think

The Seven Simple Tenses		The Seven Compound Tenses	
Singular	Plural	Singular	Plural
1 présent de l'indicatif		**8 passé composé**	
Je **pense**	*nous* **pensons**	**ai pensé**	**avons pensé**
tu **penses**	*vous* **pensez**	**as pensé**	**avez pensé**
il/elle **pense**	*ils* **pensent**	**a pensé**	**ont pensé**
2 imparfait de l'indicatif		**9 plus-que-parfait de l'indicatif**	
pensais	**pensions**	**avais pensé**	**avions pensé**
pensais	**pensiez**	**avais pensé**	**aviez pensé**
pensait	**pensaient**	**avait pensé**	**avaient pensé**
3 passé simple		**10 passé antérieur**	
pensai	**pensâmes**	**eus pensé**	**eûmes pensé**
pensas	**pensâtes**	**eus pensé**	**eûtes pensé**
pensa	**pensèrent**	**eut pensé**	**eurent pensé**
4 futur		**11 futur antérieur**	
penserai	**penserons**	**aurai pensé**	**aurons pensé**
penseras	**penserez**	**auras pensé**	**aurez pensé**
pensera	**penseront**	**aura pensé**	**auront pensé**
5 conditionnel		**12 conditionnel passé**	
penserais	**penserions**	**aurais pensé**	**aurions pensé**
penserais	**penseriez**	**aurais pensé**	**auriez pensé**
penserait	**penseraient**	**aurait pensé**	**auraient pensé**
6 présent du subjonctif		**13 passé du subjonctif**	
pense	**pensions**	**aie pensé**	**ayons pensé**
penses	**pensiez**	**aies pensé**	**ayez pensé**
pense	**pensent**	**ait pensé**	**aient pensé**
7 imparfait du subjonctif		**14 plus-que-parfait du subjonctif**	
pensasse	**pensassions**	**eusse pensé**	**eussions pensé**
pensasses	**pensassiez**	**eusses pensé**	**eussiez pensé**
pensât	**pensassent**	**eût pensé**	**eussent pensé**

Impératif
pense
pensons
pensez

Common idiomatic expressions using this verb

—**Robert, tu as l'air pensif; à quoi penses-tu?**
—**Je pense à mon examen de français.**
—**Moi, je pense aux vacances de Noël.**
—**Que penses-tu de cette classe de français?**
—**Je trouve que cette classe est excellente.**
—**Penses-tu continuer à étudier le français l'année prochaine?**
—**Certainement.**

penser à   to think of, to think about; **penser de**   to think about (i.e., to have an opinion about)

Consult the back pages for verbs with prepositions.

The subject pronouns are found on the page facing page 1.

to lose

The Seven Simple Tenses		The Seven Compound Tenses	
Singular	Plural	Singular	Plural
1 présent de l'indicatif		**8 passé composé**	
perds	perdons	ai perdu	avons perdu
perds	perdez	as perdu	avez perdu
perd	perdent	a perdu	ont perdu
2 imparfait de l'indicatif		**9 plus-que-parfait de l'indicatif**	
perdais	perdions	avais perdu	avions perdu
perdais	perdiez	avais perdu	aviez perdu
perdait	perdaient	avait perdu	avaient perdu
3 passé simple		**10 passé antérieur**	
perdis	perdîmes	eus perdu	eûmes perdu
perdis	perdîtes	eus perdu	eûtes perdu
perdit	perdirent	eut perdu	eurent perdu
4 futur		**11 futur antérieur**	
perdrai	perdrons	aurai perdu	aurons perdu
perdras	perdrez	auras perdu	aurez perdu
perdra	perdront	aura perdu	auront perdu
5 conditionnel		**12 conditionnel passé**	
perdrais	perdrions	aurais perdu	aurions perdu
perdrais	perdriez	aurais perdu	auriez perdu
perdrait	perdraient	aurait perdu	auraient perdu
6 présent du subjonctif		**13 passé du subjonctif**	
perde	perdions	aie perdu	ayons perdu
perdes	perdiez	aies perdu	ayez perdu
perde	perdent	ait perdu	aient perdu
7 imparfait du subjonctif		**14 plus-que-parfait du subjonctif**	
perdisse	perdissions	eusse perdu	eussions perdu
perdisses	perdissiez	eusses perdu	eussiez perdu
perdît	perdissent	eût perdu	eussent perdu

Impératif
perds
perdons
perdez

Sentences using this verb and words related to it

Je n'ai pas d'argent sur moi. Je l'ai laissé à la maison parce que si je l'avais pris avec moi je sais que je l'aurais perdu dans la rue. Puis-je vous demander deux dollars? Je vous les rendrai la semaine prochaine.

se perdre to lose oneself, to lose one's way, to be ruined

perdre son temps to waste one's time

perdre son chemin to lose one's way

perdre pied to lose one's footing

perdre l'esprit to go out of one's mind

Vous n'avez rien à perdre You have nothing to lose.

une perte a loss

perdre de vue to lose sight of

perdre la raison to take leave of one's senses

The Seven Simple Tenses		The Seven Compound Tenses	
Singular	Plural	Singular	Plural
1 présent de l'indicatif		**8 passé composé**	
péris	périssons	ai péri	avons péri
péris	périssez	as péri	avez péri
périt	périssent	a péri	ont péri
2 imparfait de l'indicatif		**9 plus-que-parfait de l'indicatif**	
périssais	périssions	avais péri	avions péri
périssais	périssiez	avais péri	aviez péri
périssait	périssaient	avait péri	avaient péri
3 passé simple		**10 passé antérieur**	
péris	pérîmes	eus péri	eûmes péri
péris	pérîtes	eus péri	eûtes péri
périt	périrent	eut péri	eurent péri
4 futur		**11 futur antérieur**	
périrai	périrons	aurai péri	aurons péri
périras	périrez	auras péri	aurez péri
périra	périront	aura péri	auront péri
5 conditionnel		**12 conditionnel passé**	
périrais	péririons	aurais péri	aurions péri
périrais	péririez	aurais péri	auriez péri
périrait	périraient	aurait péri	auraient péri
6 présent du subjonctif		**13 passé du subjonctif**	
périsse	périssions	aie péri	ayons péri
périsses	périssiez	aies péri	ayez péri
périsse	périssent	ait péri	aient péri
7 imparfait du subjonctif		**14 plus-que-parfait du subjonctif**	
périsse	périssions	eusse péri	eussions péri
périsses	périssiez	eusses péri	eussiez péri
pérît	périssent	eût péri	eussent péri

Impératif
péris
périssons
périssez

Common idiomatic expressions using this verb

faire périr   to kill
s'ennuyer à périr   to be bored to death
périssable   perishable
périr d'ennui   to be bored to death

péri en mer   lost at sea
périr de froid   to freeze to death

Consult the back pages for the section on verbs used in idiomatic expressions.

to permit, to allow, to let

The Seven Simple Tenses		The Seven Compound Tenses	
Singular	Plural	Singular	Plural
1 présent de l'indicatif		8 passé composé	
permets	permettons	ai permis	avons permis
permets	permettez	as permis	avez permis
permet	permettent	a permis	ont permis
2 imparfait de l'indicatif		9 plus-que-parfait de l'indicatif	
permettais	permettions	avais permis	avions permis
permettais	permettiez	avais permis	aviez permis
permettait	permettaient	avait permis	avaient permis
3 passé simple		10 passé antérieur	
permis	permîmes	eus permis	eûmes permis
permis	permîtes	eus permis	eûtes permis
permit	permirent	eut permis	eurent permis
4 futur		11 futur antérieur	
permettrai	permettrons	aurai permis	aurons permis
permettras	permettrez	auras permis	aurez permis
permettra	permettront	aura permis	auront permis
5 conditionnel		12 conditionnel passé	
permettrais	permettrions	aurais permis	aurions permis
permettrais	permettriez	aurais permis	auriez permis
permettrait	permettraient	aurait permis	auraient permis
6 présent du subjonctif		13 passé du subjonctif	
permette	permettions	aie permis	ayons permis
permettes	permettiez	aies permis	ayez permis
permette	permettent	ait permis	aient permis
7 imparfait du subjonctif		14 plus-que-parfait du subjonctif	
permisse	permissions	eusse permis	eussions permis
permisses	permissiez	eusses permis	eussiez permis
permît	permissent	eût permis	eussent permis

Impératif
permets
permettons
permettez

Common idiomatic expressions using this verb and words related to it

    La maîtresse de français a permis à l'élève de quitter la salle de classe quelques minutes avant la fin de la leçon.

permettre à qqn de faire qqch   to permit (to allow) someone to do something
Vous permettez?   May I? Do you mind?
s'il est permis   if it is allowed, permitted
un permis   permit
un permis de conduire   driving license
la permission   permission

se permettre de faire qqch   to take the liberty to do something; to venture to do something

to persuade, to convince, to induce

The Seven Simple Tenses		The Seven Compound Tenses	
Singular	Plural	Singular	Plural
1 présent de l'indicatif		**8 passé composé**	
persuade	persuadons	ai persuadé	avons persuadé
persuades	persuadez	as persuadé	avez persuadé
persuade	persuadent	a persuadé	ont persuadé
2 imparfait de l'indicatif		**9 plus-que-parfait de l'indicatif**	
persuadais	persuadions	avais persuadé	avions persuadé
persuadais	persuadiez	avais persuadé	aviez persuadé
persuadait	persuadaient	avait persuadé	avaient persuadé
3 passé simple		**10 passé antérieur**	
persuadai	persuadâmes	eus persuadé	eûmes persuadé
persuadas	persuadâtes	eus persuadé	eûtes persuadé
persuada	persuadèrent	eut persuadé	eurent persuadé
4 futur		**11 futur antérieur**	
persuaderai	persuaderons	aurai persuadé	aurons persuadé
persuaderas	persuaderez	auras persuadé	aurez persuadé
persuadera	persuaderont	aura persuadé	auront persuadé
5 conditionnel		**12 conditionnel passé**	
persuaderais	persuaderions	aurais persuadé	aurions persuadé
persuaderais	persuaderiez	aurais persuadé	auriez persuadé
persuaderait	persuaderaient	aurait persuadé	auraient persuadé
6 présent du subjonctif		**13 passé du subjonctif**	
persuade	persuadions	aie persuadé	ayons persuadé
persuades	persuadiez	aies persuadé	ayez persuadé
persuade	persuadent	ait persuadé	aient persuadé
7 imparfait du subjonctif		**14 plus-que-parfait du subjonctif**	
persuadasse	persuadassions	eusse persuadé	eussions persuadé
persuadasses	persuadassiez	eusses persuadé	eussiez persuadé
persuadât	persuadassent	eût persuadé	eussent persuadé

Impératif
persuade
persuadons
persuadez

Words and expressions related to this verb

persuader à qqn de faire qqch   to induce
  someone to do something
persuader qqn de qqch   to persuade
  someone of something
se persuader de qqch   to persuade
  (convince) oneself of something

la persuasion   persuasion
persuasif, persuasive   persuasive
persuasivement   persuasively
dissuader de   to dissuade from

Consult the sections on verbs used in idiomatic expressions, verbs with prepositions, and the list of over 1,000 verbs conjugated like model verbs in the back pages.

The subject pronouns are found on the page facing page 1.   **339**

to weigh

The Seven Simple Tenses		The Seven Compound Tenses	
Singular	Plural	Singular	Plural
1 présent de l'indicatif		**8 passé composé**	
pèse	pesons	ai pesé	avons pesé
pèses	pesez	as pesé	avez pesé
pèse	pèsent	a pesé	ont pesé
2 imparfait de l'indicatif		**9 plus-que-parfait de l'indicatif**	
pesais	pesions	avais pesé	avions pesé
pesais	pesiez	avais pesé	aviez pesé
pesait	pesaient	avait pesé	avaient pesé
3 passé simple		**10 passé antérieur**	
pesai	pesâmes	eus pesé	eûmes pesé
pesas	pesâtes	eus pesé	eûtes pesé
pesa	pesèrent	eut pesé	eurent pesé
4 futur		**11 futur antérieur**	
pèserai	pèserons	aurai pesé	aurons pesé
pèseras	pèserez	auras pesé	aurez pesé
pèsera	pèseront	aura pesé	auront pesé
5 conditionnel		**12 conditionnel passé**	
pèserais	pèserions	aurais pesé	aurions pesé
pèserais	pèseriez	aurais pesé	auriez pesé
pèserait	pèseraient	aurait pesé	auraient pesé
6 présent du subjonctif		**13 passé du subjonctif**	
pèse	pesions	aie pesé	ayons pesé
pèses	pesiez	aies pesé	ayez pesé
pèse	pèsent	ait pesé	aient pesé
7 imparfait du subjonctif		**14 plus-que-parfait du subjonctif**	
pesasse	pesassions	eusse pesé	eussions pesé
pesasses	pesassiez	eusses pesé	eussiez pesé
pesât	pesassent	eût pesé	eussent pesé

Impératif
pèse
pesons
pesez

Words and expressions related to this verb

peser qqch   to weigh something; to ponder;
   to think out; to consider
peser sur   to weigh upon
se peser   to weigh oneself
pesamment   heavily
le poids   weight (measured)

un pèse-lettre   weight scale for letters;
   (des pèse-lettres)
la pesanteur   weight
pesant, pesante   heavy, weighty
poids et mesures   weights and measures
perdre du poids   to lose weight

Consult the sections on verbs used in idiomatic expressions, verbs with prepositions, and the list of over 1,000 verbs conjugated like model verbs in the back pages.

to place, to put

The Seven Simple Tenses		The Seven Compound Tenses	
Singular	Plural	Singular	Plural
1 présent de l'indicatif		**8 passé composé**	
place	plaçons	ai placé	avons placé
places	placez	as placé	avez placé
place	placent	a placé	ont placé
2 imparfait de l'indicatif		**9 plus-que-parfait de l'indicatif**	
plaçais	placions	avais placé	avions placé
plaçais	placiez	avais placé	aviez placé
plaçait	plaçaient	avait placé	avaient placé
3 passé simple		**10 passé antérieur**	
plaçai	plaçâmes	eus placé	eûmes placé
plaças	plaçâtes	eus placé	eûtes placé
plaça	placèrent	eut placé	eurent placé
4 futur		**11 futur antérieur**	
placerai	placerons	aurai placé	aurons placé
placeras	placerez	auras placé	aurez placé
placera	placeront	aura placé	auront placé
5 conditionnel		**12 conditionnel passé**	
placerais	placerions	aurais placé	aurions placé
placerais	placeriez	aurais placé	auriez placé
placerait	placeraient	aurait placé	auraient placé
6 présent du subjonctif		**13 passé du subjonctif**	
place	placions	aie placé	ayons placé
places	placiez	aies placé	ayez placé
place	placent	ait placé	aient placé
7 imparfait du subjonctif		**14 plus-que-parfait du subjonctif**	
plaçasse	plaçassions	eusse placé	eussions placé
plaçasses	plaçassiez	eusses placé	eussiez placé
plaçât	plaçassent	eût placé	eussent placé

Impératif
place
plaçons
placez

Sentences using this verb and words related to it

Nous pouvons déjeuner maintenant. Ma place est ici près de la fenêtre, ta place est là-bas près de la porte. Marie, place-toi à côté de Pierre. Combien de places y a-t-il? Y a-t-il assez de places pour tout le monde?

une place   a seat, a place
chaque chose à sa place   everything in its place
un placement   placing
un bureau de placement   employment agency
se placer   to place oneself, to take a seat, to find employment
remplacer   to replace

The subject pronouns are found on the page facing page 1.

to pity

The Seven Simple Tenses		The Seven Compound Tenses	
Singular	Plural	Singular	Plural
1 présent de l'indicatif		**8 passé composé**	
plains	plaignons	ai plaint	avons plaint
plains	plaignez	as plaint	avez plaint
plaint	plaignent	a plaint	ont plaint
2 imparfait de l'indicatif		**9 plus-que-parfait de l'indicatif**	
plaignais	plaignions	avais plaint	avions plaint
plaignais	plaigniez	avais plaint	aviez plaint
plaignait	plaignaient	avait plaint	avaient plaint
3 passé simple		**10 passé antérieur**	
plaignis	plaignîmes	eus plaint	eûmes plaint
plaignis	plaignîtes	eus plaint	eûtes plaint
plaignit	plaignirent	eut plaint	eurent plaint
4 futur		**11 futur antérieur**	
plaindrai	plaindrons	aurai plaint	aurons plaint
plaindras	plaindrez	auras plaint	aurez plaint
plaindra	plaindront	aura plaint	auront plaint
5 conditionnel		**12 conditionnel passé**	
plaindrais	plaindrions	aurais plaint	aurions plaint
plaindrais	plaindriez	aurais plaint	auriez plaint
plaindrait	plaindraient	aurait plaint	auraient plaint
6 présent du subjonctif		**13 passé du subjonctif**	
plaigne	plaignions	aie plaint	ayons plaint
plaignes	plaigniez	aies plaint	ayez plaint
plaigne	plaignent	ait plaint	aient plaint
7 imparfait du subjonctif		**14 plus-que-parfait du subjonctif**	
plaignisse	plaignissions	eusse plaint	eussions plaint
plaignisses	plaignissiez	eusses plaint	eussiez plaint
plaignît	plaignissent	eût plaint	eussent plaint

Impératif
plains
plaignons
plaignez

Sentences using this verb and words related to it

Pauvre Madame Bayou! Elle a des ennuis et je la plains.

une plainte   groan, moan, protest, complaint
porter plainte contre   to bring charges against
plaintif, plaintive   plaintive
plaintivement   plaintively, mournfully

Je te plains   I feel for you; I feel sorry for you; I pity you
être à plaindre   to be pitied
Elle est à plaindre   She is to be pitied.

For additional related words, see **se plaindre**.

to complain, to lament, to moan

The Seven Simple Tenses		The Seven Compound Tenses	
Singular	Plural	Singular	Plural
1 présent de l'indicatif		**8 passé composé**	
me plains	nous plaignons	me suis plaint(e)	nous sommes plaint(e)s
te plains	vous plaignez	t'es plaint(e)	vous êtes plaint(e)(s)
se plaint	se plaignent	s'est plaint(e)	se sont plaint(e)s
2 imparfait de l'indicatif		**9 plus-que-parfait de l'indicatif**	
me plaignais	nous plaignions	m'étais plaint(e)	nous étions plaint(e)s
te plaignais	vous plaigniez	t'étais plaint(e)	vous étiez plaint(e)(s)
se plaignait	se plaignaient	s'était plaint(e)	s'étaient plaint(e)s
3 passé simple		**10 passé antérieur**	
me plaignis	nous plaignîmes	me fus plaint(e)	nous fûmes plaint(e)s
te plaignis	vous plaignîtes	te fus plaint(e)	vous fûtes plaint(e)(s)
se plaignit	se plaignirent	se fut plaint(e)	se furent plaint(e)s
4 futur		**11 futur antérieur**	
me plaindrai	nous plaindrons	me serai plaint(e)	nous serons plaint(e)s
te plaindras	vous plaindrez	te seras plaint(e)	vous serez plaint(e)(s)
se plaindra	se plaindront	se sera plaint(e)	se seront plaint(e)s
5 conditionnel		**12 conditionnel passé**	
me plaindrais	nous plaindrions	me serais plaint(e)	nous serions plaint(e)s
te plaindrais	vous plaindriez	te serais plaint(e)	vous seriez plaint(e)(s)
se plaindrait	se plaindraient	se serait plaint(e)	se seraient plaint(e)s
6 présent du subjonctif		**13 passé du subjonctif**	
me plaigne	nous plaignions	me sois plaint(e)	nous soyons plaint(e)s
te plaignes	vous plaigniez	te sois plaint(e)	vous soyez plaint(e)(s)
se plaigne	se plaignent	se soit plaint(e)	se soient plaint(e)s
7 imparfait du subjonctif		**14 plus-que-parfait du subjonctif**	
me plaignisse	nous plaignissions	me fusse plaint(e)	nous fussions plaint(e)s
te plaignisses	vous plaignissiez	te fusses plaint(e)	vous fussiez plaint(e)(s)
se plaignît	se plaignissent	se fût plaint(e)	se fussent plaint(e)s

Impératif
plains-toi; ne te plains pas
plaignons-nous; ne nous plaignons pas
plaignez-vous; ne vous plaignez pas

Common idiomatic expressions using this verb

Quelle jeune fille! Elle se plaint toujours de tout! Hier elle s'est plainte de son professeur de français, aujourd'hui elle se plaint de ses devoirs, et je suis certain que demain elle se plaindra du temps.

se plaindre du temps   to complain about the weather
se plaindre de qqn ou de qqch   to complain of, to find fault with someone or something
avoir bonne raison de se plaindre   to have a good reason to complain

For other words related to this verb, see **plaindre.**

---

plaire

to please

The Seven Simple Tenses		The Seven Compound Tenses	
Singular	Plural	Singular	Plural
1 présent de l'indicatif		**8 passé composé**	
plais	plaisons	ai plu	avons plu
plais	plaisez	as plu	avez plu
plaît	plaisent	a plu	ont plu
2 imparfait de l'indicatif		**9 plus-que-parfait de l'indicatif**	
plaisais	plaisions	avais plu	avions plu
plaisais	plaisiez	avais plu	aviez plu
plaisait	plaisaient	avait plu	avaient plu
3 passé simple		**10 passé antérieur**	
plus	plûmes	eus plu	eûmes plu
plus	plûtes	eus plu	eûtes plu
plut	plurent	eut plu	eurent plu
4 futur		**11 futur antérieur**	
plairai	plairons	aurai plu	aurons plu
plairas	plairez	auras plu	aurez plu
plaira	plairont	aura plu	auront plu
5 conditionnel		**12 conditionnel passé**	
plairais	plairions	aurais plu	aurions plu
plairais	plairiez	aurais plu	auriez plu
plairait	plairaient	aurait plu	auraient plu
6 présent du subjonctif		**13 passé du subjonctif**	
plaise	plaisions	aie plu	ayons plu
plaises	plaisiez	aies plu	ayez plu
plaise	plaisent	ait plu	aient plu
7 imparfait du subjonctif		**14 plus-que-parfait du subjonctif**	
plusse	plussions	eusse plu	eussions plu
plusses	plussiez	eusses plu	eussiez plu
plût	plussent	eût plu	eussent plu

Impératif
plais
plaisons
plaisez

Common idiomatic expressions using this verb

plaire à qqn   to please, to be pleasing to someone;   **Son mariage a plu à sa famille**
Her (his) marriage pleased her (his) family. **Est-ce que ce cadeau lui plaira?**   Will
this present please her (him)? Will this gift be pleasing to her (to him)?
se plaire à   to take pleasure in;   **Robert se plaît à ennuyer son petit frère**   Robert
takes pleasure in bothering his little brother.
le plaisir   delight, pleasure;   **complaire à**   to please;   **déplaire à**   to displease
s'il vous plaît; s'il te plaît   please (if it is pleasing to you)
Il a beaucoup plu hier et cela m'a beaucoup plu.   It rained a lot yesterday and that pleased
me a great deal. (See **pleuvoir**)

The Seven Simple Tenses		The Seven Compound Tenses	
Singular	Plural	Singular	Plural

1 présent de l'indicatif		8 passé composé	
plaisante	plaisantons	ai plaisanté	avons plaisanté
plaisantes	plaisantez	as plaisanté	avez plaisanté
plaisante	plaisantent	a plaisanté	ont plaisanté

2 imparfait de l'indicatif		9 plus-que-parfait de l'indicatif	
plaisantais	plaisantions	avais plaisanté	avions plaisanté
plaisantais	plaisantiez	avais plaisanté	aviez plaisanté
plaisantait	plaisantaient	avait plaisanté	avaient plaisanté

3 passé simple		10 passé antérieur	
plaisantai	plaisantâmes	eus plaisanté	eûmes plaisanté
plaisantas	plaisantâtes	eus plaisanté	eûtes plaisanté
plaisanta	plaisantèrent	eut plaisanté	eurent plaisanté

4 futur		11 futur antérieur	
plaisanterai	plaisanterons	aurai plaisanté	aurons plaisanté
plaisanteras	plaisanterez	auras plaisanté	aurez plaisanté
plaisantera	plaisanteront	aura plaisanté	auront plaisanté

5 conditionnel		12 conditionnel passé	
plaisanterais	plaisanterions	aurais plaisanté	aurions plaisanté
plaisanterais	plaisanteriez	aurais plaisanté	auriez plaisanté
plaisanterait	plaisanteraient	aurait plaisanté	auraient plaisanté

6 présent du subjonctif		13 passé du subjonctif	
plaisante	plaisantions	aie plaisanté	ayons plaisanté
plaisantes	plaisantiez	aies plaisanté	ayez plaisanté
plaisante	plaisantent	ait plaisanté	aient plaisanté

7 imparfait du subjonctif		14 plus-que-parfait du subjonctif	
plaisantasse	plaisantassions	eusse plaisanté	eussions plaisanté
plaisantasses	plaisantassiez	eusses plaisanté	eussiez plaisanté
plaisantât	plaisantassent	eût plaisanté	eussent plaisanté

	Impératif
	plaisante
	plaisantons
	plaisantez

Words and expressions related to this verb

pour plaisanter   for fun
une plaisanterie   joke, joking
dire des plaisanteries   to crack jokes
en plaisantant   in fun

dire une chose par plaisanterie   to say
something in a joking way
prendre bien une plaisanterie   to know how
to take a joke

Consult the sections on verbs used in idiomatic expressions, verbs with prepositions, and the
list of over 1,000 verbs conjugated like model verbs in the back pages.

to cry, to weep, to mourn

The Seven Simple Tenses		The Seven Compound Tenses	
Singular	Plural	Singular	Plural
1 présent de l'indicatif		**8 passé composé**	
pleure	pleurons	ai pleuré	avons pleuré
pleures	pleurez	as pleuré	avez pleuré
pleure	pleurent	a pleuré	ont pleuré
2 imparfait de l'indicatif		**9 plus-que-parfait de l'indicatif**	
pleurais	pleurions	avais pleuré	avions pleuré
pleurais	pleuriez	avais pleuré	aviez pleuré
pleurait	pleuraient	avait pleuré	avaient pleuré
3 passé simple		**10 passé antérieur**	
pleurai	pleurâmes	eus pleuré	eûmes pleuré
pleuras	pleurâtes	eus pleuré	eûtes pleuré
pleura	pleurèrent	eut pleuré	eurent pleuré
4 futur		**11 futur antérieur**	
pleurerai	pleurerons	aurai pleuré	aurons pleuré
pleureras	pleurerez	auras pleuré	aurez pleuré
pleurera	pleureront	aura pleuré	auront pleuré
5 conditionnel		**12 conditionnel passé**	
pleurerais	pleurerions	aurais pleuré	aurions pleuré
pleurerais	pleureriez	aurais pleuré	auriez pleuré
pleurerait	pleureraient	aurait pleuré	auraient pleuré
6 présent du subjonctif		**13 passé du subjonctif**	
pleure	pleurions	aie pleuré	ayons pleuré
pleures	pleuriez	aies pleuré	ayez pleuré
pleure	pleurent	ait pleuré	aient pleuré
7 imparfait du subjonctif		**14 plus-que-parfait du subjonctif**	
pleurasse	pleurassions	eusse pleuré	eussions pleuré
pleurasses	pleurassiez	eusses pleuré	eussiez pleuré
pleurât	pleurassent	eût pleuré	eussent pleuré

Impératif
pleure
pleurons
pleurez

Common idiomatic expressions using this verb and words related to it

pleurer toutes les larmes de son corps　　to cry one's eyes out
une larme　a tear
un pleur　a tear
pleurard, pleurarde　whimpering person
une pièce pleurnicharde　soap opera
larmoyant, larmoyante　tearful, lachrymose

to rain

The Seven Simple Tenses	The Seven Compound Tenses
Singular	Singular
1 présent de l'indicatif **il pleut**	8 passé composé **il a plu**
2 imparfait de l'indicatif **il pleuvait**	9 plus-que-parfait de l'indicatif **il avait plu**
3 passé simple **il plut**	10 passé antérieur **il eut plu**
4 futur **il pleuvra**	11 futur antérieur **il aura plu**
5 conditionnel **il pleuvrait**	12 conditionnel passé **il aurait plu**
6 présent du subjonctif **qu'il pleuve**	13 passé du subjonctif **qu'il ait plu**
7 imparfait du subjonctif **qu'il plût**	14 plus-que-parfait du subjonctif **qu'il eût plu**

Impératif
Qu'il pleuve!   (Let it rain!)

Sentences using this verb and words related to it

Hier il a plu, il pleut maintenant, et je suis certain qu'il pleuvra demain.

la pluie the rain	**bruiner** to drizzle
pluvieux, pluvieuse rainy	**Il pleut à seaux** It's raining in buckets.
pleuvoter to drizzle	**Il pleut à verse** It's raining hard.

Il a beaucoup plu hier et cela m'a beaucoup plu.   It rained a lot yesterday and that pleased me a great deal. (See **plaire**)

Do not confuse the past part. of this verb with the past part. of **plaire,** which are identical.

Consult the back pages for the section on weather expressions using verbs.

The subject pronouns are found on the page facing page 1.   **347**

porter

to wear, to carry

The Seven Simple Tenses		The Seven Compound Tenses	
Singular	Plural	Singular	Plural
1 présent de l'indicatif		**8 passé composé**	
porte	portons	ai porté	avons porté
portes	portez	as porté	avez porté
porte	portent	a porté	ont porté
2 imparfait de l'indicatif		**9 plus-que-parfait de l'indicatif**	
portais	portions	avais porté	avions porté
portais	portiez	avais porté	aviez porté
portait	portaient	avait porté	avaient porté
3 passé simple		**10 passé antérieur**	
portai	portâmes	eus porté	eûmes porté
portas	portâtes	eus porté	eûtes porté
porta	portèrent	eut porté	eurent porté
4 futur		**11 futur antérieur**	
porterai	porterons	aurai porté	aurons porté
porteras	porterez	auras porté	aurez porté
portera	porteront	aura porté	auront porté
5 conditionnel		**12 conditionnel passé**	
porterais	porterions	aurais porté	aurions porté
porterais	porteriez	aurais porté	auriez porté
porterait	porteraient	aurait porté	auraient porté
6 présent du subjonctif		**13 passé du subjonctif**	
porte	portions	aie porté	ayons porté
portes	portiez	aies porté	ayez porté
porte	portent	ait porté	aient porté
7 imparfait du subjonctif		**14 plus-que-parfait du subjonctif**	
portasse	portassions	eusse porté	eussions porté
portasses	portassiez	eusses porté	eussiez porté
portât	portassent	eût porté	eussent porté

Impératif
porte
portons
portez

Common idiomatic expressions using this verb and words related to it

porter la main sur qqn   to raise one's hand against someone
porter son âge   to look one's age
se porter   to feel (health); **Comment vous portez-vous aujourd'hui?**   How do you feel today?

apporter to bring	**comporter** to comprise
exporter to export	**déporter** to deport
importer to import; to matter, to be of importance	**se comporter** to behave
un porte-monnaie change purse **(des porte-monnaie)**	**emporter** to carry away; **Autant en emporte le vent** (*Gone with the Wind*)

to lay, to place, to put, to set, to pose

The Seven Simple Tenses		The Seven Compound Tenses	
Singular	Plural	Singular	Plural
1 présent de l'indicatif		**8 passé composé**	
pose	posons	ai posé	avons posé
poses	posez	as posé	avez posé
pose	posent	a posé	ont posé
2 imparfait de l'indicatif		**9 plus-que-parfait de l'indicatif**	
posais	posions	avais posé	avions posé
posais	posiez	avais posé	aviez posé
posait	posaient	avait posé	avaient posé
3 passé simple		**10 passé antérieur**	
posai	posâmes	eus posé	eûmes posé
posas	posâtes	eus posé	eûtes posé
posa	posèrent	eut posé	eurent posé
4 futur		**11 futur antérieur**	
poserai	poserons	aurai posé	aurons posé
poseras	poserez	auras posé	aurez posé
posera	poseront	aura posé	auront posé
5 conditionnel		**12 conditionnel passé**	
poserais	poserions	aurais posé	aurions posé
poserais	poseriez	aurais posé	auriez posé
poserait	poseraient	aurait posé	auraient posé
6 présent du subjonctif		**13 passé du subjonctif**	
pose	posions	aie posé	ayons posé
poses	posiez	aies posé	ayez posé
pose	posent	ait posé	aient posé
7 imparfait du subjonctif		**14 plus-que-parfait du subjonctif**	
posasse	posassions	eusse posé	eussions posé
posasses	posassiez	eusses posé	eussiez posé
posât	posassent	eût posé	eussent posé

Impératif
pose
posons
posez

Words and expressions related to this verb

poser une question   to ask a question
poser pour son portrait   to sit for a
   portrait painting
faire poser qqn   to keep someone
   waiting
déposer   to deposit, to set (put)
   down

composer   to compose
supposer   to suppose
opposer   to oppose; **s'opposer à**   to be
   opposed to
reposer   to set down again; **se reposer**
   to rest
exposer   to exhibit, to expose

Consult the sections on verbs used in idiomatic expressions, verbs with prepositions, and the
list of over 1,000 verbs conjugated like model verbs in the back pages.

posséder

to possess, to own, to master

The Seven Simple Tenses		The Seven Compound Tenses	
Singular	Plural	Singular	Plural
1 présent de l'indicatif		**8 passé composé**	
possède	possédons	ai possédé	avons possédé
possèdes	possédez	as possédé	avez possédé
possède	possèdent	a possédé	ont possédé
2 imparfait de l'indicatif		**9 plus-que-parfait de l'indicatif**	
possédais	possédions	avais possédé	avions possédé
possédais	possédiez	avais possédé	aviez possédé
possédait	possédaient	avait possédé	avaient possédé
3 passé simple		**10 passé antérieur**	
possédai	possédâmes	eus possédé	eûmes possédé
possédas	possédâtes	eus possédé	eûtes possédé
posséda	possédèrent	eut possédé	eurent possédé
4 futur		**11 futur antérieur**	
posséderai	posséderons	aurai possédé	aurons possédé
posséderas	posséderez	auras possédé	aurez possédé
possédera	posséderont	aura possédé	auront possédé
5 conditionnel		**12 conditionnel passé**	
posséderais	posséderions	aurais possédé	aurions possédé
posséderais	posséderiez	aurais possédé	auriez possédé
posséderait	posséderaient	aurait possédé	auraient possédé
6 présent du subjonctif		**13 passé du subjonctif**	
possède	possédions	aie possédé	ayons possédé
possèdes	possédiez	aies possédé	ayez possédé
possède	possèdent	ait possédé	aient possédé
7 imparfait du subjonctif		**14 plus-que-parfait du subjonctif**	
possédasse	possédassions	eusse possédé	eussions possédé
possédasses	possédassiez	eusses possédé	eussiez possédé
possédât	possédassent	eût possédé	eussent possédé

Impératif
possède
possédons
possédez

Words and expressions related to this verb

se faire posséder   to be taken in
la possession   possession, ownership
possessif, possessive   possessive
se posséder   to have control of oneself

un possesseur   possessor, owner; **Madame
Goulu est possesseur d'un grand château.**
déposséder de   to dispossess of (from)
une dépossession   dispossession

Consult the sections on verbs used in idiomatic expressions, verbs with prepositions, and the
list of over 1,000 verbs conjugated like model verbs in the back pages.

to pursue, to prosecute

The Seven Simple Tenses		The Seven Compound Tenses	
Singular	Plural	Singular	Plural
1 présent de l'indicatif		**8 passé composé**	
poursuis	poursuivons	ai poursuivi	avons poursuivi
poursuis	poursuivez	as poursuivi	avez poursuivi
poursuit	poursuivent	a poursuivi	ont poursuivi
2 imparfait de l'indicatif		**9 plus-que-parfait de l'indicatif**	
poursuivais	poursuivions	avais poursuivi	avions poursuivi
poursuivais	poursuiviez	avais poursuivi	aviez poursuivi
poursuivait	poursuivaient	avait poursuivi	avaient poursuivi
3 passé simple		**10 passé antérieur**	
poursuivis	poursuivîmes	eus poursuivi	eûmes poursuivi
poursuivis	poursuivîtes	eus poursuivi	eûtes poursuivi
poursuivit	poursuivirent	eut poursuivi	eurent poursuivi
4 futur		**11 futur antérieur**	
poursuivrai	poursuivrons	aurai poursuivi	aurons poursuivi
poursuivras	poursuivrez	auras poursuivi	aurez poursuivi
poursuivra	poursuivront	aura poursuivi	auront poursuivi
5 conditionnel		**12 conditionnel passé**	
poursuivrais	poursuivrions	aurais poursuivi	aurions poursuivi
poursuivrais	poursuivriez	aurais poursuivi	auriez poursuivi
poursuivrait	poursuivraient	aurait poursuivi	auraient poursuivi
6 présent du subjonctif		**13 passé du subjonctif**	
poursuive	poursuivions	aie poursuivi	ayons poursuivi
poursuives	poursuiviez	aies poursuivi	ayez poursuivi
poursuive	poursuivent	ait poursuivi	aient poursuivi
7 imparfait du subjonctif		**14 plus-que-parfait du subjonctif**	
poursuivisse	poursuivissions	eusse poursuivi	eussions poursuivi
poursuivisses	poursuivissiez	eusses poursuivi	eussiez poursuivi
poursuivît	poursuivissent	eût poursuivi	eussent poursuivi

Impératif
poursuis
poursuivons
poursuivez

Words and expressions related to this verb

se poursuivre   to pursue each other
poursuivre qqn en justice   to sue someone, to prosecute
poursuivre ses études   to carry on one's studies

une poursuite   pursuit
à la poursuite de   in pursuit of
poursuivre son chemin   to continue on one's way

Consult the sections on verbs used in idiomatic expressions, verbs with prepositions, and the list of over 1,000 verbs conjugated like model verbs in the back pages.

to push, to grow

The Seven Simple Tenses		The Seven Compound Tenses	
Singular	Plural	Singular	Plural
1 présent de l'indicatif		**8 passé composé**	
pousse	poussons	ai poussé	avons poussé
pousses	poussez	as poussé	avez poussé
pousse	poussent	a poussé	ont poussé
2 imparfait de l'indicatif		**9 plus-que-parfait de l'indicatif**	
poussais	poussions	avais poussé	avions poussé
poussais	poussiez	avais poussé	aviez poussé
poussait	poussaient	avait poussé	avaient poussé
3 passé simple		**10 passé antérieur**	
poussai	poussâmes	eus poussé	eûmes poussé
poussas	poussâtes	eus poussé	eûtes poussé
poussa	poussèrent	eut poussé	eurent poussé
4 futur		**11 futur antérieur**	
pousserai	pousserons	aurai poussé	aurons poussé
pousseras	pousserez	auras poussé	aurez poussé
poussera	pousseront	aura poussé	auront poussé
5 conditionnel		**12 conditionnel passé**	
pousserais	pousserions	aurais poussé	aurions poussé
pousserais	pousseriez	aurais poussé	auriez poussé
pousserait	pousseraient	aurait poussé	auraient poussé
6 présent du subjonctif		**13 passé du subjonctif**	
pousse	poussions	aie poussé	ayons poussé
pousses	poussiez	aies poussé	ayez poussé
pousse	poussent	ait poussé	aient poussé
7 imparfait du subjonctif		**14 plus-que-parfait du subjonctif**	
poussasse	poussassions	eusse poussé	eussions poussé
poussasses	poussassiez	eusses poussé	eussiez poussé
poussât	poussassent	eût poussé	eussent poussé

Impératif
pousse
poussons
poussez

Common idiomatic expressions using this verb

une poussée   a push, a thrust
pousser qqn à faire qqch   to egg someone on to do something
Robert pousse une barbe   Robert is growing a beard.
pousser un cri   to utter a cry; **pousser un soupir**   to heave a sigh
une poussette   a stroller
repousser   to repulse, to drive back; to grow in again, to grow back in
se pousser   to push oneself; to push each other
un pousse-pousse   ricksha
pousser qqn à bout   to corner someone

to be able, can

The Seven Simple Tenses		The Seven Compound Tenses	
Singular	Plural	Singular	Plural
1 présent de l'indicatif		**8 passé composé**	
peux *or* puis	pouvons	ai pu	avons pu
peux	pouvez	as pu	avez pu
peut	peuvent	a pu	ont pu
2 imparfait de l'indicatif		**9 plus-que-parfait de l'indicatif**	
pouvais	pouvions	avais pu	avions pu
pouvais	pouviez	avais pu	aviez pu
pouvait	pouvaient	avait pu	avaient pu
3 passé simple		**10 passé antérieur**	
pus	pûmes	eus pu	eûmes pu
pus	pûtes	eus pu	eûtes pu
put	purent	eut pu	eurent pu
4 futur		**11 futur antérieur**	
pourrai	pourrons	aurai pu	aurons pu
pourras	pourrez	auras pu	aurez pu
pourra	pourront	aura pu	auront pu
5 conditionnel		**12 conditionnel passé**	
pourrais	pourrions	aurais pu	aurions pu
pourrais	pourriez	aurais pu	auriez pu
pourrait	pourraient	aurait pu	auraient pu
6 présent du subjonctif		**13 passé du subjonctif**	
puisse	puissions	aie pu	ayons pu
puisses	puissiez	aies pu	ayez pu
puisse	puissent	ait pu	aient pu
7 imparfait du subjonctif		**14 plus-que-parfait du subjonctif**	
pusse	pussions	eusse pu	eussions pu
pusses	pussiez	eusses pu	eussiez pu
pût	pussent	eût pu	eussent pu

Impératif

Common idiomatic expressions using this verb and words related to it

si l'on peut dire   if one may say so
se pouvoir: Cela se peut   That may be.
le pouvoir   power
avoir du pouvoir sur soi-même   to have self control
n'y pouvoir rien   not to be able to do anything about it;   **Que me voulez-vous?**   What do you want from me?   **Je n'y peux rien.**   I can't help it; I can't do anything about it.
Puis-je entrer? Est-ce que je peux entrer?   May I come in?

prédire

to predict, to foretell

The Seven Simple Tenses		The Seven Compound Tenses	
Singular	Plural	Singular	Plural
1 présent de l'indicatif		**8 passé composé**	
prédis	prédisons	ai prédit	avons prédit
prédis	prédisez	as prédit	avez prédit
prédit	prédisent	a prédit	ont prédit
2 imparfait de l'indicatif		**9 plus-que-parfait de l'indicatif**	
prédisais	prédisions	avais prédit	avions prédit
prédisais	prédisiez	avais prédit	aviez prédit
prédisait	prédisaient	avait prédit	avaient prédit
3 passé simple		**10 passé antérieur**	
prédis	prédîmes	eus prédit	eûmes prédit
prédis	prédîtes	eus prédit	eûtes prédit
prédit	prédirent	eut prédit	eurent prédit
4 futur		**11 futur antérieur**	
prédirai	prédirons	aurai prédit	aurons prédit
prédiras	prédirez	auras prédit	aurez prédit
prédira	prédiront	aura prédit	auront prédit
5 conditionnel		**12 conditionnel passé**	
prédirais	prédirions	aurais prédit	aurions prédit
prédirais	prédiriez	aurais prédit	auriez prédit
prédirait	prédiraient	aurait prédit	auraient prédit
6 présent du subjonctif		**13 passé du subjonctif**	
prédise	prédisions	aie prédit	ayons prédit
prédises	prédisiez	aies prédit	ayez prédit
prédise	prédisent	ait prédit	aient prédit
7 imparfait du subjonctif		**14 plus-que-parfait du subjonctif**	
prédisse	prédissions	eusse prédit	eussions prédit
prédisses	prédissiez	eusses prédit	eussiez prédit
prédît	prédissent	eût prédit	eussent prédit

Impératif
prédis
prédisons
prédisez

Word related to this verb

une prédiction   prediction

Consult the back pages for sections on verbs used in idiomatic expressions, verbs with prepositions, French proverbs using verbs, weather expressions using verbs, and over 1,000 verbs conjugated like model verbs.

The Seven Simple Tenses		The Seven Compound Tenses	
Singular	Plural	Singular	Plural

1 présent de l'indicatif

préfère	préférons		
préfères	préférez		
préfère	préfèrent		

8 passé composé

ai préféré	avons préféré
as préféré	avez préféré
a préféré	ont préféré

2 imparfait de l'indicatif

préférais	préférions
préférais	préfériez
préférait	préféraient

9 plus-que-parfait de l'indicatif

avais préféré	avions préféré
avais préféré	aviez préféré
avait préféré	avaient préféré

3 passé simple

préférai	préférâmes
préféras	préférâtes
préféra	préférèrent

10 passé antérieur

eus préféré	eûmes préféré
eus préféré	eûtes préféré
eut préféré	eurent préféré

4 futur

préférerai	préférerons
préféreras	préférerez
préférera	préféreront

11 futur antérieur

aurai préféré	aurons préféré
auras préféré	aurez préféré
aura préféré	auront préféré

5 conditionnel

préférerais	préférerions
préférerais	préféreriez
préférerait	préféreraient

12 conditionnel passé

aurais préféré	aurions préféré
aurais préféré	auriez préféré
aurait préféré	auraient préféré

6 présent du subjonctif

préfère	préférions
préfères	préfériez
préfère	préfèrent

13 passé du subjonctif

aie préféré	ayons préféré
aies préféré	ayez préféré
ait préféré	aient préféré

7 imparfait du subjonctif

préférasse	préférassions
préférasses	préférassiez
préférât	préférassent

14 plus-que-parfait du subjonctif

eusse préféré	eussions préféré
eusses préféré	eussiez préféré
eût préféré	eussent préféré

Impératif
préfère
préférons
préférez

Sentences using this verb and words related to it

—**Qu'est-ce que vous préférez faire ce soir?**
—**Je préfère aller voir un bon film. Et vous?**
—**Je préfère rester à la maison. Ne préféreriez-vous pas rester ici avec moi?**

une préférence   a preference
préférentiel, préférentielle   preferential
préférable   preferable
préférablement   preferably

de préférence à   in preference to
Je n'ai pas de préférence
   I have no preference.

to take

The Seven Simple Tenses		The Seven Compound Tenses	
Singular	Plural	Singular	Plural
1 présent de l'indicatif		**8 passé composé**	
prends	prenons	ai pris	avons pris
prends	prenez	as pris	avez pris
prend	prennent	a pris	ont pris
2 imparfait de l'indicatif		**9 plus-que-parfait de l'indicatif**	
prenais	prenions	avais pris	avions pris
prenais	preniez	avais pris	aviez pris
prenait	prenaient	avait pris	avaient pris
3 passé simple		**10 passé antérieur**	
pris	prîmes	eus pris	eûmes pris
pris	prîtes	eus pris	eûtes pris
prit	prirent	eut pris	eurent pris
4 futur		**11 futur antérieur**	
prendrai	prendrons	aurai pris	aurons pris
prendras	prendrez	auras pris	aurez pris
prendra	prendront	aura pris	auront pris
5 conditionnel		**12 conditionnel passé**	
prendrais	prendrions	aurais pris	aurions pris
prendrais	prendriez	aurais pris	auriez pris
prendrait	prendraient	aurait pris	auraient pris
6 présent du subjonctif		**13 passé du subjonctif**	
prenne	prenions	aie pris	ayons pris
prennes	preniez	aies pris	ayez pris
prenne	prennent	ait pris	aient pris
7 imparfait du subjonctif		**14 plus-que-parfait du subjonctif**	
prisse	prissions	eusse pris	eussions pris
prisses	prissiez	eusses pris	eussiez pris
prît	prissent	eût pris	eussent pris

Impératif
prends
prenons
prenez

Sentences using this verb and words related to it

—**Qui a pris les fleurs qui étaient sur la table?**
—**C'est moi qui les ai prises.**

à tout prendre   on the whole, all in all
un preneur, une preneuse   taker, purchaser
s'y prendre   to go about it, to handle it, to set about it
Je ne sais comment m'y prendre   I don't know how to go about it.
C'est à prendre ou à laisser   Take it or leave it.
prendre à témoin   to call to witness

For more idiomatic expressions using this verb, see the back pages for the section on verbs in idiomatic expressions.

The Seven Simple Tenses		The Seven Compound Tenses	
Singular	Plural	Singular	Plural

1 présent de l'indicatif		8 passé composé	
prépare	préparons	ai préparé	avons préparé
prépares	préparez	as préparé	avez préparé
prépare	préparent	a préparé	ont préparé

2 imparfait de l'indicatif		9 plus-que-parfait de l'indicatif	
préparais	préparions	avais préparé	avions préparé
préparais	prépariez	avais préparé	aviez préparé
préparait	préparaient	avait préparé	avaient préparé

3 passé simple		10 passé antérieur	
préparai	préparâmes	eus préparé	eûmes préparé
préparas	préparâtes	eus préparé	eûtes préparé
prépara	préparèrent	eut préparé	eurent préparé

4 futur		11 futur antérieur	
préparerai	préparerons	aurai préparé	aurons préparé
prépareras	préparerez	auras préparé	aurez préparé
préparera	prépareront	aura préparé	auront préparé

5 conditionnel		12 conditionnel passé	
préparerais	préparerions	aurais préparé	aurions préparé
préparerais	prépareriez	aurais préparé	auriez préparé
préparerait	prépareraient	aurait préparé	auraient préparé

6 présent du subjonctif		13 passé du subjonctif	
prépare	préparions	aie préparé	ayons préparé
prépares	prépariez	aies préparé	ayez préparé
prépare	préparent	ait préparé	aient préparé

7 imparfait du subjonctif		14 plus-que-parfait du subjonctif	
préparasse	préparassions	eusse préparé	eussions préparé
préparasses	préparassiez	eusses préparé	eussiez préparé
préparât	préparassent	eût préparé	eussent préparé

	Impératif
	prépare
	préparons
	préparez

Sentences using this verb and words related to it

Si Albert avait préparé sa leçon, il aurait reçu une bonne note. Il prépare toujours ses leçons mais cette fois il ne les a pas préparées.

la préparation   preparation
les préparatifs *(m.)*   preparations
préparatoire   preparatory
se préparer   to prepare oneself
préparer un examen   to study for an exam

Consult the back pages for verbs used with certain prepositions.

The subject pronouns are found on the page facing page 1.

présenter

to present, to introduce

The Seven Simple Tenses		The Seven Compound Tenses	
Singular	Plural	Singular	Plural
1 présent de l'indicatif		**8 passé composé**	
présente	présentons	ai présenté	avons présenté
présentes	présentez	as présenté	avez présenté
présente	présentent	a présenté	ont présenté
2 imparfait de l'indicatif		**9 plus-que-parfait de l'indicatif**	
présentais	présentions	avais présenté	avions présenté
présentais	présentiez	avais présenté	aviez présenté
présentait	présentaient	avait présenté	avaient présenté
3 passé simple		**10 passé antérieur**	
présentai	présentâmes	eus présenté	eûmes présenté
présentas	présentâtes	eus présenté	eûtes présenté
présenta	présentèrent	eut présenté	eurent présenté
4 futur		**11 futur antérieur**	
présenterai	présenterons	aurai présenté	aurons présenté
présenteras	présenterez	auras présenté	aurez présenté
présentera	présenteront	aura présenté	auront présenté
5 conditionnel		**12 conditionnel passé**	
présenterais	présenterions	aurais présenté	aurions présenté
présenterais	présenteriez	aurais présenté	auriez présenté
présenterait	présenteraient	aurait présenté	auraient présenté
6 présent du subjonctif		**13 passé du subjonctif**	
présente	présentions	aie présenté	ayons présenté
présentes	présentiez	aies présenté	ayez présenté
présente	présentent	ait présenté	aient présenté
7 imparfait du subjonctif		**14 plus-que-parfait du subjonctif**	
présentasse	présentassions	eusse présenté	eussions présenté
présentasses	présentassiez	eusses présenté	eussiez présenté
présentât	présentassent	eût présenté	eussent présenté

	Impératif
	présente
	présentons
	présentez

Common idiomatic expressions using this verb

présenter qqn à qqn   to introduce someone to someone
Je vous présente à mon professeur de français.   May I introduce you to my French teacher?
se présenter   to introduce oneself
   Permettez-moi de me présenter   Allow me to introduce myself.
se présenter bien   to make a good impression
se présenter mal   to make a bad impression

For more idioms using this verb, see the back pages for the section on verbs used in idiomatic expressions.

to press, to squeeze

The Seven Simple Tenses		The Seven Compound Tenses	
Singular	Plural	Singular	Plural

1 présent de l'indicatif

		8 passé composé	
presse	pressons	ai pressé	avons pressé
presses	pressez	as pressé	avez pressé
presse	pressent	a pressé	ont pressé

2 imparfait de l'indicatif

		9 plus-que-parfait de l'indicatif	
pressais	pressions	avais pressé	avions pressé
pressais	pressiez	avais pressé	aviez pressé
pressait	pressaient	avait pressé	avaient pressé

3 passé simple

		10 passé antérieur	
pressai	pressâmes	eus pressé	eûmes pressé
pressas	pressâtes	eus pressé	eûtes pressé
pressa	pressèrent	eut pressé	eurent pressé

4 futur

		11 futur antérieur	
presserai	presserons	aurai pressé	aurons pressé
presseras	presserez	auras pressé	aurez pressé
pressera	presseront	aura pressé	auront pressé

5 conditionnel

		12 conditionnel passé	
presserais	presserions	aurais pressé	aurions pressé
presserais	presseriez	aurais pressé	auriez pressé
presserait	presseraient	aurait pressé	auraient pressé

6 présent du subjonctif

		13 passé du subjonctif	
presse	pressions	aie pressé	ayons pressé
presses	pressiez	aies pressé	ayez pressé
presse	pressent	ait pressé	aient pressé

7 imparfait du subjonctif

		14 plus-que-parfait du subjonctif	
pressasse	pressassions	eusse pressé	eussions pressé
pressasses	pressassiez	eusses pressé	eussiez pressé
pressât	pressassent	eût pressé	eussent pressé

Impératif
presse
pressons
pressez

Words and expressions related to this verb

presser qqn   to hurry someone
la pression   pressure
un presse-bouton   push button
  (des presse-boutons)
un presse-papiers   paper weight
  (des presse-papiers)
un pressoir   press
un presseur, une presseuse   press worker

presser qqn de se décider   to urge someone
  to make a decision
être sous pression   to be under pressure
un presse-citron   lemon squeezer
  (des presse-citrons)
faire le coup du presse-citron à qqn
  to put the squeeze on someone

Consult the sections on verbs used in idiomatic expressions, verbs with prepositions, and the list of over 1,000 verbs conjugated like model verbs in the back pages.

The subject pronouns are found on the page facing page 1.

to be in a hurry, to make haste, to rush, to crowd

The Seven Simple Tenses		The Seven Compound Tenses	
Singular	Plural	Singular	Plural
1 présent de l'indicatif		**8 passé composé**	
me presse	nous pressons	me suis pressé(e)	nous sommes pressé(e)s
te presses	vous pressez	t'es pressé(e)	vous êtes pressé(e)(s)
se presse	se pressent	s'est pressé(e)	se sont pressé(e)s
2 imparfait de l'indicatif		**9 plus-que-parfait de l'indicatif**	
me pressais	nous pressions	m'étais pressé(e)	nous étions pressé(e)s
te pressais	vous pressiez	t'étais pressé(e)	vous étiez pressé(e)(s)
se pressait	se pressaient	s'était pressé(e)	s'étaient pressé(e)s
3 passé simple		**10 passé antérieur**	
me pressai	nous pressâmes	me fus pressé(e)	nous fûmes pressé(e)s
te pressas	vous pressâtes	te fus pressé(e)	vous fûtes pressé(e)(s)
se pressa	se pressèrent	se fut pressé(e)	se furent pressé(e)s
4 futur		**11 futur antérieur**	
me presserai	nous presserons	me serai pressé(e)	nous serons pressé(e)s
te presseras	vous presserez	te seras pressé(e)	vous serez pressé(e)(s)
se pressera	se presseront	se sera pressé(e)	se seront pressé(e)s
5 conditionnel		**12 conditionnel passé**	
me presserais	nous presserions	me serais pressé(e)	nous serions pressé(e)s
te presserais	vous presseriez	te serais pressé(e)	vous seriez pressé(e)(s)
se presserait	se presseraient	se serait pressé(e)	se seraient pressé(e)s
6 présent du subjonctif		**13 passé du subjonctif**	
me presse	nous pressions	me sois pressé(e)	nous soyons pressé(e)s
te presses	vous pressiez	te sois pressé(e)	vous soyez pressé(e)(s)
se presse	se pressent	se soit pressé(e)	se soient pressé(e)s
7 imparfait du subjonctif		**14 plus-que-parfait du subjonctif**	
me pressasse	nous pressassions	me fusse pressé(e)	nous fussions pressé(e)s
te pressasses	vous pressassiez	te fusses pressé(e)	vous fussiez pressé(e)(s)
se pressât	se pressassent	se fût pressé(e)	se fussent pressé(e)s

Impératif
presse-toi; ne te presse pas
pressons-nous; ne nous pressons pas
pressez-vous; ne vous pressez pas

Words and expressions related to this verb

se presser contre qqn   to press oneself against someone
se presser de faire qqch   to hurry to do something
se presser en foule   to press against each other in a crowd
presser   to press, to squeeze
presser le pas   to walk more quickly
presser qqn   to urge someone, to hurry someone
une pression   pressure
faire pression sur qqn   to exert pressure on someone

Consult the sections on verbs used in idiomatic expressions, verbs with prepositions, and the list of over 1,000 verbs conjugated like model verbs in the back pages.

to pretend, to claim, to lay claim, to maintain

The Seven Simple Tenses		The Seven Compound Tenses	
Singular	Plural	Singular	Plural

1   présent de l'indicatif

prétends	prétendons		
prétends	prétendez		
prétend	prétendent		

8   passé composé

ai prétendu	avons prétendu
as prétendu	avez prétendu
a prétendu	ont prétendu

2   imparfait de l'indicatif

prétendais	prétendions
prétendais	prétendiez
prétendait	prétendaient

9   plus-que-parfait de l'indicatif

avais prétendu	avions prétendu
avais prétendu	aviez prétendu
avait prétendu	avaient prétendu

3   passé simple

prétendis	prétendîmes
prétendis	prétendîtes
prétendit	prétendirent

10   passé antérieur

eus prétendu	eûmes prétendu
eus prétendu	eûtes prétendu
eut prétendu	eurent prétendu

4   futur

prétendrai	prétendrons
prétendras	prétendrez
prétendra	prétendront

11   futur antérieur

aurai prétendu	aurons prétendu
auras prétendu	aurez prétendu
aura prétendu	auront prétendu

5   conditionnel

prétendrais	prétendrions
prétendrais	prétendriez
prétendrait	prétendraient

12   conditionnel passé

aurais prétendu	aurions prétendu
aurais prétendu	auriez prétendu
aurait prétendu	auraient prétendu

6   présent du subjonctif

prétende	prétendions
prétendes	prétendiez
prétende	prétendent

13   passé du subjonctif

aie prétendu	ayons prétendu
aies prétendu	ayez prétendu
ait prétendu	aient prétendu

7   imparfait du subjonctif

prétendisse	prétendissions
prétendisses	prétendissiez
prétendît	prétendissent

14   plus-que-parfait du subjonctif

eusse prétendu	eussions prétendu
eusses prétendu	eussiez prétendu
eût prétendu	eussent prétendu

Impératif
prétends
prétendons
prétendez

Words and expressions related to this verb

prétendre savoir qqch   to claim to know
   something
prétentieux, prétentieuse   pretentious
un prétendu spécialiste
   self-styled specialist

prétendre à   to lay claim to
la prétention   pretention
sans prétentions   unpretentious,
   unpretentiously
prétentieusement   pretentiously

Consult the sections on verbs used in idiomatic expressions, verbs with prepositions, and the list of over 1,000 verbs conjugated like model verbs in the back pages.

to lend

The Seven Simple Tenses		The Seven Compound Tenses	
Singular	Plural	Singular	Plural
1 présent de l'indicatif		**8 passé composé**	
prête	prêtons	ai prêté	avons prêté
prêtes	prêtez	as prêté	avez prêté
prête	prêtent	a prêté	ont prêté
2 imparfait de l'indicatif		**9 plus-que-parfait de l'indicatif**	
prêtais	prêtions	avais prêté	avions prêté
prêtais	prêtiez	avais prêté	aviez prêté
prêtait	prêtaient	avait prêté	avaient prêté
3 passé simple		**10 passé antérieur**	
prêtai	prêtâmes	eus prêté	eûmes prêté
prêtas	prêtâtes	eus prêté	eûtes prêté
prêta	prêtèrent	eut prêté	eurent prêté
4 futur		**11 futur antérieur**	
prêterai	prêterons	aurai prêté	aurons prêté
prêteras	prêterez	auras prêté	aurez prêté
prêtera	prêteront	aura prêté	auront prêté
5 conditionnel		**12 conditionnel passé**	
prêterais	prêterions	aurais prêté	aurions prêté
prêterais	prêteriez	aurais prêté	auriez prêté
prêterait	prêteraient	aurait prêté	auraient prêté
6 présent du subjonctif		**13 passé du subjonctif**	
prête	prêtions	aie prêté	ayons prêté
prêtes	prêtiez	aies prêté	ayez prêté
prête	prêtent	ait prêté	aient prêté
7 imparfait du subjonctif		**14 plus-que-parfait du subjonctif**	
prêtasse	prêtassions	eusse prêté	eussions prêté
prêtasses	prêtassiez	eusses prêté	eussiez prêté
prêtât	prêtassent	eût prêté	eussent prêté

Impératif
prête
prêtons
prêtez

Common idiomatic expressions using this verb

prêter à intérêt   to lend at interest
prêter attention à qqn ou à qqch   to pay attention to someone or something
un prêteur sur gages   pawnbroker
prêter la main à qqn   to give a helping hand to someone
prêter secours à qqn   to go to someone's rescue (help)
apprêter   to prepare, to get (something) ready
s'apprêter   to get oneself ready

to warn, to forestall, to ward off

The Seven Simple Tenses		The Seven Compound Tenses	
Singular	Plural	Singular	Plural
1 présent de l'indicatif		**8 passé composé**	
préviens	prévenons	ai prévenu	avons prévenu
préviens	prévenez	as prévenu	avez prévenu
prévient	préviennent	a prévenu	ont prévenu
2 imparfait de l'indicatif		**9 plus-que-parfait de l'indicatif**	
prévenais	prévenions	avais prévenu	avions prévenu
prévenais	préveniez	avais prévenu	aviez prévenu
prévenait	prévenaient	avait prévenu	avaient prévenu
3 passé simple		**10 passé antérieur**	
prévins	prévînmes	eus prévenu	eûmes prévenu
prévins	prévîntes	eus prévenu	eûtes prévenu
prévint	prévinrent	eut prévenu	eurent prévenu
4 futur		**11 futur antérieur**	
préviendrai	préviendrons	aurai prévenu	aurons prévenu
préviendras	préviendrez	auras prévenu	aurez prévenu
préviendra	préviendront	aura prévenu	auront prévenu
5 conditionnel		**12 conditionnel passé**	
préviendrais	préviendrions	aurais prévenu	aurions prévenu
préviendrais	préviendriez	aurais prévenu	auriez prévenu
préviendrait	préviendraient	aurait prévenu	auraient prévenu
6 présent du subjonctif		**13 passé du subjonctif**	
prévienne	prévenions	aie prévenu	ayons prévenu
préviennes	préveniez	aies prévenu	ayez prévenu
prévienne	préviennent	ait prévenu	aient prévenu
7 imparfait du subjonctif		**14 plus-que-parfait du subjonctif**	
prévinsse	prévinssions	eusse prévenu	eussions prévenu
prévinsses	prévinssiez	eusses prévenu	eussiez prévenu
prévînt	prévinssent	eût prévenu	eussent prévenu

Impératif
préviens
prévenons
prévenez

Words and expressions related to this verb

Mieux vaut prévenir que guérir
  Prevention is better than cure.
la prévenance   considerateness, kindness

prévenant, prévenante   considerate, kind, thoughtful
entourer qqn de prévenances   to shower someone with kindness, attention

Consult the sections on verbs used in idiomatic expressions, verbs with prepositions, and the list of over 1,000 verbs conjugated like model verbs in the back pages.

to foresee

The Seven Simple Tenses		The Seven Compound Tenses	
Singular	Plural	Singular	Plural
1 présent de l'indicatif		8 passé composé	
prévois	prévoyons	ai prévu	avons prévu
prévois	prévoyez	as prévu	avez prévu
prévoit	prévoient	a prévu	ont prévu
2 imparfait de l'indicatif		9 plus-que-parfait de l'indicatif	
prévoyais	prévoyions	avais prévu	avions prévu
prévoyais	prévoyiez	avais prévu	aviez prévu
prévoyait	prévoyaient	avait prévu	avaient prévu
3 passé simple		10 passé antérieur	
prévis	prévîmes	eus prévu	eûmes prévu
prévis	prévîtes	eus prévu	eûtes prévu
prévit	prévirent	eut prévu	eurent prévu
4 futur		11 futur antérieur	
prévoirai	prévoirons	aurai prévu	aurons prévu
prévoiras	prévoirez	auras prévu	aurez prévu
prévoira	prévoiront	aura prévu	auront prévu
5 conditionnel		12 conditionnel passé	
prévoirais	prévoirions	aurais prévu	aurions prévu
prévoirais	prévoiriez	aurais prévu	auriez prévu
prévoirait	prévoiraient	aurait prévu	auraient prévu
6 présent du subjonctif		13 passé du subjonctif	
prévoie	prévoyions	aie prévu	ayons prévu
prévoies	prévoyiez	aies prévu	ayez prévu
prévoie	prévoient	ait prévu	aient prévu
7 imparfait du subjonctif		14 plus-que-parfait du subjonctif	
prévisse	prévissions	eusse prévu	eussions prévu
prévisses	prévissiez	eusses prévu	eussiez prévu
prévît	prévissent	eût prévu	eussent prévu

Impératif
prévois
prévoyons
prévoyez

Words and expressions related to this verb

la prévision   forecast
en prévision de   in anticipation of
prévisible   foreseeable; **visible**   visible
la prévoyance   foresight
une avant-première   preview

prévoir le temps   to forecast the weather
les prévisions météorologiques   weather
  forecasts
voir   to see
prévoyant, prévoyante   provident

Consult the sections on verbs used in idiomatic expressions, verbs with prepositions, and the list of over 1,000 verbs conjugated like model verbs in the back pages.

to pray, to supplicate, to entreat, to beg, to request

The Seven Simple Tenses		The Seven Compound Tenses	
Singular	Plural	Singular	Plural

1 présent de l'indicatif		8 passé composé	
prie	prions	ai prié	avons prié
pries	priez	as prié	avez prié
prie	prient	a prié	ont prié

2 imparfait de l'indicatif		9 plus-que-parfait de l'indicatif	
priais	priions	avais prié	avions prié
priais	priiez	avais prié	aviez prié
priait	priaient	avait prié	avaient prié

3 passé simple		10 passé antérieur	
priai	priâmes	eus prié	eûmes prié
prias	priâtes	eus prié	eûtes prié
pria	prièrent	eut prié	eurent prié

4 futur		11 futur antérieur	
prierai	prierons	aurai prié	aurons prié
prieras	prierez	auras prié	aurez prié
priera	prieront	aura prié	auront prié

5 conditionnel		12 conditionnel passé	
prierais	prierions	aurais prié	aurions prié
prierais	prieriez	aurais prié	auriez prié
prierait	prieraient	aurait prié	auraient prié

6 présent du subjonctif		13 passé du subjonctif	
prie	priions	aie prié	ayons prié
pries	priiez	aies prié	ayez prié
prie	prient	ait prié	aient prié

7 imparfait du subjonctif		14 plus-que-parfait du subjonctif	
priasse	priassions	eusse prié	eussions prié
priasses	priassiez	eusses prié	eussiez prié
priât	priassent	eût prié	eussent prié

Impératif
prie
prions
priez

Words and expressions related to this verb

prier qqn de faire qqch to beg (entreat, request) someone to do something
Je vous en prie! You're welcome! I beg of you!
On vous prie de + inf. You are requested + inf.
prier qqn à faire qqch to invite someone to do something
une prière prayer; **Prière d'entrer sans frapper** Please enter without knocking.
Prière de ne pas fumer You are requested not to smoke.
Puis-je entrer? May I come in? —**Je vous en prie!** Please do! (I beg you to do so)
vouloir se faire prier to desire to be urged; **Madame Duchemin veut toujours se faire**
prier Mrs. Duchemin always wants to be urged.
sans se faire prier willingly

The subject pronouns are found on the page facing page 1.

to produce

The Seven Simple Tenses		The Seven Compound Tenses	
Singular	Plural	Singular	Plural
1 présent de l'indicatif		8 passé composé	
produis	produisons	ai produit	avons produit
produis	produisez	as produit	avez produit
produit	produisent	a produit	ont produit
2 imparfait de l'indicatif		9 plus-que-parfait de l'indicatif	
produisais	produisions	avais produit	avions produit
produisais	produisiez	avais produit	aviez produit
produisait	produisaient	avait produit	avaient produit
3 passé simple		10 passé antérieur	
produisis	produisîmes	eus produit	eûmes produit
produisis	produisîtes	eus produit	eûtes produit
produisit	produisirent	eut produit	eurent produit
4 futur		11 futur antérieur	
produirai	produirons	aurai produit	aurons produit
produiras	produirez	auras produit	aurez produit
produira	produiront	aura produit	auront produit
5 conditionnel		12 conditionnel passé	
produirais	produirions	aurais produit	aurions produit
produirais	produiriez	aurais produit	auriez produit
produirait	produiraient	aurait produit	auraient produit
6 présent du subjonctif		13 passé du subjonctif	
produise	produisions	aie produit	ayons produit
produises	produisiez	aies produit	ayez produit
produise	produisent	ait produit	aient produit
7 imparfait du subjonctif		14 plus-que-parfait du subjonctif	
produisisse	produisissions	eusse produit	eussions produit
produisisses	produisissiez	eusses produit	eussiez produit
produisît	produisissent	eût produit	eussent produit

Impératif
produis
produisons
produisez

Words related to this verb

un produit   product
la production   production
productible   producible
productif, productive   productive

la productivité   productivity
se produire   to happen, to occur,
   to be brought about

Consult the back pages for verbs used with certain prepositions.

The Seven Simple Tenses		The Seven Compound Tenses	
Singular	Plural	Singular	Plural

1   présent de l'indicatif

me promène	nous promenons
te promènes	vous promenez
se promène	se promènent

8   passé composé

me suis promené(e)	nous sommes promené(e)s
t'es promené(e)	vous êtes promené(e)(s)
s'est promené(e)	se sont promené(e)s

2   imparfait de l'indicatif

me promenais	nous promenions
te promenais	vous promeniez
se promenait	se promenaient

9   plus-que-parfait de l'indicatif

m'étais promené(e)	nous étions promené(e)s
t'étais promené(e)	vous étiez promené(e)(s)
s'était promené(e)	s'étaient promené(e)s

3   passé simple

me promenai	nous promenâmes
te promenas	vous promenâtes
se promena	se promenèrent

10   passé antérieur

me fus promené(e)	nous fûmes promené(e)s
te fus promené(e)	vous fûtes promené(e)(s)
se fut promené(e)	se furent promené(e)s

4   futur

me promènerai	nous promènerons
te promèneras	vous promènerez
se promènera	se promèneront

11   futur antérieur

me serai promené(e)	nous serons promené(e)s
te seras promené(e)	vous serez promené(e)(s)
se sera promené(e)	se seront promené(e)s

5   conditionnel

me promènerais	nous promènerions
te promènerais	vous promèneriez
se promènerait	se promèneraient

12   conditionnel passé

me serais promené(e)	nous serions promené(e)s
te serais promené(e)	vous seriez promené(e)(s)
se serait promené(e)	se seraient promené(e)s

6   présent du subjonctif

me promène	nous promenions
te promènes	vous promeniez
se promène	se promènent

13   passé du subjonctif

me sois promené(e)	nous soyons promené(e)s
te sois promené(e)	vous soyez promené(e)(s)
se soit promené(e)	se soient promené(e)s

7   imparfait du subjonctif

me promenasse	nous promenassions
te promenasses	vous promenassiez
se promenât	se promenassent

14   plus-que-parfait du subjonctif

me fusse promené(e)	nous fussions promené(e)s
te fusses promené(e)	vous fussiez promené(e)(s)
se fût promené(e)	se fussent promené(e)s

Impératif
promène-toi; ne te promène pas
promenons-nous; ne nous promenons pas
promenez-vous; ne vous promenez pas

Common idiomatic expressions using this verb

Je me promène tous les matins.   I take a walk every morning.
Cette promenade est merveilleuse.   This walk is marvelous.
Janine et Robert se sont promenés dans le parc.   Janine and Robert took a walk
   in the park.
faire une promenade   to take a walk
faire une promenade en voiture   to go for a drive
promener son chien   to take one's dog out for a walk
promener ses regards sur   to cast one's eyes on, to look over
un promenoir   indoor mall for walking, strolling

The subject pronouns are found on the page facing page 1.   **367**

to promise

The Seven Simple Tenses		The Seven Compound Tenses	
Singular	Plural	Singular	Plural
1 présent de l'indicatif		**8 passé composé**	
promets	promettons	ai promis	avons promis
promets	promettez	as promis	avez promis
promet	promettent	a promis	ont promis
2 imparfait de l'indicatif		**9 plus-que-parfait de l'indicatif**	
promettais	promettions	avais promis	avions promis
promettais	promettiez	avais promis	aviez promis
promettait	promettaient	avait promis	avaient promis
3 passé simple		**10 passé antérieur**	
promis	promîmes	eus promis	eûmes promis
promis	promîtes	eus promis	eûtes promis
promit	promirent	eut promis	eurent promis
4 futur		**11 futur antérieur**	
promettrai	promettrons	aurai promis	aurons promis
promettras	promettrez	auras promis	aurez promis
promettra	promettront	aura promis	auront promis
5 conditionnel		**12 conditionnel passé**	
promettrais	promettrions	aurais promis	aurions promis
promettrais	promettriez	aurais promis	auriez promis
promettrait	promettraient	aurait promis	auraient promis
6 présent du subjonctif		**13 passé du subjonctif**	
promette	promettions	aie promis	ayons promis
promettes	promettiez	aies promis	ayez promis
promette	promettent	ait promis	aient promis
7 imparfait du subjonctif		**14 plus-que-parfait du subjonctif**	
promisse	promissions	eusse promis	eussions promis
promisses	promissiez	eusses promis	eussiez promis
promît	promissent	eût promis	eussent promis

Impératif
promets
promettons
promettez

Common idiomatic expressions using this verb

promettre de faire qqch   to promise to do something
une promesse   promise
tenir sa promesse   to keep one's promise
promettre à qqn de faire qqch   to promise someone to do something
Ça promet!   It looks promising!
se promettre   to promise oneself

See also **mettre** and compounds of **mettre**, e.g., **permettre**.

to pronounce, to declare

The Seven Simple Tenses		The Seven Compound Tenses	
Singular	Plural	Singular	Plural
1 présent de l'indicatif		**8 passé composé**	
prononce	prononçons	ai prononcé	avons prononcé
prononces	prononcez	as prononcé	avez prononcé
prononce	prononcent	a prononcé	ont prononcé
2 imparfait de l'indicatif		**9 plus-que-parfait de l'indicatif**	
prononçais	prononcions	avais prononcé	avions prononcé
prononçais	prononciez	avais prononcé	aviez prononcé
prononçait	prononçaient	avait prononcé	avaient prononcé
3 passé simple		**10 passé antérieur**	
prononçai	prononçâmes	eus prononcé	eûmes prononcé
prononças	prononçâtes	eus prononcé	eûtes prononcé
prononça	prononcèrent	eut prononcé	eurent prononcé
4 futur		**11 futur antérieur**	
prononcerai	prononcerons	aurai prononcé	aurons prononcé
prononceras	prononcerez	auras prononcé	aurez prononcé
prononcera	prononceront	aura prononcé	auront prononcé
5 conditionnel		**12 conditionnel passé**	
prononcerais	prononcerions	aurais prononcé	aurions prononcé
prononcerais	prononceriez	aurais prononcé	auriez prononcé
prononcerait	prononceraient	aurait prononcé	auraient prononcé
6 présent du subjonctif		**13 passé du subjonctif**	
prononce	prononcions	aie prononcé	ayons prononcé
prononces	prononciez	aies prononcé	ayez prononcé
prononce	prononcent	ait prononcé	aient prononcé
7 imparfait du subjonctif		**14 plus-que-parfait du subjonctif**	
prononçasse	prononçassions	eusse prononcé	eussions prononcé
prononçasses	prononçassiez	eusses prononcé	eussiez prononcé
prononçât	prononçassent	eût prononcé	eussent prononcé

Impératif
prononce
prononçons
prononcez

Words and expressions related to this verb

prononcer un discours   to deliver a speech
la prononciation   pronunciation
prononçable   pronounceable
se prononcer pour   to decide in favor of
énoncer   to enunciate

annoncer   to announce
dénoncer   to denounce
se prononcer   to declare, to be pronounced
(as a word)
se prononcer contre   to decide against

to prove

The Seven Simple Tenses		The Seven Compound Tenses	
Singular	Plural	Singular	Plural
1 présent de l'indicatif		**8 passé composé**	
prouve	prouvons	ai prouvé	avons prouvé
prouves	prouvez	as prouvé	avez prouvé
prouve	prouvent	a prouvé	ont prouvé
2 imparfait de l'indicatif		**9 plus-que-parfait de l'indicatif**	
prouvais	prouvions	avais prouvé	avions prouvé
prouvais	prouviez	avais prouvé	aviez prouvé
prouvait	prouvaient	avait prouvé	avaient prouvé
3 passé simple		**10 passé antérieur**	
prouvai	prouvâmes	eus prouvé	eûmes prouvé
prouvas	prouvâtes	eus prouvé	eûtes prouvé
prouva	prouvèrent	eut prouvé	eurent prouvé
4 futur		**11 futur antérieur**	
prouverai	prouverons	aurai prouvé	aurons prouvé
prouveras	prouverez	auras prouvé	aurez prouvé
prouvera	prouveront	aura prouvé	auront prouvé
5 conditionnel		**12 conditionnel passé**	
prouverais	prouverions	aurais prouvé	aurions prouvé
prouverais	prouveriez	aurais prouvé	auriez prouvé
prouverait	prouveraient	aurait prouvé	auraient prouvé
6 présent du subjonctif		**13 passé du subjonctif**	
prouve	prouvions	aie prouvé	ayons prouvé
prouves	prouviez	aies prouvé	ayez prouvé
prouve	prouvent	ait prouvé	aient prouvé
7 imparfait du subjonctif		**14 plus-que-parfait du subjonctif**	
prouvasse	prouvassions	eusse prouvé	eussions prouvé
prouvasses	prouvassiez	eusses prouvé	eussiez prouvé
prouvât	prouvassent	eût prouvé	eussent prouvé

Impératif
prouve
prouvons
prouvez

Words and expresions related to this verb

une preuve proof
comme preuve by way of proof
prouvable provable
une épreuve test, proof
approuver to approve of
désapprouver to disapprove of

éprouver to test, to try, to experience
éprouver de la sympathie pour to feel sympathy for
mettre à l'épreuve to put to the test

The Seven Simple Tenses

Singular	Plural

1 présent de l'indicatif

pue	puons
pues	puez
pue	puent

2 imparfait de l'indicatif

puais	puions
puais	puiez
puait	puaient

3 futur

puerai	puerons
pueras	puerez
puera	pueront

4 conditionnel

puerais	puerions
puerais	pueriez
puerait	pueraient

Words and expressions related to this verb

puant, puante   stinking; conceited
la puanteur   stink, foul smell
Robert est un type puant   Robert is a stinker.
Cet ivrogne pue l'alcool; je me bouche le nez   This drunkard stinks of alcohol;
  I'm blocking my nose.
Joseph, ta chambre pue la porcherie   Joseph, your room smells like a pigsty.

This verb is used mainly in the above tenses.

to punish

The Seven Simple Tenses		The Seven Compound Tenses	
Singular	Plural	Singular	Plural
1 présent de l'indicatif		**8 passé composé**	
punis	punissons	ai puni	avons puni
punis	punissez	as puni	avez puni
punit	punissent	a puni	ont puni
2 imparfait de l'indicatif		**9 plus-que-parfait de l'indicatif**	
punissais	punissions	avais puni	avions puni
punissais	punissiez	avais puni	aviez puni
punissait	punissaient	avait puni	avaient puni
3 passé simple		**10 passé antérieur**	
punis	punîmes	eus puni	eûmes puni
punis	punîtes	eus puni	eûtes puni
punit	punirent	eut puni	eurent puni
4 futur		**11 futur antérieur**	
punirai	punirons	aurai puni	aurons puni
puniras	punirez	auras puni	aurez puni
punira	puniront	aura puni	auront puni
5 conditionnel		**12 conditionnel passé**	
punirais	punirions	aurais puni	aurions puni
punirais	puniriez	aurais puni	auriez puni
punirait	puniraient	aurait puni	auraient puni
6 présent du subjonctif		**13 passé du subjonctif**	
punisse	punissions	aie puni	ayons puni
punisses	punissiez	aies puni	ayez puni
punisse	punissent	ait puni	aient puni
7 imparfait du subjonctif		**14 plus-que-parfait du subjonctif**	
punisse	punissions	eusse puni	eussions puni
punisses	punissiez	eusses puni	eussiez puni
punît	punissent	eût puni	eussent puni

Impératif
punis
punissons
punissez

Words and expressions related to this verb and sentences using them

punisseur, punisseuse   punisher   **échapper à la punition**   to escape punishment
punissable   punishable
punition *(f.)*   punishment
punitif, punitive   punitive

La maîtresse de biologie: Pierre, si tu continues à venir dans cette classe sans avoir
    fait tes devoirs, je téléphonerai à tes parents pour te punir. Mérites-tu une punition?
    Oui ou non? Aimes-tu les mesures disciplinaires? Aimes-tu les mesures punitives?
    Je ne le pense pas. Compris?

to leave

The Seven Simple Tenses		The Seven Compound Tenses	
Singular	Plural	Singular	Plural
1 présent de l'indicatif		**8 passé composé**
quitte	quittons	ai quitté	avons quitté
quittes	quittez	as quitté	avez quitté
quitte	quittent	a quitté	ont quitté
2 imparfait de l'indicatif		**9 plus-que-parfait de l'indicatif**
quittais	quittions	avais quitté	avions quitté
quittais	quittiez	avais quitté	aviez quitté
quittait	quittaient	avait quitté	avaient quitté
3 passé simple		**10 passé antérieur**
quittai	quittâmes	eus quitté	eûmes quitté
quittas	quittâtes	eus quitté	eûtes quitté
quitta	quittèrent	eut quitté	eurent quitté
4 futur		**11 futur antérieur**
quitterai	quitterons	aurai quitté	aurons quitté
quitteras	quitterez	auras quitté	aurez quitté
quittera	quitteront	aura quitté	auront quitté
5 conditionnel		**12 conditionnel passé**
quitterais	quitterions	aurais quitté	aurions quitté
quitterais	quitteriez	aurais quitté	auriez quitté
quitterait	quitteraient	aurait quitté	auraient quitté
6 présent du subjonctif		**13 passé du subjonctif**
quitte	quittions	aie quitté	ayons quitté
quittes	quittiez	aies quitté	ayez quitté
quitte	quittent	ait quitté	aient quitté
7 imparfait du subjonctif		**14 plus-que-parfait du subjonctif**
quittasse	quittassions	eusse quitté	eussions quitté
quittasses	quittassiez	eusses quitté	eussiez quitté
quittât	quittassent	eût quitté	eussent quitté

Impératif
quitte
quittons
quittez

Words and expressions related to this verb

une quittance   acquittance, discharge
quitter son chapeau   to take off one's hat
se quitter   to separate, to leave each other
Ne quittez pas, s'il vous plaît   Hold the line, please! (on the phone)
être quitte   to be free of an obligation

acquitter   to acquit
s'acquitter de   to fulfill
un acquittement   acquittal
Je vous ai payé la dette; maintenant nous sommes quittes!   I paid you the debt; now we're even!

to relate, to tell about, to narrate

The Seven Simple Tenses		The Seven Compound Tenses	
Singular	Plural	Singular	Plural
1 présent de l'indicatif		**8 passé composé**	
raconte	racontons	ai raconté	avons raconté
racontes	racontez	as raconté	avez raconté
raconte	racontent	a raconté	ont raconté
2 imparfait de l'indicatif		**9 plus-que-parfait de l'indicatif**	
racontais	racontions	avais raconté	avions raconté
racontais	racontiez	avais raconté	aviez raconté
racontait	racontaient	avait raconté	avaient raconté
3 passé simple		**10 passé antérieur**	
racontai	racontâmes	eus raconté	eûmes raconté
racontas	racontâtes	eus raconté	eûtes raconté
raconta	racontèrent	eut raconté	eurent raconté
4 futur		**11 futur antérieur**	
raconterai	raconterons	aurai raconté	aurons raconté
raconteras	raconterez	auras raconté	aurez raconté
racontera	raconteront	aura raconté	auront raconté
5 conditionnel		**12 conditionnel passé**	
raconterais	raconterions	aurais raconté	aurions raconté
raconterais	raconteriez	aurais raconté	auriez raconté
raconterait	raconteraient	aurait raconté	auraient raconté
6 présent du subjonctif		**13 passé du subjonctif**	
raconte	racontions	aie raconté	ayons raconté
racontes	racontiez	aies raconté	ayez raconté
raconte	racontent	ait raconté	aient raconté
7 imparfait du subjonctif		**14 plus-que-parfait du subjonctif**	
racontasse	racontassions	eusse raconté	eussions raconté
racontasses	racontassiez	eusses raconté	eussiez raconté
racontât	racontassent	eût raconté	eussent raconté

Impératif
raconte
racontons
racontez

Sentences using this verb and words related to it

    Mon professeur de français aime nous raconter des anecdotes en français dans la classe de français. C'est un bon raconteur.

un raconteur   storyteller
Qu'est-ce que vous racontez?   What are you talking about?
le racontar   gossip

See also **conter**.

to set (put) in order, to tidy up

The Seven Simple Tenses		The Seven Compound Tenses	
Singular	Plural	Singular	Plural
1 présent de l'indicatif		**8 passé composé**	
range	rangeons	ai rangé	avons rangé
ranges	rangez	as rangé	avez rangé
range	rangent	a rangé	ont rangé
2 imparfait de l'indicatif		**9 plus-que-parfait de l'indicatif**	
rangeais	rangions	avais rangé	avions rangé
rangeais	rangiez	avais rangé	aviez rangé
rangeait	rangeaient	avait rangé	avaient rangé
3 passé simple		**10 passé antérieur**	
rangeai	rangeâmes	eus rangé	eûmes rangé
rangeas	rangeâtes	eus rangé	eûtes rangé
rangea	rangèrent	eut rangé	eurent rangé
4 futur		**11 futur antérieur**	
rangerai	rangerons	aurai rangé	aurons rangé
rangeras	rangerez	auras rangé	aurez rangé
rangera	rangeront	aura rangé	auront rangé
5 conditionnel		**12 conditionnel passé**	
rangerais	rangerions	aurais rangé	aurions rangé
rangerais	rangeriez	aurais rangé	auriez rangé
rangerait	rangeraient	aurait rangé	auraient rangé
6 présent du subjonctif		**13 passé du subjonctif**	
range	rangions	aie rangé	ayons rangé
ranges	rangiez	aies rangé	ayez rangé
range	rangent	ait rangé	aient rangé
7 imparfait du subjonctif		**14 plus-que-parfait du subjonctif**	
rangeasse	rangeassions	eusse rangé	eussions rangé
rangeasses	rangeassiez	eusses rangé	eussiez rangé
rangeât	rangeassent	eût rangé	eussent rangé

Impératif
range
rangeons
rangez

Words and expressions related to this verb

un rang   row; rank
sortir du rang   to rise from the ranks
une rangée d'arbres   a line of trees
déranger   to disturb
se déranger   to inconvenience oneself

de premier rang   first-rate
se mettre sur les rangs   to join the ranks
se ranger   to stand back (out of the way)
arranger   to arrange; **s'arranger avec**
  to come to terms with, to come to an
  agreement with; to manage

Consult the sections on verbs used in idiomatic expressions, verbs with prepositions, and the list of over 1,000 verbs conjugated like model verbs in the back pages.

to call again, to call back, to recall, to remind

The Seven Simple Tenses		The Seven Compound Tenses	
Singular	Plural	Singular	Plural
1　présent de l'indicatif		**8　passé composé**	
rappelle	rappelons	ai rappelé	avons rappelé
rappelles	rappelez	as rappelé	avez rappelé
rappelle	rappellent	a rappelé	ont rappelé
2　imparfait de l'indicatif		**9　plus-que-parfait de l'indicatif**	
rappelais	rappelions	avais rappelé	avions rappelé
rappelais	rappeliez	avais rappelé	aviez rappelé
rappelait	rappelaient	avait rappelé	avaient rappelé
3　passé simple		**10　passé antérieur**	
rappelai	rappelâmes	eus rappelé	eûmes rappelé
rappelas	rappelâtes	eus rappelé	eûtes rappelé
rappela	rappelèrent	eut rappelé	eurent rappelé
4　futur		**11　futur antérieur**	
rappellerai	rappellerons	aurai rappelé	aurons rappelé
rappelleras	rappellerez	auras rappelé	aurez rappelé
rappellera	rappelleront	aura rappelé	auront rappelé
5　conditionnel		**12　conditionnel passé**	
rappellerais	rappellerions	aurais rappelé	aurions rappelé
rappellerais	rappelleriez	aurais rappelé	auriez rappelé
rappellerait	rappelleraient	aurait rappelé	auraient rappelé
6　présent du subjonctif		**13　passé du subjonctif**	
rappelle	rappelions	aie rappelé	ayons rappelé
rappelles	rappeliez	aies rappelé	ayez rappelé
rappelle	rappellent	ait rappelé	aient rappelé
7　imparfait du subjonctif		**14　plus-que-parfait du subjonctif**	
rappelasse	rappelassions	eusse rappelé	eussions rappelé
rappelasses	rappelassiez	eusses rappelé	eussiez rappelé
rappelât	rappelassent	eût rappelé	eussent rappelé

Impératif
rappelle
rappelons
rappelez

Sentences using this verb and words related to it

—**Je ne peux pas vous parler maintenant. Rappelez-moi demain.**
—**D'accord. Je vous rappellerai demain.**

un rappel　　recall, call back, recalling
rappeler à la vie　　to restore to life
Rappelez-moi votre nom.　　Remind me of your name.
rappeler qqn à l'ordre　　to call someone to order

See also **appeler**, **s'appeler**, and **se rappeler**.

to remember, to recall, to recollect

The Seven Simple Tenses		The Seven Compound Tenses	
Singular	Plural	Singular	Plural

1 présent de l'indicatif		8 passé composé	
me rappelle	nous rappelons	me suis rappelé(e)	nous sommes rappelé(e)s
te rappelles	vous rappelez	t'es rappelé(e)	vous êtes rappelé(e)(s)
se rappelle	se rappellent	s'est rappelé(e)	se sont rappelé(e)s

2 imparfait de l'indicatif		9 plus-que-parfait de l'indicatif	
me rappelais	nous rappelions	m'étais rappelé(e)	nous étions rappelé(e)s
te rappelais	vous rappeliez	t'étais rappelé(e)	vous étiez rappelé(e)(s)
se rappelait	se rappelaient	s'était rappelé(e)	s'étaient rappelé(e)s

3 passé simple		10 passé antérieur	
me rappelai	nous rappelâmes	me fus rappelé(e)	nous fûmes rappelé(e)s
te rappelas	vous rappelâtes	te fus rappelé(e)	vous fûtes rappelé(e)(s)
se rappela	se rappelèrent	se fut rappelé(e)	se furent rappelé(e)s

4 futur		11 futur antérieur	
me rappellerai	nous rappellerons	me serai rappelé(e)	nous serons rappelé(e)s
te rappelleras	vous rappellerez	te seras rappelé(e)	vous serez rappelé(e)(s)
se rappellera	se rappelleront	se sera rappelé(e)	se seront rappelé(e)s

5 conditionnel		12 conditionnel passé	
me rappellerais	nous rappellerions	me serais rappelé(e)	nous serions rappelé(e)s
te rappellerais	vous rappelleriez	te serais rappelé(e)	vous seriez rappelé(e)(s)
se rappellerait	se rappelleraient	se serait rappelé(e)	se seraient rappelé(e)s

6 présent du subjonctif		13 passé du subjonctif	
me rappelle	nous rappelions	me sois rappelé(e)	nous soyons rappelé(e)s
te rappelles	vous rappeliez	te sois rappelé(e)	vous soyez rappelé(e)(s)
se rappelle	se rappellent	se soit rappelé(e)	se soient rappelé(e)s

7 imparfait du subjonctif		14 plus-que-parfait du subjonctif	
me rappelasse	nous rappelassions	me fusse rappelé(e)	nous fussions rappelé(e)s
te rappelasses	vous rappelassiez	te fusses rappelé(e)	vous fussiez rappelé(e)(s)
se rappelât	se rappelassent	se fût rappelé(e)	se fussent rappelé(e)s

Impératif
rappelle-toi; ne te rappelle pas
rappelons-nous; ne nous rappelons pas
rappelez-vous; ne vous rappelez pas

Sentences using this verb and words related to it

   Je me rappelle bien le premier jour quand j'ai vu la belle Hélène. C'était un jour inoubliable.

See also **appeler, s'appeler,** and **rappeler.**

Consult the front and back pages for various sections on using verbs.

to receive, to get

The Seven Simple Tenses		The Seven Compound Tenses	
Singular	Plural	Singular	Plural
1 présent de l'indicatif		**8 passé composé**	
reçois	recevons	ai reçu	avons reçu
reçois	recevez	as reçu	avez reçu
reçoit	reçoivent	a reçu	ont reçu
2 imparfait de l'indicatif		**9 plus-que-parfait de l'indicatif**	
recevais	recevions	avais reçu	avions reçu
recevais	receviez	avais reçu	aviez reçu
recevait	recevaient	avait reçu	avaient reçu
3 passé simple		**10 passé antérieur**	
reçus	reçûmes	eus reçu	eûmes reçu
reçus	reçûtes	eus reçu	eûtes reçu
reçut	reçurent	eut reçu	eurent reçu
4 futur		**11 futur antérieur**	
recevrai	recevrons	aurai reçu	aurons reçu
recevras	recevrez	auras reçu	aurez reçu
recevra	recevront	aura reçu	auront reçu
5 conditionnel		**12 conditionnel passé**	
recevrais	recevrions	aurais reçu	aurions reçu
recevrais	recevriez	aurais reçu	auriez reçu
recevrait	recevraient	aurait reçu	auraient reçu
6 présent du subjonctif		**13 passé du subjonctif**	
reçoive	recevions	aie reçu	ayons reçu
reçoives	receviez	aies reçu	ayez reçu
reçoive	reçoivent	ait reçu	aient reçu
7 imparfait du subjonctif		**14 plus-que-parfait du subjonctif**	
reçusse	reçussions	eusse reçu	eussions reçu
reçusses	reçussiez	eusses reçu	eussiez reçu
reçût	reçussent	eût reçu	eussent reçu

Impératif
reçois
recevons
recevez

Words and expressions related to this verb

réceptif, réceptive   receptive
une réception   reception, welcome
un, une réceptionniste   receptionist
un reçu   a receipt
au reçu de   on receipt of

recevable   receivable
un receveur, une receveuse   receiver
être reçu à un examen
    to pass an exam

Consult the back pages for the section on French proverbs using verbs.

to recognize, to acknowledge

The Seven Simple Tenses		The Seven Compound Tenses	
Singular	Plural	Singular	Plural
1 présent de l'indicatif		8 passé composé	
reconnais	**reconnaissons**	**ai reconnu**	**avons reconnu**
reconnais	**reconnaissez**	**as reconnu**	**avez reconnu**
reconnaît	**reconnaissent**	**a reconnu**	**ont reconnu**
2 imparfait de l'indicatif		9 plus-que-parfait de l'indicatif	
reconnaissais	**reconnaissions**	**avais reconnu**	**avions reconnu**
reconnaissais	**reconnaissiez**	**avais reconnu**	**aviez reconnu**
reconnaissait	**reconnaissaient**	**avait reconnu**	**avaient reconnu**
3 passé simple		10 passé antérieur	
reconnus	**reconnûmes**	**eus reconnu**	**eûmes reconnu**
reconnus	**reconnûtes**	**eus reconnu**	**eûtes reconnu**
reconnut	**reconnurent**	**eut reconnu**	**eurent reconnu**
4 futur		11 futur antérieur	
reconnaîtrai	**reconnaîtrons**	**aurai reconnu**	**aurons reconnu**
reconnaîtras	**reconnaîtrez**	**auras reconnu**	**aurez reconnu**
reconnaîtra	**reconnaîtront**	**aura reconnu**	**auront reconnu**
5 conditionnel		12 conditionnel passé	
reconnaîtrais	**reconnaîtrions**	**aurais reconnu**	**aurions reconnu**
reconnaîtrais	**reconnaîtriez**	**aurais reconnu**	**auriez reconnu**
reconnaîtrait	**reconnaîtraient**	**aurait reconnu**	**auraient reconnu**
6 présent du subjonctif		13 passé du subjonctif	
reconnaisse	**reconnaissions**	**aie reconnu**	**ayons reconnu**
reconnaisses	**reconnaissiez**	**aies reconnu**	**ayez reconnu**
reconnaisse	**reconnaissent**	**ait reconnu**	**aient reconnu**
7 imparfait du subjonctif		14 plus-que-parfait du subjonctif	
reconnusse	**reconnussions**	**eusse reconnu**	**eussions reconnu**
reconnusses	**reconnussiez**	**eusses reconnu**	**eussiez reconnu**
reconnût	**reconnussent**	**eût reconnu**	**eussent reconnu**

Impératif
reconnais
reconnaissons
reconnaissez

Words and expressions related to this verb

la reconnaissance   gratitude, gratefulness, recognition
être reconnaissant à qqn de   to be grateful (thankful, obliged) to someone for

se reconnaître   to recognize oneself, to recognize each other
reconnaissable   recognizable

See also **connaître.**

Consult the sections on verbs used in idiomatic expressions, verbs with prepositions, and the list of over 1,000 verbs conjugated like model verbs in the back pages.

to collect, to gather, to harvest

The Seven Simple Tenses		The Seven Compound Tenses	
Singular	Plural	Singular	Plural
1 présent de l'indicatif		**8 passé composé**	
recueille	recueillons	ai recueilli	avons recueilli
recueilles	recueillez	as recueilli	avez recueilli
recueille	recueillent	a recueilli	ont recueilli
2 imparfait de l'indicatif		**9 plus-que-parfait de l'indicatif**	
recueillais	recueillions	avais recueilli	avions recueilli
recueillais	recueilliez	avais recueilli	aviez recueilli
recueillait	recueillaient	avait recueilli	avaient recueilli
3 passé simple		**10 passé antérieur**	
recueillis	recueillîmes	eus recueilli	eûmes recueilli
recueillis	recueillîtes	eus recueilli	eûtes recueilli
recueillit	recueillirent	eut recueilli	eurent recueilli
4 futur		**11 futur antérieur**	
recueillerai	recueillerons	aurai recueilli	aurons recueilli
recueilleras	recueillerez	auras recueilli	aurez recueilli
recueillera	recueilleront	aura recueilli	auront recueilli
5 conditionnel		**12 conditionnel passé**	
recueillerais	recueillerions	aurais recueilli	aurions recueilli
recueillerais	recueilleriez	aurais recueilli	auriez recueilli
recueillerait	recueilleraient	aurait recueilli	auraient recueilli
6 présent du subjonctif		**13 passé du subjonctif**	
recueille	recueillions	aie recueilli	ayons recueilli
recueilles	recueilliez	aies recueilli	ayez recueilli
recueille	recueillent	ait recueilli	aient recueilli
7 imparfait du subjonctif		**14 plus-que-parfait du subjonctif**	
recueillisse	recueillissions	eusse recueilli	eussions recueilli
recueillisses	recueillissiez	eusses recueilli	eussiez recueilli
recueillît	recueillissent	eût recueilli	eussent recueilli

Impératif
recueille
recueillons
recueillez

Words and expressions related to this verb

recueillir le fruit de son travail
  to reap the fruit of one's labor
un recueil collection; **un recueil de contes**
  collection of stories

le recueillement meditation, contemplation
se recueillir to meditate, to collect
  one's thoughts

Avez-vous jamais lu le poème *Recueillement* de Charles Baudelaire? Have you ever
  read the poem *Recueillement* by Charles Baudelaire?

Consult the sections on verbs used in idiomatic expressions, verbs with prepositions, and the
list of over 1,000 verbs conjugated like model verbs in the back pages.

to reduce, to decrease, to diminish

The Seven Simple Tenses		The Seven Compound Tenses	
Singular	Plural	Singular	Plural
1 présent de l'indicatif		**8 passé composé**	
réduis	réduisons	ai réduit	avons réduit
réduis	réduisez	as réduit	avez réduit
réduit	réduisent	a réduit	ont réduit
2 imparfait de l'indicatif		**9 plus-que-parfait de l'indicatif**	
réduisais	réduisions	avais réduit	avions réduit
réduisais	réduisiez	avais réduit	aviez réduit
réduisait	réduisaient	avait réduit	avaient réduit
3 passé simple		**10 passé antérieur**	
réduisis	réduisîmes	eus réduit	eûmes réduit
réduisis	réduisîtes	eus réduit	eûtes réduit
réduisit	réduisirent	eut réduit	eurent réduit
4 futur		**11 futur antérieur**	
réduirai	réduirons	aurai réduit	aurons réduit
réduiras	réduirez	auras réduit	aurez réduit
réduira	réduiront	aura réduit	auront réduit
5 conditionnel		**12 conditionnel passé**	
réduirais	réduirions	aurais réduit	aurions réduit
réduirais	réduiriez	aurais réduit	auriez réduit
réduirait	réduiraient	aurait réduit	auraient réduit
6 présent du subjonctif		**13 passé du subjonctif**	
réduise	réduisions	aie réduit	ayons réduit
réduises	réduisiez	aies réduit	ayez réduit
réduise	réduisent	ait réduit	aient réduit
7 imparfait du subjonctif		**14 plus-que-parfait du subjonctif**	
réduisisse	réduisissions	eusse réduit	eussions réduit
réduisisses	réduisissiez	eusses réduit	eussiez réduit
réduisît	réduisissent	eût réduit	eussent réduit

Impératif
réduis
réduisons
réduisez

Words and expressions related to this verb

une réduction   reduction, decrease   **la réductibilité**   reductibility
réductible   reducible   **se réduire à**   to be reduced to
                                                   à prix réduit   at a reduced price

Consult the back pages for over 1,000 verbs conjugated like model verbs among the 501 in this book.

réfléchir

to think, to meditate, to reflect, to ponder

The Seven Simple Tenses		The Seven Compound Tenses	
Singular	Plural	Singular	Plural
1 présent de l'indicatif		**8 passé composé**	
réfléchis	réfléchissons	ai réfléchi	avons réfléchi
réfléchis	réfléchissez	as réfléchi	avez réfléchi
réfléchit	réfléchissent	a réfléchi	ont réfléchi
2 imparfait de l'indicatif		**9 plus-que-parfait de l'indicatif**	
réfléchissais	réfléchissions	avais réfléchi	avions réfléchi
réfléchissais	réfléchissiez	avais réfléchi	aviez réfléchi
réfléchissait	réfléchissaient	avait réfléchi	avaient réfléchi
3 passé simple		**10 passé antérieur**	
réfléchis	réfléchîmes	eus réfléchi	eûmes réfléchi
réfléchis	réfléchîtes	eus réfléchi	eûtes réfléchi
réfléchit	réfléchirent	eut réfléchi	eurent réfléchi
4 futur		**11 futur antérieur**	
réfléchirai	réfléchirons	aurai réfléchi	aurons réfléchi
réfléchiras	réfléchirez	auras réfléchi	aurez réfléchi
réfléchira	réfléchiront	aura réfléchi	auront réfléchi
5 conditionnel		**12 conditionnel passé**	
réfléchirais	réfléchirions	aurais réfléchi	aurions réfléchi
réfléchirais	réfléchiriez	aurais réfléchi	auriez réfléchi
réfléchirait	réfléchiraient	aurait réfléchi	auraient réfléchi
6 présent du subjonctif		**13 passé du subjonctif**	
réfléchisse	réfléchissions	aie réfléchi	ayons réfléchi
réfléchisses	réfléchissiez	aies réfléchi	ayez réfléchi
réfléchisse	réfléchissent	ait réfléchi	aient réfléchi
7 imparfait du subjonctif		**14 plus-que-parfait du subjonctif**	
réfléchisse	réfléchissions	eusse réfléchi	eussions réfléchi
réfléchisses	réfléchissiez	eusses réfléchi	eussiez réfléchi
réfléchît	réfléchissent	eût réfléchi	eussent réfléchi

Impératif
réfléchis
réfléchissons
réfléchissez

Sentences using this verb and expressions related to it

Mathilde: **Yvette, vas-tu au bal samedi soir?**
Yvette: **Je ne sais pas si j'y vais. Je demande à réfléchir.**
Mathilde: **Bon, alors, réfléchis avant de me donner ta réponse.**

réfléchir à qqch   to think over (ponder) something
réfléchir avant de parler   to think before speaking
La mer réfléchit le ciel   The sea reflects the sky.

to refuse, to withhold

The Seven Simple Tenses		The Seven Compound Tenses	
Singular	Plural	Singular	Plural
1 présent de l'indicatif		**8 passé composé**	
refuse	refusons	ai refusé	avons refusé
refuses	refusez	as refusé	avez refusé
refuse	refusent	a refusé	ont refusé
2 imparfait de l'indicatif		**9 plus-que-parfait de l'indicatif**	
refusais	refusions	avais refusé	avions refusé
refusais	refusiez	avais refusé	aviez refusé
refusait	refusaient	avait refusé	avaient refusé
3 passé simple		**10 passé antérieur**	
refusai	refusâmes	eus refusé	eûmes refusé
refusas	refusâtes	eus refusé	eûtes refusé
refusa	refusèrent	eut refusé	eurent refusé
4 futur		**11 futur antérieur**	
refuserai	refuserons	aurai refusé	aurons refusé
refuseras	refuserez	auras refusé	aurez refusé
refusera	refuseront	aura refusé	auront refusé
5 conditionnel		**12 conditionnel passé**	
refuserais	refuserions	aurais refusé	aurions refusé
refuserais	refuseriez	aurais refusé	auriez refusé
refuserait	refuseraient	aurait refusé	auraient refusé
6 présent du subjonctif		**13 passé du subjonctif**	
refuse	refusions	aie refusé	ayons refusé
refuses	refusiez	aies refusé	ayez refusé
refuse	refusent	ait refusé	aient refusé
7 imparfait du subjonctif		**14 plus-que-parfait du subjonctif**	
refusasse	refusassions	eusse refusé	eussions refusé
refusasses	refusassiez	eusses refusé	eussiez refusé
refusât	refusassent	eût refusé	eussent refusé

Impératif
refuse
refusons
refusez

Sentences using this verb and words related to it

Je refuse absolument de vous écouter. Sortez, s'il vous plaît! Si vous refusez, vous le regretterez.

refuser de faire qqch   to refuse to do something
se refuser qqch   to deny oneself something
refusable   refusable
un refus   refusal

The subject pronouns are found on the page facing page 1.   **383**

to look (at), to watch

The Seven Simple Tenses		The Seven Compound Tenses	
Singular	Plural	Singular	Plural
1 présent de l'indicatif		**8 passé composé**	
regarde	regardons	ai regardé	avons regardé
regardes	regardez	as regardé	avez regardé
regarde	regardent	a regardé	ont regardé
2 imparfait de l'indicatif		**9 plus-que-parfait de l'indicatif**	
regardais	regardions	avais regardé	avions regardé
regardais	regardiez	avais regardé	aviez regardé
regardait	regardaient	avait regardé	avaient regardé
3 passé simple		**10 passé antérieur**	
regardai	regardâmes	eus regardé	eûmes regardé
regardas	regardâtes	eus regardé	eûtes regardé
regarda	regardèrent	eut regardé	eurent regardé
4 futur		**11 futur antérieur**	
regarderai	regarderons	aurai regardé	aurons regardé
regarderas	regarderez	auras regardé	aurez regardé
regardera	regarderont	aura regardé	auront regardé
5 conditionnel		**12 conditionnel passé**	
regarderais	regarderions	aurais regardé	aurions regardé
regarderais	regarderiez	aurais regardé	auriez regardé
regarderait	regarderaient	aurait regardé	auraient regardé
6 présent du subjonctif		**13 passé du subjonctif**	
regarde	regardions	aie regardé	ayons regardé
regardes	regardiez	aies regardé	ayez regardé
regarde	regardent	ait regardé	aient regardé
7 imparfait du subjonctif		**14 plus-que-parfait du subjonctif**	
regardasse	regardassions	eusse regardé	eussions regardé
regardasses	regardassiez	eusses regardé	eussiez regardé
regardât	regardassent	eût regardé	eussent regardé

Impératif
regarde
regardons
regardez

Sentences using this verb and words related to it

—**Qu'est-ce que tu regardes, Bernard?**
—**Je regarde le ciel. Il est beau et clair.**
—**Pourquoi ne me regardes-tu pas?**

regarder qqch   to look at (to watch) something
un regard   glance, look; **au regard de**   compared to, with regard to

Consult the back pages for the section on verbs that do not require a preposition.

to regret, to miss

The Seven Simple Tenses		The Seven Compound Tenses	
Singular	Plural	Singular	Plural

1 présent de l'indicatif		8 passé composé	
regrette	regrettons	ai regretté	avons regretté
regrettes	regrettez	as regretté	avez regretté
regrette	regrettent	a regretté	ont regretté

2 imparfait de l'indicatif		9 plus-que-parfait de l'indicatif	
regrettais	regrettions	avais regretté	avions regretté
regrettais	regrettiez	avais regretté	aviez regretté
regrettait	regrettaient	avait regretté	avaient regretté

3 passé simple		10 passé antérieur	
regrettai	regrettâmes	eus regretté	eûmes regretté
regrettas	regrettâtes	eus regretté	eûtes regretté
regretta	regrettèrent	eut regretté	eurent regretté

4 futur		11 futur antérieur	
regretterai	regretterons	aurai regretté	aurons regretté
regretteras	regretterez	auras regretté	aurez regretté
regrettera	regretteront	aura regretté	auront regretté

5 conditionnel		12 conditionnel passé	
regretterais	regretterions	aurais regretté	aurions regretté
regretterais	regretteriez	aurais regretté	auriez regretté
regretterait	regretteraient	aurait regretté	auraient regretté

6 présent du subjonctif		13 passé du subjonctif	
regrette	regrettions	aie regretté	ayons regretté
regrettes	regrettiez	aies regretté	ayez regretté
regrette	regrettent	ait regretté	aient regretté

7 imparfait du subjonctif		14 plus-que-parfait du subjonctif	
regrettasse	regrettassions	eusse regretté	eussions regretté
regrettasses	regrettassiez	eusses regretté	eussiez regretté
regrettât	regrettassent	eût regretté	eussent regretté

Impératif
regrette
regrettons
regrettez

Common idiomatic expressions using this verb and words related to it

regretter d'avoir fait qqch   to regret (to be sorry for) having done something
regrettable   regrettable; **Il est regrettable que + subjunctive**   It is regrettable (It is a
pity) that. . .
Je ne regrette rien   I regret nothing.
un regret   regret; **avoir regret de qqch**   to regret something, to feel sorry
about something

Consult the sections on verbs used in idiomatic expressions, verbs with prepositions, and the
list of over 1,000 verbs conjugated like model verbs in the back pages.

to read again, to reread

The Seven Simple Tenses		The Seven Compound Tenses	
Singular	Plural	Singular	Plural
1 présent de l'indicatif		**8 passé composé**	
relis	relisons	ai relu	avons relu
relis	relisez	as relu	avez relu
relit	relisent	a relu	ont relu
2 imparfait de l'indicatif		**9 plus-que-parfait de l'indicatif**	
relisais	relisions	avais relu	avions relu
relisais	relisiez	avais relu	aviez relu
relisait	relisaient	avait relu	avaient relu
3 passé simple		**10 passé antérieur**	
relus	relûmes	eus relu	eûmes relu
relus	relûtes	eus relu	eûtes relu
relut	relurent	eut relu	eurent relu
4 futur		**11 futur antérieur**	
relirai	relirons	aurai relu	aurons relu
reliras	relirez	auras relu	aurez relu
relira	reliront	aura relu	auront relu
5 conditionnel		**12 conditionnel passé**	
relirais	relirions	aurais relu	aurions relu
relirais	reliriez	aurais relu	auriez relu
relirait	reliraient	aurait relu	auraient relu
6 présent du subjonctif		**13 passé du subjonctif**	
relise	relisions	aie relu	ayons relu
relises	relisiez	aies relu	ayez relu
relise	relisent	ait relu	aient relu
7 imparfait du subjonctif		**14 plus-que-parfait du subjonctif**	
relusse	relussions	eusse relu	eussions relu
relusses	relussiez	eusses relu	eussiez relu
relût	relussent	eût relu	eussent relu

Impératif
relis
relisons
relisez

Words and expressions related to this verb

lire to read
la lecture reading; reading selection
la relecture rereading

relire une composition en vue de la corriger
to reread a composition for the purpose
of correcting it

Consult the sections on verbs used in idiomatic expressions, verbs with prepositions, and the list of over 1,000 verbs conjugated like model verbs in the back pages.

For other words related to this verb see **lire**.

to remark, to notice, to observe, to distinguish

The Seven Simple Tenses		The Seven Compound Tenses	
Singular	Plural	Singular	Plural
1 présent de l'indicatif		**8 passé composé**	
remarque	remarquons	ai remarqué	avons remarqué
remarques	remarquez	as remarqué	avez remarqué
remarque	remarquent	a remarqué	ont remarqué
2 imparfait de l'indicatif		**9 plus-que-parfait de l'indicatif**	
remarquais	remarquions	avais remarqué	avions remarqué
remarquais	remarquiez	avais remarqué	aviez remarqué
remarquait	remarquaient	avait remarqué	avaient remarqué
3 passé simple		**10 passé antérieur**	
remarquai	remarquâmes	eus remarqué	eûmes remarqué
remarquas	remarquâtes	eus remarqué	eûtes remarqué
remarqua	remarquèrent	eut remarqué	eurent remarqué
4 futur		**11 futur antérieur**	
remarquerai	remarquerons	aurai remarqué	aurons remarqué
remarqueras	remarquerez	auras remarqué	aurez remarqué
remarquera	remarqueront	aura remarqué	auront remarqué
5 conditionnel		**12 conditionnel passé**	
remarquerais	remarquerions	aurais remarqué	aurions remarqué
remarquerais	remarqueriez	aurais remarqué	auriez remarqué
remarquerait	remarqueraient	aurait remarqué	auraient remarqué
6 présent du subjonctif		**13 passé du subjonctif**	
remarque	remarquions	aie remarqué	ayons remarqué
remarques	remarquiez	aies remarqué	ayez remarqué
remarque	remarquent	ait remarqué	aient remarqué
7 imparfait du subjonctif		**14 plus-que-parfait du subjonctif**	
remarquasse	remarquassions	eusse remarqué	eussions remarqué
remarquasses	remarquassiez	eusses remarqué	eussiez remarqué
remarquât	remarquassent	eût remarqué	eussent remarqué

Impératif
remarque
remarquons
remarquez

Words and expressions related to this verb

un remarque   remark, observation, comment; **marquer**   to mark
faire remarquer qqch à qqn   to bring something to someone's attention, to point
out something to someone

Erich Maria Remarque, romancier, est l'auteur du roman *All Quiet on the Western Front.*
Son nom de famille est d'origine française.

to thank

The Seven Simple Tenses		The Seven Compound Tenses	
Singular	Plural	Singular	Plural

1 présent de l'indicatif		8 passé composé	
remercie	remercions	ai remercié	avons remercié
remercies	remerciez	as remercié	avez remercié
remercie	remercient	a remercié	ont remercié

2 imparfait de l'indicatif		9 plus-que-parfait de l'indicatif	
remerciais	remerciions	avais remercié	avions remercié
remerciais	remerciiez	avais remercié	aviez remercié
remerciait	remerciaient	avait remercié	avaient remercié

3 passé simple		10 passé antérieur	
remerciai	remerciâmes	eus remercié	eûmes remercié
remercias	remerciâtes	eus remercié	eûtes remercié
remercia	remercièrent	eut remercié	eurent remercié

4 futur		11 futur antérieur	
remercierai	remercierons	aurai remercié	aurons remercié
remercieras	remercierez	auras remercié	aurez remercié
remerciera	remercieront	aura remercié	auront remercié

5 conditionnel		12 conditionnel passé	
remercierais	remercierions	aurais remercié	aurions remercié
remercierais	remercieriez	aurais remercié	auriez remercié
remercierait	remercieraient	aurait remercié	auraient remercié

6 présent du subjonctif		13 passé du subjonctif	
remercie	remerciions	aie remercié	ayons remercié
remercies	remerciiez	aies remercié	ayez remercié
remercie	remercient	ait remercié	aient remercié

7 imparfait du subjonctif		14 plus-que-parfait du subjonctif	
remerciasse	remerciassions	eusse remercié	eussions remercié
remerciasses	remerciassiez	eusses remercié	eussiez remercié
remerciât	remerciassent	eût remercié	eussent remercié

	Impératif
	remercie
	remercions
	remerciez

Common idiomatic expressions using this verb and words related to it

remercier qqn de qqch   to thank someone for something; **Je vous remercie de votre aimable invitation**   I thank you for your kind invitation.
un remerciement   acknowledgment, thanks
Merci!   Thank you! **Merci bien!**   Thank you very much!
sans merci   without mercy, mercilessly
être à la merci de   to be at the mercy of; **la merci**   mercy, good will

Consult the sections on verbs used in idiomatic expressions, verbs with prepositions, and the list of over 1,000 verbs conjugated like model verbs in the back pages.

to put (on) again, to replace, to put back, to give back, to postpone

The Seven Simple Tenses		The Seven Compound Tenses	
Singular	Plural	Singular	Plural
1 présent de l'indicatif		**8 passé composé**	
remets	remettons	ai remis	avons remis
remets	remettez	as remis	avez remis
remet	remettent	a remis	ont remis
2 imparfait de l'indicatif		**9 plus-que-parfait de l'indicatif**	
remettais	remettions	avais remis	avions remis
remettais	remettiez	avais remis	aviez remis
remettait	remettaient	avait remis	avaient remis
3 passé simple		**10 passé antérieur**	
remis	remîmes	eus remis	eûmes remis
remis	remîtes	eus remis	eûtes remis
remit	remirent	eut remis	eurent remis
4 futur		**11 futur antérieur**	
remettrai	remettrons	aurai remis	aurons remis
remettras	remettrez	auras remis	aurez remis
remettra	remettront	aura remis	auront remis
5 conditionnel		**12 conditionnel passé**	
remettrais	remettrions	aurais remis	aurions remis
remettrais	remettriez	aurais remis	auriez remis
remettrait	remettraient	aurait remis	auraient remis
6 présent du subjonctif		**13 passé du subjonctif**	
remette	remettions	aie remis	ayons remis
remettes	remettiez	aies remis	ayez remis
remette	remettent	ait remis	aient remis
7 imparfait du subjonctif		**14 plus-que-parfait du subjonctif**	
remisse	remissions	eusse remis	eussions remis
remisses	remissiez	eusses remis	eussiez remis
remît	remissent	eût remis	eussent remis

Impératif
remets
remettons
remettez

Sentences using this verb and words and expressions related to it

—**Où avez-vous remis les fleurs que je vous ai données?**
—**Je les ai remises là-bas. Ne les voyez-vous pas?**

se remettre de   to recover from
se remettre à faire qqch   to start to do something again
s'en remettre à   to depend on, to rely on
Remettez-vous!   Pull yourself together!
une remise   remittance, postponement, discount

See also **mettre** and compounds of **mettre**, e.g., **promettre**.

to replace

The Seven Simple Tenses		The Seven Compound Tenses	
Singular	Plural	Singular	Plural
1 présent de l'indicatif		**8 passé composé**	
remplace	remplaçons	ai remplacé	avons remplacé
remplaces	remplacez	as remplacé	avez remplacé
remplace	remplacent	a remplacé	ont remplacé
2 imparfait de l'indicatif		**9 plus-que-parfait de l'indicatif**	
remplaçais	remplacions	avais remplacé	avions remplacé
remplaçais	remplaciez	avais remplacé	aviez remplacé
remplaçait	remplaçaient	avait remplacé	avaient remplacé
3 passé simple		**10 passé antérieur**	
remplaçai	remplaçâmes	eus remplacé	eûmes remplacé
remplaças	remplaçâtes	eus remplacé	eûtes remplacé
remplaça	remplacèrent	eut remplacé	eurent remplacé
4 futur		**11 futur antérieur**	
remplacerai	remplacerons	aurai remplacé	aurons remplacé
remplaceras	remplacerez	auras remplacé	aurez remplacé
remplacera	remplaceront	aura remplacé	auront remplacé
5 conditionnel		**12 conditionnel passé**	
remplacerais	remplacerions	aurais remplacé	aurions remplacé
remplacerais	remplaceriez	aurais remplacé	auriez remplacé
remplacerait	remplaceraient	aurait remplacé	auraient remplacé
6 présent du subjonctif		**13 passé du subjonctif**	
remplace	remplacions	aie remplacé	ayons remplacé
remplaces	remplaciez	aies remplacé	ayez remplacé
remplace	remplacent	ait remplacé	aient remplacé
7 imparfait du subjonctif		**14 plus-que-parfait du subjonctif**	
remplaçasse	remplaçassions	eusse remplacé	eussions remplacé
remplaçasses	remplaçassiez	eusses remplacé	eussiez remplacé
remplaçât	remplaçassent	eût remplacé	eussent remplacé

Impératif
remplace
remplaçons
remplacez

Words and expressions related to this verb

remplacer par   to replace with
un remplacement   replacement (thing)
un remplaçant, une remplaçante   replacement (person), substitute
remplaçable   replaceable
en remplacement de   in place of

See also **placer.**

to fill, to fulfill, to fill in, to fill out

The Seven Simple Tenses		The Seven Compound Tenses	
Singular	Plural	Singular	Plural
1 présent de l'indicatif		**8 passé composé**	
remplis	remplissons	ai rempli	avons rempli
remplis	remplissez	as rempli	avez rempli
remplit	remplissent	a rempli	ont rempli
2 imparfait de l'indicatif		**9 plus-que-parfait de l'indicatif**	
remplissais	remplissions	avais rempli	avions rempli
remplissais	remplissiez	avais rempli	aviez rempli
remplissait	remplissaient	avait rempli	avaient rempli
3 passé simple		**10 passé antérieur**	
remplis	remplîmes	eus rempli	eûmes rempli
remplis	remplîtes	eus rempli	eûtes rempli
remplit	remplirent	eut rempli	eurent rempli
4 futur		**11 futur antérieur**	
remplirai	remplirons	aurai rempli	aurons rempli
rempliras	remplirez	auras rempli	aurez rempli
remplira	rempliront	aura rempli	auront rempli
5 conditionnel		**12 conditionnel passé**	
remplirais	remplirions	aurais rempli	aurions rempli
remplirais	rempliriez	aurais rempli	auriez rempli
remplirait	rempliraient	aurait rempli	auraient rempli
6 présent du subjonctif		**13 passé du subjonctif**	
remplisse	remplissions	aie rempli	ayons rempli
remplisses	remplissiez	aies rempli	ayez rempli
remplisse	remplissent	ait rempli	aient rempli
7 imparfait du subjonctif		**14 plus-que-parfait du subjonctif**	
remplisse	remplissions	eusse rempli	eussions rempli
remplisses	remplissiez	eusses rempli	eussiez rempli
remplît	remplissent	eût rempli	eussent rempli

Impératif
remplis
remplissons
remplissez

Words and expressions related to this verb

remplir de   to fill with
remplir qqch de qqch   to fill something
   with something
se remplir   to fill up
un remplissage   filling up

remplir des conditions   to fulfill
   requirements, conditions
remplir une tâche   to carry out (perform)
   a task

rencontrer

Part. pr. **rencontrant**   Part. passé **rencontré**

to meet, to encounter

The Seven Simple Tenses		The Seven Compound Tenses	
Singular	Plural	Singular	Plural
1 présent de l'indicatif		**8 passé composé**	
rencontre	rencontrons	ai rencontré	avons rencontré
rencontres	rencontrez	as rencontré	avez rencontré
rencontre	rencontrent	a rencontré	ont rencontré
2 imparfait de l'indicatif		**9 plus-que-parfait de l'indicatif**	
rencontrais	rencontrions	avais rencontré	avions rencontré
rencontrais	rencontriez	avais rencontré	aviez rencontré
rencontrait	rencontraient	avait rencontré	avaient rencontré
3 passé simple		**10 passé antérieur**	
rencontrai	rencontrâmes	eus rencontré	eûmes rencontré
rencontras	rencontrâtes	eus rencontré	eûtes rencontré
rencontra	rencontrèrent	eut rencontré	eurent rencontré
4 futur		**11 futur antérieur**	
rencontrerai	rencontrerons	aurai rencontré	aurons rencontré
rencontreras	rencontrerez	auras rencontré	aurez rencontré
rencontrera	rencontreront	aura rencontré	auront rencontré
5 conditionnel		**12 conditionnel passé**	
rencontrerais	rencontrerions	aurais rencontré	aurions rencontré
rencontrerais	rencontreriez	aurais rencontré	auriez rencontré
rencontrerait	rencontreraient	aurait rencontré	auraient rencontré
6 présent du subjonctif		**13 passé du subjonctif**	
rencontre	rencontrions	aie rencontré	ayons rencontré
rencontres	rencontriez	aies rencontré	ayez rencontré
rencontre	rencontrent	ait rencontré	aient rencontré
7 imparfait du subjonctif		**14 plus-que-parfait du subjonctif**	
recontrasse	rencontrassions	eusse rencontré	eussions rencontré
rencontrasses	rencontrassiez	eusses rencontré	eussiez rencontré
rencontrât	rencontrassent	eût rencontré	eussent rencontré

Impératif
rencontre
rencontrons
rencontrez

Words and expressions related to this verb

se rencontrer   to meet each other
une rencontre   encounter, meeting
aller à la rencontre de qqn   to go to meet someone
rencontrer par hasard   to meet someone by chance (bump into)

to give back, to return (something), to render; to vomit

The Seven Simple Tenses		The Seven Compound Tenses	
Singular	Plural	Singular	Plural
1 présent de l'indicatif		**8 passé composé**	
rends	**rendons**	**ai rendu**	**avons rendu**
rends	**rendez**	**as rendu**	**avez rendu**
rend	**rendent**	**a rendu**	**ont rendu**
2 imparfait de l'indicatif		**9 plus-que-parfait de l'indicatif**	
rendais	**rendions**	**avais rendu**	**avions rendu**
rendais	**rendiez**	**avais rendu**	**aviez rendu**
rendait	**rendaient**	**avait rendu**	**avaient rendu**
3 passé simple		**10 passé antérieur**	
rendis	**rendîmes**	**eus rendu**	**eûmes rendu**
rendis	**rendîtes**	**eus rendu**	**eûtes rendu**
rendit	**rendirent**	**eut rendu**	**eurent rendu**
4 futur		**11 futur antérieur**	
rendrai	**rendrons**	**aurai rendu**	**aurons rendu**
rendras	**rendrez**	**auras rendu**	**aurez rendu**
rendra	**rendront**	**aura rendu**	**auront rendu**
5 conditionnel		**12 conditionnel passé**	
rendrais	**rendrions**	**aurais rendu**	**aurions rendu**
rendrais	**rendriez**	**aurais rendu**	**auriez rendu**
rendrait	**rendraient**	**aurait rendu**	**auraient rendu**
6 présent du subjonctif		**13 passé du subjonctif**	
rende	**rendions**	**aie rendu**	**ayons rendu**
rendes	**rendiez**	**aies rendu**	**ayez rendu**
rende	**rendent**	**ait rendu**	**aient rendu**
7 imparfait du subjonctif		**14 plus-que-parfait du subjonctif**	
rendisse	**rendissions**	**eusse rendu**	**eussions rendu**
rendisses	**rendissiez**	**eusses rendu**	**eussiez rendu**
rendît	**rendissent**	**eût rendu**	**eussent rendu**

Impératif
rends
rendons
rendez

Words and expressions related to this verb

un rendez-vous   appointment, date
un compte rendu   report, account
se rendre à   to surrender to
se rendre compte de   to realize
rendre un service à qqn   to do someone a favor
rendre qqn + adj.   to make someone + adj.

rendre grâce à qqn   to give thanks to someone
rendre service à qqn   to be of service to someone
rendre compte de qqch   to give an account of something
rendre justice   to uphold justice
rendre qqch   to return something

The subject pronouns are found on the page facing page 1.

to return

The Seven Simple Tenses		The Seven Compound Tenses	
Singular	Plural	Singular	Plural
1 présent de l'indicatif		8 passé composé	
rentre	rentrons	suis rentré(e)	sommes rentré(e)s
rentres	rentrez	es rentré(e)	êtes rentré(e)(s)
rentre	rentrent	est rentré(e)	sont rentré(e)s
2 imparfait de l'indicatif		9 plus-que-parfait de l'indicatif	
rentrais	rentrions	étais rentré(e)	étions rentré(e)s
rentrais	rentriez	étais rentré(e)	étiez rentré(e)(s)
rentrait	rentraient	était rentré(e)	étaient rentré(e)s
3 passé simple		10 passé antérieur	
rentrai	rentrâmes	fus rentré(e)	fûmes rentré(e)s
rentras	rentrâtes	fus rentré(e)	fûtes rentré(e)(s)
rentra	rentrèrent	fut rentré(e)	furent rentré(e)s
4 futur		11 futur antérieur	
rentrerai	rentrerons	serai rentré(e)	serons rentré(e)s
rentreras	rentrerez	seras rentré(e)	serez rentré(e)(s)
rentrera	rentreront	sera rentré(e)	seront rentré(e)s
5 conditionnel		12 conditionnel passé	
rentrerais	rentrerions	serais rentré(e)	serions rentré(e)s
rentrerais	rentreriez	serais rentré(e)	seriez rentré(e)(s)
rentrerait	rentreraient	serait rentré(e)	seraient rentré(e)s
6 présent du subjonctif		13 passé du subjonctif	
rentre	rentrions	sois rentré(e)	soyons rentré(e)s
rentres	rentriez	sois rentré(e)	soyez rentré(e)(s)
rentre	rentrent	soit rentré(e)	soient rentré(e)s
7 imparfait du subjonctif		14 plus-que-parfait du subjonctif	
rentrasse	rentrassions	fusse rentré(e)	fussions rentré(e)s
rentrasses	rentrassiez	fusses rentré(e)	fussiez rentré(e)(s)
rentrât	rentrassent	fût rentré(e)	fussent rentré(e)s

	Impératif
	rentre
	rentrons
	rentrez

This verb is conjugated with **avoir** when it has a direct object.

Example: **Elle a rentré le chat dans la maison.**   She brought (took) the cat into the house.
BUT: **Elle est rentrée tôt.**   She returned home early.

rentrer chez soi   to go back home
rentrer les enfants   to take the children home
rentrer ses larmes   to hold back one's tears
la rentrée   return, homecoming
la rentrée des classes   back to school

to spread, to scatter, to spill

The Seven Simple Tenses		The Seven Compound Tenses	
Singular	Plural	Singular	Plural
1 présent de l'indicatif		**8 passé composé**	
répands	répandons	ai répandu	avons répandu
répands	répandez	as répandu	avez répandu
répand	répandent	a répandu	ont répandu
2 imparfait de l'indicatif		**9 plus-que-parfait de l'indicatif**	
répandais	répandions	avais répandu	avions répandu
répandais	répandiez	avais répandu	aviez répandu
répandait	répandaient	avait répandu	avaient répandu
3 passé simple		**10 passé antérieur**	
répandis	répandîmes	eus répandu	eûmes répandu
répandis	répandîtes	eus répandu	eûtes répandu
répandit	répandirent	eut répandu	eurent répandu
4 futur		**11 futur antérieur**	
répandrai	répandrons	aurai répandu	aurons répandu
répandras	répandrez	auras répandu	aurez répandu
répandra	répandront	aura répandu	auront répandu
5 conditionnel		**12 conditionnel passé**	
répandrais	répandrions	aurais répandu	aurions répandu
répandrais	répandriez	aurais répandu	auriez répandu
répandrait	répandraient	aurait répandu	auraient répandu
6 présent du subjonctif		**13 passé du subjonctif**	
répande	répandions	aie répandu	ayons répandu
répandes	répandiez	aies répandu	ayez répandu
répande	répandent	ait répandu	aient répandu
7 imparfait du subjonctif		**14 plus-que-parfait du subjonctif**	
répandisse	répandissions	eusse répandu	eussions répandu
répandisses	répandissiez	eusses répandu	eussiez répandu
répandît	répandissent	eût répandu	eussent répandu

Impératif
répands
répandons
répandez

Words and expressions related to this verb

répandre l'effroi   to spread fear
une personne répandue   widely known person
une opinion répandue   widely accepted opinion

répandre du sang   to shed blood
répandre une nouvelle   to spread news
se répandre en injures   to pour out insults
répandre la joie   to spread joy

Consult the sections on verbs used in idiomatic expressions, verbs with prepositions, and the list of over 1,000 verbs conjugated like model verbs in the back pages.

reparaître

to reappear, to appear again

The Seven Simple Tenses		The Seven Compound Tenses	
Singular	Plural	Singular	Plural
1 présent de l'indicatif		**8 passé composé**	
reparais	reparaissons	ai reparu	avons reparu
reparais	reparaissez	as reparu	avez reparu
reparaît	reparaissent	a reparu	ont reparu
2 imparfait de l'indicatif		**9 plus-que-parfait de l'indicatif**	
reparaissais	reparaissions	avais reparu	avions reparu
reparaissais	reparaissiez	avais reparu	aviez reparu
reparaissait	reparaissaient	avait reparu	avaient reparu
3 passé simple		**10 passé antérieur**	
reparus	reparûmes	eus reparu	eûmes reparu
reparus	reparûtes	eus reparu	eûtes reparu
reparut	reparurent	eut reparu	eurent reparu
4 futur		**11 futur antérieur**	
reparaîtrai	reparaîtrons	aurai reparu	aurons reparu
reparaîtras	reparaîtrez	auras reparu	aurez reparu
reparaîtra	reparaîtront	aura reparu	auront reparu
5 conditionnel		**12 conditionnel passé**	
reparaîtrais	reparaîtrions	aurais reparu	aurions reparu
reparaîtrais	reparaîtriez	aurais reparu	auriez reparu
reparaîtrait	reparaîtraient	aurait reparu	auraient reparu
6 présent du subjonctif		**13 passé du subjonctif**	
reparaisse	reparaissions	aie reparu	ayons reparu
reparaisses	reparaissiez	aies reparu	ayez reparu
reparaisse	reparaissent	ait reparu	aient reparu
7 imparfait du subjonctif		**14 plus-que-parfait du subjonctif**	
reparusse	reparussions	eusse reparu	eussions reparu
reparusses	reparussiez	eusses reparu	eussiez reparu
reparût	reparussent	eût reparu	eussent reparu

Impératif
reparais
reparaissons
reparaissez

Words related to this verb

paraître   to appear, to seem   **disparaître**   to disappear
réapparaître   to appear again, to reappear   **apparaître**   to appear, to come into view
la réapparition   reappearance

Consult the sections on verbs used in idiomatic expressions, verbs with prepositions, and the list of over 1,000 verbs conjugated like model verbs in the back pages.

The Seven Simple Tenses		The Seven Compound Tenses	
Singular	Plural	Singular	Plural
1 présent de l'indicatif		**8 passé composé**	
répare	réparons	ai réparé	avons réparé
répares	réparez	as réparé	avez réparé
répare	réparent	a réparé	ont réparé
2 imparfait de l'indicatif		**9 plus-que-parfait de l'indicatif**	
réparais	réparions	avais réparé	avions réparé
réparais	répariez	avais réparé	aviez réparé
réparait	réparaient	avait réparé	avaient réparé
3 passé simple		**10 passé antérieur**	
réparai	réparâmes	eus réparé	eûmes réparé
réparas	réparâtes	eus réparé	eûtes réparé
répara	réparèrent	eut réparé	eurent réparé
4 futur		**11 futur antérieur**	
réparerai	réparerons	aurai réparé	aurons réparé
répareras	réparerez	auras réparé	aurez réparé
réparera	répareront	aura réparé	auront réparé
5 conditionnel		**12 conditionnel passé**	
réparerais	réparerions	aurais réparé	aurions réparé
réparerais	répareriez	aurais réparé	auriez réparé
réparerait	répareraient	aurait réparé	auraient réparé
6 présent du subjonctif		**13 passé du subjonctif**	
répare	réparions	aie réparé	ayons réparé
répares	répariez	aies réparé	ayez réparé
répare	réparent	ait réparé	aient réparé
7 imparfait du subjonctif		**14 plus-que-parfait du subjonctif**	
réparasse	réparassions	eusse réparé	eussions réparé
réparasses	réparassiez	eusses réparé	eussiez réparé
réparât	réparassent	eût réparé	eussent réparé

Impératif
répare
réparons
réparez

Words and expressions related to this verb

faire réparer ses chaussures
   to have one's shoes repaired
un réparateur, une réparatrice   repairer
réparable   reparable
irréparable   irreparable

réparer une maison   to restore a house
la réparation   repair, repairing;
   en réparation   in repair, under repair
réparer une offense   to correct an offense
irréparablement   irreparably

Consult the sections on verbs used in idiomatic expressions, verbs with prepositions, and the list of over 1,000 verbs conjugated like model verbs in the back pages.

to iron, to pass again, to pass by again

The Seven Simple Tenses		The Seven Compound Tenses	
Singular	Plural	Singular	Plural
1 présent de l'indicatif		8 passé composé	
repasse	repassons	ai repassé	avons repassé
repasses	repassez	as repassé	avez repassé
repasse	repassent	a repassé	ont repassé
2 imparfait de l'indicatif		9 plus-que-parfait de l'indicatif	
repassais	repassions	avais repassé	avions repassé
repassais	repassiez	avais repassé	aviez repassé
repassait	repassaient	avait repassé	avaient repassé
3 passé simple		10 passé antérieur	
repassai	repassâmes	eus repassé	eûmes repassé
repassas	repassâtes	eus repassé	eûtes repassé
repassa	repassèrent	eut repassé	eurent repassé
4 futur		11 futur antérieur	
repasserai	repasserons	aurai repassé	aurons repassé
repasseras	repasserez	auras repassé	aurez repassé
repassera	repasseront	aura repassé	auront repassé
5 conditionnel		12 conditionnel passé	
repasserais	repasserions	aurais repassé	aurions repassé
repasserais	repasseriez	aurais repassé	auriez repassé
repasserait	repasseraient	aurait repassé	auraient repassé
6 présent du subjonctif		13 passé du subjonctif	
repasse	repassions	aie repassé	ayons repassé
repasses	repassiez	aies repassé	ayez repassé
repasse	repassent	ait repassé	aient repassé
7 imparfait du subjonctif		14 plus-que-parfait du subjonctif	
repassasse	repassassions	eusse repassé	eussions repassé
repassasses	repassassiez	eusses repassé	eussiez repassé
repassât	repassassent	eût repassé	eussent repassé

Impératif
repasse
repassons
repassez

Common idiomatic expressions using this verb and words related to it

une planche à repasser   ironing board
un fer à repasser   flat iron (for ironing clothes)
passer un examen   to take (sit for) an exam
repasser un examen   to take an exam over again

repasser un couteau, des ciseaux   to sharpen a knife, scissors
repasser une leçon   to review a lesson
repasser une chemise   to iron a shirt
repasser un autre jour   to stop in again another day
du linge à repasser   laundry to iron

See also **passer.**

Consult the sections on verbs used in idiomatic expressions, verbs with prepositions, and the list of over 1,000 verbs conjugated like model verbs in the back pages.

to repeat, to rehearse

The Seven Simple Tenses		The Seven Compound Tenses	
Singular	Plural	Singular	Plural

1   présent de l'indicatif

		8 passé composé	
répète	répétons	ai répété	avons répété
répètes	répétez	as répété	avez répété
répète	répètent	a répété	ont répété

2   imparfait de l'indicatif

		9 plus-que-parfait de l'indicatif	
répétais	répétions	avais répété	avions répété
répétais	répétiez	avais répété	aviez répété
répétait	répétaient	avait répété	avaient répété

3   passé simple

		10 passé antérieur	
répétai	répétâmes	eus répété	eûmes répété
répétas	répétâtes	eus répété	eûtes répété
répéta	répétèrent	eut répété	eurent répété

4   futur

		11 futur antérieur	
répéterai	répéterons	aurai répété	aurons répété
répéteras	répéterez	auras répété	aurez répété
répétera	répéteront	aura répété	auront répété

5   conditionnel

		12 conditionnel passé	
répéterais	répéterions	aurais répété	aurions répété
répéterais	répéteriez	aurais répété	auriez répété
répéterait	répéteraient	aurait répété	auraient répété

6   présent du subjonctif

		13 passé du subjonctif	
répète	répétions	aie répété	ayons répété
répètes	répétiez	aies répété	ayez répété
répète	répètent	ait répété	aient répété

7   imparfait du subjonctif

		14 plus-que-parfait du subjonctif	
répétasse	répétassions	eusse répété	eussions répété
répétasses	répétassiez	eusses répété	eussiez répété
répétât	répétassent	eût répété	eussent répété

Impératif
répète
répétons
répétez

Words and expressions related to this verb

répéter une pièce de théâtre   to rehearse a play
une répétition   repetition
La pièce est en répétition   The play is in rehearsal.
se répéter   to repeat oneself; to recur
répétailler   to keep on repeating

Consult the sections on verbs used in idiomatic expressions, verbs with prepositions, and the list of over 1,000 verbs conjugated like model verbs in the back pages.

répondre

Part. pr. **répondant**   Part. passé **répondu**

to respond, to reply, to answer

The Seven Simple Tenses		The Seven Compound Tenses	
Singular	Plural	Singular	Plural
1 présent de l'indicatif		**8 passé composé**	
réponds	répondons	ai répondu	avons répondu
réponds	répondez	as répondu	avez répondu
répond	répondent	a répondu	ont répondu
2 imparfait de l'indicatif		**9 plus-que-parfait de l'indicatif**	
répondais	répondions	avais répondu	avions répondu
répondais	répondiez	avais répondu	aviez répondu
répondait	répondaient	avait répondu	avaient répondu
3 passé simple		**10 passé antérieur**	
répondis	répondîmes	eus répondu	eûmes répondu
répondis	répondîtes	eus répondu	eûtes répondu
répondit	répondirent	eut répondu	eurent répondu
4 futur		**11 futur antérieur**	
répondrai	répondrons	aurai répondu	aurons répondu
répondras	répondrez	auras répondu	aurez répondu
répondra	répondront	aura répondu	auront répondu
5 conditionnel		**12 conditionnel passé**	
répondrais	répondrions	aurais répondu	aurions répondu
répondrais	répondriez	aurais répondu	auriez répondu
répondrait	répondraient	aurait répondu	auraient répondu
6 présent du subjonctif		**13 passé du subjonctif**	
réponde	répondions	aie répondu	ayons répondu
répondes	répondiez	aies répondu	ayez répondu
réponde	répondent	ait répondu	aient répondu
7 imparfait du subjonctif		**14 plus-que-parfait du subjonctif**	
répondisse	répondissions	eusse répondu	eussions répondu
répondisses	répondissiez	eusses répondu	eussiez répondu
répondît	répondissent	eût répondu	eussent répondu

Impératif
réponds
répondons
répondez

Words and expressions related to this verb

répondre à qqn   to answer someone; to reply to someone
répondre de qqn   to be responsible for, to vouch for someone
répondre de qqch   to vouch for something, to guarantee something
une réponse   answer, reply; **en réponse à votre lettre. . .**   in reply to your letter. . .
pour répondre à la question de. . .   in answer to the question of. . .

Consult the back pages for the section on verbs that require certain prepositions.

The Seven Simple Tenses		The Seven Compound Tenses	
Singular	Plural	Singular	Plural
1 présent de l'indicatif		**8 passé composé**	
me repose	nous reposons	me suis reposé(e)	nous sommes reposé(e)s
te reposes	vous reposez	t'es reposé(e)	vous êtes reposé(e)(s)
se repose	se reposent	s'est reposé(e)	se sont reposé(e)s
2 imparfait de l'indicatif		**9 plus-que-parfait de l'indicatif**	
me reposais	nous reposions	m'étais reposé(e)	nous étions reposé(e)s
te reposais	vous reposiez	t'étais reposé(e)	vous étiez reposé(e)(s)
se reposait	se reposaient	s'était reposé(e)	s'étaient reposé(e)s
3 passé simple		**10 passé antérieur**	
me reposai	nous reposâmes	me fus reposé(e)	nous fûmes reposé(e)s
te reposas	vous reposâtes	te fus reposé(e)	vous fûtes reposé(e)(s)
se reposa	se reposèrent	se fut reposé(e)	se furent reposé(e)s
4 futur		**11 futur antérieur**	
me reposerai	nous reposerons	me serai reposé(e)	nous serons reposé(e)s
te reposeras	vous reposerez	te seras reposé(e)	vous serez reposé(e)(s)
se reposera	se reposeront	se sera reposé(e)	se seront reposé(e)s
5 conditionnel		**12 conditionnel passé**	
me reposerais	nous reposerions	me serais reposé(e)	nous serions reposé(e)s
te reposerais	vous reposeriez	te serais reposé(e)	vous seriez reposé(e)(s)
se reposerait	se reposeraient	se serait reposé(e)	se seraient reposé(e)s
6 présent du subjonctif		**13 passé du subjonctif**	
me repose	nous reposions	me sois reposé(e)	nous soyons reposé(e)s
te reposes	vous reposiez	te sois reposé(e)	vous soyez reposé(e)(s)
se repose	se reposent	se soit reposé(e)	se soient reposé(e)s
7 imparfait du subjonctif		**14 plus-que-parfait du subjonctif**	
me reposasse	nous reposassions	me fusse reposé(e)	nous fussions reposé(e)s
te reposasses	vous reposassiez	te fusses reposé(e)	vous fussiez reposé(e)(s)
se reposât	se reposassent	se fût reposé(e)	se fussent reposé(e)s

Impératif
repose-toi; ne te repose pas
reposons-nous; ne nous reposons pas
reposez-vous; ne vous reposez pas

Words and expressions related to this verb

reposer   to put down again; **reposer la tête sur**   to rest one's head on; **reposer sur**
   to be based on
le repos   rest, repose; **au repos!**   at ease!
se reposer sur qqn, qqch   to put one's trust in someone, something
un repose-pied   footrest; **un repose-bras**   armrest
Je suis fatigué; je vais me reposer.   I'm tired; I'm going to rest.

Consult the sections on verbs used in idiomatic expressions, verbs with prepositions, and the list of over 1,000 verbs conjugated like model verbs in the back pages.

to take again, to take back, to recover, to resume

The Seven Simple Tenses		The Seven Compound Tenses	
Singular	Plural	Singular	Plural
1 présent de l'indicatif		**8 passé composé**	
reprends	reprenons	ai repris	avons repris
reprends	reprenez	as repris	avez repris
reprend	reprennent	a repris	ont repris
2 imparfait de l'indicatif		**9 plus-que-parfait de l'indicatif**	
reprenais	reprenions	avais repris	avions repris
reprenais	repreniez	avais repris	aviez repris
reprenait	reprenaient	avait repris	avaient repris
3 passé simple		**10 passé antérieur**	
repris	reprîmes	eus repris	eûmes repris
repris	reprîtes	eus repris	eûtes repris
reprit	reprirent	eut repris	eurent repris
4 futur		**11 futur antérieur**	
reprendrai	reprendrons	aurai repris	aurons repris
reprendras	reprendrez	auras repris	aurez repris
reprendra	reprendront	aura repris	auront repris
5 conditionnel		**12 conditionnel passé**	
reprendrais	reprendrions	aurais repris	aurions repris
reprendrais	reprendriez	aurais repris	auriez repris
reprendrait	reprendraient	aurait repris	auraient repris
6 présent du subjonctif		**13 passé du subjonctif**	
reprenne	reprenions	aie repris	ayons repris
reprennes	repreniez	aies repris	ayez repris
reprenne	reprennent	ait repris	aient repris
7 imparfait du subjonctif		**14 plus-que-parfait du subjonctif**	
reprisse	reprissions	eusse repris	eussions repris
reprisses	reprissiez	eusses repris	eussiez repris
reprît	reprissent	eût repris	eussent repris

	Impératif
	reprends
	reprenons
	reprenez

Words and expressions related to this verb

reprendre froid   to catch cold again
reprendre ses esprits   to recover one's senses
reprendre le dessus   to regain the upper hand
reprendre ses forces   to recover one's strength
se reprendre   to take hold of oneself, to recover oneself
une reprise   resumption, renewal, repetition
à maintes reprises   over and over again

to reprimand, to rebuke

The Seven Simple Tenses		The Seven Compound Tenses	
Singular	Plural	Singular	Plural
1 présent de l'indicatif		**8 passé composé**	
réprimande	réprimandons	ai réprimandé	avons réprimandé
réprimandes	réprimandez	as réprimandé	avez réprimandé
réprimande	réprimandent	a réprimandé	ont réprimandé
2 imparfait de l'indicatif		**9 plus-que-parfait de l'indicatif**	
réprimandais	réprimandions	avais réprimandé	avions réprimandé
réprimandais	réprimandiez	avais réprimandé	aviez réprimandé
réprimandait	réprimandaient	avait réprimandé	avaient réprimandé
3 passé simple		**10 passé antérieur**	
réprimandai	réprimandâmes	eus réprimandé	eûmes réprimandé
réprimandas	réprimandâtes	eus réprimandé	eûtes réprimandé
réprimanda	réprimandèrent	eut réprimandé	eurent réprimandé
4 futur		**11 futur antérieur**	
réprimanderai	réprimanderons	aurai réprimandé	aurons réprimandé
réprimanderas	réprimanderez	auras réprimandé	aurez réprimandé
réprimandera	réprimanderont	aura réprimandé	auront réprimandé
5 conditionnel		**12 conditionnel passé**	
réprimanderais	réprimanderions	aurais réprimandé	aurions réprimandé
réprimanderais	réprimanderiez	aurais réprimandé	auriez réprimandé
réprimanderait	réprimanderaient	aurait réprimandé	auraient réprimandé
6 présent du subjonctif		**13 passé du subjonctif**	
réprimande	réprimandions	aie réprimandé	ayons réprimandé
réprimandes	réprimandiez	aies réprimandé	ayez réprimandé
réprimande	réprimandent	ait réprimandé	aient réprimandé
7 imparfait du subjonctif		**14 plus-que-parfait du subjonctif**	
réprimandasse	réprimandassions	eusse réprimandé	eussions réprimandé
réprimandasses	réprimandassiez	eusses réprimandé	eussiez réprimandé
réprimandât	réprimandassent	eût réprimandé	eussent réprimandé

Impératif
réprimande
réprimandons
réprimandez

Words and expressions related to this verb

une réprimande   reprimand, rebuke
faire des réprimandes
  to make rebukes

réprimandable   blameworthy
prononcer une réprimande
  to issue a reprimand

Consult the sections on verbs used in idiomatic expressions, verbs with prepositions, and the
list of over 1,000 verbs conjugated like model verbs in the back pages.

to reproduce

The Seven Simple Tenses		The Seven Compound Tenses	
Singular	Plural	Singular	Plural
1 présent de l'indicatif		**8 passé composé**	
reproduis	reproduisons	ai reproduit	avons reproduit
reproduis	reproduisez	as reproduit	avez reproduit
reproduit	reproduisent	a reproduit	ont reproduit
2 imparfait de l'indicatif		**9 plus-que-parfait de l'indicatif**	
reproduisais	reproduisions	avais reproduit	avions reproduit
reproduisais	reproduisiez	avais reproduit	aviez reproduit
reproduisait	reproduisaient	avait reproduit	avaient reproduit
3 passé simple		**10 passé antérieur**	
reproduisis	reproduisîmes	eus reproduit	eûmes reproduit
reproduisis	reproduisîtes	eus reproduit	eûtes reproduit
reproduisit	reproduisirent	eut reproduit	eurent reproduit
4 futur		**11 futur antérieur**	
reproduirai	reproduirons	aurai reproduit	aurons reproduit
reproduiras	reproduirez	auras reproduit	aurez reproduit
reproduira	reproduiront	aura reproduit	auront reproduit
5 conditionnel		**12 conditionnel passé**	
reproduirais	reproduirions	aurais reproduit	aurions reproduit
reproduirais	reproduiriez	aurais reproduit	auriez reproduit
reproduirait	reproduiraient	aurait reproduit	auraient reproduit
6 présent du subjonctif		**13 passé du subjonctif**	
reproduise	reproduisions	aie reproduit	ayons reproduit
reproduises	reproduisiez	aies reproduit	ayez reproduit
reproduise	reproduisent	ait reproduit	aient reproduit
7 imparfait du subjonctif		**14 plus-que-parfait du subjonctif**	
reproduisisse	reproduisissions	eusse reproduit	eussions reproduit
reproduisisses	reproduisissiez	eusses reproduit	eussiez reproduit
reproduisît	reproduisissent	eût reproduit	eussent reproduit

Impératif
reproduis
reproduisons
reproduisez

Words and expressions related to this verb

se reproduire to reproduce itself, to multiply, to recur, to happen again
une reproduction reproduction; **les droits de reproduction** copyright
reproductif, reproductive reproductive
reproductible reproductible

See also **produire**.

Consult the sections on verbs used in idiomatic expressions, verbs with prepositions, and the list of over 1,000 verbs conjugated like model verbs in the back pages.

to resolve, to solve

The Seven Simple Tenses		The Seven Compound Tenses	
Singular	Plural	Singular	Plural
1 présent de l'indicatif		**8 passé composé**	
résous	résolvons	ai résolu	avons résolu
résous	résolvez	as résolu	avez résolu
résout	résolvent	a résolu	ont résolu
2 imparfait de l'indicatif		**9 plus-que-parfait de l'indicatif**	
résolvais	résolvions	avais résolu	avions résolu
résolvais	résolviez	avais résolu	aviez résolu
résolvait	résolvaient	avait résolu	avaient résolu
3 passé simple		**10 passé antérieur**	
résolus	résolûmes	eus résolu	eûmes résolu
résolus	résolûtes	eus résolu	eûtes résolu
résolut	résolurent	eut résolu	eurent résolu
4 futur		**11 futur antérieur**	
résoudrai	résoudrons	aurai résolu	aurons résolu
résoudras	résoudrez	auras résolu	aurez résolu
résoudra	résoudront	aura résolu	auront résolu
5 conditionnel		**12 conditionnel passé**	
résoudrais	résoudrions	aurais résolu	aurions résolu
résoudrais	résoudriez .	aurais résolu	auriez résolu
résoudrait	résoudraient	aurait résolu	auraient résolu
6 présent du subjonctif		**13 passé du subjonctif**	
résolve	résolvions	aie résolu	ayons résolu
résolves	résolviez	aies résolu	ayez résolu
résolve	résolvent	ait résolu	aient résolu
7 imparfait du subjonctif		**14 plus-que-parfait du subjonctif**	
résolusse	résolussions	eusse résolu	eussions résolu
résolusses	résolussiez	eusses résolu	eussiez résolu
résolût	résolussent	eût résolu	eussent résolu

Impératif
résous
résolvons
résolvez

Words and expressions related to this verb

se résoudre à   to make up one's mind to
résoudre qqn à faire qqch   to induce someone to do something
résoudre un problème mathématique   to solve a math problem
une résolution   resolution
être résolu(e) à faire qqch   to be resolved to doing something
Le feu a résous le bois en cendres.   The fire has changed the wood into ashes. (The
    past part. **résous** is used for things that have undergone a physical change.)

The subject pronouns are found on the page facing page 1.   **405**

ressembler

to resemble, to be like, to look like

The Seven Simple Tenses		The Seven Compound Tenses	
Singular	Plural	Singular	Plural
1 présent de l'indicatif		**8 passé composé**	
ressemble	ressemblons	ai ressemblé	avons ressemblé
ressembles	ressemblez	as ressemblé	avez ressemblé
ressemble	ressemblent	a ressemblé	ont ressemblé
2 imparfait de l'indicatif		**9 plus-que-parfait de l'indicatif**	
ressemblais	ressemblions	avais ressemblé	avions ressemblé
ressemblais	ressembliez	avais ressemblé	aviez ressemblé
ressemblait	ressemblaient	avait ressemblé	avaient ressemblé
3 passé simple		**10 passé antérieur**	
ressemblai	ressemblâmes	eus ressemblé	eûmes ressemblé
ressemblas	ressemblâtes	eus ressemblé	eûtes ressemblé
ressembla	ressemblèrent	eut ressemblé	eurent ressemblé
4 futur		**11 futur antérieur**	
ressemblerai	ressemblerons	aurai ressemblé	aurons ressemblé
ressembleras	ressemblerez	auras ressemblé	aurez ressemblé
ressemblera	ressembleront	aura ressemblé	auront ressemblé
5 conditionnel		**12 conditionnel passé**	
ressemblerais	ressemblerions	aurais ressemblé	aurions ressemblé
ressemblerais	ressembleriez	aurais ressemblé	auriez ressemblé
ressemblerait	ressembleraient	aurait ressemblé	auraient ressemblé
6 présent du subjonctif		**13 passé du subjonctif**	
ressemble	ressemblions	aie ressemblé	ayons ressemblé
ressembles	ressembliez	aies ressemblé	ayez ressemblé
ressemble	ressemblent	ait ressemblé	aient ressemblé
7 imparfait du subjonctif		**14 plus-que-parfait du subjonctif**	
ressemblasse	ressemblassions	eusse ressemblé	eussions ressemblé
ressemblasses	ressemblassiez	eusses ressemblé	eussiez ressemblé
ressemblât	ressemblassent	eût ressemblé	eussent ressemblé

Impératif
ressemble
ressemblons
ressemblez

Words and expressions related to this verb

ressembler à qqn   to resemble someone
Paulette ressemble beaucoup à sa mère   Paulette looks very much like her mother.
se ressembler   to resemble each other, to look alike
Qui se ressemble s'assemble   Birds of a feather flock togehter.
sembler   to seem, to appear
une ressemblance   resemblance

to remain, to stay; to be left (over)

The Seven Simple Tenses		The Seven Compound Tenses	
Singular	Plural	Singular	Plural
1 présent de l'indicatif		**8 passé composé**	
reste	restons	suis resté(e)	sommes resté(e)s
restes	restez	es resté(e)	êtes resté(e)(s)
reste	restent	est resté(e)	sont resté(e)s
2 imparfait de l'indicatif		**9 plus-que-parfait de l'indicatif**	
restais	restions	étais resté(e)	étions resté(e)s
restais	restiez	étais resté(e)	étiez resté(e)(s)
restait	restaient	était resté(e)	étaient resté(e)s
3 passé simple		**10 passé antérieur**	
restai	restâmes	fus resté(e)	fûmes resté(e)s
restas	restâtes	fus resté(e)	fûtes resté(e)(s)
resta	restèrent	fut resté(e)	furent resté(e)s
4 futur		**11 futur antérieur**	
resterai	resterons	serai resté(e)	serons resté(e)s
resteras	resterez	seras resté(e)	serez resté(e)(s)
restera	resteront	sera resté(e)	seront resté(e)s
5 conditionnel		**12 conditionnel passé**	
resterais	resterions	serais resté(e)	serions resté(e)s
resterais	resteriez	serais resté(e)	seriez resté(e)(s)
resterait	resteraient	serait resté(e)	seraient resté(e)s
6 présent du subjonctif		**13 passé du subjonctif**	
reste	restions	sois resté(e)	soyons resté(e)s
restes	restiez	sois resté(e)	soyez resté(e)(s)
reste	restent	soit resté(e)	soient resté(e)s
7 imparfait du subjonctif		**14 plus-que-parfait du subjonctif**	
restasse	restassions	fusse resté(e)	fussions resté(e)s
restasses	restassiez	fusses resté(e)	fussiez resté(e)(s)
restât	restassent	fût resté(e)	fussent resté(e)s

Impératif
reste
restons
restez

Words and expresions related to this verb

Combien d'argent vous reste-t-il?   How much money do you have left (over)?
  Il me reste deux cents francs.   I have two hundred francs left.
rester au lit   to stay in bed
Restez là; je reviens tout de suite.   Stay there; I'll be right back.

Do not confuse **rester** with **se reposer.**

to retain, to keep, to detain, to hold back

The Seven Simple Tenses		The Seven Compound Tenses	
Singular	Plural	Singular	Plural
1 présent de l'indicatif		**8 passé composé**	
retiens	retenons	ai retenu	avons retenu
retiens	retenez	as retenu	avez retenu
retient	retiennent	a retenu	ont retenu
2 imparfait de l'indicatif		**9 plus-que-parfait de l'indicatif**	
retenais	retenions	avais retenu	avions retenu
retenais	reteniez	avais retenu	aviez retenu
retenait	retenaient	avait retenu	avaient retenu
3 passé simple		**10 passé antérieur**	
retins	retînmes	eus retenu	eûmes retenu
retins	retîntes	eus retenu	eûtes retenu
retint	retinrent	eut retenu	eurent retenu
4 futur		**11 futur antérieur**	
retiendrai	retiendrons	aurai retenu	aurons retenu
retiendras	retiendrez	auras retenu	aurez retenu
retiendra	retiendront	aura retenu	auront retenu
5 conditionnel		**12 conditionnel passé**	
retiendrais	retiendrions	aurais retenu	aurions retenu
retiendrais	retiendriez	aurais retenu	auriez retenu
retiendrait	retiendraient	aurait retenu	auraient retenu
6 présent du subjonctif		**13 passé du subjonctif**	
retienne	retenions	aie retenu	ayons retenu
retiennes	reteniez	aies retenu	ayez retenu
retienne	retiennent	ait retenu	aient retenu
7 imparfait du subjonctif		**14 plus-que-parfait du subjonctif**	
retinsse	retinssions	eusse retenu	eussions retenu
retinsses	retinssiez	eusses retenu	eussiez retenu
retînt	retinssent	eût retenu	eussent retenu

Impératif
retiens
retenons
retenez

Words and expressions related to this verb

retenir au lit   to confine to bed   **retenir une chambre**   to reserve a room
retenir qqn   to detain someone   **retenir une place**   to reserve a place
se retenir   to restrain oneself   **une rétention**   retention

See also **tenir**.

Consult the sections on verbs used in idiomatic expressions, verbs with prepositions, and the list of over 1,000 verbs conjugated like model verbs in the back pages.

to draw (out) again, to pull again

The Seven Simple Tenses		The Seven Compound Tenses	
Singular	Plural	Singular	Plural
1　présent de l'indicatif		8　passé composé	
retire	retirons	ai retiré	avons retiré
retires	retirez	as retiré	avez retiré
retire	retirent	a retiré	ont retiré
2　imparfait de l'indicatif		9　plus-que-parfait de l'indicatif	
retirais	retirions	avais retiré	avions retiré
retirais	retiriez	avais retiré	aviez retiré
retirait	retiraient	avait retiré	avaient retiré
3　passé simple		10　passé antérieur	
retirai	retirâmes	eus retiré	eûmes retiré
retiras	retirâtes	eus retiré	eûtes retiré
retira	retirèrent	eut retiré	eurent retiré
4　futur		11　futur antérieur	
retirerai	retirerons	aurai retiré	aurons retiré
retireras	retirerez	auras retiré	aurez retiré
retirera	retireront	aura retiré	auront retiré
5　conditionnel		12　conditionnel passé	
retirerais	retirerions	aurais retiré	aurions retiré
retirerais	retireriez	aurais retiré	auriez retiré
retirerait	retireraient	aurait retiré	auraient retiré
6　présent du subjonctif		13　passé du subjonctif	
retire	retirions	aie retiré	ayons retiré
retires	retiriez	aies retiré	ayez retiré
retire	retirent	ait retiré	aient retiré
7　imparfait du subjonctif		14　plus-que-parfait du subjonctif	
retirasse	retirassions	eusse retiré	eussions retiré
retirasses	retirassiez	eusses retiré	eussiez retiré
retirât	retirassent	eût retiré	eussent retiré

Impératif
retire
retirons
retirez

Words and expressions related to this verb

retirer qqch à qqn　to take something
　back from someone
retirer qqn de　to take someone out of,
　to writhdraw someone from
retirer une promesse　to take back
　a promise

retirer ses chaussures　to take
　off one's shoes
retirer qqch de　to take something
　out of
retirer ses paroles　to withdraw, to take
　back one's words

See also **se retirer** and **tirer.**

Consult the sections on verbs used in idiomatic expressions, verbs with prepositions, and the
list of over 1,000 verbs conjugated like model verbs in the back pages.

to retire, to withdraw

The Seven Simple Tenses		The Seven Compound Tenses	
Singular	Plural	Singular	Plural
1 présent de l'indicatif		**8 passé composé**	
me retire	nous retirons	me suis retiré(e)	nous sommes retiré(e)s
te retires	vous retirez	t'es retiré(e)	vous êtes retiré(e)(s)
se retire	se retirent	s'est retiré(e)	se sont retiré(e)s
2 imparfait de l'indicatif		**9 plus-que-parfait de l'indicatif**	
me retirais	nous retirions	m'étais retiré(e)	nous étions retiré(e)s
te retirais	vous retiriez	t'étais retiré(e)	vous étiez retiré(e)(s)
se retirait	se retiraient	s'était retiré(e)	s'étaient retiré(e)s
3 passé simple		**10 passé antérieur**	
me retirai	nous retirâmes	me fus retiré(e)	nous fûmes retiré(e)s
te retiras	vous retirâtes	te fus retiré(e)	vous fûtes retiré(e)(s)
se retira	se retirèrent	se fut retiré(e)	se furent retiré(e)s
4 futur		**11 futur antérieur**	
me retirerai	nous retirerons	me serai retiré(e)	nous serons retiré(e)s
te retireras	vous retirerez	te seras retiré(e)	vous serez retiré(e)(s)
se retirera	se retireront	se sera retiré(e)	se seront retiré(e)s
5 conditionnel		**12 conditionnel passé**	
me retirerais	nous retirerions	me serais retiré(e)	nous serions retiré(e)s
te retirerais	vous retireriez	te serais retiré(e)	vous seriez retiré(e)(s)
se retirerait	se retireraient	se serait retiré(e)	se seraient retiré(e)s
6 présent du subjonctif		**13 passé du subjonctif**	
me retire	nous retirions	me sois retiré(e)	nous soyons retiré(e)s
te retires	vous retiriez	te sois retiré(e)	vous soyez retiré(e)(s)
se retire	se retirent	se soit retiré(e)	se soient retiré(e)s
7 imparfait du subjonctif		**14 plus-que-parfait du subjonctif**	
me retirasse	nous retirassions	me fusse retiré(e)	nous fussions retiré(e)s
te retirasses	vous retirassiez	te fusses retiré(e)	vous fussiez retiré(e)(s)
se retirât	se retirassent	se fût retiré(e)	se fussent retiré(e)s

Impératif
retire-toi; ne te retire pas
retirons-nous; ne nous retirons pas
retirez-vous; ne vous retirez pas

Words and expressions related to this verb

se retirer des affaires to retire from business
retraité, retraitée retired, pensioned off
un officier en retraite retired officer

See also retirer and tirer.

une retraite retreat, retirement; **vivre dans la retraite** to live in retirement
un retrait withdrawal; **en retrait** set back; out of line; **un mur en retrait** recess of a wall

Consult the sections on verbs used in idiomatic expressions, verbs with prepositions, and the list of over 1,000 verbs conjugated like model verbs in the back pages.

to return, to go back, to turn again

The Seven Simple Tenses		The Seven Compound Tenses	
Singular	Plural	Singular	Plural
1 présent de l'indicatif		**8 passé composé**	
retourne	**retournons**	**suis retourné(e)**	**sommes retourné(e)s**
retournes	**retournez**	**es retourné(e)**	**êtes retourné(e)(s)**
retourne	**retournent**	**est retourné(e)**	**sont retourné(e)s**
2 imparfait de l'indicatif		**9 plus-que-parfait de l'indicatif**	
retournais	**retournions**	**étais retourné(e)**	**étions retourné(e)s**
retournais	**retourniez**	**étais retourné(e)**	**étiez retourné(e)(s)**
retournait	**retournaient**	**était retourné(e)**	**étaient retourné(e)s**
3 passé simple		**10 passé antérieur**	
retournai	**retournâmes**	**fus retourné(e)**	**fûmes retourné(e)s**
retournas	**retournâtes**	**fus retourné(e)**	**fûtes retourné(e)(s)**
retourna	**retournèrent**	**fut retourné(e)**	**furent retourné(e)s**
4 futur		**11 futur antérieur**	
retournerai	**retournerons**	**serai retourné(e)**	**serons retourné(e)s**
retourneras	**retournerez**	**seras retourné(e)**	**serez retourné(e)(s)**
retournera	**retourneront**	**sera retourné(e)**	**seront retourné(e)s**
5 conditionnel		**12 conditionnel passé**	
retournerais	**retournerions**	**serais retourné(e)**	**serions retourné(e)s**
retournerais	**retourneriez**	**serais retourné(e)**	**seriez retourné(e)(s)**
retournerait	**retourneraient**	**serait retourné(e)**	**seraient retourné(e)s**
6 présent du subjonctif		**13 passé du subjonctif**	
retourne	**retournions**	**sois retourné(e)**	**soyons retourné(e)s**
retournes	**retourniez**	**sois retourné(e)**	**soyez retourné(e)(s)**
retourne	**retournent**	**soit retourné(e)**	**soient retourné(e)s**
7 imparfait du subjonctif		**14 plus-que-parfait du subjonctif**	
retournasse	**retournassions**	**fusse retourné(e)**	**fussions retourné(e)s**
retournasses	**retournassiez**	**fusses retourné(e)**	**fussiez retourné(e)(s)**
retournât	**retournassent**	**fût retourné(e)**	**fussent retourné(e)s**

Impératif
retourne
retournons
retournez

Words and expressions related to this verb

retourner une chaussette   to turn a sock inside out
retourner un matelas   to turn over a mattress
retourner qqn   to change someone's mind
se retourner   to turn around; **se retourner sur le dos**   to turn over on one's back
un retour   return; **un billet de retour**   return ticket
un billet d'aller et retour   a round trip ticket
être de retour   to be back; **Madame Dupin sera de retour demain.**

to succeed, to result

The Seven Simple Tenses		The Seven Compound Tenses	
Singular	Plural	Singular	Plural

1 présent de l'indicatif

réussis	réussissons	
réussis	réussissez	
réussit	réussissent	

8 passé composé

ai réussi	avons réussi
as réussi	avez réussi
a réussi	ont réussi

2 imparfait de l'indicatif

réussissais	réussissions
réussissais	réussissiez
réussissait	réussissaient

9 plus-que-parfait de l'indicatif

avais réussi	avions réussi
avais réussi	aviez réussi
avait réussi	avaient réussi

3 passé simple

réussis	réussîmes
réussis	réussîtes
réussit	réussirent

10 passé antérieur

eus réussi	eûmes réussi
eus réussi	eûtes réussi
eut réussi	eurent réussi

4 futur

réussirai	réussirons
réussiras	réussirez
réussira	réussiront

11 futur antérieur

aurai réussi	aurons réussi
auras réussi	aurez réussi
aura réussi	auront réussi

5 conditionnel

réussirais	réussirions
réussirais	réussiriez
réussirait	réussiraient

12 conditionnel passé

aurais réussi	aurions réussi
aurais réussi	auriez réussi
aurait réussi	auraient réussi

6 présent du subjonctif

réussisse	réussissions
réussisses	réussissiez
réussisse	réussissent

13 passé du subjonctif

aie réussi	ayons réussi
aies réussi	ayez réussi
ait réussi	aient réussi

7 imparfait du subjonctif

réussisse	réussissions
réussisses	réussissiez
réussît	réussissent

14 plus-que-parfait du subjonctif

eusse réussi	eussions réussi
eusses réussi	eussiez réussi
eût réussi	eussent réussi

Impératif
réussis
réussissons
réussissez

Words and expressions related to this verb

réussir à qqch   to succeed in something
réussir à un examen   to pass an exam
une réussite   success; **une réussite sociale**   social success
réussir   to result; **Le projet a mal réussi**   The plan turned out badly; **Le projet a bien réussi**   The plan turned out well.

The Seven Simple Tenses		The Seven Compound Tenses	
Singular	Plural	Singular	Plural

1   présent de l'indicatif

me réveille	nous réveillons
te réveilles	vous réveillez
se réveille	se réveillent

8   passé composé

me suis réveillé(e)	nous sommes réveillé(e)s
t'es réveillé(e)	vous êtes réveillé(e)(s)
s'est réveillé(e)	se sont réveillé(e)s

2   imparfait de l'indicatif

me réveillais	nous réveillions
te réveillais	vous réveilliez
se réveillait	se réveillaient

9   plus-que-parfait de l'indicatif

m'étais réveillé(e)	nous étions réveillé(e)s
t'étais réveillé(e)	vous étiez réveillé(e)(s)
s'était réveillé(e)	s'étaient réveillé(e)s

3   passé simple

me réveillai	nous réveillâmes
te réveillas	vous réveillâtes
se réveilla	se réveillèrent

10   passé antérieur

me fus réveillé(e)	nous fûmes réveillé(e)s
te fus réveillé(e)	vous fûtes réveillé(e)(s)
se fut réveillé(e)	se furent réveillé(e)s

4   futur

me réveillerai	nous réveillerons
te réveilleras	vous réveillerez
se réveillera	se réveilleront

11   futur antérieur

me serai réveillé(e)	nous serons réveillé(e)s
te seras réveillé(e)	vous serez réveillé(e)(s)
se sera réveillé(e)	se seront réveillé(e)s

5   conditionnel

me réveillerais	nous réveillerions
te réveillerais	vous réveilleriez
se réveillerait	se réveilleraient

12   conditionnel passé

me serais réveillé(e)	nous serions réveillé(e)s
te serais réveillé(e)	vous seriez réveillé(e)(s)
se serait réveillé(e)	se seraient réveillé(e)s

6   présent du subjonctif

me réveille	nous réveillions
te réveilles	vous réveilliez
se réveille	se réveillent

13   passé du subjonctif

me sois réveillé(e)	nous soyons réveillé(e)s
te sois réveillé(e)	vous soyez réveillé(e)(s)
se soit réveillé(e)	se soient réveillé(e)s

7   imparfait du subjonctif

me réveillasse	nous réveillassions
te réveillasses	vous réveillassiez
se réveillât	se réveillassent

14   plus-que-parfait du subjonctif

me fusse réveillé(e)	nous fussions réveillé(e)s
te fusses réveillé(e)	vous fussiez réveillé(e)(s)
se fût réveillé(e)	se fussent réveillé(e)s

Impératif
réveille-toi; ne te réveille pas
réveillons-nous; ne nous réveillons pas
réveillez-vous; ne vous réveillez pas

Words and expressions related to this verb

le réveillon   Christmas or New Year's Eve party
faire réveillon   to see the New Year in, to see Christmas in on Christmas eve
un réveille-matin   alarm clock
éveiller (réveiller) qqn   to wake up, awaken someone; **éveiller**   implies to awaken or wake
   up gently; **réveiller**   suggests with some effort
veiller   to stay awake; **veiller à**   to look after
veiller sur   to watch over; **surveiller**   to keep an eye on
la veille de Noël   Christmas Eve

to come back

The Seven Simple Tenses		The Seven Compound Tenses	
Singular	Plural	Singular	Plural
1 présent de l'indicatif		8 passé composé	
reviens	revenons	suis revenu(e)	sommes revenu(e)s
reviens	revenez	es revenu(e)	êtes revenu(e)(s)
revient	reviennent	est revenu(e)	sont revenu(e)s
2 imparfait de l'indicatif		9 plus-que-parfait de l'indicatif	
revenais	revenions	étais revenu(e)	étions revenu(e)s
revenais	reveniez	étais revenu(e)	étiez revenu(e)(s)
revenait	revenaient	était revenu(e)	étaient revenu(e)s
3 passé simple		10 passé antérieur	
revins	revînmes	fus revenu(e)	fûmes revenu(e)s
revins	revîntes	fus revenu(e)	fûtes revenu(e)(s)
revint	revinrent	fut revenu(e)	furent revenu(e)s
4 futur		11 futur antérieur	
reviendrai	reviendrons	serai revenu(e)	serons revenu(e)s
reviendras	reviendrez	seras revenu(e)	serez revenu(e)(s)
reviendra	reviendront	sera revenu(e)	seront revenu(e)s
5 conditionnel		12 conditionnel passé	
reviendrais	reviendrions	serais revenu(e)	serions revenu(e)s
reviendrais	reviendriez	serais revenu(e)	seriez revenu(e)(s)
reviendrait	reviendraient	serait revenu(e)	seraient revenu(e)s
6 présent du subjonctif		13 passé du subjonctif	
revienne	revenions	sois revenu(e)	soyons revenu(e)s
reviennes	reveniez	sois revenu(e)	soyez revenu(e)(s)
revienne	reviennent	soit revenu(e)	soient revenu(e)s
7 imparfait du subjonctif		14 plus-que-parfait du subjonctif	
revinsse	revinssions	fusse revenu(e)	fussions revenu(e)s
revinsses	revinssiez	fusses revenu(e)	fussiez revenu(e)(s)
revînt	revinssent	fût revenu(e)	fussent revenu(e)s

Impératif
reviens
revenons
revenez

Words and expressions related to this verb

le revenu   revenue, income
à revenu fixe   fixed interest
revenir d'une erreur   to realize one's mistake
revenir au même   to amount to the same thing
revenir sur ses pas   to retrace one's steps
revenir sur le sujet   to get back to the subject
revenir sur sa parole   to go back on one's word
Tout revient à ceci. . .   It all boils down to this. . .

The Seven Simple Tenses		The Seven Compound Tenses	
Singular	Plural	Singular	Plural
1 présent de l'indicatif		**8 passé composé**	
rêve	**rêvons**	**ai rêvé**	**avons rêvé**
rêves	**rêvez**	**as rêvé**	**avez rêvé**
rêve	**rêvent**	**a rêvé**	**ont rêvé**
2 imparfait de l'indicatif		**9 plus-que-parfait de l'indicatif**	
rêvais	**rêvions**	**avais rêvé**	**avions rêvé**
rêvais	**rêviez**	**avais rêvé**	**aviez rêvé**
rêvait	**rêvaient**	**avait rêvé**	**avaient rêvé**
3 passé simple		**10 passé antérieur**	
rêvai	**rêvâmes**	**eus rêvé**	**eûmes rêvé**
rêvas	**rêvâtes**	**eus rêvé**	**eûtes rêvé**
rêva	**rêvèrent**	**eut rêvé**	**eurent rêvé**
4 futur		**11 futur antérieur**	
rêverai	**rêverons**	**aurai rêvé**	**aurons rêvé**
rêveras	**rêverez**	**auras rêvé**	**aurez rêvé**
rêvera	**rêveront**	**aura rêvé**	**auront rêvé**
5 conditionnel		**12 conditionnel passé**	
rêverais	**rêverions**	**aurais rêvé**	**aurions rêvé**
rêverais	**rêveriez**	**aurais rêvé**	**auriez rêvé**
rêverait	**rêveraient**	**aurait rêvé**	**auraient rêvé**
6 présent du subjonctif		**13 passé du subjonctif**	
rêve	**rêvions**	**aie rêvé**	**ayons rêvé**
rêves	**rêviez**	**aies rêvé**	**ayez rêvé**
rêve	**rêvent**	**ait rêvé**	**aient rêvé**
7 imparfait du subjonctif		**14 plus-que-parfait du subjonctif**	
rêvâsse	**rêvassions**	**eusse rêvé**	**eussions rêvé**
rêvasses	**rêvassiez**	**eusses rêvé**	**eussiez rêvé**
rêvât	**rêvassent**	**eût rêvé**	**eussent rêvé**

Impératif
rêve
rêvons
rêvez

Common idiomatic expressions using this verb and words related to it

rêver de   to dream of, to dream about, to yearn for
J'ai rêvé de toi toute la nuit   I dreamt of you all night long.
rêver tout éveillé(e)   to daydream
rêver à   to imagine, to think vaguely about something, to daydream
Janine, tu ne fais pas attention! A quoi rêves-tu?   Janine, you are not paying
   attention! What are you dreaming about?
un rêveur, une rêveuse   dreamer
une rêverie   reverie, meditation
un rêve   dream

to see again, to see once more

The Seven Simple Tenses		The Seven Compound Tenses	
Singular	Plural	Singular	Plural
1 présent de l'indicatif		**8 passé composé**	
revois	revoyons	ai revu	avons revu
revois	revoyez	as revu	avez revu
revoit	revoient	a revu	ont revu
2 imparfait de l'indicatif		**9 plus-que-parfait de l'indicatif**	
revoyais	revoyions	avais revu	avions revu
revoyais	revoyiez	avais revu	aviez revu
revoyait	revoyaient	avait revu	avaient revu
3 passé simple		**10 passé antérieur**	
revis	revîmes	eus revu	eûmes revu
revis	revîtes	eus revu	eûtes revu
revit	revirent	eut revu	eurent revu
4 futur		**11 futur antérieur**	
reverrai	reverrons	aurai revu	aurons revu
reverras	reverrez	auras revu	aurez revu
reverra	reverront	aura revu	auront revu
5 conditionnel		**12 conditionnel passé**	
reverrais	reverrions	aurais revu	aurions revu
reverrais	reverriez	aurais revu	auriez revu
reverrait	reverraient	aurait revu	auraient revu
6 présent du subjonctif		**13 passé du subjonctif**	
revoie	revoyions	aie revu	ayons revu
revoies	revoyiez	aies revu	ayez revu
revoie	revoient	ait revu	aient revu
7 imparfait du subjonctif		**14 plus-que-parfait du subjonctif**	
revisse	revissions	eusse revu	eussions revu
revisses	revissiez	eusses revu	eussiez revu
revît	revissent	eût revu	eussent revu

Impératif
revois
revoyons
revoyez

Words and expressions related to this verb

au revoir   good-bye, see you again, until we meet again
se revoir   to see each other again
une revue   review, magazine
un, une revuiste   a writer of reviews
une révision   revision; **à revoir**   to be revised

See also **voir**.

The Seven Simple Tenses		The Seven Compound Tenses	
Singular	Plural	Singular	Plural

1 présent de l'indicatif

		8 passé composé	
ris	rions	ai ri	avons ri
ris	riez	as ri	avez ri
rit	rient	a ri	ont ri

2 imparfait de l'indicatif

		9 plus-que-parfait de l'indicatif	
riais	riions	avais ri	avions ri
riais	riiez	avais ri	aviez ri
riait	riaient	avait ri	avaient ri

3 passé simple

		10 passé antérieur	
ris	rîmes	eus ri	eûmes ri
ris	rîtes	eus ri	eûtes ri
rit	rirent	eut ri	eurent ri

4 futur

		11 futur antérieur	
rirai	rirons	aurai ri	aurons ri
riras	rirez	auras ri	aurez ri
rira	riront	aura ri	auront ri

5 conditionnel

		12 conditionnel passé	
rirais	ririons	aurais ri	aurions ri
rirais	ririez	aurais ri	auriez ri
rirait	riraient	aurait ri	auraient ri

6 présent du subjonctif

		13 passé du subjonctif	
rie	riions	aie ri	ayons ri
ries	riiez	aies ri	ayez ri
rie	rient	ait ri	aient ri

7 imparfait du subjonctif

		14 plus-que-parfait du subjonctif	
risse	rissions	eusse ri	eussions ri
risses	rissiez	eusses ri	eussiez ri
rît	rissent	eût ri	eussent ri

Impératif
ris
rions
riez

Words and expressions related to this verb

éclater de rire   to burst out laughing; **rire de**   to laugh at
dire qqch pour rire   to say something just for a laugh
rire au nez de qqn   to laugh in someone's face
rire de bon coeur   to laugh heartily
le rire   laughter; **un sourire**   smile; **risible**   laughable

See also **sourire.**

to break, to burst, to shatter, to break off

The Seven Simple Tenses		The Seven Compound Tenses	
Singular	Plural	Singular	Plural
1 présent de l'indicatif		**8 passé composé**	
romps	rompons	ai rompu	avons rompu
romps	rompez	as rompu	avez rompu
rompt	rompent	a rompu	ont rompu
2 imparfait de l'indicatif		**9 plus-que-parfait de l'indicatif**	
rompais	rompions	avais rompu	avions rompu
rompais	rompiez	avais rompu	aviez rompu
rompait	rompaient	avait rompu	avaient rompu
3 passé simple		**10 passé antérieur**	
rompis	rompîmes	eus rompu	eûmes rompu
rompis	rompîtes	eus rompu	eûtes rompu
rompit	rompirent	eut rompu	eurent rompu
4 futur		**11 futur antérieur**	
romprai	romprons	aurai rompu	aurons rompu
rompras	romprez	auras rompu	aurez rompu
rompra	rompront	aura rompu	auront rompu
5 conditionnel		**12 conditionnel passé**	
romprais	romprions	aurais rompu	aurions rompu
romprais	rompriez	aurais rompu	auriez rompu
romprait	rompraient	aurait rompu	auraient rompu
6 présent du subjonctif		**13 passé du subjonctif**	
rompe	rompions	aie rompu	ayons rompu
rompes	rompiez	aies rompu	ayez rompu
rompe	rompent	ait rompu	aient rompu
7 imparfait du subjonctif		**14 plus-que-parfait du subjonctif**	
rompisse	rompissions	eusse rompu	eussions rompu
rompisses	rompissiez	eusses rompu	eussiez rompu
rompît	rompissent	eût rompu	eussent rompu

Impératif
romps
rompons
rompez

Common idiomatic expressions using this verb and words related to it

rompu de fatigue   worn out
rompu aux affaires   experienced in business
se rompre à   to get used to
se rompre la tête   to rack one's brains
une rupture de contrat   breach of
   contract

corrompre   to corrupt
interrompre   to interrupt
une rupture   rupture, bursting
un rupteur   circuit breaker
rompre avec qqn   to have a falling out
   with someone

to blush, to redden

The Seven Simple Tenses		The Seven Compound Tenses	
Singular	Plural	Singular	Plural
1 présent de l'indicatif		**8 passé composé**	
rougis	rougissons	ai rougi	avons rougi
rougis	rougissez	as rougi	avez rougi
rougit	rougissent	a rougi	ont rougi
2 imparfait de l'indicatif		**9 plus-que-parfait de l'indicatif**	
rougissais	rougissions	avais rougi	avions rougi
rougissais	rougissiez	avais rougi	aviez rougi
rougissait	rougissaient	avait rougi	avaient rougi
3 passé simple		**10 passé antérieur**	
rougis	rougîmes	eus rougi	eûmes rougi
rougis	rougîtes	eus rougi	eûtes rougi
rougit	rougirent	eut rougi	eurent rougi
4 futur		**11 futur antérieur**	
rougirai	rougirons	aurai rougi	aurons rougi
rougiras	rougirez	auras rougi	aurez rougi
rougira	rougiront	aura rougi	auront rougi
5 conditionnel		**12 conditionnel passé**	
rougirais	rougirions	aurais rougi	aurions rougi
rougirais	rougiriez	aurais rougi	auriez rougi
rougirait	rougiraient	aurait rougi	auraient rougi
6 présent du subjonctif		**13 passé du subjonctif**	
rougisse	rougissions	aie rougi	ayons rougi
rougisses	rougissiez	aies rougi	ayez rougi
rougisse	rougissent	ait rougi	aient rougi
7 imparfait du subjonctif		**14 plus-que-parfait du subjonctif**	
rougisse	rougissions	eusse rougi	eussions rougi
rougisses	rougissiez	eusses rougi	eussiez rougi
rougît	rougissent	eût rougi	eussent rougi

Impératif
rougis
rougissons
rougissez

Words and expressions related to this verb

faire rougir qqn   to make someone blush
le rouge   red; **rougeâtre**   reddish
un rouge-gorge   robin redbreast;
   (des rouges-gorges)
rougir de qqn   to feel shame for someone
la rougeole   measles

rougeaud, rougeaude   ruddy complexion
de rouge à lèvres   lipstick; **du rouge à
   joues**   rouge (for cheeks)
voir rouge   to see red
une jeune mariée rougissante
   a blushing bride

Consult the sections on verbs used in idiomatic expressions, verbs with prepositions, and the
list of over 1,000 verbs conjugated like model verbs in the back pages.

The subject pronouns are found on the page facing page 1.   **419**

to roll, to roll along, to drive (a car), to ride along

The Seven Simple Tenses		The Seven Compound Tenses	
Singular	Plural	Singular	Plural

1 présent de l'indicatif

		8 passé composé	
roule	roulons	ai roulé	avons roulé
roules	roulez	as roulé	avez roulé
roule	roulent	a roulé	ont roulé

2 imparfait de l'indicatif

		9 plus-que-parfait de l'indicatif	
roulais	roulions	avais roulé	avions roulé
roulais	rouliez	avais roulé	aviez roulé
roulait	roulaient	avait roulé	avaient roulé

3 passé simple

		10 passé antérieur	
roulai	roulâmes	eus roulé	eûmes roulé
roulas	roulâtes	eus roulé	eûtes roulé
roula	roulèrent	eut roulé	eurent roulé

4 futur

		11 futur antérieur	
roulerai	roulerons	aurai roulé	aurons roulé
rouleras	roulerez	auras roulé	aurez roulé
roulera	rouleront	aura roulé	auront roulé

5 conditionnel

		12 conditionnel passé	
roulerais	roulerions	aurais roulé	aurions roulé
roulerais	rouleriez	aurais roulé	auriez roulé
roulerait	rouleraient	aurait roulé	auraient roulé

6 présent du subjonctif

		13 passé du subjonctif	
roule	roulions	aie roulé	ayons roulé
roules	rouliez	aies roulé	ayez roulé
roule	roulent	ait roulé	aient roulé

7 imparfait du subjonctif

		14 plus-que-parfait du subjonctif	
roulasse	roulassions	eusse roulé	eussions roulé
roulasses	roulassiez	eusses roulé	eussiez roulé
roulât	roulassent	eût roulé	eussent roulé

Impératif
roule
roulons
roulez

Words and expressions related to this verb

rouler les *r*   to roll one's r's
rouler sur l'or   to be rolling in dough (money)
se rouler   to roll over
dérouler   to unroll
un rouleau   roll; **un rouleau de papier peint**   roll of wallpaper
un rouleau de pièces de monnaie   a roll of coins
un rouleau à pâtisserie   rolling pin
se dérouler   to take place, to develop, to unfold

to seize, to grasp, to comprehend

The Seven Simple Tenses		The Seven Compound Tenses	
Singular	Plural	Singular	Plural
1 présent de l'indicatif		**8 passé composé**	
saisis	saisissons	ai saisi	avons saisi
saisis	saisissez	as saisi	avez saisi
saisit	saisissent	a saisi	ont saisi
2 imparfait de l'indicatif		**9 plus-que-parfait de l'indicatif**	
saisissais	saisissions	avais saisi	avions saisi
saisissais	saisissiez	avais saisi	aviez saisi
saisissait	saisissaient	avait saisi	avaient saisi
3 passé simple		**10 passé antérieur**	
saisis	saisîmes	eus saisi	eûmes saisi
saisis	saisîtes	eus saisi	eûtes saisi
saisit	saisirent	eut saisi	eurent saisi
4 futur		**11 futur antérieur**	
saisirai	saisirons	aurai saisi	aurons saisi
saisiras	saisirez	auras saisi	aurez saisi
saisira	saisiront	aura saisi	auront saisi
5 conditionnel		**12 conditionnel passé**	
saisirais	saisirions	aurais saisi	aurions saisi
saisirais	saisiriez	aurais saisi	auriez saisi
saisirait	saisiraient	aurait saisi	auraient saisi
6 présent du subjonctif		**13 passé du subjonctif**	
saisisse	saisissions	aie saisi	ayons saisi
saisisses	saisissiez	aies saisi	ayez saisi
saisisse	saisissent	ait saisi	aient saisi
7 imparfait du subjonctif		**14 plus-que-parfait du subjonctif**	
saisisse	saisissions	eusse saisi	eussions saisi
saisisses	saisissiez	eusses saisi	eussiez saisi
saisît	saisissent	eût saisi	eussent saisi

Impératif
saisis
saisissons
saisissez

Words and expressions related to this verb

un saisissement   shock
saisissable   seizable
saisissant, saisissante   thrilling, piercing
une saisie   seizure
se saisir de   to take possession of

saisir l'occasion   to seize the opportunity
saisissable   seizable
saisir la signification de qqch
   to grasp the meaning of something

salir

to soil, to dirty

The Seven Simple Tenses		The Seven Compound Tenses	
Singular	Plural	Singular	Plural
1 présent de l'indicatif		**8 passé composé**	
salis	salissons	ai sali	avons sali
salis	salissez	as sali	avez sali
salit	salissent	a sali	ont sali
2 imparfait de l'indicatif		**9 plus-que-parfait de l'indicatif**	
salissais	salissions	avais sali	avions sali
salissais	salissiez	avais sali	aviez sali
salissait	salissaient	avait sali	avaient sali
3 passé simple		**10 passé antérieur**	
salis	salîmes	eus sali	eûmes sali
salis	salîtes	eus sali	eûtes sali
salit	salirent	eut sali	eurent sali
4 futur		**11 futur antérieur**	
salirai	salirons	aurai sali	aurons sali
saliras	salirez	auras sali	aurez sali
salira	saliront	aura sali	auront sali
5 conditionnel		**12 conditionnel passé**	
salirais	salirions	aurais sali	aurions sali
salirais	saliriez	aurais sali	auriez sali
salirait	saliraient	aurait sali	auraient sali
6 présent du subjonctif		**13 passé du subjonctif**	
salisse	salissions	aie sali	ayons sali
salisses	salissiez	aies sali	ayez sali
salisse	salissent	ait sali	aient sali
7 imparfait du subjonctif		**14 plus-que-parfait du subjonctif**	
salisse	salissions	eusse sali	eussions sali
salisses	salissiez	eusses sali	eussiez sali
salît	salissent	eût sali	eussent sali

	Impératif
	salis
	salissons
	salissez

Words and expressions related to this verb

sale   dirty, soiled
salement   disgustingly
la saleté   filth

dire des saletés   to use filthy language
un saligaud, une saligaude   filthy beast

Avez-vous jamais lu ou vu la pièce de théâtre *Les Mains sales* **de Jean-Paul Sartre?**

The Seven Simple Tenses		The Seven Compound Tenses	
Singular	Plural	Singular	Plural

1 présent de l'indicatif		8 passé composé	
satisfais	satisfaisons	ai satisfait	avons satisfait
satisfais	satisfaites	as satisfait	avez satisfait
satisfait	satisfont	a satisfait	ont satisfait

2 imparfait de l'indicatif		9 plus-que-parfait de l'indicatif	
satisfaisais	satisfaisions	avais satisfait	avions satisfait
satisfaisais	satisfaisiez	avais satisfait	aviez satisfait
satisfaisait	satisfaisaient	avait satisfait	avaient satisfait

3 passé simple		10 passé antérieur	
satisfis	satisfîmes	eus satisfait	eûmes satisfait
satisfis	satisfîtes	eus satisfait	eûtes satisfait
satisfit	satisfirent	eut satisfait	eurent satisfait

4 futur		11 futur antérieur	
satisferai	satisferons	aurai satisfait	aurons satisfait
satisferas	satisferez	auras satisfait	aurez satisfait
satisfera	satisferont	aura satisfait	auront satisfait

5 conditionnel		12 conditionnel passé	
satisferais	satisferions	aurais satisfait	aurions satisfait
satisferais	satisferiez	aurais satisfait	auriez satisfait
satisferait	satisferaient	aurait satisfait	auraient satisfait

6 présent du subjonctif		13 passé du subjonctif	
satisfasse	satisfassions	aie satisfait	ayons satisfait
satisfasses	satisfassiez	aies satisfait	ayez satisfait
satisfasse	satisfassent	ait satisfait	aient satisfait

7 imparfait du subjonctif		14 plus-que-parfait du subjonctif	
satisfisse	satisfissions	eusse satisfait	eussions satisfait
satisfisses	satisfissiez	eusses satisfait	eussiez satisfait
satisfît	satisfissent	eût satisfait	eussent satisfait

	Impératif	
	satisfais	
	satisfaisons	
	satisfaites	

Words and expressions related to this verb

satisfaire sa faim   to satisfy one's hunger;
  satisfaire sa soif   to satisfy one's
  thirst
satisfaisant, satisfaisante   satisfying

la satisfaction   satisfaction
demander satisfaction à   to demand
  satisfaction from
être satisfait (satisfaite) de   to be
  satisfied with

Consult the sections on verbs used in idiomatic expressions, verbs with prepositions, and the
list of over 1,000 verbs conjugated like model verbs in the back pages.

to jump, to leap

The Seven Simple Tenses		The Seven Compound Tenses	
Singular	Plural	Singular	Plural
1 présent de l'indicatif		**8 passé composé**	
saute	sautons	ai sauté	avons sauté
sautes	sautez	as sauté	avez sauté
saute	sautent	a sauté	ont sauté
2 imparfait de l'indicatif		**9 plus-que-parfait de l'indicatif**	
sautais	sautions	avais sauté	avions sauté
sautais	sautiez	avais sauté	aviez sauté
sautait	sautaient	avait sauté	avaient sauté
3 passé simple		**10 passé antérieur**	
sautai	sautâmes	eus sauté	eûmes sauté
sautas	sautâtes	eus sauté	eûtes sauté
sauta	sautèrent	eut sauté	eurent sauté
4 futur		**11 futur antérieur**	
sauterai	sauterons	aurai sauté	aurons sauté
sauteras	sauterez	auras sauté	aurez sauté
sautera	sauteront	aura sauté	auront sauté
5 conditionnel		**12 conditionnel passé**	
sauterais	sauterions	aurais sauté	aurions sauté
sauterais	sauteriez	aurais sauté	auriez sauté
sauterait	sauteraient	aurait sauté	auraient sauté
6 présent du subjonctif		**13 passé du subjonctif**	
saute	sautions	aie sauté	ayons sauté
sautes	sautiez	aies sauté	ayez sauté
saute	sautent	ait sauté	aient sauté
7 imparfait du subjonctif		**14 plus-que-parfait du subjonctif**	
sautasse	sautassions	eusse sauté	eussions sauté
sautasses	sautassiez	eusses sauté	eussiez sauté
sautât	sautassent	eût sauté	eussent sauté

Impératif
saute
sautons
sautez

Words and expressions related to this verb

un saut   leap, jump
une sauterelle   grasshopper
sautiller   to skip, to hop
sauter à la corde   to jump (skip) rope

sauter au bas du lit   to jump out of bed
faire sauter une crêpe   to toss a pancake
Cela saute aux yeux.   That's obvious.

Consult the back pages for French proverbs using verbs.

to rescue, to save

The Seven Simple Tenses		The Seven Compound Tenses	
Singular	Plural	Singular	Plural
1 présent de l'indicatif		**8 passé composé**	
sauve	sauvons	ai sauvé	avons sauvé
sauves	sauvez	as sauvé	avez sauvé
sauve	sauvent	a sauvé	ont sauvé
2 imparfait de l'indicatif		**9 plus-que-parfait de l'indicatif**	
sauvais	sauvions	avais sauvé	avions sauvé
sauvais	sauviez	avais sauvé	aviez sauvé
sauvait	sauvaient	avait sauvé	avaient sauvé
3 passé simple		**10 passé antérieur**	
sauvai	sauvâmes	eus sauvé	eûmes sauvé
sauvas	sauvâtes	eus sauvé	eûtes sauvé
sauva	sauvèrent	eut sauvé	eurent sauvé
4 futur		**11 futur antérieur**	
sauverai	sauverons	aurai sauvé	aurons sauvé
sauveras	sauverez	auras sauvé	aurez sauvé
sauvera	sauveront	aura sauvé	auront sauvé
5 conditionnel		**12 conditionnel passé**	
sauverais	sauverions	aurais sauvé	aurions sauvé
sauverais	sauveriez	aurais sauvé	auriez sauvé
sauverait	sauveraient	aurait sauvé	auraient sauvé
6 présent du subjonctif		**13 passé du subjonctif**	
sauve	sauvions	aie sauvé	ayons sauvé
sauves	sauviez	aies sauvé	ayez sauvé
sauve	sauvent	ait sauvé	aient sauvé
7 imparfait du subjonctif		**14 plus-que-parfait du subjonctif**	
sauvasse	sauvassions	eusse sauvé	eussions sauvé
sauvasses	sauvassiez	eusses sauvé	eussiez sauvé
sauvât	sauvassent	eût sauvé	eussent sauvé

Impératif
sauve
sauvons
sauvez

Words and expressions related to this verb

sauvegarder to safeguard
le sauvetage life-saving, rescue
sauve-qui-peut run for your life
sauver les apparences to preserve
  appearances

See also se **sauver.**

se sauver to run away, to escape, to
  rush off
sauver la vie à qqn to save someone's
  life
une échelle de sauvetage fire escape

to run away, to rush off, to escape

The Seven Simple Tenses		The Seven Compound Tenses	
Singular	Plural	Singular	Plural

1 présent de l'indicatif

me sauve	nous sauvons		
te sauves	vous sauvez		
se sauve	se sauvent		

8 passé composé

me suis sauvé(e)	nous sommes sauvé(e)s
t'es sauvé(e)	vous êtes sauvé(e)(s)
s'est sauvé(e)	se sont sauvé(e)s

2 imparfait de l'indicatif

me sauvais	nous sauvions
te sauvais	vous sauviez
se sauvait	se sauvaient

9 plus-que-parfait de l'indicatif

m'étais sauvé(e)	nous étions sauvé(e)s
t'étais sauvé(e)	vous étiez sauvé(e)(s)
s'était sauvé(e)	s'étaient sauvé(e)s

3 passé simple

me sauvai	nous sauvâmes
te sauvas	vous sauvâtes
se sauva	se sauvèrent

10 passé antérieur

me fus sauvé(e)	nous fûmes sauvé(e)s
te fus sauvé(e)	vous fûtes sauvé(e)(s)
se fut sauvé(e)	se furent sauvé(e)s

4 futur

me sauverai	nous sauverons
te sauveras	vous sauverez
se sauvera	se sauveront

11 futur antérieur

me serai sauvé(e)	nous serons sauvé(e)s
te seras sauvé(e)	vous serez sauvé(e)(s)
se sera sauvé(e)	se seront sauvé(e)s

5 conditionnel

me sauverais	nous sauverions
te sauverais	vous sauveriez
se sauverait	se sauveraient

12 conditionnel passé

me serais sauvé(e)	nous serions sauvé(e)s
te serais sauvé(e)	vous seriez sauvé(e)(s)
se serait sauvé(e)	se seraient sauvé(e)s

6 présent du subjonctif

me sauve	nous sauvions
te sauves	vous sauviez
se sauve	se sauvent

13 passé du subjonctif

me sois sauvé(e)	nous soyons sauvé(e)s
te sois sauvé(e)	vous soyez sauvé(e)(s)
se soit sauvé(e)	se soient sauvé(e)s

7 imparfait du subjonctif

me sauvasse	nous sauvassions
te sauvasses	vous sauvassiez
se sauvât	se sauvassent

14 plus-que-parfait du subjonctif

me fusse sauvé(e)	nous fussions sauvé(e)s
te fusses sauvé(e)	vous fussiez sauvé(e)(s)
se fût sauvé(e)	se fussent sauvé(e)s

Impératif
sauve-toi; ne te sauve pas
sauvons-nous; ne nous sauvons pas
sauvez-vous; ne vous sauvez pas

Words and expressions related to this verb

se sauver de prison   to get out of prison   **sauver**   to rescue, to save
sauvegarder   to safeguard   **sauver la vie à qqn**   to save someone's life
le sauvetage   life-saving, rescue
sauve-qui-peut   run for your life

Consult the back pages for verbs that require certain prepositions.

See also **sauver.**

to know (how)

The Seven Simple Tenses		The Seven Compound Tenses	
Singular	Plural	Singular	Plural
1 présent de l'indicatif		**8 passé composé**	
sais	savons	ai su	avons su
sais	savez	as su	avez su
sait	savent	a su	ont su
2 imparfait de l'indicatif		**9 plus-que-parfait de l'indicatif**	
savais	savions	avais su	avions su
savais	saviez	avais su	aviez su
savait	savaient	avait su	avaient su
3 passé simple		**10 passé antérieur**	
sus	sûmes	eus su	eûmes su
sus	sûtes	eus su	eûtes su
sut	surent	eut su	eurent su
4 futur		**11 futur antérieur**	
saurai	saurons	aurai su	aurons su
sauras	saurez	auras su	aurez su
saura	sauront	aura su	auront su
5 conditionnel		**12 conditionnel passé**	
saurais	saurions	aurais su	aurions su
saurais	sauriez	aurais su	auriez su
saurait	sauraient	aurait su	auraient su
6 présent du subjonctif		**13 passé du subjonctif**	
sache	sachions	aie su	ayons su
saches	sachiez	aies su	ayez su
sache	sachent	ait su	aient su
7 imparfait du subjonctif		**14 plus-que-parfait du subjonctif**	
susse	sussions	eusse su	eussions su
susses	sussiez	eusses su	eussiez su
sût	sussent	eût su	eussent su

Impératif
sache
sachons
sachez

Words and expressions related to this verb

le savoir   knowledge
le savoir-faire   know-how, tact, ability
le savoir-vivre   to be well-mannered, well-bred
faire savoir   to inform
Pas que je sache   Not to my knowledge

savoir faire qqch   to know how to do something; **Savez-vous jouer du piano?**
Autant que je sache. . .   As far as I know. . .
C'est à savoir   That remains to be seen.

Consult the back pages for the section on verbs used in idiomatic expressions.

to shake, to shake down (off)

The Seven Simple Tenses		The Seven Compound Tenses	
Singular	Plural	Singular	Plural
1 présent de l'indicatif		**8 passé composé**	
secoue	secouons	ai secoué	avons secoué
secoues	secouez	as secoué	avez secoué
secoue	secouent	a secoué	ont secoué
2 imparfait de l'indicatif		**9 plus-que-parfait de l'indicatif**	
secouais	secouions	avais secoué	avions secoué
secouais	secouiez	avais secoué	aviez secoué
secouait	secouaient	avait secoué	avaient secoué
3 passé simple		**10 passé antérieur**	
secouai	secouâmes	eus secoué	eûmes secoué
secouas	secouâtes	eus secoué	eûtes secoué
secoua	secouèrent	eut secoué	eurent secoué
4 futur		**11 futur antérieur**	
secouerai	secouerons	aurai secoué	aurons secoué
secoueras	secouerez	auras secoué	aurez secoué
secouera	secoueront	aura secoué	auront secoué
5 conditionnel		**12 conditionnel passé**	
secouerais	secouerions	aurais secoué	aurions secoué
secouerais	secoueriez	aurais secoué	auriez secoué
secouerait	secoueraient	aurait secoué	auraient secoué
6 présent du subjonctif		**13 passé du subjonctif**	
secoue	secouions	aie secoué	ayons secoué
secoues	secouiez	aies secoué	ayez secoué
secoue	secouent	ait secoué	aient secoué
7 imparfait du subjonctif		**14 plus-que-parfait du subjonctif**	
secouasse	secouassions	eusse secoué	eussions secoué
secouasses	secouassiez	eusses secoué	eussiez secoué
secouât	secouassent	eût secoué	eussent secoué

Impératif
secoue
secouons
secouez

Words and expressions related to this verb

secouer la tête   to shake one's head
le secouement   shaking

secouer la poussière   to shake off the dust
une secousse   jolt; **sans secousse**   smoothly

Consult the sections on verbs used in idiomatic expressions, verbs with prepositions, and the list of over 1,000 verbs conjugated like model verbs in the back pages.

to help, to relieve, to succor

The Seven Simple Tenses		The Seven Compound Tenses	
Singular	Plural	Singular	Plural

1   présent de l'indicatif

secours	secourons	
secours	secourez	
secourt	secourent	

8   passé composé

ai secouru	avons secouru
as secouru	avez secouru
a secouru	ont secouru

2   imparfait de l'indicatif

secourais	secourions
secourais	secouriez
secourait	secouraient

9   plus-que-parfait de l'indicatif

avais secouru	avions secouru
avais secouru	aviez secouru
avait secouru	avaient secouru

3   passé simple

secourus	secourûmes
secourus	secourûtes
secourut	secoururent

10   passé antérieur

eus secouru	eûmes secouru
eus secouru	eûtes secouru
eut secouru	eurent secouru

4   futur

secourrai	secourrons
secourras	secourrez
secourra	secourront

11   futur antérieur

aurai secouru	aurons secouru
auras secouru	aurez secouru
aura secouru	auront secouru

5   conditionnel

secourrais	secourrions
secourrais	secourriez
secourrait	secourraient

12   conditionnel passé

aurais secouru	aurions secouru
aurais secouru	auriez secouru
aurait secouru	auraient secouru

6   présent du subjonctif

secoure	secourions
secoures	secouriez
secoure	secourent

13   passé du subjonctif

aie secouru	ayons secouru
aies secouru	ayez secouru
ait secouru	aient secouru

7   imparfait du subjonctif

secourusse	secourussions
secourusses	secourussiez
secourût	secourussent

14   plus-que-parfait du subjonctif

eusse secouru	eussions secouru
eusses secouru	eussiez secouru
eût secouru	eussent secouru

Impératif
secours
secourons
secourez

Common idiomatic expressions using this verb and words related to it

le secours   help, assistance
Au secours!   Help!
crier au secours   to shout for help
une roue de secours   spare wheel
une sortie de secours   emergency exit
secourir qqn contre un ennemi   to help
   someone from an enemy

aller au secours de qqn   to go to
   someone's aid
prêter secours à qqn   to go to someone's
   rescue, assistance
une équipe de secours   rescue squad
courir   to run

Consult the sections on verbs used in idiomatic expressions, verbs with prepositions, and the list of over 1,000 verbs conjugated like model verbs in the back pages.

The subject pronouns are found on the page facing page 1.

to seduce

The Seven Simple Tenses		The Seven Compound Tenses	
Singular	Plural	Singular	Plural
1 présent de l'indicatif		**8 passé composé**	
séduis	séduisons	ai séduit	avons séduit
séduis	séduisez	as séduit	avez séduit
séduit	séduisent	a séduit	ont séduit
2 imparfait de l'indicatif		**9 plus-que-parfait de l'indicatif**	
séduisais	séduisions	avais séduit	avions séduit
séduisais	séduisiez	avais séduit	aviez séduit
séduisait	séduisaient	avait séduit	avaient séduit
3 passé simple		**10 passé antérieur**	
séduisis	séduisîmes	eus séduit	eûmes séduit
séduisis	séduisîtes	eus séduit	eûtes séduit
séduisit	séduisirent	eut séduit	eurent séduit
4 futur		**11 futur antérieur**	
séduirai	séduirons	aurai séduit	aurons séduit
séduiras	séduirez	auras séduit	aurez séduit
séduira	séduiront	aura séduit	auront séduit
5 conditionnel		**12 conditionnel passé**	
séduirais	séduirions	aurais séduit	aurions séduit
séduirais	séduiriez	aurais séduit	auriez séduit
séduirait	séduiraient	aurait séduit	auraient séduit
6 présent du subjonctif		**13 passé du subjonctif**	
séduise	séduisions	aie séduit	ayons séduit
séduises	séduisiez	aies séduit	ayez séduit
séduise	séduisent	ait séduit	aient séduit
7 imparfait du subjonctif		**14 plus-que-parfait du subjonctif**	
séduisisse	séduisissions	eusse séduit	eussions séduit
séduisisses	séduisissiez	eusses séduit	eussiez séduit
séduisît	séduisissent	eût séduit	eussent séduit

Impératif
séduis
séduisons
séduisez

Words related to this verb

séduisant, séduisante   fascinating, seductive, attractive
un séducteur, une séductrice   tempter (temptress), seducer (seductress)
une séduction   seduction, enticement
séductible   seducible

Consult the sections on verbs used in idiomatic expressions, verbs with prepositions, and the list of over 1,000 verbs conjugated like model verbs in the back pages.

430

to sojourn, to live somewhere temporarily

The Seven Simple Tenses		The Seven Compound Tenses	
Singular	Plural	Singular	Plural

1 présent de l'indicatif		8 passé composé	
séjourne	séjournons	ai séjourné	avons séjourné
séjournes	séjournez	as séjourné	avez séjourné
séjourne	séjournent	a séjourné	ont séjourné

2 imparfait de l'indicatif		9 plus-que-parfait de l'indicatif	
séjournais	séjournions	avais séjourné	avions séjourné
séjournais	séjourniez	avais séjourné	aviez séjourné
séjournait	séjournaient	avait séjourné	avaient séjourné

3 passé simple		10 passé antérieur	
séjournai	séjournâmes	eus séjourné	eûmes séjourné
séjournas	séjournâtes	eus séjourné	eûtes séjourné
séjourna	séjournèrent	eut séjourné	eurent séjourné

4 futur		11 futur antérieur	
séjournerai	séjournerons	aurai séjourné	aurons séjourné
séjourneras	séjournerez	auras séjourné	aurez séjourné
séjournera	séjourneront	aura séjourné	auront séjourné

5 conditionnel		12 conditionnel passé	
séjournerais	séjournerions	aurais séjourné	aurions séjourné
séjournerais	séjourneriez	aurais séjourné	auriez séjourné
séjournerait	séjourneraient	aurait séjourné	auraient séjourné

6 présent du subjonctif		13 passé du subjonctif	
séjourne	séjournions	aie séjourné	ayons séjourné
séjournes	séjourniez	aies séjourné	ayez séjourné
séjourne	séjournent	ait séjourné	aient séjourné

7 imparfait du subjonctif		14 plus-que-parfait du subjonctif	
séjournasse	séjournassions	eusse séjourné	eussions séjourné
séjournasses	séjournassiez	eusses séjourné	eussiez séjourné
séjournât	séjournassent	eût séjourné	eussent séjourné

	Impératif
	séjourne
	séjournons
	séjournez

Words and expressions related to this verb

séjourner à un hôtel   to stay (stop)
  at a hotel
un séjour   sojourn, stay
faire un séjour à la campagne
  to stay in the country

séjourner chez des amis   to stay with
  friends
le jour   day
une salle de séjour   living room
un bref séjour   a brief stay

Consult the sections on verbs used in idiomatic expressions, verbs with prepositions, and the list of over 1,000 verbs conjugated like model verbs in the back pages.

to seem

The Seven Simple Tenses	The Seven Compound Tenses
Singular	Singular
1 présent de l'indicatif **il semble**	8 passé composé **il a semblé**
2 imparfait de l'indicatif **il semblait**	9 plus-que-parfait de l'indicatif **il avait semblé**
3 passé simple **il sembla**	10 passé antérieur **il eut semblé**
4 futur **il semblera**	11 futur antérieur **il aura semblé**
5 conditionnel **il semblerait**	12 conditionnel passé **il aurait semblé**
6 présent du subjonctif **qu'il semble**	13 passé du subjonctif **qu'il ait semblé**
7 imparfait du subjonctif **qu'il semblât**	14 plus-que-parfait du subjonctif **qu'il eût semblé**

Impératif
—

This verb has regular forms in all the tenses (like **ressembler** among the 501 verbs in this book) but much of the time it is used impersonally in the forms given above with **il** (it) as the subject.

Il me semble difficile
It seems difficult to me.

C'est ce qui me semble.
That's what it looks like to me.

to feel, to smell, to perceive

The Seven Simple Tenses		The Seven Compound Tenses	
Singular	Plural	Singular	Plural
1 présent de l'indicatif		**8 passé composé**	
sens	**sentons**	**ai senti**	**avons senti**
sens	**sentez**	**as senti**	**avez senti**
sent	**sentent**	**a senti**	**ont senti**
2 imparfait de l'indicatif		**9 plus-que-parfait de l'indicatif**	
sentais	**sentions**	**avais senti**	**avions senti**
sentais	**sentiez**	**avais senti**	**aviez senti**
sentait	**sentaient**	**avait senti**	**avaient senti**
3 passé simple		**10 passé antérieur**	
sentis	**sentîmes**	**eus senti**	**eûmes senti**
sentis	**sentîtes**	**eus senti**	**eûtes senti**
sentit	**sentirent**	**eut senti**	**eurent senti**
4 futur		**11 futur antérieur**	
sentirai	**sentirons**	**aurai senti**	**aurons senti**
sentiras	**sentirez**	**auras senti**	**aurez senti**
sentira	**sentiront**	**aura senti**	**auront senti**
5 conditionnel		**12 conditionnel passé**	
sentirais	**sentirions**	**aurais senti**	**aurions senti**
sentirais	**sentiriez**	**aurais senti**	**auriez senti**
sentirait	**sentiraient**	**aurait senti**	**auraient senti**
6 présent du subjonctif		**13 passé du subjonctif**	
sente	**sentions**	**aie senti**	**ayons senti**
sentes	**sentiez**	**aies senti**	**ayez senti**
sente	**sentent**	**ait senti**	**aient senti**
7 imparfait du subjonctif		**14 plus-que-parfait du subjonctif**	
sentisse	**sentissions**	**eusse senti**	**eussions senti**
sentisses	**sentissiez**	**eusses senti**	**eussiez senti**
sentît	**sentissent**	**eût senti**	**eussent senti**

Impératif
sens
sentons
sentez

Words and expressions related to this verb

un sentiment feeling, sense, impression
sentimental, sentimentale sentimental
la sentimentalité sentimentality
sentir le chagrin to feel sorrow
se sentir + adj. to feel + adj.;
  Je me sens malade. I feel sick.

sentir bon to smell good
sentir mauvais to smell bad
faire sentir qqch à qqn to make someone
  feel something
se faire sentir to make itself felt
ne se sentir pas bien not to feel well; **Je ne
  me sens pas bien.** I don't feel well.

to be becoming, to suit

The Seven Simple Tenses

Singular	Plural

1 présent de l'indicatif
il sied   ils siéent

2 imparfait de l'indicatif
il seyait   ils seyaient

3 passé simple

4 futur
il siéra   ils siéront

5 conditionnel
il siérait   ils siéraient

6 présent du subjonctif
qu'il siée   qu'ils siéent

This verb is defective and it is generally used only in the above persons and tenses.

Cela vous sied   That suits you well.
Ce chapeau te sied si bien!   That hat looks so good on you!
Connaissez-vous la pièce *Le Deuil sied à Electre* **d'Eugene O'Neill?**
  Do you know the play *Mourning Becomes Electra* by Eugene O'Neill?
seoir à   to be becoming to

Consult the sections on verbs used in idiomatic expressions, verbs with prepositions, and the list of over 1,000 verbs conjugated like model verbs in the back pages.

The form **séant** is used as an adj.: **Il n'est pas séant de faire cela**   It's unbecoming to do that.

to separate

The Seven Simple Tenses		The Seven Compound Tenses	
Singular	Plural	Singular	Plural
1 présent de l'indicatif		**8 passé composé**	
sépare	séparons	ai séparé	avons séparé
sépares	séparez	as séparé	avez séparé
sépare	séparent	a séparé	ont séparé
2 imparfait de l'indicatif		**9 plus-que-parfait de l'indicatif**	
séparais	séparions	avais séparé	avions séparé
séparais	sépariez	avais séparé	aviez séparé
séparait	séparaient	avait séparé	avaient séparé
3 passé simple		**10 passé antérieur**	
séparai	séparâmes	eus séparé	eûmes séparé
séparas	séparâtes	eus séparé	eûtes séparé
sépara	séparèrent	eut séparé	eurent séparé
4 futur		**11 futur antérieur**	
séparerai	séparerons	aurai séparé	aurons séparé
sépareras	séparerez	auras séparé	aurez séparé
séparera	sépareront	aura séparé	auront séparé
5 conditionnel		**12 conditionnel passé**	
séparerais	séparerions	aurais séparé	aurions séparé
séparerais	sépareriez	aurais séparé	auriez séparé
séparerait	sépareraient	aurait séparé	auraient séparé
6 présent du subjonctif		**13 passé du subjonctif**	
sépare	séparions	aie séparé	ayons séparé
sépares	sépariez	aies séparé	ayez séparé
sépare	séparent	ait séparé	aient séparé
7 imparfait du subjonctif		**14 plus-que-parfait du subjonctif**	
séparasse	séparassions	eusse séparé	eussions séparé
séparasses	séparassiez	eusses séparé	eussiez séparé
séparât	séparassent	eût séparé	eussent séparé

	Impératif
	sépare
	séparons
	séparez

Words and expressions related to this verb

séparer de   to sever from, to separate from
Les Pyrénées séparent la France et l'Espagne   France is separated from Spain by
   the Pyrenees.
se séparer de   to be separated from, to separate oneself from
Madame Dubois se sépare de son mari.   Mrs. Dubois is separating from her husband.
une séparation   separation, parting

Consult the sections on verbs used in idiomatic expressions, verbs with prepositions, and the
list of over 1,000 verbs conjugated like model verbs in the back pages.

to grasp, to press, to squeeze, to shake (hands)

The Seven Simple Tenses		The Seven Compound Tenses	
Singular	Plural	Singular	Plural
1 présent de l'indicatif		**8 passé composé**	
serre	serrons	ai serré	avons serré
serres	serrez	as serré	avez serré
serre	serrent	a serré	ont serré
2 imparfait de l'indicatif		**9 plus-que-parfait de l'indicatif**	
serrais	serrions	avais serré	avions serré
serrais	serriez	avais serré	aviez serré
serrait	serraient	avait serré	avaient serré
3 passé simple		**10 passé antérieur**	
serrai	serrâmes	eus serré	eûmes serré
serras	serrâtes	eus serré	eûtes serré
serra	serrèrent	eut serré	eurent serré
4 futur		**11 futur antérieur**	
serrerai	serrerons	aurai serré	aurons serré
serreras	serrerez	auras serré	aurez serré
serrera	serreront	aura serré	auront serré
5 conditionnel		**12 conditionnel passé**	
serrerais	serrerions	aurais serré	aurions serré
serrerais	serreriez	aurais serré	auriez serré
serrerait	serreraient	aurait serré	auraient serré
6 présent du subjonctif		**13 passé du subjonctif**	
serre	serrions	aie serré	ayons serré
serres	serriez	aies serré	ayez serré
serre	serrent	ait serré	aient serré
7 imparfait du subjonctif		**14 plus-que-parfait du subjonctif**	
serrasse	serrasisons	eusse serré	eussions serré
serrasses	serrassiez	eusses serré	eussiez serré
serrât	serrassent	eût serré	eussent serré

Impératif
serre
serrons
serrez

Words and expressions related to this verb

serrer la main à qqn   to shake hands
  with someone
serrer un noeud   to tighten a knot
un serre-livres   book end;
  (des serre-livres)

serrer les rangs   to close up ranks
serrer le coeur   to wring one's heart
serrés comme des harengs   packed like
  sardines
une serrure   lock; **le trou de la serrure**
  keyhole

Consult the sections on verbs used in idiomatic expressions, verbs with prepositions, and the
list of over 1,000 verbs conjugated like model verbs in the back pages.

to serve, to be useful

The Seven Simple Tenses		The Seven Compound Tenses	
Singular	Plural	Singular	Plural

1 présent de l'indicatif

		8 passé composé	
sers	servons	ai servi	avons servi
sers	servez	as servi	avez servi
sert	servent	a servi	ont servi

2 imparfait de l'indicatif

		9 plus-que-parfait de l'indicatif	
servais	servions	avais servi	avions servi
servais	serviez	avais servi	aviez servi
servait	servaient	avait servi	avaient servi

3 passé simple

		10 passé antérieur	
servis	servîmes	eus servi	eûmes servi
servis	servîtes	eus servi	eûtes servi
servit	servirent	eut servi	eurent servi

4 futur

		11 futur antérieur	
servirai	servirons	aurai servi	aurons servi
serviras	servirez	auras servi	aurez servi
servira	serviront	aura servi	auront servi

5 conditionnel

		12 conditionnel passé	
servirais	servirions	aurais servi	aurions servi
servirais	serviriez	aurais servi	auriez servi
servirait	serviraient	aurait servi	auraient servi

6 présent du subjonctif

		13 passé du subjonctif	
serve	servions	aie servi	ayons servi
serves	serviez	aies servi	ayez servi
serve	servent	ait servi	aient servi

7 imparfait du subjonctif

		14 plus-que-parfait du subjonctif	
servisse	servissions	eusse servi	eussions servi
servisses	servissiez	eusses servi	eussiez servi
servît	servissent	eût servi	eussent servi

Impératif
sers
servons
servez

Words and expressions related to this verb

le serveur waiter	**se servir** to serve oneself, to help oneself
la serveuse waitress	**se servir de qqch** to use something, to avail
le service service	oneself of something, to make use of
une serviette napkin	something
un serviteur servant	**servir à qqch** to be of some use
la servitude servitude	**servir à rien** to be of no use;
desservir to clear off the table	**Cela ne sert à rien** That serves no purpose.

The subject pronouns are found on the page facing page 1.   **437**

to serve oneself, to help oneself (to food and drink)

The Seven Simple Tenses		The Seven Compound Tenses	
Singular	Plural	Singular	Plural
1 présent de l'indicatif		**8 passé composé**	
me sers	nous servons	me suis servi(e)	nous sommes servi(e)s
te sers	vous servez	t'es servi(e)	vous êtes servi(e)(s)
se sert	se servent	s'est servi(e)	se sont servi(e)s
2 imparfait de l'indicatif		**9 plus-que-parfait de l'indicatif**	
me servais	nous servions	m'étais servi(e)	nous étions servi(e)s
te servais	vous serviez	t'étais servi(e)	vous étiez servi(e)(s)
se servait	se servaient	s'était servi(e)	s'étaient servi(e)s
3 passé simple		**10 passé antérieur**	
me servis	nous servîmes	me fus servi(e)	nous fûmes servi(e)s
te servis	vous servîtes	te fus servi(e)	vous fûtes servi(e)(s)
se servit	se servirent	se fut servi(e)	se furent servi(e)s
4 futur		**11 futur antérieur**	
me servirai	nous servirons	me serai servi(e)	nous serons servi(e)s
te serviras	vous servirez	te seras servi(e)	vous serez servi(e)(s)
se servira	se serviront	se sera servi(e)	se seront servi(e)s
5 conditionnel		**12 conditionnel passé**	
me servirais	nous servirions	me serais servi(e)	nous serions servi(e)s
te servirais	vous serviriez	te serais servi(e)	vous seriez servi(e)(s)
se servirait	se serviraient	se serait servi(e)	se seraient servi(e)s
6 présent du subjonctif		**13 passé du subjonctif**	
me serve	nous servions	me sois servi(e)	nous soyons servi(e)s
te serves	vous serviez	te sois servi(e)	vous soyez servi(e)(s)
se serve	se servent	se soit servi(e)	se soient servi(e)s
7 imparfait du subjonctif		**14 plus-que-parfait du subjonctif**	
me servisse	nous servissions	me fusse servi(e)	nous fussions servi(e)s
te servisses	vous servissiez	te fusses servi(e)	vous fussiez servi(e)(s)
se servît	se servissent	se fût servi(e)	se fussent servi(e)s

Impératif
sers-toi; ne te sers pas
servons-nous; ne nous servons pas
servez-vous; ne vous servez pas

Words and expressions related to this verb

un serviteur servant
la servitude servitude
le serveur waiter
la serveuse waitress
le service service
une serviette napkin

See also **servir**.

se servir de qqch to use something, to make use of something
se servir to serve oneself, to help oneself; **Servez-vous, je vous en prie!** Help yourself, please!
Est-ce qu'on se sert seul dans ce restaurant?
—Oui, c'est un restaurant self-service.

438

to whistle, to hiss, to boo

The Seven Simple Tenses		The Seven Compound Tenses	
Singular	Plural	Singular	Plural
1 présent de l'indicatif		**8 passé composé**	
siffle	sifflons	ai sifflé	avons sifflé
siffles	sifflez	as sifflé	avez sifflé
siffle	sifflent	a sifflé	ont sifflé
2 imparfait de l'indicatif		**9 plus-que-parfait de l'indicatif**	
sifflais	sifflions	avais sifflé	avions sifflé
sifflais	siffliez	avais sifflé	aviez sifflé
sifflait	sifflaient	avait sifflé	avaient sifflé
3 passé simple		**10 passé antérieur**	
sifflai	sifflâmes	eus sifflé	eûmes sifflé
sifflas	sifflâtes	eus sifflé	eûtes sifflé
siffla	sifflèrent	eut sifflé	eurent sifflé
4 futur		**11 futur antérieur**	
sifflerai	sifflerons	aurai sifflé	aurons sifflé
siffleras	sifflerez	auras sifflé	aurez sifflé
sifflera	siffleront	aura sifflé	auront sifflé
5 conditionnel		**12 conditionnel passé**	
sifflerais	sifflerions	aurais sifflé	aurions sifflé
sifflerais	siffleriez	aurais sifflé	auriez sifflé
sifflerait	siffleraient	aurait sifflé	auraient sifflé
6 présent du subjonctif		**13 passé du subjonctif**	
siffle	sifflions	aie sifflé	ayons sifflé
siffles	siffliez	aies sifflé	ayez sifflé
siffle	sifflent	ait sifflé	aient sifflé
7 imparfait du subjonctif		**14 plus-que-parfait du subjonctif**	
sifflasse	sifflassions	eusse sifflé	eussions sifflé
sifflasses	sifflassiez	eusses sifflé	eussiez sifflé
sifflât	sifflassent	eût sifflé	eussent sifflé

Impératif
siffle
sifflons
sifflez

Words and expressions related to this verb

un sifflet   whistle
un sifflet d'alarme   alarm whistle
un siffleur, une siffleuse   whistler,
  booer, hisser

le sifflet d'un agent de police
  policeman's whistle
le sifflement   whistling, hissing

Consult the sections on verbs used in idiomatic expressions, verbs with prepositions, and the
list of over 1,000 verbs conjugated like model verbs in the back pages.

to point out

The Seven Simple Tenses		The Seven Compound Tenses	
Singular	Plural	Singular	Plural
1 présent de l'indicatif		**8 passé composé**	
signale	signalons	ai signalé	avons signalé
signales	signalez	as signalé	avez signalé
signale	signalent	a signalé	ont signalé
2 imparfait de l'indicatif		**9 plus-que-parfait de l'indicatif**	
signalais	signalions	avais signalé	avions signalé
signalais	signaliez	avais signalé	aviez signalé
signalait	signalaient	avait signalé	avaient signalé
3 passé simple		**10 passé antérieur**	
signalai	signalâmes	eus signalé	eûmes signalé
signalas	signalâtes	eus signalé	eûtes signalé
signala	signalèrent	eut signalé	eurent signalé
4 futur		**11 futur antérieur**	
signalerai	signalerons	aurai signalé	aurons signalé
signaleras	signalerez	auras signalé	aurez signalé
signalera	signaleront	aura signalé	auront signalé
5 conditionnel		**12 conditionnel passé**	
signalerais	signalerions	aurais signalé	aurions signalé
signalerais	signaleriez	aurais signalé	auriez signalé
signalerait	signaleraient	aurait signalé	auraient signalé
6 présent du subjonctif		**13 passé du subjonctif**	
signale	signalions	aie signalé	ayons signalé
signales	signaliez	aies signalé	ayez signalé
signale	signalent	ait signalé	aient signalé
7 imparfait du subjonctif		**14 plus-que-parfait du subjonctif**	
signalasse	signalassions	eusse signalé	eussions signalé
signalasses	signalassiez	eusses signalé	eussiez signalé
signalât	signalassent	eût signalé	eussent signalé

Impératif
signale
signalons
signalez

Words and expressions related to this verb

se signaler   to distinguish oneself
un signal   signal
le signal d'alarme   alarm signal
les signaux de route   road signs
signaliser   to mark with signs

Consult the sections on verbs used in idiomatic expressions, verbs with prepositions, and the list of over 1,000 verbs conjugated like model verbs in the back pages.

The Seven Simple Tenses		The Seven Compound Tenses	
Singular	Plural	Singular	Plural
1 présent de l'indicatif		**8 passé composé**	
signe	signons	ai signé	avons signé
signes	signez	as signé	avez signé
signe	signent	a signé	ont signé
2 imparfait de l'indicatif		**9 plus-que-parfait de l'indicatif**	
signais	signions	avais signé	avions signé
signais	signiez	avais signé	aviez signé
signait	signaient	avait signé	avaient signé
3 passé simple		**10 passé antérieur**	
signai	signâmes	eus signé	eûmes signé
signas	signâtes	eus signé	eûtes signé
signa	signèrent	eut signé	eurent signé
4 futur		**11 futur antérieur**	
signerai	signerons	aurai signé	aurons signé
signeras	signerez	auras signé	aurez signé
signera	signeront	aura signé	auront signé
5 conditionnel		**12 conditionnel passé**	
signerais	signerions	aurais signé	aurions signé
signerais	signeriez	aurais signé	auriez signé
signerait	signeraient	aurait signé	auraient signé
6 présent du subjonctif		**13 passé du subjonctif**	
signe	signions	aie signé	ayons signé
signes	signiez	aies signé	ayez signé
signe	signent	ait signé	aient signé
7 imparfait du subjonctif		**14 plus-que-parfait du subjonctif**	
signasse	signassions	eusse signé	eussions signé
signasses	signassiez	eusses signé	eussiez signé
signât	signassent	eût signé	eussent signé

Impératif
signe
signons
signez

Words and expressions related to this verb

se signer   to cross oneself (to make the sign of the Cross)
un signe   gesture, sign;
  un signe de tête   nod
faire le signe de la Croix   to make the sign of the Cross
la signature   signature, signing
les signes de vie   signs of life

assigner   to assign
consigner   to deposit (money); to consign (merchandise)
la consignation   consignment, deposit
le, la consignataire   consignee
le, la signataire   signer

Consult the sections on verbs used in idiomatic expressions, verbs with prepositions, and the list of over 1,000 verbs conjugated like model verbs in the back pages.

The subject pronouns are found on the page facing page 1.

441

to dream, to think

The Seven Simple Tenses		The Seven Compound Tenses	
Singular	Plural	Singular	Plural
1 présent de l'indicatif		**8 passé composé**	
songe	songeons	ai songé	avons songé
songes	songez	as songé	avez songé
songe	songent	a songé	ont songé
2 imparfait de l'indicatif		**9 plus-que-parfait de l'indicatif**	
songeais	songions	avais songé	avions songé
songeais	songiez	avais songé	aviez songé
songeait	songeaient	avait songé	avaient songé
3 passé simple		**10 passé antérieur**	
songeai	songeâmes	eus songé	eûmes songé
songeas	songeâtes	eus songé	eûtes songé
songea	songèrent	eut songé	eurent songé
4 futur		**11 futur antérieur**	
songerai	songerons	aurai songé	aurons songé
songeras	songerez	auras songé	aurez songé
songera	songeront	aura songé	auront songé
5 conditionnel		**12 conditionnel passé**	
songerais	songerions	aurais songé	aurions songé
songerais	songeriez	aurais songé	auriez songé
songerait	songeraient	aurait songé	auraient songé
6 présent du subjonctif		**13 passé du subjonctif**	
songe	songions	aie songé	ayons songé
songes	songiez	aies songé	ayez songé
songe	songent	ait songé	aient songé
7 imparfait du subjonctif		**14 plus-que-parfait du subjonctif**	
songeasse	songeassions	eusse songé	eussions songé
songeasses	songeassiez	eusses songé	eussiez songé
songeât	songeassent	eût songé	eussent songé

Impératif
songe
songeons
songez

Words and expressions related to this verb

un songe dream
un songeur, une songeuse dreamer
songer à l'avenir to think of the future
faire un songe to have a dream

songer à to think of something, to give thought to something
Songez-y bien! Think it over carefully!

The Seven Simple Tenses		The Seven Compound Tenses	
Singular	Plural	Singular	Plural

1 présent de l'indicatif		8 passé composé	
sonne	sonnons	ai sonné	avons sonné
sonnes	sonnez	as sonné	avez sonné
sonne	sonnent	a sonné	ont sonné

2 imparfait de l'indicatif		9 plus-que-parfait de l'indicatif	
sonnais	sonnions	avais sonné	avions sonné
sonnais	sonniez	avais sonné	aviez sonné
sonnait	sonnaient	avait sonné	avaient sonné

3 passé simple		10 passé antérieur	
sonnai	sonnâmes	eus sonné	eûmes sonné
sonnas	sonnâtes	eus sonné	eûtes sonné
sonna	sonnèrent	eut sonné	eurent sonné

4 futur		11 futur antérieur	
sonnerai	sonnerons	aurai sonné	aurons sonné
sonneras	sonnerez	auras sonné	aurez sonné
sonnera	sonneront	aura sonné	auront sonné

5 conditionnel		12 conditionnel passé	
sonnerais	sonnerions	aurais sonné	aurions sonné
sonnerais	sonneriez	aurais sonné	auriez sonné
sonnerait	sonneraient	aurait sonné	auraient sonné

6 présent du subjonctif		13 passé du subjonctif	
sonne	sonnions	aie sonné	ayons sonné
sonnes	sonniez	aies sonné	ayez sonné
sonne	sonnent	ait sonné	aient sonné

7 imparfait du subjonctif		14 plus-que-parfait du subjonctif	
sonnasse	sonnassions	eusse sonné	eussions sonné
sonnasses	sonnassiez	eusses sonné	eussiez sonné
sonnât	sonnassent	eût sonné	eussent sonné

Impératif
sonne
sonnons
sonnez

Words and expressions related to this verb

une sonnerie   ringing, chiming
une sonnette   house bell, hand bell
une sonnette électrique   electric bell
le son   sound, ringing

sonner creux   to sound hollow
une sonnerie d'alarme   alarm bell
faire sonner un mot   to emphasize a word

The subject pronouns are found on the page facing page 1.   **443**

to go out, to leave

The Seven Simple Tenses		The Seven Compound Tenses	
Singular	Plural	Singular	Plural
1 présent de l'indicatif		8 passé composé	
sors	sortons	suis sorti(e)	sommes sorti(e)s
sors	sortez	es sorti(e)	êtes sorti(e)(s)
sort	sortent	est sorti(e)	sont sorti(e)s
2 imparfait de l'indicatif		9 plus-que-parfait de l'indicatif	
sortais	sortions	étais sorti(e)	étions sorti(e)s
sortais	sortiez	étais sorti(e)	étiez sorti(e)(s)
sortait	sortaient	était sorti(e)	étaient sorti(e)s
3 passé simple		10 passé antérieur	
sortis	sortîmes	fus sorti(e)	fûmes sorti(e)s
sortis	sortîtes	fus sorti(e)	fûtes sorti(e)(s)
sortit	sortirent	fut sorti(e)	furent sorti(e)s
4 futur		11 futur antérieur	
sortirai	sortirons	serai sorti(e)	serons sorti(e)s
sortiras	sortirez	seras sorti(e)	serez sorti(e)(s)
sortira	sortiront	sera sorti(e)	seront sorti(e)s
5 conditionnel		12 conditionnel passé	
sortirais	sortirions	serais sorti(e)	serions sorti(e)s
sortirais	sortiriez	serais sorti(e)	seriez sorti(e)(s)
sortirait	sortiraient	serait sorti(e)	seraient sorti(e)s
6 présent du subjonctif		13 passé du subjonctif	
sorte	sortions	sois sorti(e)	soyons sorti(e)s
sortes	sortiez	sois sorti(e)	soyez sorti(e)(s)
sorte	sortent	soit sorti(e)	soient sorti(e)s
7 imparfait du subjonctif		14 plus-que-parfait du subjonctif	
sortisse	sortissions	fusse sorti(e)	fussions sorti(e)s
sortisses	sortissiez	fusses sorti(e)	fussiez sorti(e)(s)
sortît	sortissent	fût sorti(e)	fussent sorti(e)s

Impératif
sors
sortons
sortez

This verb is conjugated with **avoir** when it has a direct object.

Example: **Elle a sorti son mouchoir.**   She took out her handkerchief.

BUT: **Elle est sortie hier soir.**   She went out last night.

Words and expressions related to this verb

ressortir   to go out again
une sortie   exit;
    une sortie de secours
    emergency exit

sortir du lit   to get out of bed
se sortir d'une situation   to get oneself out
    of a situation

to blow, to pant, to prompt (an actor/actress with a cue)

The Seven Simple Tenses		The Seven Compound Tenses	
Singular	Plural	Singular	Plural
1 présent de l'indicatif		**8 passé composé**	
souffle	soufflons	ai soufflé	avons soufflé
souffles	soufflez	as soufflé	avez soufflé
souffle	soufflent	a soufflé	ont soufflé
2 imparfait de l'indicatif		**9 plus-que-parfait de l'indicatif**	
soufflais	soufflions	avais soufflé	avions soufflé
soufflais	souffliez	avais soufflé	aviez soufflé
soufflait	soufflaient	avait soufflé	avaient soufflé
3 passé simple		**10 passé antérieur**	
soufflai	soufflâmes	eus soufflé	eûmes soufflé
soufflas	soufflâtes	eus soufflé	eûtes soufflé
souffla	soufflèrent	eut soufflé	eurent soufflé
4 futur		**11 futur antérieur**	
soufflerai	soufflerons	aurai soufflé	aurons soufflé
souffleras	soufflerez	auras soufflé	aurez soufflé
soufflera	souffleront	aura soufflé	auront soufflé
5 conditionnel		**12 conditionnel passé**	
soufflerais	soufflerions	aurais soufflé	aurions soufflé
soufflerais	souffleriez	aurais soufflé	auriez soufflé
soufflerait	souffleraient	aurait soufflé	auraient soufflé
6 présent du subjonctif		**13 passé du subjonctif**	
souffle	soufflions	aie soufflé	ayons soufflé
souffles	souffliez	aies soufflé	ayez soufflé
souffle	soufflent	ait soufflé	aient soufflé
7 imparfait du subjonctif		**14 plus-que-parfait du subjonctif**	
soufflasse	soufflassions	eusse soufflé	eussions soufflé
soufflasses	soufflassiez	eusses soufflé	eussiez soufflé
soufflât	soufflassent	eût soufflé	eussent soufflé

Impératif
souffle
soufflons
soufflez

Words and expressions related to this verb

le souffle   breath, breathing
à bout de souffle   out of breath
retenir son souffle   to hold one's breath
couper le souffle à qqn   to take someone's breath away

Consult the sections on verbs used in idiomatic expressions, verbs with prepositions, and the list of over 1,000 verbs conjugated like model verbs in the back pages.

to suffer, to endure

The Seven Simple Tenses		The Seven Compound Tenses	
Singular	Plural	Singular	Plural
1 présent de l'indicatif		**8 passé composé**	
souffre	souffrons	ai souffert	avons souffert
souffres	souffrez	as souffert	avez souffert
souffre	souffrent	a souffert	ont souffert
2 imparfait de l'indicatif		**9 plus-que-parfait de l'indicatif**	
souffrais	souffrions	avais souffert	avions souffert
souffrais	souffriez	avais souffert	aviez souffert
souffrait	souffraient	avait souffert	avaient souffert
3 passé simple		**10 passé antérieur**	
souffris	souffrîmes	eus souffert	eûmes souffert
souffris	souffrîtes	eus souffert	eûtes souffert
souffrit	souffrirent	eut souffert	eurent souffert
4 futur		**11 futur antérieur**	
souffrirai	souffrirons	aurai souffert	aurons souffert
souffriras	souffrirez	auras souffert	aurez souffert
souffrira	souffriront	aura souffert	auront souffert
5 conditionnel		**12 conditionnel passé**	
souffrirais	souffririons	aurais souffert	aurions souffert
souffrirais	souffririez	aurais souffert	auriez souffert
souffrirait	souffriraient	aurait souffert	auraient souffert
6 présent du subjonctif		**13 passé du subjonctif**	
souffre	souffrions	aie souffert	ayons souffert
souffres	souffriez	aies souffert	ayez souffert
souffre	souffrent	ait souffert	aient souffert
7 imparfait du subjonctif		**14 plus-que-parfait du subjonctif**	
souffrisse	souffrissions	eusse souffert	eussions souffert
souffrisses	souffrissiez	eusses souffert	eussiez souffert
souffrît	souffrissent	eût souffert	eussent souffert

Impératif
souffre
souffrons
souffrez

Words and expressions related to this verb

la souffrance suffering
souffrant, souffrante ailing, sick
souffreteux, souffreteuse sickly, feeble

souffrir le froid to withstand the cold
Cela me fait souffrir
  That hurts me.

Consult the back pages for the section on verbs used in idiomatic expressions.

The Seven Simple Tenses		The Seven Compound Tenses	
Singular	Plural	Singular	Plural
1 présent de l'indicatif		**8 passé composé**	
souhaite	souhaitons	ai souhaité	avons souhaité
souhaites	souhaitez	as souhaité	avez souhaité
souhaite	souhaitent	a souhaité	ont souhaité
2 imparfait de l'indicatif		**9 plus-que-parfait de l'indicatif**	
souhaitais	souhaitions	avais souhaité	avions souhaité
souhaitais	souhaitiez	avais souhaité	aviez souhaité
souhaitait	souhaitaient	avait souhaité	avaient souhaité
3 passé simple		**10 passé antérieur**	
souhaitai	souhaitâmes	eus souhaité	eûmes souhaité
souhaitas	souhaitâtes	eus souhaité	eûtes souhaité
souhaita	souhaitèrent	eut souhaité	eurent souhaité
4 futur		**11 futur antérieur**	
souhaiterai	souhaiterons	aurai souhaité	aurons souhaité
souhaiteras	souhaiterez	auras souhaité	aurez souhaité
souhaitera	souhaiteront	aura souhaité	auront souhaité
5 conditionnel		**12 conditionnel passé**	
souhaiterais	souhaiterions	aurais souhaité	aurions souhaité
souhaiterais	souhaiteriez	aurais souhaité	auriez souhaité
souhaiterait	souhaiteraient	aurait souhaité	auraient souhaité
6 présent du subjonctif		**13 passé du subjonctif**	
souhaite	souhaitions	aie souhaité	ayons souhaité ·
souhaites	souhaitiez	aies souhaité	ayez souhaité
souhaite	souhaitent	ait souhaité	aient souhaité
7 imparfait du subjonctif		**14 plus-que-parfait du subjonctif**	
souhaitasse	souhaitassions	eusse souhaité	eussions souhaité
souhaitasses	souhaitassiez	eusses souhaité	eussiez souhaité
souhaitât	souhaitassent	eût souhaité	eussent souhaité

Impératif
souhaite
souhaitons
souhaitez

Words and expressions related to this verb

un souhait   a wish
à souhait   to one's liking
souhaits de bonne année   New Year's
   greetings
souhaiter bon voyage à qqn   to wish
   someone a good trip

souhaiter la bienvenue à qqn   to welcome
   someone
souhaiter le bonjour à qqn   to greet
   someone
souhaitable   desirable

Consult the back pages for the section on verbs that require certain prepositions.

The subject pronouns are found on the page facing page 1.   **447**

to dirty, to muddy, to soil

The Seven Simple Tenses		The Seven Compound Tenses	
Singular	Plural	Singular	Plural
1 présent de l'indicatif		**8 passé composé**	
souille	souillons	ai souillé	avons souillé
souilles	souillez	as souillé	avez souillé
souille	souillent	a souillé	ont souillé
2 imparfait de l'indicatif		**9 plus-que-parfait de l'indicatif**	
souillais	souillions	avais souillé	avions souillé
souillais	souilliez	avais souillé	aviez souillé
souillait	souillaient	avait souillé	avaient souillé
3 passé simple		**10 passé antérieur**	
souillai	souillâmes	eus souillé	eûmes souillé
souillas	souillâtes	eus souillé	eûtes souillé
souilla	souillèrent	eut souillé	eurent souillé
4 futur		**11 futur antérieur**	
souillerai	souillerons	aurai souillé	aurons souillé
souilleras	souillerez	auras souillé	aurez souillé
souillera	souilleront	aura souillé	auront souillé
5 conditionnel		**12 conditionnel passé**	
souillerais	souillerions	aurais souillé	aurions souillé
souillerais	souilleriez	aurais souillé	auriez souillé
souillerait	souilleraient	aurait souillé	auraient souillé
6 présent du subjonctif		**13 passé du subjonctif**	
souille	souillions	aie souillé	ayons souillé
souilles	souilliez	aies souillé	ayez souillé
souille	souillent	ait souillé	aient souillé
7 imparfait du subjonctif		**14 plus-que-parfait du subjonctif**	
souillasse	souillassions	eusse souillé	eussions souillé
souillasses	souillassiez	eusses souillé	eussiez souillé
souillât	souillassent	eût souillé	eussent souillé

Impératif
souille
souillons
souillez

Sentences using this verb and words related to it

Monsieur Beauregard dîne seul dans un restaurant. Le garçon lui apporte du poisson et après quelques minutes il demande à monsieur:

 —**Eh bien, monsieur. Comment trouvez-vous le poisson? Il est bon, n'est-ce pas?**
 —**Non, je le trouve dégoûtant. Ce poisson salé est souillé. Emportez-le!**

dégoûtant, dégoûtante disgusting
salé, salée salty
Comment trouvez-vous le poisson?
 How do you like the fish?

souillé, souillée dirty, soiled
Emportez-le! Take it away!
un, une souillon filthy slob
une souillure spot, stain

The Seven Simple Tenses		The Seven Compound Tenses	
Singular	Plural	Singular	Plural

1 présent de l'indicatif		8 passé composé	
soumets	soumettons	ai soumis	avons soumis
soumets	soumettez	as soumis	avez soumis
soumet	soumettent	a soumis	ont soumis

2 imparfait de l'indicatif		9 plus-que-parfait de l'indicatif	
soumettais	soumettions	avais soumis	avions soumis
soumettais	soumettiez	avais soumis	aviez soumis
soumettait	soumettaient	avait soumis	avaient soumis

3 passé simple		10 passé antérieur	
soumis	soumîmes	eus soumis	eûmes soumis
soumis	soumîtes	eus soumis	eûtes soumis
soumit	soumirent	eut soumis	eurent soumis

4 futur		11 futur antérieur	
soumettrai	soumettrons	aurai soumis	aurons soumis
soumettras	soumettrez	auras soumis	aurez soumis
soumettra	soumettront	aura soumis	auront soumis

5 conditionnel		12 conditionnel passé	
soumettrais	soumettrions	aurais soumis	aurions soumis
soumettrais	soumettriez	aurais soumis	auriez soumis
soumettrait	soumettraient	aurait soumis	auraient soumis

6 présent du subjonctif		13 passé du subjonctif	
soumette	soumettions	aie soumis	ayons soumis
soumettes	soumettiez	aies soumis	ayez soumis
soumette	soumettent	ait soumis	aient soumis

7 imparfait du subjonctif		14 plus-que-parfait du subjonctif	
soumisse	soumissions	eusse soumis	eussions soumis
soumisses	soumissiez	eusses soumis	eussiez soumis
soumît	soumissent	eût soumis	eussent soumis

Impératif
soumets
soumettons
soumettez

Words and expressions related to this verb

se soumettre à   to give in to, to comply with
se soumettre à une décision   to comply with a decision
la soumission   submission

See also **mettre** and compounds of **mettre**, e.g., **promettre**.

Consult the sections on verbs used in idiomatic expressions, verbs with prepositions, and the list of over 1,000 verbs conjugated like model verbs in the back pages.

to smile

The Seven Simple Tenses | | The Seven Compound Tenses
| | |

Singular	Plural	Singular	Plural
1 présent de l'indicatif		**8 passé composé**	
souris	sourions	ai souri	avons souri
souris	souriez	as souri	avez souri
sourit	sourient	a souri	ont souri
2 imparfait de l'indicatif		**9 plus-que-parfait de l'indicatif**	
souriais	souriions	avais souri	avions souri
souriais	souriiez	avais souri	aviez souri
souriait	souriaient	avait souri	avaient souri
3 passé simple		**10 passé antérieur**	
souris	sourîmes	eus souri	eûmes souri
souris	sourîtes	eus souri	eûtes souri
sourit	sourirent	eut souri	eurent souri
4 futur		**11 futur antérieur**	
sourirai	sourirons	aurai souri	aurons souri
souriras	sourirez	auras souri	aurez souri
sourira	souriront	aura souri	auront souri
5 conditionnel		**12 conditionnel passé**	
sourirais	souririons	aurais souri	aurions souri
sourirais	souririez	aurais souri	auriez souri
sourirait	souriraient	aurait souri	auraient souri
6 présent du subjonctif		**13 passé du subjonctif**	
sourie	souriions	aie souri	ayons souri
souries	souriiez	aies souri	ayez souri
sourie	sourient	ait souri	aient souri
7 imparfait du subjonctif		**14 plus-que-parfait du subjonctif**	
sourisse	sourissions	eusse souri	eussions souri
sourisses	sourissiez	eusses souri	eussiez souri
sourît	sourissent	eût souri	eussent souri

Impératif
souris
sourions
souriez

Words and expressions related to this verb

un sourire a smile
Gardez le sourire! Keep smiling!
un large sourire a broad smile
le rire laughter

See also **rire.**

sourire à to favor, to be favorable to, to smile on; **Claudine est heureuse; la vie lui sourit.**

to remember, to recall

The Seven Simple Tenses		The Seven Compound Tenses	
Singular	Plural	Singular	Plural

1 présent de l'indicatif		8 passé composé	
me souviens	nous souvenons	me suis souvenu(e)	nous sommes souvenu(e)s
te souviens	vous souvenez	t'es souvenu(e)	vous êtes souvenu(e)(s)
se souvient	se souviennent	s'est souvenu(e)	se sont souvenu(e)s

2 imparfait de l'indicatif		9 plus-que-parfait de l'indicatif	
me souvenais	nous souvenions	m'étais souvenu(e)	nous étions souvenu(e)s
te souvenais	vous souveniez	t'étais souvenu(e)	vous étiez souvenu(e)(s)
se souvenait	se souvenaient	s'était souvenu(e)	s'étaient souvenu(e)s

3 passé simple		10 passé antérieur	
me souvins	nous souvînmes	me fus souvenu(e)	nous fûmes souvenu(e)s
te souvins	vous souvîntes	te fus souvenu(e)	vous fûtes souvenu(e)(s)
se souvint	se souvinrent	se fut souvenu(e)	se furent souvenu(e)s

4 futur		11 futur antérieur	
me souviendrai	nous souviendrons	me serai souvenu(e)	nous serons souvenu(e)s
te souviendras	vous souviendrez	te seras souvenu(e)	vous serez souvenu(e)(s)
se souviendra	se souviendront	se sera souvenu(e)	se seront souvenu(e)s

5 conditionnel		12 conditionnel passé	
me souviendrais	nous souviendrions	me serais souvenu(e)	nous serions souvenu(e)s
te souviendrais	vous souviendriez	te serais souvenu(e)	vous seriez souvenu(e)(s)
se souviendrait	se souviendraient	se serait souvenu(e)	se seraient souvenu(e)s

6 présent du subjonctif		13 passé du subjonctif	
me souvienne	nous souvenions	me sois souvenu(e)	nous soyons souvenu(e)s
te souviennes	vous souveniez	te sois souvenu(e)	vous soyez souvenu(e)(s)
se souvienne	se souviennent	se soit souvenu(e)	se soient souvenu(e)s

7 imparfait du subjonctif		14 plus-que-parfait du subjonctif	
me souvinsse	nous souvinssions	me fusse souvenu(e)	nous fussions souvenu(e)s
te souvinsses	vous souvinssiez	te fusses souvenu(e)	vous fussiez souvenu(e)(s)
se souvînt	se souvinssent	se fût souvenu(e)	se fussent souvenu(e)s

Impératif
souviens-toi; ne te souviens pas
souvenons-nous; ne nous souvenons pas
souvenez-vous; ne vous souvenez pas

Words and expressions related to this verb

un souvenir   souvenir, remembrance
Je m'en souviendrai!   I'll remember that! I won't forget that!
se souvenir de qqn ou de qqch   to remember someone or something

Consult the back pages for the section on verbs with prepositions.

The subject pronouns are found on the page facing page 1.   **451**

to suck

The Seven Simple Tenses		The Seven Compound Tenses	
Singular	Plural	Singular	Plural
1 présent de l'indicatif		**8 passé composé**	
suce	suçons	ai sucé	avons sucé
suces	sucez	as sucé	avez sucé
suce	sucent	a sucé	ont sucé
2 imparfait de l'indicatif		**9 plus-que-parfait de l'indicatif**	
suçais	sucions	avais sucé	avions sucé
suçais	suciez	avais sucé	aviez sucé
suçait	suçaient	avait sucé	avaient sucé
3 passé simple		**10 passé antérieur**	
suçai	suçâmes	eus sucé	eûmes sucé
suças	suçâtes	eus sucé	eûtes sucé
suça	sucèrent	eut sucé	eurent sucé
4 futur		**11 futur antérieur**	
sucerai	sucerons	aurai sucé	aurons sucé
suceras	sucerez	auras sucé	aurez sucé
sucera	suceront	aura sucé	auront sucé
5 conditionnel		**12 conditionnel passé**	
sucerais	sucerions	aurais sucé	aurions sucé
sucerais	suceriez	aurais sucé	auriez sucé
sucerait	suceraient	aurait sucé	auraient sucé
6 présent du subjonctif		**13 passé du subjonctif**	
suce	sucions	aie sucé	ayons sucé
suces	suciez	aies sucé	ayez sucé
suce	sucent	ait sucé	aient sucé
7 imparfait du subjonctif		**14 plus-que-parfait du subjonctif**	
suçasse	suçassions	eusse sucé	eussions sucé
suçasses	suçassiez	eusses sucé	eussiez sucé
suçât	suçassent	eût sucé	eussent sucé

Impératif
suce
suçons
sucez

Words and expressions related to this verb

une sucette   lollipop; **une sucette de bébé**   teething ring
sucer le jus d'une orange   to suck the juice of an orange
un suceur, une suceuse   sucker; **suceur de sang**   bloodsucker
suçoter   to suck away on a candy

Consult the sections on verbs used in idiomatic expressions, verbs with prepositions, and the list of over 1,000 verbs conjugated like model verbs in the back pages.

to suffice, to be sufficient, to be enough

The Seven Simple Tenses	The Seven Compound Tenses
Singular	Singular
1 présent de l'indicatif **il suffit**	8 passé composé **il a suffi**
2 imparfait de l'indicatif **il suffisait**	9 plus-que-parfait de l'indicatif **il avait suffi**
3 passé simple **il suffit**	10 passé antérieur **il eut suffi**
4 futur **il suffira**	11 futur antérieur **il aura suffi**
5 conditionnel **il suffirait**	12 conditionnel passé **il aurait suffi**
6 présent du subjonctif **qu'il suffise**	13 passé du subjonctif **qu'il ait suffi**
7 imparfait du subjonctif **qu'il suffît**	14 plus-que-parfait du subjonctif **qu'il eût suffi**

Impératif
Qu'il suffise!

Words and expressions related to this verb

la suffisance   sufficiency
suffisamment   sufficiently
Cela suffit!   That's quite enough!
Suffit!   Enough! Stop it!

This verb is generally impersonnal and is used in the third person singular as given in the above tenses.

to follow

The Seven Simple Tenses		The Seven Compound Tenses	
Singular	Plural	Singular	Plural
1 présent de l'indicatif		**8 passé composé**	
suis	suivons	ai suivi	avons suivi
suis	suivez	as suivi	avez suivi
suit	suivent	a suivi	ont suivi
2 imparfait de l'indicatif		**9 plus-que-parfait de l'indicatif**	
suivais	suivions	avais suivi	avions suivi
suivais	suiviez	avais suivi	aviez suivi
suivait	suivaient	avait suivi	avaient suivi
3 passé simple		**10 passé antérieur**	
suivis	suivîmes	eus suivi	eûmes suivi
suivis	suivîtes	eus suivi	eûtes suivi
suivit	suivirent	eut suivi	eurent suivi
4 futur		**11 futur antérieur**	
suivrai	suivrons	aurai suivi	aurons suivi
suivras	suivrez	auras suivi	aurez suivi
suivra	suivront	aura suivi	auront suivi
5 conditionnel		**12 conditionnel passé**	
suivrais	suivrions	aurais suivi	aurions suivi
suivrais	suivriez	aurais suivi	auriez suivi
suivrait	suivraient	aurait suivi	auraient suivi
6 présent du subjonctif		**13 passé du subjonctif**	
suive	suivions	aie suivi	ayons suivi
suives	suiviez	aies suivi	ayez suivi
suive	suivent	ait suivi	aient suivi
7 imparfait du subjonctif		**14 plus-que-parfait du subjonctif**	
suivisse	suivissions	eusse suivi	eussions suivi
suivisses	suivissiez	eusses suivi	eussiez suivi
suivît	suivissent	eût suivi	eussent suivi

Impératif
suis
suivons
suivez

Words and expressions related to this verb

suivant according to
suivant que. . . according as . . .
la suite continuation
à la suite de coming after
de suite in succession, right away
à suivre to be continued

le jour suivant on the following day
les questions suivantes the following questions
tout de suite immediately
suivre un cours to take a course

Consult the section on verbs used in idiomatic expressions, verbs with prepositions, and the list of over 1,000 verbs conjugated like model verbs in the back pages.

to beg, to beseech, to implore, to supplicate

The Seven Simple Tenses		The Seven Compound Tenses	
Singular	Plural	Singular	Plural

1 présent de l'indicatif

supplie	supplions		
supplies	suppliez		
supplie	supplient		

8 passé composé

ai supplié	avons supplié
as supplié	avez supplié
a supplié	ont supplié

2 imparfait de l'indicatif

suppliais	suppliions
suppliais	suppliiez
suppliait	suppliaient

9 plus-que-parfait de l'indicatif

avais supplié	avions supplié
avais supplié	aviez supplié
avait supplié	avaient supplié

3 passé simple

suppliai	suppliâmes
supplias	suppliâtes
supplia	supplièrent

10 passé antérieur

eus supplié	eûmes supplié
eus supplié	eûtes supplié
eut supplié	eurent supplié

4 futur

supplierai	supplierons
supplieras	supplierez
suppliera	supplieront

11 futur antérieur

aurai supplié	aurons supplié
auras supplié	aurez supplié
aura supplié	auront supplié

5 conditionnel

supplierais	supplierions
supplierais	supplieriez
supplierait	supplieraient

12 conditionnel passé

aurais supplié	aurions supplié
aurais supplié	auriez supplié
aurait supplié	auraient supplié

6 présent du subjonctif

supplie	suppliions
supplies	suppliiez
supplie	supplient

13 passé du subjonctif

aie supplié	ayons supplié
aies supplié	ayez supplié
ait supplié	aient supplié

7 imparfait du subjonctif

suppliasse	suppliassions
suppliasses	suppliassiez
suppliât	suppliassent

14 plus-que-parfait du subjonctif

eusse supplié	eussions supplié
eusses supplié	eussiez supplié
eût supplié	eussent supplié

Impératif
supplie
supplions
suppliez

Words and expressions related to this verb

une supplique   request
suppliant, suppliante   imploring,
  supplicating

un supplice   torture
une supplication   supplication
supplier qqn à genoux   to beg someone
  on hands and knees

Consult the sections on verbs used in idiomatic expressions, verbs with prepostions, and the list of over 1,000 verbs conjugated like model verbs in the back pages.

to hold up, to prop up, to support, to endure, to tolerate

The Seven Simple Tenses		The Seven Compound Tenses	
Singular	Plural	Singular	Plural
1 présent de l'indicatif		**8 passé composé**	
supporte	supportons	ai supporté	avons supporté
supportes	supportez	as supporté	avez supporté
supporte	supportent	a supporté	ont supporté
2 imparfait de l'indicatif		**9 plus-que-parfait de l'indicatif**	
supportais	supportions	avais supporté	avions supporté
supportais	supportiez	avais supporté	aviez supporté
supportait	supportaient	avait supporté	avaient supporté
3 passé simple		**10 passé antérieur**	
supportai	supportâmes	eus supporté	eûmes supporté
supportas	supportâtes	eus supporté	eûtes supporté
supporta	supportèrent	eut supporté	eurent supporté
4 futur		**11 futur antérieur**	
supporterai	supporterons	aurai supporté	aurons supporté
supporteras	supporterez	auras supporté	aurez supporté
supportera	supporteront	aura supporté	auront supporté
5 conditionnel		**12 conditionnel passé**	
supporterais	supporterions	aurais supporté	aurions supporté
supporterais	supporteriez	aurais supporté	auriez supporté
supporterait	supporteraient	aurait supporté	auraient supporté
6 présent du subjonctif		**13 passé du subjonctif**	
supporte	supportions	aie supporté	ayons supporté
supportes	supportiez	aies supporté	ayez supporté
supporte	supportent	ait supporté	aient supporté
7 imparfait du subjonctif		**14 plus-que-parfait du subjonctif**	
supportasse	supportassions	eusse supporté	eussions supporté
supportasses	supportassiez	eusses supporté	eussiez supporté
supportât	supportassent	eût supporté	eussent supporté

Impératif
supporte
supportons
supportez

Words and expressions related to this verb

supportable   endurable, bearable,
    supportable
porter   to carry
insupportable   unbearable, insufferable

un support   support, prop
un support-chaussette   elastic band support
    (for socks) (**des supports-chaussettes**)

Consult the sections on verbs used in idiomatic expressions, verbs with prepositions, and the list of over 1,000 verbs conjugated like model verbs in the back pages.

The Seven Simple Tenses		The Seven Compound Tenses	
Singular	Plural	Singular	Plural

1   présent de l'indicatif

		8 passé composé	
surprends	surprenons	ai surpris	avons surpris
surprends	surprenez	as surpris	avez surpris
surprend	surprennent	a surpris	ont surpris

2   imparfait de l'indicatif

		9 plus-que-parfait de l'indicatif	
surprenais	surprenions	avais surpris	avions surpris
surprenais	surpreniez	avais surpris	aviez surpris
surprenait	surprenaient	avait surpris	avaient surpris

3   passé simple

		10 passé antérieur	
surpris	surprîmes	eus surpris	eûmes surpris
surpris	surprîtes	eus surpris	eûtes surpris
surprit	surprirent	eut surpris	eurent surpris

4   futur

		11 futur antérieur	
surprendrai	surprendrons	aurai surpris	aurons surpris
surprendras	surprendrez	auras surpris	aurez surpris
surprendra	surprendront	aura surpris	auront surpris

5   conditionnel

		12 conditionnel passé	
surprendrais	surprendrions	aurais surpris	aurions surpris
surprendrais	surprendriez	aurais surpris	auriez surpris
surprendrait	surprendraient	aurait surpris	auraient surpris

6   présent du subjonctif

		13 passé du subjonctif	
surprenne	surprenions	aie surpris	ayons surpris
surprennes	surpreniez	aies surpris	ayez surpris
surprenne	surprennent	ait surpris	aient surpris

7   imparfait du subjonctif

		14 plus-que-parfait du subjonctif	
surprisse	surprissions	eusse surpris	eussions surpris
surprisses	surprissiez	eusses surpris	eussiez surpris
surprît	surprissent	eût surpris	eussent surpris

Impératif
surprends
surprenons
surprenez

Words and expressions related to this verb

surprendre qqn chez soi to surprise someone at home		**surpris par qqn** surprised by someone	
une surprise surprise		**surpris par qqch** surprised by something	
		par surprise by surprise	
surprenant, surprenante surprising		**à ma grande surprise** to my great surprise	
une boîte à surprise jack-in-the-box		**une surprise-partie (une surprise-party)** surprise party; **des surprises-parties**	

Consult the sections on verbs used in idiomatic expressions, verbs with prepositions, and the list of over 1,000 verbs conjugated like model verbs in the back pages.

to survive

The Seven Simple Tenses		The Seven Compound Tenses	
Singular	Plural	Singular	Plural
1 présent de l'indicatif		8 passé composé	
survis	survivons	ai survécu	avons survécu
survis	survivez	as survécu	avez survécu
survit	survivent	a survécu	ont survécu
2 imparfait de l'indicatif		9 plus-que-parfait de l'indicatif	
survivais	survivions	avais survécu	avions survécu
survivais	surviviez	avais survécu	aviez survécu
survivait	survivaient	avait survécu	avaient survécu
3 passé simple		10 passé antérieur	
survécus	survécûmes	eus survécu	eûmes survécu
survécus	survécûtes	eus survécu	eûtes survécu
survécut	survécurent	eut survécu	eurent survécu
4 futur		11 futur antérieur	
survivrai	survivrons	aurai survécu	aurons survécu
survivras	survivrez	auras survécu	aurez survécu
survivra	survivront	aura survécu	auront survécu
5 conditionnel		12 conditionnel passé	
survivrais	survivrions	aurais survécu	aurions survécu
survivrais	survivriez	aurais survécu	auriez survécu
survivrait	survivraient	aurait survécu	auraient survécu
6 présent du subjonctif		13 passé du subjonctif	
survive	survivions	aie survécu	ayons survécu
survives	surviviez	aies survécu	ayez survécu
survive	survivent	ait survécu	aient survécu
7 imparfait du subjonctif		14 plus-que-parfait du subjonctif	
survécusse	survécussions	eusse survécu	eussions survécu
survécusses	survécussiez	eusses survécu	eussiez survécu
survécût	survécussent	eût survécu	eussent survécu

Impératif
survis
survivons
survivez

Words and expressions related to this verb

survivre à qqn   to survive someone
survivant, survivante   surviving; survivor
la survivance   survival

See also **vivre.**

se survivre   to live on
survivre à l'humiliation   to survive
  humiliation
la survie   survival

Consult the sections on verbs used in idiomatic expressions, verbs with prepositions, and the list of over 1,000 verbs conjugated like model verbs in the back pages.

The Seven Simple Tenses		The Seven Compound Tenses	
Singular	Plural	Singular	Plural
1 présent de l'indicatif		**8 passé composé**	
survole	survolons	ai survolé	avons survolé
survoles	survolez	as survolé	avez survolé
survole	survolent	a survolé	ont survolé
2 imparfait de l'indicatif		**9 plus-que-parfait de l'indicatif**	
survolais	survolions	avais survolé	avions survolé
survolais	survoliez	avais survolé	aviez survolé
survolait	survolaient	avait survolé	avaient survolé
3 passé simple		**10 passé antérieur**	
survolai	survolâmes	eus survolé	eûmes survolé
survolas	survolâtes	eus survolé	eûtes survolé
survola	survolèrent	eut survolé	eurent survolé
4 futur		**11 futur antérieur**	
survolerai	survolerons	aurai survolé	aurons survolé
survoleras	survolerez	auras survolé	aurez survolé
survolera	survoleront	aura survolé	auront survolé
5 conditionnel		**12 conditionnel passé**	
survolerais	survolerions	aurais survolé	aurions survolé
survolerais	survoleriez	aurais survolé	auriez survolé
survolerait	survoleraient	aurait survolé	auraient survolé
6 présent du subjonctif		**13 passé du subjonctif**	
survole	survolions	aie survolé	ayons survolé
survoles	survoliez	aies survolé	ayez survolé
survole	survolent	ait survolé	aient survolé
7 imparfait du subjonctif		**14 plus-que-parfait du subjonctif**	
survolasse	survolassions	eusse survolé	eussions survolé
survolasses	survolassiez	eusses survolé	eussiez survolé
survolât	survolassent	eût survolé	eussent survolé

Impératif
survole
survolons
survolez

Words and expressions related to this verb

le survol   flying over   **le vol**   flight, theft
voler   to fly, to steal

See also **voler.**

Consult the sections on verbs used in idiomatic expressions, verbs with prepositions, and the list of over 1,000 verbs conjugated like model verbs in the back pages.

to be silent, to be quiet, not to speak

The Seven Simple Tenses		The Seven Compound Tenses	
Singular	Plural	Singular	Plural
1 présent de l'indicatif		8 passé composé	
me tais	nous taisons	me suis tu(e)	nous sommes tu(e)s
te tais	vous taisez	t'es tu(e)	vous êtes tu(e)(s)
se tait	se taisent	s'est tu(e)	se sont tu(e)s
2 imparfait de l'indicatif		9 plus-que-parfait de l'indicatif	
me taisais	nous taisions	m'étais tu(e)	nous étions tu(e)s
te taisais	vous taisiez	t'étais tu(e)	vous étiez tu(e)(s)
se taisait	se taisaient	s'était tu(e)	s'étaient tu(e)s
3 passé simple		10 passé antérieur	
me tus	nous tûmes	me fus tu(e)	nous fûmes tu(e)s
te tus	vous tûtes	te fus tu(e)	vous fûtes tu(e)(s)
se tut	se turent	se fut tu(e)	se furent tu(e)s
4 futur		11 futur antérieur	
me tairai	nous tairons	me serai tu(e)	nous serons tu(e)s
te tairas	vous tairez	te seras tu(e)	vous serez tu(e)(s)
se taira	se tairont	se sera tu(e)	se seront tu(e)s
5 conditionnel		12 conditionnel passé	
me tairais	nous tairions	me serais tu(e)	nous serions tu(e)s
te tairais	vous tairiez	te serais tu(e)	vous seriez tu(e)(s)
se tairait	se tairaient	se serait tu(e)	se seraient tu(e)s
6 présent du subjonctif		13 passé du subjonctif	
me taise	nous taisions	me sois tu(e)	nous soyons tu(e)s
te taises	vous taisiez	te sois tu(e)	vous soyez tu(e)(s)
se taise	se taisent	se soit tu(e)	se soient tu(e)s
7 imparfait du subjonctif		14 plus-que-parfait du subjonctif	
me tusse	nous tussions	me fusse tu(e)	nous fussions tu(e)s
te tusses	vous tussiez	te fusses tu(e)	vous fussiez tu(e)(s)
se tût	se tussent	se fût tu(e)	se fussent tu(e)s

Impératif
tais-toi; ne te tais pas
taisons-nous; ne nous taisons pas
taisez-vous; ne vous taisez pas

—Marie, veux-tu te taire! Tu es trop bavarde. Et toi, Hélène, tais-toi aussi.
Les deux élèves ne se taisent pas. La maîtresse de chimie continue:
—Taisez-vous, je vous dis, toutes les deux; autrement, vous resterez dans cette salle après la classe.
Les deux jeunes filles se sont tues.

See also **bavarder** and **cesser**.

Consult the sections on verbs used in idiomatic expressions, verbs with prepositions, and the list of over 1,000 verbs conjugated like model verbs in the back pages.

The Seven Simple Tenses		The Seven Compound Tenses	
Singular	Plural	Singular	Plural

1 présent de l'indicatif		8 passé composé	
teins	teignons	ai teint	avons teint
teins	teignez	as teint	avez teint
teint	teignent	a teint	ont teint

2 imparfait de l'indicatif		9 plus-que-parfait de l'indicatif	
teignais	teignions	avais teint	avions teint
teignais	teigniez	avais teint	aviez teint
teignait	teignaient	avait teint	avaient teint

3 passé simple		10 passé antérieur	
teignis	teignîmes	eus teint	eûmes teint
teignis	teignîtes	eus teint	eûtes teint
teignit	teignirent	eut teint	eurent teint

4 futur		11 futur antérieur	
teindrai	teindrons	aurai teint	aurons teint
teindras	teindrez	auras teint	aurez teint
teindra	teindront	aura teint	auront teint

5 conditionnel		12 conditionnel passé	
teindrais	teindrions	aurais teint	aurions teint
teindrais	teindriez	aurais teint	auriez teint
teindrait	teindraient	aurait teint	auraient teint

6 présent du subjonctif		13 passé du subjonctif	
teigne	teignions	aie teint	ayons teint
teignes	teigniez	aies teint	ayez teint
teigne	teignent	ait teint	aient teint

7 imparfait du subjonctif		14 plus-que-parfait du subjonctif	
teignisse	teignissions	eusse teint	eussions teint
teignisses	teignissiez	eusses teint	eussiez teint
teignît	teignissent	eût teint	eussent teint

Impératif
teins
teignons
teignez

Words and expressions related to this verb

déteindre   to fade, to lose color,
   to remove the color
faire teindre qqch   to have something dyed
la teinture   dyeing
un teinturier, une teinturière   dyer
des cheveux teints   dyed hair

teindre en noir   to dye black
le teint   color, dye; complexion
teinter   to tint
la teinturerie   cleaning and dyeing
des lunettes à verres teintés   tinted eyeglasses

Consult the sections on verbs used in idiomatic expressions, verbs with prepositions, and the list of over 1,000 verbs conjugated like model verbs in the back pages.

téléphoner

to telephone

The Seven Simple Tenses		The Seven Compound Tenses	
Singular	Plural	Singular	Plural
1 présent de l'indicatif		**8 passé composé**	
téléphone	téléphonons	ai téléphoné	avons téléphoné
téléphones	téléphonez	as téléphoné	avez téléphoné
téléphone	téléphonent	a téléphoné	ont téléphoné
2 imparfait de l'indicatif		**9 plus-que-parfait de l'indicatif**	
téléphonais	téléphonions	avais téléphoné	avions téléphoné
téléphonais	téléphoniez	avais téléphoné	aviez téléphoné
téléphonait	téléphonaient	avait téléphoné	avaient téléphoné
3 passé simple		**10 passé antérieur**	
téléphonai	téléphonâmes	eus téléphoné	eûmes téléphoné
téléphonas	téléphonâtes	eus téléphoné	eûtes téléphoné
téléphona	téléphonèrent	eut téléphoné	eurent téléphoné
4 futur		**11 futur antérieur**	
téléphonerai	téléphonerons	aurai téléphoné	aurons téléphoné
téléphoneras	téléphonerez	auras téléphoné	aurez téléphoné
téléphonera	téléphoneront	aura téléphoné	auront téléphoné
5 conditionnel		**12 conditionnel passé**	
téléphonerais	téléphonerions	aurais téléphoné	aurions téléphoné
téléphonerais	téléphoneriez	aurais téléphoné	auriez téléphoné
téléphonerait	téléphoneraient	aurait téléphoné	auraient téléphoné
6 présent du subjonctif		**13 passé du subjonctif**	
téléphone	téléphonions	aie téléphoné	ayons téléphoné
téléphones	téléphoniez	aies téléphoné	ayez téléphoné
téléphone	téléphonent	ait téléphoné	aient téléphoné
7 imparfait du subjonctif		**14 plus-que-parfait du subjonctif**	
téléphonasse	téléphonassions	eusse téléphoné	eussions téléphoné
téléphonasses	téléphonassiez	eusses téléphoné	eussiez téléphoné
téléphonât	téléphonassent	eût téléphoné	eussent téléphoné

Impératif
téléphone
téléphonons
téléphonez

Words and expressions related to this verb

le téléphone telephone
téléphonique telephonic
téléphoniquement telephonically
  (by telephone)
un, une téléphoniste telephone operator

téléphoner à qqn
  to telephone someone
Marie? Je lui ai téléphoné hier.
  Mary? I telephoned her yesterday.

Consult the back pages for the section on verbs that require certain prepositions.

to strain, to stretch, to tighten, to tend

The Seven Simple Tenses		The Seven Compound Tenses	
Singular	Plural	Singular	Plural
1 présent de l'indicatif		**8 passé composé**	
tends	tendons	ai tendu	avons tendu
tends	tendez	as tendu	avez tendu
tend	tendent	a tendu	ont tendu
2 imparfait de l'indicatif		**9 plus-que-parfait de l'indicatif**	
tendais	tendions	avais tendu	avions tendu
tendais	tendiez	avais tendu	aviez tendu
tendait	tendaient	avait tendu	avaient tendu
3 passé simple		**10 passé antérieur**	
tendis	tendîmes	eus tendu	eûmes tendu
tendis	tendîtes	eus tendu	eûtes tendu
tendit	tendirent	eut tendu	eurent tendu
4 futur		**11 futur antérieur**	
tendrai	tendrons	aurai tendu	aurons tendu
tendras	tendrez	auras tendu	aurez tendu
tendra	tendront	aura tendu	auront tendu
5 conditionnel		**12 conditionnel passé**	
tendrais	tendrions	aurais tendu	aurions tendu
tendrais	tendriez	aurais tendu	auriez tendu
tendrait	tendraient	aurait tendu	auraient tendu
6 présent du subjonctif		**13 passé du subjonctif**	
tende	tendions	aie tendu	ayons tendu
tendes	tendiez	aies tendu	ayez tendu
tende	tendent	ait tendu	aient tendu
7 imparfait du subjonctif		**14 plus-que-parfait du subjonctif**	
tendisse	tendissions	eusse tendu	eussions tendu
tendisses	tendissiez	eusses tendu	eussiez tendu
tendît	tendissent	eût tendu	eussent tendu

Impératif
tends
tendons
tendez

Words and expressions related to this verb

tendre la main à qqn   to hold out one's hand to someone
attendre   to wait (for)
détendre   to slacken
se détendre   to bend, to relax
étendre   to extend, to spread
une détente   relaxing, slackening, release of tension

s'attendre à   to expect
entendre   to hear, to understand
s'entendre avec qqn   to get along with someone, to understand each other, to agree
s'étendre   to stretch out, to lie down
tendre l'autre joue   to turn the other cheek

Consult the sections on verbs used in idiomatic expressions, verbs with prepositions, and the list of over 1,000 verbs conjugated like model verbs in the back pages.

The subject pronouns are found on the page facing page 1.

tenir

Part. pr. **tenant**   Part. passé **tenu**

to hold, to grasp

The Seven Simple Tenses		The Seven Compound Tenses	
Singular	Plural	Singular	Plural
1 présent de l'indicatif		**8 passé composé**	
tiens	tenons	ai tenu	avons tenu
tiens	tenez	as tenu	avez tenu
tient	tiennent	a tenu	ont tenu
2 imparfait de l'indicatif		**9 plus-que-parfait de l'indicatif**	
tenais	tenions	avais tenu	avions tenu
tenais	teniez	avais tenu	aviez tenu
tenait	tenaient	avait tenu	avaient tenu
3 passé simple		**10 passé antérieur**	
tins	tînmes	eus tenu	eûmes tenu
tins	tîntes	eus tenu	eûtes tenu
tint	tinrent	eut tenu	·urent tenu
4 futur		**11 futur antérieur**	
tiendrai	tiendrons	aurai tenu	aurons tenu
tiendras	tiendrez	auras tenu	aurez tenu
tiendra	tiendront	aura tenu	auront tenu
5 conditionnel		**12 conditionnel passé**	
tiendrais	tiendrions	aurais tenu	aurions tenu
tiendrais	tiendriez	aurais tenu	auriez tenu
tiendrait	tiendraient	aurait tenu	auraient tenu
6 présent du subjonctif		**13 passé du subjonctif**	
tienne	tenions	aie tenu	ayons tenu
tiennes	teniez	aies tenu	ayez tenu
tienne	tiennent	ait tenu	aient tenu
7 imparfait du subjonctif		**14 plus-que-parfait du subjonctif**	
tinsse	tinssions	eusse tenu	eussions tenu
tinsses	tinssiez	eusses tenu	eussiez tenu
tînt	tinssent	eût tenu	eussent tenu

Impératif
tiens
tenons
tenez

Words and expressions related to this verb

tenir de qqn   to take after (to favor) someone; **Robert tient de son père**
Robert takes after his father.
tenir de bonne source   to have on good authority
tenir à qqch   to cherish something

464

to tempt, to attempt, to try

The Seven Simple Tenses		The Seven Compound Tenses	
Singular	Plural	Singular	Plural
1 présent de l'indicatif		**8 passé composé**	
tente	tentons	ai tenté	avons tenté
tentes	tentez	as tenté	avez tenté
tente	tentent	a tenté	ont tenté
2 imparfait de l'indicatif		**9 plus-que-parfait de l'indicatif**	
tentais	tentions	avais tenté	avions tenté
tentais	tentiez	avais tenté	aviez tenté
tentait	tentaient	avait tenté	avaient tenté
3 passé simple		**10 passé antérieur**	
tentai	tentâmes	eus tenté	eûmes tenté
tentas	tentâtes	eus tenté	eûtes tenté
tenta	tentèrent	eut tenté	eurent tenté
4 futur		**11 futur antérieur**	
tenterai	tenterons	aurai tenté	aurons tenté
tenteras	tenterez	auras tenté	aurez tenté
tentera	tenteront	aura tenté	auront tenté
5 conditionnel		**12 conditionnel passé**	
tenterais	tenterions	aurais tenté	aurions tenté
tenterais	tenteriez	aurais tenté	auriez tenté
tenterait	tenteraient	aurait tenté	auraient tenté
6 présent du subjonctif		**13 passé du subjonctif**	
tente	tentions	aie tenté	ayons tenté
tentes	tentiez	aies tenté	ayez tenté
tente	tentent	ait tenté	aient tenté
7 imparfait du subjonctif		**14 plus-que-parfait du subjonctif**	
tentasse	tentassions	eusse tenté	eussions tenté
tentasses	tentassiez	eusses tenté	eussiez tenté
tentât	tentassent	eût tenté	eussent tenté

Impératif
tente
tentons
tentez

Words and expressions related to this verb

se laisser tenter   to allow oneself
   to be tempted
une tentative   attempt
tenter sa chance   to try one's luck

un tentateur, une tentatrice
   tempter, temptress
tenter de faire qqch
   to try, to attempt to do something
tentant, tentante   tempting, inviting

Consult the sections on verbs used in idiomatic expressions, verbs with prepositions, and the list of over 1,000 verbs conjugated like model verbs in the back pages.

The subject pronouns are found on the page facing page 1.   **465**

terminer

to terminate, to finish, to end

The Seven Simple Tenses		The Seven Compound Tenses	
Singular	Plural	Singular	Plural
1 présent de l'indicatif		**8 passé composé**	
termine	terminons	ai terminé	avons teminé
termines	terminez	as terminé	avez terminé
termine	terminent	a terminé	ont terminé
2 imparfait de l'indicatif		**9 plus-que-parfait de l'indicatif**	
terminais	terminions	avais terminé	avions terminé
terminais	terminiez	avais terminé	aviez terminé
terminait	terminaient	avait terminé	avaient terminé
3 passé simple		**10 passé antérieur**	
terminai	terminâmes	eus terminé	eûmes terminé
terminas	terminâtes	eus terminé	eûtes terminé
termina	terminèrent	eut terminé	eurent terminé
4 futur		**11 futur antérieur**	
terminerai	terminerons	aurai terminé	aurons terminé
termineras	terminerez	auras terminé	aurez terminé
terminera	termineront	aura terminé	auront termine
5 conditionnel		**12 conditionnel passé**	
terminerais	terminerions	aurais terminé	aurions terminé
terminerais	termineriez	aurais terminé	auriez terminé
terminerait	termineraient	aurait terminé	auraient terminé
6 présent du subjonctif		**13 passé du subjonctif**	
termine	terminions	aie terminé	ayons terminé
termines	terminiez	aies terminé	ayez terminé
termine	terminent	ait terminé	aient terminé
7 imparfait du subjonctif		**14 plus-que-parfait du subjonctif**	
terminasse	terminassions	eusse terminé	eussions terminé
terminasses	terminassiez	eusses terminé	eussiez terminé
terminât	terminassent	eût terminé	eussent terminé

Impératif
termine
terminons
terminez

Words and expressions related to this verb

terminal, terminale   terminal
la terminaison   ending, termination
terminable   terminable
interminable   interminable, endless
exterminer   to exterminate

se terminer   to end (itself)
se terminer en   to end in; **un verbe qui se termine en** *er. . .*   a verb that ends in *er. . .*

to draw out, to shoot, to pull

The Seven Simple Tenses		The Seven Compound Tenses	
Singular	Plural	Singular	Plural

1 présent de l'indicatif

		8 passé composé	
tire	tirons	ai tiré	avons tiré
tires	tirez	as tiré	avez tiré
tire	tirent	a tiré	ont tiré

2 imparfait de l'indicatif

		9 plus-que-parfait de l'indicatif	
tirais	tirions	avais tiré	avions tiré
tirais	tiriez	avais tiré	aviez tiré
tirait	tiraient	avait tiré	avaient tiré

3 passé simple

		10 passé antérieur	
tirai	tirâmes	eus tiré	eûmes tiré
tiras	tirâtes	eus tiré	eûtes tiré
tira	tirèrent	eut tiré	eurent tiré

4 futur

		11 futur antérieur	
tirerai	tirerons	aurai tiré	aurons tiré
tireras	tirerez	auras tiré	aurez tiré
tirera	tireront	aura tiré	auront tiré

5 conditionnel

		12 conditionnel passé	
tirerais	tirerions	aurais tiré	aurions tiré
tirerais	tireriez	aurais tiré	auriez tiré
tirerait	tireraient	aurait tiré	auraient tiré

6 présent du subjonctif

		13 passé du subjonctif	
tire	tirions	aie tiré	ayons tiré
tires	tiriez	aies tiré	ayez tiré
tire	tirent	ait tiré	aient tiré

7 imparfait du subjonctif

		14 plus-que-parfait du subjonctif	
tirasse	tirassions	eusse tiré	eussions tiré
tirasses	tirassiez	eusses tiré	eussiez tiré
tirât	tirassent	eût tiré	eussent tiré

Impératif
tire
tirons
tirez

Words and expressions related to this verb

tirer une affaire au clair　to clear
　up a matter
tirer parti de　to take advantage of,
　to make the best of
un tireur, une tireuse　marksman,
　markswoman
un tire-bouchon　corkscrew
　(des tire-bouchons)

s'en tirer　to pull through
s'en tirer bien　to get off well, to come
　through well
tirer sur　to fire (shoot) at
un tiroir　drawer (of a desk, etc.)
se tirer d'affaire　to get out of a jam
un tire-clou　nail puller
　(des tire-clous)

For more idioms using this verb, see the back pages for the section on verbs used in idiomatic expressions.

Consult the sections on verbs used in idiomatic expressions, verbs with prepositions, and the list of over 1,000 verbs conjugated like model verbs in the back pages.

The subject pronouns are found on the page facing page 1.

tomber

Part. pr. tombant   Part. passé **tombé(e)(s)**

to fall

The Seven Simple Tenses		The Seven Compound Tenses	
Singular	Plural	Singular	Plural
1 présent de l'indicatif		**8 passé composé**	
tombe	tombons	suis tombé(e)	sommes tombé(e)s
tombes	tombez	es tombé(e)	êtes tombé(e)(s)
tombe	tombent	est tombé(e)	sont tombé(e)s
2 imparfait de l'indicatif		**9 plus-que-parfait de l'indicatif**	
tombais	tombions	étais tombé(e)	étions tombé(e)s
tombais	tombiez	étais tombé(e)	étiez tombé(e)(s)
tombait	tombaient	était tombé(e)	étaient tombé(e)s
3 passé simple		**10 passé antérieur**	
tombai	tombâmes	fus tombé(e)	fûmes tombé(e)s
tombas	tombâtes	fus tombé(e)	fûtes tombé(e)(s)
tomba	tombèrent	fut tombé(e)	furent tombé(e)s
4 futur		**11 futur antérieur**	
tomberai	tomberons	serai tombé(e)	serons tombé(e)s
tomberas	tomberez	seras tombé(e)	serez tombé(e)(s)
tombera	tomberont	sera tombé(e)	seront tombé(e)s
5 conditionnel		**12 conditionnel passé**	
tomberais	tomberions	serais tombé(e)	serions tombé(e)s
tomberais	tomberiez	serais tombé(e)	seriez tombé(e)(s)
tomberait	tomberaient	serait tombé(e)	seraient tombé(e)s
6 présent du subjonctif		**13 passé du subjonctif**	
tombe	tombions	sois tombé(e)	soyons tombé(e)s
tombes	tombiez	sois tombé(e)	soyez tombé(e)(s)
tombe	tombent	soit tombé(e)	soient tombé(e)s
7 imparfait du subjonctif		**14 plus-que-parfait du subjonctif**	
tombasse	tombassions	fusse tombé(e)	fussions tombé(e)s
tombasses	tombassiez	fusses tombé(e)	fussiez tombé(e)(s)
tombât	tombassent	fût tombé(e)	fussent tombé(e)s

Impératif
tombe
tombons
tombez

Words and expressions using this verb

tomber amoureux (amoureuse) de qqn
   to fall in love with someone
tomber sur   to run into, to come across
laisser tomber   to drop

tomber malade   to fall sick
faire tomber   to knock down
retomber   to fall again

Consult the sections on verbs used in idiomatic expressions, verbs with prepositions, and the list of over 1,000 verbs conjugated like model verbs in the back pages.

The Seven Simple Tenses		The Seven Compound Tenses	
Singular	Plural	Singular	Plural
1 présent de l'indicatif **il tonne**		8 passé composé **il a tonné**	
2 imparfait de l'indicatif **il tonnait**		9 plus-que-parfait de l'indicatif **il avait tonné**	
3 passé simple **il tonna**		10 passé antérieur **il eut tonné**	
4 futur **il tonnera**		11 futur antérieur **il aura tonné**	
5 conditionnel **il tonnerait**		12 conditionnel passé **il aurait tonné**	
6 présent du subjonctif **qu'il tonne**		13 passé du subjonctif **qu'il ait tonné**	
7 imparfait du subjonctif **qu'il tonnât**		14 plus-que-parfait du subjonctif **qu'il eût tonné**	

Impératif
Qu'il tonne!   Let it thunder!

Common idiomatic expressions using this verb and words related to it

le tonnerre   thunder
Tonnerre!   By thunder!
C'est du tonnerre!
  That's terrific!

un coup de tonnerre
  a clap of thunder
un tonnerre d'acclamations
  thundering applause

This verb is impersonal and is used in the 3rd person singular.

Consult the back pages for the section on verbs used in weather expressions.

to rap, to tap, to knock

The Seven Simple Tenses		The Seven Compound Tenses	
Singular	Plural	Singular	Plural
1 présent de l'indicatif		**8 passé composé**	
toque	toquons	ai toqué	avons toqué
toques	toquez	as toqué	avez toqué
toque	toquent	a toqué	ont toqué
2 imparfait de l'indicatif		**9 plus-que-parfait de l'indicatif**	
toquais	toquions	avais toqué	avions toqué
toquais	toquiez	avais toqué	aviez toqué
toquait	toquaient	avait toqué	avaient toqué
3 passé simple		**10 passé antérieur**	
toquai	toquâmes	eus toqué	eûmes toqué
toquas	toquâtes	eus toqué	eûtes toqué
toqua	toquèrent	eut toqué	eurent toqué
4 futur		**11 futur antérieur**	
toquerai	toquerons	aurai toqué	aurons toqué
toqueras	toquerez	auras toqué	aurez toqué
toquera	toqueront	aura toqué	auront toqué
5 conditionnel		**12 conditionnel passé**	
toquerais	toquerions	aurais toqué	aurions toqué
toquerais	toqueriez	aurais toqué	auriez toqué
toquerait	toqueraient	aurait toqué	auraient toqué
6 présent du subjonctif		**13 passé du subjonctif**	
toque	toquions	aie toqué	ayons toqué
toques	toquiez	aies toqué	ayez toqué
toque	toquent	ait toqué	aient toqué
7 imparfait du subjonctif		**14 plus-que-parfait du subjonctif**	
toquasse	toquassions	eusse toqué	eussions toqué
toquasses	toquassiez	eusses toqué	eussiez toqué
toquât	toquassent	eût toqué	eussent toqué

Impératif
toque
toquons
toquez

Sentences using this verb and words and expressions related to it

Je suis allé voir Madame Dutour, notre voisine qui est un peu toquée. J'ai toqué à la porte de l'index (with my index finger) trois fois mais il n'y avait pas de réponse. Sa fille a une toquade pour mon fils et je voulais lui en parler.

toquer à la porte   to knock (tap) on the door
se toquer   to go crazy; se toquer de   to go mad about (over)
une toque   cap (worn on head)
être toqué(e)   to be tetched (in the head), to be a little crazy, nuts, batty, daft

une toquante   ticker
une toquade   infatuation, craze; avoir une toquade pour qqn to fall for someone, to become infatuated with someone

Consult the sections on verbs used in idiomatic expressions, verbs with prepositions, and the list of over 1,000 verbs conjugated like model verbs in the back pages.

The Seven Simple Tenses		The Seven Compound Tenses	
Singular	Plural	Singular	Plural

1   présent de l'indicatif

| | | |
--- | --- | --- | ---
tords | tordons | **8   passé composé** |
tords | tordez | ai tordu | avons tordu
tord | tordent | as tordu | avez tordu
| | a tordu | ont tordu

2   imparfait de l'indicatif

| | | |
--- | --- | --- | ---
tordais | tordions | **9   plus-que-parfait de l'indicatif** |
tordais | tordiez | avais tordu | avions tordu
tordait | tordaient | avais tordu | aviez tordu
| | avait tordu | avaient tordu

3   passé simple

| | | |
--- | --- | --- | ---
tordis | tordîmes | **10   passé antérieur** |
tordis | tordîtes | eus tordu | eûmes tordu
tordit | tordirent | eus tordu | eûtes tordu
| | eut tordu | eurent tordu

4   futur

| | | |
--- | --- | --- | ---
tordrai | tordrons | **11   futur antérieur** |
tordras | tordrez | aurai tordu | aurons tordu
tordra | tordront | auras tordu | aurez tordu
| | aura tordu | auront tordu

5   conditionnel

| | | |
--- | --- | --- | ---
tordrais | tordrions | **12   conditionnel passé** |
tordrais | tordriez | aurais tordu | aurions tordu
tordrait | tordraient | aurais tordu | auriez tordu
| | aurait tordu | auraient tordu

6   présent du subjonctif

| | | |
--- | --- | --- | ---
torde | tordions | **13   passé du subjonctif** |
tordes | tordiez | aie tordu | ayons tordu
torde | tordent | aies tordu | ayez tordu
| | ait tordu | aient tordu

7   imparfait du subjonctif

| | | |
--- | --- | --- | ---
tordisse | tordissions | **14   plus-que-parfait du subjonctif** |
tordisses | tordissiez | eusse tordu | eussions tordu
tordît | tordissent | eusses tordu | eussiez tordu
| | eût tordu | eussent tordu

Impératif
tords
tordons
tordez

Words and expressions related to this verb

tordre le cou à qqn   to twist   **se tordre les mains**   to wring one's hands
  someone's neck   **se tordre de rire**   to split one's sides
tordu, tordue   twisted   laughing
tortu, tortue   crooked, twisted   **avoir la gueule tordue**
être tordu (tordue)   to be crazy   to have an ugly puss (face)
une rue tortueuse   winding street   **avoir l'esprit tordu**   to have a twisted mind

Consult the sections on verbs used in idiomatic expressions, verbs with prepositions, and the
list of over 1,000 verbs conjugated like model verbs in the back pages.

to touch, to affect

The Seven Simple Tenses		The Seven Compound Tenses	
Singular	Plural	Singular	Plural
1 présent de l'indicatif		**8 passé composé**	
touche	touchons	ai touché	avons touché
touches	touchez	as touché	avez touché
touche	touchent	a touché	ont touché
2 imparfait de l'indicatif		**9 plus-que-parfait de l'indicatif**	
touchais	touchions	avais touché	avions touché
touchais	touchiez	avais touché	aviez touché
touchait	touchaient	avait touché	avaient touché
3 passé simple		**10 passé antérieur**	
touchai	touchâmes	eus touché	eûmes touché
touchas	touchâtes	eus touché	eûtes touché
toucha	touchèrent	eut touché	eurent touché
4 futur		**11 futur antérieur**	
toucherai	toucherons	aurai touché	aurons touché
toucheras	toucherez	auras touché	aurez touché
touchera	toucheront	aura touché	auront touché
5 conditionnel		**12 conditionnel passé**	
toucherais	toucherions	aurais touché	aurions touché
toucherais	toucheriez	aurais touché	auriez touché
toucherait	toucheraient	aurait touché	auraient touché
6 présent du subjonctif		**13 passé du subjonctif**	
touche	touchions	aie touché	ayons touché
touches	touchiez	aies touché	ayez touché
touche	touchent	ait touché	aient touché
7 imparfait du subjonctif		**14 plus-que-parfait du subjonctif**	
touchasse	touchassions	eusse touché	eussions touché
touchasses	touchassiez	eusses touché	eussiez touché
touchât	touchassent	eût touché	eussent touché

Impératif
touche
touchons
touchez

Words and expressions related to this verb

Une personne qui touche à tout
  a meddlesome person
Touchez là! Put it there! Shake!
toucher à qqch to touch something
N'y touchez pas! Don't touch!

le toucher touch, feeling
toucher de l'argent to get some money
Cela me touche profondément
  That touches me deeply.

Consult the sections on verbs used in idiomatic expressions, verbs with prepositions, and the list of over 1,000 verbs conjugated like model verbs in the back pages.

The Seven Simple Tenses		The Seven Compound Tenses	
Singular	Plural	Singular	Plural
1 présent de l'indicatif		**8 passé composé**	
tourne	tournons	ai tourné	avons tourné
tournes	tournez	as tourné	avez tourné
tourne	tournent	a tourné	ont tourné
2 imparfait de l'indicatif		**9 plus-que-parfait de l'indicatif**	
tournais	tournions	avais tourné	avions tourné
tournais	tourniez	avais tourné	aviez tourné
tournait	tournaient	avait tourné	avaient tourné
3 passé simple		**10 passé antérieur**	
tournai	tournâmes	eus tourné	eûmes tourné
tournas	tournâtes	eus tourné	eûtes tourné
tourna	tournèrent	eut tourné	eurent tourné
4 futur		**11 futur antérieur**	
tournerai	tournerons	aurai tourné	aurons tourné
tourneras	tournerez	auras tourné	aurez tourné
tournera	tourneront	aura tourné	auront tourné
5 conditionnel		**12 conditionnel passé**	
tournerais	tournerions	aurais tourné	aurions tourné
tournerais	tourneriez	aurais tourné	auriez tourné
tournerait	tourneraient	aurait tourné	auraient tourné
6 présent du subjonctif		**13 passé du subjonctif**	
tourne	tournions	aie tourné	ayons tourné
tournes	tourniez	aies tourné	ayez tourné
tourne	tournent	ait tourné	aient tourné
7 imparfait du subjonctif		**14 plus-que-parfait du subjonctif**	
tournasse	tournassions	eusse tourné	eussions tourné
tournasses	tournassiez	eusses tourné	eussiez tourné
tournât	tournassent	eût tourné	eussent tourné

Impératif
tourne
tournons
tournez

Words and expressions related to this verb

se tourner   to turn around
tourner qqn en ridicule   to ridicule someone
un tourne-disque   record player (**des tourne-disques**)

retourner   to return
tourner l'estomac à qqn   to turn someone's stomach
faire une tournée   to go on a tour
tourner autour du pot   to beat around the bush

Consult the sections on verbs used in idiomatic expressions, verbs with prepositions, and the list of over 1,000 verbs conjugated like model verbs in the back pages.

to cough

The Seven Simple Tenses		The Seven Compound Tenses	
Singular	Plural	Singular	Plural
1 présent de l'indicatif		**8 passé composé**	
tousse	toussons	ai toussé	avons toussé
tousses	toussez	as toussé	avez toussé
tousse	toussent	a toussé	ont toussé
2 imparfait de l'indicatif		**9 plus-que-parfait de l'indicatif**	
toussais	toussions	avais toussé	avions toussé
toussais	toussiez	avais toussé	aviez toussé
toussait	toussaient	avait toussé	avaient toussé
3 passé simple		**10 passé antérieur**	
toussai	toussâmes	eus toussé	eûmes toussé
toussas	toussâtes	eus toussé	eûtes toussé
toussa	toussèrent	eut toussé	eurent toussé
4 futur		**11 futur antérieur**	
tousserai	tousserons	aurai toussé	aurons toussé
tousseras	tousserez	auras toussé	aurez toussé
toussera	tousseront	aura toussé	auront toussé
5 conditionnel		**12 conditionnel passé**	
tousserais	tousserions	aurais toussé	aurions toussé
tousserais	tousseriez	aurais toussé	auriez toussé
tousserait	tousseraient	aurait toussé	auraient toussé
6 présent du subjonctif		**13 passé du subjonctif**	
tousse	toussions	aie toussé	ayons toussé
tousses	toussiez	aies toussé	ayez toussé
tousse	toussent	ait toussé	aient toussé
7 imparfait du subjonctif		**14 plus-que-parfait du subjonctif**	
toussasse	toussassions	eusse toussé	eussions toussé
toussasses	toussassiez	eusses toussé	eussiez toussé
toussât	toussassent	eût toussé	eussent toussé

Impératif
tousse
toussons
toussez

Words and expressions related to this verb

une toux cough; **une toux grasse**
crackling cough, heavy cough; **une toux sèche** dry cough
une toux nerveuse nervous cough

toussoter to have a minor, slight cough
un tousseur, une tousseuse cougher
un toussotement slight cough

Consult the sections on verbs used in idiomatic expressions, verbs with prepositions, and the list of over 1,000 verbs conjugated like model verbs in the back pages.

The Seven Simple Tenses		The Seven Compound Tenses	
Singular	Plural	Singular	Plural
1 présent de l'indicatif		**8 passé composé**	
traduis	traduisons	ai traduit	avons traduit
traduis	traduisez	as traduit	avez traduit
traduit	traduisent	a traduit	ont traduit
2 imparfait de l'indicatif		**9 plus-que-parfait de l'indicatif**	
traduisais	traduisions	avais traduit	avions traduit
traduisais	traduisiez	avais traduit	aviez traduit
traduisait	traduisaient	avait traduit	avaient traduit
3 passé simple		**10 passé antérieur**	
traduisis	traduisîmes	eus traduit	eûmes traduit
traduisis	traduisîtes	eus traduit	eûtes traduit
traduisit	traduisirent	eut traduit	eurent traduit
4 futur		**11 futur antérieur**	
traduirai	traduirons	aurai traduit	aurons traduit
traduiras	traduirez	auras traduit	aurez traduit
traduira	traduiront	aura traduit	auront traduit
5 conditionnel		**12 conditionnel passé**	
traduirais	traduirions	aurais traduit	aurions traduit
traduirais	traduiriez	aurais traduit	auriez traduit
traduirait	traduiraient	aurait traduit	auraient traduit
6 présent du subjonctif		**13 passé du subjonctif**	
traduise	traduisions	aie traduit	ayons traduit
traduises	traduisiez	aies traduit	ayez traduit
traduise	traduisent	ait traduit	aient traduit
7 imparfait du subjonctif		**14 plus-que-parfait du subjonctif**	
traduisisse	traduisissions	eusse traduit	eussions traduit
traduisisses	traduisissiez	eusses traduit	eussiez traduit
traduisît	traduisissent	eût traduit	eussent traduit

Impératif
traduis
traduisons
traduisez

Words and expressions related to this verb

un traducteur, une traductrice   translator
une traduction   a translation
traduisible   translatable
une traduction littérale   a literal translation
une traduction libre   a free translation

se traduire   to be translated; **Cette phrase se traduit facilement**   This sentence is easily translated.
une traduction fidèle   a faithful translation

to betray

The Seven Simple Tenses		The Seven Compound Tenses	
Singular	Plural	Singular	Plural
1 présent de l'indicatif		**8 passé composé**	
trahis	trahissons	ai trahi	avons trah
trahis	trahissez	as trahi	avez trahi
trahit	trahissent	a trahi	ont trahi
2 imparfait de l'indicatif		**9 plus-que-parfait de l'indicatif**	
trahissais	trahissions	avais trahi	avions trahi
trahissais	trahissiez	avais trahi	aviez trahi
trahissait	trahissaient	avait trahi	avaient trahi
3 passé simple		**10 passé antérieur**	
trahis	trahîmes	eus trahi	eûmes trahi
trahis	trahîtes	eus trahi	eûtes trahi
trahit	trahirent	eut trahi	eurent trahi
4 futur		**11 futur antérieur**	
trahirai	trahirons	aurai trahi	aurons trahi
trahiras	trahirez	auras trahi	aurez trahi
trahira	trahiront	aura trahi	auront trahi
5 conditionnel		**12 conditionnel passé**	
trahirais	trahirions	aurais trahi	aurions trahi
trahirais	trahiriez	aurais trahi	auriez trahi
trahirait	trahiraient	aurait trahi	auraient trahi
6 présent du subjonctif		**13 passé du subjonctif**	
trahisse	trahissions	aie trahi	ayons trahi
trahisses	trahissiez	aies trahi	ayez trahi
trahisse	trahissent	ait trahi	aient trahi
7 imparfait du subjonctif		**14 plus-que-parfait du subjonctif**	
trahisse	trahissions	eusse trahi	eussions trahi
trahisses	trahissiez	eusses trahi	eussiez trahi
trahît	trahissent	eût trahi	eussent trahi

Impératif
trahis
trahissons
trahissez

Words and expressions related to this verb

se trahir   to give oneself away, to betray
   each other, to deceive each other
traîtreusement   treacherously

la trahison   betrayal, treason
la haute trahison   high treason
un traître   traitor, betrayer
une traîtresse   traitress, betrayer

Consult the sections on verbs used in idiomatic expressions, verbs with prepositions, and the list of over 1,000 verbs conjugated like model verbs in the back pages.

to treat, to negotiate

The Seven Simple Tenses		The Seven Compound Tenses	
Singular	Plural	Singular	Plural
1 présent de l'indicatif		**8 passé composé**	
traite	traitons	ai traité	avons traité
traites	traitez	as traité	avez traité
traite	traitent	a traité	ont traité
2 imparfait de l'indicatif		**9 plus-que-parfait de l'indicatif**	
traitais	traitions	avais traité	avions traité
traitais	traitiez	avais traité	aviez traité
traitait	traitaient	avait traité	avaient traité
3 passé simple		**10 passé antérieur**	
traitai	traitâmes	eus traité	eûmes traité
traitas	traitâtes	eus traité	eûtes traité
traita	traitèrent	eut traité	eurent traité
4 futur		**11 futur antérieur**	
traiterai	traiterons	aurai traité	aurons traité
traiteras	traiterez	auras traité	aurez traité
traitera	traiteront	aura traité	auront traité
5 conditionnel		**12 conditionnel passé**	
traiterais	traiterions	aurais traité	aurions traité
traiterais	traiteriez	aurais traité	auriez traité
traiterait	traiteraient	aurait traité	auraient traité
6 présent du subjonctif		**13 passé du subjonctif**	
traite	traitions	aie traité	ayons traité
traites	traitiez	aies traité	ayez traité
traite	traitent	ait traité	aient traité
7 imparfait du subjonctif		**14 plus-que-parfait du subjonctif**	
traitasse	traitassions	eusse traité	eussions traité
traitasses	traitassiez	eusses traité	eussiez traité
traitât	traitassent	eût traité	eussent traité

Impératif
traite
traitons
traitez

Words and expressions related to this verb

traiter mal qqn   to treat someone badly
maltraiter   to maltreat, to mistreat
traiter qqn de qqch   to call someone something
un traitement   treatment; salary
un traité   treatise; treaty

Consult the sections on verbs used in idiomatic expressions, verbs with prepositions, and the list of over 1,000 verbs conjugated like model verbs in the back pages.

to transmit, to transfer

The Seven Simple Tenses		The Seven Compound Tenses	
Singular	Plural	Singular	Plural

1 présent de l'indicatif		8 passé composé	
transmets	transmettons	ai transmis	avons transmis
transmets	transmettez	as transmis	avez transmis
transmet	transmettent	a transmis	ont transmis

2 imparfait de l'indicatif		9 plus-que-parfait de l'indicatif	
transmettais	transmettions	avais transmis	avions transmis
transmettais	transmettiez	avais transmis	aviez transmis
transmettait	transmettaient	avait transmis	avaient transmis

3 passé simple		10 passé antérieur	
transmis	transmîmes	eus transmis	eûmes transmis
transmis	transmîtes	eus transmis	eûtes transmis
transmit	transmirent	eut transmis	eurent transmis

4 futur		11 futur antérieur	
transmettrai	transmettrons	aurai transmis	aurons transmis
transmettras	transmettrez	auras transmis	aurez transmis
transmettra	transmettront	aura transmis	auront transmis

5 conditionnel		12 conditionnel passé	
transmettrais	transmettrions	aurais transmis	aurions transmis
transmettrais	transmettriez	aurais transmis	auriez transmis
transmettrait	transmettraient	aurait transmis	auraient transmis

6 présent du subjonctif		13 passé du subjonctif	
transmette	transmettions	aie transmis	ayons transmis
transmettes	transmettiez	aies transmis	ayez transmis
transmette	transmettent	ait transmis	aient transmis

7 imparfait du subjonctif		14 plus-que-parfait du subjonctif	
transmisse	transmissions	eusse transmis	eussions transmis
transmisses	transmissiez	eusses transmis	eussiez transmis
transmît	transmissent	eût transmis	eussent transmis

	Impératif		
	transmets		
	transmettons		
	transmettez		

Words and expressions related to this verb

transmettre une maladie   to transmit an illness
transmettre un message   to relay, to transmit a message
transmettre son autorité   to transfer one's authority

transmettre une lettre   to forward a letter
une transmission   transmission
transmissible   transmissible, transferable
une maladie transmissible   contagious disease

See also **mettre.**

Consult the sections on verbs used in idiomatic expressions, verbs with prepositions, and the list of over 1,000 verbs conjugated like model verbs in the back pages.

The Seven Simple Tenses		The Seven Compound Tenses	
Singular	Plural	Singular	Plural

1 présent de l'indicatif

travaille	travaillons
travailles	travaillez
travaille	travaillent

8 passé composé

ai travaillé	avons travaillé
as travaillé	avez travaillé
a travaillé	ont travaillé

2 imparfait de l'indicatif

travaillais	travaillions
travaillais	travailliez
travaillait	travaillaient

9 plus-que-parfait de l'indicatif

avais travaillé	avions travaillé
avais travaillé	aviez travaillé
avait travaillé	avaient travaillé

3 passé simple

travaillai	travaillâmes
travaillas	travaillâtes
travailla	travaillèrent

10 passé antérieur

eus travaillé	eûmes travaillé
eus travaillé	eûtes travaillé
eut travaillé	eurent travaillé

4 futur

travaillerai	travaillerons
travailleras	travaillerez
travaillera	travailleront

11 futur antérieur

aurai travaillé	aurons travaillé
auras travaillé	aurez travaillé
aura travaillé	auront travaillé

5 conditionnel

travaillerais	travaillerions
travaillerais	travailleriez
travaillerait	travailleraient

12 conditionnel passé

aurais travaillé	aurions travaillé
aurais travaillé	auriez travaillé
aurait travaillé	auraient travaillé

6 présent du subjonctif

travaille	travaillions
travailles	travailliez
travaille	travaillent

13 passé du subjonctif

aie travaillé	ayons travaillé
aies travaillé	ayez travaillé
ait travaillé	aient travaillé

7 imparfait du subjonctif

travaillasse	travaillassions
travaillasses	travaillassiez
travaillât	travaillassent

14 plus-que-parfait du subjonctif

eusse travaillé	eussions travaillé
eusses travaillé	eussiez travaillé
eût travaillé	eussent travaillé

Impératif
travaille
travaillons
travaillez

Words and expressions related to this verb

travailleur, travailleuse   industrious, worker
être sans travail   to be out of work
faire travailler son argent   to put one's
   money to work (to earn interest)

le travail   work, labor, travail
   (les travaux)
les travaux publics   public works
les vêtements de travail   work clothes

to traverse, to cross

The Seven Simple Tenses		The Seven Compound Tenses	
Singular	Plural	Singular	Plural

1 présent de l'indicatif

		8 passé compose	
traverse	traversons	ai traversé	avons traversé
traverses	traversez	as traversé	avez traversé
traverse	traversent	a traversé	ont traversé

2 imparfait de l'indicatif

		9 plus-que-parfait de l'indicatif	
traversais	traversions	avais traversé	avions traversé
traversais	traversiez	avais traversé	aviez traversé
traversait	traversaient	avait traversé	avaient traversé

3 passé simple

		10 passé antérieur	
traversai	traversâmes	eus traversé	eûmes traversé
traversas	traversâtes	eus traversé	eûtes traversé
traversa	traversèrent	eut traversé	eurent traversé

4 futur

		11 futur antérieur	
traverserai	traverserons	aurai traversé	aurons traversé
traverseras	traverserez	auras traversé	aurez traversé
traversera	traverseront	aura traversé	auront traversé

5 conditionnel

		12 conditionnel passé	
traverserais	traverserions	aurais traversé	aurions traversé
traverserais	traverseriez	aurais traversé	auriez traversé
traverserait	traverseraient	aurait traversé	auraient traversé

6 présent du subjonctif

		13 passé du subjonctif	
traverse	traversions	aie traversé	ayons traversé
traverses	traversiez	aies traversé	ayez traversé
traverse	traversent	ait traversé	aient traversé

7 imparfait du subjonctif

		14 plus-que-parfait du subjonctif	
traversasse	traversassions	eusse traversé	eussions traversé
traversasses	traversassiez	eusses traversé	eussiez traversé
traversât	traversassent	eût traversé	eussent traversé

Impératif
traverse
traversons
traversez

Words and expressions related to this verb

la traversée the crossing
à travers through
de travers askew, awry, crooked

une traversée de voie
railroad crossing

Consult the back pages for sections on verbs used in idiomatic expressions, verbs that require certain prepositions, French proverbs using verbs, and weather expressions.

to cheat, to trick

The Seven Simple Tenses		The Seven Compound Tenses	
Singular	Plural	Singular	Plural
1 présent de l'indicatif		8 passé composé	
triche	trichons	ai triché	avons triché
triches	trichez	as triché	avez triché
triche	trichent	a triché	ont triché
2 imparfait de l'indicatif		9 plus-que-parfait de l'indicatif	
trichais	trichions	avais triché	avions triché
trichais	trichiez	avais triché	aviez triché
trichait	trichaient	avait triché	avaient triché
3 passé simple		10 passé antérieur	
trichai	trichâmes	eus triché	eûmes triché
trichas	trichâtes	eus triché	eûtes triché
tricha	trichèrent	eut triché	eurent triché
4 futur		11 futur antérieur	
tricherai	tricherons	aurai triché	aurons triché
tricheras	tricherez	auras triché	aurez triché
trichera	tricheront	aura triché	auront triché
5 conditionnel		12 conditionnel passé	
tricherais	tricherions	aurais triché	aurions triché
tricherais	tricheriez	aurais triché	auriez triché
tricherait	tricheraient	aurait triché	auraient triché
6 présent du subjonctif		13 passé du subjonctif	
triche	trichions	aie triché	ayons triché
triches	trichiez	aies triché	ayez triché
triche	trichent	ait triché	aient triché
7 imparfait du subjonctif		14 plus-que-parfait du subjonctif	
trichasse	trichassions	eusse triché	eussions triché
trichasses	trichassiez	eusses triché	eussiez triché
trichât	trichassent	eût triché	eussent triché

Impératif
triche
trichons
trichez

Words and expressions related to this verb

une tricherie   cheating
gagner par tricherie   to win by cheating
une triche   cheating

un tricheur, une tricheuse   cheater
tricher aux cartes   to cheat at cards

Consult the sections on verbs used in idiomatic expressions, verbs with prepositions, and the list of over 1,000 verbs conjugated like model verbs in the back pages.

to be mistaken

The Seven Simple Tenses		The Seven Compound Tenses	
Singular	Plural	Singular	Plural

1 présent de l'indicatif

me trompe	nous trompons
te trompes	vous trompez
se trompe	se trompent

8 passé composé

me suis trompé(e)	nous sommes trompé(e)s
t'es trompé(e)	vous êtes trompé(e)(s)
s'est trompé(e)	se sont trompé(e)s

2 imparfait de l'indicatif

me trompais	nous trompions
te trompais	vous trompiez
se trompait	se trompaient

9 plus-que-parfait de l'indicatif

m'étais trompé(e)	nous étions trompé(e)s
t'étais trompé(e)	vous étiez trompé(e)(s)
s'était trompé(e)	s'étaient trompé(e)s

3 passé simple

me trompai	nous trompâmes
te trompas	vous trompâtes
se trompa	se trompèrent

10 passé antérieur

me fus trompé(e)	nous fûmes trompé(e)s
te fus trompé(e)	vous fûtes trompé(e)(s)
se fut trompé(e)	se furent trompé(e)s

4 futur

me tromperai	nous tromperons
te tromperas	vous tromperez
se trompera	se tromperont

11 futur antérieur

me serai trompé(e)	nous serons trompé(e)s
te seras trompé((e)	vous serez trompé(e)(s)
se sera trompé(e)	se seront trompé(e)s

5 conditionnel

me tromperais	nous tromperions
te tromperais	vous tromperiez
se tromperait	se tromperaient

12 conditionnel passé

me serais trompé(e)	nous serions trompé(e)s
te serais trompé(e)	vous seriez trompé(e)(s)
se serait trompé(e)	se seraient trompé(e)s

6 présent du subjonctif

me trompe	nous trompions
te trompes	vous trompiez
se trompe	se trompent

13 passé du subjonctif

me sois trompé(e)	nous soyons trompé(e)s
te sois trompé(e)	vous soyez trompé(e)(s)
se soit trompé(e)	se soient trompé(e)s

7 imparfait du subjonctif

me trompasse	nous trompassions
te trompasses	vous trompassiez
se trompât	se trompassent

14 plus-que-parfait du subjonctif

me fusse trompé(e)	nous fussions trompé(e)s
te fusses trompé(e)	vous fussiez trompé(e)(s)
se fût trompé(e)	se fussent trompé(e)s

Impératif
trompe-toi; ne te trompe pas
trompons-nous; ne nous trompons pas
trompez-vous; ne vous trompez pas

Words and expressions related to this verb

tromper   to cheat, to deceive
détromper   to undeceive, to set a matter
  straight
se laisser tromper   to be taken in (fooled,
  deceived)
un trompeur, une trompeuse   deceiver

se détromper   to see the truth about a
  matter
se tromper de chemin   to take the wrong
  route
une tromperie   deceit, deception

Consult the sections on verbs used in idiomatic expressions, verbs with prepositions, and the
list of over 1,000 verbs conjugated like model verbs in the back pages.

The Seven Simple Tenses		The Seven Compound Tenses	
Singular	Plural	Singular	Plural

1 présent de l'indicatif		8 passé composé	
trouve	trouvons	ai trouvé	avons trouvé
trouves	trouvez	as trouvé	avez trouvé
trouve	trouvent	a trouvé	ont trouvé

2 imparfait de l'indicatif		9 plus-que-parfait de l'indicatif	
trouvais	trouvions	avais trouvé	avions trouvé
trouvais	trouviez	avais trouvé	aviez trouvé
trouvait	trouvaient	avait trouvé	avaient trouvé

3 passé simple		10 passé antérieur	
trouvai	trouvâmes	eus trouvé	eûmes trouvé
trouvas	trouvâtes	eus trouvé	eûtes trouvé
trouva	trouvèrent	eut trouvé	eurent trouvé

4 futur		11 futur antérieur	
trouverai	trouverons	aurai trouvé	aurons trouvé
trouveras	trouverez	auras trouvé	aurez trouvé
trouvera	trouveront	aura trouvé	auront trouvé

5 conditionnel		12 conditionnel passé	
trouverais	trouverions	aurais trouvé	aurions trouvé
trouverais	trouveriez	aurais trouvé	auriez trouvé
trouverait	trouveraient	aurait trouvé	auraient trouvé

6 présent du subjonctif		13 passé du subjonctif	
trouve	trouvions	aie trouvé	ayons trouvé
trouves	trouviez	aies trouvé	ayez trouvé
trouve	trouvent	ait trouvé	aient trouvé

7 imparfait du subjonctif		14 plus-que-parfait du subjonctif	
trouvasse	trouvassions	eusse trouvé	eussions trouvé
trouvasses	trouvassiez	eusses trouvé	eussiez trouvé
trouvât	trouvassent	eût trouvé	eussent trouvé

Impératif
trouve
trouvons
trouvez

Words and expressions related to this verb

J'ai une nouvelle voiture; comment la trouvez-vous?
   I have a new car; how do you like it?
trouver un emploi   to find a job
trouver bon de faire qqch   to think fit to do something
retrouver   to find again, to recover, to retrieve
trouver porte close   not to find anyone answering the door after knocking

See also **se trouver.**

to be located, to be situated

The Seven Simple Tenses		The Seven Compound Tenses	
Singular	Plural	Singular	Plural
1 présent de l'indicatif		**8 passé composé**	
me trouve	nous trouvons	me suis trouvé(e)	nous sommes trouvé(e)s
te trouves	vous trouvez	t'es trouvé(e)	vous êtes trouvé(e)(s)
se trouve	se trouvent	s'est trouvé(e)	se sont trouvé(e)s
2 imparfait de l'indicatif		**9 plus-que-parfait de l'indicatif**	
me trouvais	nous trouvions	m'étais trouvé(e)	nous étions trouvé(e)s
te trouvais	vous trouviez	t'étais trouvé(e)	vous étiez trouvé(e)(s)
se trouvait	se trouvaient	s'était trouvé(e)	s'étaient trouvé(e)s
3 passé simple		**10 passé antérieur**	
me trouvai	nous trouvâmes	me fus trouvé(e)	nous fûmes trouvé(e)s
te trouvas	vous trouvâtes	te fus trouvé(e)	vous fûtes trouvé(e)(s)
se trouva	se trouvèrent	se fut trouvé(e)	se furent trouvé(e)s
4 futur		**11 futur antérieur**	
me trouverai	nous trouverons	me serai trouvé(e)	nous serons trouvé(e)s
te trouveras	vous trouverez	te seras trouvé(e)	vous serez trouvé(e)(s)
se trouvera	se trouveront	se sera trouvé(e)	se seront trouvé(e)s
5 conditionnel		**12 conditionnel passé**	
me trouverais	nous trouverions	me serais trouvé(e)	nous serions trouvé(e)s
te trouverais	vous trouveriez	te serais trouvé(e)	vous seriez trouvé(e)(s)
se trouverait	se trouveraient	se serait trouvé(e)	se seraient trouvé(e)s
6 présent du subjonctif		**13 passé du subjonctif**	
me trouve	nous trouvions	me sois trouvé(e)	nous soyons trouvé(e)s
te trouves	vous trouviez	te sois trouvé(e)	vous soyez trouvé(e)(s)
se trouve	se trouvent	se soit trouvé(e)	se soient trouvé(e)s
7 imparfait du subjonctif		**14 plus-que-parfait du subjonctif**	
me trouvasse	nous trouvassions	me fusse trouvé(e)	nous fussions trouvé(e)s
te trouvasses	vous trouvassiez	te fusses trouvé(e)	vous fussiez trouvé(e)(s)
se trouvât	se trouvassent	se fût trouvé(e)	se fussent trouvé(e)s

Impératif
trouve-toi; ne te trouve pas
trouvons-nous; ne nous trouvons pas
trouvez-vous; ne vous trouvez pas

Words and expressions related to this verb

Où se trouve le bureau de poste?   Where is the post office located?
Trouve-toi dans ce café à huit heures ce soir.   Be in this café at 8 o'clock tonight.
Vous avez été malade; allez-vous mieux maintenant? —Oui, je me trouve mieux, merci!
   You have been sick; are you feeling better now? —Yes, I'm feeling better, thank you!

See also **trouver.**

The Seven Simple Tenses		The Seven Compound Tenses	
Singular	Plural	Singular	Plural
1 présent de l'indicatif		**8 passé composé**	
tue	tuons	ai tué	avons tué
tues	tuez	as tué	avez tué
tue	tuent	a tué	ont tué
2 imparfait de l'indicatif		**9 plus-que-parfait de l'indicatif**	
tuais	tuions	avais tué	avions tué
tuais	tuiez	avais tué	aviez tué
tuait	tuaient	avait tué	avaient tué
3 passé simple		**10 passé antérieur**	
tuai	tuâmes	eus tué	eûmes tué
tuas	tuâtes	eus tué	eûtes tué
tua	tuèrent	eut tué	eurent tué
4 futur		**11 futur antérieur**	
tuerai	tuerons	aurai tué	aurons tué
tueras	tuerez	auras tué	aurez tué
tuera	tueront	aura tué	auront tué
5 conditionnel		**12 conditionnel passé**	
tuerais	tuerions	aurais tué	aurions tué
tuerais	tueriez	aurais tué	auriez tué
tuerait	tueraient	aurait tué	auraient tué
6 présent du subjonctif		**13 passé du subjonctif**	
tue	tuions	aie tué	ayons tué
tues	tuiez	aies tué	ayez tué
tue	tuent	ait tué	aient tué
7 imparfait du subjonctif		**14 plus-que-parfait du subjonctif**	
tuasse	tuassions	eusse tué	eussions tué
tuasses	tuassiez	eusses tué	eussiez tué
tuât	tuassent	eût tué	eussent tué

Impératif
tue
tuons
tuez

Words and expressions related to this verb

tuer le temps   to kill time
Ce travail me tue!   This work is killing me!
se tuer   to kill oneself; to get killed
un tueur, une tueuse   killer
une tuerie   slaughter

un tue-mouche   fly swatter
(des tue-mouches)
crier à tue-tête   to shout at the top of one's voice
chanter à tue-tête   to sing at the top of one's voice

Consult the sections on verbs used in idiomatic expressions, verbs with prepositions, and the list of over 1,000 verbs conjugated like model verbs in the back pages.

to unite, to join

The Seven Simple Tenses		The Seven Compound Tenses	
Singular	Plural	Singular	Plural
1 présent de l'indicatif		**8 passé composé**	
unis	unissons	ai uni	avons uni
unis	unissez	as uni	avez uni
unit	unissent	a uni	ont uni
2 imparfait de l'indicatif		**9 plus-que-parfait de l'indicatif**	
unissais	unissions	avais uni	avions uni
unissais	unissiez	avais uni	aviez uni
unissait	unissaient	avait uni	avaient uni
3 passé simple		**10 passé antérieur**	
unis	unîmes	eus uni	eûmes uni
unis	unîtes	eus uni	eûtes uni
unit	unirent	eut uni	eurent uni
4 futur		**11 futur antérieur**	
unirai	unirons	aurai uni	aurons uni
uniras	unirez	auras uni	aurez uni
unira	uniront	aura uni	auront uni
5 conditionnel		**12 conditionnel passé**	
unirais	unirions	aurais uni	aurions uni
unirais	uniriez	aurais uni	auriez uni
unirait	uniraient	aurait uni	auraient uni
6 présent du subjonctif		**13 passé du subjonctif**	
unisse	unissions	aie uni	ayons uni
unisses	unissiez	aies uni	ayez uni
unisse	unissent	ait uni	aient uni
7 imparfait du subjonctif		**14 plus-que-parfait du subjonctif**	
unisse	unissions	eusse uni	eussions uni
unisses	unissiez	eusses uni	eussiez uni
unît	unissent	eût uni	eussent uni

Impératif
unis
unissons
unissez

Words and expressions related to this verb

s'unir   to join together, to marry
réunir   to reunite; **se réunir**   to meet together
les Etats-Unis   the United States
les Nations-Unies   the United Nations
une union   union, alliance

Consult the sections on verbs used in idiomatic expressions, verbs with prepositions, and the list of over 1,000 verbs conjugated like model verbs in the back pages.

to utilize, to use, to make use of, to put to use

The Seven Simple Tenses		The Seven Compound Tenses	
Singular	Plural	Singular	Plural

1 présent de l'indicatif

		8 passé composé	
utilise	utilisons	ai utilisé	avons utilisé
utilises	utilisez	as utilisé	avez utilisé
utilise	utilisent	a utilisé	ont utilisé

2 imparfait de l'indicatif

		9 plus-que-parfait de l'indicatif	
utilisais	utilisions	avais utilisé	avions utilisé
utilisais	utilisiez	avais utilisé	aviez utilisé
utilisait	utilisaient	avait utilisé	avaient utilisé

3 passé simple

		10 passé antérieur	
utilisai	utilisâmes	eus utilisé	eûmes utilisé
utilisas	utilisâtes	eus utilisé	eûtes utilisé
utilisa	utilisèrent	eut utilisé	eurent utilisé

4 futur

		11 futur antérieur	
utiliserai	utiliserons	aurai utilisé	aurons utilisé
utiliseras	utiliserez	auras utilisé	aurez utilisé
utilisera	utiliseront	aura utilisé	auront utilisé

5 conditionnel

		12 conditionnel passé	
utiliserais	utiliserions	aurais utilisé	aurions utilisé
utiliserais	utiliseriez	aurais utilisé	auriez utilisé
utiliserait	utiliseraient	aurait utilisé	auraient utilisé

6 présent du subjonctif

		13 passé du subjonctif	
utilise	utilisions	aie utilisé	ayons utilisé
utilises	utilisiez	aies utilisé	ayez utilisé
utilise	utilisent	ait utilisé	aient utilisé

7 imparfait du subjonctif

		14 plus-que-parfait du subjonctif	
utilisasse	utilisassions	eusse utilisé	eussions utilisé
utilisasses	utilisassiez	eusses utilisé	eussiez utilisé
utilisât	utilisassent	eût utilisé	eussent utilisé

Impératif
utilise
utilisons
utilisez

Words and expressions related to this verb

utile useful		**utilitaire** utilitarian	
inutile useless		**une utilisation** utilization	
une utilité utility, usefulness		**Il est utile de + inf.** It is useful + inf.	
un utilisateur, une utilisatrice user		**utilement** usefully	

Consult the sections on verbs used in idiomatic expressions, verbs with prepositions, and the list of over 1,000 verbs conjugated like model verbs in the back pages.

to vanquish, to conquer

The Seven Simple Tenses		The Seven Compound Tenses	
Singular	Plural	Singular	Plural
1 présent de l'indicatif		**8 passé composé**	
vaincs	vainquons	ai vaincu	avons vaincu
vaincs	vainquez	as vaincu	avez vaincu
vainc	vainquent .	a vaincu	ont vaincu
2 imparfait de l'indicatif		**9 plus-que-parfait de l'indicatif**	
vainquais	vainquions	avais vaincu	avions vaincu
vainquais	vainquiez	avais vaincu	aviez vaincu
vainquait	vainquaient	avait vaincu	avaient vaincu
3 passé simple		**10 passé antérieur**	
vainquis	vainquîmes	eus vaincu	eûmes vaincu
vainquis	vainquîtes	eus vaincu	eûtes vaincu
vainquit	vainquirent	eut vaincu	eurent vaincu
4 futur		**11 futur antérieur**	
vaincrai	vaincrons	aurai vaincu	aurons vaincu
vaincras	vaincrez	auras vaincu	aurez vaincu
vaincra	vaincront	aura vaincu	auront vaincu
5 conditionnel		**12 conditionnel passé**	
vaincrais	vaincrions	aurais vaincu	aurions vaincu
vaincrais	vaincriez	aurais vaincu	auriez vaincu
vaincrait	vaincraient	aurait vaincu	auraient vaincu
6 présent du subjonctif		**13 passé du subjonctif**	
vainque	vainquions	aie vaincu	ayons vaincu
vainques	vainquiez	aies vaincu	ayez vaincu
vainque	vainquent	ait vaincu	aient vaincu
7 imparfait du subjonctif		**14 plus-que-parfait du subjonctif**	
vainquisse	vainquissions	eusse vaincu	eussions vaincu
vainquisses	vainquissiez	eusses vaincu	eussiez vaincu
vainquît	vainquissent	eût vaincu	eussent vaincu

Impératif
vaincs
vainquons
vainquez

Words and expressions related to this verb

convaincre qqn de qqch   to convince, to persuade someone of something
vainqueur   victor, victorious; conqueror, conquering
convaincant, convaincante   convincing

Consult the sections on verbs used in idiomatic expressions, verbs with prepositions, and the list of over 1,000 verbs conjugated like model verbs in the back pages.

to be worth, to be as good as, to deserve, to merit, to be equal to

The Seven Simple Tenses		The Seven Compound Tenses	
Singular	Plural	Singular	Plural
1 présent de l'indicatif		**8 passé composé**	
vaux	valons	ai valu	avons valu
vaux	valez	as valu	avez valu
vaut	valent	a valu	ont valu
2 imparfait de l'indicatif		**9 plus-que-parfait de l'indicatif**	
valais	valions	avais valu	avions valu
valais	valiez	avais valu	aviez valu
valait	valaient	avait valu	avaient valu
3 passé simple		**10 passé antérieur**	
valus	valûmes	eus valu	eûmes valu
valus	valûtes	eus valu	eûtes valu
valut	valurent	eut valu	eurent valu
4 futur		**11 futur antérieur**	
vaudrai	vaudrons	aurai valu	aurons valu
vaudras	vaudrez	auras valu	aurez valu
vaudra	vaudront	aura valu	auront valu
5 conditionnel		**12 conditionnel passé**	
vaudrais	vaudrions	aurais valu	aurions valu
vaudrais	vaudriez	aurais valu	auriez valu
vaudrait	vaudraient	aurait valu	auraient valu
6 présent du subjonctif		**13 passé du subjonctif**	
vaille	valions	aie valu	ayons valu
vailles	valiez	aies valu	ayez valu
vaille	vaillent	ait valu	aient valu
7 imparfait du subjonctif		**14 plus-que-parfait du subjonctif**	
valusse	valussions	eusse valu	eussions valu
valusses	valussiez	eusses valu	eussiez valu
valût	valussent	eût valu	eussent valu

Impératif
vaux
valons
valez

Words and expressions related to this verb

la valeur value
valeureusement valorously
valeureux, valeureuse valorous
la validation validation
valide valid
Mieux vaut tard que jamais.   Better late than never.

Cela vaut la peine
It's worth the trouble.
faire valoir   to make the most of,
to invest one's money

to sell

The Seven Simple Tenses		The Seven Compound Tenses	
Singular	Plural	Singular	Plural
1 présent de l'indicatif		**8 passé composé**	
vends	vendons	ai vendu	avons vendu
vends	vendez	as vendu	avez vendu
vend	vendent	a vendu	ont vendu
2 imparfait de l'indicatif		**9 plus-que-parfait de l'indicatif**	
vendais	vendions	avais vendu	avions vendu
vendais	vendiez	avais vendu	aviez vendu
vendait	vendaient	avait vendu	avaient vendu
3 passé simple		**10 passé antérieur**	
vendis	vendîmes	eus vendu	eûmes vendu
vendis	vendîtes	eus vendu	eûtes vendu
vendit	vendirent	eut vendu	eurent vendu
4 futur		**11 futur antérieur**	
vendrai	vendrons	aurai vendu	aurons vendu
vendras	vendrez	auras vendu	aurez vendu
vendra	vendront	aura vendu	auront vendu
5 conditionnel		**12 conditionnel passé**	
vendrais	vendrions	aurais vendu	aurions vendu
vendrais	vendriez	aurais vendu	auriez vendu
vendrait	vendraient	aurait vendu	auraient vendu
6 présent du subjonctif		**13 passé du subjonctif**	
vende	vendions	aie vendu	ayons vendu
vendes	vendiez	aies vendu	ayez vendu
vende	vendent	ait vendu	aient vendu
7 imparfait du subjonctif		**14 plus-que-parfait du subjonctif**	
vendisse	vendissions	eusse vendu	eussions vendu
vendisses	vendissiez	eusses vendu	eussiez vendu
vendît	vendissent	eût vendu	eussent vendu

Impératif
vends
vendons
vendez

Words and expressions related to this verb

un vendeur, une vendeuse   salesperson
une vente   a sale
maison à vendre   house for sale
revendre   to resell
en vente   on sale
une salle de vente   sales room

vendre à bon marché   to sell at a
    reasonably low price (a good buy)
une vente aux enchères   auction sale
vendre au rabais   to sell at a discount
On vend des livres ici   Books are sold here.

490

The Seven Simple Tenses		The Seven Compound Tenses	
Singular	Plural	Singular	Plural
1 présent de l'indicatif		**8 passé composé**	
venge	vengeons	ai vengé	avons vengé
venges	vengez	as vengé	avez vengé
venge	vengent	a vengé	ont vengé
2 imparfait de l'indicatif		**9 plus-que-parfait de l'indicatif**	
vengeais	vengions	avais vengé	avions vengé
vengeais	vengiez	avais vengé	aviez vengé
vengeait	vengeaient	avait vengé	avaient vengé
3 passé simple		**10 passé antérieur**	
vengeai	vengeâmes	eus vengé	eûmes vengé
vengeas	vengeâtes	eus vengé	eûtes vengé
vengea	vengèrent	eut vengé	eurent vengé
4 futur		**11 futur antérieur**	
vengerai	vengerons	aurai vengé	aurons vengé
vengeras	vengerez	auras vengé	aurez vengé
vengera	vengeront	aura vengé	auront vengé
5 conditionnel		**12 conditionnel passé**	
vengerais	vengerions	aurais vengé	aurions vengé
vengerais	vengeriez	aurais vengé	auriez vengé
vengerait	vengeraient	aurait vengé	auraient vengé
6 présent du subjonctif		**13 passé du subjonctif**	
venge	vengions	aie vengé	ayons vengé
venges	vengiez	aies vengé	ayez vengé
venge	vengent	ait vengé	aient vengé
7 imparfait du subjonctif		**14 plus-que-parfait du subjonctif**	
vengeasse	vengeassions	eusse vengé	eussions vengé
vengeasses	vengeassiez	eusses vengé	eussiez vengé
vengeât	vengeassent	eût vengé	eussent vengé

Impératif
venge
vengeons
vengez

Words and expressions related to this verb

se venger   to revenge oneself
venger son honneur   to avenge one's honor
par vengeance   out of revenge
un vengeur, une vengeresse   avenger, revenger

se venger de   to revenge oneself for
la vengeance   vengeance, revenge
la vengeance du ciel   divine retribution

Consult the sections on verbs used in idiomatic expressions, verbs with prepositions, and the list of over 1,000 verbs conjugated like model verbs in the back pages.

to come

The Seven Simple Tenses		The Seven Compound Tenses	
Singular	Plural	Singular	Plural
1 présent de l'indicatif		**8 passé composé**	
viens	venons	suis venu(e)	sommes venu(e)s
viens	venez	es venu(e)	êtes venu(e)(s)
vient	viennent	est venu(e)	sont venu(e)s
2 imparfait de l'indicatif		**9 plus-que-parfait de l'indicatif**	
venais	venions	étais venu(e)	étions venu(e)s
venais	veniez	étais venu(e)	étiez venu(e)(s)
venait	venaient	était venu(e)	étaient venu(e)s
3 passé simple		**10 passé antérieur**	
vins	vînmes	fus venu(e)	fûmes venu(e)s
vins	vîntes	fus venu(e)	fûtes venu(e)(s)
vint	vinrent	fut venu(e)	furent venu(e)s
4 futur		**11 futur antérieur**	
viendrai	viendrons	serai venu(e)	serons venu(e)s
viendras	viendrez	seras venu(e)	serez venu(e)(s)
viendra	viendront	sera venu(e)	seront venu(e)s
5 conditionnel		**12 conditionnel passé**	
viendrais	viendrions	serais venu(e)	serions venu(e)s
viendrais	viendriez	serais venu(e)	seriez venu(e)(s)
viendrait	viendraient	serait venu(e)	seraient venu(e)s
6 présent du subjonctif		**13 passé du subjonctif**	
vienne	venions	sois venu(e)	soyons venu(e)s
viennes	veniez	sois venu(e)	soyez venu(e)(s)
vienne	viennent	soit venu(e)	soient venu(e)s
7 imparfait du subjonctif		**14 plus-que-parfait du subjonctif**	
vinsse	vinssions	fusse venu(e)	fussions venu(e)s
vinsses	vinssiez	fusses venu(e)	fussiez venu(e)(s)
vînt	vinssent	fût venu(e)	fussent venu(e)s

Impératif
viens
venons
venez

Words and expressions related to this verb

venir de faire qqch   to have just done something
Je viens de manger   I have just eaten.
venir à + inf.   to happen to; **Si je viens à devenir riche. . .**   If I happen to become rich. . .

faire venir   to send for
venir chercher   to call for, to come to get
D'où vient cela?   Where does that come from?

The Seven Simple Tenses		The Seven Compound Tenses	
Singular	Plural	Singular	Plural
1 présent de l'indicatif		**8 passé composé**	
verse	versons	ai versé	avons versé
verses	versez	as versé	avez versé
verse	versent	a versé	ont versé
2 imparfait de l'indicatif		**9 plus-que-parfait de l'indicatif**	
versais	versions	avais versé	avions versé
versais	versiez	avais versé	aviez versé
versait	versaient	avait versé	avaient versé
3 passé simple		**10 passé antérieur**	
versai	versâmes	eus versé	eûmes versé
versas	versâtes	eus versé	eûtes versé
versa	versèrent	eut versé	eurent versé
4 futur		**11 futur antérieur**	
verserai	verserons	aurai versé	aurons versé
verseras	verserez	auras versé	aurez versé
versera	verseront	aura versé	auront versé
5 conditionnel		**12 conditionnel passé**	
verserais	verserions	aurais versé	aurions versé
verserais	verseriez	aurais versé	auriez versé
verserait	verseraient	aurait versé	auraient versé
6 présent du subjonctif		**13 passé du subjonctif**	
verse	versions	aie versé	ayons versé
verses	versiez	aies versé	ayez versé
verse	versent	ait versé	aient versé
7 imparfait du subjonctif		**14 plus-que-parfait du subjonctif**	
versasse	versassions	eusse versé	eussions versé
versasses	versassiez	eusses versé	eussiez versé
versât	versassent	eût versé	eussent versé

Impératif
verse
versons
versez

Common idiomatic expressions using this verb and words related to it

verser des larmes   to shed tears
verser de l'argent   to deposit money
verser des fonds   to invest capital
un versement   deposit, payment

verser du sang   to shed blood
verser à boire à qqn   to pour someone
a drink
pleuvoir à verse   to rain hard

Consult the sections on verbs used in idiomatic expressions, verbs with prepositions, and the list of over 1,000 verbs conjugated like model verbs in the back pages.

vêtir

to clothe, to dress

The Seven Simple Tenses		The Seven Compound Tenses	
Singular	Plural	Singular	Plural
1 présent de l'indicatif		**8 passé composé**	
vêts	vêtons	ai vêtu	avons vêtu
vêts	vêtez	as vêtu	avez vêtu
vêt	vêtent	a vêtu	ont vêtu
2 imparfait de l'indicatif		**9 plus-que-parfait de l'indicatif**	
vêtais	vêtions	avais vêtu	avions vêtu
vêtais	vêtiez	avais vêtu	aviez vêtu
vêtait	vêtaient	avait vêtu	avaient vêtu
3 passé simple		**10 passé antérieur**	
vêtis	vêtîmes	eus vêtu	eûmes vêtu
vêtis	vêtîtes	eus vêtu	eûtes vêtu
vêtit	vêtirent	eut vêtu	eurent vêtu
4 futur		**11 futur antérieur**	
vêtirai	vêtirons	aurai vêtu	aurons vêtu
vêtiras	vêtirez	auras vêtu	aurez vêtu
vêtira	vêtiront	aura vêtu	auront vêtu
5 conditionnel		**12 conditionnel passé**	
vêtirais	vêtirions	aurais vêtu	aurions vêtu
vêtirais	vêtiriez	aurais vêtu	auriez vêtu
vêtirait	vêtiraient	aurait vêtu	auraient vêtu
6 présent du subjonctif		**13 passé du subjonctif**	
vête	vêtions	aie vêtu	ayons vêtu
vêtes	vêtiez	aies vêtu	ayez vêtu
vête	vêtent	ait vêtu	aient vêtu
7 imparfait du subjonctif		**14 plus-que-parfait du subjonctif**	
vêtisse	vêtissions	eusse vêtu	eussions vêtu
vêtisses	vêtissiez	eusses vêtu	eussiez vêtu
vêtît	vêtissent	eût vêtu	eussent vêtu

Impératif
vêts
vêtons
vêtez

Words and expressions related to this verb

un vêtement   garment, wearing apparel;
  des vêtements   clothes
les vêtements de dessus   outerwear
les sous-vêtements   underwear
vêtir un enfant   to dress a child
dévêtir   to undress
mettre sur soi un vêtement
  to put on clothing

les vêtements de deuil   mourning clothes
le vestiaire   coatroom
les vêtements de travail   work clothes
se vêtir   to dress oneself
se dévêtir   to undress oneself
être bien vêtu (vêtue)   to be well dressed;
  mal vêtu   badly dressed;
  à demi-vêtu   half dressed

to grow old, to become old, to age

The Seven Simple Tenses		The Seven Compound Tenses	
Singular	Plural	Singular	Plural
1 présent de l'indicatif		**8 passé composé**	
vieillis	vieillissons	ai vieilli	avons vieilli
vieillis	vieillissez	as vieilli	avez vieilli
vieillit	vieillissent	a vieilli	ont vieilli
2 imparfait de l'indicatif		**9 plus-que-parfait de l'indicatif**	
vieillissais	vieillissions	avais vieilli	avions vieilli
vieillissais	vieillissiez	avais vieilli	aviez vieilli
vieillissait	vieillissaient	avait vieilli	avaient vieilli
3 passé simple		**10 passé antérieur**	
vieillis	vieillîmes	eus vieilli	eûmes vieilli
vieillis	vieillîtes	eus vieilli	eûtes vieilli
vieillit	vieillirent	eut vieilli	eurent vieilli
4 futur		**11 futur antérieur**	
vieillirai	vieillirons	aurai vieilli	aurons vieilli
vieilliras	vieillirez	auras vieilli	aurez vieilli
vieillira	vieilliront	aura vieilli	auront vieilli
5· conditionnel		**12 conditionnel passé**	
vieillirais	vieillirions	aurais vieilli	aurions vieilli
vieillirais	vieilliriez	aurais vieilli	auriez vieilli
vieillirait	vieilliraient	aurait vieilli	auraient vieilli
6 présent du subjonctif		**13 passé du subjonctif**	
vieillisse	vieillissions	aie vieilli	ayons vieilli
vieillisses	vieillissiez	aies vieilli	ayez vieilli
vieillisse	vieillissent	ait vieilli	aient vieilli
7 imparfait du subjonctif		**14 plus-que-parfait du subjonctif**	
vieillisse	vieillissions	eusse vieilli	eussions vieilli
vieillisses	vieillissiez	eusses vieilli	eussiez vieilli
vieillît	vieillissent	eût vieilli	eussent vieilli

Impératif
vieillis
vieillissons
vieillissez

Words related to this verb

vieux, vieil, vieille   old
  un vieux chapeau   an old hat
  un vieil arbre   an old tree
  un vieil homme   an old man
  deux vieux hommes   two old men
  une vieille dame   an old lady

la vieillesse   old age
un vieillard   old man
une vieille   old woman
vieillissant, vieillissante *adj.*   ageing
le vieillissement   ageing, growing old

Consult the sections on verbs used in idiomatic expressions, verbs with prepositions, and the list of over 1,000 verbs conjugated like model verbs in the back pages.

visiter

to visit

The Seven Simple Tenses		The Seven Compound Tenses	
Singular	Plural	Singular	Plural

1 présent de l'indicatif

		8 passé composé	
visite	visitons	ai visité	avons visité
visites	visitez	as visité	avez visité
visite	visitent	a visité	ont visité

2 imparfait de l'indicatif

		9 plus-que-parfait de l'indicatif	
visitais	visitions	avais visité	avions visité
visitais	visitiez	avais visité	aviez visité
visitait	visitaient	avait visité	avaient visité

3 passé simple

		10 passé antérieur	
visitai	visitâmes	eus visité	eûmes visité
visitas	visitâtes	eus visité	eûtes visité
visita	visitèrent	eut visité	eurent visité

4 futur

		11 futur antérieur	
visiterai	visiterons	aurai visité	aurons visité
visiteras	visiterez	auras visité	aurez visité
visitera	visiteront	aura visité	auront visité

5 conditionnel

		12 conditionnel passé	
visiterais	visiterions	aurais visité	aurions visité
visiterais	visiteriez	aurais visité	auriez visité
visiterait	visiteraient	aurait visité	auraient visité

6 présent du subjonctif

		13 passé du subjonctif	
visite	visitions	aie visité	ayons visité
visites	visitiez	aies visité	ayez visité
visite	visitent	ait visité	aient visité

7 imparfait du subjonctif

		14 plus-que-parfait du subjonctif	
visitasse	visitassions	eusse visité	eussions visité
visitasses	visitassiez	eusses visité	eussiez visité
visitât	visitassent	eût visité	eussent visité

Impératif
visite
visitons
visitez

Words and expressions related to this verb

rendre visite à qqn   to visit someone,
  to pay a call
un visiteur, une visiteuse   visitor, caller

rendre une visite à qqn   to return a visit
les heures de visite   visiting hours
une visitation   visitation

The Seven Simple Tenses		The Seven Compound Tenses	
Singular	Plural	Singular	Plural
1 présent de l'indicatif		**8 passé composé**	
vis	vivons	ai vécu	avons vécu
vis	vivez	as vécu	avez vécu
vit	vivent	a vécu	ont vécu
2 imparfait de l'indicatif		**9 plus-que-parfait de l'indicatif**	
vivais	vivions	avais vécu	avions vécu
vivais	viviez	avais vécu	aviez vécu
vivait	vivaient	avait vécu	avaient vécu
3 passé simple		**10 passé antérieur**	
vécus	vécûmes	eus vécu	eûmes vécu
vécus	vécûtes	eus vécu	eûtes vécu
vécut	vécurent	eut vécu	eurent vécu
4 futur		**11 futur antérieur**	
vivrai	vivrons	aurai vécu	aurons vécu
vivras	vivrez	auras vécu	aurez vécu
vivra	vivront	aura vécu	auront vécu
5 conditionnel		**12 conditionnel passé**	
vivrais	vivrions	aurais vécu	aurions vécu
vivrais	vivriez	aurais vécu	auriez vécu
vivrait	vivraient	aurait vécu	auraient vécu
6 présent du subjonctif		**13 passé du subjonctif**	
vive	vivions	aie vécu	ayons vécu
vives	viviez	aies vécu	ayez vécu
vive	vivent	ait vécu	aient vécu
7 imparfait du subjonctif		**14 plus-que-parfait du subjonctif**	
vécusse	vécussions	eusse vécu	eussions vécu
vécusses	vécussiez	eusses vécu	eussiez vécu
vécût	vécussent	eût vécu	eussent vécu

Impératif
vis
vivons
vivez

Words and expressions related to this verb

revivre   to relive, to revive
survivre à   to survive
Vive la France!   Long live France!
avoir de quoi vivre   to have enough to live on
vivre de   to subsist on

savoir-vivre   to be well-mannered
Vivent les Etats-Unis!   Long live the United States!
le vivre et le couvert   room and board

---

to see

The Seven Simple Tenses		The Seven Compound Tenses	
Singular	Plural	Singular	Plural
1 présent de l'indicatif		**8 passé composé**	
vois	voyons	ai vu	avons vu
vois	voyez	as vu	avez vu
voit	voient	a vu	ont vu
2 imparfait de l'indicatif		**9 plus-que-parfait de l'indicatif**	
voyais	voyions	avais vu	avions vu
voyais	voyiez	avais vu	aviez vu
voyait	voyaient	avait vu	avaient vu
3 passé simple		**10 passé antérieur**	
vis	vîmes	eus vu	eûmes vu
vis	vîtes	eus vu	eûtes vu
vit	virent	eut vu	eurent vu
4 futur		**11 futur antérieur**	
verrai	verrons	aurai vu	aurons vu
verras	verrez	auras vu	aurez vu
verra	verront	aura vu	auront vu
5 conditionnel		**12 conditionnel passé**	
verrais	verrions	aurais vu	aurions vu
verrais	verriez	aurais vu	auriez vu
verrait	verraient	aurait vu	auraient vu
6 présent du subjonctif		**13 passé du subjonctif**	
voie	voyions	aie vu	ayons vu
voies	voyiez	aies vu	ayez vu
voie	voient	ait vu	aient vu
7 imparfait du subjonctif		**14 plus-que-parfait du subjonctif**	
visse	vissions	eusse vu	eussions vu
visses	vissiez	eusses vu	eussiez vu
vît	vissent	eût vu	eussent vu

Impératif
vois
voyons
voyez

Words and expressions related to this verb

revoir   to see again
faire voir   to show
voir la vie en rose   to see the bright
    side of life
Voyez vous-même!   See for yourself!

entrevoir   to catch a glimpse, to glimpse
C'est à voir   It remains to be seen.
Cela se voit   That's obvious.
Voyons!   See here now!

to fly, to steal

The Seven Simple Tenses		The Seven Compound Tenses	
Singular	Plural	Singular	Plural

1 présent de l'indicatif

vole	volons	
voles	volez	
vole	volent	

8 passé composé

ai volé	avons volé
as volé	avez volé
a volé	ont volé

2 imparfait de l'indicatif

volais	volions
volais	voliez
volait	volaient

9 plus-que-parfait de l'indicatif

avais volé	avions volé
avais volé	aviez volé
avait volé	avaient volé

3 passé simple

volai	volâmes
volas	volâtes
vola	volèrent

10 passé antérieur

eus volé	eûmes volé
eus volé	eûtes volé
eut volé	eurent volé

4 futur

volerai	volerons
voleras	volerez
volera	voleront

11 futur antérieur

aurai volé	aurons volé
auras volé	aurez volé
aura volé	auront volé

5 conditionnel

volerais	volerions
volerais	voleriez
volerait	voleraient

12 conditionnel passé

aurais volé	aurions volé
aurais volé	auriez volé
aurait volé	auraient volé

6 présent du subjonctif

vole	volions
voles	voliez
vole	volent

13 passé du subjonctif

aie volé	ayons volé
aies volé	ayez volé
ait volé	aient volé

7 imparfait du subjonctif

volasse	volassions
volasses	volassiez
volât	volassent

14 plus-que-parfait du subjonctif

eusse volé	eussions volé
eusses volé	eussiez volé
eût volé	eussent volé

Impératif
vole
volons
volez

Words and expressions related to this verb

un vol   flight, theft
le voleur   thief
à vol d'oiseau   as the crow flies
vol de nuit   night flying (airplane),
   night flight
New York à vol d'oiseau
   bird's eye view of New York

survoler   to fly over
le volant   steering wheel
se mettre au volant   to take the (steering)
   wheel

vouloir

Part. pr. voulant   **Part. passé voulu**

to want

The Seven Simple Tenses		The Seven Compound Tenses	
Singular	Plural	Singular	Plural
1 présent de l'indicatif		**8 passé composé**	
veux	voulons	ai voulu	avons voulu
veux	voulez	as voulu	avez voulu
veut	veulent	a voulu	ont voulu
2 imparfait de l'indicatif		**9 plus-que-parfait de l'indicatif**	
voulais	voulions	avais voulu	avions voulu
voulais	vouliez	avais voulu	aviez voulu
voulait	voulaient	avait voulu	avaient voulu
3 passé simple		**10 passé antérieur**	
voulus	voulûmes	eus voulu	eûmes voulu
voulus	voulûtes	eus voulu	eûtes voulu
voulut	voulurent	eut voulu	eurent voulu
4 futur		**11 futur antérieur**	
voudrai	voudrons	aurai voulu	aurons voulu
voudras	voudrez	auras voulu	aurez voulu
voudra	voudront	aura voulu	auront voulu
5 conditionnel		**12 conditionnel passé**	
voudrais	voudrions	aurais voulu	aurions voulu
voudrais	voudriez	aurais voulu	auriez voulu
voudrait	voudraient	aurait voulu	auraient voulu
6 présent du subjonctif		**13 passé du subjonctif**	
veuille	voulions	aie voulu	ayons voulu
veuilles	vouliez	aies voulu	ayez voulu
veuille	veuillent	ait voulu	aient voulu
7 imparfait du subjonctif		**14 plus-que-parfait du subjonctif**	
voulusse	voulussions	eusse voulu	eussions voulu
voulusses	voulussiez	eusses voulu	eussiez voulu
voulût	voulussent	eût voulu	eussent voulu

Impératif
veuille
veuillons
veuillez

Words and expressions related to this verb

un voeu   a wish
meilleurs voeux   best wishes
Vouloir c'est pouvoir   Where there's a will there's a way.
vouloir dire   to mean; **Qu'est-ce que cela veut dire?**   What does that mean?
vouloir bien faire qqch   to be willing to do something
sans le vouloir   without meaning to, unintentionally
en temps voulu   in due time
en vouloir à qqn   to bear a grudge against someone
Que voulez-vous dire par là?   What do you mean by that remark?

The Seven Simple Tenses		The Seven Compound Tenses	
Singular	Plural	Singular	Plural

1   présent de l'indicatif

voyage	voyageons
voyages	voyagez
voyage	voyagent

8   passé composé

ai voyagé	avons voyagé
as voyagé	avez voyagé
a voyagé	ont voyagé

2   imparfait de l'indicatif

voyageais	voyagions
voyageais	voyagiez
voyageait	voyageaient

9   plus-que-parfait de l'indicatif

avais voyagé	avions voyagé
avais voyagé	aviez voyagé
avait voyagé	avaient voyagé

3   passé simple

voyageai	voyageâmes
voyageas	voyageâtes
voyagea	voyagèrent

10   passé antérieur

eus voyagé	eûmes voyagé
eus voyagé	eûtes voyagé
eut voyagé	eurent voyagé

4   futur

voyagerai	voyagerons
voyageras	voyagerez
voyagera	voyageront

11   futur antérieur

aurai voyagé	aurons voyagé
auras voyagé	aurez voyagé
aura voyagé	auront voyagé

5   conditionnel

voyagerais	voyagerions
voyagerais	voyageriez
voyagerait	voyageraient

12   conditionnel passé

aurais voyagé	aurions voyagé
aurais voyagé	auriez voyagé
aurait voyagé	auraient voyagé

6   présent du subjonctif

voyage	voyagions
voyages	voyagiez
voyage	voyagent

13   passé du subjonctif

aie voyagé	ayons voyagé
aies voyagé	ayez voyagé
ait voyagé	aient voyagé

7   imparfait du subjonctif

voyageasse	voyageassions
voyageasses	voyageassiez
voyageât	voyageassent

14   plus-que-parfait du subjonctif

eusse voyagé	eussions voyagé
eusses voyagé	eussiez voyagé
eût voyagé	eussent voyagé

Impératif
voyage
voyageons
voyagez

Words and expressions related to this verb

un voyage   a trip
faire un voyage   to take a trip
un voyageur, une voyageuse   traveler
une agence de voyage   tourist agency
Bon voyage!   Have a good trip!
Bon voyage et bon retour!   Have a good trip and a safe return!

Consult the back pages for new features.

The subject pronouns are found on the page facing page 1.   **501**

Appendixes

Index of English-French verbs

The purpose of this index is to give you instantly the French verb for the English verb you have in mind to use. This saves you time if you do not have at your fingertips a standard English-French word dictionary.

If the French verb you want is reflexive (*e.g.,* **s'appeler** or **se lever**), you will find it listed alphabetically under the first letter of the verb and not under the reflexive pronoun *s'* or *se*.

When you find the French verb you need through the English verb, look up its verb forms in this book where all verbs are listed alphabetically at the top of each page. If it is not among the 501 verbs in this book, consult the list of over 1,000 French verbs conjugated like model verbs among the 501 which begins at the end of this index.

A

abandon **abandonner**
able, be **pouvoir**
abolish **abolir**
absolve **absoudre**
abstain **s'abstenir**
abstract **abstraire**
accept **accepter**
acclaim **acclamer**
accompany **accompagner**
accuse **accuser**
achieve **achever**
acknowledge **convenir, reconnaître**
acquainted with, be **connaître**
acquire **acquérir**
act **agir**
act (in a play) **jouer**
add **ajouter**
address **adresser**
adjoin **adjoindre**
adjourn **ajourner**
admire **admirer**
admit **accorder, admettre**
adore **adorer**
advance **avancer**
advise **conseiller**
affect **toucher**
afraid, be **craindre**
age **vieillir**
agree **consentir, convenir**
aid **aider**
aim (at) **mirer**

allow **laisser, permettre**
allure **attirer**
amaze **étonner**
amuse **amuser, égayer**
amuse oneself **s'amuser**
angry, become **se fâcher**
announce **annoncer**
annoy **agacer, ennuyer**
answer **répondre**
apologize **s'excuser**
appeal **appeler**
appear **apparaître, paraître**
appear again **reparaître**
appease **adoucir**
applaud **acclamer**
appoint **nommer**
appraise **évaluer**
approach **approcher**
appropriate, be **convenir**
approve (of) **approuver**
argue **discuter**
arouse **émouvoir**
arrange **arranger**
arrest **arrêter**
arrive **arriver**
arrive at **gagner**
ascend **monter**
ascertain **constater**
ask (for) **demander**
assess **évaluer**
assist **aider**
assist (at) **assister**
assure **assurer**

assure oneself **s'assurer**
astonish **étonner**
attain **atteindre**
attempt **tenter**
attend **assister**
attest **certifier**
attract **attirer**
augment **augmenter**
avenge **venger**
avoid **échapper, éviter**

B

babble **bavarder**
balance **balancer**
be **être**
be a matter of **s'agir**
be a question of **s'agir**
be able **pouvoir**
be acquainted with **connaître**
be afraid **craindre**
be appropriate **convenir**
be as good as **valoir**
be becoming (in appearance) **seoir**
be born **naître**
be busy **s'occuper**
be dependent on **dépendre**
be enough **suffire**
be equal **valoir**
be in a hurry **se presser**
be interested **s'intéresser**
be lacking **falloir, manquer**
be left (over) **rester**
be like **ressembler**
be located **se trouver**
be mistaken **se méprendre, se tromper**
be named **s'appeler**
be necessary **falloir**
be present (at) **assister**
be quiet **se taire**
be silent **se taire**
be situated **se trouver**
be sufficient **suffire**
be suitable **convenir**
be the matter **s'agir**
be upset **s'inquiéter**
be worth **valoir**
bear **apporter**
beat **battre**

become **devenir**
become angry **se fâcher**
become old **vieillir**
becoming, be (in appearance) **seoir**
beg **prier, supplier**
begin **commencer, se mettre**
behave **agir**
believe **croire**
belong **appartenir**
beseech **supplier**
bet **parier**
betray **trahir**
beware **se méfier**
bewilder **abasourdir, étourdir**
bite **mordre**
blame **blâmer**
bless **bénir**
blow **souffler**
blush **rougir**
boil **bouillir**
boo **siffler**
bore **ennuyer**
born, be **naître**
borrow **emprunter**
bother **gêner**
break **casser, se casser, rompre**
breakfast **déjeuner**
bring **amener, apporter**
bring down **descendre**
bring near **approcher**
bring up (raise) **élever**
bring up (take up) **monter**
brush **brosser**
brush oneself **se brosser**
budge **bouger**
build **bâtir, construire**
burden **charger**
burn **brûler**
burst **rompre**
bury **enterrer**
busy, be **s'occuper**
buy **acheter**

C

call **appeler**
call again **rappeler**
call back **rappeler**
call oneself **s'appeler**

can **pouvoir**	conclude **conclure**
carry **porter**	concur **concourir**
carry away **enlever**	condescend **s'abaisser**
cast **jeter**	conduct **conduire**
catch **attraper**	congratulate **féliciter**
cause **causer**	conquer **conquérir, vaincre**
cease **cesser**	consecrate **bénir**
cede **céder**	consent **consentir**
certify **certifier, constater**	constrain **contraindre**
change **changer**	constrict **gêner**
charge **charger**	construct **construire, bâtir**
chase **chasser**	contain **contenir**
chat **bavarder, causer**	continue **continuer**
chatter **bavarder**	contradict **contredire**
cheat **tricher**	control **mener**
cheer **acclamer**	convince **convaincre, persuader**
cheer up **égayer**	cook **cuire**
cherish **chérir**	correct **corriger**
chide **gronder**	corrupt **corrompre**
choose **choisir, élire**	cost **coûter**
claim **prétendre**	cough **tousser**
class **classer**	counsel **conseiller**
classify **classer**	count **compter**
clean **nettoyer**	cover **couvrir**
cleave **fendre**	crack **fendre**
climb **grimper**	create **créer**
clip **tailler**	cross **traverser**
close **fermer**	crowd **se presser**
clothe **vêtir**	cry **pleurer**
collect **recueillir**	cry out **crier**
comb one's hair **se peigner**	cure **guérir**
combat **combattre**	curse **maudire**
come **venir**	cut **couper**
come back **revenir**	cut down **abattre**
come (go) running to **accourir**	cut (out) **tailler**
come in **entrer**	
come near **approcher**	
come to pass **advenir**	
command **commander**	
commence **commencer**	
commit **commettre**	
commit sin **pécher**	
compare **comparer**	
compel **contraindre**	
complain **se plaindre**	
complete **achever, finir**	
comprehend **comprendre, saisir**	
compromise **compromettre**	
conceive **concevoir**	

D

damage **gâter**
dance **danser**
dare **oser**
daze **abasourdir, étourdir**
deafen **abasourdir, étourdir**
deceive **décevoir**
decide **décider**
declare **prononcer**
decrease **décroître, diminuer, réduire**
deduce **déduire**
deduct **déduire**

deem **juger**
defend **défendre**
demand **exiger**
demolish **démolir**
deny **nier**
depart **partir**
depend on **dépendre, se fier**
dependent, be **dépendre**
depict **dépeindre**
derange **déranger**
descend **descendre**
describe **décrire, dépeindre**
desert **abandonner**
deserve **mériter, valoir**
desire **désirer**
destroy **détruire**
detain **retenir**
detest **détester**
develop **développer**
die **mourir, périr**
dig deeply **fouiller**
diminish **décroître, diminuer, réduire**
dine **dîner**
dirty **salir, souiller**
disappear **disparaître**
disappoint **décevoir**
discourse **discourir**
discover **découvrir**
discuss **discuter**
dishearten **abattre**
dislike **détester**
display **montrer**
displease **déplaire**
dissolve **fondre**
dissuade **dissuader**
distinguish **remarquer**
distrust **se méfier**
disturb **déranger**
divert **détourner**
divest **dévêtir**
do **faire**
do away with **abolir**
doubt **douter**
draw (sketch) **dessiner**
draw (out) **tirer**
draw (out) again **retirer**
draw up **établir**
dream **rêver, songer**
dress **vêtir**

dress oneself **s'habiller**
drift **voguer**
drink **boire**
drive **conduire**
drive (a car) **conduire, rouler**
drive out **chasser**
dwell (in) **habiter**
dye **teindre**

E

earn **gagner**
eat **manger**
elect **élire**
embarrass **gêner**
embrace **étreindre, embrasser**
employ **employer**
enclose **inclure**
encounter **rencontrer**
encourage **encourager**
end **achever, finir, terminer**
endure **souffrir, supporter**
engage upon **entreprendre**
enjoy **goûter, jouir**
enjoy oneself **s'amuser**
enlarge **accroître**
enliven **égayer**
enough, be **suffire**
ensure **assurer**
enter **entrer**
entertain **amuser, égayer**
entreat **prier**
escape **échapper, s'enfuir, se sauver**
establish **établir, fonder**
estimate **évaluer**
evaluate **évaluer**
excavate **fouiller**
excite **émouvoir**
exclude **exclure**
excuse **excuser**
excuse oneself **s'excuser**
exhibit **montrer**
expect **attendre**
expect to **compter**
experience **éprouver**
explain **expliquer**
express **exprimer**
extinguish **éteindre**

F

fail échouer, faillir
faint s'évanouir
fake truquer
fall tomber
fall asleep s'endormir
fear craindre
feed nourrir
feel sentir
feel (experience) éprouver
feign feindre
fight se battre, combattre
fill, fill in, fill out remplir
find trouver
find out s'informer
finish achever, finir, terminer
fish pêcher
flatten coucher
flatter flatter
flee s'enfuir, fuir
float flotter
fly s'enfuir, fuir, voler
fly away s'enfuir, s'envoler
fly off s'envoler, fuir
fly over survoler
follow suivre
forbid défendre, interdire
force forcer
foresee prévoir
forestall prévenir
foretell prédire
forget oublier
forgive pardonner
found (establish) fonder
frap frapper
freeze geler
freeze again regeler
frighten effrayer
fry frire
fulfill remplir
function marcher
furnish fournir

G

gain gagner
gamble jouer
gather cueillir, recueillir

get obtenir, recevoir
get angry se fâcher
get dressed s'habiller
get up se lever
give donner
give back remettre, rendre
go aller
go away s'éloigner, s'en aller
go back retourner
go deeply into fouiller
go down descendre
go forward avancer
go in entrer
go out sortir
go to bed se coucher
go up monter
gossip bavarder
grant accorder
grasp saisir, serrer
greet accueillir
grind moudre
grip étreindre
grow croître, pousser
grow old vieillir
grow thin maigrir
grow (up, grow taller) grandir
guarantee assurer, certifier
guard garder
guide guider

H

hail (weather) grêler
hamper gêner
hang accrocher, pendre
happen advenir, se passer, arriver
harm blesser, nuire
harvest recueillir
hasten se dépêcher
hate détester, haïr
have avoir
have (hold) tenir
have a good time s'amuser
have a snack goûter
have dinner dîner
have lunch déjeuner
have supper souper
have to devoir
heal guérir

hear **entendre**
help **aider, assister, secourir**
help oneself (to food and drink)
    se servir
hesitate **hésiter**
hide **cacher**
hide oneself **se cacher**
hinder **arrêter, empêcher, gêner,**
    nuire
hiss **siffler**
hit **battre, taper, frapper**
hold **tenir**
hold back **retenir**
hold up **supporter**
hook **accrocher**
hope **espérer**
humble **abaisser**
humble oneself **s'abaisser**
humiliate **abaisser**
hunt **chasser**
hurl **lancer**
hurry **se dépêcher**
hurry (be in a hurry) **se presser**
hurt **blesser**
hurt oneself **se blesser**

I

impede **gêner**
implore **supplier**
impose **imposer**
include **inclure**
inconvenience **gêner**
increase **accroître, augmenter,**
    croître, grandir
indicate **indiquer**
induce **persuader**
infer **déduire**
inform **informer**
inform oneself **s'informer**
inhabit **habiter**
injure **blesser**
injure oneself **se blesser**
inquire **s'informer**
insist **insister**
instruct **instruire**
insure **assurer**
insure oneself **s'assurer**

intend **compter**
interrogate **interroger**
interrupt **interrompre**
introduce **introduire**
introduce (a person) **présenter**
invent **inventer**
invite **inviter**
iron **repasser**
irritate **agacer**

J

join **joindre, unir**
joke **plaisanter**
judge **juger**
jump **sauter**

K

keep **garder, retenir**
keep away **s'éloigner**
keep back **s'éloigner**
keep oneself busy **s'occuper**
kill **tuer**
kiss **embrasser**
knock **frapper, toquer**
knock down **abattre**
know **connaître**
know (how) **savoir**
know, not to **méconnaître**

L

lace **lacer**
lack **manquer**
lament **se plaindre**
laugh **rire**
launch **lancer**
lay **coucher, poser**
lay claim **prétendre**
lay the foundation **fonder**
lead **amener, conduire, guider, mener**
lead away **emmener**
leak **fuir**
leap **sauter**
learn **apprendre**
leave **laisser, partir, quitter, sortir**
leave hold **lâcher**
lend **prêter**

lessen **diminuer**
let **laisser, permettre**
let go **lâcher**
lick **lécher**
lie dead **gésir**
lie down **s'étendre, se coucher, gésir**
lie ill **gésir**
lie, tell a **mentir**
lift **lever**
like **aimer**
listen (to) **écouter**
live **vivre**
live (reside) **demeurer**
live (in) **habiter**
live somewhere temporarily **séjourner**
load **charger**
located, be **se trouver**
look (at) **regarder**
look for **chercher**
look like **ressembler**
loosen **lâcher**
lose **perdre**
lose consciousness **s'évanouir**
lose weight **maigrir**
love **aimer**
lower **abaisser, baisser**
lower oneself **s'abaisser**
lunch **déjeuner**
lying down **s'étendre, se coucher, gésir**

M

maintain **maintenir, prétendre, soutenir**
make **faire**
make believe **feindre**
make dizzy **étourdir**
make fun **se moquer**
make greater **accroître**
make haste **se presser**
make inquiries **s'informer**
make sure **s'assurer**
make the acquaitance **connaître**
make use of **utiliser**
manage **conduire**
march **marcher**
marry **épouser**
matter, be the **s'agir**

meditate **méditer, réfléchir**
meet **rencontrer**
melt **fondre**
merit **mériter, valoir**
mill **moudre**
misjudge **méconnaître**
miss **manquer, regretter**
mistaken, be **(se) méprendre, se tromper**
mistrust **se méfier**
misunderstand **méconnaître**
mix (colors) **fondre**
moan **se plaindre**
mount **monter**
mourn **pleurer**
move **émouvoir, mouvoir**
move away **s'éloigner**
move (budge) **bouger**
move forward **avancer**
move out (change residence) **déménager**
muddy **souiller**
murmur **murmurer**
must **devoir, falloir**
mutter **murmurer**

N

name **appeler, nommer**
named, be **s'appeler**
narrate **conter, narrer, raconter**
necessary, be **falloir**
need **falloir**
negotiate **traiter**
not to know **méconnaître**
not to recognize **méconnaître**
not to speak **se taire**
notice **remarquer**
nourish **nourrir**

O

obey **obéir**
oblige **obliger**
observe **constater, remarquer**
obtain **acquérir, obtenir**
occupy **occuper**
occur **advenir**
offend **blesser, offenser**

offer **offrir**
omit **omettre**
open **ouvrir**
order **commander**
ought **devoir**
overtake **gagner**
owe **devoir**
own **posséder**

P

paint **peindre**
pant **souffler**
pardon **pardonner**
park (a car) **stationner**
pass **passer**
pass again **repasser**
pass by again **repasser**
pause **s'arrêter**
pay **payer**
perceive **apercevoir, sentir**
perish **périr**
permit **permettre**
persuade **persuader**
pertain **appartenir**
pester **agacer**
pick (choose) **choisir**
pick (gather) **cueillir**
pity **plaindre**
place **mettre, placer, poser**
place oneself **se mettre**
play **jouer**
please **plaire**
point out **indiquer, montrer, signaler**
ponder **réfléchir**
portray **dépeindre, peindre**
pose **poser**
possess **posséder**
postpone **remettre**
pour **verser**
praise **louer**
pray **prier**
predict **prédire**
prefer **préférer**
prepare **préparer**
present **présenter**
present (at), be **assister**
press **presser, serrer**
pretend **feindre, prétendre**

prevent **empêcher**
produce **produire**
prohibit **défendre, interdire**
promise **promettre**
promote **avancer**
prompt (an actor/actress with a cue) **souffler**
pronounce **prononcer**
prop up **supporter**
prosecute **poursuivre**
prove **prouver**
pull **tirer**
pull again **retirer**
pull up, pull out **arracher**
punish **punir**
purchase **acheter**
pursue **chasser, poursuivre**
push **pousser**
put **mettre, placer, poser**
put back **remettre**
put forward **avancer**
put in order **ranger**
put (on) again **remettre**
put to bed **coucher**
put to the test **éprouver**
put to use **utiliser**

Q

question **interroger**
question (be a question of) **s'agir**
quiet, be **se taire**
quiver **frémir**

R

race **courir**
rain **pleuvoir**
raise (bring up) **élever**
raise (lift) **lever**
rap **frapper, taper, toquer**
read **lire**
read again **relire**
reappear **reparaître**
rear **élever**
rebuke **réprimander**
recall **rappeler, se rappeler, se souvenir**
receive **recevoir**
recognize **reconnaître**

recognize, not to **méconnaître**
recollect **se rappeler**
recommend **conseiller**
reconcile **accorder**
recover **guérir, reprendre**
redden **rougir**
reduce **abaisser, réduire**
reduce (one's weight) **maigrir**
reflect **réfléchir**
refuse **refuser**
regret **regretter**
rehearse **répéter**
relate **conter, raconter**
relieve **secourir**
rely on **se fier**
remain **demeurer, rester**
remark **remarquer**
remedy **guérir**
remember **se rappeler, se souvenir**
remind **rappeler**
remove **enlever**
rend **déchirer**
render **rendre**
rent **louer**
repair **réparer**
repeat **répéter**
replace **remettre, remplacer**
reply **répondre**
reprimand **gronder, réprimander**
reproduce **reproduire**
request **demander, prier**
require **exiger**
reread **relire**
rescue **sauver**
resemble **ressembler**
reside **demeurer**
resolve **résoudre**
respond **répondre**
rest **se reposer**
restrain **contraindre**
result **résulter, réussir**
resume **reprendre**
retain **garder, retenir**
retire **se retirer**
return **rentrer, retourner**
return (something) **rendre**
ride along **rouler**
ridicule **ridiculiser**
ring **sonner**

rip **déchirer**
roll **rouler**
roll along **rouler**
rouse **émouvoir**
row **voguer**
run **courir**
run (machine) **marcher**
run away **s'enfuir, se sauver**
run to **accourir**
run up to **accourir**
rush **se presser**
rush off **se sauver**

S

sail **voguer**
satisfy **satisfaire**
save (money) **épargner**
save (rescue) **sauver**
say **dire**
scatter **répandre**
scold **gronder**
scrape **gratter**
scratch **gratter**
search **chercher, fouiller**
seduce **séduire**
see **apercevoir, voir**
see again **revoir**
see once more **revoir**
seek **chercher**
seem **paraître, sembler**
seize **saisir**
select **choisir**
sell **vendre**
send **envoyer**
separate **séparer**
serve **servir**
serve oneself **se servir**
set **poser**
set in order **ranger**
set up **établir**
sew **coudre**
shake **secouer**
shake down (off) **secouer**
shake (hands) **serrer**
shatter **rompre**
shine **luire**
shoot **tirer**
should **devoir**

shout **crier**
show **indiquer, montrer**
show in **introduire**
shudder **frémir**
shun **fuir**
sigh **soupirer**
sign **signer**
silent, be **se taire**
simulate **feindre**
sin **pécher**
sing **chanter**
sink **baisser**
sit down **s'asseoir**
skate **patiner**
sketch **dessiner**
slander **médire**
slaughter **abattre**
sleep **dormir**
slip away **s'enfuir**
smack **taper**
smell **sentir**
smile **sourire**
smoke **fumer**
smooth **adoucir**
snow **neiger**
soften **adoucir**
soil **salir, souiller**
sojourn **séjourner**
solve **résoudre**
sort **classer**
speak **parler**
speak, not to **se taire**
spend (money) **dépenser**
spend (time) **passer**
split **fendre**
spoil **gâter**
spread **répandre**
squeeze **presser, serrer**
start **commencer, se mettre**
station **stationner**
stay **demeurer, rester**
steal **voler**
steam **fumer**
step back **s'éloigner**
stink **puer**
stir **émouvoir**
stitch **coudre**
stop (oneself) **s'arrêter**

stop (someone or something) **arrêter**
strain **tendre**
stretch **tendre**
stretch (oneself) **s'étendre**
stretch out (oneself) **s'étendre**
strike (beat) **battre**
strike down **abattre**
strike (hit) **battre, frapper, taper**
strip **dévêtir**
study **étudier**
stun **abasourdir, étonner, étourdir**
stupefy **abasourdir**
submit **soumettre**
succeed **réussir**
succor **secourir**
suck **sucer**
suffer **souffrir**
suffice **suffire**
sufficient, be **suffire**
suit **convenir, seoir**
suitable, be **convenir**
sup **souper**
supplicate **prier, supplier**
supply **fournir**
support **supporter**
suppose **supposer**
surprise **étonner, surprendre**
survive **survivre**
suspend **pendre**
swallow **avaler**
sway **balancer**
swear **jurer**
sweep **balayer**
swim **nager**
swing **balancer**
switch off **couper**
swoon **s'évanouir**

T

take **prendre**
take a walk **se promener**
take again **reprendre**
take away **enlever, emmener** (for persons)
take back **reprendre**
take down **descendre**
take effect **agir**

take flight **s'envoler**
take for a walk **promener**
take off (airplane) **s'envoler**
take place **se passer**
take up (carry up) **monter**
take wing **s'envoler**
talk **parler**
tap **taper, toquer**
taste **goûter**
teach **enseigner**
tear **déchirer**
telephone **téléphoner**
tell **dire**
tell a lie **mentir**
tell about **raconter**
tell lies **mentir**
tempt **tenter**
tend **tendre**
terminate **finir, terminer**
test **éprouver**
thank **remercier**
thaw **dégeler**
think **penser, réfléchir, songer**
throw **jeter, lancer**
thunder **tonner**
tidy up **ranger**
tighten **tendre**
tolerate **supporter, tolérer**
touch **émouvoir, toucher**
transfer **transmettre**
translate **traduire**
transmit **transmettre**
travel **voyager**
traverse **traverser**
treat **traiter**
tremble **frémir, trembler**
trick **tricher**
trim **tailler**
trust **se fier**
try **éprouver, essayer, tenter**
try on **essayer**
turn **tourner**
turn again **retourner**
turn aside **détourner**
turn (oneself) aside, away **se détourner**
turn away **détourner**
twist **tordre**

U

uncover **découvrir**
understand **comprendre, entendre**
undertake **entreprendre**
undo **défaire**
unite **unir**
unlace **délacer**
unleash **lâcher**
unsew **découdre**
unstitch **découdre**
untie **défaire**
uproot **arracher**
use **employer, utiliser**
utilize **utiliser**

V

vanish **s'évanouir**
vanquish **vaincre**
vex **agacer**
visit **visiter**
vomit **rendre**
vow **jurer**

W

wager **parier**
wait (for) **attendre**
wake up **se réveiller**
walk **marcher**
walk, take a **se promener**
wander **voguer**
want **vouloir**
ward off **prévenir**
warn **prévenir**
wash **laver**
wash oneself **se laver**
watch **regarder**
wear **porter**
weary **ennuyer**
wed **épouser**
weep **pleurer**
weigh **balancer, peser**
welcome **accueillir**
whisper **chuchoter**
whistle **siffler**

whiten **blanchir**
win **gagner**
wipe **essuyer**
wish **souhaiter**
withdraw **s'éloigner, se retirer**
withhold **refuser**
wonder **se demander**
work **travailler**
worry **s'inquiéter**

worship **adorer**
worth, be **valoir**
wound **blesser**
wound oneself **se blesser**
write **écrire**

Y

yield **céder**

Over 1,000 French verbs conjugated like model verbs among the 501

The number after each verb is the page number in this book where a model verb is shown fully conjugated. At times there are two page references; for example, **abréger** is conjugated like **céder** on p. 85 because é changes to è and like **manger** on p. 283 because **abréger** and **manger** are both -ger type verbs.

If the French verb you want is reflexive (*e.g.*, **s'appeler** or **se lever**), you will find it listed alphabetically under the first letter of the verb and not under the reflexive pronoun *s'* or *se*.

A

abandonner 167
abhorrer 29
abjurer 145
abominer 466
abonner 167
abouter 169
aboutir 225
aboyer 183
abréger 85, 283
abriter 250
absorber 384
abuser 34
accabler 406
accéder 85
accélérer 85
accentuer 112
accom-
    moder 144
accomplir 391
s'accorder 35
accoster 156
accourcir 93
accoutumer 235
accréditer 250
accroupir 225
acculer 79
accumuler 79
s'accuser 34
acharner 167
acheminer 466
acquitter 373
s'acquitter 373
    (refl. with **être**)
actionner 167
actualiser 16

adapter 8
adhérer 85
adjoindre 267
adjurer 271
administrer 392
adopter 8
adoucir 225
adultérer 85
aérer 85
affaiblir 225
affamer 223
affecter 8
affectionner 167
affermer 223
affermir 225
afficher 91
affirmer 223
affliger 117
affluer 112
affranchir 71
affronter 111
s'agenouiller 229
aggraver 275
agiter 250
agrandir 243
agréer 127
agrémenter 59
s'aider 28, 54
ajourner 431
ajuster 30
alarmer 223
alerter 169
alimenter 59
allécher 85
allonger 442
allouer 280
allumer 235

alourdir 225
altérer 85
amaigrir 282
amasser 90
améliorer 22
américaniser 34
amplifier 320
amputer 250
animer 29
applaudir 225
appliquer 214
apprécier 207
apprêter 362
s'apprêter 49, 362
s'approcher 35
approprier 207
appuyer 188
s'arranger 35, 47
articuler 79
aspirer 21
assassiner 155
assembler 406
asseoir 51
    (non refl. with
    avoir)
assigner 441
associer 207
attacher 80
attaquer 214
attarder 237
s'attendre 56, 203
attester 156
s'attirer 35
attribuer 112
autographier 207
autoriser 16
avaler 29

s'avancer 35, 60
aventurer 145
avertir 225
avouer 268

B

babiller 29
bâcher 80
bachoter 94
bâcler 445
badiner 328
bafouiller 229
bâfrer 80
bagarrer 435
baigner 10
bâiller 479
baiser 29
balbutier 207
bannir 225
baptiser 34
barbouiller 479
barrer 21
batailler 479
bâtonner 167
baver 275
bégayer 329
bénéficier 207
bercer 97
bivouaquer 214
blaguer 284
blaser 34
blasphémer 85
blêmir 225
bleuir 225
bloquer 214

517

boiter 42
bombarder 384
bonder 247
bondir 225
border 247
boucher 472
boucler 472
bouder 237
bouffer 231
bouffonner 443
bougonner 167
bouleverser 493
bourrer 22
bousculer 79
boycotter 373
branler 499
briller 479
briser 34
bronzer 133
broyer 183
bruiner 469
brunir 225
busquer 214

C

cacheter 266
cajoler 29
calculer 79
calmer 29
calomnier 207
camionner 167
camper 231
canoniser 493
cantonner 167
capitaliser 493
capituler 79
captiver 163
caractériser 493
caresser 352
caricaturer 21
cataloguer 284
cautionner 167
ceindre 333
célébrer 85
censurer 53
centraliser 493
cercler 29
certifier 207
chagriner 328
chaîner 163
chanceler 40

chansonner 443
chantonner 167
chaperonner 167
charmer 235
châtier 207
chatouiller 229
chauffer 231
chausser 77
cheminer 466
chicaner 144
chiffonner 167
chloroformer 223
chômer 29
choquer 470
chuter 30
circuler 79
citer 250
civiliser 493
clapper 231
claquer 470
claqueter 266
clarifier 207
classer 90
classifier 207
clicher 481
cligner 10
climatiser 493
clouer 268
coder 28
codifier 207
coexister 258
coiffer 443
collaborer 22
coller 445
colleter 266
coloniser 493
colorer 22
colorier 207
combler 406
commémorer 22
commenter 465
commercer 97
commercialiser 493
communiquer 214
comparaître 322
compiler 250
complaire 344
compléter 85
complimenter 59
compliquer 214
comporter 348
se comporter 78, 348

composer 349
compromettre 294
computer 268
concéder 85
concentrer 298
se concentrer 78, 298
concilier 207
concourir 123
condamner 96
se conduire 104, 360
confesser 72
confier 207
confisquer 214
confondre 227
conforter 348
confronter 111
congédier 207
congratuler 79
conjoindre 267
conjuguer 214
considérer 85
consoler 29
conspirer 21
constater 238
constituer 485
consulter 374
contenter 465
contester 156
contrefaire 218
contribuer 112
contrôler 79
converser 493
convertir 225
convoquer 214
copier 207
corroborer 22
cotiser 34
couler 79
courber 483
cracher 80
craquer 214
créditer 250
creuser 34
cristalliser 493
critiquer 214
crocher 80
croiser 84
croquer 214
crucifier 207
cuisiner 328
culbuter 30
cultiver 328
cumuler 79

D

damner 144
dater 238
débarquer 214
débarrasser 179
débiter 250
débrider 250
débrouiller 229
décapiter 250
décerner 473
décharger 89
déchausser 90
se décider 147
déclamer 29
déclarer 68
décliner 466
décoiffer 443
décolérer 85
décoller 384
décolorer 22
décommander 96
déconseiller 107
décorer 22
découcher 119
découdre 121
découper 122
décourager 304
décrocher 80
dédaigner 10
dédicacer 341
dédier 207
défaillir 217
défier 207
définir 225
défoncer 369
déformer 223
dégager 304
dégeler 239
dégoûter 242
dégriser 493
déguster 52
déjouer 268
délacer 341
délaisser 273
délibérer 85
délivrer 21
déloger 304
se demander 120
démanger 283
déménager 304
démentir 291
démériter 293

démettre 294
démocratiser 34
démonter 297
démontrer 298
dénigrer 21
dénoncer 369
dénoter 499
dénouer 268
dépasser 326
dépecer 17, 341
dépêcher 331
déplacer 341
déplorer 346
déporter 348
déposer 349
déprimer 215
dérouler 420
désapprouver 370
déserter 42
désespérer 198
se déshabiller 249
désister 52
désobéir 312
dessécher 85
desservir 437
déteindre 202
détendre 463
détenir 464
se détourner 120
détromper 315
se détromper 482
devancer 60
dévaster 258
dévêtir 494
dévider 250
deviner 328
dévouer 268
dicter 252
digérer 85
dilapider 250
diriger 117
discontinuer 112
discourir 123
discriminer 466
disgracier 207
disperser 480
disposer 349
disputer 124
disqualifier 207
disséminer 466
dissuader 339
distinguer 284
diviser 34

documenter 59
dorer 22
doubler 483
se douter 120, 169
dresser 72
duper 315
durer 22

E

ébaucher 472
éblouir 225
écarter 68
échanger 87
écharper 58
échauffer 167
éclaircir 225
éclairer 21
éclater 172
écrier 128
écrouler 420
effacer 341
égaler 324
élargir 225
élider 250
éloigner 189
élonger 87
embarquer 214
embarrasser 82
émettre 294
émigrer 21
emporter 348
s'empresser 360
enchanter 88
encourir 123
endommager 304
s'endormir 168, 186
enfermer 223
enfoncer 369
engager 304
s'engager 304, 316
enjamber 237
enjoindre 267
enlacer 341
s'ennuyer 54, 188
énoncer 369
enregistrer 392
enrichir 225

entourer 21
entraîner 29
entrecouper 122
entrelacer 341
entretenir 464
entrevoir 498
entrouvrir 321
énumérer 85
envahir 225
envelopper 231
envier 207
envisager 304
épargner 10
épeler 40
épier 207
éponger 283
épuiser 34
équiper 58
ériger 117
errer 21
escompter 101
espionner 167
esquisser 179
étaler 324
étendre 463
éternuer 112
étrangler 324
étreindre 333
évacuer 112
évader 28
éveiller 413
  (non refl. with **avoir**)
évoquer 214
exagérer 85
examiner 466
exciter 250
exclure 103
exécuter 165
exploiter 250
exporter 348
exposer 349
exterminer 466

F

fabriquer 214
fabuler 79
fâcher 80
faciliter 220
façonner 167
faiblir 391

se faire 218
  (refl. with *être*)
falsifier 207
farcir 225
farder 237
se farder 81
fatiguer 387
se fatiguer 120
favoriser 34
filer 29
filmer 223
filtrer 298
fixer 8
flâner 443
flanquer 387
flatter 82
fléchir 382
flirter 424
flotter 77
foncer 369
former 223
fouetter 447
fouler 420
franchir 93
fréquenter 59
fricasser 82
friser 493
frissonner 167
froncer 36
frotter 77
fuser 34
fusiller 479

G

gâcher 80
gambader 28
garantir 225
gargouiller 229
garnir 225
gaspiller 479
gazouiller 229
gémir 225
glisser 72
gonfler 445
grelotter 77
grimacer 341
grincer 97
gripper 231
griser 493
grogner 10
grossir 282

P

pacifier 207
pâlir 422
palpiter 250
panser 133
parachuter 424
parcourir 123
parer 435
parfumer 235
parier 128
parodier 207
partager 501
participer 250
parvenir 492
pauser 84
pencher 91
pénétrer 85
pensionner 167
percer 274
percevoir 378
percher 91
perfectionner 167
perforer 22
pérorer 22
perpétrer 85
persister 258
personnifier 207
photocopier 207
photographier 207
piger 304
piloter 30
pincer 97
piquer 214
plaider 28
se plaire 344
(refl. with *être*)
planter 88
plier 128
plisser 72
plonger 442
polir 422
polycopier 207
pomper 58
populariser 34
se porter 348, 120
pratiquer 214
précéder 85
prêcher 91
préciser 34
prédisposer 349
prédominer 466
préméditer 250

prénommer 167
préoccuper 315
préposer 349
prescrire 173
préserver 425
présumer 235
présupposer 349
prévaloir 489
procéder 85
proclamer 29
procurer 22
professer 72
profiter 250
programmer 167
progresser 72
projeter 266
prolonger 442
promener 290
proposer 84
proscrire 173
prospérer 355
prostituer 485
protéger 85, 283
protester 258
provenir 492
provoquer 214
publier 207

Q

qualifier 320
quereller 479
questionner 167
quêter 48

R

rabaisser 62
rabattre 66
raccommoder 29
raccorder 237
raccourcir 93
raccrocher 472
racheter 17
rafraîchir 49
rager 304
raisonner 167
rajouter 30
ralentir 93
rallonger 442
rallumer 235

ramasser 90
ramener 33
ramer 29
ranimer 29
rapiécer 85, 341
rapporter 42
rapprendre 43
rapprocher 472
raser 84
rassembler 29
rassurer 315
rater 30
rationner 167
rattacher 80
rattraper 58
ravir 421
rayer 329
réaliser 34
réapparaître 322
recharger 89
rechercher 91
réciter 250
recommander 96
recommencer 97
réconcilier 207
reconstruire 109
recoucher 119
se recoucher 120
recoudre 121
recouper 122
rectifier 207
reculer 29
rédiger 304
redire 164
redonner 167
redouter 169
référer 355
refondre 227
réfuter 424
regagner 236
regeler 239
régler 85
réitérer 399
rejeter 266
rejoindre 267
réjouir 269
relever 277
remonter 297
remuer 112
se rendre 393
(refl. with *être*)
renfermer 223
renoncer 369

renseigner 189
renverser 493
renvoyer 195
répercuter 165
replacer 341
répliquer 214
reposer 349
repousser 352
représenter 358
réprimer 215
reprocher 44
résister 258
ressentir 433
ressortir 444
restituer 485
résulter 432
résumer 235
rétablir 201
retomber 468
retrouver 483
réunir 486
réveiller 479
révéler 399
revendiquer 255
revendre 490
revivre 497
ridiculiser 34
rincer 97
risquer 214
ronfler 445
rouvrir 321
ruiner 328

S

sacrifier 207
saluer 112
sangler 29
sangloter 29
sécher 85
sélectionner 167
semer 277
sermonner 167
signifier 207
simplifier 207
simuler 79
skier 128
soigner 10
se soucier 120
soulager 304
soulever 277
souligner 10

soupçonner 167
souper 122
soupirer 21
souscrire 173
soutenir 464
spécifier 207
stationner 167
sténographier 207
stimuler 79
stipuler 79
subir 93
subsister 52
substituer 112
subvenir 492
succéder 85
sucrer 21
suffoquer 214
suggérer 399
suggestionner 167
supposer 84
supprimer 215
surgir 93
surveiller 413
  (non refl. with
  avoir)
suspecter 111
suspendre 334
sympathiser 34
syndiquer 255

T

tacher 80
tâcher 80
tailler 479
tanner 167
taper 231
taquiner 163
tarder 237
tâter 238
taxer 238
télégraphier 207
téléviser 34
témoigner 10
terrifier 207
tester 156
tisser 72
tolérer 85
torturer 34
totaliser 34
se tourner 473
  refl. with **être)**

tracasser 82
tracer 341
traîner 163
trancher 472
transcrire 173
transférer 355
transformer 223
trembler 406
tresser 72
tromper 122
troquer 214
truquer 214
tutoyer 183
tyranniser 34

U

ulcérer 85
ululer 445
unifier 207
uniformiser 34
urbaniser 34
urger 89
user 34
usurper 122

V

vacciner 328
vaciller 479
vagabonder 247
vaguer 284
valider 250
valoriser 34
valser 335
vanter 88
varier 128
veiller 479
ventiler 265
verbaliser 34
vérifier 128
vernir 225
vexer 29
vider 250
voguer 284
vomir 225
voter 30
vouer 122
vouvoyer 183

vriller 479
vulgariser 34

W

warranter 88

Z

zébrer 85
zézayer 329
zigzaguer 284
zipper 231

Index of common irregular French verb forms identified by infinitive

The purpose of this index is to help you identify those verb forms which cannot be readily identified because they are irregular in some way. For example, if you come across the verb form *fut* (which is very common) in your French readings, this index will tell you that *fut* is a form of **être.** Then you look up **être** in this book and you will find that verb form on the page where all the forms of **être** are given.

Verb forms whose first few letters are the same as the infinitive have not been included because they can easily be identified by referring to the alphabetical listing of the 501 verbs in this book.

After you find the verb of an irregular verb form, if it is not among the 501 verbs, consult the list of over 1,000 French verbs conjugated like model verbs which begins on p. 517.

A

a **avoir**
ai **avoir**
aie **avoir**
aient **avoir**
aies **avoir**
aille **aller**
ait **avoir**
as **avoir**
asseyais, *etc.* **asseoir**
assieds **asseoir**
assiérai, *etc.* **asseoir**
assis **asseoir**
assoie **asseoir**
assoirai, *etc.* **asseoir**
assoyais, *etc.* **asseoir**
aurai, *etc.* **avoir**
avaient **avoir**
avais **avoir**
avait **avoir**
avez **avoir**
aviez **avoir**
avions **avoir**
avons **avoir**
ayant **avoir**
ayons, *etc.* **avoir**

B

bats **battre**
bois **boire**
boivent **boire**
bu **boire**

bûmes **boire**
burent **boire**
bus, bût **boire**
busse, *etc.* **boire**
but **boire**
bûtes **boire**
buvant **boire**
buvez **boire**
buvons **boire**

C

connu **connaître**
craignis, *etc.* **craindre**
crois **croire**
croîs **croître**
croissais, *etc.* **croître**
croit **croire**
croît **croître**
croyais, *etc.* **croire**
cru **croire**
crû, crue **croître**
crûmes **croire, croître**
crurent **croire**
crûrent **croître**
crus **croire**
crûs **croître**
crûsse, *etc.* **croître**
crût **croire, croître**

D

devais, *etc.* **devoir**
dîmes **dire**

dis, disais, *etc.* **dire**
disse, *etc.* **dire**
dit, dît **dire**
dois, *etc.* **devoir**
doive, *etc.* **devoir**
dors, *etc.* **dormir**
dû, due **devoir**
dûmes **devoir**
dus, dussent **devoir**
dut, dût, dûtes **devoir**

E

es **être**
est **être**
étais, *etc.* **être**
été **être**
êtes **être**
étiez **être**
eu **avoir**
eûmes **avoir**
eurent **avoir**
eus **avoir**
eusse, *etc.* **avoir**
eut, eût **avoir**
eûtes **avoir**

F

faille **faillir, falloir**
fais, *etc.* **faire**
fallut, *etc.* **falloir**
fasse, *etc.* **faire**
faudra **faillir, falloir**
faudrait **faillir, falloir**
faut **faillir, falloir**
faux **faillir**
ferai, *etc.* **faire**
fîmes **faire**
firent **faire**
fis, *etc.* **faire**
font **faire**
fûmes **être**
furent **être**
fus, *etc.* **être**
fut, fût **être**
fuyais, *etc.* **fuir**

G

gis, gisons, *etc.* **gésir**
gît **gésir**

I

ira, irai, iras, *etc.* **aller**

L

lis, *etc.* **lire**
lu **lire**
lus, *etc.* **lire**

M

mens **mentir**
mets **mettre**
meure, *etc.* **mourir**
meus, *etc.* **mouvoir**
mîmes **mettre**
mirent **mettre, mirer**
mis **mettre**
misses, *etc.* **mettre**
mit **mettre**
mort **mourir**
moulons, *etc.* **moudre**
moulu **moudre**
mû, mue **mouvoir**
mussent **mouvoir**
mut **mouvoir**

N

nais, *etc.* **naître**
naquîmes, *etc.* **naître**
né **naître**
nuis, nuit, *etc.* **nuire**

O

offert **offrir**
omis **omettre**
ont **avoir**

P

paie (paye) **payer**
pars **partir**

paru, *etc.* **paraître**
peignis, *etc.* **peindre**
peins, *etc.* **peindre**
pendant **pendre**
peuvent **pouvoir**
peut, *etc.* **pouvoir**
plaigne, *etc.* **plaindre**
plu **plaire, pleuvoir**
plurent **plaire**
plut, plût, *etc.* **plaire, pleuvoir**
plûtes **plaire**
pourrai, *etc.* **pouvoir**
prenne, *etc.* **prendre**
prîmes **prendre**
prirent **prendre**
pris **prendre**
prisse, *etc.* **prendre**
pu **pouvoir**
puis **pouvoir**
puisse, *etc.* **pouvoir**
pûmes, *etc.* **pouvoir**
purent **pouvoir**
pus **pouvoir**
pusse **pouvoir**
put, pût **pouvoir**

R

reçois, *etc.* **recevoir**
reçûmes, *etc.* **recevoir**
relu **relire**
résolu, *etc.* **résoudre**
reviens, *etc.* **revenir**
revins, *etc.* **revenir**
ri, rie, riant, *etc.* **rire**
riiez **rire**
ris, *etc.* **rire**

S

sache, *etc.* **savoir**
sais, *etc.* **savoir**
saurai, *etc.* **savoir**
séant **seoir**
sens, *etc.* **sentir**
serai, *etc.* **être**
sers, *etc.* **servir**
seyant **seoir**
sied **seoir**

siéent **seoir**
siéra, *etc.* **seoir**
sois, *etc.* **être**
sommes **être**
sont **être**
sors, *etc.* **sortir**
soyez **être**
soyons **être**
su **savoir**
suis **être, suivre**
suit **suivre**
sûmes **savoir**
surent **savoir**
survécu **survivre**
sus, susse, *etc.* **savoir**
sut, sût **savoir**

T

tais, *etc.* **se taire**
teigne, *etc.* **teindre**
tiendrai, *etc.* **tenir**
tienne, *etc.* **tenir**
tînmes **tenir**
tins, *etc.* **tenir**
trayant **traire**
tu **se taire**
tûmes **se taire**
turent **se taire**
tus **se taire**
tusse, *etc.* **se taire**
tut, tût **se taire**

V

va **aller**
vaille **valoir**
vainque, *etc.* **vaincre**
vais **aller**
vas **aller**
vaudrai, *etc.* **valoir**
vaux, *etc.* **valoir**
vécu, *etc.* **vivre**
vécûmes, *etc.* **vivre**
verrai, *etc.* **voir**
veuille, *etc.* **vouloir**
veulent **vouloir**
veut, *etc.* **vouloir**
viendrai, *etc.* **venir**

vienne, *etc.* **venir**
viens, *etc.* **venir**
vîmes **voir**
vînmes **venir**
vinrent **venir**
vins, *etc.* **venir**
virent **voir**
vis **vivre, voir**
visse, *etc.* **voir**

vit **vivre, voir**
vît **voir**
vîtes **voir**
voie, *etc.* **voir**
vont **aller**
voudrai, *etc.* **vouloir**
voulu, *etc.* **vouloir**
voyais, *etc.* **voir**
vu **voir**

Verbs used in idiomatic expressions

On the pages containing 501 verbs in this book, I offer simple sentences using verbs and idiomatic expressions. They can help build your French vocabulary and knowledge of French idioms.

When you look up the verb forms of a particular verb in this book, consult the following list so that you may learn some common idiomatic expressions. Consulting this list will save you time because you will not have to use a standard French-English word dictionary to find out what the verbal idiom means. Also, if you do this, you will learn two things at the same time: the verb forms for a particular verb and verbal idioms.

Remember that all verbs in the French language are not used in idioms. Those given below are used very frequently in French readings and in conversation. Some of the following entries contain words, usually nouns, that are related to the verb entry. This, too, will help build your vocabulary. I also include a few proverbs containing verbs because they are interesting, colorful, useful, and they help build your knowledge of French words and idiomatic expressions.

In addition to the idioms given below, I frequently give you others on the bottom of pages among the 501 verbs in this book.

accuser, s'accuser   to accuse, to accuse oneself
   accuser réception de qqch   to acknowledge receipt of something
   Qui s'excuse, s'accuse.   A guilty conscience needs no accuser.

acheter   to buy, to purchase
   acheter qqch à qqn   to buy something from someone

achever   to achieve, to finish
   achever de faire qqch   to complete (finish) doing something

adresser   to address
   adresser la parole à   to speak to, to direct your words to

agir   to act, to behave
   agir à la légère   to act thoughtlessly

aider, s'aider   to help, to help oneself
   Aide-toi, le ciel t'aidera.   Heaven helps those who help themselves.

aimer   to like
   aimer (à) faire qqch   to like doing something
   aimer mieux   to prefer

aller   to go
   to feel (health)   **Comment allez-vous?**   How are you?   **Je vais bien.**   I'm fine;   **Je vais mal.**   I'm not well;   **Je vais mieux maintenant.**   I'm feeling better now.
   aller à quelqu'un   to be becoming, to fit, to suit someone
   Cette robe lui va bien.   This dress suits her fine;   **La barbe de Paul ne lui va pas bien.**   Paul's beard does not look good on him.

aller à la pêche   to go fishing

aller à la rencontre de quelqu'un   to go to meet someone

aller à pied   to walk, to go on foot

aller au-devant de quelqu'un   to go to meet someone

aller au fond des choses   to get to the bottom of things

aller avec qqch   to match something

aller chercher   to go get

aller de pair avec. . .   to go hand in hand with. . .

aller en voiture   to ride in a car

aller sans dire   to go without saying;   **Ça va sans dire.**   That goes without saying

Allez-y!   Go to it! Go ahead!

allons donc!   nonsense! come, now! come on, now!

Just for the fun of it, try reading aloud this play on words as fast as you can:

Un ver vert va vers un verre vert. (A green worm is going toward a green glass)

appeler   to call

être appelé à qqch   to be destined for something, to have a calling (vocation, career)

apprendre   to learn

apprendre par coeur   to memorize

arriver   to arrive

to happen   **Qu'est-ce qui est arrivé?**   What happened?   **Qu'est-ce qui arrive?**   What's happening? What's going on?

Quoi qu'il arrive. . .   Come what may. . .

assister   to assist

assister à   to attend, to be present at   **Hier soir, j'ai assisté à la conférence des musiciens.**   Last night I attended the meeting of musicians.

avoir   to have

to have something the matter   **Qu'est-ce que vous avez?**   What's the matter with you?   **Qu'est-ce qu'il y a?**   What's the matter?

avoir. . .ans   to be. . .years old   **Quel âge avez-vous?**   How old are you?   **J'ai seize ans.**   I'm sixteen.

avoir à + inf.   to have to, to be obliged to + inf.

J'ai à vous dire quelque chose   I have to tell you something.

avoir affaire à quelqu'un   to deal with someone

avoir beau + inf.   to be useless + inf., to do something in vain;   **Vous avez beau parler; je ne vous écoute pas.**   You are talking in vain (uselessly); I'm not listening to you.

avoir besoin de   to need, to have need of   **Vous avez l'air fatigué; vous avez besoin de repos.**   You look tired; you need some rest.

avoir bonne mine   to look well, to look good (persons)

Joseph a bonne mine aujourd'hui, ne trouvez-vous pas?   Joseph looks good today, don't you think so?

avoir chaud   to be (feel) warm (persons)   **J'ai chaud; ouvrez la fenêtre, s'il vous plaît**   I feel warm; open the window please.

avoir congé   to have a day off, a holiday from work or school   **Demain nous avons congé et nous allons à la plage.**   Tomorrow we have off and we're going to the beach.

avoir de la chance   to be lucky   **Ah! Tu as trouvé une pièce de monnaie?! Tu as de la chance!**   Ah! You found a coin?! You're lucky!

avoir de quoi + inf.   to have the material, means, enough + inf.   **As-tu de quoi manger?**   Have you something (enough) to eat?

avoir des nouvelles   to receive news, to hear (from someone)

avoir droit à   to be entitled to

avoir du savoir-faire   to have tact

avoir du savoir-vivre   to have good manners, etiquette

avoir envie de + inf.   to feel like, to have a desire to   **Madame Loisel a toujours envie de danser.**   Mrs. Loisel always feels like dancing.

avoir faim   to be (feel) hungry   **As-tu faim, Fifi? Bon, alors je vais te donner à manger.**   Are you hungry, Fifi? Good, then I'm going to give you something to eat.

avoir froid   to be (feel) cold (persons)   **J'ai froid; fermez la fenêtre, s'il vous plaît.**   I feel cold; close the window, please.

avoir hâte   to be in a hurry;   **avoir hâte de faire qqch**   to be anxious to do something

avoir honte   to be (to feel) ashamed

avoir l'air + adj.   to seem, to appear, to look + adj.   **Vous avez l'air malade; asseyez-vous.**   You look sick; sit down.

avoir l'air de + inf.   to appear + inf.   **Vous avez l'air d'être malade; couchez-vous.**   You appear to be sick; lie down.

avoir l'habitude de + inf.   to be accustomed to, to be in the habit of   **J'ai l'habitude de faire mes devoirs avant le dîner.**   I'm in the habit of doing my homework before dinner.

avoir l'idée de + inf.   to have a notion + inf.

avoir l'impression   to be under the impression

avoir l'intention de + inf.   to intend + inf.

avoir l'occasion de + inf.   to have the opportunity + inf.

avoir l'oeil au guet   to be on the look-out, on the watch

avoir la bonté de + inf.   to have the kindness + inf.

avoir la langue bien pendue   to have the gift of gab

avoir la parole   to have the floor (to speak)

avoir le cafard   to feel downhearted (downcast), to have the blues

avoir le coeur gros   to be heartbroken

avoir le droit de faire qqch   to be entitled (have the right) to do something

avoir le temps de + inf.   to have (the) time + inf.

avoir lieu   to take place   **Le match aura lieu demain.**   The game will take place tomorrow.

avoir l'occasion de faire qqch   to have the opportunity to do something

avoir mal   to feel sick   **Qu'est-ce que tu as, Robert?**   What's the matter, Robert?   **J'ai mal.**   I feel sick; **avoir mal au coeur**   to feel nauseous

avoir mal à + (place where it hurts)   to have a pain or ache in. . .   **J'ai mal à la jambe.**   My leg hurts;   **J'ai mal à la tête.**   I have a headache.

avoir mauvaise mine   to look ill, not to look well   **Qu'est-ce que tu as,**

Janine? What's the matter, Janine? **Tu as mauvaise mine.** You don't look well.

avoir peine à + inf. to have difficulty in + pres. part.

avoir peur de to be afraid of

avoir pitié de to take pity on

avoir qqn to get the better of someone

avoir raison to be right (persons)

avoir recours à to resort to

avoir rendez-vous avec qqn to have a date (appointment) with someone

avoir soif to be thirsty

avoir soin de faire qqch to take care of doing something

avoir sommeil to be sleepy

avoir son mot à dire to have one's way

avoir tendance à faire qqch to tend to do something

avoir tort to be wrong (persons)

avoir trait à qqch to have to do with something

avoir une faim de loup to be starving

en avoir marre to be fed up, to be bored stiff, to be sick and tired of something **J'en ai marre!** I'm fed up! I've had it!

en avoir par-dessus la tête to have enough of it, to be sick and tired of it, to have it up to here **J'en ai par-dessus la tête!** I've had it up to here!

en avoir plein le dos to be sick and tired of it

il y a... there is..., there are...

il y avait..., il y a eu... there was..., there were...

il y aura... there will be...

il y aurait... there would be...

il y a + length of time ago **Madame Duclos est partie il y a un mois.** Mrs. Duclos left a month ago.

Il y a dix minutes que j'attends l'autobus I have been waiting for the bus for ten minutes.

Il y a lieu de croire que... There is reason to believe that...

Il n'y a pas de quoi. You're welcome.

boire to drink

boire à la bouteille to drink right out of the bottle

boire à sa soif to drink to one's heart content

briller to shine, to glitter

Tout ce qui brille n'est pas or. All that glitters is not gold.

casser, se casser to break

casser la tête à qqn to pester someone

casser les oreilles à qqn to bore someone stiff (by talking too much)

casser les pieds à qqn to be a pain in the neck to someone

se casser + a part of one's body; **Janine s'est cassé la jambe.** Janine broke her leg.

se casser la tête to rack one's brains

changer to change

changer d'avis to change one's mind, one's opinion; **changer de route** to take another road;   **changer de train**   to change trains;   **changer de vêtements**   to change clothes

Plus ça change plus c'est la même chose.   The more it changes the more it remains the same.

chanter   to sing
   faire chanter qqn   to blackmail someone
   Mais qu'est-ce que vous chantez là?   What are you talking about?

chercher   to look for
   envoyer chercher   to send for   **Je vais envoyer chercher le médecin.**   I am going to send for the doctor.

combler   to fill up, to fill in
   pour comble de malheur   to make matters worse

comprendre   to understand, to comprise
   y compris   including;   **y compris la taxe**   tax included;   **y compris le service**   service included

craindre   to fear
   Chat échaudé craint l'eau froide.   A burnt child dreads the fire. (Literally, the French proverb refers to a cat but to a child in English.)

croire   to believe
   Je crois que oui.   I think so;   **Je crois que non.**   I don't think so.

dire   to say, to tell
   à ce qu'on dit. . .   according to what they say. . .
   à vrai dire   to tell the truth
   c'est-à-dire   that is, that is to say
   dire du bien de   to speak well of;   **dire du mal de**   to speak ill of
   entendre dire que   to hear it said that, to hear tell that;   **J'entends dire que Tina s'est mariée avec Alexandre.**   I hear that Tina married Alexander.
   vouloir dire   to mean;   **Que veut dire ce mot?**   What does this word mean?
   Dis-moi ce que tu manges et je te dirai ce que tu es.   Tell me what you eat and I will tell you what you are.
   Qui l'aurait dit?   Who would have thought so?

disposer   to dispose
   L'homme propose mais Dieu dispose.   Man proposes but God disposes.

donner   to give
   donner à boire à qqn   to give someone something to drink
   donner à manger à qqn   to feed someone
   donner congé à   to grant leave to
   donner du chagrin à qqn   to give someone grief
   donner rendez-vous à qqn   to make an appointment (a date) with someone
   donner sur   to look out upon;   **La salle à manger donne sur le jardin.**   The dining room looks out upon (faces) the garden.
   donner un cours   to give a course, to lecture

dormir   to sleep

dormir à la belle étoile   to sleep outdoors
dormir sur les deux oreilles   to sleep soundly

éclater   to burst
éclater de rire, rire aux éclats   to burst out laughing, to roar with laughter
éclater en applaudissements   to burst into applause

écouter   to listen (to)
être aux écoutes   to be on the watch, to eavesdrop

écrire   to write
de quoi écrire   something to write with

égaler   to equal, to be equal to, to match
Cela est égal.   It's all the same; It doesn't matter; It makes no difference.
Cela m'est égal, Ça m'est égal.   It doesn't matter to me; It's all the same to me.

endommager   to damage
C'est dommage!   It's too bad! It's a pity!

entendre   to hear
bien entendu   of course
C'est entendu!   It's agreed! It's understood!
entendre dire que   to hear it said that, to hear tell that;   **J'entends dire qu'on mange bien dans ce restaurant.**   I hear that a person can have a good meal in this restaurant.
Qu'entendez-vous par là!   What do you mean by that!
laisser entendre   to hint
entendre raison   to listen to reason
ne pas entendre malice   not to mean any harm

entendre parler de   to hear about, to hear of   **J'ai entendu parler d'un grand changement dans l'administration de cette ecole.**   I've heard about a big change in the administration of this school.

envoyer   to send
envoyer chercher   to send for;   **Je vais envoyer chercher le docteur.**   I am going to send for the doctor.

être   to be
Ainsi soit-il!   So be it!
être à qqn   to belong to someone; **A qui est ce livre?**   Whose is this book?
Ce livre est à moi.   This book is mine.
être à l'heure   to be on time
être à temps   to be in time;   **Nous sommes arrivés juste à temps.**   We arrived just in time.
être au courant de   to be informed about;   **Madame Beaupuy parle toujours au téléphone avec ses amies; elle est au courant de tout.**   Mrs. Beaupuy talks on the telephone all the time with her friends; she is informed about everything.
être bien   to be comfortable;   **Est-ce que vous êtes bien dans cette chaise?**   Are you comfortable in this chair?
être bien aise (de)   to be very glad, happy (to)

être bien mis (mise) to be well dressed; **Madame Paquet est toujours bien mise.** Mrs. Paquet is always well dressed.

être d'accord avec to agree with

être dans son assiette to be "right up one's alley"; **Ces problèmes de mathématiques sont très faciles; je suis dans mon assiette.** These math problems are very easy; they're right up my alley; to be one's cup of tea.

être de bonne (mauvaise) humeur to be in a good (bad) mood

être de retour to be back; **A quelle heure ta mère sera-t-elle de retour?** At what time will your mother be back?

être en bonne forme to be in good shape

être en état de + inf. to be able + inf.; **Mon père est très malade; il n'est pas en état de vous parler maintenant.** My father is very sick; he's not able to talk to you now.

être en panne to be broken-down, out of order (machine, auto); **La voiture de mon père est toujours en panne.** My father's car always has a breakdown.

être en retard to be late, not to be on time; **Le train est en retard.** The train is late.

être en train de + inf. to be in the act of + pres. part., to be in the process of, to be busy + pres. part.; **Mon père est en train de réparer le téléviseur.** My father is busy repairing the television set.

être en vacances to be on vacation

être en vie to be alive

être enrhumé to have a cold, to be sick with a cold

être hors de soi to be beside oneself, to be upset, to be furious, to be irritated, annoyed; **Je suis hors de moi parce que je n'ai pas reçu de bonnes notes dans mes études.** I'm upset because I did not receive good grades in my studies.

être le bienvenu (la bienvenue) to be welcomed; **On est toujours le bienvenu dans cet hôtel.** One is always welcome in this hotel.

être pressé(e) to be in a hurry

être sur le point de + inf. to be about + inf.; **Dépêchons-nous parce que le train est sur le point de partir.** Let's hurry because the train is about to leave.

être temps de + inf. to be time to + inf.; **Il est temps de partir.** It is time to leave.

De quelle couleur est (sont). . . What color is (are). . .? **De quelle couleur est votre nouvelle voiture?** What color is your new car?

Il était une fois. . . Once upon a time there was. . .

Quelle heure est-il? What time is it? **Il est une heure;** It is one o'clock; **Il est trois heures.** It is three o'clock.

y être to be there, to understand it, to get it; **Ah! J'y suis!** Ah, I get it! I understand it!

c'est ça! That's right!

étudier to study

à l'étude under study; **Le dossier de Monsieur Pompier est à l'étude.** Mr Pompier's file is under study.

faire ses études à to study at; **Gervaise fait ses études à l'Université de**

Paris.   Gervaise is studying at the University of Paris.

Depuis combien de temps étudiez-vous le français?   How long have you been studying French?

J'étudie le français depuis deux ans.   I have been studying French for two years.

excuser, s'excuser   to excuse, to excuse oneself
Qui s'excuse, s'accuse   A guilty conscience needs no accuser.

faillir   to fail, to miss
faillir + inf.   to almost do something;   **Le bébé a failli tomber.**   The baby almost fell.

faire   to do, to make
aussitôt dit aussitôt fait (aussitôt dit que fait)   no sooner said than done
Cela ne fait rien.   That doesn't matter; That makes no difference.
Comment se fait-il. . .?   How come. . .?
en faire autant   to do the same, to do as much
faire + inf.   to have something done;   **Ma mère a fait faire une jolie robe** My mother had a pretty dress made;   **Mon père a fait bâtir une nouvelle maison.**   My father had a new house built.
faire à sa tête   to have one's way
faire attention (à)   to pay attention (to)
faire beau   to be pleasant, nice weather;   **Il fait beau aujourd'hui.**   It's nice weather today;   **faire mauvais**   to be bad weather.
faire bon accueil   to welcome
faire chaud   to be warm (weather);   **Il a fait beaucoup chaud hier.**   It was very warm yesterday.
faire comme chez soi   to make oneself at home;   **Faites comme chez vous!** Make yourself at home!
faire d'une pierre deux coups   to kill two birds with one stone
faire de l'autostop   to hitchhike
faire de la peine à qqn   to hurt someone (morally, emotionally)
faire de son mieux   to do one's best
faire des châteaux en Espagne   to build castles in the air
faire des cours   to give courses, to lecture
faire des emplettes, faire des courses, faire des achats, faire du shopping to do or to go shopping
faire des progrès   to make progress
faire du bien à qqn   to do good for someone;   **Cela lui fera du bien.**   That will do her (him) some good.
faire du ski   to ski
faire du sport   to play sports
faire du vélo   to ride a bike
faire exprès   to do on purpose
faire face à   to oppose
faire faire   to have something made (done).   **Mon père fait peindre la maison.**   My father is having the house painted.
faire fi   to scorn
faire froid   to be cold (weather);   **Il fait très froid ce matin.**   It's very cold this morning.

534   Verbs used in idiomatic expressions

faire jour   to be daylight

faire la bête   to act like a fool

faire la connaissance de qqn   to make the acquaintance of someone, to meet someone for the first time, to become acquainted with someone;   **Hier soir au bal Michel a fait la connaissance de beaucoup de jeunes filles.** Last night at the dance Michael met many girls.

faire la cuisine   to do the cooking

faire la grasse matinée   to sleep late in the morning

faire la lessive   to do the laundry

faire la malle   to pack the trunk

faire la queue   to line up, to get in line, to stand in line

faire la sourde oreille   to turn a deaf ear, to pretend not to hear

faire la vaisselle   to do (wash) the dishes

faire le ménage   to do housework

faire le tour de   to take a stroll, to go around;   **Faisons le tour du parc.** Let's go around the park.

faire les bagages   to pack the baggage, luggage

faire les valises   to pack the suitcases, valises

faire mal à qqn   to hurt, to harm someone;   **Ce grand garçon-là a fait mal à mon petit frère.**   That big boy hurt my little brother.

faire mon affaire   to suit me, to be just the thing for me

faire nuit   to be night(time)

faire part à qqn   to inform someone

faire part de qqch à qqn   to let someone know about something, to inform, to notify someone of something;   **Je leur ai fait part du mariage de mon fils.**   I notified them of the marriage of my son.

faire partie de   to be a part of

faire peur à qqn   to frighten someone

faire plaisir à qqn   to please someone

faire sa toilette   to wash up

faire savoir qqch à qqn   to inform someone of something

faire semblant de + inf.   to pretend + inf.

faire ses adieux   to say good-bye

faire ses amitiés à qqn   to give one's regards to someone

faire ses études à   to study at;   **Ma fille fait ses études à l'Université de Paris.**   My daughter is studying at the Univerity of Paris.

faire son lit   to make one's bed

faire son possible   to do one's best (utmost)

faire suivre   to forward mail;   **Faites suivre mes lettres, s'il vous plaît.** Forward my letters please.

faire un cours   to give a course, to lecture

faire un tour   to go for a stroll

faire un voyage   to take a trip

faire une malle   to pack a trunk

faire une partie de   to play a game of

faire une promenade   to take a walk

faire une promenade en voiture   to go for a drive

faire une question   to ask (to pose) a question

faire une réclamation   to make a complaint

faire une visite   to pay a visit

faire venir qqn   to have someone come;   **Mon père a fait venir le médecin parce que ma mère est malade.**   My father had the doctor come because my mother is sick.

faire venir l'eau à la bouche   to make one's mouth water

Faites comme chez vous!   Make yourself at home!

Que faire?   What is to be done?

Quel temps fait-il?   What's the weather like?

se faire faire   to have something made (done) for oneself;   **Ma mère se fait faire une belle robe.**   My mother is having a beautiful dress made.

falloir   to be necessary, must, to be lacking

Il faut. . .   It is necessary; one must. . .

Il ne faut pas. . .   One must not. . .

Comme il faut. . .   As it ought to be. . .

Peu s'en faut. . .   It takes only a little. . .

s'en falloir   to be lacking

Il s'en faut de beaucoup. . .   It takes a lot. . .

féliciter   to congratulate

féliciter qqn de qqch   to congratulate someone for (on) something;   **Je vous félicite de votre succès.**   I congratulate you on your success.

fermer   to close

fermer à clef   to lock

fermer au verrou   to bolt

hâter, se hâter   to hasten

en toute hâte   in all possible speed, in great haste

importer   to matter, to be of importance

Cela n'importe.   That doesn't matter.

jeter   to throw

jeter l'argent par la fenêtre   to waste money

manger   to eat

de quoi manger   something to eat;   **Y a-t-il de quoi manger?**   Is there something to eat?

manquer   to lack, to fail, to be missing

manquer de + inf.   to fail to, to almost do something;   **J'ai manqué de tomber.**   I almost fell;   **Paul a manqué de venir.**   Paul failed to come.

manquer à sa parole   to go back on one's word

mettre   to put, to place

mettre   to put on (clothing);   **Mimi a mis ses souliers blancs.**   Mimi put on her white shoes.

mettre au courant de   to inform about;   **Tu ne me mets jamais au courant de rien!**   You never inform me about anything!

mettre de côté   to lay aside, to save

mettre en cause   to question

mettre en pièces   to tear to pieces, to break into pieces;   **Roger était si**

fâché contre Julie qu'il a mis sa lettre en pièces.   Roger was so angry at Julie that he tore her letter to pieces.

mettre fin à qqch   to put an end to something

mettre la table, mettre le couvert   to set the table

se mettre à table   to sit down at the table;   **La cuisinière a mis la table et a annoncé: Venez, tout le monde; mettez-vous à table!**   The cook set the table and announced: Come, everybody; sit down at the table!

montrer   to show

montrer du doigt   to point out, to show, to indicate by pointing

parler   to talk, to speak

à proprement parler   strictly speaking

adresser la parole à   to speak to, to direct one's words at;   **Ecoutez, le professeur va nous adresser la parole.**   Listen, the professor is going to speak to us.

entendre parler de   to hear about;   **Avez-vous jamais entendu parler de cela?**   Have you ever heard of that?

Il est bon de parler et meilleur de se taire   Speech is silver; silence is gold.

Ce n'est qu'une façon de parler.   It's just a way of speaking.

partir   to leave

à partir de   from now on, beginning with;   **A partir de cet instant, tu vas faire tes devoirs tous les soirs *avant de* regarder la télévision.**   From this moment on, you are going to do your homework every evening *before* watching television.

passer   to pass, to pass by

passer un examen   to take an exam

passer chez qqn   to drop in on someone

passer un coup de fil à qqn   to give someone a ring (a telephone call)

plaire   to please

s'il vous plaît (s'il te plaît)   please

Plaît-il?   What did you say? Would you repeat that please?

pleuvoir   to rain

pleuvoir à verse   to rain hard

pouvoir   to be able (to)

n'en pouvoir plus   to be unable to go on any longer, to be exhausted;   **Je n'en peux plus.**   I can't go on any longer.

Cela se peut.   That may be.

prendre   to take

prendre garde de + inf.   to avoid + pres. part., to take care not + inf.;   **Prenez garde de tomber;**   Avoid falling;   **Prenez garde de ne pas tomber.**   Take care not to fall.

prendre le parti de + inf.   to decide + inf.

prendre un billet   to buy a ticket

Qu'est-ce qui vous prend?   What's got into you?

profiter   to profit

profiter de   to take advantage of

proposer   to propose
L'homme propose mais Dieu dispose.   Man proposes but God disposes.

regarder   to look (at), to watch
Cela ne vous regarde pas.   That's none of your business.

rendre   to render, to return (something)
rendre hommage à qqn   to pay someone homage
rendre visite à   to pay a visit to

reprendre   to take up again
reprendre la parole   to go on speaking, to resume speaking
reprendre ses esprits   to regain one's senses

retourner   to return, to go back
être de retour   to be back;   **Madame Duval sera de retour aujourd'hui.**
Mrs. Duval will be back today.

revoir   to see again
au revoir   good-bye

rire   to laugh
rire au nez de qqn   to laugh in someone's face
rire aux éclats   to roar with laughter

risquer   to risk
Qui ne risque rien, n'a rien.   Nothing ventured, nothing gained.

sauter   to leap, to jump
sauter aux yeux   to be evident, self-evident

savoir   to know
savoir bon gré à qqn   to be thankful, grateful to someone

servir   to serve
Cela ne sert à rien.   That serves no purpose.
se servir de   to use, to make use of   **Ma mère se sert d'une machine pour**
faire la vaisselle.   My mother uses a machine to do the dishes.

suivre   to follow
suivre un cours   to take a course;   **Je vais suivre un cours de français**
cet été.   I'm going to take a course in French this summer.
suivre un régime   to be on a diet
à suivre   to be continued

tomber   to fall
tomber à la renverse   to fall backward

traverser   to cross, to traverse
à travers   across, through

trouver   to find
Ne trouvez-vous pas?   Don't you think so?
trouver visage de bois   not to find anyone answering the door after knocking

538   Verbs used in idiomatic expressions

tuer   to kill

> **à tue-tête**   at the top of one's voice, as loud as possible;   **Pour attraper l'autobus qui était en train de partir, Monsieur Duval a crié à tue-tête.** To catch the bus which was about to leave, Mr. Duval shouted at the top of his voice.

valoir   to be worth

> **valoir mieux**   to be better (worth more), to be preferable;   **Mieux vaut tard que jamais.**   Better late than never.

venir   to come

> **venir à**   to happen to;   **Si nous venons à nous voir en ville, nous pouvons prendre une tasse de café ensemble.**   If we happen to see each other downtown, we can have a cup of coffee together.
>
> **venir à bout de + inf.**   to manage, to succeed + inf.
>
> **venir de + inf.**   to have just done something;   **Je viens de manger.**   I just ate;   **Tina Marie venait de sortir avec Alexandre quand le téléphone a sonné.**   Tina Marie had just gone out with Alexander when the telephone rang.

vivre   to live

> **de quoi vivre**   something (enough) to live on;   **Je vais apporter du pain et du beurre chez les Duval parce qu'ils n'ont pas de quoi vivre.**   I'm going to bring some bread and butter to the Duvals because they don't have enough to live on.

voir   to see

> **à vue d'oeil**   visibly
>
> **voir de loin**   to be farsighted
>
> **voir tout en rose**   to see the bright side of things, to be optimistic

vouloir   to wish, to want

> **en vouloir à qqn**   to bear a grudge against someone
>
> **vouloir dire**   to mean;   **Que voulez-vous dire?**   What do you mean?
>
> **vouloir du bien à qqn**   to wish someone well
>
> **Que voulez-vous?!**   What do you expect?!
>
> **Veuillez agréer. . .**   Please be good enough to accept. . . (This is the usual closing statement in a formal letter.)

Verbs with prepositions

French verbs are used with certain prepositions or no preposition at all. At times, the preposition used with a particular verb changes the meaning entirely, *e.g.,* **se passer** means *to happen* and **se passer de** means *to do without.*

When you look up a verb among the 501 to find its verb forms (or in the section of over 1,000 verbs), also consult the following categories so that you will learn what preposition that verb requires, if any.

Consult all the categories that are given below; *e.g.,* verbs that take **à** + noun, verbs that take **à** + inf., verbs that take **de** + noun, verbs that take **de** + inf., verbs that take **à** + noun + **de** + inf., verbs that take prepositions other than **à** or **de,** verbs that require no preposition, and verbs that do not require any preposition in French whereas in English a preposition is used.

The following are used frequently in French readings and in conversation.

A. *The following verbs take à + noun*

assister à qqch (à un assemblage, à une réunion, à un spectacle, *etc.*) to attend a gathering, a meeting, a theatrical presentation, *etc.,* or to be present at: **Allez-vous assister à la conférence du professeur Godard?** Are you going to attend (to be present at) Prof. Godard's lecture? **Oui, je vais y assister.** Yes, I am going to attend it.

convenir à qqn ou à qqch to please (to be pleasing to), to suit (to be suitable to): **Cette robe ne convient pas à la circonstance.** This dress does not suit the occasion; **Cela ne convient pas à mon père.** That is not suitable to my father.

demander à qqn to ask someone: **Demandez à la dame où s'arrête l'autobus.** Ask the lady where the bus stops.

déplaire à qqn to displease someone, to be displeasing to someone: **Cet homme-là déplaît à ma soeur.** That man is displeasing to my sister; **Cet homme-là lui déplaît.** That man is displeasing to her.

désobéir à qqn to disobey someone: **Ce chien ne désobéit jamais à son maître.** This dog never disobeys his master; **Il ne lui désobéit jamais.** He never disobeys him.

être à qqn to belong to someone: **Ce livre est à Victor.** This book belongs to Victor. [Note this special possessive meaning when you use **être** +**à.**]

faire attention à qqn ou à qqch to pay attention to someone or to something: **Faites attention au professeur;** Pay attention to the professor; **Faites attention aux marches.** Pay attention to the steps.

se fier à qqn to trust someone: **Je me fie à mes parents.** I trust my parents; **Je me fie à eux.** I trust them.

goûter à qqch to taste a little, to sample a little something: **Goûtez à ce gâteau;**

il est délicieux et vous m'en direz des nouvelles;   Taste a little of this cake; it is delicious and you will rave about it;   **Goûtez-y!** Taste it!

s'habituer à qqn ou à qqch to get used to someone or something: **Je m'habitue à mon nouveau professeur** I am getting used to my new teacher; **Je m'habitue à lui;** I am getting used to him; **Je m'habitue à ce travail;** I am getting used to this work; **Je m'y habitue.** I am getting used to it.

s'intéresser à qqn ou à qqch to be interested in someone or something; **Je m'intéresse aux sports.** I am interested in sports.

jouer à to play (a game or sport): **Il aime bien jouer à la balle** He likes to play ball; **Elle aime bien jouer au tennis.** She likes to play tennis.

manquer à qqn to miss someone (because of an absence): **Vous me manquez;** I miss you; **Ses enfants lui manquent.** He (or She) misses his (or her) children.

se mêler à qqch to mingle with, to mix with, to join in: **Il se mêle à tous les groupes à l'école.** He mixes with all the groups at school.

nuire à qqn ou à qqch to harm someone or something: **Ce que vous faites peut nuire à la réputation de votre famille.** What you are doing may harm the reputation of your family.

obéir à qqn to obey someone: **Une personne honorable obéit à ses parents.** An honorable person obeys his (her) parents.

s'opposer à qqn ou à qqch to oppose someone or something: **Je m'oppose aux idées du président.** I am opposed to the president's ideas.

penser à qqn ou à qqch to think of (about) someone or something: **Je pense à mes amis;** I am thinking of my friends; **Je pense à eux;** I am thinking of them; **Je pense à mon travail;** I am thinking about my work; **J'y pense.** I am thinking about it. BUT: **Que pensez-vous de cela?** What do you think of that?

plaire à qqn to please, to be pleasing to someone: **Mon mariage plaît à ma famille;** My marriage pleases my family; **Mon mariage leur plaît.** My marriage pleases them (is pleasing to them).

réfléchir à qqch to think over something

répondre à qqn ou à qqch to answer someone or something: **J'ai répondu au professeur;** I answered the teacher; **Je lui ai répondu;** I answered him; **J'ai répondu à la lettre;** I answered the letter; **J'y ai répondu.** I answered it.

résister à qqn ou à qqch to resist someone or something: **Le criminel a résisté à l'agent de police.** The criminal resisted the police officer.

ressembler à qqn to resemble someone: **Il ressemble beaucoup à sa mère.** He resembles his mother a lot.

réussir à qqch to succeed in something; **réussir à un examen** to pass an examination: **Il a réussi à l'examen.**   He passed the exam.

serrer la main à qqn   to shake hands with someone: **Bobby, va serrer la main à la dame.**   Bobby, go shake hands with the lady.

songer à qqn ou à qqch   to dream (to think) of someone or something: **Je songe aux grandes vacances.**   I'm dreaming of the summer vacation.

survivre à qqn ou à qqch   to survive someone or something: **Il a survécu à l'ouragan.**   He survived the hurricane.

téléphoner à qqn   to telephone someone: **Marie a téléphoné à Paul.**   Marie telephoned Paul;   **Elle lui a téléphoné.**   She telephoned him.

B. *The following verbs take* **à** + *inf.*

---

aider à   to help: **Roger aide son petit frère à faire sa leçon de mathématiques.**   Roger is helping his little brother do the math lesson.

aimer à   to like: **J'aime à lire.**   I like to read. [Note that **aimer à** + **inf.** is used primarily in literary style; ordinarily, use **aimer** + **inf.**]

s'amuser à   to amuse oneself, to enjoy, to have fun: **Il y a des élèves qui s'amusent à mettre le professeur en colère.**   There are pupils who have fun making the teacher angry.

apprendre à   to learn: **J'apprends à lire.**   I am learning to read.

s'apprêter à   to get ready: **Je m'apprête à aller au bal.**   I am getting ready to go to the dance.

arriver à   to succeed in: **Jacques arrive à comprendre le subjonctif.**   Jack is succeeding in learning the subjunctive.

s'attendre à   to expect: **Je m'attendais à trouver une salle de classe vide.**   I was expecting to find an empty classroom.

autoriser à   to authorize, to allow: **Je vous autorise à quitter cette salle de classe tout de suite.**   I authorize you to leave this classroom immediately.

avoir à   to have, to be obliged (to do something):   **J'ai à faire mes devoirs ce soir.**   I have to do my homework tonight.

commencer à   to begin: **Il commence à pleuvoir.**   It is beginning to rain. [Note that **commencer de** + **inf.** is also correct.]

consentir à   to consent: **Je consens à venir chez vous après le dîner.**   I consent (agree) to come to your house after dinner.

continuer à   to continue: **Je continue à étudier le français.**   I am continuing to study French. [Note that **continuer de** + **inf.** is also correct.]

décider qqn à   to persuade someone: **J'ai décidé mon père à me prêter quelques francs.**   I persuaded my father to lend me a few francs.

se décider à to make up one's mind: **Il s'est décidé à l'épouser.** He made up his mind to marry her.

demander à to ask, to request: **Elle demande à parler.** She asks to speak. [Note that here the subjects are the same—she is the one who is asking to speak. If the subjects are different, use **demander de: Je vous demande de parler.** I am asking you to talk.]

encourager à to encourage: **Je l'ai encouragé à suivre un cours de français.** I encouraged him to take a course in French.

s'engager à to get oneself around (to doing something): **Je ne peux pas m'engager à accepter ses idées frivoles.** I can't get myself around to accepting his (her) frivolous ideas.

enseigner à to teach: **Je vous enseigne à lire en français.** I am teaching you to read in French.

s'habituer à to get used (to): **Je m'habitue à parler français couramment.** I am getting used to speaking French fluently.

hésiter à to hesitate: **J'hésite à répondre à sa lettre.** I hesitate to reply to her (his) letter.

inviter à to invite: **Monsieur et Madame Boivin ont invité les Béry à dîner chez eux.** Mr. and Mrs. Boivin invited the Bérys to have dinner at their house.

se mettre à to begin: **L'enfant se met à rire.** The child is beginning to laugh.

parvenir à to succeed: **Elle est parvenue à devenir docteur.** She succeeded in becoming a doctor.

persister à to persist: **Je persiste à croire que cet homme est innocent.** I persist in believing that this man is innocent.

se plaire à to take pleasure in: **Il se plaît à taquiner ses amis.** He takes pleasure in teasing his friends.

recommencer à to begin again: **Il recommence à pleuvoir.** It is beginning to rain again.

résister à to resist: **Je résiste à croire qu'il est malhonnête.** I resist believing that he is dishonest.

réussir à to succeed in: **Henri a réussi à me convaincre.** Henry succeeded in convincing me.

songer à to dream, to think: **Elle songe à trouver un millionnaire.** She is dreaming of finding a millionaire.

tarder à to delay: **Mes amis tardent à venir.** My friends are late in coming.

tenir à to insist, to be anxious: **Je tiens absolument à voir mon enfant cet instant.** I am very anxious to see my child this instant.

venir à to happen (to): **Si je viens à voir mes amis en ville, je vous le dirai.** If I happen to see my friends downtown, I will tell you (so).

s'agir de to be a question of, to be a matter of: **Il s'agit de l'amour.** It is a matter of love.

s'approcher de to approach: **La dame s'approche de la porte et elle l'ouvre.** The lady approaches the door and opens it.

changer de to change: **Je dois changer de train à Paris.** I have to change trains in Paris.

dépendre de to depend on: **Je veux sortir avec toi mais cela dépend des circonstances.** I want to go out with you but that depends on the circumstances.

douter de to doubt: **Je doute de la véracité de ce que vous dites.** I doubt the veracity of what you are saying.

se douter de to suspect: **Je me doute de ses actions.** I suspect his (her) actions.

féliciter de to congratulate on: **Je vous félicite de vos progrès.** I congratulate you on your progress.

jouer de to play (a musical instrument): **Je sais jouer du piano.** I know how to play the piano.

jouir de to enjoy: **Mon père jouit d'une bonne santé.** My father enjoys good health.

manquer de to lack: **Cette personne manque de politesse.** This person lacks courtesy; **Mon frère manque de bon sens.** My brother lacks common sense.

se méfier de to distrust, to mistrust, to beware of: **Je me méfie des personnes que je ne connais pas.** I distrust persons whom I do not know.

se moquer de to make fun of: **Les enfants aiment se moquer d'un singe.** Children like to make fun of a monkey.

s'occuper de to be busy with: **Madame Boulanger s'occupe de son mari infirme;** Mrs. Boulanger is busy with her disabled husband; **Je m'occupe de mes affaires;** I mind my own business; **Occupez-vous de vos affaires!** Mind your own business!

partir de to leave: **Il est parti de la maison à 8 h.** He left the house at 8 o'clock.

se passer de to do without: **Je me passe de sel.** I do without salt.

se plaindre de to complain about: **Il se plaint toujours de son travail.** He always complains about his work.

remercier de to thank: **Je vous remercie de votre bonté.** I thank you for your kindness. [Use **remercier de + an abstract noun** or **+ inf.**; Use **remercier pour + a concrete object;** *e.g.,* **Je vous remercie pour le cadeau.** I thank you for the present.]

se rendre compte de   to realize: **Je me rends compte de la condition de cette personne.**   I realize the condition of this person.

rire de   to laugh at;   **Tout le monde rit de cette personne.**   Everybody laughs at this person.

se servir de   to employ, to use, to make use of: **Je me sers d'un stylo quand j'écris une lettre.**   I use a pen when I write a letter.

se soucier de   to care about, to be concerned about: **Marc se soucie de ses amis.**   Marc cares about his friends.

se souvenir de   to remember: **Oui, je me souviens de Gervaise.**   Yes, I remember Gervaise;   **Je me souviens de lui.**   I remember him;   **Je me souviens d'elle.**   I remember her;   **Je me souviens de l'été passé.**   I remember last summer;   **Je m'en souviens.**   I remember it.

tenir de   to take after (to resemble):   **Julie tient de sa mère.**   Julie takes after her mother.

D. *Verbs that take de + inf.*

s'agir de   to be a question of, to be a matter of: **Il s'agit de faire les devoirs tous les jours.**   It is a matter of doing the homework every day.

avoir peur de   to be afraid of: **Le petit garçon a peur de traverser la rue seul.**   The little boy is afraid of crossing the street alone.

cesser de   to stop, to cease: **Il a cessé de pleuvoir.**   It has stopped raining.

commencer de   to begin: **Il a commencé de pleuvoir.**   It has started to rain. [Note that **commencer à + inf.** is also correct.]

continuer de   to continue: **Il continue de pleuvoir.**   It's still raining OR It's continuing to rain. [Note that **continuer à + inf.** is also correct.]

convenir de faire qqch   to agree to do something: **Nous sommes convenues de venir chez vous.**   We agreed to coming to your place.

craindre de   to be afraid of, to fear: **La petite fille craint de traverser la rue seule.**   The little girl is afraid of crossing the street alone.

décider de   to decide: **J'ai décidé de partir tout de suite.**   I decided to leave immediately: **Il a décidé d'acheter la maison.**   He decided to buy the house.

demander de   to ask, to request: **Je vous demande de parler.**   I am asking you to speak. [Note that here the subjects are different: I am asking you to speak; whereas, when the subjects are the same, use **demander à**:   **Elle demande à parler.**   She is asking to speak;   **Je demande à parler.**   I am asking to speak.]

se dépêcher de   to hurry: **Je me suis dépêché de venir chez vous pour vous dire quelque chose.**   I hurried to come to your place in order to tell you something.

empêcher de   to keep from, to prevent: **Je vous empêche de sortir.**   I prevent you from going out.

s'empresser de   to hurry: **Je m'empresse de venir chez toi.**   I am hurrying to come to your place.

essayer de   to try: **J'essaye d'ouvrir la porte mais je ne peux pas.**   I'm trying to open the door but I can't.

féliciter de   to congratulate: **On m'a félicité d'avoir gagné le prix.**   I was congratulated on having won the prize.

finir de   to finish: **J'ai fini de travailler sur cette composition.**   I have finished working on this composition.

gronder de   to scold: **La maîtresse a grondé l'élève d'avoir fait beaucoup de fautes dans le devoir.**   The teacher scolded the pupil for having made many errors in the homework.

se hâter de   to hurry: **Je me hâte de venir chez toi.**   I am hurrying to come to your house.

manquer de   to neglect to, to fail to, to forget to: **Guy a manqué de compléter sa leçon de français.**   Guy neglected to complete his French lesson.

offrir de   to offer: **J'ai offert d'écrire une lettre pour elle.**   I offered to write a letter for her.

oublier de   to forget: **J'ai oublié de vous donner la monnaie.**   I forgot to give you the change.

persuader de   to persuade: **J'ai persuadé mon père de me prêter quelques francs.**   I persuaded my father to lend me a few francs.

prendre garde de   to take care not to: **Prenez garde de tomber.**   Be careful not to fall.

prendre le parti de faire qqch   to decide to do something: **Théodore n'a pas hésité à prendre le parti de voter pour elle.**   Theodore did not hesitate to decide to vote for her.

prier de   to beg: **Je vous prie d'arrêter.**   I beg you to stop.

promettre de   to promise: **J'ai promis de venir chez toi à 8 h.**   I promised to come to your place at 8 o'clock.

refuser de   to refuse: **Je refuse de le croire.**   I refuse to believe it.

regretter de   to regret, to be sorry: **Je regrette d'être obligé de vous dire cela.**   I am sorry to be obliged to tell you that.

remercier de   to thank: **Je vous remercie d'être venu si vite.**   I thank you for coming (having come) so quickly. [Use **remercier de** + inf. or + **abstract noun.** Use **remercier pour** + concrete object.]

se souvenir de   to remember: **Tu vois? Je me suis souvenu de venir chez toi.**   You see? I remembered to come to your house.

tâcher de to try: **Tâche de finir tes devoirs avant de sortir.** Try to finish your homework before going out.

venir de to have just (done something): **Je viens de manger.** I have just eaten *or* I just ate.

E. *The following verbs commonly take* à *+ noun* + de *+ inf.*

The model to follow is: **J'ai conseillé à Robert de suivre un cours de français.** I advised Robert to take a course in French.

conseiller à to advise: **J'ai conseillé à Jeanne de se marier.** I advised Joan to get married.

défendre à to forbid: **Mon père défend à mon frère de fumer.** My father forbids my brother to smoke.

demander à to ask, to request: **J'ai demandé à Marie de venir.** I asked Mary to come.

dire à to say, to tell: **J'ai dit à Charles de venir.** I told Charles to come.

interdire à to forbid: **Mon père interdit à mon frère de fumer.** My father forbids my brother to smoke.

ordonner à to order: **J'ai ordonné au chauffeur de ralentir.** I ordered the driver to slow down.

permettre à to permit: **J'ai permis à l'étudiant de partir quelques minutes avant la fin de la classe.** I permitted the student to leave a few minutes before the end of class.

promettre à to promise: **J'ai promis à mon ami d'arriver à l'heure.** I promised my friend to arrive on time.

téléphoner à to telephone: **J'ai téléphoné à Marcel de venir me voir.** I phoned Marcel to come to see me.

F. *Verb + other prepositions*

commencer par + inf. to begin by + present participle: **La présidente a commencé par discuter les problèmes de la société.** The president began by discussing the problems in society.

continuer par + inf. to continue by + pres. part.: **La maîtresse a continué la conférence par lire un poème.** The teacher continued the lecture by reading a poem.

entrer dans + noun to enter, to go in: **Elle est entrée dans le restaurant.** She went in the restaurant.

être en colère contre qqn to be angry with someone: **Monsieur Laroche est**

toujours en colère contre ses voisins. Mr. Laroche is always angry with his neighbors.

finir par + inf. to end up by + pres part.: **Clément a fini par épouser une femme plus âgée que lui.** Clement ended up marrying a woman older than he.

s'incliner devant qqn to bow to someone: **La princesse s'incline devant la reine.** The princess is bowing to the queen.

insister pour + inf. to insist on, upon: **J'insiste pour obtenir tous mes droits.** I insist on obtaining all my rights.

se marier avec qqn to marry someone: **Elle va se marier avec lui.** She is going to marry him.

se mettre en colère to become angry, upset: **Monsieur Leduc se met en colère facilement.** Mr. Leduc gets angry easily.

se mettre en route to start out, to set out: **Ils se sont mis en route dès l'aube.** They started out at dawn.

remercier pour + a concrete noun to thank for: **Je vous remercie pour le joli cadeau.** I thank you for the pretty present. [Remember to use **remercier pour + a concrete object**; use **remercier de + an abstract noun** or + **inf. Je vous remercie de votre bonté;** I thank you for your kindness; **Je vous remercie d'être venue si vite;** I thank you for coming so quickly.]

G. *Verb + NO PREPOSITION + inf.*

adorer + inf. to adore, to love: **Madame Morin adore mettre tous ses bijoux avant de sortir.** Mrs. Morin loves to put on all her jewelry before going out.

aimer + inf. to like: **J'aime lire.** I like to read. [You may also say: **J'aime à lire,** but **aimer + à + inf.** is used primarily in literary style.]

aimer mieux + inf. to prefer: **J'aime mieux rester ici.** I prefer to stay here.

aller + inf. to go: **Je vais faire mes devoirs maintenant.** I am going to do my homework now.

apercevoir + inf. to perceive: **J'aperçois avancer l'ouragan.** I notice the hurricane advancing. [This is a verb of perception. You may also say: **J'aperçois l'ouragan qui s'avance.**]

compter + inf. to intend: **Je compte aller en France l'été prochain.** I intend to go to France next summer.

croire +inf. to believe: **Il croit être innocent.** He believes he is innocent.

désirer + inf. to desire, to wish: **Je désire prendre une tasse de café.** I desire to have a cup of coffee.

devoir + inf. to have to, ought to: **Je dois faire mes devoirs avant de sortir.** I have to do my homework before going out.

écouter + inf. to listen to: **J'écoute chanter les enfants.** I am listening to the children singing. [This is a verb of perception. You may also say: **J'écoute les enfants qui chantent.**]

entendre + inf. to hear: **J'entends chanter les enfants.** I hear the children singing. [This is a verb of perception. You may also say: **J'entends les enfants qui chantent.**]

espérer + inf. to hope: **J'espère aller en France.** I hope to go to France.

faire + inf. to cause, to make, to have something done by someone: **Le professeur fait travailler les élèves dans la salle de classe.** The teacher has the pupils work in the classroom.

falloir + inf. to be necessary: **Il faut être honnête.** One must be honest.

laisser + inf. to let, to allow: **Je vous laisse partir.** I am letting you go.

oser + inf. to dare: **Ce garçon ose dire n'importe quoi.** This boy dares to say anything.

paraître + inf. to appear, to seem: **Elle paraît être capable.** She appears to be capable.

penser + inf. to think, to plan, to intend: **Je pense aller à Paris.** I intend to go to Paris.

pouvoir + inf. to be able, can: **Je peux marcher mieux maintenant après l'accident.** I can walk better now after the accident.

préférer + inf. to prefer: **Je préfère manger maintenant.** I prefer to eat now.

regarder + inf. to look at: **Je regarde voler les oiseaux.** I am looking at the birds flying. [This is a verb of perception. You may also say: **Je regarde les oiseaux qui volent.**]

savoir + inf. to know, to know how: **Je sais nager.** I know how to swim.

sentir + inf. to feel: **Je sens s'approcher l'ouragan.** I feel the hurricane approaching. [This is a verb of perception. You can also say: **Je sens l'ouragan qui s'approche.**]

sentir + inf. to smell: **Je sens venir une odeur agréable du jardin.** I smell a pleasant fragrance coming from the garden. [This is another verb of perception. You may also say: **Je sens une odeur agréable qui vient du jardin.**]

valoir mieux + inf. to be better: **Il vaut mieux être honnête.** It is better to be honest.

venir + inf. to come: **Gérard vient voir ma nouvelle voiture.** Gerard is coming to see my new car.

voir + inf. to see: **Je vois courir les enfants.** I see the children running. [This is another verb of perception. You may also say: **Je vois les enfants qui courent.**]

vouloir + inf. to want: **Je veux venir chez vous.** I want to come to your house.

H. *Verbs that do not require a preposition, whereas in English a preposition is used*

approuver to approve of: **J'approuve votre décision.** I approve of your decision.

attendre to wait for: **J'attends l'autobus depuis vingt minutes.** I have been waiting for the bus for twenty minutes.

chercher to look for: **Je cherche mon livre.** I'm looking for my book.

demander to ask for: **Je demande une réponse.** I am asking for a reply.

écouter to listen to: **J'écoute la musique.** I am listening to the music;
J'écoute le professeur. I am listening to the teacher.

envoyer chercher to send for: **J'ai envoyé chercher le docteur.** I sent for the doctor.

essayer to try on: **Elle a essayé une jolie robe.** She tried on a pretty dress.

habiter to live in: **J'habite cette maison.** I live in this house.

ignorer to be unaware of: **J'ignore ce fait.** I am unaware of this fact.

mettre to put on: **Elle a mis la robe rouge.** She put on the red dress.

payer to pay for: **J'ai payé le dîner.** I paid for the dinner.

pleurer to cry about, to cry over: **Elle pleure la perte de son petit chien.** She is crying over the loss of her little dog.

prier to pray to: **Elle prie le ciel.** She is praying to the heavens; **Elle prie la Vierge.** She is praying to the Holy Mother.

puer to stink of: **Cet ivrogne pue l'alcool.** This drunkard stinks of alcohol.

regarder to look at: **Je regarde le ciel.** I am looking at the sky.

sentir to smell of: **Robert, ta chambre sent la porcherie.** Robert, your room smells like a pigsty (pigpen).

soigner to take care of: **Cette personne soigne les pauvres.** This person takes care of (cares for) poor people.

Orthographical Changing Verbs —
Verb Forms that Change in Spelling

Verbs that end in —**cer** in the infinitive form change **c** to **ç** when in front of the vowels **a, o** or **u** in order to keep the **s** sound in the infinitive form and retain its identity. That little mark under the **c** (**ç**) is called **une cédille.** Actually it is the lower part of the letter **s** which is used in order to tell the reader that the **ç** should be pronounced as an **s**. Without that mark, the letter **c** in front of the vowels **a, o** and **u** must be pronounced as a **k** sound. Since the **c** in the ending —**cer** is pronounced like an **s**, the same sound must be retained in all its forms.

(1) Some common verbs that end in —**cer** in the infinitive form are:

annoncer / to announce	**lancer** / to launch, to hurl
avancer / to advance	**menacer** / to threaten
commencer / to begin, to start	**placer** / to place, to set
divorcer / to divorce	**prononcer** / to pronounce
effacer / to erase, to efface	**remplacer** / to replace

(2) Examples of when this change occurs:

Present indicative: nous annonçons, nous avançons, nous commençons, nous divorçons, nous effaçons, nous lançons, nous menaçons, nous prononçons, nous remplaçons.

Imperfect indicative: j'annonçais, tu annonçais, il (elle, on) annonçait; ils (ells) annonçaient [You do the same for the other —**cer** type verbs given above in (1).]

Passé simple: j'annonçai, tu annonças, il (elle, on) annonça; nous annonçâmes, vous annonçâtes [You do the same for the other —**cer** type verbs given above in (1).]

Imperfect subjunctive: que j'annonçasse, que tu annonçasses, qu'il (qu'elle, qu'on) annoncât; que nous annonçassions, que vous annonçassiez, qu'ils (qu'elles) annonçassent [Now you do the same for the other —**cer** type verbs given above in (1).]

(3) Verbs that end in —**ger** in the infinitive form change **g** to **ge** in front of the vowels **a, o** or **u** in order to keep the soft sound of **g** in the infinitive form and retain its identity; otherwise, **g** in front of **a, o** or **u** is normally pronounced hard **g** as in **go.**

(4) Some common verbs that end in —**ger** in the infinitive form are:

arranger / to arrange	**obliger** / to oblige
changer / to change	**partager** / to divide, to share
corriger / to correct	**plonger** / to dive, to pluge
déranger / to disturb	**ranger** / to arrange by row, put
manger / to eat	in order
nager / to swim	**songer** / to think, to dream
neiger / to snow	**voyager** / to travel

(5) Examples of when this change occurs:

Present indicative: nous arrangeons, nous changeons, nous corrigeons,

nous dérangeons [Now you do the same for the other −**ger** type verbs given above in (4).]

Imperfect indicative: **j'arrangeais, tu arrangeais, il (elle, on) arrangeait; ils (elles) arrangeaient** [Now you do the same for the other −**ger** type verbs given above in (4).]

Passé simple: **j'arrangeai, tu arrangeas, il (elle, on) arrangea; nous arrangâmes, vous arangeâtes** [Now you do the same for the other -**ger** type verbs given above in (4).]

Imperfect subjunctive: **que j'arrangeasse, que tu arrangeasses, qu'il (qu'elle, qu'on) arrangeât; que nous arrangeassions, que vous arrangeassiez, qu'ils (qu'elles) arrangeassent** [Just for the fun of it, do the same for the other −**ger** type verbs given above.]

(6) Verbs that end in −**oyer** or −**uyer** in the infinitive form must change **y** to **i** in front of mute **e**.

(7) Common verbs that end in −**oyer** or −**uyer** in the infinitive form are:

−**OYER**	−**UYER**
choyer / to fondle, to coddle	**ennuyer** / to bore, to annoy
employer / to employ, to use	**essuyer** / to wipe
envoyer / to send	
nettoyer / to clean	

(8) Verbs that end in −**AYER** in the infinitive form may change **y** to **i** or may keep **y** in front of mute **e**.

Two common verbs that end in −**ayer** in the infinitive form are: **essayer** / to try, to try on; and **payer** / to pay, to pay for.

(9) Examples of when this change occurs:

Present indicative: **j'emploie, tu emploies, il (elle, on) emploie; ils (elles) emploient.**

Future: **j'emploierai, tu emploieras, il (elle, on) emploiera; nous emploierons, vous emploierez, ils (elles) emploieront.**

Conditional: **j'emploierais, tu emploierais, il (elle, on) emploierait; nous emploierions, vous emploieriez, ils (elles) emploieraient.**

Present subjunctive: **que j'emploie,, que tu emploies, qu'il (qu'elle, qu'on) emploie; qu'ils (qu'elles) emploient.**

(10) Verbs that contain a mute **e** in the syllable before the infinitive ending −**er**:

acheter / to buy	lever / to raise, to lift
achever / to complete	se lever / to get up
amener / to bring, to lead	mener / to lead
élever / to raise	peser / to weigh
emmener / to lead away, to take away	promener / to walk (a person or an animal)
enlever / to remove, to take off	se promener / to take a walk (for yourself)
geler / to freeze	

(11) These verbs, given above in (10), change mute **e** to **è** when, in a verb form, the syllable after it contains another mute **e**.

(12) This change occurs because that mute **e** in the stem of the infinitive now becomes pronounced clearly in some verb forms. Examples:

Present indicative: j'achète, tu achètes, il (elle, on) achète; ils (elles) achètent.

Future: j'achèterai, tu achèteras, il (elle, on) achètera; nous achèterons, vous achèterez, ils (elles) achèteront.

Conditional: j'achèterais, tu achèterais, il (elle, on) achèterait; nous achèterions, vous achèteriez, ils (elles) achèteraient.

Present subjunctive: que j'achète, que tu achètes, qu'il (qu'elle, qu'on) achète; qu'ils (qu'elles) achètent.

(13) Instead of changing like the verbs above in (10)—(12) the following verbs double the consonant in the syllable that contains the mute **e** in the stem:

appeler / to call	jeter / to throw
rappeler / to recall	rejeter / to throw again, to throw back
se rappeler / to remember	

Examples of when this spelling change occurs:

Present indicative: je m'appelle, tu t'appelles, il (elle, on) s'appelle; ils (elles) s'appellent.

Future: je m'appellerai, tu t'appelleras, il (elle, on) s'appellera; nous nous appellerons, vous vous appellerez, ils (elles) s'appelleront

Conditional: je m'appellerais, tu t'appellerais, il (elle, on) s'appellerait; nous nous appellerions, vous vous appelleriez, ils (elles) s'appelleraient.

Present subjunctive: que je m'appelle, que tu t'appelles, qu'il (qu'elle, qu'on) s'appelle; qu'ils (qu'elles) s'appellent.

(14) Verbs that contain **é** in the syllable before the infinitive ending —**er**:

céder / to cede, to yield, to give up	posséder / to possess, to own
célébrer / to celebrate	préférer / to prefer
concéder / to concede, to give up	protéger / to protect
considérer / to consider	répéter / to repeat
espérer / to hope	suggérer / to suggest

(15) These verbs, given above in (14), change **é** to **è** when, in a verb form, the syllable after it contains mute **e**.

Examples of when this spelling change occurs:

Present indicative: je préfère, tu préfères, il (elle, on) préfère: ils (elles) préfèrent.

Present subjunctive: que je préfère, que tu préfères, qu'il (qu'elle, qu'on) préfère; qu'ils (qu'elles) préfèrent.

Verbs used in weather expressions

Quel temps fait-il? / What's the weather like?

(a) With Il fait . . .

Il fait beau / The weather is fine; The weather is beautiful.

Il fait beau temps / The weather is beautiful.

It fait bon / It's nice; It's good.

Il fait brumeux / It's misty.

Il fait chaud / It's warm.

Il fait clair / It is clear.

Il fait de l'orage / It's storming; there is a thunderstorm.

Il fait des éclairs / It is lightning.

Il fait doux / It's mild.

Il fait du soleil / It's sunny.

Il fait du tonnerre / It's thundering. **(You can also say: Il tonne.)**

Il fait du vent / It's windy.

Il fait frais / It is cool.

Il fait froid/ It's cold.

It fait glissant / It is slippery.

Il fait humide / It's humid.

Il fait jour / It is daylight.

Il fait lourd / The weather is sultry.

Il fait mauvais / The weather is bad.

Il fait nuit / It is dark.

Il fait sec / It's dry.

Il fait une chaleur épouvantable / It's awfully (frightfully) hot.

(b) With Il fait un temps. . .

Il fait un temps affreux / The weather is frightful.

Il fait un temps calme / The weather is calm.

Il fait un temps couvert / The weather is cloudy.

Il fait un temps de saison / The weather is seasonal.

If fait un temps épouvantable / The weather is frightful.

Il fait un temps lourd / It's muggy.

Il fait un temps magnifique / The weather is magnificent.

Il fait un temps pourri / The weather is rotten.

Il fait un temps serein / The weather is serene.

Il fait un temps superbe / The weather is superb.

(c) With Le temps + verb. . .

Le temps menace / The weather is threatening.

Le temps s'éclaircit / The weather is clearing up.

Le temps se couvre / The sky is overcast.

Le temps se gâte / The weather is getting bad.

Le temps se met au beau / The weather is getting beautiful.

Le temps se met au froid / It's getting cold.

Le temps se radoucit / The weather is getting nice again.

Le temps se rafraîchit / The weather is getting cold.

Le temps se remet / The weather is clearing up.

(d) With **Le ciel est. . .**

Le ciel est bleu / The sky is blue.
Le ciel est calme / The sky is calm.
Le ciel est couvert / The sky is cloudy.
Le ciel est gris / The sky is gray.
Le ciel est serein / The sky is serene.

(e) **With other verbs**

Il gèle / It's freezing.
Il grêle / It's hailing.
Il neige / It's snowing.
Il pleut / It's raining.
Il tombe de la grêle / It's hailing.
Il va grêler / It's going to hail.
Il tonne / It's thundering.
Je sors par tous les temps / I go out in all kinds of weather.
Quelle est la prévision scientifique du temps? / What is the weather forecast?

Verbs used in proverbs and sayings

1. **Le chat parti, les souris dansent.** (When the cat is away, the mice will play.)

2. **L'appétit vient en mangeant.** (The more you have, the more you want) *i.e.,* Appetite comes while eating.

3. **Bien faire et laisser dire.** (Do your work well and never mind the critics.)

4. **Il n'y a pas de fumée sans feu.** (Where there's smoke, there's fire.)

5. **Mieux vaut tard que jamais.** (Better late than never.)

6. **Les murs ont des oreilles.** (Walls have ears.)

7. **Tout est bien qui finit bien.** (All's well that ends well.)

8. **Qui se ressemble s'assemble.** (Birds of a feather flock together.)

9. **Qui ne risque rien n'a rien.** (Nothing ventured, nothing gained.)

10. **Vouloir, c'est pouvoir.** (Where there's a will, there's a way.)

11. **Qui vivra verra.** (Time will tell.)

12. **L'habit ne fait pas le moine.** (Clothes don't make the person.)

13. **Rira bien qui rira le dernier.** (Whoever laughs last laughs best.)

14. **Aide-toi, le ciel t'aidera.** (Heaven helps those who help themselves.)

15. **Quand on parle du loup, on en voit la queue!** (Speak of the devil!)

16. **Sauve qui peut!** (Run for your life!)

17. **Arriver comme marée en carême.** (To arrive in the nick of time.)

18. **Qui se marie à la hâte se repent à loisir.** (Marry in haste, repent later.)

19. **Plus ça change, plus c'est la même chose.** (The more it changes the more it remains the same.)

20. **Chat échaudé craint l'eau froide.** (A burnt child dreads the fire.)

21. **Qui s'excuse, s'accuse.** (A guilty conscience needs no accuser.)

22. **Tout ce qui brille n'est pas or.** (All that glitters is not gold.)

23. **Il est bon de parler et meilleur de se taire.** (Speech is silver, silence is gold.)

24. **Chien qui aboie ne mord pas.** (A barking dog does not bite.) [aboyer, to bark]

25. **Oignez vilain, il vous poindra; poignez vilain, il vous oindra.** (Bless a villain and he will curse you; curse a villain and he will bless you; or, Anoint a villain and he will sting you; sting a villain and he will annoint you; or, you must treat a rough person roughly if you expect respect.) The verb forms **oignez** and **oindra** are from **oindre**, to anoint; **poignez** and **poindra** are from **poindre**, to sting.

A summary of sequence of verb tenses — *Si* clauses

WHEN THE VERB IN THE
SI CLAUSE IS: THE VERB IN THE MAIN OR RESULT CLAUSE IS:

(a) present indicative   present indicative, or future, or imperative
(b) imperfect indicative   conditional
(c) pluperfect indicative   conditional perfect

NOTE: By **si** we mean *if*. Sometimes **si** can mean *whether* and in that case, this summary of what tenses are used does not apply. When **si** means *whether,* there are no restrictions about the tenses. By the way, the sequence of tenses with a **si** clause in French is the same in English with an *if* clause.

Example:
(a) **Si elle arrive, je pars.**   If she arrives, I'm leaving.
    Si elle arrive, je partirai.   If she arrives, I will leave.
    Si elle arrive, partez!   If she arrives, leave!

(b) **Si elle arrivait, je partirais.**   If she arrived, I would leave.

(c) **Si elle était arrivée, je serais parti.**   If she had arrived, I would have left.

The subjunctive
The subjunctive is not a tense; it is a mood, or mode. Usually, when we speak in French or English, we use the indicative mood. We use the subjunctive mood in French for certain reasons. The following are the principal reasons.

After certain conjuntions
When the following conjunctions introduce a new clause, the verb in that new clause is normally in the subjunctive mood:

à condition que   on condition that; **Je vous prêterai l'argent à condition que vous me le rendiez le plutôt possible.**
à moins que   unless; **Je pars à six heures précises à moins qu'il (n') y ait un orage.** [Expletive **ne** is optional]
afin que   in order that, so that; **Je vous explique clairement afin que vous compreniez.**
attendre que   to wait until; **Attendez que je finisse mon dîner.**
au cas que   in case; **Aus qu'il vienne, je pars tout de suite.**
autant que   **Autant que je le sache. . .**   As far as I know. . .
avant que   before; **Ne me dites rien avant qu'il vienne.** [Expletive **ne** is optional]
bien que   although; **Bien que Madame Cartier soit malade, elle a toujours bon appétit.**
de crainte que   for fear that; **La mère a dit à sa petite fille de rester dans la maison de crainte qu'elle ne se fasse mal dans la rue.** [Expletive **ne** is required]
de façon que   so that, in a way that, in such a way that; **Barbara étudie de façon qu'elle puisse réussir.**

de manière que so that, in a way that, in such a way that; **Joseph travaille dans la salle de classe de manière qu'il puisse réussir.**

de peur que for fear that; **Je vous dis de rester dans la maison aujourd'hui de peur que vous ne glissiez sur la glace.** [Expletive **ne** is required]

de sorte que so that, in a way that, in such a way that; **Nettoyez la chambre de sorte que tout soit propre.**

en attendant que until; **Nous allons rester ici en attendant qu'elle vienne.**

en cas que in case, in case that, in the event that; **En cas qu'il vienne, je pars tout de suite.**

jusqu'à ce que until; **Je vais attendre jusqu'à ce que vous finissiez.**

malgré que although; **Malgré que Madame Cartier soit malade, elle a toujours bon appétit.** (NOTE: prefer to use **bien que**, as in the example given with **bien que** above on this list)

pour autant que as far as, as much as; **Pour autant que je me souvienne. . .** As far as I remember (NOTE: prefer to use **autant que**, as in the example given with **autant que** above on this list)

pour que in order that, so that; **Expliquez-vous mieux, s'il vous plaît, pour que je comprenne.**

pourvu que provided that; **Vous pouvez parler librement pourvu que vous me laissiez faire de même.**

que . . . ou non whether . . . or not; **Qu'il vienne ou non, cela m'est égal.**

quoique although; **Quoiqu'il soit vieux, il a l'agilité d'un jeune homme.**

sans que . . . ou que whether . . . or; either . . . or; **Soit qu'elle comprenne ou qu'elle ne comprenne pas, cela m'est égal.**

soit que . . . soit que whether . . . or whether; **Soit que vous le fassiez, soit que vous ne le fassiez pas, cela m'est égal.**

tâcher que to try to, to attempt to; **Tâchez que le bébé soit bien nourri.**

veiller à ce que to see to it that; **Veillez à ce que la porte soit fermée à clef pendant mon absence.**

After indefinite expressions

où que wherever; **Où que vous alliez, cela ne m'importe pas.**

quel que whatever; **Je vous aiderai, quelles que soient vos ambitions** / I will help you, whatever your ambitions may be. (NOTE that the appropriate form of **quel** is needed in this indefinite expression because you are dealing with a noun (**ambitions**) and **quel** functions as an adjective)

qui que whoever; **Qui que vous soyez, je ne veux pas vous écouter** / Whoever you are (Whoever you may be), I don't want to listen to you.

quoi que whatever, no matter what; **Quoi que cet homme dise, je ne le crois pas** / No matter what this man says, I do not believe him.

Si + adj. + que however; **Si bavarde qu'elle soit, elle ne dit jamais de bêtises** / However talkative she may be, she never says anything stupid.

After an indefinite antecedent

The reason why the subjunctive is needed after an indefinite antecedent is that the person or thing desired may possibly not exist; or, if it does exist, you may never find it.

(a) **Je cherche une personne qui soit honnête** / I am looking for a person who is honest.

(b) **Je cherche un appartement qui ne soit pas trop cher** / I am looking for an apartment that is not too expensive.

(c) **Connaissez-vous quelqu'un qui puisse réparer mon téléviseur une fois pour toutes?** / Do you know someone who can repair my TV set once and for all?

(d) **Y a-t-il un élève qui comprenne le subjonctif?** / Is there a student who understands the subjunctive?

BUT IF THE PERSON OR THING YOU ARE LOOKING FOR DOES EXIST, USE THE INDICATIVE MOOD:

(a) **J'ai trouvé une personne qui est honnête.**
(b) **J'ai un appartement qui n'est pas trop cher.**
(c) **Je connais une personne qui peut réparer votre téléviseur.**

After a superlative expressing an opinion

Those superlatives expressing an opinion are commonly: **le seul, la seule** (the only), **le premier, la première** (the first), **le dernier, la dernière** (the last), **le plus petit, la plus petite** (the smallest), **le plus grand, la plus grande**, *etc.*

(a) **A mon avis, Marie est la seule étudiante qui comprenne le subjonctif parfaitement.**

(b) **A mon opinion, Henriette est la plus jolie élève que j'aie jamais vue.**

After **Que**, meaning *let* or *may* to express a wish, an order, a command in the 3rd person singular or plural

(a) **Qu'il parte!** / Let him leave!

(b) **Que Dieu nous pardonne!** / May God forgive us! (NOTE that the form *pardonne* is the same in the 3rd pers. subjunctive as in the indicative)

(c) **Qu'ils s'en aillent!** / Let them go away!
NOTE that what is understood in front of **Que** here is **(Je veux) que. . .**

After certain impersonal expressions

c'est dommage que   it's a pity that; it's too bad that; **C'est dommage qu'elle soit morte.**

il est à souhaiter que   it is to be desired that; **Il est à souhaiter qu'elle soit guérie.**

il est bizarre que   it is odd that; **Il est bizarre qu'il soit parti sans rien dire.**

il est bon que   it is good that; **Il est bon que vous restiez au lit.**

il est convenable que   it is fitting (proper) that; **Il est convenable qu'il vienne me voir.**

il est douteux que   it is doubtful that; **Il est douteux qu'il soit présent au concert ce soir.**

il est essentiel que   it is essential that; **Il est essentiel que vous veniez me voir le plutôt possible.**

il est étonnant que it is astonishing that; **Il est étonnant qu'elle soit sortie sans rien dire.**

il est étrange que it is strange that; **Il est étrange qu'il n'ait pas répondu à ta lettre.**

il est faux que it is false (it is not true) that; **Il est faux que vous ayez vu ma soeur dans ce cabaret.**

il est heureux que it is fortunate that; **Il est très heureux que Madame Piquet soit guérie.**

il est honteux que it is shameful (a shame) that; **Il est honteux que vous trichiez.**

il est important que it is important that; **Il est important que vous arriviez à l'heure.**

il est impossible que it is impossible that; **Il est impossible que je sois chez vous avant trois heures.**

il est juste que it is right that; **Il est juste que le criminel soit puni pour son crime.**

il est naturel que it is natural that; **Il est naturel qu'on ait peur dans un moment dangereux.**

il est nécessaire que it is necessary that; **Il est nécessaire que tu finisses la leçon de français avant d'aller au cinéma.**

il est possible que it is possible that; **Il est possible que Madame Paquet soit déjà partie.**

il est rare que it is rare that; **Il est rare qu'elle sorte.**

il est regrettable que it is regrettable that; **Il est regrettable que cet homme riche ait perdu tout au jeu.**

il est surprenant que it is surprising that; **Il est surprenant que tu n'aies pas fait ton devoir aujourd'hui.**

il est temps que it is time that; **Il est temps que tu fasses tes devoirs tous les jours.**

il est urgent que it is ugent that; **Il est urgent que le docteur vienne immédiatement.**

il faut que it is necessary that; **Il faut que tu sois ici à neuf heures précises.**

il importe que it is important that; **Il importe que tu me dises toute la vérité.**

il se peut que it may be that; **Il se peut qu'elle soit sortie.**

il semble que it seems that, it appears that; **Il semble que Madame Gervaise soit déjà partie.**

il suffit que it is enough that, it suffices that; **Il suffit qu'il soit informé tout simplement.**

il vaut mieux que it is better that; **Il vaut mieux que vous soyez présent quand le docteur est ici.**

After the following impersonal expressions (in English, the subject is *It*) used in the negative or interrogative because they suggest some kind of doubt, uncertainty, hesitation. . .

Il ne me semble pas que. . .	**Il ne paraît pas que. . .**
Me semble-t-il que . . . ?	**Paraît-il que . . . ?**
Il n'est pas clair que . . .	**Il n'est pas vrai que . . .**
Est-il clair que . . . ?	**Est-il vrai que . . . ?**